Fundamentos para o Estudo da Estratégia Nacional

Darc Costa

Fundamentos para o Estudo da Estratégia Nacional

PAZ E TERRA

© 2009 Darc Costa
Todos os direitos reservados

Grafia atualizada conforme o Acordo Ortográfico da Língua Portuguesa de 2009

Coordenação editorial:
Aristeu Souza

Revisão histórica:
Cristina Souza da Rosa
Graziele Oliveira Saraiva

Revisão ortográfica:
Paulo Teixeira, Sandra Pássaro e Sonnini Ruiz

Capa e ilustrações:
César Caldas

Projeto, diagramação e editoração:
ADIPRO

CIP-BRASIL. Catalogação na Fonte
Sindicato Nacional dos Editores de Livros, RJ

C871f

Costa, Darc
Fundamentos para o Estudo da Estratégia Nacional / Darc Costa.
Rio de Janeiro : Paz e Terra, 2009.
600p.

Inclui bibliografia

ISBN 978-85-7753-088-5

1. Civilização - Estado nacional. 2. Brasil - História - Política e governo. 3. Estratégia.

I. Título.

08-5440.   CDD: 320.981
               CDU: 32(81)   010229

EDITORA PAZ E TERRA S/A
Rua do Triunfo, 177
Santa Efigênia, São Paulo, SP – CEP 01212-010
Tel.: (xx11) 3337 8399   Fax: (xx11) 3223 6290
E-mail: vendas@pazeterra.com.br
Home Page: www.pazeterra.com.br
2009
Impresso no Brasil / Printed in Brazil

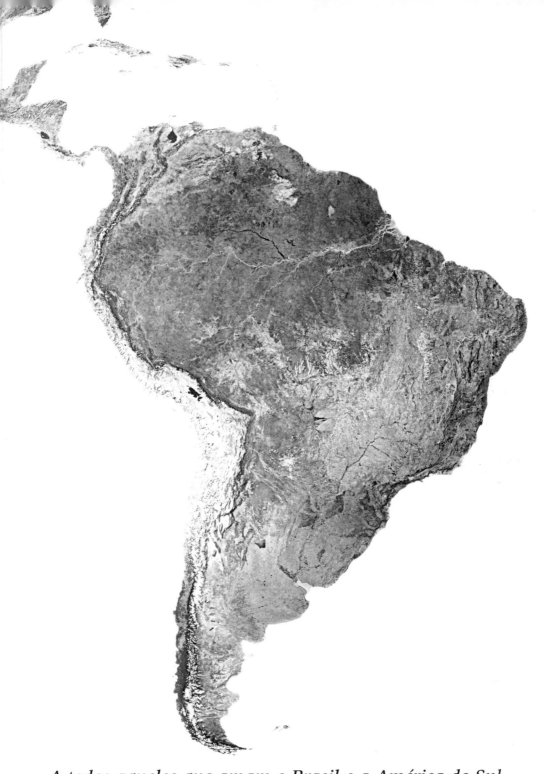

A todos aqueles que amam o Brasil e a América do Sul.

Este livro é dedicado a minha amada companheira e esposa Maria Elisabeth, com gratidão por sua paciência e atenção.

E também aos meus filhos Marcela, Flávia e Eduardo, e netos Mateus, Tiago e Lucas, confiante em que seus sonhos se realizarão e que nunca perderão o amor pela terra onde nasceram.

Apresentação

Este livro resultou da experiência que tive como Coordenador do Centro de Estudos Estratégicos da Escola Superior de Guerra, quando organizei as minhas ideias para estruturar a discussão que se processava no âmbito daquela instituição, sobre a necessidade de reformulação da Estratégia Nacional do Brasil.

Ele também, de forma ordenada, é fruto do curso que ministrei sobre Estratégia Nacional no Programa de Pós-graduação em Engenharia de Produção da COPPE/UFRJ, no período compreendido entre 2000 e 2003. Seguindo a dinâmica deste curso, que se subdividia em três matérias, o livro apresenta um conjunto de formulações que fundamenta a estruturação de uma Estratégia Nacional, preceituadas por uma trilogia: Aspectos de Civilização, Aspectos de Nação e Aspectos de Inserção; portanto, destinadas a criar os elementos básicos para estruturar a discussão e o estudo sobre a Estratégia Nacional do Brasil.

- Em Aspectos da Civilização, analiso a história das ideias que construíram o Ocidente, de onde vem o Brasil;
- Em Aspectos da Nação, apresento como se construiu o Brasil.
- Em Aspectos de Inserção, exponho, mais propriamente, a Estratégia Nacional do Brasil.

Nesta trilogia de pensamento, cada parte tem vida própria e pode ser tratada independentemente das demais. Contudo, a visão do conjunto é que permitirá emoldurar a discussão pretendida, ou seja, a estrutura da construção de uma Estratégia Nacional.

Este conjunto de ideias sucede ao meu texto sobre Estratégia Nacional, publicado em 2003, e visa atender a outros aspectos da questão não abordados naquela publicação, que apenas espelhou minha tese de doutorado. Nesta, incorri em duplicações inevitáveis ao abordar a Estratégia Nacional do Brasil. Inevitáveis porque alguns capítulos resultaram de palestras ou conferências proferidas em situações diversas.

É um trabalho voltado, especialmente, para dar ao servidor público, seja ele civil, militar, ou um funcionário de banco oficial ou de empresa estatal, seja ele um político, ou até um simples cidadão interessado nas causas nacionais, o instrumental para participar das discussões sobre estratégia nacional. Porém, não se trata de um manual de estratégia. É um livro que apresenta os fundamentos básicos para o Estudo da Estratégia Nacional.

Aliás, vale ressaltar que Estratégia é uma arte, não se submetendo, portanto, a princípios previamente definidos. Contudo, assim como um artista plástico pode se aprimorar com um curso de belas-artes sem comprometer seu pendor artístico, aqueles que nascem estrategistas podem e devem conhecer estes fundamentos para que melhor estruturem uma visão de mundo que lhes aprimorem seus dons intuitivos.

Agradeço a todos os membros do Centro de Estudos Estratégicos da Escola Superior de Guerra pela oportunidade e construtiva convivência. Contudo, por um dever de justiça reservei para alguns amigos, que se envolveram direta e indiretamente nesta obra, meu reconhecimento pelas lições que me deram e que estão presentes nela, mas cuja responsabilidade pelo correto entendimento não me desonero. A Amerino Raposo, a Carlos Lessa, a Carlos de Meira Mattos, a César Benjamin, a Francisco Carlos Teixeira, a Leônidas Pires Gonçalves, a Luís Fernandes, a Márcio Henrique Monteiro de Castro, a Roberto Dias e a Sergio Xavier Ferolla, meus agradecimentos.

Menção especial merecem: Samuel Pinheiro Guimarães, pelo incentivo à elaboração deste livro e pelo seu brilhante Prefácio; Aristeu Souza, André Fernandes da Paz, Cristina Souza da Rosa e Graziele Oliveira Saraiva, pela cooperação que ministraram na revisão do texto e nas observações sempre judiciosas que fizeram.

Este trabalho foi concebido para todos aqueles que se preocupam com o nosso destino como sociedade, através de uma consciência clara de que o sonho que perpassa todo o Ocidente se transformou no Brasil.

O Autor

Plano geral do livro

Não é porque as coisas são difíceis que nós não ousamos.
É porque não ousamos que as coisas se tornam difíceis.
Séneca

Como Hegel nos mostrou, os sonhos é que movem os homens, e não a realidade. E o maior deles é aquele que transcende o indivíduo e permeia o coletivo: o sonho de uma nação. O Brasil é antes de tudo um sonho: a construção de uma única pátria humana. O objetivo final deste livro, em última instância, é contribuir para sua realização.

Obviamente, este não é um sonho singelo nem de fácil ou imediata realização. Como diria o mestre romano Cícero: a história é mestra da vida. É no passado que se encontra o futuro. É na história que devemos buscar os ensinamentos capazes de construir o futuro. Não foi de outra forma que este livro encontrou no passado, não apenas, a possibilidade de realização do sonho nacional, como também uma série de contribuições para se discutir as bases sobre as quais o processo deve se estruturar.

Hegel sustentou muito bem que a evolução histórica resulta das tensões entre opostos. Dessa perspectiva, a história da civilização humana é uma alternância de rupturas e equilíbrios. Ações e movimentos que desencadeiam a desordem e outros que restabelecem uma nova ordem, em um novo patamar. Esta nova ordem traz em si o germe da sua própria destruição. Em outros termos, a dinâmica do processo de avanço da civilização pode ser assim resumida: **toda periferia busca o centro e toda a barbárie busca a cultura.**

O sonho bárbaro da periferia é que impulsiona a história. Mas não basta sonhar. O choque entre periferia e centro exige, do lado da barbárie, uma ação ordenadora para processar a ruptura. Na contemporaneidade, ao contrário do que muitas vezes é disseminado, essa ação ordenadora só pode ser levada adiante no âmbito do Moderno Estado Nacional. A ruptura, hoje, só pode ser viabilizada pela articulação coletiva liderada pelo Estado e expressa em uma concepção estratégica, movida pela vontade nacional e justificada pelo interesse nacional.

Ainda hoje, assim como todos que chegaram ao centro, o Brasil é considerado como bárbaro e periférico. Duas alternativas se apresentam: resignar-se em ser dependente ou ser contestador e buscar ser centro. Este trabalho está norteado, definitivamente, pela segunda opção. Para isso, no limiar desse novo milênio, é fundamental para o país a estruturação de um discurso sobre a estratégia nacional. Isso requer, entretanto, uma compreensão ampla e profunda do conceito de estratégia e das componentes que gravitam em seu entorno. Tal entendimento só pode ser atingido através de uma perspectiva historicista desde os primórdios da civilização até os nossos dias.

Uma vez que este livro é destinado a criar os fundamentos básicos que busquem estruturar a discussão e o estudo sobre a Estratégia Nacional do Brasil, a Parte I, **Aspectos de Civilização**, se propõe a trazer para o debate uma perspectiva da história das ideias no Ocidente e sua influência no conceito de estratégia. Desde os antigos até a modernidade, são discutidas as dialéticas básicas que impulsionaram a percepção e a efetivação do que vem a ser estratégia.

Nossa perspectiva foi a de trabalhar de acordo com a visão dialética proposta por Hegel. Não se trata de um método científico e sim de um ensaio, a partir das leituras e de nossa experiência de vida, visando estar em sintonia com a perspectiva historicista, dentro de um raciocínio filosófico que parte da determinação do ser. Preocupamo-nos, em particular, com a relação entre como o ser se constitui e se transforma, e as componentes fundamentais da estratégia. Construímos todo o trabalho reflexivo a partir dos conceitos hegelianos de dualidades e nos debruçamos sobre as dialéticas centrais da estratégia ao longo da civilização.

Acreditamos que são as concepções dialéticas – como periferia e centro, barbárie e cultura, razão e intransigência, tempo e espaço, inconformismo e resignação – que representam e materializam as verdadeiras situações que sempre vigoraram entre as sociedades humanas no avanço da civilização e sempre se fizeram presentes. Os Aspectos de Civilização explicitam todas elas ao longo do tempo e destacam ainda a importância da fé ou da vontade consciente para o avanço de qualquer movimento bem-sucedido do gênero humano.

Ainda nessa Parte I, deixamos claro como o Estado sempre foi uma resultante da razão e, portanto, também contestado pelo seu maior oponente: a intransigência. Enquanto a razão explica e justifica o Estado, só a fé, que primitivamente estava vinculada às crenças religiosas, o edifica. O Estado é resultado de sucessivos e silenciosos pactos. Seu entendimento pressupõe o caminhar por uma linha ininterrupta de ideias, através do espaço e do tempo, que ligam as hordas primitivas às modernas potências nacionais. Hoje, o Estado é a única instituição capaz de estruturar e levar adiante a realização de uma estratégia nacional.

Por outro lado, ao se estudar estratégia nacional é imperioso investigar os fundamentos nacionais. A nação é um sonho, fruto do imaginário coletivo que molda uma identidade nacional e constrói uma coletividade baseada num pressuposto de solidariedade e união. A estratégia nacional precisa estar sintonizada com os anseios nacionais mais enraizados. É por esta razão que na Parte II, **Aspectos de Nação**, dissertamos sobre as raízes da formação nacional, desde a origem de Portugal, até a configuração de uma estratégia nacional brasileira no século XX.

O conceito histórico de estratégia teve uma evolução que se estendeu por diversos campos da ação humana, sempre articulado com dois outros conceitos: o da política e o do poder. Eles formam os três vértices do que chamaremos de um triângulo indissolúvel. Enquanto a política estabelece o que fazer, a estratégia estabelece o como fazer e o poder com que meios fazer. Estratégia, política e poder são formas novas de se analisar uma ação, de se organizar os meios e os fins, e representam os instrumentos fundamentais na análise de qualquer ação. A Estratégia Nacional é, portanto, a arte de empregar o poder nacional para alcançar e preservar os objetivos acordados pela Política Nacional.

Na Parte III, **Aspectos de Inserção**, organizada a partir da percepção desse triângulo indissolúvel, abordamos as questões e conceitos fundamentais para elaboração e concretização de uma estratégia nacional orientada pela busca de uma inserção para o Brasil. Inicialmente, também apresentamos uma visão historicista da evolução de conceitos como Nação, Estado e Estratégia Nacional, culminando na estratégia nacional dos Estados modernos.

Ao estudarmos o processo de formação dos modernos Estados Nacionais, ficou demonstrada a importância da ideia da solidariedade e da utilização do planejamento para a construção de alternativas que construam um espaço civilizado e que possam vir a suplantar a própria visão nacional. Nesta ótica, o planejamento deve ser visto como a forma de se implantar aquele triângulo indissolúvel, de se projetar a intervenção. Todo esquema que conjugue poder, política e estratégia deve se explicitar sob a ordem racional, em um determinado planejamento. No plano nacional, ele deve se explicitar em um Planejamento Nacional.

Por essa razão, nessa Parte III nos desdobramos sobre o planejamento nacional e as questões geopolíticas fundamentais para a estruturação de uma Estratégia Nacional do Brasil neste século XXI. É assim que discutimos os temas da matriz energética, da integração sul-americana, da segurança e defesa nacional, do destino da Amazônia. Esses temas são articulados com as questões e desafios do cenário geopolítico mundial, marcado pela globalização, mundialização e regionalização. Todo este estudo é orientado para a elaboração de linhas de ação para fundamentar a estruturação de uma estratégia nacional, que considere as componentes geográficas, econômicas, históricas e antropológicas desta nação.

Deste modo, queremos enfatizar que nas páginas a seguir não temos a pretensão de exaurir o tema, mas sim, levantar e orientar as questões fundamentais para a formulação de uma Estratégia Nacional para o Brasil.

O Autor

Prefácio

1. O livro de Darc Costa representa uma iniciativa, rara no Brasil, de conjugar o conhecimento filosófico, histórico e estratégico com o fim de definir os fundamentos de uma estratégia para um projeto nacional brasileiro.

2. A ideia de um projeto nacional e, portanto, de uma estratégia para implementar os objetivos desse projeto, pareceu ultrapassada durante a longa e escura noite do pensamento único, da "vitória" esmagadora do pensamento político e econômico neo-liberal. Noite na periferia, pois esse pensamento foi em extremo útil para concentrar cada vez mais poder econômico, político e militar em benefício das Grandes Potências que se encontram no centro do sistema mundial. Essas Grandes Potências se encontram temporariamente abaladas pela grave crise, a qual nos assola, a elas e a nós, mas que, em grande medida, poderá vir a manter a posição relativa de poder entre os Estados, quando chegar ao seu final. Aquele "pensamento único" afirmava, em síntese, que o Mercado seria capaz de resolver naturalmente todas as questões econômicas (e sociais) e que, portanto, projetos, estratégias, programas, todos sinônimos de intervenção do Estado, seriam ideias não só arcaicas, mas contraproducentes.

3. Todavia, a necessidade de um projeto nacional, e de uma estratégia que a ele corresponda, é tanto maior:

(a) quanto maior a aceleração do progresso científico e tecnológico e quanto menor a capacidade do país na geração de inovações tecnológicas;

(b) quanto maior o número de países que executam políticas internacionais com base na competição, e que o fazem a partir de projetos nacionais, e quanto maior o atraso relativo do país em relação aos demais países;

(c) quanto maior o potencial não desenvolvido do país;

(d) quanto maiores os diferenciais de renda entre grupos sociais e entre as regiões do país;

(e) quanto menor o nível absoluto de acumulação de riqueza pelo país e quanto maior o percentual de famílias abaixo do nível de pobreza;

(f) quanto mais recente a sua civilização e quanto mais difundida no país a noção de inferioridade relativa de sua sociedade.

4. Esse conjunto de circunstâncias certamente se aplica à situação brasileira. Assim, pela necessidade de um projeto nacional brasileiro e de sua estratégia, a obra de Darc Costa é mais do que oportuna, ela é indispensável para um debate sobre o futuro que a sociedade deseja para si mesma, para o Brasil. Não aquele futuro que elites ínfimas, equipes de tecnocratas alienados, oligarquias encrustradas, almejam não para o Brasil mas em realidade para si mesmas.

5. A crítica da análise da evolução do pensamento ocidental, que é essencial para o conhecimento e a interpretação da realidade, base indispensável para a formulação de uma estratégia nacional, em seus aspectos ideológicos e físicos, poderia ser com melhor proveito feita por um estudioso da filosofia e não por quem assina este prefácio. Todavia, é possível afirmar que a apresentação panorâmica deste pensamento, feita por Darc Costa na parte inicial de seu livro, a própria ideia de fazer esta apresentação, é extremamente válida para aqueles que não são filósofos, mas que se interessam pelas questões estratégicas.

6. Da leitura da descrição dos principais temas dessa trajetória filosófica, da síntese do pensamento de seus principais expoentes, fica clara a importância de Hegel para o pensamento de Darc Costa. Em especial a ideia de que a evolução do Homem através dos tempos depende não só do espírito, mas sim da vontade humana de transformar a natureza das relações sociais.

7. Esta é uma questão central para a elaboração e a execução de uma estratégia nacional. É certo que uma estratégia nacional necessita para ser exitosa do apoio de uma parcela substancial da população, mas, certamente, não seria a maioria da população em um país subdesenvolvido como o Brasil, em situação aguda de privação física e intelectual, que poderia elaborar uma estratégia nacional. Serão certamente aquelas elites mais comprometidas com a ideia de transformação do país, de reorganização nacional, de superação dos privilégios que subjugam a sociedade, o Estado e a população a situações de fraqueza, de extrema desigualdade e de subdesenvolvimento que poderão formulá-la.

8. E neste processo é essencial a ideia de que o Espírito é uma força vital, real, transformadora, já que as condições reais, objetivas, são absolutamente desfavoráveis, as resistências e a miopia dos privilegiados é enorme, e os desafios gigantescos. Acreditar na possibilidade de transformação das condições econômicas objetivas, das relações tradicionais de produção e de poder, acreditar na força das ideias, é indispensável às elites intelectuais progressistas, assim como é indispensável a difusão dessas ideias para que venham a ter o apoio imprescindível da maioria da população.

9. Sem esquecer a contribuição de Marx, sem renegar a realidade das condições materiais objetivas, é necessário, no subdesenvolvimento, acreditar com absoluta convicção na possibilidade de transformação, na capacidade do povo de promover a radical transformação de seu destino. Assim ocorreu no Japão, arquipélago feudal de centenas de ilhas, que se transformou na segunda potência econômica mundial; assim ocorreu na Coreia, país feudal com imenso contingente de analfabetos, hoje país industrializado e tecnologicamente avançado e assim por diante. Assim, terá de ocorrer no Brasil.

10. A segunda parte do livro de Darc Costa, que se ocupa da formação histórica do Brasil, representa também conhecimento indispensável e necessariamente prévio à discussão sobre uma estratégia nacional.

11. Nessa parte do livro, Darc Costa expõe sua visão da estratégia portuguesa de mundialização, uma nova forma de globalização, e do Brasil como herdeiro dessa estratégia, na qualidade de América Portuguesa, a partir de um centro irradiador de civilização no Atlântico Sul. Esse seria um processo positivo de globalização humanista em oposição à globalização anglo-saxônica em curso, com suas características mercantis, individualistas e consumistas.

12. A ideia de mundialização merece um comentário mais detido. De um lado, seria difícil imaginar, salvo uma catástrofe gigantesca, tal como uma guerra nuclear, uma reversão do processo de globalização em curso, que está intimamente ligado ao avanço tecnológico na área da telecomunicação e da cibernética. Trata-se, portanto, de humanizar a globalização, fazer com que ela funcione não em benefício apenas dos países ricos e nesses de suas elites mais ricas, nem apenas em benefício das elites ricas dos países pobres, mas sim em benefício da imensa maioria da humanidade, excluída, empobrecida, vitimizada.

13. Os portugueses foram certamente os pioneiros do processo de criação do sistema mundial moderno e, com enorme audácia e persistência, foram ao encontro das civilizações mais distantes na Ásia, em um contato em que a violência e a ganância estiveram presentes. Na América, sua contribuição foi mais duradoura e sólida e contribuiu para a formação de uma sociedade multiétnica, de características que se poderia dizer novas, mas que seus próprios integrantes por vezes não reconhecem.

14. Em sua discussão na terceira parte do livro, Darc Costa aborda a questão da estratégia nacional em seus principais aspectos. Examina os temas da Nação, do Estado, das relações entre centro e periferia, as questões-chaves de energia, de educação e defesa e, finalmente, da inevitável relação do Brasil com seus vizinhos sul-americanos no processo de integração da América do Sul, o maior desafio de política externa (e interna) que enfrentamos e enfrentaremos nos próximos anos.

15. O Brasil exibe características extraordinariamente positivas em termos de nação. Seu território terrestre e marítimo não é contestado, nem partes dele foram adquiridas pela força; sua população é resultado de um amplo processo de

miscigenação ainda em pleno curso, sem estigmas raciais profundos, sem fraturas religiosas, sem discriminações regionais significativas; seu maior desafio são as extremas disparidades de riqueza e a integração de sua sociedade e de seu sistema econômico; há uma clara ideia de um passado comum, e, certamente, há uma visão crescentemente positiva de destino comum do povo brasileiro.

16. O Estado brasileiro ainda representa majoritariamente os interesses das elites econômicas politicamente hegemônicas, e somente há poucos anos começou a reorientar sua ação para promover uma redistribuição mais significativa de recursos sociais, resultado óbvio da tributação, de modo a corrigir gradualmente as extraordinárias disparidades. Todavia, as elites econômicas lutam encarniçadamente para recuperar o que pagam como tributo ao Estado: clamam pela redução dos impostos e contra a carga tributária, que julgam sempre "excessiva"; exigem a redução do Estado apesar de já ser ele mínimo; esbravejam contra a micro corrupção enquanto fraudam o fisco em larga escala; argumentam contra a ação social do Estado e alegam que os recursos dos programas sociais caso fossem entregues ao setor privado seriam mais útil e eficientemente usados; defendem, com unhas e dentes, seu controle dos meios de comunicação social e seu direito de liberdade de expressão de suas opiniões, inclusive por vezes de defesa de interesses estrangeiros e assim por diante.

17. Na realidade, o Estado é frágil e de pequena dimensão em seu ramo executivo; controlado pelos interesses econômicos setoriais no Legislativo; insuficiente e desequipado no Judiciário, que aplica a lei com rigor contra os desprovidos e com suave leniência às classes médias e às elites. Dele, as elites que o controlam tudo cobram, enquanto que o povo reconhece, em momentos de sabedoria, que interesses, em geral e na maior parte do tempo, esse Estado representa.

18. O Estado é forte para defender os privilégios das classes hegemônicas e fraco para defender os direitos legítimos da enorme maioria do povo oprimido. Sempre que se encontram em dificuldade, como nesta crise de 2009, as classes hegemônicas clamam pela proteção do Estado enquanto, sempre que se sentem ameaçados seus privilégios, exigem sua intervenção para conter as reivindicações das classes oprimidas.

19. Assim, ao falar do fortalecimento do Estado brasileiro, o que se deve ter como objetivo é a sua desprivatização, é a sua transformação em instrumento de progresso material e espiritual para a maioria da população brasileira, para que deixe de ser um instrumento de preservação dos privilégios e da hegemonia das classes tradicionais.

20. Centro e periferia. Questão central para o pensamento de Darc Costa que procura mostrar como os Estados da periferia têm a vocação de se tornar centro, de marcharem para o centro, em um processo histórico de substituição dos países líderes do sistema mundial. A questão não é simples, pois este não é um processo natural, nem automático, nem necessário. De um lado, os Estados que se encon-

tram no centro do sistema procuram preservar seus privilégios e os mecanismos de acumulação de poder e de riqueza que os beneficiaram historicamente; de outro lado, ainda que tenha havido através dos tempos a substituição de potências hegemônicas por outras, o fato é que nem todos os candidatos a potência, a centro, foram bem-sucedidos em seu intuito. Nos últimos séculos, desde que se configurou um sistema que se possa chamar de mundial, sua principal característica estrutural tem sido os impérios coloniais formais, sucedidos nas décadas de 60 e 70 por impérios informais, mas não menos poderosos, em que coube aos países europeus e aos países de colonização europeia, em especial anglo-saxônica, o papel de metrópole. Assim, Portugal e Espanha foram sucedidos pela Holanda, esta pela França e Inglaterra, com a predominância final da Inglaterra após a derrota de Napoleão, a Inglaterra pelos Estados Unidos. Outros Estados que se aventuraram a desafiar a liderança do momento, como a Rússia, a Alemanha e o Japão, não somente não foram bem-sucedidos, como foram punidos.

21. Não há dúvida de que as questões relativas à energia, à educação e à defesa são centrais na definição de uma estratégia nacional de desenvolvimento no contexto de um sistema mundial caracterizado por uma acirrada competição econômica, política e militar. A formação de mão de obra de alto nível científico e tecnológico e sua integração no sistema produtivo e social brasileiro; um programa de investimentos em geração e transmissão de energia que permita a ampliação da produção industrial, ao qual se deveria acrescentar um programa de fortalecimento e de integração da indústria de bens de capital; e um programa de recuperação e modernização da indústria de defesa, com tecnologia cada vez mais própria e nacional, são programas estratégicos essenciais, cujos resultados não são imediatos e sim a longo prazo, mas que têm de ser iniciados e perseguidos com o maior empenho e determinação por décadas. A estes se devem acrescentar programas de desenvolvimento da cibernética, da biotecnologia, da indústria nuclear e espacial. Essas áreas são a chave do futuro soberano e próspero de uma grande sociedade urbana.

22. Os capítulos finais do livro de Darc Costa são dedicados à análise do maior desafio de política interna e externa brasileira: as relações do Brasil com seus vizinhos e o projeto de integração da América do Sul.

23. Uma das principais características do sistema mundial em processo de globalização, e que sobrevive apesar da enorme crise que o sistema enfrenta em 2009, é a formação de grandes blocos de países, sob a liderança hegemônica de Grandes Potências tradicionais. Assim, na Europa, forma-se, desde o Tratado de Roma de 1957, através de processos econômicos e políticos, um novo Estado, a União Europeia, com suas instituições bem definidas: a moeda única, o Banco Central Europeu, a Política Agrícola Comum, a tarifa externa comum, o Parlamento Europeu, a Corte Europeia, e dezenas de milhares de regulamentos que procuram estruturar o mercado comum, as condições de concorrência neste mercado, a livre circulação do capital, da mão de obra, de bens e serviços etc.

Com seu centro na América do Norte, a partir do NAFTA, forma-se uma cada vez mais extensa área de livre-comércio, com normas uniformes para o comércio de bens e de serviços, a movimentação do capital financeiro e o capital de investimento, a propriedade intelectual, que agora já inclui toda a América Central, a República Dominicana, a Colômbia, o Peru e o Chile. Há iniciativas para celebrar acordos bilaterais entre esses países e até talvez para unificar todos esses acordos em um só chamado Caminho da Prosperidade, como pretendem os Estados Unidos. Em outra região, observa-se um esforço estratégico russo de reorganizar a antiga área geográfica da União Soviética, através de acordos de livre-comércio e de acordos de defesa entre a Rússia e os novos Estados que surgiram com a desintegração da antiga superpotência. Mais a Leste, na Ásia, está em pleno curso a estratégia chinesa de celebrar acordos com países da região, com o objetivo de distribuição da atividade produtiva, e que levam à formação de ampla área de influência. Na África, formou-se a União Africana e se articulam várias iniciativas de organização de uniões aduaneiras mas sem que haja, como nos casos anteriores, um Estado que exerça sobre os demais uma clara liderança.

24. A América do Sul é o centro da política externa brasileira e cada dia mais importante fator para a estratégia econômica brasileira e para o sistema político brasileiro. Apesar das visões preconceituosas e primeiro-mundistas das elites tradicionais, que insistem em olhar com desprezo os nossos vizinhos e com admiração subserviente os países do Norte.

25. A situação na América do Sul tem como principais características as extremas assimetrias entre os países da região; a prevalência de enorme concentração de riqueza, em que se defrontam ínfimas elites riquíssimas e numerosas massas em estado de indigência e pobreza; a precariedade dos vínculos físicos de integração dentro e entre os diferentes Estados; os ressentimentos históricos latentes que volta e meia eclodem entre os diversos Estados da região.

26. A primeira e essencial tarefa de um projeto nacional em sua vertente externa é a promoção da integração física da América do Sul, nas áreas de energia, transporte e comunicações, que permita a formação de um grande mercado regional e, portanto, a emergência de grandes empresas capazes de competir com sucesso não só na região como no mundo.

27. Em segundo lugar, a promoção da união sul-americana, como instrumento essencial de fortalecimento dos Estados da região nas negociações internacionais, para que as regras a serem estabelecidas nos mais diversos campos, tais como o comércio, a economia, as finanças, o meio ambiente, os temas militares, venham a fortalecer e não a inibir o desenvolvimento de cada Estado e da região como um todo.

28. Em terceiro lugar, a cooperação, através do intercâmbio de experiências bem-sucedidas, para a redução das desigualdades sociais que existem em cada Estado e que são o principal fator inibidor de seu desenvolvimento econômico e de sua estabilidade política.

29. O Brasil somente poderá se tornar uma nação desenvolvida, próspera, justa e democrática em uma América do Sul que também o seja. Assim, o projeto nacional brasileiro e sua estratégia tem de contribuir de forma decisiva para o desenvolvimento da América do Sul. A implementação deste projeto é urgente, e o livro de Darc Costa chega no momento oportuno.

Samuel Pinheiro Guimarães

Sumário

Parte I – Aspectos de Civilização

1 – Os Fundamentos do Estado
2 – A Ascensão da Razão
3 – Roma e a Consolidação do Estado
4 – O Interlúdio Medieval
5 – O Renascimento
6 – Realização Ilustrada
7 – Criando a Modernidade Política: A Razão
8 – Criticando a Modernidade Política: A Vontade
9 – Descrevendo a Utopia da Política
10 – Desenvolvimento: Economia como Instrumento da Política

Parte II – Aspectos de Nação

11 – Portugal pré-Brasil: A Formação do Reino Português
12 – Portugal pré-Brasil: A Disputa Além-Mar
13 – Construindo a América Portuguesa
14 – União Ibérica: Desdobramentos
15 – A Defesa do Eldorado
16 – As Contestações Internas
17 – A América portuguesa é o Brasil
18 – A Estratégia Imperial
19 – A Diplomacia Republicana
20 – O Século XX e a Estratégia Nacional

Parte III – Aspectos de Inserção

21 – A Estratégia e a Nação
22 – A Teoria do Retardo
23 – Planejamento Nacional
24 – A Questão Energética
25 – Questões estratégicas do Século XXI
26 – A Amazônia
27 – A Segurança e a Defesa
28 – A Estratégia Nacional do Brasil
29 – O Primeiro Passo: A América do Sul
30 – A Estratégia da Integração

Considerações Finais
Referências Bibliográficas

I

ASPECTOS DE CIVILIZAÇÃO

O Caminho das Ideias
da Civilização Ocidental
e sua Influência na
Política e Estratégia Nacional

Índice

Capítulos:

1 – Os Fundamentos do Estado — *1*
A Edificação pela Fé • O Pacto Hebraico • Transição Persa • A *Pólis* Grega

2 – A Ascensão da Razão — *13*
O Advento da Filosofia • Do Mito ao *Logos* • O Espírito da Lei

3 – Roma e a Consolidação do Estado — *27*
As Origens • A Ciência nos seus Primórdios
A Primazia da Prática • Da Filosofia ao Direito • A Presença Cristã

4 – O Interlúdio Medieval — *43*
Fé e Razão no medievo • A Visão Cristã de Mundo

5 – O Renascimento — *57*

6 – Realização Ilustrada — *81*
Construindo a Ciência Moderna • Do Leviatã ao Contrato Social
Hegel e o Estado Moderno

7 – Criando a Modernidade Política: A Razão — *115*
A Tradição Positivista • A Postura Liberal

8 – Criticando a Modernidade Política: A Vontade — *137*
A Contestação Marxista • O Modernismo Reacionário

9 – Descrevendo a Utopia da Política — *155*

10 – Desenvolvimento: Economia como Instrumento da Política — *171*
A Visão dos Clássicos: a Especialização e o Mercado
A Visão dos Industrialistas: a Intervenção e o Planejamento

Referências Bibliográficas — *553*

1

Os Fundamentos do Estado

A Edificação pela Fé

A civilização ocidental possui um grande componente cultural das civilizações que se constituíram no Oriente Próximo[1]. Os gregos muito apreenderam com os egípcios, com os hititas, com os babilônicos, com os assírios, com os fenícios e até com os persas, seus rivais; e os sinais dessa aprendizagem estão diluídos na cultura grega.

Esses povos que, praticamente, inauguraram a civilização tiveram como traço comum o fato de conceberem suas estruturas de agregação social com o elemento religioso como seu verdadeiro amálgama. A socialização nasce, portanto, como resultado e resultante de uma posição de fé. Talvez esta seja a principal contribuição desse legado primitivo para a ideia atual de Estado.

Como veremos adiante, a razão explica e justifica o Estado, mas só a fé o edifica. Fé que, primitivamente, estava vinculada às crenças religiosas.

No antigo Egito, o Estado era bem organizado e se estruturava no prestígio dado ao faraó. Talvez por isto, tenha tido duração maior do que qualquer outro na história. Este prestígio decorria do credo de que ele possuía ascendência, sabedoria e poderes divinos. Foi tão marcante essa ligação do Estado com a religião, que esta "divindade" do faraó simbolizava não só a segurança da vida e do direito de propriedade, mas representava também a própria continuidade do Estado, e sua ação repousava quase que exclusivamente nessa aliança que se presumia existir entre o faraó e os deuses.

Na *História de Sinube* existe uma abordagem feita por um cidadão egípcio, que ilustra esta afirmação: "Ó Faraó de longa vida, que o Dourado Um (a deusa

---

1. Ou Antigo Oriente, corresponde a região da Ásia próxima ao mar Mediterrâneo, onde hoje se localiza a Síria, Líbano, Israel, Palestina e Iraque.

Aspectos de Civilização

Hator) dê vida ao seu nariz", o que demonstra o paralelismo e o grau de intimidade do faraó com esta divindade.

Os hititas também organizaram seu Estado apoiados numa visão religiosa. À trindade dos seus deuses era responsabilizada de acordo com o que era dito pelos sacerdotes para condução dos negócios do povo. Esta trindade era composta pelo deus-água, pelo deus-sol e por Hepat, a Ishitar hitita, e conduzia os chefes na solução das questões do Estado.[2] A crença no poder interpretativo dos desígnios divinos do rei dava a eles a noção de poder, de justiça e de segurança.

Já na Babilônia, o rei era simplesmente um agente do deus da cidade. Os impostos eram estabelecidos por esse deus, sendo, em seu nome, depositados no templo. Aos olhos do povo, o rei só tinha sua autoridade consagrada após sua investidura pelos sacerdotes. O medo do sobrenatural garantia o Estado e o governo; qualquer atitude que os ameaçasse era considerada a maior das impropriedades e passível de ser punida com a perda da alma e da vida de quem as cometesse.

Na Assíria, a religião e o exército eram os apoios do monarca. A cabeça formal do Estado era o deus Assur, já que tudo se fazia em seu nome: as leis eram tidas como emanações de sua divina vontade, todos os impostos eram coletados para comporem o seu tesouro, todas as campanhas militares empreendidas objetivavam, exclusivamente, cobri-lo de riquezas e de glória. O próprio rei era descrito como um deus e, usualmente, considerado a encarnação viva de Shamash, o deus-sol.

Os fenícios tinham o Baal, uma divindade que era nada menos que o deus-cidade, ou melhor, o Estado personificado como deus, que era o tronco de onde saíam os reis e toda a fertilidade do solo: o trigo, o vinho, os figos, o linho; tudo se devia ao Baal. O Baal de Tiro trazia o nome de Melcart, e era o deus da força. Cada Baal tinha um atributo e esse atributo era vinculado à cidade que ele materializava.

O Pacto Hebraico

Entretanto, é indubitável que foi o povo hebreu[3], vindo do Oriente Próximo, que nos deixou o principal legado da noção de Estado e, em consequência, da enorme importância que a religião cristã veio a ter em nossa civilização. Na visão hebraica, tanto a teologia quanto a história estavam estreitamente associadas. Os atos de Deus e os eventos da vida humana constituíam uma só realidade: a narrativa bíblica do passado hebraico pretendia mais revelar uma lógica divina do que reconstruir um registro histórico preciso.

Segundo o *Antigo Testamento*, os hebreus sempre imaginaram o Reino de Israel como o resultado de sucessivos pactos que Deus fez com seu povo. Porém, era uma forma de pactuação mais elaborada, que não se processava entre o Absoluto e um único homem. Eram pactos imaginados e concebidos entre Ele e um povo.

---

2. A ideia de uma trindade governante no campo do sobrenatural é uma ideia presente no pensamento indo-ariano.

3. Povo que viveu na região do Oriente Médio a partir do segundo milênio a.C. e que daria origem aos povos semitas – árabes e israelitas, antepassados históricos dos atuais judeus.

Os Fundamentos do Estado

Esses pactos, com o tempo, vieram a ser violados dando origem a novos, que também, depois de novamente violados, abriam espaço para um novo pacto, e assim continuamente. A presença de Deus sempre resultou de sua posição magnânima, e o povo hebreu, diferentemente da posição passiva das demais sociedades primitivas, frente aos desígnios dos deuses, encontrava-se na posição de contratante com o Absoluto. Um contratante submetido, mas um contratante que tinha sua vontade respeitada.

Nos demais Estados primitivos já mencionados, o Estado era uma decorrência da ação imposta pela religião e a vida social era formatada para refletir o pensamento religioso. Contudo, a explicação dos hebreus sobre seu Estado também era religiosa, mas muito mais bem elaborada.

Para eles, tudo começou com a criação do mundo por Deus, foi aí que se verificou a primeira violação do acordo do homem com Deus:

O Senhor levou o homem e colocou-o no Jardim do Éden para que o cultivasse e, também, o guardasse. E o Senhor deu esta ordem ao homem: "Podes comer o fruto de todas as árvores do Jardim, mas não comas o da árvore da ciência do bem e do mal, porque no dia que comeres certamente morrerás."[4]

Um acordo que estabelecia uma única regra e que preestabelecia uma única punição. A regra era não comer o fruto da "Árvore da Vida", a punição era a perda da imortalidade. A quebra desse compromisso e a ruptura que daí decorreu na relação entre Deus e o homem é por demais conhecida. Entretanto, é ilustrativo se verificar no texto bíblico o desenlace ocorrido. A seguir (Deus) disse ao homem:

Porque ouviste as palavras da tua mulher e comeste o fruto da árvore a respeito da qual eu havia lhe ordenado, maldita seja a terra por sua causa e dela só arrancarás alimento à custa de penoso trabalho, em todos os dias da tua vida. Ela produzirá espinhos e abrolhos e tu comerás as ervas do campo. Comerás o pão com o suor do teu rosto até que voltes à terra de onde foste tirado: porque tu és pó e em pó te hás de se tornar.[5]

Estas passagens retratam uma interferência direta do Absoluto, ou seja, a criação do mundo foi acompanhada por um pacto entre Deus e o homem – os hebreus marcaram um início.

Diferentemente das demais visões religiosas presentes nos estados primitivos orientais, o homem é um ator de peso no discurso bíblico, apesar do pacto entre ele e Deus resultar de uma imposição unilateral. Isto moldou o antigo Estado de Israel. Com a sua faculdade de contestar o pacto o homem inaugura a história, melhor dizendo, inaugura o período em que sua ordem paulatinamente virá a ser implantada no caos, que existia fora do Jardim do Éden.

---

4. BÍBLIA, *Antigo Testamento*, Gênesis Cap. II, Vers. 15-17.
5. *Ibid.* III,17-19.

Aspectos de Civilização

Na visão do *Antigo Testamento*, o início desse processo não se fez à margem de Deus, com a expulsão do homem do Paraíso e o choque cruel entre os irmãos Caim e Abel. O homem rapidamente se prolifera até ser dominado pela desordem da corrupção e Deus se decepciona com o seu desempenho na ação de cooptar a natureza, a ponto de assim se expressar:

Eliminarei da face da terra o homem que eu criei, e, juntamente com o homem, os animais domésticos, os répteis e as aves dos céus, porque estou arrependido de os ter feito.[6]

A partir deste momento restabelece-se o acordo entre Deus e o homem, em meio à nova punição: o dilúvio. Este restabelecimento acontece através do pacto que Deus faz com um outro homem, Noé, e com todas as gerações que dele descenderão:

Contigo Noé, farei um pacto: entrarás na arca com os teus filhos, a tua mulher e as mulheres de teus filhos. De tudo que tem vida, de todos os animais, levarás para a arca dois de cada espécie, para o conservares vivos junto de ti: um macho e uma fêmea.[7]

A seguir complementou:

Vou estabelecer um pacto convosco, com a vossa descendência e com os demais seres vivos que o rodeiam... Estabeleço convosco este pacto: não mais criatura alguma será exterminada pelo dilúvio e não haverá jamais outro dilúvio para destruir a terra... Este é o pacto que faço convosco, com todos os seres vivos que vos rodeiam e com todas as demais gerações futuras.[8]

Como, após o dilúvio, todos os homens descendem de Noé, Deus restabelece sua ligação com os homens em um plano diferente da concepção original. Esta ligação agora é feita em um mundo onde a dor, a fadiga e, principalmente, o pecado são passíveis da contestação de Deus. É, portanto, uma ligação que requer mútua atenção, que justificou a criação de um pacto especial, levando à criação de um povo eleito, o povo de Israel.

Retornando à narrativa bíblica, na parte referente aos pactos formadores do antigo Estado de Israel, observamos o pacto que Deus faz com Abraão:

Então Abrão prostrou-se com a face por terra e Deus disse-lhe: "O pacto que faço contigo é este: serás pai de inúmeros povos. Já não te chamarás Abrão (o mesmo que pai excelso, patriarcal) mas sim Abraão (pai de uma multidão), porque eu farei de ti o pai de inúmeros povos. Tornar-te-ei extremamente fecundo, farei que de ti nasçam povos e terás reis por descendentes. Estabeleço um pacto contigo e com tua posteridade, de geração em geração; será um pacto eterno, em virtude do qual Eu serei o teu Deus e de tua descendência."[9]

---

6. *Ibid*. VI, 7.
7. *Ibid*. VI, 18-19.
8. *Ibid*. IX, 8-12.
9. *Ibid*. XVII, 3-7.

Os Fundamentos do Estado

Depois o pacto que ele fez com Moisés:

... o Senhor respondeu: "Vou fazer um pacto contigo: na presença de todo o seu povo, realizarei prodígios, como jamais se fizeram em parte alguma, nem em nenhuma nação, e o povo que o cerca há de ver, então, a obra do Senhor, porque espantosas são as coisas que farei por teu intermédio." [10]

E, finalmente, o pacto de Deus com uma parcela da humanidade surge claro, através do cântico de David:

Estas são as últimas palavras de David: "...O espírito do Senhor fala por mim a sua língua está na minha língua e o Deus de Jacob falou, o rochedo de Israel disse-me: O justo dominador de homens, o dominador que teme a Deus, é como a luz da manhã quando se levanta o sol, numa manhã sem nuvens, como erva que brota após o aguaceiro. Não é assim a minha morada aos olhos de Deus? Porque ele fez comigo um pacto eterno, pacto firme e imutável. Ele é toda a minha salvação e toda a minha alegria." [11]

Nesta sucessão de pactos que, hoje, podemos situar no tempo, Deus particulariza a sua opção pelo povo hebreu e o faz estabelecendo regras de convivência, criando laços de solidariedade e dando forma à consciência de um povo. Este povo é especial e apresenta características únicas porque é um povo eleito. O recebimento das tábuas da lei, por Moisés, se dá por volta de 1200 a.C. Naquela época os hebreus viviam há muito tempo como escravos no Egito, mas, conforme acreditavam, com a ajuda de Deus todo o povo seria levado para uma terra prometida onde receberiam de Moisés um território: a terra de Canaã.

Cerca de 250 anos depois, encontramos no reinado de David o período áureo do antigo reino dos hebreus. Entretanto, passados mais 250 anos, esse reino se havia enfraquecido e foi dividido em dois: ao norte, o Reino de Israel; ao sul, o reino de Judá. Em 722 a.C., o reino do norte foi destruído pelos assírios, tendo, então, perdido completamente sua importância política e religiosa. No sul, a situação também evolui de forma insatisfatória. O Reino de Judá foi conquistado pelos babilônicos em 586 a.C. O templo de Jerusalém foi destruído e grande parte do povo foi levado em cativeiro. Somente em 539 eles foram libertados da Babilônia pelos persas e retornaram a Jerusalém, reconstruindo o seu grande templo.

Os reis, ao serem investidos no poder, eram ungidos pelo povo e recebiam o título de Messias. Na visão religiosa, eles mediavam as relações entre Deus e os homens. Daí serem chamados de "Filhos de Deus" e o país que governavam era chamado de "Reino de Deus".

Quando da perda de unidade de seus reinos, os judeus questionaram o porquê dessa decadência: Não era verdade que Deus havia prometido colocar suas mãos protetoras sobre o Reino de Israel? Mas também não era verdade que o povo de

---

10. *BÍBLIA, Antigo Testamento*, Livro do Êxodo, Cap. XXXIV, Vers. 10.
11. *Ibid. II, Samuel*, XXIII, Vers. 1-5.

Aspectos de Civilização

Israel não havia prometido cumprir os mandamentos presentes na leis de Deus? Esta comparação acabou espalhando a crença de que a situação de Israel resultava dos castigos que Deus impunha ao povo hebreu pela sua desobediência.

A questão religiosa trazia duas avenidas de soluções para o drama do Estado. A partir do ano de aproximadamente 750 a.C. surgiram vários profetas que pregavam a destruição, por Deus, do povo que não havia respeitado os mandamentos do Senhor. Eles diziam que, um dia, Deus viria julgar Israel. O Reino de Deus seria então restabelecido, os bons seriam levados aos céus, os maus, punidos, e Israel seria proclamada a luz espiritual da humanidade. Os sofrimentos do povo escolhido dariam origem a uma nova era de justiça universal, de verdadeira piedade e de plena glória e Deus seria revelado ao mundo. Chamamos essa via de avenida dos profetas do Juízo Final. Contudo, estes videntes e pregadores elevam-se à ideia de que Deus é bom e quer o bem do homem. Dessa forma, explicam que Deus só assim procederia porque o povo judeu havia caminhado para a decadência moral.

E, também, apareceram outros profetas que criaram outra avenida – a via da redenção – aquela em que estava presente a ideia de que Deus mandaria um outro enviado, um "príncipe da paz", ou um "rei da paz", da casa de Davi, que iria salvar parte do povo e restaurar o Estado de Israel. Joel (século IX a.C.) falava de uma era futura de felicidade onde "A terra se cobrirá de flores e de frutos." Isaías afirmava que um dia aparecerá um rei em Israel para fazer prevalecer a justiça e então "Deus dará a chuva para a semente... e... o gado pastará numa larga pastagem." A paz reinará entre as nações e os próprios animais deixarão de se destruir "O lobo habitará com a ovelha."[12] O Deus dos judeus não era apenas um criador, era também um libertador e asseguraria um destino glorioso ao povo, se este permanecesse fiel e obediente a sua lei.

A religião judaica não reconhecia a imortalidade das almas, nem a distinção entre alma e corpo, portanto, a felicidade dos homens devia ser assegurada nesse mundo e para isso o povo judeu deveria se reagrupar, no futuro, em torno dos seus princípios morais, algo que só seria possível com o Estado. Essa ideia foi de fundamental importância para a civilização, pois originou a formulação de um pensamento religioso de extrema importância futura: a religião cristã.

Nas profecias estão presentes as questões que cercaram Israel por toda a sua existência: o brilho ou a destruição. A visão religiosa era a base do pensamento do antigo Estado de Israel. Essa ligação entre Estado e pensamento religioso foi a razão de ser das formulações políticas que explicavam o antigo Reino de Israel.

Transição Persa

Na Antiguidade, a Pérsia talvez tenha sido uma exceção à ideia da religião como instrumento impulsionador da fé no Estado. Originalmente, a religião tinha uma

---

12. BÍBLIA, *Antigo Testamento*, Isaías, Cap. CXVI, Vers. 22-32.

Os Fundamentos do Estado 7

tríade principal de deuses: Mitra, o deus-sol; Anaita, a deusa da fertilidade e da terra; e Haoma, o deus-touro que, ao morrer, deu à humanidade o seu sangue, para prover a imortalidade – ele era encontrado no suco da erva *haoma*, bebido pelos persas. Esta visão religiosa, no entanto, veio a ser contestada e vencida por outro princípio religioso, defendido pelo profeta Zaratrusta (Zoroastro, para os gregos), que via um único deus no mundo, Ahura-Mazda, senhor do Céu e da Luz, do qual todas as outras divindades nada mais eram que suas manifestações ou qualidades.

Após sua constituição como Estado, a Pérsia mudou de religião. Muitos defendem que a principal razão da ascensão dessa nova doutrina, e sua aceitação por Dario I foi a visão de que ela seria uma fé capaz de fortalecer o Estado.

O Estado Persa foi o primeiro dos estados antigos em que não se fazia presente a ideia de se impor ao conquistado a sua religião, ou de dar aos deuses dos conquistados uma posição subalterna perante a visão religiosa do conquistador. De certa forma, isto representava um rompimento com as bases teocráticas dos estados primitivos e conduzia a que a civilização que a sucedesse, a dos gregos, pudesse montar sobre outros fundamentos os seus Estados.

A cultura persa não via valores na Grécia até a imposição grega provocada por Alexandre, o Grande – para eles o grego era periférico. A Pérsia foi o último centro dos antigos impérios e a sua última cultura. Foi, todavia, o primeiro degrau por onde subiu o processo civilizatório.

A visão grega de cidade-estado (*pólis*), como veremos adiante, era profundamente estabelecida em bases racionais, mas também mantinha um forte componente religioso, que vinha não só de um atavismo tribal, como também das influências orientais. Daí a importância que os gregos atribuíam às respostas fornecidas pelos oráculos, mesmo em negócios de Estado. A fé sempre tem de se fazer presente quando a questão é o Estado.

Deste período, fica o fato de que, para servirem aos seus propósitos, um Estado que tem fé imagina as ações sucessivas conforme necessitam que elas sejam. Um Estado sem fé vai acomodando os seus propósitos, sucessivamente, às coisas tais como elas são.

A *Pólis* Grega

A Grécia Antiga é o berço do Estado, o berço do processo civilizatório. A consciência de ser o homem uma realidade acima da natureza animal, vegetal ou mineral é inicialmente concebida na cidade grega. Esta consciência se personifica na vida da *pólis*, na vida política, na ideia que todos adquirem de fazer parte de um corpo social maior: a cidade. E o fato de que ali, na cidade, todos têm vida social, são ou não cidadãos, sentem-se ou não homens livres.

Todas as referências eram às cidades-estados. Os deuses eram vinculados às cidades (Atena, protetora de Atenas). O conceito de origem havia se expandido. Não é mais o clã. Não é mais a tribo. Agora, é a cidade, a cidade-estado. A vida do homem identificou-se com a vida da cidade: a *pólis*, algo que não é material. Como consequência dessa relação expandida com o imaterial, em toda a Grécia Antiga, predominava uma visão espiritualista do homem. Este paradigma grego sempre foi um referencial.

Grécia: Um Breve Esboço

No começo do segundo milênio a.C., uma nova população, de origem não muito bem definida, irrompe no contexto mundial, vindo a modificar a estrutura mediterrânea – o mundo Egeu e a península Grega. Era o início da civilização micênica, os antepassados do homem grego. Este povo de espírito aventureiro, dotado de um estilo diferente de vida dos primitivos habitantes da Europa – armas de bronze, cerâmica característica, machados de guerra –, iniciou suas conquistas a partir da Grécia Continental, por volta de 2000 ou 1900 a.C. Durante sua expansão, foram marcadamente hábeis na arte da guerra e dotados da capacidade de assimilar o que havia de mais útil das culturas com as quais entravam em contato.

Estes antepassados dos gregos evoluíram na guerra a partir de contatos com a Ásia Menor – que os trouxe a arte de dominar os cavalos e a cultura, a partir de Creta –, pois, sentiram-se integrados ao mundo do Oriente Próximo, pelos inúmeros intercâmbios que dali mantinham com o Mediterrâneo Oriental.

A civilização micênica se apresentava estruturada sobre um regime de "economia palaciana" – denominação dada pela posição central do palácio na estrutura social. A sede política, religiosa, econômica e militar estava aí localizada. Havia um líder: o rei; que era a autoridade absoluta, usando de auxiliares – "escribas" e "inspetores reais" – para exercer seu governo. Toda a produção de bens passava pelo palácio para, então, serem distribuídos à população através de um sistema de trocas. A economia palaciana, sob responsabilidade dos escribas, ficava restrita ao palácio e utilizava-se de uma forma de escrita, para sua organização.

Apesar desta organização, este sistema possuía falhas que o levaram à ruína. A principal era a existência de comunidades rurais, instaladas ao redor do palácio, que não apresentavam total dependência deste, possuindo alguma capacidade de autogerência. A invasão dos dórios desfaz a estrutura palaciana, em definitivo, já que sua base estrutural escrita é destruída e a econômica, formada pelas comunidades rurais, desenvolve-se de forma autônoma a partir de então.

Segue-se um período no qual se procederam as transformações estruturais destas cidades-estado. Infelizmente, pela ausência de registros escritos, a maioria das informações foram obtidas através de achados arqueológicos – utensílios, cerâmicas, etc.

Contudo, a queda do poder micênico e a expansão dos dórios no Peloponeso, em Creta e em Rhodes, inauguraram uma nova idade da civilização grega. As modificações aconteciam em todos os níveis: metalúrgica (o ferro supera o bronze), rituais de morte (incineração em vez de inumação), etc.

Há, também, o choque cultural causado pelo encontro da mitologia patriarcal heroica dos ascendentes indo-europeus gregos, presidida pelo grande Zeus, com

Os Fundamentos do Estado

as deusas que reinavam na mitologia autóctone e pré-helênica dos micênios, algo que se transfigura, na época heroica, em um casamento de visões e interpretações diversas da realidade. Dentro deste casamento viceja uma dicotomia: de um lado, a religião pública da Grécia, com seus festivais, dedicados às grandes divindades do Olimpo, e seus rituais cívicos na *pólis*; de outro, as religiões de mistério amplamente populares – a órfica, a dionisíaca e a eleusiana –, cujos ritos esotéricos continham elementos das tradições religiosas orientais e pré-gregas: as celebrações da morte e do renascimento, os cultos agrícolas da fertilidade e a veneração da grande deusa mãe.

Mas, com a ruína palaciana, as forças da sociedade (militares, religiosos e civis) tendem a se chocar. Desse período de desordem vêm uma reflexão moral e especulações políticas, que vão definir uma primeira *sophia* – "sabedoria" humana. Surgem os primeiros "sábios" gregos, o que irá representar alterações na cultura e na religião, baseadas na unificação de conceitos após a discussão de diversos temas. Desta fase conhecemos um pouco da estrutura social através da narrativa de Homero – na *Ilíada* (fixada oralmente em 750 a.C.) e na *Odisseia*.

Surge, então, uma nova estrutura social, na qual o palácio não é mais o centro da cidade – então cercada por muralhas –, substituído pela ágora (lugar onde são debatidos os problemas da cidade), em alguns lugares. No final deste período (século VI a.C), predominam o artesanato, o comércio e, portanto, a economia em base monetária. Temos, pois, que a constituição da *pólis* foi um acontecimento decisivo na história do pensamento grego, por estar intimamente relacionada à mudança das relações humanas.

A existência de uma sociedade escravista, na qual eles arcavam com as responsabilidades do trabalho "pesado", propiciou aos gregos o tempo necessário para o aprimoramento das faculdades do pensamento.

A visão de mundo dos gregos apresentava tendência, constante, de interpretar o mundo segundo princípios arquetípicos, algo evidente em toda a cultura grega, a partir da épica de Homero. Em sua base havia uma visão do Cosmos, como expressão ordenada de determinadas concepções primordiais, ou de primeiros princípios transcendentais, diversamente concebidos como formas, ideias, absolutos imutáveis, divindades imortais, archai[13] divinos e arquétipos. Há na Grécia uma propensão clara para se encontrarem decodificadores universais para o caos imprevisível da vida.

O florescimento econômico (surgimento de um sistema monetário), o fato de a sociedade tornar-se, paulatinamente, urbana (maior possibilidade de estreitamento das relações entre os homens), a invenção do calendário e o desenvolvimento de uma próspera classe comerciante – que rivaliza e supera a aristocracia agrária –, formam os alicerces para o esforço material que gerou a *pólis* e o intelectual que originou a filosofia.

---

13. Palavra grega para os princípios fundamentais, as metáforas básicas em que se fundamenta tudo e que fornece forma, estilo, expressão para as maneiras em que nós pensamos, sentimos e falamos.

Aspectos de Civilização

Atenas e Esparta

Para acompanhar o deslocamento da reflexão da natureza para a sociedade é interessante conhecer um pouco das condições reinantes na Grécia, em seu período de maior brilho (séculos VI a III a.C.), que podem ser visualizadas com um breve histórico dos dois estados proeminentes no mundo grego: Atenas e Esparta.

Atenas resultou da reunião de quatro tribos que viviam no território da Ática. No começo, em Atenas, os cidadãos se dividem em três classes: os nobres ou eupátridas, os agricultores ou geomores e os artesãos ou demiurgos. O poder, inicialmente, está com os nobres, que descendem dos antigos chefes de clã e, no início, era entre eles que se recrutavam os arcontes, os que dirigem a cidade.

Os nobres, paulatinamente, se apropriam das melhores terras. Progressivamente, criam as condições que podem conduzir os camponeses à falência e à escravatura, até que estes, revoltados, levam o arconte Sólon, no final do século VI a.C., à anulação de suas dívidas com os nobres. Esta anulação se materializa na constituição de Atenas, promulgada por Sólon em 594 a.C. Nesta constituição, Atenas passa a ser dirigida por um conselho de 400 membros, e os cidadãos passam a ser divididos em quatro classes, observada a renda que tiram das suas terras.

Depois de Sólon, os camponeses se aproximam cada vez mais dos artesãos e dos mercadores, cuja importância na vida social de Atenas é crescente. Esta aproximação quebra definitivamente o poder dos nobres, o que se materializa com as reformas de Clístenes, de 508 a.C. A partir deste momento, Atenas é governada por um conselho de 500 membros eleitos que, em seu conjunto, formam a assembleia do povo. Os cidadãos encontram-se divididos em 100 demos, segundo o seu lugar de moradia. Nesta época, em Atenas, existem 120.000 cidadãos, numa população de 400.000 pessoas, que também é composta de estrangeiros, os metecos, e de escravos. Os cidadãos mais numerosos são pequenos proprietários que cultivam suas terras, por vezes com a ajuda de um ou dois escravos. Em geral, encontravam-se em situação precária.

A crescente atuação dos mercadores, aliada com a busca de oportunidades em novas terras, expande a ação externa de Atenas. Esta expansão gera insegurança e requer um esforço militar crescente, que se constitui em suporte do Estado, e leva a uma política externa de alianças com outras cidades.

Esparta, em 550 a.C., contava com 25.000 cidadãos que conviviam com 250.000 periecos, (homens livres, que não gozavam de direitos políticos), e com 100.000 hilotas (camponeses escravizados). Os periecos dedicavam-se às atividades comerciais e artesanais; e os hilotas, às atividades agrícolas nas propriedades dos cidadãos. Cada cidadão possuía uma propriedade inalienável e dedicava sua vida ao Estado. Dos 7 aos 20 anos, recebia uma exaustiva educação militar, e dos 20 aos 60 anos, estava permanentemente mobilizado numa companhia militar. Era obrigado casar-se e somente seus filhos bem constituídos eram preservados. O patrimônio familiar ficava com o primogênito, os demais, desprovidos de meio de existência, são expulsos da classe de cidadãos e tornam-se periecos. Os cidadãos não podiam

Os Fundamentos do Estado

praticar o comércio nem ter metais preciosos. Os cidadãos, em conjunto, formavam a assembleia, que detinha o poder e exerce a soberania. Na verdade, o comando estava com a gerúsia, senado composto por 28 anciãos, escolhidos entre os cidadãos, por um sistema de cooptação, e pelos dois reis, que exercem o cargo de chefes do exército. A gerúsia, anualmente, propunha à assembleia cinco éforos, que dirigirão os negócios de Estado. A organização social de Esparta privilegiava a vida comunitária. Era usual a refeição comunitária. A sociedade espartana atribuía às mulheres um papel importante na formação da *pólis*, elas eram educadas para prover filhos saudáveis, prontos para servir a Esparta.

Razões de Estado opõem Atenas a Esparta, no século IV a.C. É a Guerra do Peloponeso (431-404), na qual Atenas é derrotada. A causa principal dessa derrota decorre da inferioridade militar de Atenas que resulta da organização social mais elaborada de Esparta e da decadência espiritual, que o confronto interno, provocado pela repartição dos frutos da expansão econômica, havia provocado no âmbito da sociedade ateniense.

Para emoldurar melhor o quadro das influências que atuaram no pensamento grego, é necessário sublinhar a permanente ebulição estrutural da organização das cidades gregas, sacudidas por revoltas das camadas menos aquinhoadas. Em diversas cidades gregas acontecem violentas e sangrentas revoltas, sempre escudadas num discurso de crítica da ordem social. Contudo, essas revoltas só conduzem à pilhagem e não a uma nova ordem social duradoura.

No século V a.C. os grandes poetas trágicos gregos, Ésquilo, Sófocles e Eurípides empregavam os mitos antigos para explorar os mais profundos temas da condição humana. Os mitos eram o corpo vivo deste processo de consciência e construíam uma imagem que refletia e iluminava os processos essenciais da vida. Homero, ao tratar do passado real e imaginário dos gregos, foi denominado educador da Grécia. Já os trágicos, moldavam o caráter moral com as representações teatrais que funcionavam tanto como sacramento religioso comunal quanto como evento artístico. Comparada aos poemas épicos de Homero, a tragédia ateniense refletia um sentido mais consciente do significado metafórico dos deuses e uma apreciação mais lancinante do autoconhecimento e do sofrimento humanos.

A Ascensão da Razão

O Advento da Filosofia

O homem sempre buscou entender seu contraditório: a natureza e sua origem, o modo dela se comportar, as transformações que nela se verificam e seu caráter de continuidade. A exemplo de outras primeiras civilizações, na Grécia estes questionamentos levaram à elaboração de mitos – formas pictóricas para a explicação dos fenômenos, em geral, postos na natureza.

Portanto, no princípio, os homens, na busca pela compreensão do todo que os cercava, repousavam suas respostas nos mitos. Incorre-se em um grave erro de avaliação crer que, repentinamente, o homem abandonou seus mitos e pôs-se a pensar racionalmente. Não é sensato, nem tampouco inteligente, desprezar a visão mítica como ponto de partida para a ideação mais "racional" (no sentido de não mítico); em verdade, ela significa o primeiro passo, o primeiro esforço da humanidade nesse sentido.[1]

A pergunta que forçosamente se impõe é: como o homem passou a pensar de forma não mítica? Analisando alguns autores, fica a ideia de que houve um verdadeiro "salto" – chamado genericamente de "milagre grego". Aos menos avisados, pode parecer que, de forma repentina, os gregos começaram a buscar explicações racionais para alguns fenômenos, principalmente relacionados à estrutura da natureza. Esta é uma ideia equivocada e ingênua, pois, analisando minuciosa e imparcialmente, podemos perceber uma inegável congruência entre os mitos cosmogônicos (mitos que descreviam a formação do universo) e a cosmologia dos primeiros filósofos.

---

1. A proposição de um problema dialético está relacionada à do enigma – forma de problematizar questões, muito empregada pelos sábios gregos da antiguidade –, visto que ambas são explicitadas sob a forma contraditória. Entende-se, pois, que o racionalismo é um ato seguinte ao misticismo, isto é, são duas etapas sucessivas de um mesmo processo. Estamos convencidos que esta visão corresponde ao processo e, por isso, a ênfase com que defendemos a ideia de uma passagem tênue do mito para a razão.

Aspectos de Civilização

Ao nascer, a filosofia vai encontrar-se em uma posição ambígua: flutuará entre a sua inspiração nos mistérios (sabedoria antiga) e a razão do debate político. Com isso, as discussões tornam-se cada vez mais importantes, afetando um maior número de pessoas – o que caracteriza, em última instância, o aparecimento da filosofia como o momento no qual indivíduos livres, com disponibilidade para o ócio e o estudo, passaram a refletir sobre as questões filosóficas, sem ter que recorrer às respostas míticas.

Começaram a surgir explicações lógicas e racionais – se reforça, aqui, o sentido de "racional" como não mítico – para as coisas. O homem começa a observar o mundo ao seu redor e a analisar as coisas, criando teorias a respeito.

Neste contexto, os primeiros filósofos gregos foram chamados de "físicos", porque começaram por se interessar pela natureza e, principalmente, pelos processos naturais. Para o aprofundamento dessa discussão, era necessário conhecer a origem das coisas de forma fundamentada, não mais baseada na explicação dos mitos. Todas as ideias passam a ser frutos da observação e da reflexão do homem, abandonando-se explicações sobrenaturais relativas aos deuses ou entidades: a razão surge como o elemento mais importante do conhecimento humano. A razão, a observação e a reflexão fundamentam o início do pensamento filosófico. E a filosofia significou o nascimento do pensamento ocidental, sendo a base para todo o desenvolvimento científico e tecnológico vislumbrado no mundo contemporâneo.

Existe na busca de explicações racionais um vínculo forte entre a natureza e a sociedade. Antes, ambas estavam reunidas sob o véu dos mitos. Agora, separando uma da outra, os cidadãos gregos servem-se do mesmo modelo de pensamento para ordená-las.

Baseado nessas premissas, entende-se que o mundo grego diferenciou-se como um todo do restante do mundo conhecido naquela época. A partir do desenvolvimento do pensamento, as respostas de caráter puramente mítico para os fenômenos naturais foram sendo esvaziadas.

A *pólis,* a cidade-estado, deixa de ser fruto de uma aliança baseada na fé. Passa a ser explicada pela razão. De qualquer forma, os primeiros filósofos ou pensadores não podiam se livrar facilmente daquela influência cultural tão arraigada à vida das pessoas de seu tempo. Daí percebermos a influência dos mitos sobre o pensamento desses homens – em especial, os pioneiros – justamente pelos problemas com os quais se ocuparam. A interpretação da natureza pela razão, algo que fugia à visão mítica, teve seu início por volta de 600 anos a.C. Cem anos antes, Homero e Hesíodo haviam compilado a mitologia grega.

Os pioneiros da filosofia criticaram os mitos. Estas críticas, associadas à nova estruturação política e social da Grécia (já referenciadas como cidades-estados: a *pólis*, nas quais os cidadãos podiam dedicar-se mais livremente à discussão de temas sociais e filosóficos, pois a maior parte do trabalho braçal era desempenhada por escravos), propiciaram o desenvolvimento de uma maneira de explicar o mundo, não mais através do mito, mas sim pela razão.

A Ascensão da Razão

Com um conteúdo preciso – uma explicação racional para a origem e ordem do cosmos (cosmologia) – é aceito que a filosofia surgiu nas colônias gregas da Ásia Menor.

O que nos irá chamar a atenção no pensamento desses primeiros filósofos – hoje denominados pré-socráticos – será uma ideia que foi comum a praticamente todos eles: a de que havia uma substância fundamental na natureza, de caráter eterno e imutável, origem de todas as coisas e a partir da qual as modificações se processavam. A maneira como procuravam explicar essas transformações e a essência da natureza apresenta, muitas vezes, grandes diferenças entre cada um deles.

O foco principal que intrigava esses pensadores era o fato de, pelo menos até onde afirmavam os sentidos, ocorrerem constantes transformações na natureza. Processos como a combustão, a solidificação, a evaporação e o nascimento de inúmeras espécies de vegetais que brotam na terra (aparentemente inerte) eram pontos centrais do seu pensamento.

A filosofia, na Grécia Antiga, parece anteceder aos textos mais antigos que conhecemos, os dos pré-socráticos, contudo admite-se que a filosofia tenha surgido com Tales de Mileto[2]. Podemos definir o que se conhece acerca das ideias desse filósofo sobre a natureza em duas premissas: a terra flutua na água e a água é a origem de todas as coisas. Nada mais se sabe acerca das ideias deste pensador. Quanto à primeira premissa, é provável a influência de mitos do Oriente Próximo, bem como o mito do rio *Okeanos* na tradição grega, segundo a qual esse rio circundaria toda a Terra, mas essas são apenas suposições. Quanto à segunda, não é possível ter-se uma ideia clara do que Tales estava realmente querendo dizer com a "água é origem de todas as coisas" e até que ponto essa afirmativa era importante em sua cosmogonia.

O esforço intelectual de Tales na busca de uma explicação racional, sem lançar mão dos ornamentos mitológicos, cria um passo decisivo em direção ao entendimento do mundo. Um discípulo dele, Anaximandro, postulou que o mundo originara-se do indeterminado (ou infinito) – o qual denominou *ápeiron*; ele acreditava que a formação do mundo foi consequência de um movimento turbulento operado dentro do *ápeiron*. Discordava de Tales no tocante à origem das coisas, possivelmente por não aceitar que uma substância com propriedades determinadas (a água) pudesse ser a origem de todas as outras.

Anaxímenes é considerado o terceiro nome da história da filosofia. Adotou também a ideia de uma única substância geradora, mas, ao contrário de Anaximandro, determinou o ar como origem de todas as coisas e a causa das constantes transformações da natureza. O ar de Anaxímenes, à semelhança do *ápeiron*, era perpétuo, sendo encarado como "um sopro de vida" sustentando o cosmos. Acreditava que por rarefação do ar era gerado o fogo e por sua crescente condensação, a água e a terra. Este pensador foi o único filósofo pré-socrático a explicar a diversidade e as transformações da natureza em função da modificação de estados de um único elemento.

---

2. Aristóteles o apontou como o "fundador da filosofia natural".

Aspectos de Civilização

Contrariando esta visão materialista, a escola pitagórica desenvolve a dicotomia: corpo e alma. A alma é um princípio imortal residente em todos os seres vivos, encontra-se presa nos corpos vivos de homens ou animais, sua purificação sucessiva leva à libertação e ao mundo imaterial dos deuses.

Após as primeiras concepções de Mileto destinadas a explicar o mundo – de Tales, Anaximandro e Anaxímenes – surgem Parmênides (da escola eleata) e Heráclito, pensadores que conduziram o pensamento filosófico a um verdadeiro impasse.

Para Parmênides, tudo o que existe sempre existiu, isto é, as coisas do mundo são as mesmas desde o início dos tempos (conceito este bastante difundido entre os gregos). Sendo assim, ele afirmava que nada surgia do nada e nada que existe pode transformar-se em outra coisa: o mundo foi concebido e permanece imutável. Para refutar o que a natureza lhe mostrava – constantes transformações –, optou por admitir que os sentidos eram falaciosos, jamais podendo ser utilizados como guias da realidade.

Heráclito propôs uma explicação que se choca frontalmente com os preceitos de Parmênides, baseada nas transformações da natureza. Para ele "tudo flui", ou "todas as coisas estão em movimento" – e esta é a principal característica da natureza (o mais imutável do universo é sua mutabilidade). Dessa forma, a origem das coisas se dá com o contínuo movimento da natureza.

Era claro que Parmênides conhecia essas transformações, mas por não conseguir encaixá-las em sua ideia, dizia que eram fruto da ilusão dos sentidos e que o homem deveria ver o mundo somente com a razão. Estabeleceu-se, assim, acérrima discordância entre os dois filósofos, colocando o pensamento grego em xeque.

Coube a Empédocles a resolução do impasse, através da conciliação das teorias de Parmênides e Heráclito. Em sua opinião havia acertos e incorreções no pensamento dos dois filósofos, sendo o principal erro a aceitação de um princípio único como essência de todas as coisas. Chegou, então, à conclusão de que a natureza possuía quatro elementos básicos, fazendo-se interessante analogia aos mitos: ar, água, terra e fogo.

Assim, para ele, todas as transformações da natureza decorreriam da combinação desses quatro elementos e as porções de mistura utilizadas dariam origem aos inúmeros seres do mundo. No final da vida, os elementos separam-se para, novamente, se combinarem, dando origem à outra forma. Entretanto, os quatro elementos continuam a ser o que são, inalterados, a despeito do tipo de mistura de que fizeram parte.

O filósofo Anaxágoras era também contrário à ideia do elemento único, embora discordasse que a água, terra, ar e fogo pudessem, ao se combinar, dar origem à infinidade das formas que compõem o mundo. Ele acreditava que a natureza era composta por uma infinidade de partículas minúsculas, invisíveis ao olho humano e que, na verdade, possuía um pouco de tudo. Essas partículas se combinavam e se separavam de maneiras diferentes, dando origem aos diversos elementos da natureza.

A Ascensão da Razão

17

Outros dois eleatas trouxeram contribuições à nascente filosofia, principalmente no que tange aos preceitos de Parmênides: Zenão e Melisso. Ambos pregavam as concepções de um ser ingênito, imperecível, uno, contínuo e imutável. Os eleatas afirmavam que as mudanças não podem ser percebidas pela razão. Como Aquiles pode ultrapassar a tartaruga se, no tempo em que vence o seu atraso, a tartaruga continuou progredindo? Para Parmênides, um dos eleatas nada pode mudar, por isso os sentidos não são confiáveis.

Os conceitos dos primeiros filósofos, bem como as contribuições de Anaxágoras, Zenão e Melisso, formaram terreno fértil para o desenvolvimento de uma corrente filosófica, por Leucipo e Demócrito que, posteriormente, culminaria com a formulação da teoria atômica: o atomismo, doutrina na qual se acreditava num mundo composto por partículas minúsculas, indestrutíveis e eternas – os átomos (do grego "não divisível" – á / tomo).

Esta pode ser considerada a última grande contribuição pré-socrática à filosofia, pois, a partir de então, o eixo da questão filosófica desloca-se da natureza para o homem e a sociedade que este cria (Sócrates e sucedâneos).

Do Mito ao *Lógos*

Dentre as inúmeras transformações que surgem com a *pólis*, a mais importante é a extraordinária preeminência da palavra sobre todos os outros instrumentos de poder. A palavra deixa de ser o termo ritual e passa a ser a fonte para o debate, discussão e reflexão, sendo o seu uso de forma mais persuasiva o que irá definir o orador vencedor dos embates dialéticos (dialética é compreendida como a arte real da discussão, ou melhor, das normas para uma discussão correta). Todas as questões de interesse geral passam a ser submetidas à arte da oratória e as decisões são as conclusões dos debates. A política se torna a arte do domínio da linguagem.

Com a popularidade dos debates e das discussões, a *pólis* se fundamenta na publicidade das manifestações sociais. Distinguem-se os interesses comuns dos privados, consolidam-se as práticas abertas e o domínio público: a base social da estrutura. Porém, esse desenvolvimento traz uma profunda transformação já que, ao tornar comuns os elementos de uma cultura, levamos os mesmos à crítica e à controvérsia. Todos os elementos estão expostos a interpretações diversas e a debates apaixonados. Já não era possível se impor apenas por prestígio pessoal ou religioso, deveria haver o convencimento pela dialética. A palavra constituiu-se no instrumento da vida política. Sua vertente escrita trouxe em si a possibilidade de uma completa divulgação do conhecimento. Neste momento, a escrita tornara-se pública, não mais estando presente apenas no palácio – como no período do predomínio de Creta (micênico). Neste contexto, o saber pode tornar-se disponível, deixando de estar restrito aos magistrados ou sacerdotes. Após sua divulgação, as ideias deverão ser submetidas ao debate político e daí à aceitação popular. Com a consolidação da importância da palavra, o saber passa a ser um "bem" público.

Aspectos de Civilização

Neste âmbito, a sabedoria antiga[3] teve que percorrer as veredas da linguagem, da palavra, do discurso, do *lógos* e da dialética, o que se constituiu em um dos fenômenos da cultura grega, possuindo o enigma como substrato para sua origem.[4]

Não foi sem dificuldades nem sem resistências que esse percurso foi seguido. A popularização do saber, antes considerado inacessível, foi lenta, questionada e contraditória. Podemos dizer que havia uma articulação para que os mistérios que chegassem até a praça pública – algo inevitável – sofressem um estudo e fossem objeto de exame, mas, contudo, não deixassem de ser completamente um mistério.

A "queda" do mito (algo misterioso) – ou melhor, sua reformulação –, sem qualquer sombra de dúvida, trouxe em si um grandioso salto na evolução humana, mantendo seus reflexos até o nosso tempo.

O Espírito da Lei

A civilização grega, com seu caráter antropocêntrico, teve um papel decisivo na consciência do homem e em sua própria dignidade. É bem verdade que só aos cidadãos era dada essa dignidade, que resultava de sua posição de homem livre. O poder não resultava exclusivamente de sua posição ou da participação no poder de outrem, ou seja, na utilização da sua autoridade como chefe ou daquela à qual recorria em nome do chefe. Para tanto, o Estado tinha de se constituir através de regras ou leis. Na Grécia Antiga, o homem livre não era servidor de outro homem, mas servidor da lei.

Para compensar a lei, o pensamento grego teve de afastar, da forma mais geral e primitiva do pensamento humano, o pensamento religioso, no qual o homem adere a uma concepção preestabelecida do Absoluto. Comparada às religiões orientais, a grega pode ser colocada como muito mais evoluída. Seus deuses não estão na natureza, não são astros, não são animais, não são plantas: são homens. Está mais próxima de ver o Absoluto no homem, como o Espírito, que nele habita.

Contudo, a religião grega falha duas vezes: primeiro, porque cada cidade grega tem uma enorme pluralidade de deuses próprios; segundo, porque só partilham entre eles o gênero humano, não considerando os demais, os bárbaros. Como pode uma pomba, um bárbaro, viver em um ninho de águias (gregos), se não como escravo e, portanto, sem dignidade?

A grande pluralidade de deuses exige uma ação racional que retire do plano religioso a concepção única do mundo. Ao se olhar como um ser superior, o grego não percebeu o que era a base da visão moderna do homem: a sua igualdade com os outros e a universalidade do gênero humano.

Ao final do século V a.C., a crise social conduz os filósofos a se preocuparem com as questões políticas. Surge uma nova escola, a dos "sofistas", de Protágoras.

---

3. Tão exaltada por filósofos como Platão, para o qual a sabedoria pertencia ao passado, restando para seus contemporâneos apenas o "amor à sabedoria" (filosofia).
4. Pode-se argumentar que a filosofia nasceu no momento em que se tentou recuperar algo perdido: a sabedoria – esta última miscigenada ao discurso, a dialética.

A Ascensão da Razão

Para ele é o homem a medida de todas as coisas. O filósofo deve preocupar-se com as coisas humanas e como o homem é um ser social, deve-se questionar o que é a sociedade. Para Protágoras, a sociedade é fruto da insegurança, é a representação física do pacto que entre si fazem os homens, para a sua mútua, e ao mesmo tempo coletiva, proteção. Este pacto, em sua opinião, só foi possível porque os deuses concederam aos homens dois atributos: o pudor ou o respeito e a justiça ou o direito. As leis foram criadas pelos homens e resultam de convenções, não são de origem divina, sendo, portanto, mutáveis. Sendo assim, tudo é transitório, em matéria de relações entre os homens, nada é definitivo. Terá a lei a seu favor aquele que for capaz de convencer aos outros que tem a razão, portanto, os filósofos, os "sofistas", têm de ser capazes de ensinar aos seus discípulos como vencerem as controvérsias políticas.

Assim, a lei, a constituição, os liames que articulam o Estado, passam a ser contestados permanentemente pelos sofistas. Os sofistas contrariavam a visão, dominante no antigo mundo grego, de que a lei era um ente sagrado, resultado de uma vontade divina ou um mandamento da natureza. Para eles, a lei decorria de uma manifestação comum, fruto da vida social da cidade e da razão humana, algo útil à formação do Estado, retirando-a do plano mítico.

Como consequência, instaura-se uma grave crise intelectual e moral. Instala-se a desordem e processa-se uma ruptura, tornando-se, mais uma vez, necessária a intervenção do homem para se reconstruir a ordem. Esta intervenção vem pela refutação das doutrinas sofistas e dá origem a uma nova filosofia política. Sócrates, que não nos deixou nada escrito, está na gênese desta nova filosofia. Ele refuta os sofistas e afirma que a vida social deve estar submetida a regras de justiça, que têm um valor absoluto. Platão é o seu sucessor e, depois, teve Aristóteles como seu aluno.

Estes dois grandes pensadores gregos, Platão e Aristóteles, buscaram explicar o mundo e o homem. Filósofos e idealistas, eles acreditavam que são os homens que constroem o seu próprio devir. Eles não adotaram a concepção naturalista do homem que se vê na categoria de um simples animal superior. Para eles, no convívio da cidade, o homem, com a consciência de que é dotado, satisfaz o seu espírito, o que lhe permite viver de forma maior e definitiva sua existência terrestre: a vida política. Eles viam na cidade um instrumento de salvação de almas.

Tanto Platão como Aristóteles veem o homem como o condutor do processo, veem a natureza como um espaço de atuação do homem, e a cidade como o lugar da articulação organizada dessa atuação, produto do processo da civilização. A civilização, para ambos, não é fruto de uma tendência, mas resulta de rupturas e elas se traduzem em fatos gerados pelo homem – provocadores de rupturas. Portanto, devemos proceder a uma análise factual, compensa pensar.

Platão nasce filho de nobres, em Atenas a 427 a.C. Uma Atenas que caminhava para uma derrota perante Esparta, que acabará impondo a quebra da antiga democracia ateniense e sua substituição por uma tirania oligárquica. Platão não participa do jogo político, pois afirma que só aqueles que conhecem a verdade

Aspectos de Civilização

podem dirigir os destinos do Estado. Para tanto, defende que é necessário um retiro onde se exercite a meditação e a contemplação: a "teoria". Aos 20 anos, inicia um período de contemplação. Dedica-se a apresentar suas obras à apologia de seu mestre: a *Apologia de Sócrates, Eutífron, Críton, Protágoras, Íon,* os dois *Hípias, Laquete, Cármides* e *Górgias*. Nestas obras, coloca a forma irônica e contestatória com que Sócrates mostra a ignorância dos homens. Em *Górgias*, aborda de forma clara o que considera a verdade na política. Antes do poder ou do prazer, quem servir à cidade deve buscar a felicidade do homem, algo que está na virtudes, e que resulta da educação de sua alma imortal.

Platão, em suas várias viagens, busca conhecer como se governa em outros povos, vai ao Egito, à península Itálica e à Sicília. Nesta última, em Siracusa, aproxima-se de Dion, cunhado e genro de Dionísio, o tirano. A amizade de Dion leva Platão a interferir nos negócios de Siracusa, com resultados desastrosos. O fracasso de Siracusa leva-o a acreditar, ainda mais, na importância da sabedoria para os políticos.

Em 387 a.C., com estas experiências, funda sua própria academia, destinada àqueles que buscam a vida pública e, para tanto, devem conhecer a alma dos homens e a ordem, que, na época, se expressa principalmente pela cultura matemática. Em *A República*, relata a sua doutrina social e política. Desenvolve também trabalhos no campo da moral através de *Banquete, Ménon* e *Fédon*, assim como na ideia do ser, em *Teeteto* e *Parmênides*.

Em 367 a.C., envolve-se novamente com o governo de Siracusa. Mais uma vez a ideia de um rei filósofo é malsucedida. Platão busca na "teoria" a solução para os seus erros. Produz novas obras: *O Sofista, O Político, Timeu, Crícias, Filebo* e, finalmente, os doze livros das *Leis*, onde volta a tratar da questão social. Falece em 347 a.C.

Com sua filosofia Platão buscava dar uma concepção da existência e do mundo que ultrapassasse a dos filósofos que o antecederam. Renegava as ideias dos materialistas, que acreditavam que só era importante aquilo que pudesse ser acessado pelos sentidos, buscando a explicação de tudo na existência da matéria. Transpõe a contradição entre Heráclito e Parmênides quanto à realidade. Para o primeiro, ela era instável e não permanente. Para o segundo, era absoluta e imutável. Platão defendia que ela resultava da mutabilidade própria do mundo visível, que apenas refletia a imutabilidade do mundo superior.

Ele buscava também vencer o dilema colocado entre seu mestre Sócrates e os sofistas, quanto às regras morais e às leis da cidade. Os sofistas acreditavam que as leis da cidade eram humanas, portanto, relativas e mutáveis. Sócrates morreu por acreditar na justiça absoluta. Para Platão, as leis humanas são uma imitação de uma justiça ideal que pertence ao mundo dos deuses. Para Platão, existia um mundo acima da natureza: o mundo sobrenatural e a comunicação entre esses dois mundos só se faz através do homem. Isto porque o homem habita esses dois mundos: tem um corpo perecível pertencente ao mundo da natureza e uma alma imortal e imaterial, que normalmente está no mundo sobrenatural. A alma cai no corpo, se o homem pratica o bem, ela se liberta na dissolução desse corpo e será feliz. Se não, sua alma sofrerá um castigo e terá de reencarnar em outro corpo. Praticar o bem é observar a justiça: uma ideia pura do mundo superior que, na vida terrestre, é para o homem só uma recordação.

O Estado, a *pólis*, para Platão só tem sentido se criar condições para a purificação dos homens. É preciso se criar uma vida social que embale a justiça. E é isto que formata o pensamento social de Platão que se expande de forma coerente e contínua ao longo de toda a sua vida. Primeiro, ao traçar o Estado ideal na *República*, depois em *Timeu* e no *Político*, ao explicar as deficiências dos Estados existentes; e, finalmente, nas *Leis*, onde tenta conduzir o Estado real que vê para o Estado ideal que imagina.

Na *República*, Platão entende o processo de formação do Estado como o produto de homens que, estando impossibilitados de se bastarem a si próprios e tendo necessidade de uma infinidade de coisas, "se associam para obter ajuda".[5] Para ele a carência de meios orquestra uma ação solidária que estrutura o Estado.

Diferentemente de Protágoras, para Platão, o Estado é algo que vai além das razões de segurança. Para ele, o Estado existe como um movimento solidário, em busca do bem de todos. Não é um ser natural, resulta da ação humana. Isto fica claro quando Platão vincula o interesse pessoal na constituição física do Estado. Diz ele, no segundo volume de *A República*:

A sociedade é um grupo de indivíduos que tem vantagem em viver em conjunto, dado que isso lhes permite dividirem as tarefas entre si e especializarem-se em uma atividade. Dessa forma, surgem os variados ofícios, depois o comércio interno e externo.

E continuava afirmando: "O gosto do luxo desenvolve-se, assim como os meios de o satisfazer, o que leva à guerra contra as cidades vizinhas."

Para Platão, o Estado tem uma função econômica, contudo, não despreza a segurança. Só que ele estende o conceito de segurança, ao criar a ideia de que o Estado, concebido pelos sofistas como instrumento de segurança, pode se tornar um instrumento de insegurança, particularmente para outro Estado.

Platão realça a importância da segurança quando subdivide a população de sua cidade ideal em três classes: a dos ofícios, encarregada da prosperidade material, a dos militares, que cuidam da defesa externa e da ordem interna e a classe dos chefes, que devem dirigir o conjunto do grupo social.

Na última parte desta obra ele abdica de descrever seu Estado imaginário e dedica-se a descrever o mundo real das relações políticas entre os gregos. É necessário fazer-se a ponte entre o imaginário e o real, que foi buscado por Platão no *Timeu*, em *Crícias* e no *Político*.

---

5. *A República*, p. 369, c.

Entretanto, foi somente nas *Leis*, seu principal diálogo político, que ele deu obrigações ao Estado. Postulava que o Estado deve ter uma postura ativa, não pode ter função contemplativa caso se queira ir da cidade real para a cidade imaginária. E o fim essencial de um Estado atuante é o de "estabelecer a amizade entre todos os cidadãos da cidade".[6] O Estado tem de ser o guardião da justiça e do mérito: as razões de ser do próprio Estado. Como estes são princípios filosóficos, o Estado só prosperará tendo filósofos como dirigentes, únicos capazes de gerir estes princípios.

De forma sintética, Platão imagina um Estado à imagem e semelhança do ser humano, estabelecendo as seguintes correlações: no corpo temos a cabeça; na alma, a razão, que traz a sabedoria, que requer governantes sábios para o Estado; no corpo temos o peito; na alma, a vontade, que traz a coragem, que requer os militares; no corpo temos o baixo ventre; na alma, o desejo, que traz a temperança e requer os trabalhadores.

O idealismo platônico traz consigo a importância da visão do Estado como instrumento de poder, para o bem ou para o mal. Mas viabiliza o conceito de estruturação social. Interpreta a ação humana no campo social como uma ação corretiva, como um poderoso instrumento de reposição da ordem. Platão buscava olhar o Estado como o projeto do homem, e o homem como o projeto do Estado. Essa era a visão final ideal do Estado na Grécia Antiga de Platão.

A figura de Aristóteles é muito menos conhecida do que a de Platão. Nascido em Estagira, cidade grega submetida à Macedônia, em 384 a.C., entra, aos 18 anos, na Academia de Platão, onde permanece até a morte do mestre, dezenove anos depois.

Em 342 a.C., é chamado por Felipe da Macedônia para dirigir a educação de seu filho Alexandre. Volta a Atenas em 335 a.C. e funda uma escola concorrente à Academia, o Liceu. Doze anos depois, é perseguido pelas suas ideias e é obrigado a deixar Atenas, vindo a falecer em 322 a.C.

Registros antigos dão conta de que não menos de 170 obras foram assinadas por Aristóteles. Destas, 47 chegaram até nós. É muito difícil classificá-las: se cursos, notas ou verdadeiros tratados. Essas obras são voltadas para a lógica (*Organon*), a física, a psicologia, a filosofia da natureza, a história natural e, finalmente, a metafísica. Sob este título encontram-se agrupadas as discussões que estão "além da física", isto é, as discussões sobre o ser, sobre a moral, a retórica, a poética e sobre o que nos interessa: a política.

Aristóteles é, antes de tudo, um meticuloso organizador das ideias. A ordem que ele buscava era, antes de tudo, a dos conceitos formulados pelos que o antecederam. As duas obras onde Aristóteles melhor explicita sua opinião sobre o Estado são a *Ética a Nicômano* e a *Política*[7].

---

6. *Leis*, p. 738, c.

7. A *Política* encontra-se traduzida para o português no livro IV da coleção *Os Pensadores*, da Abril Cultural.

A Ascensão da Razão   23

Aristóteles rejeitava a formulação platônica de Estado, porque não concordava com a visão igualitária que Platão atribuía à parcela de cada homem no Estado. Para ele, o erro de Platão era querer criar uma unidade absoluta no Estado entre os homens, o que lhe parecia tão impossível como "se de uma sinfonia se quisesse fazer um uníssono", já que o Estado "é uma pluralidade que, por meio da educação, deve ser conduzida a uma comunidade, a uma unidade".

Criticava o sistema imaginado por Platão, pois jamais, em sua opinião, conseguir-se-á o amor mútuo entre os cidadãos. Ao contrário, contestando o sistema platônico, Aristóteles afirmava que "é inevitável que a amizade se dilua... como uma fraca quantidade de vinho, colocada em uma grande quantidade de água, se torna imperceptível na mistura".[8]

Para entender o contraponto de Aristóteles à visão platônica de Estado é relevante compreender o conjunto da visão aristotélica de mundo. Para Aristóteles, o homem não participa de dois mundos distintos: o visível e o invisível, como dizia Platão. Para ele, o homem encontra-se no mundo natural e a alma termina com o corpo. A espécie humana, como todas as outras, é mortal. Admite a existência do Absoluto que reside noutro mundo, sem ligação com o mundo terrestre.

Entretanto, é na visão sobre as ideias que existe uma total divergência com Platão. Para Aristóteles, a ideia não está fora dos objetos sensíveis, na verdade é sua própria realidade. A matéria que constitui o objeto não é relevante, o que tem relevância é a forma.

Outra divergência diz respeito à visão da alma imortal de Platão. Contudo, Aristóteles não advogava uma filosofia materialista. Pelo contrário, ele defendia a impossibilidade da existência independente da matéria. Não vendo o destino sobrenatural da alma, pregado por Platão, fica claro, portanto, por que Aristóteles não aceita a busca da justiça ideal pela razão.

Para ele, a ciência residia exclusivamente na capacidade que temos de definir as coisas, de dizer o que é um gato ou o que é um rato. Da capacidade que temos de induzir, resultado da investigação e da observação que realizamos.

Para Aristóteles, as essências das coisas não são engendradas, nem são transformadas: simplesmente permanecem as mesmas, eternamente. Portanto, não tem com esta visão explicações para os fatos sociais. Contudo, filosofando sobre o Estado, ele enunciava, de forma axiomática, a sociedade natural e a convivência organizada.

Afirmava que "todo Estado é uma comunidade e cada comunidade se constitui com vista ao bem".[9] Argumentava que:

O Estado é um produto natural e o homem é, por natureza, um ser sociável: portanto, quem, por natureza e não por qualquer caso, vive fora da comunidade

---

8. *A Ética à Nicômano*, 1262 b, 10-25.
9. *Ibid.* 1252 a, 1.

Aspectos de Civilização

estatal, ou é abjeto ou superior ao homem, exatamente como aquele que Homero censurou e que está privado de fraternidade, de leis e do fogo-lar.[10]

Mas o que é mais relevante é a afirmação de Aristóteles: "Por natureza, o Estado é anterior à família ou a cada um de nós" e que:

...é, portanto, evidente que o Estado existe por natureza, e que é anterior a todos os indivíduos: de fato, não sendo autossuficiente, cada indivíduo isolado estará nas mesmas condições das outras partes em relação ao todo, e, portanto, quem não está em condições de entrar na comunidade, ou pela sua autossuficiência não sente necessidade disso, não faz parte do Estado e, por conseguinte, ou é um animal, ou é um deus.

Portanto, por natureza, existe em todos o impulso para fazer a comunidade, o que traz enormes benefícios, porque, tal como "quando é perfeito, o homem é a melhor das criaturas, também, quando se afasta da lei e da justiça do Estado, se torna a pior de todas".[11] Daí ele considerar que o Estado é natural.

Como vimos, neste ponto, por motivos diversos, ele assume uma postura semelhante à de todos aqueles que o antecederam na Grécia Antiga. O natural, para Aristóteles, era o fato de o Estado decorrer independentemente do homem. Para Platão, natural era o homem constituir o Estado. Para Platão, era o homem que conduzia o processo; para Aristóteles, era a natureza. Até hoje, esta dualidade de origem está presente em todas as ciências sociais.

Em síntese, para os gregos, o Estado é resultado de uma ordenação consciente e imprescindível. É a materialização do choque entre o homem e a natureza. Na alma grega, tudo está ligado. O citadino com a *pólis*, pelo espírito das leis. O Estado tudo pode mobilizar: as vidas, os costumes, as condutas, os compromissos e as obrigações. Afinal, para o grego, o Estado era seu fim último, sua origem e seu destino. Esta identificação do grego com o Estado se encontra nos seus deuses, na sua cultura e na sua filosofia. Não sendo o Estado algo material, a relação grega com o Estado pode se dizer espiritualista e idealística.

Em síntese, a filosofia grega buscava explicar a mudança e o devir. Por que as coisas mudam? O que é essa mudança? Heráclito afirmava que tudo se transformava sem razão, renunciando a toda explicação. Já os pré-socráticos, preocupados com a natureza, diziam que o mundo era explicável pelo encontro de matérias e pela transformação de uma matéria-prima como, por exemplo, a água ou o ar, numa visão materialista do mundo. Para fugir ao ceticismo de Heráclito e ao materialismo dos pré-socráticos, preocupados com a natureza, Platão imaginara um sistema com dois mundos: o mundo imutável das ideias e o mundo mutável dos seres naturais, imagem esmaecida do primeiro. Aristóteles contesta esse sistema. Apoia-se numa concepção extremamente rígida da estabilidade das essências e das formas no mundo. Aristóteles faz do contraditório a base do conhecimento – nada pode ser o

---

10. *Ibid.* 1253 a, 2-6.
11. *Ibid.* 18-19, 25-33.

A Ascensão da Razão

que é e o seu contrário ao mesmo tempo. Para ele, se a essência se alterasse, o ser, após a mudança, seria outro, diferente de si mesmo, talvez até o seu contrário, o que não é concebível. Tudo é o que é e nada mais. Portanto, a essência de um ser não se transforma.

Ambos, Platão e mais ainda Aristóteles, afastam-se de uma concepção histórica da humanidade com essas ideias. Aliás, para os gregos, a história se desenrolava em "círculos", da mesma forma como acontecem as estações do ano. Para os gregos, não existe uma linearidade na história, ela não teve início, nem terá fim. Na sua concepção, existem referências a tempos históricos que nascem e morrem.

A posição de Platão nos conduz à utopia, ao imaginário, de um Estado ideal. Para Aristóteles, o Estado decorre de uma ordem natural, o que limita a faculdade criadora do espírito humano. Não existe escolha possível entre a sociedade ideal de um e a sociedade natural do outro, e isto se reflete no fato de que nem um e nem outro foram capazes de pôr fim à crise social e política do mundo grego. Entretanto, suas reflexões são fundamentais para se entender as principais questões que sempre cercaram a estruturação dos Estados, como instrumentos da sociedade humana.

Aristóteles morreu no ano de 322 a.C., depois, portanto, de Atenas ter perdido sua ascendência sobre a Grécia. Esta posição de Atenas se inseria num contexto onde haviam ocorrido grandes transformações políticas. A Macedônia havia se tornado hegemônica em toda a Grécia. Mais do que isto, em decorrência das conquistas de Alexandre Magno (356-323 a.C.), o mundo grego havia sido levado até a Índia. Foi Alexandre que conseguiu colocar a Grécia no centro, com sua vitória definitiva sobre a Pérsia. Como consequência, surgiu uma era completamente nova na história da humanidade. Criou-se uma comunidade internacional, onde a cultura, a língua e a maneira de pensar dos gregos desempenhavam papel preponderante. Este período durou cerca de 200 anos.

Mas as conquistas de Alexandre coincidiram com o início da decadência do mundo grego. Apesar das advertências dos filósofos, as cidades gregas enfraque-ceram-se pelas suas querelas e pelas suas disputas internas, sendo, primeiramen-te, transformadas em instrumentos dos reis macedônios e, depois, quando Roma derrotou a realeza macedônica, incorporando-as ao Império Romano.

Quando os gregos poderiam achar que deixariam de ser centro em razão da ação de Roma? Roma, mesmo depois de sua ascendência no Mediterrâneo Ocidental e após suas vitórias nas guerras púnicas, era vista pelos gregos como uma periferia atrasada, um ajuntamento de bárbaros. Pois esta periferia, por ter concepção estratégica e por ter vontade nacional, como se verá no próximo capítulo, irrompe no centro e se apropria da cultura grega.

Na visão grega, estava claro que o Estado não deveria desenvolver seu pensamento segundo um objetivo preestabelecido, mas sim com um pensamento em si preestabe-lecido buscar um objetivo. Eles sempre usavam a razão quando criavam concepção estratégica, ou seja, estabeleciam um pensamento em si preestabelecido, para só então fixar objetivos. Assim eles foram bem-sucedidos. É o caso, por exemplo, da ideia da conquista de novos territórios, para enviarem o excedente de sua população. Entretanto, se perderam quando assim não procederam, como no choque entre a Liga Aqueia, formada por Roma e um grande número de cidades gregas, em 146 d.C., selando o fim da liberdade das cidades gregas e sua retirada definitiva do centro.

3

Roma e a Consolidação do Estado

A estruturação romana é, indubitavelmente, a de análise mais complexa. Foi Reino, foi República, foi Império. Filosoficamente, não foi nada e foi quase tudo: foi cínica, estoica, epicurista, eclética, neoplatônica e terminou cristã. Roma tem dois períodos distintos: o da conquista, empurrado pelo *ethos* militarista e pelo discurso libertário da república; e o imperial, da *Pax Romana*, ela se fez pela fé e pela razão.

As Origens

Por volta de 1000 a.C., imigrantes cruzaram o rio Tibre e estabeleceram-se no Lácio. Não se sabe se conquistaram, se misturaram ou simplesmente extermina-ram as populações neolíticas ali preexistentes. Aos poucos foram constituindo aglo-merações entre o Tibre e a baía de Nápoles. Destas, a de maior destaque foi a de Alba Longa, ao pé de monte Albano, provavelmente no sítio onde hoje se encontra o palácio de verão dos papas, Castel Gandolfo. Foi de Alba Longa, no século VIII a.C., que uma colônia de latinos mudou-se para cerca de 35 quilômetros a nordeste de Alba Longa e deu origem a Roma.

Mas a origem de Roma é confusa: mitologias, crendices e ilusões patrióticas se misturam. No início foi constituída sob a forma de reino, Rômulo foi rei, Numa Pompílio, um sabino, também foi rei. De acordo com Tito Lívio, Numa lutava, com a maior força, para inculcar o temor de deuses sobre o povo. Mas, temendo que esse esforço não fosse suficiente, ele apelava também para o sobrenatural, declarando que tinha encontros noturnos com a divina ninfa Egéria e que era a conselho dela que instituía o ritual religioso mais aceitável ao Céu, e nomeava sacerdotes especiais para cada deidade principal. Ao estabelecer um credo prin-cipal para as diversas tribos, fortaleceu a unidade do reino: trouxe a fé e a fé trouxe o Estado.

Aspectos de Civilização

A partir do século V a.C., após breve período de dominação etrusca, veio a República. Roma transformava-se numa cidade republicana, organizada na antiga distinção entre nobres (patrícios) e não-nobres (plebeus) e, por outro lado, também na divisão da sociedade em classes, em função de fortuna.

Nesta época, todos os cidadãos pertenciam às centúrias, de onde emanava o poder da Assembleia Centurial, verdadeira origem do poder da República Romana. Nesta assembleia, como exprime o próprio nome, o voto era por centúria[1] – a influência de cada classe nos negócios dependia diretamente do número de centúrias que ela detinha. A título de exemplo, em 312 a.C., os proprietários ricos tinham 98 centúrias, sendo que 18, dos mais ricos, eram de cavaleiros. Os pequenos e médios proprietários contavam com 90 centúrias, os artífices com 4 e os proletários, cidadãos desprovidos de qualquer fortuna, com uma única centúria. O poder estava, portanto, com a aristocracia.

Foi nessa República que Roma criou a sua bem-sucedida concepção estratégica. Havia um pensamento preestabelecido que, em si e per si, colocava objetivos. Como vimos no estudo das *pólis* gregas: a razão é que deve determinar os objetivos. E este pensamento nascia e residia no fato de que a aristocracia romana não se contentava apenas com os recursos que tirava de suas propriedades fundiárias, daí terem concebido outra forma de enriquecimento: o comércio. Primeiro, esta concepção estratégica contemplava o domínio das rotas de comércio terrestres da Península Itálica. Depois, a prevalência sobre os territórios banhados pelo mar Mediterrâneo, em especial os territórios onde haviam se estabelecido os múltiplos focos de civilização de origem helênica e os vários empórios comerciais de procedência fenícia.

Empenhados na conquista desses objetivos, os romanos, contando com a vontade nacional, planejavam sucessivamente os objetivos estratégicos e os faziam acontecer. Desse período, destacam-se especialmente as campanhas contra Cartago e contra os gregos. Os romanos destruíram, de forma implacável, uma a uma as instituições das cidades conquistadas. Eles, sistematicamente, pilhavam as riquezas desses territórios e levavam para Roma, ou deportavam para lugares distantes, os homens mais notáveis dessas cidades.

Contudo, as conquistas militares provocaram sucessivas perturbações sociais, em decorrência do enriquecimento relativo de alguns que delas se aproveitavam. Em consequência, no ano de 107 a.C., os proletários foram incorporados às legiões, dentro de uma série de concessões que a plebe obteve com as pressões que exerceram sobre a classe rica – o sistema republicano de Roma já dava claros sinais de desagregação.

Em paralelo, com a expansão do domínio romano, a escravatura também tomava proporções cada vez maiores, provocando importantes revoltas. Em 135 a.C., Eunoús, escravo na Sicília, formou um exército e comandou uma revolta contra

---

1. Centúria, unidade militar que compreendia cem homens.

Roma e a Consolidação do Estado

Roma, que só foi vencido após seis anos de lutas. Outras revoltas se sucederam. A de maior gravidade ocorreu entre 73-71 a.C., sob a direção de Espártaco, que acabou derrotado após percorrer a Itália de norte a sul com grandes vitórias. Quando, finalmente, derrotados os homens de Espártaco foram aprisionados, ficando famoso o episódio da crucificação de cerca de 6.000 escravos na estrada que levava de Cápua a Roma.

Estes movimentos abalaram ainda mais a República, levando Augusto, em 27 a.C., a estabelecer o Império, terminando assim com o período republicano. Todas as liberdades políticas foram abolidas, o Império passou a ser o senhor absoluto e sempre materializava seu poder pela força.

Daí em diante o Estado Romano se estruturou literalmente sobre esta força, que se espraiava sobre toda a atividade econômica e social. Os senadores tinham de possuir, pelo menos, mais de um milhão de sestércios[2], e, mesmo assim, o Senado Imperial não tinha qualquer poder: se contentava, simplesmente, em referendar as decisões do imperador. Em contrapartida, somente os senadores poderiam vir a ser nomeados generais ou governadores de províncias. Abaixo deles vinham os cavaleiros, aqueles que possuíam mais de 400.000 sestércios e que podiam aspirar a ser oficiais superiores das legiões. Os demais eram apenas cidadãos romanos que, paulatinamente, passaram a se contentar com a distribuição regular de trigo e com os espetáculos promovidos pelo Estado.

Após 200 anos de relativa tranquilidade, o Império e sua estrutura plutocrática se veem sacudidos por contestações, provocadas, em última instância, por crises fiscais e monetárias, que se originam na situação deficitária observada na balança comercial de Roma com o resto do Império. A aristocracia se insurgiu contra o Império, sendo definitivamente derrotada pelo imperador Caracala (211-217 d.C.), dando origem a uma nova aristocracia imperial: a dos coletores de impostos, os curiais, que se responsabilizavam, perante o imperador, pela arrecadação de recursos para o tesouro do Estado Romano. Nesta época o Estado buscava organizar as profissões em corporações obrigatórias, além de proceder a outras intervenções na vida econômica.

Seguiu-se, então, um período de extrema anarquia (235-268 d.C.) após o qual o aparelho administrativo do Estado foi novamente alterado com ações intervencionistas dos imperadores. Dentre as medidas adotadas, por exemplo, o Imperador Diocleciano generalizou o pagamento em produtos aos funcionários, passando a utilizar diretamente produtos de seus domínios e foi levado a constituir empresas manufatureiras de propriedade do Estado. Com isto, caiu a importância do mercado e os proprietários orientaram-se para um sistema de economia fechada. O Estado cobrava seu imposto diretamente do grande proprietário ou da aldeia de camponeses livres. Para facilitar o sistema de cobrança, o camponês foi obrigado a não só não deixar a terra como, também, a não casar, ou a não alienar seus bens sem autorização do proprietário da terra em que trabalhava.

---

2. Moeda que se tornou unidade monetária de referência em Roma.

Aspectos de Civilização

Por sua vez, os grandes proprietários, cada vez mais, criaram maneiras de se defender dessa taxação de impostos, sendo razoavelmente bem-sucedidos em suas manobras. Isto incentivava a concentração da propriedade. De outra parte, a ausência de bases técnicas, que permitiriam usufruir o aumento de escala do fator terra, levou a um progressivo empobrecimento geral.

Em decorrência, portanto, das modificações ocorridas no campo econômico, constituiu-se um sistema que cada vez mais afastava o cidadão do Estado Romano.

A destruição do espírito cívico pelo absolutismo imperial, secundado pelas crescentes dificuldades econômicas, explica a crescente perda da vontade nacional dos romanos e o enfraquecimento progressivo do Império. Perdia-se a fé, perdia-se o destino, perdia-se o caminho.

Com a morte de Teodósio I, em 395 d.C., os seus dois filhos tornaram-se imperadores, um pelo Ocidente, outro pelo Oriente. Em paralelo, as legiões assumiam cada vez mais o papel de sustentáculo do Estado. Entretanto, progressivamente essas legiões perderam seu caráter romano, na medida em que, na sua composição, é cada vez maior a participação de bárbaros.

Alarico I[3], no ano de 410, pilha Roma e o fez aproveitando-se da sua dupla condição de general romano e de chefe dos visigodos. Em 451, contudo, os francos salvam Roma de Átila e seus hunos, os derrotando próximo a Troyes. Ao final, em 476, o exército bárbaro revoltou-se e levou ao trono o seu chefe Odoacro, que recusou a dignidade imperial e se proclamou rei, reconhecendo, contudo, sua suserania ao imperador do Oriente. Essa suserania foi contestada por outros bárbaros.

O Império Romano ainda lutava para subsistir no Ocidente. Em 540, Justiniano, imperador do Oriente, do Bizâncio, conseguiu reconquistar Roma e toda a Itália dos Ostrogodos. Entretanto, quarenta anos mais tarde, todo esse esforço foi baldado pela conquista da Itália pelos lombardos. O Império Romano havia-se desintegrado.

Observando-se este período da civilização com os dados históricos de que dispomos, podemos dividir o Estado Romano como tendo perseguido duas trajetórias: uma ascendente, quando contava com fé – com vontade nacional – e, com razão – com concepção estratégica –, já que se havia imaginado liderando a bacia do Mediterrâneo desde o período do Reino, da República e nos primeiros anos do Império; e outra descendente, os quatrocentos anos do Império, nos quais progressivamente foi perdendo sua vontade nacional, e nos quais não inovou nada, em sua antiga concepção estratégica.

É relevante observar, que a fase descendente coincide com o desaparecimento da liberdade nas cidades gregas, que era o fulcro gerador da cultura de então e responsável pela evolução, na época, da filosofia em todos os seus ramos, em especial, da política. Os filósofos, mesmo antes da crise motivada pela falta de

---

3. Rei visigodo e primeiro líder germânico a tomar a cidade de Roma.

Roma e a Consolidação do Estado

liberdade, afastaram-se de avançar em discussões sobre filosofia política, determinando um progressivo eclipse desse ramo da filosofia, pela ausência de reflexão sobre temas como o Estado e a vida social.

A Ciência nos seus Primórdios

Após o domínio da Grécia pelos romanos, declinou o vigor especulativo-filosófico, indo até ao ceticismo, despedaçando-se a visão até então una da filosofia, tornando-se empírica nas chamadas ciências particulares. Concretizou-se nestas ciências o interesse teorético da época, incentivado também pela descoberta de novos povos ou outras civilizações, fenômenos e fatos novos, graças às expedições de Alexandre, que havia chegado até as Índias.

O centro principal dessa cultura científica é Alexandria, assim como Atenas foi o grande centro da especulação filosófica. Alexandria congregava, e também daí partiam cientistas de todo o mundo civilizado, tendo atingido seu maior esplendor nos séculos III a.C. (Euclides, Arquimedes, Hiparco) e II d.C. (Ptolomeu). Em Alexandria havia um famoso museu, rico de recursos científicos – bibliotecas, observatórios, gabinetes, jardins botânicos, jardins zoológicos, salas anatômicas, etc. –, que teve uma longa e gloriosa vida desde o III século a.C. até o IV século d.C.

Dois ramos da Matemática floresceram no mundo antigo: primeiro, a geometria nos séculos III e II a.C.; e depois, a aritmética nos séculos I e II d.C. A Matemática e a Física tiveram grandes cultores em Euclides e Arquimedes. Euclides viveu em Alexandria no III século a.C., onde passou a vida toda entre o ensino, a sistematização das descobertas Matemáticas de seus predecessores e as suas pesquisas originais. É o autor dos afamados *Elementos de Geometria*, nos quais trata com grande clareza e rigor científico a geometria plana, a mecânica e a aritmética. Natural de Siracusa, Euclides estudou em Alexandria, voltando depois a sua cidade natal, onde se dedicou a estudos e pesquisas de matemática, geometria e mecânica. Suas descobertas serviram também para a construção de máquinas de guerra, na defesa de Siracusa, cercada pelos romanos durante a II Guerra Púnica. Durante o saque da cidade, apesar de o cônsul Marcelo ter ordenado aos soldados que poupassem a vida do grande sábio, um soldado ignorante o matou, porque fora repreendido por ele ao reclamar que o soldado perturbava seus estudos. *Noli turbare circulos meos* teriam sido as suas últimas palavras.

Quanto à Física, após interesse apenas teórico, prevaleceram os interesses prático-técnicos, como os da escola mecânica de Alexandria, já famosa no século III a.C., na qual foram inventados relógios de água, máquinas hidráulicas, máquinas de guerra acionadas por ar comprimido, etc.

A Astronomia antiga floresceu antes e com mais vigor que a Geografia. Ela conheceu a hipótese heliocêntrica devido a Aristarco de Samos, pouco posterior a Aristóteles e pouco anterior a Arquimedes – III século a.C. mas, em geral, aderiu ao geocentrismo. O geocentrismo foi elaborado por Eudóxio de Cnido, discípulo de

Aspectos de Civilização

Platão (408-355 a.C.), e por Aristóteles, no sistema das esferas homocêntricas – seu sistema astronômico era composto de 56 esferas concêntricas –, depois desenvolvido e corrigido por Apolônio de Perga (260-200 a.C.), que ensinou em Alexandria, e também por Hiparco de Niceia, no século II a.C., mediante a teoria dos excêntricos. Esta teoria desloca a Terra do centro das órbitas astrais para a circunferência, para poder explicar melhor e mais simplesmente os movimentos celestes.

Quem, contudo, dá visão sistêmica definitiva ao geocentrismo é Ptolomeu, que viveu em Alexandria no século II d.C., autor do chamado *Almagesto*, mediante o qual a Astronomia antiga foi seguida e transmitida até a Renascença. Ptolomeu imaginava a Terra fixa, no centro do Universo. A esfera exterior das estrelas fixas girava para oeste, entretanto, nesta esfera o Sol e a Lua caminhavam para leste, cada um em seu próprio círculo chamado de deferente. Os planetas também caminhavam para leste em velocidades variadas e cada vez mais lentas sobre círculos menores chamados de epiciclos, fazendo rotações em torno de pontos dos deferentes. O sistema composto de deferentes e de epiciclos explicava as aproximações e os afastamentos dos planetas com as consequentes maiores e menores luminosidades. Mas o sistema criava incongruências, o que levou Ptolomeu a dizer que havia corpos excêntricos, ou seja, que tinham seus centros deslocados do centro da Terra e os *equantes*, que tinham outro centro de rotação fora dos deferentes.

Um ponto fundamental é entender que, para os helenos, Astronomia e Astrologia andavam juntas. Nessa época, Astronomia e Astrologia eram uma coisa só, não havia essa diferenciação e admitia-se que através do estudo dos influxos astrais sobre os fenômenos terrestres e, particularmente, sobre as vicissitudes humanas podia-se inferir na existência. A Astronomia não era leiga, mas provida de um sentido esotérico. Através da data de nascimento da pessoa e de cálculos das posições dos planetas naquele momento, baseados nos princípios arquetípicos das correspondências observadas entre divindades míticas específicas e planetas determinados, os astrólogos tiravam conclusões a respeito do caráter e do destino dos indivíduos. Essas conclusões decorriam de correlações entre diversos princípios pitagóricos e babilônicos relativos à estrutura do Cosmo e sua relação intrínseca com um microcosmo, o Homem.

A Geografia começou a ser cultivada no seu aspecto astronômico e matemático, e foi só com Estrabão que se afirmou o seu caráter antrópico – voltada para o homem. Estrabão – 63 a.C. a 30 d.C. –, nascido no Ponto, estudou em Alexandria e em Roma. Escreveu uma grande obra de Geografia, onde descreve sistematicamente, em dezessete livros, as regiões então conhecidas – Europa, Ásia, África –, pondo, especialmente em foco, a influência do clima sobre o temperamento e o caráter humano e a organização social e política.

As ciências naturais, já cultivadas por Aristóteles (Zoologia) e Teofrasto (Botânica), tiveram grande incremento do conhecimento da flora e da fauna das regiões novas, trazidos pelas expedições militares de Alexandre e pelas grandes coleções do Museu de Alexandria, dotadas de jardins botânicos e zoológicos.

Roma e a Consolidação do Estado

As ciências naturais progrediram principalmente como ciências auxiliares da Medicina – anatomia e fisiologia – que, por sua vez, nesta época fez grandes progressos; paralelamente à antiga escola de Hipócrates – que explicava o organismo animal mediante a relação dos quatro humores fundamentais e é chamada escola dos dogmáticos. No século III a.c., havia em Alexandria outras escolas de Medicina, firmadas em princípios diferentes; como exemplo temos a escola que tenta explicar os fenômenos da vida pelas quatro forças fundamentais – esta escola fez descobertas importantes sobre a circulação do sangue e sobre o sistema nervoso. Contudo, a escola mais importante foi a escola médica chamada empírica, que, em oposição à orientação teórica e especulativa das escolas precedentes, afirmava o valor da experiência direta, da observação dos sintomas do mal e do efeito dos remédios.

Cláudio Galeno (131-210 d.C.) foi o maior médico da Antiguidade. Sendo natural de Pérgamo, viveu longamente em Roma na qualidade de médico imperial, tendo deixado numerosos escritos, que dominaram a cultura médica europeia até além da Idade Média. Ele tentou combinar a doutrina de Hipócrates dos quatro humores com a Física aristotélica dos quatro elementos e com as quatro qualidades fundamentais da matéria: o calor, o frio, a secura e a umidade. Alicerçou a Medicina na fisiologia e na anatomia; afirmou uma fisiologia teleológica e finalista, para explicar a formação e o funcionamento dos órgãos; reconheceu a *vis medicatrix*[4] como fator essencial da terapia, não podendo o médico fazer outra coisa senão auxiliar esta força *medicatrix*. Ao procurar coligar os fatos particulares observados no mundo biológico aos princípios da Física e da metafísica, Galeno tornou-se também um filósofo.

A Primazia da Prática

Sabemos que o pensamento romano dependia – em seus motivos teóricos, especulativos e metafísicos – da filosofia grega. Mais precisamente, o pensamento romano dependia da filosofia grega do período pós-Alexandre, do seu caráter mais pragmático e moral, algo que se ajustava com o temperamento prático dos romanos. Dos dois quesitos fundamentais da filosofia moral grega – o que é o sumo bem, e como se realiza – os romanos se interessavam apenas pelo segundo.

A razão romana é oposta à razão grega, apesar de ambos os povos se originarem do mesmo tronco indo-europeu. A razão romana cultua a primazia da prática, da atividade, do *negotium* (nos campos, nos quartéis, no foro), considerando o estudo, a especulação e a contemplação – que, segundo os gregos, representavam a mais alta tarefa da vida – como passatempos, lazeres, *otia*.

As obras-primas da razão grega foram a filosofia e a arte, que sobreviveram imperecíveis à queda política da Grécia e foram a base de toda a sólida construção especulativa e de toda a sua verdadeira obra artística. A obra-prima da razão romana é o *jus*, o direito, uma ideia universal que sobreviveu imperecível ao fim

---

4. Expressão latina que significa poder curativo do próprio corpo.

política do Império Romano – do Ocidente e do Oriente –, e que se tornou norma e fundamento de uma vida dita civilizada, ideal, humana, justa e razoável, em meio a toda a barbárie antiga e moderna. O pensamento jurídico romano, possuidor de um sentido de racionalidade objetivo e derivado do conceito de *Logos* universal grego, o todo indivisível, sistematizou as relações comerciais em todo o Império, organizando as interações legais e comerciais entre as diferentes partes e os diferentes povos, estabelecendo, acima de diferentes sistemas locais, regras únicas contratuais – algo fundamental para o avanço posterior do Ocidente.

Após a conquista romana da Macedônia (168 a.C.), a Grécia tornava-se efetivamente parte do Império Romano. Começa, portanto, a influência grega sobre o mundo romano. Esta influência foi repelida pelos conservadores das velhas tradições romanas – estando à frente Catão, o Antigo –, que percebiam o perigo da perversão dos costumes pelo contato com a refinada civilização helenista. Em 161 a.C., um *senatus-consulto* vedava, por exemplo, a moradia em Roma dos filósofos. Esta é, porém, a última vitória dos conservadores.

A filosofia grega buscou se defender em Roma. Fala-se ainda da embaixada de filósofos gregos, enviada ao senado romano em 155 a.C, composta de Carnéades, acadêmico, juntamente com Critolaus, peripatético e de Diógenes, estoico, a qual, segundo Plutarco, despertou grande contrariedade no velho Catão.

Entre Roma e a Grécia estabeleceram-se e desenvolveram-se intensas relações culturais, favorecidas pelo partido iluminado, chefiado por Cipião Emiliano, Quíncio Flamínio e Paulo Emílio. Os jovens mais conspícuos das famílias aristocráticas romanas vão à Grécia e à Ásia Menor, a Atenas e a Rodes, para se aperfeiçoarem nos estudos, começados geralmente em Roma, mas sob a direção de educadores gregos. E fazem isto não por interesses científicos, mas porque o helenismo é considerado bom gosto, elegância, moda, elemento indispensável da alta cultura romana. Influenciado pelos seus mestres gregos, Cícero, Virgílio, Horácio e Lívio levaram a língua latina à mais completa maturidade. A Paideia[5] grega encontrou nova vida na *humanitas* da aristocracia romana, uma educação liberal apoiada nos clássicos. A mitologia grega fundiu-se à mitologia romana apoiada em Virgílio e Ovídeo.

Da Filosofia ao Direito

Durante os últimos séculos de civilização grega difundiram-se várias novas doutrinas filosóficas em todo o território do Estado Romano. É interessante acompanhar a evolução do pensamento filosófico ao longo desse período de predomínio romano.

Uma dessas doutrinas foi a filosofia cínica, que conduz a uma posição contestatória ao luxo e ao poder político. Esta filosofia cínica foi fundada em Atenas por Antístenes, um discípulo de Sócrates, por volta de 400 a.C. Para ela, a verdadeira

---

5. Conjunto de princípios que modelavam a educação grega.

Roma e a Consolidação do Estado

felicidade estava na libertação do homem de tudo que fosse casual ou efêmero, e nisso se via o Estado, portanto, a felicidade era acessível a todos e não um privilégio dos ricos e poderosos. O importante para eles era o encontro consigo próprio que, uma vez alcançado, a felicidade não mais seria perdida.

O cínico mais famoso foi Diógenes, discípulo de Antístenes. Conta-se que Diógenes nada possuía a não ser um barril, que utilizava a título de veste, um embornal de pão e um cajado. Esses parcos bens eram justificados como fundamentais para a sua felicidade, pois nunca seriam roubados, o que dava ao filósofo a certeza na alegria de possuí-los. Eles desprezavam a morte, a dor ou a doença, assim como o sofrimento de terceiros. Entendiam ser isto parte do processo da felicidade, pois o que consideravam como relevante era o encontro consigo mesmo.

A visão cínica colocava o Estado como algo desprovido de sentido, na medida em que a felicidade não dependia nem de uma sociedade estruturada nem de relações de poder.

Das diversas correntes filosóficas, todavia, as duas tidas como as mais importantes no período glorioso de Roma foram o ecletismo e o estoicismo. Ambas correspondiam à índole prática da razão e do pragmatismo romano: a primeira, positiva e otimista, da era republicana; a segunda, negativa e pessimista, do período imperial.

O mais destacado expoente do ecletismo foi Marco Túlio Cícero (106-43 a.C.). Jurista, político, literato e orador famoso, não foi, contudo, importante no mundo filosófico, faltava-lhe o interesse especulativo, a crítica e um sistema. Já Cícero tinha um sistema filosófico marcado por um pragmatismo eclético, tendo o útil moral como seu critério de verdade. Seu principal mérito foi o de ter traduzido o pensamento helênico para a língua latina, criando um dicionário filosófico latino e proporcionando a Roma conhecê-lo. Também teve méritos como historiador da filosofia antiga, sendo uma fonte essencial para o estudo deste tema. Foi, em vários momentos, a sua única fonte, dada a sua vasta e eclética cultura. Em Atenas e em Rodes, Cícero foi discípulo do acadêmico Filo, do estoico Possidônio e do epicurista Fedro. O seu pensamento pode ser resumido como um ecletismo voltado para finalidades morais.

Os cínicos, contudo, tiveram grande importância, pela influência que exerceram na filosofia estoica, que apareceu em Atenas por volta de 300 a.C. O fundador desta doutrina foi Zenão, nascido em Chipre e que foi para Atenas após sobreviver a um naufrágio. Ele reunia seus discípulos debaixo de um pórtico (em grego, *stoa*), daí por que os seus discípulos foram chamados de estoicos, suas obras não chegaram até nós, mas seu pensamento espalhou-se pela atuação desses discípulos.

Para os estoicos todas as pessoas fazem parte de uma mesma razão universal ou Logos. Contudo, o estoicismo é individualista e afirma que os gêneros ou as espécies não têm qualquer realidade. Consideravam cada pessoa um mundo em miniatura, um microcosmo, que refletia o macrocosmo. Além disto, o estoicismo

Aspectos de Civilização

é materialista. Para ele, o homem é formado por duas partes, cada uma das quais é material. A alma é apenas um corpo mais sutil, um sopro quente, uma mistura de fogo e ar, o *pneuma*.

Os estoicos seguem a visão aristotélica de um mundo construído e explicado pelos seus fins. Para eles, todas as coisas no universo seguem inexoravelmente uma ordem intangível: a ordem divina. Esta ordem constitui de alguma maneira um Deus universal, acima dos deuses particulares, que entendem estarem espalhados pelos astros.

Para eles, o homem, por ser dotado da faculdade de perceber esta ordem, deve aderir a ela da forma a mais estreita possível. A felicidade do homem estava no grau dessa adesão e de sua razão particular ao que ele intitula de razão universal. A inação humana, esboçada em Aristóteles, encontra com os estoicos a sua definição primeira. Era a vitória da intransigência, da ação não transformadora, de uma pseudossabedoria, que era difundida pelo estoicismo, consistindo na intenção de se conformar com a ordem universal.

O estoicismo, contudo, não advogando o afastamento do homem da atividade política e, ao mesmo tempo, pregando sua resignação, foi levado a recuperar a tese platônica de que se pode determinar e procurar o bem para os homens.

O estoicismo romano difere do estoicismo grego, porquanto – seguindo a índole prática da razão romana – se dedicava, primordialmente, aos problemas morais, que constituem o caráter essencial do estoicismo. Descuidava-se dos problemas teóricos que, no estoicismo, eram resolvidos segundo uma metafísica elementar e contraditória. Disso decorreu uma superioridade do estoicismo romano sobre o grego. A profunda praxe ascética do estoicismo recebeu, em Roma, uma confirmação, pela sua aceitação da forma de ver o mundo dos romanos, que era positiva, realista e prática. Os romanos, portanto, podiam considerar-se quase naturalmente estoicos – pelo menos os romanos da idade imperial –, não é de se admirar terem exercido uma função prática e moral, quase religiosa. Procurava-se um filósofo estoico, como os cristãos procuravam um padre; toda grande casa tinha um, como mais tarde teriam o seu capelão. Entre os numerosos estoicos da idade imperial, com personalidade própria, que pertencem a esta classe de formuladores espirituais, destacaram-se Sêneca, Musônio Rufo, Epicteto e Marco Aurélio – que pertenceram ao primeiro e segundo séculos d.C. –, e, entre estes, Sêneca é o maior como pensador, moralista e escritor.

Avançando na tentativa de ultrapassar o simples ponto de vista da boa intenção para se atingir um bem social objetivo, o estoicismo, ao ser confrontado com sua posição de resignação, originou a concepção do direito natural, o direito universalmente válido, desenvolvido principalmente por Cícero, no século I a.C.

Na Antiguidade do Oriente, a religião foi obra universal e imperecível; na Grécia, foi a filosofia; em Roma, foi o direito. O direito romano não é uma filosofia do direito, mas sim uma sistematização jurídica. Não é uma construção teórica, mas a codificação de uma longa e vasta prática. Tal sistematização jurídica, todavia, implicava uma concepção filosófica, uma filosofia do direito, um direito natural, que o pensamento grego pode deduzir da sistematização jurídica romana. O pensamento grego serviu à codificação do direito romano, ainda que os grandes jurisconsultos romanos tenham chegado sozinhos a esta codificação, do mesmo modo que Roma sozinha construiu o seu império.

Certamente, para chegar à construção de um direito universal, natural, racional e humano, Roma teve que superar sua própria nacionalidade. Instaurado o Império, Roma não desnaturou a sua razão, mas realizou-a, desenvolveu-a, valorizou-a, pois Roma foi feita para se tornar a capital do mundo, *caput mundi*, e, paralelamente, o direito romano no *corpus juris* Justiniano, abrigando os direitos dos indivíduos, que, surgindo na família, se expandiu através da cidade e do espaço, chegando ao Império.

O direito romano também resultou da tentativa de se estabelecer um compromisso entre as visões sociais de Platão e de Aristóteles. As regras que se criavam nesta concepção, por um lado, estabeleciam normas com um valor absoluto em relação ao indivíduo, porque eram naturais e, por outro, sustentavam que essas normas se revelavam diretamente à consciência do indivíduo, ou como se diz, à sua razão. Como afirmava Cícero: "A lei é a razão soberana incluída na natureza, que nos ordena o que devemos fazer e nos proíbe o contrário".[6]

Tudo isto, todavia, resultava de uma filosofia que fundamentava sempre, no seu ponto de partida, a supremacia da razão individual, o que de certa forma é paradoxal, quando justaposta à atitude de resignação proposta pela doutrina estoica. Isto se explica pelo desprezo embutido no pensamento estoico à ação solidária entre os homens.

Esta filosofia levava os homens a uma posição totalmente conformada. Para ela, tanto a enfermidade como a morte eram processos naturais, regidos pela lei da natureza e que não mereciam ser evitados. Tudo acontece porque tem de acontecer e de nada adianta revoltar-se contra o destino. Apesar da regulamentação avançada que o direito romano imprime à formatação do Estado, pelo seu caráter individualista e materialista, a visão estoica representava um profundo recuo na concepção do Estado, como expressão da visão espiritual do homem.

Maior recuo, contudo, foi a visão dos epicuristas. Epicuro (341-270 a.C.), que ensinava em Atenas na mesma época de Zenão, proclama que é possível caminhar-se para a sabedoria esquecendo-se o conceito de Estado, presente na *pólis*, opõe-se, portanto, às ideias fundamentais tanto de Aristóteles como de Platão.

Os epicuristas tiveram como seu predecessor um discípulo de Sócrates, chamado Arístipo. Este defendia que o objetivo de uma vida era ter o máximo de prazer. Para ele o prazer era o bem absoluto e a dor, o seu oposto. Assim, pregava que se

---

6. *Tratado das Leis* p. 1, 6,78.

devia buscar, como filosofia de vida, afastar-se de todo sofrimento. A defesa do prazer é, contudo, uma defesa restrita – homem encontra o seu prazer, fundamentalmente, no corpo. Todavia, o mecanismo do prazer é algo muito complexo e por essa razão o homem não deve lançar-se a ele sem refletir: excesso de prazer pode ser doença ou dor. O segredo, diziam, estava na maximização do prazer durante a vida e não o prazer permanente, que inexiste. O homem deve ter, portanto, desconfiança quanto às paixões de amor, deve se afastar da vida política, assim como das crenças nos deuses e na vida futura e entregar-se às amizades e ao prazer com moderação.

Estas ideias conjugadas por Epicuro com a teoria do átomo de Demócrito conduziram à formulação de uma nova maneira de encarar o mundo. A difusão dessa doutrina marca o desaparecimento progressivo do velho ideal político dos gregos e para os romanos a perda progressiva da fé em seu Estado. A retirada da fé – decorrente da visão de irrelevância do Estado – é o pior dos males que pode atingir uma sociedade. E este mal atingiu Roma através da doutrina epicurista.

O epicurismo teve grande influência em Roma. O primeiro romano que nos deixou um escrito filosófico foi Lucrécio Caro, um epicurista, autor de *De Rerum Natura*, uma das maiores obras da literatura latina e testemunha o entusiasmo vivo e sincero com que foi aceito em Roma o epicurismo, por um determinado grupo cultural – ainda que a obra lucreciana seja desprovida de maior importância especulativa.

Outra doutrina filosófica com grande penetração no mundo romano foi o ceticismo. O ceticismo foi construído como doutrina filosófica por pensadores como Pirro de Élis e Sextus Empiricus e afirmava que nenhum tipo de verdade poderia ser considerado certo. Nada era verdadeiro, a única postura filosófica adequada era a contemplação sem julgamento. Tudo podia ser resolvido através de algum critério, mas todo critério era subjetivo. Arcesilau exemplificava, "nada é certo, nem mesmo isto". Quem buscasse a realidade só encontraria frustração e infelicidade.

A filosofia grega, ao seu final, defrontava-se de forma indefinida com a realidade divina: de forma insensível e irrelevante para as questões humanas, no epicurismo; implacavelmente determinista quando não providencial, no estoicismo; ou inteiramente além da percepção humana, no ceticismo.

Estas doutrinas, como já foi dito, eram presentes e atuantes e tiveram sua origem em Sócrates, espalhando-se por todo o mundo antigo. Entretanto, a mais relevante corrente filosófica, no final da Antiguidade, foi indubitavelmente o neoplatonismo, a doutrina inspirada em Platão.

O neoplatônico mais importante foi Plotino (205-270 d.C.), que fez seus estudos de filosofia em Alexandria, tendo depois ido viver em Roma. Assim como Platão, ele via o homem dividido, uma criatura dual, composta de matéria e de alma imortal, e, igualmente estabelecia duas concepções de mundo: o das ideias e o dos sentidos. Olhava o mundo como algo distendido entre dois polos: em uma extremidade estava a luz divina que ele estabelecia como Deus ou como Uno, na outra estavam as trevas, tudo aquilo não acessível ao Uno. A natureza, para

Plotino, tem formas que refletem Deus, de certa forma, traduz a alegoria da caverna de Platão, que estabelecia que os homens encontravam-se vendo suas sombras nas paredes de uma caverna. Ele afirmava que, "quanto mais perto estivermos da boca da caverna, mais próximos estaremos da realidade".

Plotino integrou no pensamento platônico um elemento místico, além de incorporar alguns aspectos do pensamento aristotélico no seu discurso filosófico. Com ele a filosofia grega transcendeu, ao construir um pensamento suprarracional.

O Cosmos neoplatônico resultava de uma divina emanação do "Bem Absoluto", infinito em seu ser, algo que estava muito acima de todas as descrições ou categorias. Este Bem Absoluto, também chamado de "Supremo Uno", num prolongar da sua absoluta perfeição, gerava o Outro – o Cosmo –, criado em toda sua diversidade, uma série hierárquica de gradações ao afastar-se do centro ontológico em direção aos limites extremos do quase impossível. O primeiro ato criativo foi, portanto, a emanação do Bem a partir do Intelecto Divino, ou *Nous*, a sabedoria difusa do Universo, na qual estavam contidas as formas ou as ideias, que causavam ou ordenavam o mundo. Era do *Nous* que vinha a Alma do Mundo, aquilo que o continha e o animava – era a fonte de todas as almas, de todos os seres vivos e constituía a realidade intermediária entre o intelecto espiritual e o mundo da matéria.

A emanação da divindade do Bem era um processo ontológico que Plotino comparava à luz que saía gradualmente de uma vela até, por fim, desaparecer na escuridão. Entretanto, as diversas gradações não eram reinos separados, nos sentidos temporal e espacial, mas sim, distintos níveis de existência presentes em todos os seres e coisas.

Havia no Bem três "hipóstases": *Nous*, Alma e Intelecto. Estas hipóstases não eram entidades literais, mas disposições espirituais, assim como as ideias não eram objetos distintos, mas diferentes estados de ser da Mente divina. O mundo material, existindo no tempo e no espaço, era perceptível por todos os sentidos e era o nível de realidade mais distante da divindade unitária, o Bem. Na visão de Plotino o limite final da criação caracterizava-se negativamente, era o reino da multiplicidade, da restrição e da escuridão, era o mais baixo em estatura ontológica, estava no mais ínfimo grau de existência real. Mas, em contrapartida, apesar de sua profunda imperfeição, era caracterizado também como uma criação de beleza, um todo orgânico produzido e unido pela Alma do Mundo, em harmonia universal.

O que era perceptível decorria da nobreza do inteligível. O Homem, composto de corpo e alma, tinha o potencial acesso aos reinos superiores do intelectual e do espiritual, embora dependesse da libertação da sua materialidade. Ele poderia ascender à consciência da Alma do Mundo – tornando-se assim, em realidade, o que já era em potencial – e daí caminharia para o Intelecto Universal, ou poderia permanecer ligado aos reinos inferiores.

Já que todas as coisas emanavam do Bem, através do Intelecto e da Alma do Mundo, e a imaginação humana na sua instância mais elevada participava dessa divindade primordial, a alma racional de um homem poderia refletir criativamente as formas transcendentais, e, assim, por meio dessa percepção da ordem final das coisas, poderia se movimentar em direção à emancipação espiritual. O Universo inteiro existiria num fluxo contínuo do Bem – processo de emanação e retorno –, sempre movido pela riqueza da perfeição do Bem.

O filósofo deveria superar a escravidão humana ao reino físico através da autodisciplina e da purificação moral e intelectual, e voltar-se-ia para o interior numa gradual ascensão de volta ao Bem Absoluto. O momento final de iluminação transcenderia o conhecimento de qualquer sentido habitual e não poderia ser descrito, ou definido, já que estava baseado na superação da dicotomia do sujeito e do objeto entre o que se busca e a sua meta. Seria a consumação do desejo contemplativo que uniria o filósofo ao Uno, ao Bem.

A doutrina de Plotino estabelecia, a exemplo de Platão, o mundo com dois polos. Contrapunha-se, todavia, à dualidade platônica por estabelecer a existência de uma continuidade entre esses dois polos. Para Plotino, não havia ruptura e sim transição. Outra discordância clara das duas visões dizia respeito à filosofia política que era rica em Platão e praticamente inexistente em Plotino. Mais uma vez o Estado foi relegado a um segundo plano.

Podemos afirmar que o pensamento greco-romano vicejou sob uma permanente tensão que opunha de um lado um Cosmo ordenado a um Universo caótico e aberto.

O pensamento grego influenciou muito o pensamento ocidental. Havia dentro dele um conjunto de princípios que poderia ser assim resumido:

a. O mundo é um caos ordenado, já que nele existe uma inteligência que o permeia e dá à natureza o propósito de um desígnio;

b. O conhecimento do significado e da estrutura subjacente do mundo resulta do exercício das faculdades cognitivas humanas, pois a análise intelectual levada ao seu mais alto grau revela uma ordem que transcende a qualquer manifestação concreta e temporal; e

c. A apreensão direta da realidade mais profunda do mundo satisfaz não somente à mente, mas, também à alma.

E também um conjunto de regras:

a. As razões dos fenômenos do mundo são físicas e impessoais e devem ser buscadas na observação da natureza;

b. O conhecimento humano se dá pela observação empírica e pelo rigoroso empenho da razão humana;

c. A verdade está posta no mundo real e não na realidade inacessível do outro mundo;

d. Todo conhecimento teórico válido deve abranger a realidade empírica com toda sua diversidade, mutabilidade e individualidade; e

e. Nenhum conhecimento é definitivo, já que todo saber é passível de contestação.

A Presença Cristã

No final do período de domínio de Roma, todas as doutrinas filosóficas já referenciadas foram contestadas e dominadas pelo cristianismo.

A importância do cristianismo resulta da sua afirmação do valor infinito do ser humano individual. Deus havia assumido a forma de uma pessoa singular – Jesus Cristo –, o que justifica a tese de que qualquer homem que no fundamental agir de forma semelhante a Cristo é passível de aspirar ter um lugar junto a Deus.

O pensamento cristão se forma em uma época em que o povo judeu estava integrado ao Império Romano e sujeito à influência do pensamento grego. A Septuaginta, a Bíblia vertida para o grego, era conhecida em Alexandria já no século III a.C. Contudo, diferentemente dos gregos, os judeus não conseguem admitir diferentes representações do Absoluto. Acreditam que o Absoluto é uno ou que há um só Deus. Os judeus têm pontos em comum com a maneira grega de ver o mundo. Ambos, por exemplo, desconhecem a concepção da unidade do gênero humano. Distinguem-se dos demais pelo fato de defenderem que só o seu Deus é verdadeiro e desse Deus estarem completamente separados os demais homens. Para os não-judeus, não há possibilidade de pacto com o Deus dos judeus.

O cristianismo cria a ideia de um pacto entre Deus e todos os homens. Com ele é afirmada a ideia da unidade do gênero humano, pois Deus fez-se Homem. Daí: "Doravante, não há mais judeu nem grego. Não há mais escravo nem homem livre. Não há mais homem nem mulher. Vós sois todos, um em Jesus Cristo."[7]

O reconhecimento da unidade do gênero humano, que o cristianismo traz, é o início da derrota da intransigência. Este possibilita conquistas, que se materializarão mil anos mais tarde, no Renascimento, como veremos adiante.

A doutrina cristã traz consigo uma ideia judaica, e por isso mesmo estranha aos gregos e aos seus filósofos: a ideia segundo a qual a passagem do tempo nos aproxima de uma era de paz e de felicidade. Esta é outra ideia importantíssima, pois coloca o tempo como instrumento do progresso e, desta forma, também conspira contra a inação humana, contra a resignação e em última análise contra a intransigência.

Mas ao mesmo momento em que esses princípios conspiravam contra a intransigência, no seu início, nas catacumbas, o pensamento cristão recuperava uma ideia presente na visão judaica, a chamada doutrina milenarista, de que uma era prometida aconteceria, sem que nada fosse necessário se fazer, senão cumprir-se a lei de Deus. Esta ideia estava presente no *Apocalipse de São João*, obra em que este apóstolo afirmava que Roma, uma nova Babilônia, seria destruída e que em seguida viriam mil anos de paz e de felicidade. A doutrina milenarista esteve presente nas discussões dos cristãos nos séculos II e III e reforçava, sobremaneira, a fatalidade, a inação humana e, consequentemente, a intransigência.

---

7. BÍBLIA, *São Paulo*, Epístola aos Gálatas, Cap. III, Vers. 28.

Aspectos de Civilização

O cristianismo provocará e sofrerá fortes consequências históricas. Contudo, nessa época, cumpre alertar que não interferiu no campo da filosofia política, a não ser pelo fato de que conclamava os homens a se desvincularem dos apelos de uma vida terrena, para se dedicarem ao preparo para a vida eterna.

A adesão à doutrina cristã do amor recíproco surgiu para todos aqueles que queriam preservar sua dignidade como homens, como o único caminho da salvação em um mundo desprovido de fé. São palavras de Jesus Cristo: "Dai a Cesar o que é de Cesar e a Deus o que é de Deus."[8] Mas, ao assim proceder, o cristianismo dilui o papel que o Estado, como instrumento de articulação social, tinha na visão grega.

Ao não interferir nos negócios de Estado, a doutrina cristã não altera a marcha do processo de desagregação do Estado Romano, até que o Império Romano no Ocidente cai diante dos bárbaros.

O cristianismo começa a atuar entre os bárbaros, cujas instituições sociais são primitivas o suficiente para não serem consideradas como espaços estruturados. A doutrina cristã, indiferente à vida terrena e, portanto, aos negócios de Estado, vai triunfar, em especial, pela ação de Santo Agostinho, como veremos adiante; todavia, a Igreja uniu o Ocidente, mantendo um elo com a civilização clássica.

Como vimos, ao analisarmos o Estado Romano – sua evolução, seu apogeu e seu declínio –, fica óbvia a importância da fé, hoje conceituada como vontade nacional; e da razão, hoje também apresentada como concepção estratégica, para uma periferia tornar-se centro e para que se dê o movimento inverso, ou seja, um centro voltar a ser periferia ou a cultura tornar-se barbárie.

---

8. BÍBLIA, *São Lucas*, Cap. XII, Vers. 29.

4

O Interlúdio Medieval

Fé e Razão no Medievo

A queda do Império Romano foi um fato anunciado. Em 312, o imperador Constantino, com o apoio dos Germanos, que haviam aderido ao cristianismo e formavam as legiões, apoderou-se do Império. Com o Édito de Milão, em 313, o novo imperador deu aos cristãos liberdade para praticarem seu culto e, logo após, ele próprio se converteu ao cristianismo.

Daí em diante, todos os imperadores do Ocidente protegeram o cristianismo e perseguiram os defensores das antigas religiões, com uma única exceção: a de Juliano, o Apóstata.

O cristianismo progrediu entre os pobres e os ignorantes, obtendo, em paralelo, a adesão dos homens com cultura e dos dirigentes do mundo romano. Contudo, o cristianismo não interferiu na trajetória decadente do Império Romano, que se processou num rápido andamento.

Em 410, Alarico I, rei dos visigodos, convertido ao cristianismo, saqueou a cidade de Roma. Nos anos entre 425 e 430, o rei dos vândalos, Genserico, igualmente cristão, conquistou toda a África do Norte.

O avanço bárbaro sobre o Império Romano no Ocidente se fazia acompanhar por uma clara degradação na vida econômica e social. Os bárbaros estavam claramente em um estágio pouco avançado, no que diz respeito à vida econômica e social. Não conheciam a propriedade privada da terra, já que entendiam o solo como propriedade da tribo. Isto explica por que, nas regiões que ocuparam no Império Romano, os bárbaros se constituíram em comunidades de aldeia. Já os chefes se apoderaram das vilas romanas e se estabeleceram como senhores de grandes domínios.

O fim do Estado Romano trouxe consigo a insegurança. E esta insegurança, ao longo do período compreendido entre os séculos V e IX, fez com que as comunidades das aldeias buscassem a proteção dos senhores, que passaram a ser chamados de nobres. Assim se formou o domínio ou o *mansus* da Idade Média. Os camponeses permutavam sua segurança pela liberdade e se tornavam servos. Cultivavam, sob a autoridade do nobre, as suas *courelas*, isto é, as terras de sua aldeia ou, por meio de *corveias*, as terras do senhor do feudo. Em paralelo, houve uma progressiva diminuição nas demais atividades econômicas, não só pelo afastamento do Estado da atividade produtiva, como também pelo pouco estímulo que a pouca vida social concedia à atividade econômica.

O poder político passou a ser exercido no Ocidente, a partir do século V, pelos chefes bárbaros, que tomavam o título de rei, mas que administravam a região na qual exercia o seu poder como se fosse um domínio privado. Carlos Magno assumiu o título de *imperador*, mas exercitou o seu poder da mesma forma que os chefes merovíngios que o antecederam.

Com o recrudescer da insegurança, a partir do século IX, os nobres construíram castelos, contrataram mercenários e tornaram-se praticamente independentes do rei. Consideravam-se como vassalos, aos quais o rei havia concedido o usufruto de uma parte de seu domínio, a título de benefício ou feudo. Dessa forma se constituiu uma hierarquia feudal que trouxe, dentro de si, o desmembramento do Estado.

Nominalmente, não se destruiu a realeza, mas o rei não exercia, de fato, mais do que as prerrogativas de um soberano sobre os seus vassalos. Na verdade, ele estava sempre buscando cumprir os seus desígnios particulares: engrandecer os seus domínios, aumentar os seus recursos, etc. Para isto, ultrapassavam as autoridades eclesiásticas e as utilizavam para os seus fins. Entretanto, explicitamente admitiam a sua posição subalterna à Igreja e testemunharam, em decorrência de seu posicionamento, o fantástico declínio da vida social e do pensamento político na Idade Média.

No Ocidente, a sociedade, ao longo de toda a Idade Média, se caracterizou pela não existência da noção do que é público. A sociedade feudal foi um domínio privado, compartilhado hierarquicamente entre o soberano e o vassalo, onde os pactos se processavam exclusivamente entre a nobreza, e onde a comunidade não se constituía como corpo social. Foi uma degradação do conceito de pacto social, da visão romana anteriormente, onde a fé que o conduzia também dele se alimentava. A sociedade feudal repousava numa visão individual e abstrata da realidade.

Já o Império Romano do Oriente, que veio a chamar-se de Bizâncio resistiu aos bárbaros e preservou, em linhas gerais, a estrutura administrativa legada pelo Estado Romano, apesar de também ter se cristianizado. Manteve-se como centro, pois não havia periferia que conseguisse se impor como novo centro.

A posição de centro de Bizâncio começou a ser contestada no século VIII, quando os árabes, novos bárbaros, impulsionados pela sua fé muçulmana, invadiram seus domínios e revigoraram a cultura. Eles traziam uma nova ordem a ser imposta, a que repousava no Alcorão. Tinham uma fé coletiva e uma concepção estratégica: impor aos infiéis a sua religião.

Durante o período de decadência do Império Romano do Ocidente, entre os séculos II e IV, os primeiros estudiosos do cristianismo estruturaram um vasto edifício de ideias: a teologia cristã. Esta estruturação resultou do entrelaçamento da filosofia grega com o pensamento religioso hebreu, transformado pelas palavras de Cristo.

Tudo começou com uma intervenção nomeada como Patrística – entende-se o período do pensamento cristão que se seguiu à época da divulgação do Novo Testamento, e chega-se até ao começo da Escolástica: isto é, do século II aos séculos VII-VIII da era cristã. É assim designado em função da relevância que teve, neste período, o pensamento filosófico dos padres da Igreja, que são os construtores da doutrina cristã. A Patrística conviveu com o último período de prevalência do pensamento grego, o período religioso, com o qual tem profundo contato. Esta fase coincide com o fim do Império Romano.

O pensamento grego partiu de uma religião mitológica, que foi demolida paulatina e criticamente nos grandes sistemas clássicos. Contudo, em seu término, retorna novamente, à religião. Já não se tratava, porém, da velha religião grega, olímpica, homérica, absolutamente incapaz, devido aos seus limites, de resolver os grandes problemas transcendentes – do mal, da dor, da morte, do pecado –, algo que ela nem sequer se propunha. Era algo novo, motivado pelas religiões orientais: semitas, místicas, especialmente propensas a estes problemas e fecundas em soluções.

Neste período, busca-se a solução dos problemas transcendentais mediante uma metafísica completada pela religião. Tentar-se-á a síntese filosófica de tudo: do dualismo platônico, do racionalismo aristotélico, do monismo estoico; mais precisamente, do transcendente divino platônico, do *logos* racional aristotélico e da alma estoica do mundo, em uma forma de trilogia. Nesta síntese metafísica prevalece o platonismo, com a sua radical separação entre o mundo sensível e inteligível, com a sua extrema transcendência da divindade, com a sua doutrina de uma queda original, com a sua religiosidade e o seu misticismo. No início, o ramo da filosofia grega que mais influenciou o cristianismo foi o neoplatonismo. Na metafísica neoplatônica – obra-prima deste período religioso –, a transcendência, característica do clássico dualismo grego, terminará no monismo.

Ele também corresponde à idade da formação da teologia cristã, com a qual o neoplatonismo tem contatos, intercâmbios e polêmicas. O centro deste movimento filosófico foi Alexandria, no Egito. Naquele momento, a cidade era a capital comercial, o centro cultural e religioso do mundo cosmopolita helenista-romano, encruzilhada entre o Ocidente e o Oriente, sede do seu famoso Museu.

Neste último período, a filosofia antiga não tinha mais sua capital tradicional em Atenas, cidade grega por excelência. O centro do pensamento estabeleceu-se então em Alexandria, cidade cosmopolita, onde viviam egípcios, judeus, gregos e romanos, e povoada de pensadores que dispunham de uma admirável biblioteca. Era o local privilegiado de todos os intercâmbios, particularmente os intelectuais.

O sistema metafísico predominante neste período foi, como já foi visto, o neoplatonismo, e o seu maior expoente é Plotino (III século d.C.), cuja vida e pensamento nos foram transmitidos pelo discípulo Porfírio. Este neoplatonismo pode ser considerado como o último e supremo esforço do pensamento clássico para resolver o problema filosófico. Ele julga poder superar o problema filosófico ao completar e integrar a filosofia, usando a religião, unindo o racionalismo grego com o misticismo oriental, retirando do primeiro a forma e do segundo o conteúdo.

No neoplatonismo será acentuado o dualismo platônico entre sensível e inteligível, entre matéria e espírito, entre finito e infinito, entre o mundo e Deus. O neoplatonismo identificou a matéria com o mal, elevando o vértice da realidade inteligível ao além do inteligível. Elaborou uma moral ascética e mística e se esforçou por unificar os polos opostos da realidade, fazendo que da substância do Absoluto seja gerado todo o universo até a matéria obscura.

Isto nos ajuda a compreender o caráter sincrético e sintético da filosofia neoplatônica. O racionalismo lúcido dos gregos se une – numa síntese muito original – aos fervores do misticismo oriental. Apesar das denegações dos céticos e da propaganda materialista dos epicuristas, nunca os homens foram tão famintos de Deus quanto nessa época. Preocupações filosóficas e religiosas unem-se estreitamente. Os filósofos, além da verdade suprema, buscam a salvação – os homens piedosos querem fundamentar suas crenças filosoficamente.

O neoplatonismo afirma a transcendência de Deus. Este é imaginado como o além do inteligível. Por isso, Deus é inefável e só pode ser atingido, na sua plenitude, mediante o êxtase – que é uma fulguração divina, superior à filosofia. Como o êxtase se afirma numa relação específica com o Absoluto, abre-se o caminho para uma nova filosofia religiosa, para a valorização da religião positiva. Outro caminho foi aberto na doutrina dos intermediários, aqueles que estão entre Deus e o homem. Plotino via os intermediários em deuses invisíveis e visíveis e os relacionava às divindades das religiões tradicionais.

Dada a relevância de Santo Agostinho, a Patrística pode ser dividida em três períodos: o anterior a Agostinho, período em que, filosoficamente, interessam especialmente os chamados apologistas e os padres alexandrinos; o período de Agostinho, que merece um desenvolvimento à parte, dado ser ele o maior dos Padres da Patrística; e o período após Agostinho, logo depois da sua sistematização, tempo em que se processou a decadência da Patrística.

A Patrística do primeiro período do século II é caracterizada pela defesa que faz do cristianismo contra o paganismo, o hebraísmo e as heresias. Ela se opôs, no terceiro século da era cristã, à tentativa de volta ao paganismo com base no panteísmo neoplatônico e nos cultos orientais, fundidos numa síntese filosófico-religiosa que se firmava culturalmente em oposição ao cristianismo. Os padres deste período polemizaram filosoficamente com os pensadores pagãos. O cristianismo já estava em condições de desenvolver um pensamento, uma filosofia, uma teologia, que representarão a sua essência doutrinal. Especialmente, na sua segunda metade do século IV, a Patrística viveu sua idade de ouro, sua grandeza passa a ser então teológica e dogmática.

O pensamento platônico foi paulatinamente assimilado, via neoplatonismo, pelo pensamento cristão da Patrística. Portanto, no início, o ramo da filosofia grega que mais influenciou o cristianismo foi o neoplatonismo, tendo sua parte vital incorporada e valorizada.

A Visão Cristã de Mundo

Após a crucificação de Cristo, alguns seguidores de Jesus ficaram convencidos que o mestre vivia novamente, a partir de uma série de experiências místicas reveladoras, que induziam à crença de que Cristo era o Ungido, o Messias, aquele que veio em nome do Senhor para salvar a Humanidade de seu destino abjeto.

Uma nova prova se deu com Paulo de Tarso – judeu de nascimento, romano de cidadania e grego pela cultura – quando ele estava a caminho de Damasco para debelar o cristianismo, que via como uma seita herética – é tomado pela visão de Cristo ressuscitado. Ele se converteu e tornou-se seu maior missionário e primeiro teólogo.

Há, na visão cristã de mundo, uma dualidade entre o otimismo – fruto de ser o cristianismo uma revolução espiritual que liberta cada alma e que resulta da reunião, iniciada pelo sacrifício pessoal de Cristo, entre o mundo dos homens e Deus, algo que atingiria sua plena realização com a segunda vinda de Cristo –, e o pessimismo, decorrente da natureza pérfida do homem quando comparada à onipotência e à perfeição transcendental de Deus.

Mas, ao verificarmos os primeiros escritos, vemos que para os cristãos está claro que os cismas infinitos, entre Deus e os homens, foram transpostos com a vinda de Cristo e isto levou à prevalência do otimismo e a uma cristandade exultante.

Tem muita importância, na doutrina cristã, se acreditar que Deus encarnou-se no homem, através de Cristo, adotando, portanto, uma personalidade especial na história. É relevante, também, a ideia de sua volta futura para decretar o fim dos tempos e levar os justos para junto de si. Na verdade, processou-se uma divinização da história.

Como exemplo do afastamento das ideias de Estado e de vida social na doutrina cristã em elaboração, cabe a citação de São Paulo, muito considerada pelos teólogos: "Que toda alma seja submetida às potências superiores, porque inexiste outro poder do que aquele que venha de Deus".[1]

Nesse período de formação da teologia cristã, mais precisamente em 426, foi que Santo Agostinho concluiu a sua obra, *A Cidade de Deus*, que teve enorme influência para a concepção de Estado, ao longo dos mil anos que se seguiram, por toda a Idade Média.

Santo Agostinho nasceu em Tagasta, norte da África, em 354. Em 370 foi para Cartago estudar e, em seguida, para Roma e Milão. Depois ele retornou ao norte da África, onde foi sagrado bispo de Hipona, cidade a trinta e cinco quilômetros a oeste de Cartago, na qual veio a falecer em 430. No início de seus estudos ele pesquisou várias tendências religiosas que se faziam presentes no fim do Império Romano. Durante algum tempo abraçou o maniqueísmo, doutrina religiosa cuja

---

1. BÍBLIA, *São Paulo*, Epístola aos Romanos, Cap. XII, Vers.1.

Aspectos de Civilização

filosofia era construída num mundo de contrários: o bem e o mal; as luzes e as trevas; e o espírito e a matéria.

Algo que logo preocupou Santo Agostinho foi a origem do mal e a sua configuração e constituição. Esta sua preocupação levou-o a pesquisar outras doutrinas e a que mais lhe agradou foi indubitavelmente a neoplatônica, pela sua visão de que o mal era a ausência de Deus. Para o neoplatonismo o mal não teria uma existência autônoma, simplesmente seria a inexistência do bem.

Então, a conversão de Santo Agostinho à fé cristã realizou-se com o filósofo consciente de todos os princípios que balizavam a doutrina neoplatônica. Isto explica o paralelismo que ele vê e consolida entre Platão e o cristianismo. Para Santo Agostinho, Deus só criou o bem, o mal é resultado da desobediência do homem. Como sugere em sua obra: "A boa vontade é obra de Deus, a má é a ausência Dele."

Para o filósofo, entre Deus e o homem existia um abismo intransponível. Seguiu o conceito bíblico, o que o levou a refutar a tese de Plotino, para quem tudo era só uma única coisa. Para Santo Agostinho, o homem era, antes de tudo, um ser espiritual com uma alma que poderia reconhecer a Deus. Entretanto, este ser espiritual possuía um corpo material, sujeito às regras do mundo físico, perecível, sujeito ao tempo, e passível, portanto, de degradar-se. Para Santo Agostinho o pecado de Adão, a ruptura do pacto original, corrompeu de forma definitiva a natureza humana.

> *Com efeito, Deus, autor da natureza, e não dos vícios, criou o homem puro, mas o homem, corrompido pela sua própria vontade e justamente condenado, engendrou filhos corruptos e como ele, condenados.*[2]

Para ele, o pecado original teria amaldiçoado toda a raça humana; todavia, Deus havia decidido, em sua magnanimidade, que alguns dos homens haveriam de ser salvos da maldição eterna e haveriam de encontrá-lo – não existiria mistério sobre quem deveria e quem não deveria ser salvo. E complementava: "Apesar de nenhum homem merecer a salvação eterna, Deus teria escolhido alguns para salvá-los."

Justificando esta explicação, ele cita São Paulo em sua Epístola aos Romanos, recuperando assim o conceito de destino, que impele à resignação e fomenta a intransigência:

> *Ó homem, quem és tu para replicares a Deus? Porventura o vaso de barro diz a quem o fez: "Por que me fizeste assim?". Porventura não é o oleiro senhor do barro para poder fazer da mesma massa um vaso para uso honroso e outro para uso vil?*[3]

Em decorrência de uma visão depreciativa da natureza humana, do homem, Santo Agostinho avança no sentido de condenar a vida social, que ele aponta como o espaço onde se dão os erros de juízos humanos. É dele a afirmação de que não é possível se criar entre os homens laços de amizade, porque em todo momento, ou a qualquer instante, um ou todos podem tornar-se maus ou pérfidos. Desta forma,

---

2. *A Cidade de Deus*, Livro XIII, Cap. 14.
3. BÍBLIA, *São Paulo*, Epístola aos Romanos, Cap. X, Vers. 11.

O Interlúdio Medieval 49

rejeita a ideia da solidariedade entre os homens, inclusive a da solidariedade cristã, que mais tarde veio a ser desenvolvida.

Em paralelo, como foi visto, Santo Agostinho divide a humanidade em dois grupos: os que serão salvos e os que não serão.

O título da principal obra do filósofo, *A Cidade de Deus*, tem sua origem na Bíblia e nos ensinamentos de Jesus. Santo Agostinho via a história do homem como uma luta que se processava entre o "Reino de Deus" e o "Reino do Mundo". O poder, nestes dois reinos, era disputado no interior de cada homem.

O "Reino de Deus" está na Igreja, ao passo que o "Reino do Mundo" está fundamentado no Estado. Talvez esta distinção tenha decorrido da época em que o filósofo viveu, no fim do Império Romano, momento em que a Igreja e o Império Romano disputavam os corações e as mentes dos homens. A Igreja impôs-se, e a máxima dominante foi a de que não poderia haver salvação fora da Igreja.

Está claro o desejo do filósofo de transmitir a ideia de um mundo a ser renegado. Para tanto buscava criar a contradição com os que o antecederam. É, por exemplo, o que faz com Cícero, quando disse:

> *Este definiu a república como a coisa do povo, isto é, uma sociedade fundada nos direitos reconhecidos e na comunidade de interesses.*[4] *A república, a coisa do povo, não existe realmente a não ser quando é administrada segundo o bem e a justiça.*[5] *Nunca houve república em Roma, porque lá nunca houve verdadeira justiça.*[6] *Quando o homem não serve a Deus, que justiça pode haver no homem?*[7]

Para o filósofo, só se pode servir a Deus aderindo-se aos princípios cristãos. Portanto, tem-se de reconhecer que: "A única sede da verdadeira justiça é essa cidade de que se fala na Sagrada Escritura: Publicaram de ti coisas gloriosas, ó Cidade de Deus."[8]

Em *A Cidade de Deus*, Santo Agostinho rejeitou, de forma categórica, a doutrina milenarista presente no Apocalipse de São João e retirou-a do ensino oficial da Igreja, que era, a princípio, contrário à intransigência. Outra formulação importante nessa obra, que poderia desarticular a intransigência, era a ideia da existência de uma luta que se processa entre o bem e o mal, ao longo de toda a história. Nesta luta ele concede ao homem papel de destaque, e, ao fazê-lo, lhe dá a condição de ser atuante. Contudo, Agostinho entendia que essa luta se processava no íntimo de cada um, e a história da humanidade só tinha sentido como meio de terminar com o mal. Assim, transfigurou uma postura de mudança, que desagradaria à intransigência, para uma posição de contemplação, ou seja, para uma posição de espera de um acontecimento previsto.

---

4. *A Cidade de Deus*, livro II, Cap. 21.
5. *Ibid.* livro XIX, Cap. 21.
6. *Ibid.* livro XIX, Cap. 24.
7. *Ibid.* livro XIX, Cap. 21.
8. *Ibid.* livro II, Cap. 21.

Aspectos de Civilização

Ao retirar do homem sua importância no trato das questões políticas, a obra de Santo Agostinho revestiu-se de uma estrutura que alimentou a intransigência. Pela aceitação do destino e, em especial, pela sua imposição de um mundo imaterial, ele construiu um posicionamento de total indiferença da Igreja Católica em relação às questões de Estado, em seus primórdios.

Obedecendo ao pensamento de Santo Agostinho, desenvolveu-se, então, uma doutrina que transformava a autoridade do rei em um instrumento da Igreja. Foi o que veio a se chamar de concepção ministerial do poder real, peça central de uma forma de atuação política que se nomeou como *augustinismo* político. Entre os séculos V e XIV admitiu-se, de forma geral, que o Estado não teria outro fim se não o de ajudar a Igreja a realizar a sua missão de salvar as almas. Este papel foi explicitado no combate às heresias. Naquela época, os únicos problemas que mereceram discussões foram aqueles que diziam respeito às esferas de poder dos clérigos e dos príncipes. Se o Estado não tinha fim próprio, não deveria existir, portanto, uma ciência do Estado e muito menos a ciência política, no sentido que os gregos lhe atribuíam.

Para Agostinho, o Estado só seria justo se seus membros tivessem aderido à fé cristã. Ao longo de oito séculos, do século V ao XIII, tentou-se impor esta doutrina, através, tanto da dominação do Estado pela Igreja como pela imposição religiosa aos indivíduos, através de ações políticas do Estado.

Na verdade, procurou-se fundamentar um único Estado cristão, uma *Cristandade*. Buscava-se, outra vez, um Estado unido pela fé, único, que englobasse e justificasse toda a civilização, o maior dos sonhos da intransigência.

Esta tentativa foi baldada, pois a ela se contrapunha o ideal cristão da "infinitude" do indivíduo e de seu valor como pessoa. Não era possível, com este ideal, retornar-se à adesão natural, espontânea e não refletida do indivíduo a esse único Estado. Este choque, não resolvido, levou a que a cristandade malograsse, mas criou as condições para que a razão voltasse e se processasse, no Renascimento mais adiante, a formulação de um pensamento político que contestaria a Igreja, e que defenderia única e exclusivamente a liberdade do indivíduo na sociedade.

A partir do século XI, vem a influência dos árabes. Desde sua penetração no centro, a partir de seu domínio na Espanha, no século IX, os árabes mantiveram a tradição aristotélica e começaram a influenciar o pensamento ocidental. No século XII, na Itália, os príncipes locais convidaram muitos pensadores árabes para suas cortes, o que reavivou, em muito, o estudo das ciências naturais.

Neste mesmo século, obras clássicas tidas como perdidas reaparecem nas mãos dos árabes, trazendo à discussão a relação entre a filosofia grega e a fé cristã. Obras como a *Política*, de Aristóteles, que podem ter vindo de Alexandria com os árabes, foram novamente visitadas e logo foram merecedoras de grande prestígio.

A discussão entre a fé cristã e a razão grega desencadeia uma grave crise na cristandade, uma grande transformação, porque a redescoberta dos textos gregos havia sido acompanhada de um movimento de disseminação do conhecimento que, até o século X, havia ficado restrito aos mosteiros, área de total controle da

O Interlúdio Medieval

Igreja, e que, a partir daquele século, se disseminou para o que veio a se chamar de universidades, áreas de predomínio laico.

A transformação que ocorreu na nova era, a Alta Idade Média, trazia a ideia de que a Razão não significava apenas Lógica, mas também a observação e a experimentação empírica, ou seja, cognição do mundo natural.

Essa transformação se explicitou claramente em Alberto Magno e em seu discípulo Tomás de Aquino. Esses foram dois filósofos escolásticos que enfrentaram a tensão entre tendências divergentes como grega, cristã, razão e fé, natureza e Espírito.

Nas universidades, certos mestres, notadamente Boécio de Dácia, em Paris, influenciados por Aristóteles, negavam a imortalidade da alma e pregavam que o bem supremo do homem era a felicidade social, a *felicitas politica*; o que se tornou, aos olhos da Igreja, uma heresia.

Alberto Magno opôs-se a essa heresia e foi o primeiro pensador medieval a distinguir, com firmeza, o conhecimento derivado da teologia e o conhecimento derivado da ciência. Ele dedicou-se a afirmar o valor da percepção das observações empíricas para o conhecimento do mundo natural. Via na filosofia de Aristóteles a maior realização do pensamento humano para a compreensão da natureza.

Santo Tomás de Aquino, seu discípulo, incumbiu-se da tarefa de integrar coerentemente o pensamento aristotélico à teologia cristã. Ele foi o maior e mais importante filósofo e teólogo do período compreendido entre o século XI e o século XV, que se convencionou chamar de Alta Idade Média. Nasceu na pequena cidade italiana de Aquino, em 1225, e faleceu em 1274, tendo lecionado muito tempo em Paris.

Tomás de Aquino modifica profundamente a teologia cristã, contrapondo-se à tese de que o pecado original havia viciado irremediavelmente a natureza humana. Sustentou que o pecado original só lhe fez perder os dons sobrenaturais. Para chegar até este ponto, desenvolveu um amplo raciocínio em que procurou conciliar o pensamento de Aristóteles com o cristianismo, no que foi muito bem-sucedido. Seus principais ensinamentos foram dados na Universidade de Paris que, no século XIII, era o epicentro do pensamento ocidental. Para fazê-lo, procurou juntar duas visões: o Evangelho, por um lado; e a Razão e o mundo natural, por outro. Afirmava que a ordem e a beleza, no mundo criado, mostravam a providencial inteligência do Criador. Utilizava com muito maior liberdade os aspectos da tradição teológica cristã já encontrados em Agostinho.

Tomás pregava que a Razão desvelava a natureza e jamais se oporia à doutrina teológica, pois Razão e Fé originavam-se da mesma fonte, indo além ao afirmar que é do conhecimento da ordem da natureza que se aperfeiçoava a compreensão humana da criatividade de Deus. Para ele, o homem era a sua imagem e, em assim sendo, o homem poderia ter uma força de vontade e um poder intelectual moldado nessa sua imagem de Deus. A Razão humana existiria na Fé e, assim, conforme seus princípios, elaborar suas próprias soluções para as questões que buscava solucionar. Lutar pela liberdade humana e pela realização de valores especificamente humanos era promover a vontade divina. A existência era algo que vinha de

Aspectos de Civilização

Deus, a base da autossubsistência infinita de todos os seres. A essência de Deus era, para Tomás, o seu infinito fato de ser aquilo que sustentava a existência finita de todas as "coisas" criadas, cada uma como essência particular, e esta essência, na sua maneira específica de ser, é a medida de sua participação na existência real transmitida a ela por Deus.

Há dois aspectos distintos em cada criatura: o que ela é e o fato dela ser. Única exceção: Deus, pois nele, o que ele é e o fato dele ser são a mesma coisa. Deus não é composto, pois sua existência é a própria existência em si. Essência é diferente de existência.

Para Tomás de Aquino, o cristianismo e a filosofia falavam da mesma coisa. Por isso era possível perscrutar pela razão as mesmas verdades encontradas na Bíblia. A razão permitiria, na opinião do teólogo, chegar-se a inúmeras verdades teológicas naturais que corresponderiam às mesmas verdades reveladas pela fé. Como exemplo desta afirmativa ele cita a existência de Deus. Existiria uma verdade natural, ao alcance da razão, e uma verdade revelada acessível pela fé – que era parte integrante da primeira. Para o filósofo, o mesmo se aplicava no campo da moral. Existiria uma moral revelada e uma moral natural – a última inserida na primeira. Não seria necessário ler a Bíblia para verificarmos que não podemos matar sem razão, dizia o teólogo.

Na apropriação da obra de Aristóteles, o filósofo foi além das questões que se relacionavam diretamente com os assuntos religiosos, usando a lógica aristotélica e buscando as explicações de Aristóteles, tanto para a natureza como para o conhecimento. É interessante observar como ele chega, através de um raciocínio aristotélico, à ideia de que o pecado original não havia conspurcado de forma definitiva a natureza humana.

Aristóteles havia definido uma escala ascendente da vida que ia das plantas ao homem, passando pelos animais. Tomás manteve este esquema e acrescentou ao topo dessa pirâmide os anjos e Deus. Para ele a planta tem vida, os animais têm vida e sentidos, os homens têm vida, sentidos, a razão que investiga as coisas e um espírito que é imortal; já os anjos são espíritos imortais, pois, um dia, foram criados e possuem o conhecimento, não precisando, portanto, refletirem para saberem. Deus é que é eterno e tudo pode. Ora, o pecado original não retirou o espírito do homem, o que manteve uma possível comunhão dele com Deus, permitindo-lhe afirmar não ter o pecado original viciado de forma definitiva a natureza humana. Outra importante contribuição, também formulada à imagem do sistema aristotélico, diz respeito ao sistema conceitual da natureza.

Santo Tomás de Aquino abordou também questões referentes à vida social e política, de forma diferente do que havia sido proposto por Santo Agostinho. Em vez de considerar todas as instituições sociais como fruto do pecado, Santo Tomás buscava reconhecer nelas aquilo que se ajusta à natureza do homem e que, por consequência, tem validade. O Estado, para ele, não é exclusivamente um ente subordinado aos interesses do clero e da Igreja, tem outro objetivo: o de melhorar

O Interlúdio Medieval 53

a vida terrena; em especial pela visão de sociedade natural, colhida em Aristóteles, que existiria para prover justiça, segurança e o direito de propriedade.

Contudo, a extraordinária influência que Tomás de Aquino teve sobre o pensamento ocidental reside na convicção que tinha sobre o judicioso pensamento, da ação da razão, do produto da inteligência empírica e racional humana, algo que havia sido desenvolvido e reforçado pelos gregos e que poderia servir à causa do cristianismo. A Fé transcendia a Razão, mas não se opunha a ela, na verdade uma enriquecia a outra. Ele entregou-se à tarefa intelectual de unir as visões dos gregos e dos cristãos em uma grande e abrangente obra: *A Summa Theologica.*

A introdução do pensamento aristotélico na teologia cristã teve vários adversários, como os agostinianos tradicionais e os filósofos discípulos de Averróis, o grande comentador árabe de Aristóteles. Estas duas correntes opunham-se à conjugação do pensamento aristotélico com a teologia cristã. Elas apresentavam um potencial divórcio entre teologia e filosofia, e tiveram um êxito inicial na contestação da obra de Santo Tomás de Aquino. Contudo, meio século após sua morte, sua obra foi revista e reavaliada pela hierarquia eclesiástica, sendo canonizado como um santo erudito.

Com o reaparecimento de Aristóteles, reapareceu também a obra de Ptolomeu sobre Astronomia, explicando a concepção clássica dos céus, onde os planetas eram vistos girando em torno da Terra postos em esferas cristalinas concêntricas e com trajetórias repletas de refinamentos matemáticos de epiciclos, excêntricos e equantes. Retornava a astrologia, antiga companheira da Astronomia, que era ensinada nas universidades, muitas das vezes associada à Medicina, tendo sido integrada ao pensamento cristão por Alberto Magno e Tomás de Aquino.

A tradicional objeção cristã à astrologia, pela sua implícita negação do livre-arbítrio e da graça, havia desaparecido, dado que Tomás de Aquino havia criado uma teoria, em sua *Summa Theologica*, que defendia que os planetas influenciavam os homens na sua matéria, mas, que através da razão e do livre-arbítrio, concedidos por Deus, o homem poderia controlar suas paixões e livrar-se do determinismo de sua matéria. A Astrologia era capaz de prever e de desvendar as leis da Terra, assim como a Astronomia desvendava as leis postas no Cosmos.

Mas foi pela conjugação ptolomaica-aristotélica de Terra e Cosmo, segundo suas explicações, que a antiga visão de mundo introduziu-se no pensamento cristão. Esta visão foi adotada por Dante em seu poema épico *A Divina Comédia,* que sintetiza por inteiro o pensamento medieval. Dante retrata o céu e o inferno em esferas postas acima e abaixo da terra, apresenta o monte do purgatório e arma uma ordenação extremamente abrangente do Cosmo. Na verdade uma transfiguração cristã da ordem cósmica grega, onde fez uma corajosa amplificação platônica do *eros* humano, em um contexto cristão.

Depois do século X, com sua autoridade consolidada na Europa, o papado romano gradualmente assumiria um papel de imensa influência política nas questões das nações cristãs – por volta do século XIII, os poderes da igreja eram extraordinários. Os fiéis eram solicitados a financiar a crescente magnificência da corte do papa

Aspectos de Civilização

e de sua gigantesca burocracia. O papado intervinha nas questões de Estado em toda a Europa. No início do século XIV, os resultados desta política levaram a uma cristandade muito poderosa, mas, de certa forma, muito comprometida, e, neste auge, a Igreja viu-se cobiçada. Primeiro, com o papado transferido para a cidade francesa de Avignon, o "cativeiro babilônico". Depois, chegou a ter três papas que simultaneamente disputavam a primazia.

A sagrada autoridade do papa estava à mercê de forças políticas instáveis, da pompa mundana e da ambição pessoal, o que ameaçava seriamente a unidade da cristandade ocidental. Disto decorreu, como reação, uma onda de fervor cristão místico que percorreu a região central da Europa, no final do século XIII e início do século XIV. Esta onda, centrada em Cristo e voltada para a união do interior do homem com o divino, não tinha nenhuma ligação com a estrutura da Igreja. Meister Eckhart – o mestre e líder do movimento – tinha sua visão baseada tanto em Tomás de Aquino quanto no neoplatonismo, e preocupava-se, exclusivamente, com questões morais e religiosas, abandonando, completamente, questões intelectuais e racionais. Sua pregação e a de seus discípulos Johann Tauler e Heinrich Suso tiveram grande importância, já que iniciaram uma divergência entre o ideal da espiritualidade cristã e a realidade da igreja institucional.

A corrente escolástica deu continuidade ao notável desenvolvimento do intelecto ocidental sob a tutela de Aristóteles. Podemos dizer que, no final da Idade Média, o aristotelismo era mais um sintoma do que a causa do espírito científico que se desenvolvia na Europa. Por exemplo, já no século XIV, o bispo parisiense Nicole d'Oresme, um estudioso do Cosmo, admitia a possibilidade teórica de uma Terra em rotação, embora pessoalmente a rejeitasse. Para tanto, usava engenhosos argumentos que, mais tarde, foram utilizados por Copérnico e Galileu para defender a teoria heliocêntrica. Para resolver as dificuldades da teoria aristotélica sobre os movimentos dos projéteis, um professor de Oresme, o francês Jean Buridan, desenvolveu uma teoria do ímpeto, aplicando-a aos fenômenos terrestres e celestiais, o que levaria de forma direta à mecânica de Galileu e à primeira lei de Newton.

No século XIV, surgiu uma nova autonomia filosófica na personalidade de Guilherme de Ockham, um padre inglês que foi, talvez, o pensador da Alta Idade Média que mais se aproximou da modernidade. Buscando defender a revelação cristã, ele empregou um método lógico muito elaborado, apoiado em um empirismo desenvolvido. O princípio central e mais relevante do seu pensamento foi a negação da realidade das universalidades fora da mente e da linguagem humana. Ockham dizia que nada existia a não ser os seres individuais, que somente a experiência concreta poderia servir de base ao conhecimento. O conhecimento se referenciava a particularidades, pois todo conhecimento deveria estar baseado no real e este se encontrava nas particularidades.

Ockham deu grande força ao nominalismo na sua feição conceitualista, quando sustentava que as universalidades eram apenas nomes ou conceitos mentais e não entidades reais. Na verdade, para ele, o real era a coisa particular fora da mente, não era o conceito mental desta coisa. Roscelinnus havia sustentado tese similar no século XI, mas só a partir de Ockham o nominalismo assumiu um papel relevante na cultura ocidental.

É bem verdade que um antecessor escolástico de Ockham, Duns Scottus, já havia levado as teorias clássicas das formas, na direção do individual concreto, propondo que cada particular tinha sua *éssice* (*haeccitas*), ou seja, que cada particular possuía uma realidade definida própria e distinta de seu compartilhar, de uma natureza comum e universal. Isto, dizia Scottus, permitia ao indivíduo uma inteligibilidade em seus próprios termos, pois de outra forma o indivíduo seria em si inteligível, até mesmo para a mente divina. A necessidade de se fazer indivíduo trazia o necessário reconhecimento do livre-arbítrio individual e, especialmente, da liberdade de Deus de escolher como criava cada indivíduo.

A existência de Deus ou dos homens não estava presa ao determinismo das universalidades eternamente fixas e emanadas da Primeira Causa. Ao afastar-se dos determinismos e dessas universalidades, Scottus gerara modificações que incentivaram a observação e o experimento pela possibilidade do estudo das criações de um Deus livre, ampliando desta forma a distinção entre verdade religiosa e filosofia racional. Mas Scottus, como todos os seus antecessores desde Agostinho, propunha uma correspondência direta e real entre o conceito humano e a existência metafísica. Já Ockham negava totalmente esta correspondência, para ele, somente os seres e as coisas concretas eram reais. O que Scottus chamava de natureza comum, Tomás de Aquino chamava de espécies inteligíveis e Platão chamava de formas transcendentais, deram ficções conceituais derivadas dessa realidade primordial: as coisas concretas. Dizia ele: "As entidades não se multiplicam além da necessidade".

Este princípio veio a ser conhecido como a navalha de Ockham. Ele defendia que o homem não existia como gênero, era uma abstração mental e não uma entidade real. Para Ockham, a questão não era saber como os indivíduos surgiam a partir das formas reais, mas sim como conceitos abstratos surgiam a partir das realidades. Havia para ele duas realidades dadas ao homem: a realidade de Deus, concedida pela revelação, e a realidade do mundo empírico que decorria da experiência direta. Opunha-se, portanto, a Tomás de Aquino, pois, para ele, todo conhecimento humano fundamentava-se na percepção e na intuição sensorial das coisas concretas, e assim sendo, o encontro com Deus só poderia dar-se pela fé, não sendo passível de ser conhecido pela razão. Ia mais além: não havia nenhuma relação imperativa entre universo livremente criado por Deus e o desejo humano de um mundo racionalmente inteligível. De certa forma ele construía um universo duplo: um religioso e um outro científico, cortando os laços que uniam a filosofia à teologia.

Estavam lançadas as bases epistemológicas, metafísicas, religiosas e políticas das mudanças que ocorreriam a partir do século XV no mundo ocidental e que se materializariam em três movimentos: a reforma, os descobrimentos e a revolução científica.

Aspectos de Civilização

Petrarca, que sucedeu Dante, sustentava que a imensa riqueza cultural da civilização greco-romana resultava de uma perdida e ilusória era dourada do espírito criativo e da expansividade do homem. Seu mais elevado ideal era a *docta pietas,* a douta piedade, a pia erudição. Mas foi o reconhecimento de uma nova consciência da riqueza e da multidimensionalidade da vida humana, em frente a si mesma, e de um espírito irmão nos grandes escritores da Antiguidade, que fizeram de Petrarca o primeiro homem do Renascimento.

Mas também retornava aos textos de Platão, agora originais. A recuperação das obras gregas originais foi uma revelação inovadora para a Europa no século XV. Humanistas como Pico della Mirandola e Marsílio Ficino entregaram-se por completo a esta tarefa de recuperação e divulgação. Na segunda metade do século XV foi criada uma Academia Platônica em Florença, que, liderada por Ficino, logo se tornou o centro de florescimento do renascimento platônico.

O choque das obras gregas dava ao homem uma nova consciência de seu nobre papel no universo e, desta forma, surgia também um novo sentido para a história. Os humanistas haviam adotado da antiga concepção greco-romana, de que a história é cíclica e não apenas linear como na visão judaica e cristã; eles viam a sua época como um renascimento depois da bárbara escuridão de uma idade perdida, a Idade Média, um retorno à glória antiga e o alvorecer de uma nova era dourada. Talvez quem melhor tenha representado este novo homem que se imaginava levantando-se dos escombros de um túnel tenha sido mesmo Pico della Mirandola, em sua obra *Oração à dignidade do Homem.*

As obras de Aristóteles vieram pelos árabes em grego, mas logo foram traduzidas para o latim. Entretanto, fugindo-se à conciliação feita por Santo Tomás de Aquino entre a visão de Aristóteles e a teologia, e a ética cristã, houve poucas manifestações, no século XIII e XIV, de entendimento do que era este primeiro renascimento grego. Um dos entusiastas deste primeiro renascer foi o Imperador Frederico II que, à época, a nomeou como *stupor mundi et immutator mirabilis.*

Mas, de uma forma geral, a redescoberta de Aristóteles não trouxe o pensamento e a literatura grega a todo o Ocidente, que ficaria para mais tarde. Trouxe apenas uma fina camada de racionalismo: a do interesse pelo funcionamento da natureza. Natureza que era mandatória, como melhor poderia parecer à intransigência. Natureza que, antes do século XIII, era concebida como sendo conservada, momento a momento, por um milagre novo e renovado. Mas, a partir desse interesse, a intransigência começou a perder terreno, pois os homens começaram a se interessar pela forma do milagre, queriam saber a que ordem pertencia, a que hierarquia obedecia.

Começaram a recriar a ordem numa desordem que viam como ordem. Esta é a origem do Renascimento e de uma de suas criaturas: o antigo Estado Nacional.

O Renascimento

A redescoberta do pensamento grego, em especial da visão grega da natureza como encontrada na obra de Aristóteles, conduziu ao paulatino fracionamento da até então monolítica visão cristã da natureza. A partir do século XIII, a Filosofia, e sua filha, a ciência, adquiriram cada vez mais liberdade em relação ao pensamento religioso e se aproximaram, progressivamente, da razão.

Tornava-se cada vez mais presente, na teologia, a ideia de que se fazia necessária a libertação de suas irmãs siamesas da Idade Média: a Filosofia e a Ciência. Essa ideia baseava-se no crescente entendimento de que seria impossível ao homem chegar a Deus pela razão. Estava ficando claro que Deus não seria nunca, totalmente, compreendido pelo pensamento humano. Assim, pela certeza de que o que importava para a salvação era só a submissão à vontade de Deus e não o pleno conhecimento dos mistérios cristãos, fomentava-se o perscrutar da natureza e começava-se a conspirar contra a intransigência.

Este rompimento com os paradigmas da fé abriu, também, espaço para a razão e reconduziu, de novo, o homem à posição de ator principal da história.[1] Durante toda a Idade Média, todos os aspectos da vida do homem eram referenciados a partir de um prisma de visualização divino ou submetidos a pressupostos religiosos. Entretanto, a partir do Renascimento, o homem passa a ocupar o centro de tudo.

Este novo antropocentrismo recebeu o nome de humanismo, originando-se e apoiando-se essencialmente na visão de homem da Antiguidade e opondo-se, de certa forma, à escolástica da Idade Média. A imaginação era tudo e, através do seu uso disciplinado, o homem poderia trazer à sua consciência as formas vivas transcendentais que ordenavam o universo. Com sua mente, o homem poderia recuperar sua posição mais profunda e desta forma unir-se ao Cosmo.

---

1. Em sua obra *Oração sobre a Dignidade do Homem*, Pico della Mirandola, tendo por base o Timeu e o Gênesis, descrevendo a criação do mundo, defendeu que Deus, ao concluir sua obra, pensou em dar ao homem o papel de refletir, de O admirar e de O amar e a sua grandiosa obra. A este homem, segundo Pico, Deus havia dado liberdade, mutabilidade e poder de transformação.

Aspectos de Civilização

Todavia, para esse novo humanismo, fazia-se necessário dotar os homens mais cultos de uma formação que exigia o conhecimento do grego e do latim para que pudessem ter acesso aos textos clássicos, escritos originalmente nessas línguas.

Os novos humanistas integraram a Astrologia e os deuses pagãos na hierarquia da realidade e do neoplatonismo e, ao fazê-lo, começaram a empregar o panteão das divindades como imagens, num discurso elegante.

Escolásticos de renome, como Oresme, o nominalista do século XIV, opuseram-se ao discurso de valores da Astrologia, não tendo, contudo, sido bem-sucedidos. Nas cortes, e em toda parte, apareciam os horóscopos, bem como as referências às forças planetárias e aos símbolos do zodíaco. Os novos humanistas buscavam um novo sincretismo, que abrangesse diversas perspectivas e tradições.

Tudo isso conduzia a uma profunda antipatia dos teólogos conservadores às teses do platonismo e da visão grega de mundo de Ficino[2] e Pico. Mesmo assim, muitos Papas do Renascimento apoiaram o novo movimento cultural. O antiaristotelismo dos humanistas reforçou o movimento da cultura na direção da independência intelectual em relação à autoridade, cada vez mais dogmática, da posição aristotélica que dominava as universidades.

Muito relevante, contudo, foi a entrada, junto com os textos de Platão, da teoria matemática pitagórica, que era associada à ordem divina e que foi muito necessária à emergência daquilo que veio mais tarde a se chamar de revolução científica.

A ideia de que o Universo era regulado e inspirado por formas matemáticas simples e precisas associadas à sacralização do Sol, presente nos neoplatônicos e enfatizada por Ficino nos seus textos neoplatônicos, conduziu Copérnico e Kepler a derrubar o, cada vez mais complexo e inviável, sistema geocêntrico da Astronomia aristotélica-ptolomaica, iniciando esta revolução científica.

Recuperando diretamente o platonismo, a trajetória medieval se completava. De novo emergia na nossa cultura ocidental a harmonia e a tensão, presentes nos gregos antigos, entre Aristóteles e Platão, entre a imanência e a transcendência, entre o espírito e a natureza, entre o mundo exterior e a psique interior; o que então se fazia muito mais complicado, pois vinha acompanhado da dialética interna da cristandade. Tudo isto resultava de dois mil anos de elaboração e dava ao Ocidente todas as condicionantes para o imenso processo convulsivo em que ele mergulharia. O homem já não era mais tão secundário em relação a Deus, à Igreja ou à natureza.

A busca pelos textos clássicos teve seu começo no século XIII. Contudo, ganhou força no século XIV, quando a nascente cultura italiana foi encorajada neste sentido pelos mercadores e príncipes italianos. Com o objetivo de exemplificar esse processo citamos a ação de Petrarca (1304-1374) e de Boccaccio (1313-1375).

---

2. Ficino escreveu a *Theologia Platônica* e publicou a primeira tradução completa de Platão no Ocidente.

O Renascimento

Com os textos clássicos, vindos de matrizes outras que não cristãs, criava-se a liberdade intelectual necessária à busca da cultura. É desta época o dito: "Os cavalos nascem, ao passo que os homens se formam."

Desta forma, dava-se à ciência um trânsito mais livre, o que na prática conduzia a um novo método de fazer ciência, a um novo método científico. Havia uma nova curiosidade no domínio científico. Leonardo da Vinci (1452-1519) é simultaneamente um espírito inovador em todos os domínios da ciência e um artista genial. Este fenômeno de liberdade intelectual, que se apoiava num passado de realizações, em especial na antiga Grécia, veio a ser conhecido como Renascimento.

O Renascimento trouxe consigo a mudança do espaço, com os descobrimentos; a mudança da fé, com a Reforma; a mudança do conhecimento e a mudança da razão, com a revolução científica. Tudo isso se unindo para provocar a mudança cultural da era moderna.

No período de uma geração, Leonardo da Vinci, Rafael e Michelangelo fizeram suas obras-primas;[3] Colombo e Vasco da Gama fizeram seus descobrimentos; e Copérnico apresentou sua hipótese de um universo heliocêntrico.

O Renascimento sucedeu a uma época de grandes desgraças. No século XIV, a peste negra invadiu a Europa e eliminou um terço de sua população. A guerra dos cem anos que opunha a Inglaterra à França não tinha fim. Na Península Ibérica continuava o movimento da reconquista, que opunha os cristãos aos muçulmanos. Na Itália, lutas se sucediam. Disseminavam-se a magia negra e o culto ao demônio. As hordas turcas ameaçavam destruir a Europa a qualquer momento. Este era o pano de fundo da grande modificação que viria.

As invenções técnicas representaram um papel essencial na gestação desta modificação, destacando-se:

- A bússola magnética, que permitiu ao homem a exploração do mundo pelas navegações;
- A pólvora, que destruindo a ordem feudal permitiu a ascensão do nacionalismo;
- Os relógios mecânicos, que mudaram o relacionamento do homem com o tempo; e
- A imprensa, que reproduziu e divulgou o conhecimento pelo mundo laico.

No Renascimento, estava presente um discurso, não muito articulado, sobre a existência de uma era distante, na qual todas as coisas haviam sido conhecidas, uma era passada de grandes sábios: o Jardim do Éden.

O movimento renascentista representou um salto quântico na evolução cultural do Ocidente, algo que se deu entre meados do século XV e início do século XVII,

---

3. A arte do Renascimento era dedicada à exata imitação da natureza. Leonardo da Vinci foi uma figura singular do Renascimento. Além de ter sido o pintor de obras notáveis como a *Última Ceia* e a *Virgem das Pedras*, articulou, em seus cadernos de apontamentos, os três vetores fundamentais que dominariam o pensamento científico: a matemática, a mecânica e o empirismo.

Aspectos de Civilização

fruto da descoberta e da discussão dos clássicos da Antiguidade, da vitalidade comercial, das inovações técnicas, das cidades-estado e da formação dos estados nacionais.

Um fato notável do Renascimento foi que, pela primeira vez, a história foi percebida e definida como tendo três partes: a história antiga, a história medieval – dividindo-se, assim, as eras clássica e medieval – e a história moderna, que teve seu início no próprio Renascimento, algo que estava na vanguarda de um novo tempo.

Nosso entendimento é de que a era do Renascimento teve origem no século XIV, no norte da Itália, tendo se propagado ao longo dos séculos XV, XVI e XVII por toda a Europa. Mas a ideia de Renascimento é singularmente complicada, os historiadores divergem quanto ao seu começo e quanto ao seu fim. Alguns veem o seu princípio muito cedo, nos séculos XII e XIII; outros prolongam a Idade Média até tarde, ao século XVII. Muitos historiadores datam o Renascimento a partir da queda de Constantinopla, sob os turcos, em 1453, com o fundamento de que isto havia provocado a diáspora dos sábios gregos, em direção ao ocidente, ao longo da Europa mediterrânea; outros defendem que o Renascimento se pôs realmente em movimento graças à rapidez da publicação, provocada pela imprensa, que havia sido introduzida por volta de 1451 e que foi tornada comum, cinquenta anos mais tarde.[4]

O nome de Renascimento, dado a este período histórico, é justificado pelo fato dele ter se caracterizado pelo nascer de novo da arte e da cultura da Antiguidade, tendo uma clara influência do epicurismo e do estoicismo. Contudo, o Renascimento tem duas facetas: uma nobre, vinculada à releitura dos clássicos gregos e romanos e ao idealismo platônico; e outra popular, mais presa ao lado aristotélico, diríamos assim, mais empírica, mais científica e mais voltada para o futuro.[5] Ambas as facetas conspiraram contra a intransigência, eram parte da rebelião contra as verdades postas, contra as ideias preconcebidas.

É interessante ressaltar que a faceta nobre cada vez mais se transfigurou na faceta popular, ou seja, passou-se progressivamente da visão estática de um antigo humanismo, para a ação dinâmica, que resultava de uma fé veemente no presente e no futuro da humanidade – o que é a própria razão de ser da luta contra a intransigência.

O Renascimento foi o período que se apresenta formalmente com o termo Estado o pacto social. Não estamos renegando a nomenclatura de Estado às sociedades já estudadas, mas, na verdade, este termo só passa a ter o seu verdadeiro sentido a partir do Renascimento.

Estendemos o sentido da palavra Estado, mesmo sabendo que o Renascimento deveria ser o ponto de partida natural para a discussão sobre o tema. Todavia, justi-

---

4. Entender o Renascimento em todos os seus aspectos é uma tarefa grandiosa. Hoje, é indispensável a leitura de duas obras monumentais *O Mediterrâneo* e *Civilização Material, Economia e Capitalismo*, ambas de Fernand Braudel.

5. A divisão do Renascimento em duas vertentes é interessante, pois conjuga em torno da mesma tese dois movimentos claramente distintos: um de elite, preso aos homens cultos e aos nobres, onde as discussões claramente se processavam vinculadas a ideias passadas, e outro popular, onde se verificava um permanente intuir do futuro criado do livre imaginário.

O Renascimento

ficamos esta extensão, porque acreditamos que as ideias não são pensamentos mortos – sempre serão degraus que nos conduzem ao patamar do pensamento atual.

No Renascimento, o Estado deixou de ser dominado pela intransigência, não era mais moldado pelos costumes. Havia-se criado uma nova arte: a arte de governar. Os tratados entre os Estados Renascentistas (os Antigos Estados Nacionais) não eram mais regulados pela Igreja, como haviam sido ao longo de toda a Idade Média.

Era a partir das intrigas e das alianças que os Antigos Estados Nacionais tentavam superar, em argúcia, os outros Estados. Foi daí que floresceram a diplomacia e as relações internacionais.

O Renascimento foi também o começo do capitalismo moderno, que pode ser definido como um sistema no qual o indivíduo, por meios econômicos, procura sempre egoisticamente maximizar sua riqueza. Esse processo econômico inicia-se na escala da atividade do negócio individual, com a introdução de métodos racionais de contabilidade e pela elaboração de operações bancárias – ganhar dinheiro, acumular riqueza, deixou de ser encarado como algo deselegante. O próprio Estado também buscava acumular, seja por interesse direto do governante, seja através da proteção remunerada dos interesses de seus súditos.

O nascimento do capitalismo proporciona também a criação do Estado Nacional. Desde então, estas duas criaturas sempre andaram juntas, se há Estado Nacional constituído haverá capitalismo e, muitas vezes, este capitalismo tomou a forma de capitalismo de Estado, no passado e no presente, especialmente no início de seu processo de acumulação.[6]

O Antigo Estado Nacional centrou a sua ação na busca pelo poder e pela riqueza. O poder e a riqueza foram maximizados pelo Estado. Foi com esta atuação que o Estado formatou a sua hodierna noção.

Independentemente das controvérsias sobre a noção do poder político, que adiante veremos, uma forma de agir econômica tornou-se rapidamente de grande importância ao longo do Renascimento: a postura mercantilista. O mercantilismo desenvolveu a tese segundo a qual o Estado aumenta a sua força ao favorecer o enriquecimento dos cidadãos. Aí reside um conceito de Estado Nacional.

No mercantilismo, o capitalismo primitivo está claro, algo que, com o avanço do capitalismo, ficou mascarado, mas que não perdeu sua força nem o seu sentido. Assim como, no moderno capitalismo, a grande preocupação do mercantilismo era com o poder do Estado. Os mercantilistas defendiam o Estado, porque consideravam que a prosperidade do comércio de uma nação estava diretamente ligada à expansão do poder político do soberano e ao sucesso de suas campanhas militares. Passou-se, assim, da concepção de Estado como fim supremo da vida humana, algo presente no pensamento clássico, para a ideia da concepção da riqueza como valor supremo.

---

6. Esta é uma observação importante, pois sintetiza a relação simbiótica dominante, que, a partir de então, se estabelece entre a busca da riqueza e a busca do poder.

Aspectos de Civilização

Nos séculos XIV e XV havia se desenvolvido muito a atividade comercial em decorrência do, também significativo, crescimento da atividade manufatureira. Formou-se um conjunto de abastados, entre aqueles que comercializavam e aqueles que transacionavam com dinheiro. Pertencem a esta categoria, por exemplo, os Fugger, da Áustria, e Jacques Coeur, da França, nos séculos XV e XVI.

Todavia, a verdadeira razão do rápido crescimento econômico observado decorreu do progresso na arte de navegar. Bartolomeu Dias contornou o cabo da Boa Esperança em 1487; onze anos mais tarde Vasco da Gama atingiu a Índia. Cristóvão Colombo, em 1492, descobriu a América. A Espanha, cuja unidade se consolidou em 1469, com o casamento de Fernando de Aragão e de Isabel de Castela, rapidamente processa a conquista de territórios americanos, conquistando o México e o Peru. Os tesouros artísticos e as minas da recém-descoberta América forneceram grandes quantidades de ouro e prata, que colocaram a Espanha no centro por mais de um século. Novos produtos são introduzidos na Europa: o chá e o índigo das Índias, o café da Arábia, o cacau, o tabaco, o milho, a batata, o tomate e a baunilha das Américas.

É bom lembrar que, no começo do século XV, o mundo ainda era feudal. A vida de Joana d'Arc, por exemplo, mostra como o norte da França, a essa época, era condicionado pelos hábitos feudais, pela lei da Igreja, pela estratificação social tradicional.

O romper do feudalismo passa por um progressivo enfraquecimento dos senhores feudais até a assunção completa do monopólio da força, na figura do rei. Para isso, a invenção do canhão, no século XIV, desempenhou um grande papel, pois deu aos reis condições de forçar as defesas dos castelos feudais. O território no qual o rei exercitava o monopólio da força armada e no qual fazia valer a sua moeda, que tinha em um dos lados a sua face, tornava-se a base de um antigo Estado Nacional. Deste modo, o desenvolvimento comercial favoreceu poderosamente a unificação das nações, tendo a moeda e as Forças Armadas como fundamentos do Estado.

O território onde o rei exercia o seu poder evoluía. Foi assim com a formação de Portugal que, saindo do seu núcleo geo-histórico no século XIII – o Condado Portucalense –, veio a conquistar quase a totalidade do litoral atlântico da península Ibérica. Foi assim na França, na Inglaterra e na Espanha. Mas, como veremos, não foi assim na Itália, nem na Alemanha.

Um primitivo núcleo geo-histórico na formação dos Estados Nacionais é muito importante. Em especial para os dias de hoje, quando a queda do Muro de Berlim pode nos conduzir a uma nova idade de trevas, pela prevalência definitiva de uma visão intransigente de um cosmopolitismo inexistente e outorgado de forma impositiva pelo sistema imperial, ou a uma nova idade das luzes e de uma nova fundação de Estados, que agora poderão ser Megaestados[7].

Na Itália do Renascimento, ao final do século XIV, as concentrações de poder constituíam-se em cidades-estados. Destas, as mais importantes eram Milão e Veneza, no

---

7. O conceito de Megaestado aqui posto é o da estrutura ordenadora de sociedade que estão se integrando ou resultam de um processo de integração.

O Renascimento 63

norte, e Florença, Nápoles e Roma mais para o sul. Nestas cidades o Estado tornou-se quase que uma fina obra de artesanato. Na luta entre estes Estados que haviam deixado de ser dominados pela autoridade da Igreja, o próprio papado tinha se tornado um poder secular. Este novo Estado não mais resultava da prática dos costumes, era moldado por homens que, com isso, criaram uma nova arte, a de governar.

Ao final da Idade Média, elas eram tidas como cidades muito grandes, pois chegavam a ter uma população próxima de 250.000 habitantes. Cerca de um por cento dessa população era composta de nobres de nascimento, outro um por cento de nobres de fortuna, que se situavam logo abaixo dessa aristocracia e que constituíam a sua reserva para todas as funções, inclusive os conselhos de governo. Abaixo destas classes situavam-se as dos artesãos e dos operários. Convém lembrar que, após a peste negra (século XIV), a população de toda Europa deveria ser da ordem de sessenta milhões de habitantes.

A classe dos nobres de fortuna, composta pelos banqueiros e comerciantes, foi o resultado de um posicionamento contra a intransigência, que havia insistido através da Igreja, durante a Idade Média, que todo dinheiro era igual e improdutivo, fosse ele posto debaixo do colchão, fosse ele utilizado na compra de mercadorias. Então, para as cidades que se dedicaram ao comércio, isto se mostrou completamente falso. A lei da Igreja sobre a usura foi derrogada pelos fatos de forma lenta e progressiva, como a peça *O Mercador de Veneza* nos mostra. A verdadeira história também demonstra como o comerciante, que usava navios, não podia desacreditar aquele que detinha capitais líquidos, o que tornou primeiro aceita e, depois, necessária e importante, a figura do banqueiro. Deste modo, no campo econômico, o Renascimento venceu a intransigência medieval.

Por essa época, duas figuras foram os heróis destas mudanças: o banqueiro e o soldado profissional, ambos retratados magistralmente em *O Mercador de Veneza* e em *Otelo*.

Destes Estados Renascentistas italianos, Gênova, Veneza, Milão, Parma, Florença, Roma e de outros, em permanentes disputas, surgiu um grande pensador, Nicolau Maquiavel, que introduziu uma revolução no pensamento político, ao dar um novo sentido à luta contra a intransigência e criar o termo Estado. Ao refletir sobre a realidade de sua época, ele elaborou mais que uma teoria sobre o Estado Nacional: idealizou um modelo de como se formam e se constituem os Estados Nacionais. Isto é o começo da ciência política ou, se quisermos, da teoria e da política, entendidas como algo liberto não só da religião, como também da moral.

Maquiavel nasceu em 1469 e faleceu em 1527. Viveu em Florença durante o governo dos Médici, até 1494, e, depois sob o dos Savonarola. A queda de Savonarola, em 1498, abriu espaço para uma República e foi neste momento que ele alcançou o seu primeiro posto importante no serviço diplomático florentino. Aos 29 anos era o secretário do ministério que cuidava da guerra e de alguns assuntos externos. Foi no exercício dessa função que estabeleceu contato com todo o processo político dos Estados Renascentistas, que variavam desde a oligarquia em Veneza, à monarquia em Nápoles e à democracia em Florença. Como observador atento que era, apreendeu os fundamentos da política destes Estados. Depois, foi em uma missão no exterior que ficou conhecendo o sanguinário César Bórgia, a quem fez seu herói, no seu livro *O Príncipe*.

Este livro foi a sua principal obra e foi consequência da volta dos Médici ao governo de Florença, em 1512. Com a queda da República, Maquiavel perdeu seu posto na burocracia governamental e, retirado de suas lides oficiais, dedicou-se a escrever um livro, imaginando que, com ele, recuperaria as graças dos Médici. Contudo, sua obra foi negligenciada, durante muito tempo, lida só no manuscrito. Somente em 1532, foi postumamente publicada.

Maquiavel pertencia à faceta nobre do Renascimento. Era um erudito que tinha o latim como língua de trabalho, daí o aceite claro, em suas obras, do modelo dos autores clássicos. Em paralelo, demonstrava uma posição exclusivamente secular no trato da política, o que o transferia para a faceta popular do Renascimento.

Para ele, o Estado não tinha mais a função de assegurar a felicidade e a virtude, como afirmava Aristóteles. Também não se constituía em mais uma preparação dos homens para alcançar o reino dos céus, como afirmavam os pensadores da Idade Média, apoiados, basicamente, em *A Cidade de Deus,* de Santo Agostinho. Para Maquiavel, o Estado tinha características peculiares: fazia política, seguia sua técnica e suas próprias leis. Em sua obra, abandonou a ideia do Estado como um ser natural, como presente na obra aristotélica, em proveito de uma teoria que o aproximava do contrato social da teoria epicurista.

Em *O Príncipe*, Maquiavel criou as condições para a formulação de uma doutrina que é chamada de *maquiavelismo*. Ele deixou também outras obras: *Os Discursos*, da qual, provavelmente, foram tirados alguns capítulos de *O Príncipe*; *Uma História de Florença*; *A Arte da Guerra,* a vida de um *condottiere* chamado Castrucio Castracani; e, *Mandrágora*, uma excelente peça, além de duas ou três outras farsas sem expressão.

Maquiavel, ao considerar a política, deixou de fora a moralidade ou o "que deveria ser a política" e dedicou sua atenção "ao que ela era". Maquiavel rompeu com a visão de que se deve propor a quem governa o que é bom para os governados, passando a defender o que seria bom para que os governantes permaneçam governando e o governo servindo aos propósitos de quem governa.

Ele dedicou-se a analisar como a sociedade se organizava e como o povo realmente se comportava. Fez uma escolha empírica para esta excepcional abordagem, que representava um dos lados de sua visão de mundo, numa época em que ainda não estava presente uma mentalidade científica. O outro era o seu lado racional e seu estabelecimento *a priori.* Estas assertivas encontram eco no fato de Maquiavel ter procurado unir suas percepções por alguns postulados gerais.

O mais relevante destes postulados diz respeito à natureza dos homens. Maquiavel estabeleceu que a natureza humana é a mesma em toda parte e a qualquer

O Renascimento 65

tempo – um dos pressupostos de sua obra. Assim estabelecido, precisava dar um atributo a essa natureza que a qualificasse, e a qualificou como má. *O Príncipe* está impregnado de afirmações tais como "os homens são perversos e não guardarão a palavra perante ti" e que "a menos que sejam obrigados a ser bom, virar-se-ão inevitavelmente para o mal".[8] Afirma ainda que:

> *Há uma dúvida se é melhor sermos amados do que temidos e vice-versa. Deve-se responder que gostaríamos de ter ambas as coisas, sermos amados e temidos, mas, como é difícil juntar as duas coisas, se tivermos que renunciar a uma delas, é muito mais seguro ser temido do que ser amado... pois dos homens, em geral, podemos dizer o seguinte: eles são ingratos, volúveis, simuladores e dissimuladores; eles furtam-se aos perigos e são ávidos de lucrar. Enquanto você fizer o bem para eles, são todos teus, oferecem-te seu próprio sangue, suas posses, suas vidas, seus filhos. Isso tudo até o momento que você não tem necessidade. Mas quando você precisar, eles viram as costas.*[9]

Para ele, o príncipe que esperar gratidão por ter sido bondoso com os seus súditos, pelo contrário, será derrotado, como expõe:

> *Os homens têm menos escrúpulos de ofender quem se faz amar do que quem se faz temer. Pois o amor depende de uma vinculação moral que os homens, sendo malvados, rompem; mas o temor é mantido por um medo de castigo que não nos abandona nunca.*[10]

Por conseguinte, justificava-se o terror. Para Maquiavel, o Estado fundava-se no terror. Entretanto, isto não quer dizer que Maquiavel não visse o lado bom da natureza humana. Para ele, o que a fazia má era o processo de avanço da civilização. Antecipou-se, de certa forma, a Rousseau, na ideia de que o homem é naturalmente puro e quem o corrompe é a civilização. Esta sua tese se materializa nos seus *Discursos*, quando afirma:

> *Se alguém quisesse, atualmente, fundar uma república, achá-lo-ia muito mais fácil entre montanheses, que estão quase sem nenhuma civilização do que com aqueles que estão acostumados a viver em cidades, onde a civilização já está corrompida.*

Maquiavel, portanto, não buscou criar um sistema estruturado na bondade humana; seu sistema político foi voltado para o mal que via na alma humana. Logo no começo de *O Príncipe*, ele dizia:

> *Como a minha finalidade é escrever coisa útil para quem a entender, julguei mais conveniente acompanhar a realidade efetiva do que a imaginação sobre esta... Muitos imaginam repúblicas e principados que nunca foram vistos ou reconhecidos realmente.*[11]

---

8. *O Príncipe*, Cap. XVII.
9. *Ibid.*
10. *Ibid.*
11. *Ibid.* Cap. XV.

Aspectos de Civilização

Desta forma, demonstrava ser sua intenção não fazer uma construção idealística, como *A República* de Platão, e sim uma obra de constatação. Reafirma esta intenção quando argumentava:

Pois grande é a diferença entre a maneira em que se vive e aquela em que se deveria viver; assim, quem deixar de fazer o que é de costume, para fazer o que deveria ser feito, encaminha-se mais para a ruína do que para a salvação. Porque quem quiser comportar-se em todas as circunstâncias como um homem bom vai ter que parecer entre tantos que não são bons.[12]

Desta forma, Maquiavel retoma uma temática que já foi de Aristóteles, ou seja, de que a política é a arte do possível, é a arte que pode ser efetivada, a que leva em conta a coisa como elas estão e não como deveriam estar, e é isto que ele desenvolve, que caracteriza numa clara distinção entre política e moral.

A obra de Maquiavel nada tinha a ver com os dez mandamentos. Significava a emancipação da política em face da tutela religiosa. Deu o tom a um dos principais temas da história moderna: a secularização do pensamento e da vida. Maquiavel desviou-se do papado, da moralidade e da religião quando caminhou em direção ao Estado como coisa em si.

Em *O Príncipe*, Maquiavel não se refere a um indivíduo especificamente, como o título pode sugerir, mas sim a um corpo político. Essa obra apresenta uma dualidade que se resolve, entendendo-se que, ao aconselhar o príncipe, era ao Estado que ele estava querendo aconselhar. E este entendimento apoia-se na visão individualista, prevalente no Renascimento, que atribuía capacidade exagerada de realização ao indivíduo, seja de um artista ou de um homem de Estado, algo que resultava na maximização do descrédito na intervenção divina, no processo histórico.

É desta nova visão individualista, que se coloca como uma revolução quanto ao tema já consagrado pelo introspectivo cristão, que se alimenta Maquiavel e que mais adiante irá se alimentar o ideal de solidariedade, base do Moderno Estado Nacional, que surgirá após a Revolução Francesa. Este novo individualismo renascentista é uma ação que se opõe à intransigência, pois rompe com este posicionamento pela vontade.[13]

Maquiavel foi o primeiro a se referir ao termo Estado; encontramos esta afirmação em *O Príncipe*: "Todos os Estados e todos os poderes que tiveram ou têm o Império sobre os homens foram e são repúblicas e principados." O significado original da palavra latina era de posição ou estabelecimento, mas com Maquiavel passou a designar uma instituição política que fosse superior ou suprema.

Mas a grande constatação de Maquiavel foi o como se pode construir um Estado Nacional. Ele havia se dedicado a dar conselhos ao príncipe, de modo que seu Estado se mantivesse entre outros Estados que buscavam a hegemonia. Não se deviam

---

12. *Ibid*. Cap. XV.
13. A ideia da vontade como instrumento do progresso está subjacente ao individualismo renascentista. Trata-se de uma importantíssima colocação, pois é a vontade que coloca a razão como contraponto da intransigência.

O Renascimento 67

aplicar ao governante. Na realidade, ao príncipe, como ao general, fundando um novo conceito, identificou o príncipe com a nação, e mostrou que os princípios morais competem unicamente à vitória, qualquer que seja o preço a pagar por ela.

Em *Discursos*, falando sobre Tito Lívio, ele escreveu: "Num governo bem-organizado, o Estado deve ser rico, e os cidadãos pobres." Entretanto, esta sua assertiva foi desmentida pelos fatos, dado que, no Renascimento se verifica um desenvolvimento paralelo, tanto da riqueza individual como do poder dos Estados europeus.

Outra importante constatação dele foi a de que neste período do Renascimento se construía uma nova moral. Defendia a tese de que é o homem que constrói o Estado, uma moral imanente e mundana que vive e viceja no relacionamento entre os homens. Não era mais a moral individual que se apresentaria formosa e limpa ao julgamento de Deus.[14]

Maquiavel nos fornece uma teoria realista. Foi o primeiro que considerou a atividade política seguindo uma lógica experimental e, digamos, até científica. Porém, como já foi dito, não fornece uma teoria do Estado Nacional, mas sim de como se formata este Estado.

Em paralelo a estas digressões de Maquiavel, processava-se, no norte da Europa, o chamado movimento humanista, que tem o seu maior símbolo em Desiderius Erasmo, o "Erasmo de Roterdã".[15] Nascido em 1466, na Holanda, ele personificou o movimento humanista; várias foram as suas obras, contudo, a de maior destaque foi a *Elogio da Loucura*, publicada em 1511, onde realiza um ataque devastador ao formalismo dos clérigos e à cobiça e estupidez dos monges.

Entretanto, suas teses defendiam uma perspectiva liberal e veiculavam a ideia de que a tolerância podia ser um impulso tão positivo como o fanatismo, mas foram derrotadas, o que, de certa forma, também representou uma derrota da intransigência. Outro fato importante na vida de Erasmo foi sua incursão no campo da política. Tendo sido designado para a corte de Carlos V, em 1516 escreveu para este *A Educação de um Príncipe Cristão*. Esta obra contrasta com *O Príncipe*, que Maquiavel escrevera três anos antes; como explicita nas palavras iniciais de sua dedicatória nesta obra: "Não há melhor forma de testemunho do que ensinar um Príncipe a governar em vista do bem".

Erasmo foi um humanista piamente crítico que desejava salvar a missão da Igreja, reformando-a a partir do seu interior. Para ele, o livre-arbítrio e as boas ações do homem não deveriam ser inteiramente minimizados como elementos no processo de salvação. Erasmo foi um dos que propiciaram, com suas teses, o movimento conhecido como Reforma, que significou o maior rompimento com a intransigência durante o período do Renascimento.

Outro humanista foi Savonarola que, com sua oratória brilhante e seu estilo evangélico, ergueu uma tempestade política sobre Florença. Mas ambos não se

---

14. Recriava-se a ideia de uma moral coletiva e pública.
15. O humanismo foi, antes de tudo, um movimento pela tolerância, ou seja, uma forma estruturada de buscar-se digladiar com a intransigência.

Aspectos de Civilização

opuseram frontalmente à intransigência, eram mais parte de um movimento "re-vivalista" do que instrumentos de um inconformismo.

A Reforma teve seu início no Sacro Império Germânico e foi dominada pela figura de Martinho Lutero. Origina-se quando o espírito do individualismo renascentista alcançou os campos da convicção religiosa dentro da Igreja e da teologia. Foi ajudada pelo Papa Leão X, da Casa dos Médici, ao financiar seus gastos suntuosos, utilizando-se do recurso teológico dúbio da venda de indulgências espirituais. A autorização de cobrar estas indulgências na Alemanha (1483-1546), concedida ao frade viajante Teztel, irritou o monge agostiniano Martinho Lutero, levando-o a escrever suas noventa e cinco teses e afixá-las na porta da igreja de Wittenberg, em 31 de outubro de 1517, fato que se transformou no estopim da Reforma.

Na verdade, a causa mais imediata foi a rejeição da consistente inserção do es-pírito greco-romano na teologia católica, provocado pela redescoberta dos textos gregos e romanos. Lutero procurava uma volta fundamentalista à base bíblica do pensamento judaico. A Reforma era uma reação, com base no Evangelho purista, contra o impulso clássico do Renascimento, da Filosofia escolástica e de parcela expressiva da cristandade pós-apostólica, em geral. Estes protestantes rejeitavam totalmente a parte da doutrina da Igreja Romana, que foi acrescentada ao discurso da cristandade e que não existia no Novo Testamento – aí se incluíam os sacra-mentos, os rituais, a teologia racional, etc. Para eles, a única fonte de autoridade teológica era o significado literal da Sagrada Escritura.

Todavia, foi pela contestação ao pagamento das indulgências que Lutero investiu o seu protesto contra a desordem que imperava, abordando três aspectos: a favor da criação de um novo enfoque exclusivamente religioso; contra a opulência, a riqueza e o fausto desprovido de mérito; e, por uma solução política para as questões de sua época. É este último assunto que mais nos interessa analisar aqui.

A consequência foi que Carlos V, imperador do Sacro Império Germânico, in-duzido pelo Papa, assinou um decreto imperial que bania Lutero, classificando-o como herege. Lutero, entretanto, com o apoio de príncipes e cavaleiros alemães rebeldes, soube transformar esta questão religiosa numa questão política, dando à sua rebelião uma dimensão de levante internacional.

Para ele, o homem era irremediavelmente corrupto e necessitava do perdão divino. Não fazia sentido que determinados pecados viessem a ser apagados, um a um, mediante ações definidas pela Igreja.

Para Lutero, somente Cristo poderia salvar os homens e somente a fé em Cris-to poderia justificar o homem perante Deus. Citando Paulo, em sua Epístola aos Romanos, Lutero dizia que o homem não merecia a salvação, mas Deus, esponta-neamente, a concedia a todos os que tinham fé.

Lutero e os reformadores afirmavam que a Igreja substituíra a fé na pessoa de Cristo, pela fé na doutrina da Igreja, e iam mais além quando diziam que a verda-deira cristandade baseava-se "somente na fé", "somente na graça" e "somente na escritura". Para Lutero, não havia razão na teologia, só havia razão na fé. Como

O Renascimento   69

Ockham, Lutero considerava a razão humana muito afastada da vontade de Deus e da salvação, afirmando que somente a escritura poderia proporcionar ao homem o conhecimento seguro e salvador ao mostrar os caminhos que levavam a Deus.

Porém, a Reforma trazia dentro de si uma contradição: de um lado, era uma revolução radicalmente libertária, de outro, uma conservadora reação religiosa. De um lado, para os protestantes o que importava era a relação do homem com Deus; de outro, o homem tendia ao pecado, já que a vontade humana era inerentemente ineficaz e perversa. A Reforma abriu no Ocidente o espaço para o pluralismo e ceticismo religioso, e, para o completo rompimento do, até então, monolítico mundo cristão. De Lutero em diante, ficava sempre presente que a fé de cada crente poderia depender só de sua própria iniciativa e de seu próprio apoio e, com isto, as faculdades críticas no intelecto do Ocidente haviam se tornado cada vez mais perspicazes.

A Reforma retornava a uma teologia predominantemente bíblica, opondo-se à teologia escolástica e, desta forma, ajudou a minimizar uma forma essencialmente grega de ver o mundo como infestado de causas finais e de racionalidades divinas. Ao retirar do mundo uma permanente e imanente divindade, a Reforma abria espaço para a ciência moderna. Ela teve ainda uma grande consequência política: a de ser vista como libertária; e, o espaço de todos que se opunham ao monarca e ao poder temporal da Igreja. Mas seu grande papel foi o de fragmentar o sistema unificado medieval católico que, de certa forma, valorizava de novo a cidade dos homens. Com ela, o sagrado matrimônio substituía o discurso do valor da castidade.

O apoio a Lutero veio, a princípio, de duas fontes: os humanistas e os nacionalistas, – no início, a incompatibilidade entre as duas fontes não era percebida. Contudo, mais adiante, Lutero foi abandonado por quase todos os humanistas não-alemães. Todavia, os príncipes, os mercadores, os artesãos e os camponeses alemães ficaram ao seu lado. Lutero, que havia começado sua luta com um ideal cristão e universal, terminava-a como um nacionalista germânico. Em parte, em decorrência da influência do cavaleiro Ulrich von Hutten, passou de reformador da Igreja Universal a fundador da Igreja Alemã. O seu *Discurso à Nobreza Cristã da Nação Alemã* (1520) retrata o ponto médio desta sua evolução. Neste mesmo ano, Tomás Munzer começou a pregar o advento de uma ordem social sem a opressão dos pobres e com uma religião sem padres. Quatro anos depois, em 1524, camponeses de diversas regiões da Alemanha se revoltaram. Lutero condena a revolta, afirmando que "um servo cristão possui a liberdade cristã" e que não é preciso transformar "o reino espiritual de Cristo num reino terrestre e exterior". Os príncipes luteranos se unem aos católicos e esmagam a revolta em 1525, com um terrível massacre.

Lutero é o equivalente germânico de Maquiavel. Foi obrigado pelas circunstâncias a envolver-se nas questões políticas e sociais, logo constatando que não teria sucesso como reformador religioso sem apoio político.[16] De início, acreditava que tudo que

---

16. Em especial pelo fato de que os alemães se sentiam traídos pelo rei Carlos V da Espanha, a quem haviam dado o trono do Sacro Império Romano. Na opinião dos germânicos, Carlos V tinha uma visão de mundo universalista e

Aspectos de Civilização

não fosse adquirido pela consciência não era eficaz. Entretanto, mais adiante, as situações que lhe foram criadas levaram-no a acreditar no fio da espada, como apoio à sua palavra. Esta mudança foi observada pela modificação do seu discurso, que era de uma ideia universal cristã, para um ideal nacionalista germânico.

Ele repudiava o individualismo, o cosmopolitismo e a resignação. Mas a prática resultante de sua pregação foi outra, até muitas vezes oposta aos seus desígnios. Contudo, foi ele que deu origem ao Protestantismo – o direito ao protesto. Este direito, de natureza exclusivamente religiosa, consolidou-se e abriu caminho a protestos de outras naturezas.

Um desses protestos, curiosamente, foi contra o próprio protestantismo, a Contra-Reforma, um movimento que se colocou contrário ao individualismo religioso e econômico que era o produto deturpado desse protestantismo. A Igreja alegava que sua tradição institucional não se opunha à fé baseada na Escritura, porém, a reação dela deu-se de forma mais organizada a partir de meados do século XVI, no Concílio de Trento, quando a Igreja Católica despertou para a crise, energicamente, e buscou reformar-se, diretamente, a partir do seu próprio interior.

De sua parte, este movimento produziu resultados imprevistos, numa direção oposta à inicialmente pretendida. Os principais artífices da Contra-Reforma foram, sobretudo, os jesuítas, uma ordem militante e leal ao Papa, que atraiu considerável número de homens de grande vontade e sofisticação intelectual. Os jesuítas assumiram a responsabilidade de educar a juventude, especialmente a da classe dominante, buscando forjar uma nova elite católica.

A Contra-Reforma resultava em uma nova força que se opunha à visão intransigente ou, melhor dizendo, foi uma intransigência dentro de outra intransigência, ou seja, na verdade uma nova forma de transigir. Criou, portanto, pela sua preocupação exclusivamente religiosa, um espaço para a secularização do Estado. Mas, ao fazê-lo, não o afastava de sua base popular e territorial: reforçava o nascente Estado Nacional.

Na França,[17] o Renascimento decorreu de um movimento muito mais complexo que na Itália ou Alemanha. Foi um movimento mais tardio e manifestava-se nas obras de Rabelais, que faleceu em 1555, e de Montaigne,[18] morto em 1592. Na França, a unidade nacional firma-se a partir do reinado de Luís XI (1461-1483). Seguiu-se um período de desordem, Reforma e Contra-Reforma se defrontaram e, neste confronto, a figura de Calvino assume especial relevância.

João Calvino nasceu em 1509 e pertenceu a uma geração diferente da de Lutero. Estudou teologia, direito e grego. Influenciado pelas teses humanistas, espe-

---

havia submetido o trono concedido a Roma.

17. Conforme se verifica nessa análise, não é mais possível fugir da componente geográfica. A avaliação das ideias e dos pensadores começa a se submeter, também, a outra característica que formatou o que veio a ser um significativo pilar do Estado Nacional: o padrão cultural encapsulado em espaços geográficos.

18. Sua principal obra *Ensaios* encontra-se no livro XI da Coleção *Os Pensadores*, da Abril Cultural.

O Renascimento 71

cialmente por Erasmo e pela questão religiosa, causada por Lutero, ele renunciou ao catolicismo e escreveu, em 1536, um primeiro esboço de sua *Instituição da Religião Cristã*. Com esta obra, Calvino colocou-se à frente das forças que buscavam mudanças com a Reforma. Criou um sistema fechado e racionalmente preenchido no campo da moral, da política e dos dogmas, distinguindo-se, portanto, de Lutero, já que seus escritos criavam uma doutrina, enquanto que Martinho, em suas obras escritas, havia montado um conjunto de posições apaixonadas, expressivas de sentimentos íntimos, mas desprovidas de um fecho quanto ao sentido de um dogma externo, codificado e definido.

Calvino dizia ser o homem "um ser sem esperança, colocado diante de um Deus onipotente". Para ele, nada se podia fazer para alterar o seu destino, estava predestinado para o inferno ou para a salvação. Até este ponto, sua teoria atendia, plenamente, aos desígnios da intransigência. Entretanto, ele rompeu frontalmente com a resignação, ao defender que os eleitos, os que estavam destinados à salvação, deveriam mostrar esta sua predestinação, com um comportamento exemplar, e propunha leis rigorosas para o testemunho destes eleitos. Estas leis logo percorreram toda a França e a Suíça, e foi em Genebra que Calvino resolveu implementar a sua doutrina.

Na época, Genebra estava madura para a experiência calvinista, pois havia se revoltado contra o seu bispo, que governava a cidade em nome do Duque de Saboia. Era, contudo, uma cidade clerical e isto atendia plenamente a esta doutrina, pois esta estabelecia que a obediência a Deus fosse prevalente à obediência ao Estado. De início, Calvino impôs-se exclusivamente como um poder moral, depois, devido a sua coação, acabou sendo expulso da cidade pela população, por três anos.

Convidado a regressar, Calvino estabeleceu condições para que os cidadãos aceitassem suas exigências, expressas nas *Ordonnances Ecclésiastiques* e nas *Ordonnances sur le Régime du Peuple,* que lhe permitiram exercer também o poder político e legal. Estas ordenações mostraram a importância de Calvino como legislador – ele instituiu dois órgãos principais de governo: o Ministério, criando um conjunto fixo e disciplinado de pregadores; e o Consistório, que cuidava das questões de moralidade e era composto por seis ministros e doze anciãos eleitos. Estes órgãos se reuniam de três em três meses em um Sínodo, para avaliarem a disciplina. Essencialmente, sob todos os aspectos, o regime de Calvino era uma ditadura teocrática: um Estado forte que, entretanto, fomentava um individualismo renascentista, e, portanto, anti-intransigente. Observamos que a principal razão para este rompimento com a intransigência era a importância que Calvino atribuía à educação – todos tinham o direito de ler a Bíblia, fossem ricos ou pobres. Para tanto, ele criou um sistema educacional bem superior aos anteriores.[19]

Este desenvolvimento que Calvino imprimiu ao individualismo renascentista também se fez presente no campo político. Não em Genebra, mas sim nos lugares

---

19. A educação é a maior arma da razão. Ela desperta o homem e o leva a atuar contra a intransigência. Sobre o avanço dado ao tema, na época, ver *Da Educação das Crianças*, de Montaigne.

onde os calvinistas eram minoria, como na França, em consequência de pressões históricas e particulares. Na ação de seus seguidores na França, os huguenotes, veremos adiante que ele criou as condições históricas para que seus discípulos fossem vistos como defensores de governos livres e de posições individualistas, políticas e econômicas.

Na França, a Reforma foi obra de seitas, não o resultado de um movimento nacional, como na Alemanha. As primeiras afirmações, "Sem a graça de Deus não havia mérito nas ações humanas", algo que antecede a Lutero e profundamente contrário aos dogmas da Igreja, são francesas. Estas contestações eram conduzidas por Jacques Lefèvre d'Etaples, que veio a falecer em 1536, o mesmo ano em que Calvino havia publicado, pela primeira vez, sua *Instituição*. Calvino pregava a obediência passiva ao rei e reclamava a tolerância religiosa. Seus seguidores pugnavam por um governo exercido mais por um acordo mútuo, do que por um soberano absoluto, e, ao fazê-lo, pretendiam defender suas convicções religiosas, mas, na verdade, voltavam ao conceito medieval da lei limitada por privilégios de grupos particulares. Opunham-se, dessa forma, ao conceito de soberania absoluta, defendido por Maquiavel, e para justificar este posicionamento eles utilizaram duas linhas de ação: a proteção pela lei natural e a proteção pelos direitos históricos.

A primeira é explicada na obra *A Vingança contra os Tiranos*, publicada em latim, em 1579, de um autor anônimo que assinava sob o pseudônimo de Stephen Junius Brutus – nome de uma família que sempre esteve ao lado do povo, em Roma, e assim, também, foi vista nas peças *Julius Caeser* e *Coriolanus*, de William Shakespeare. Esta obra estabelecia limites à soberania real e justificava a rebelião contra os reis; sustentava-se que o Estado apoiava-se em dois contratos: primeiro, entre o rei e o seu povo, condicionado, contudo, ao segundo, entre o rei, o povo e Deus. A observância pelo rei do segundo contrato é que garantiria a submissão do povo. Caso isto não acontecesse, o povo poderia rebelar-se, porém, apenas através da resistência de seus magistrados. Era uma formulação claramente aristocrática.

A outra linha de resistência ao absolutismo do monarca tinha fundamentos históricos e está expressa no livro *Franco-Gallia*, de François Hotman, escrito em 1573. Esta obra apresenta teses, de cunho histórico, duvidosas: alegavam que os reis franceses sempre foram eleitos e tinham seus poderes controlados pelos aristocratas. Os aristocratas encontravam-se, quando convocados, em uma assembleia intitulada de Estados Gerais. Com esta tese procuravam minar o poder real e transferi-lo para a aristocracia.

Contudo, esta teoria política, a dos huguenotes, se coloca em um ambiente conflitado, o das lutas políticas e religiosas do século XVI. Havia opositores às suas teses, os chamados Monarcomaquistas Católicos e outros.

Outra importante contribuição sobre o que vem a ser o Antigo Estado Nacional resultou da oposição às teses calvinistas e apareceu, na França, com Jean Bodin (1530-1596). Em seus seis tomos *Sobre a República*, publicados em 1576, Bodin polemizou contra Maquiavel. Enquanto Maquiavel projetava e arquitetava a melhor

O Renascimento

forma de construir o Estado, Bodin discorria sobre um Estado unitário que se havia constituído: a França. Para Bodin, a questão central que se colocava era a da obtenção de uma hegemonia ou da formação do consenso.[20]

É de Bodin a primeira teorização sobre a questão da autonomia, expressa pelo conceito de soberania do Estado-Nação. Articula a colocação de que o monarca interpreta e obedece às leis divinas, mas de forma autônoma. Não necessita, portanto, receber a investidura papal para exercitar seu poder. Para Bodin, o que caracteriza o Estado é o poder; para ele, nem o território nem o povo são tão importantes como o poder, para os destinos de um Estado.

Ele estabelece que a soberania é a verdadeira base, a pedra fundamental de toda a estrutura do Estado, da qual todos dependem: os magistrados, as leis e as ordenações. E é esta soberania a responsável pela ligação que transforma em um único corpo perfeito: o Estado, os indivíduos, as famílias. Para Bodin, o Estado é o poder absoluto que se materializa na coesão de todos os elementos de uma sociedade. Bodin reflete em sua obra as consequências da Reforma.

Todo este embate resultava em lutas que tiveram seus momentos maiores no massacre de São Bartolomeu, onde 20.000 huguenotes foram assassinados em toda a França, em 24 de agosto de 1572, e na reconversão ao catolicismo de Henrique de Navarra, em 1576, o que conduz à reunificação da França, sob sua égide. Posteriormente, em 1598, este mesmo rei tomou uma atitude de grande importância na história da França. Baixou o *Édito de Nantes*, que dava aos huguenotes liberdade para praticarem seu culto e de terem suas próprias fortificações.

Depois da morte de Henrique, a França tornou-se gradativamente um país autocrático a ponto de, na segunda metade do século XVI, estar totalmente submetida a um rei, Luís XIV, que definia o seu governo com a frase: "L'Etat c'est moi".[21]

A França do século XVII movia-se numa só aparente estranha contradição: enquanto o absolutismo impunha-se, ao mesmo tempo o pensamento tornava-se mais livre e liberto da intransigência.

Como expoente dessa libertação podemos citar René Descartes (1596-1650), que utilizou a Matemática como a linguagem inequívoca para explicar o universo. Foi o primeiro pensador que demonstrou ser a linguagem numérica uma forma capaz de dar à natureza uma descrição intelectualmente satisfatória.

Descartes escreveu várias obras filosóficas, contudo, a sua obra mais conhecida tem o título de *Discurso do Método*. Nesta obra, ele avança além do método aristotélico – que era exclusivamente verbal, limitado às palavras –, apoiado em sua estruturação matemática e, então, formula suas quatro regras básicas da lógica:

---

20. Esta ainda é uma questão sem solução. O princípio democrático viola o consenso, pois explicita claramente o governo de uma maioria. Com a ideia da maioria vem a ideia de uma minoria discordante e, portanto, o não consenso.
21. "O Estado sou eu", frase atribuída a Luís XIV e que sintetiza o absolutismo.

Aspectos de Civilização

- Não aceitar por verdadeiro nada que não se reconheça claramente como tal; aceitar apenas o que se apresenta ao espírito de modo tão claro e distinto, que não permita dúvidas;
- Dividir cada problema ou dificuldade em tantas partes quanto possível;
- Começar as reflexões pelos objetos mais simples e fáceis de compreender e, a partir daí, pouco a pouco, subir ao conhecimento dos mais complexos; e
- Fazer enumerações tão complexas e análises tão gerais que possa se ter certeza de não ter omitido nada.[22]

Descartes, ao estabelecer o raciocínio humano como aquele que desvela dos mistérios da natureza, transpôs de forma definitiva o umbral que separava a existência da condução da ordem pela mão humana. A ciência, a partir de Descartes, suplanta o trabalho e é quem, desde então, possibilita os melhores instrumentos para a imposição da ordem humana na desordem natural. Descartes e seu método infringiram séria derrota à intransigência.

Não é por demais lembrar que também na França a Reforma e sua reação, a Contra-Reforma, sintetizaram todo o romper do Renascimento com a intransigência e que ambos os rompimentos resultaram de uma consequência explicitada do movimento humanista.

A Inglaterra sofre toda uma reformulação durante o Renascimento. Aqui nos ateremos a observar essas reformulações na questão do Estado, ou melhor, de como se reformulou a concepção da organização da vida social e política na Grã-Bretanha, nos séculos XV, XVI e XVII.

A unidade da Inglaterra só foi verdadeiramente realizada sob o reinado de Henrique VII (1485-1509). Um pouco antes dele assumir o poder, nascia, na Inglaterra, Thomas More (1478). Este inglês deu seu nome a todo um gênero de literatura – a literatura de utopia – ao escrever a obra: *Utopia*, comparável ao *Príncipe* de Maquiavel.

Entretanto, estas comparações entre os dois livros colocavam as duas obras em campos opostos, apresentando o *Príncipe* como realista e a *Utopia* como idealista e sonhadora. Considero a *Utopia* uma obra essencialmente realista, ela aproxima-se do *Príncipe*, pois ambas lidam com os problemas reais do seu tempo e captam claramente a realidade política da época. More, assim como Maquiavel, rompeu com a visão prevalente no final do século XV ao propor uma visão humanista baseada nos clássicos – no caso Platão –, para a solução dos problemas políticos do seu tempo e ao oferecer soluções concretas e cuidadosamente pensadas em lugar das visões convencionais da época para essas questões. Tanto More como Maquiavel foram homens de Estado;[23] More, por exemplo, exerceu vários cargos importantes na Inglaterra.

A *Utopia* foi escrita praticamente na mesma época que *O Príncipe* (1515-1516). Ela apresenta duas partes distintas: uma de caráter econômico e outra de caráter político.

---

22. Oitavo parágrafo da Segunda Parte do *Discurso do Método*. Síntese brilhante de seu método.
23. Thomas More recria numa nova forma o conceito de solidariedade pelo trato social que imprime a sua utopia.

O Renascimento

Interessa esta última que conta a descrição de uma ilha onde o povo vivia em um estado ideal. Entretanto, as soluções de More diferiam profundamente das propostas por Maquiavel, e uma das razões para isto é que More vivenciava uma realidade política muito diferente da de Maquiavel.

A Inglaterra diferia da situação das cidades-estados italianas. More, em sua obra, deixa transparecer duas características marcantes do imaginário político inglês: a ideia da presença constante do sofrimento no povo comum e a ideia de que o Estado existe para servir aos seus membros. Já em Maquiavel, a visão era outra: ele era tido como uma obra de arte, e o povo era só uma parte, um componente de um conjunto maior. Outra questão que os afastava era o fato de que More exaltava a frugalidade, enquanto Maquiavel via na pompa do governante algo que atendia ao desejo íntimo dos governados.

A obra de More sofre também uma clara influência cristã: a *Utopia* foi inspirada no Sermão da Montanha. Na sociedade que cria, More retira o dinheiro e todos se ocupam das boas ações, tudo é baseado em bons pensamentos e numa emoção cega. Ela também foi criada seguindo uma análise factual das causas últimas da miséria humana.

Estabeleceu que o sofrimento não resultava do pecado original ou em decorrência de desígnios divinos, mas advinha da estrutura social vigente. Na verdade, sua obra representava a possibilidade de se construir uma cidade do homem capaz de abrigar a Deus, em contraponto à *Cidade de Deus*, que More havia conhecido ao ler Santo Agostinho. Representava, portanto, a possibilidade dos homens construírem uma sociedade diferente, ou melhor, romperem com a situação dominante, caminhando para um mundo melhor. Contrapunha-se à intransigência, pois More sempre foi um inconformado, apesar de ser extremamente religioso e católico. Sua morte também respalda essa afirmação: na qualidade de chanceler, opôs-se ao rei Henrique VIII, por ocasião de seu cisma com a Igreja, e contestou a fidelidade à Ana de Bolena, que Henrique VIII queria como rainha, o que lhe custou a morte. Isto o colocou como mártir. Assim como Sócrates, Thomas More fez-se mais importante morto do que vivo, revelando-se mais um exemplo da ação nefasta e perversa da intransigência.

Foi no meio de um profundo choque religioso que opunha Reforma e Contra-Reforma que se deu início à revolução científica. Até o final do Renascimento prevaleciam no Ocidente, em termos astronômicos, vários sistemas baseados em Ptolomeu. Contudo, nenhum deles permitia que os astrônomos calculassem, com precisão, os movimentos dos corpos celestiais. Ao constatar isto, Copérnico provocou um rompimento drástico e fundamental com o mundo antigo e com o mundo medieval. Ele concluiu que a Astronomia clássica deveria conter, ou estar mesmo baseada, em algum equívoco essencial. Copérnico tinha um viés neoplatônico. Era dos neoplatônicos e de seus mentores pitagóricos a crença em que o mundo físico poderia ser explicado em termos aritméticos e geométricos. A convicção pitagórica de que a natureza poderia ser fundamentalmente compreendida através de expressões matemáticas simples e harmoniosas trazia em si o transcendental e o eterno.

Aspectos de Civilização

Descobriu que muitos filósofos gregos, especialmente os de formação pitagórica e platônica, haviam proposto uma Terra em movimento, se bem que nenhum deles houvesse levado esta hipótese até o final. Platão havia colocado o Sol como a luz do Universo e Copérnico deve ter pensado: não deveria a luz estar no centro? A partir de então, Copérnico partiu da hipótese do Universo centrado no Sol e de uma Terra planetária, tendo elaborado matematicamente esta assertiva, buscando as implicações deste fato. Verificou que assim poderia abandonar os equantes e que era possível fazer uma ordem dos planetas a partir do Sol: Mercúrio, Vênus, Terra, Lua, Marte, Júpiter e Saturno. Esta ordem era capaz de matematicamente substituir a antiga ordem que tinha a Terra no centro.

A obra resultante destes seus trabalhos, o *Commentariolus*, circulou entre os amigos de Copérnico já em 1514. Contudo, foi só em outra obra, *De Revolutionibus*, dedicada ao Papa, que Copérnico expôs melhor sua extraordinária ideia. A oposição inicial à descoberta de Copérnico não veio da Igreja, o primeiro antagonismo veio dos reformadores protestantes. Lutero chamou Copérnico de um astrólogo vigarista, mas a Igreja inicialmente o aceitou, tendo até elaborado o novo calendário gregoriano segundo o sistema de Copérnico.

Contudo, no início do século XVII, a Igreja, tomada por uma ortodoxia que seria doutrinária, sentiu-se forçada a assumir uma postura definida contra a hipótese de Copérnico. Na verdade, a grande ameaça de Copérnico era sobre a estrutura ptolomaica e aristotélica de Dante e de sua explicação pseudorracional do Cosmo. Havia, ainda, o problema causado pelo astrônomo e filósofo não platônico Giordano Bruno que, além de pregar que todas as religiões e Filosofias deveriam conviver com tolerância e mútua compreensão, defendia como parte de sua Filosofia esotérica uma avançada teoria heliocêntrica. Além disso, Giordano pregava ideias heréticas sobre a Trindade e outras questões teológicas essenciais. A ligação de Giordano com as teses heliocêntricas acabou levando as obras de Copérnico para o *Index* dos livros proibidos. Mas o que havia efetivamente ocorrido é que, com sua teoria, Copérnico havia finalmente rompido o tenso cabo que unia a Fé e a Razão no cristianismo.

Nesta ruptura, a Terra deixava de ser o centro fixo da criação divina e seu plano de salvação. Assim sendo, o homem também não poderia ser o eixo central do Universo, o que levou os teólogos da época a considerar que ser adepto de Copérnico era ser ateu.

Assim, quando Galileu lançou sua obra *Diálogo sobre os Dois Principais Sistemas do Mundo,* ele foi visto pela hierarquia católica como uma ameaça maior do que Lutero e Calvino juntos.

Entretanto, Copérnico não explicava tudo. Ele continuava a acreditar na máxima ptolomaica de que os planetas têm movimentos circulares uniformes. Daí, no seu sistema, ele necessitava ainda de epiciclos e excêntricos. Ele mantinha as esferas cristalinas concêntricas que movimentavam os planetas, as estrelas, além de outros componentes físicos e matemáticos essenciais do velho sistema ptolomaico. Ele não

O Renascimento

respondia a uma questão essencial: se a Terra estava em movimento, por que os objetos simplesmente não caíam, enquanto o nosso planeta se movimenta pelo espaço?

Kepler também se movia por motivações neoplatônicas. Era herdeiro de um imenso cabedal de observações astronômicas muito precisas e arroladas por Tycho de Brahe, seu predecessor na função de astrônomo imperial do Sacro Império Romano. Em seus estudos, ele foi obrigado a concluir que a verdadeira forma das órbitas planetárias seria alguma outra figura geométrica, não um círculo. Afinal, descobriu que as observações das órbitas planetárias correspondiam a elipses que tinham o Sol em um de seus focos. Descobriu, também, que os planetas se movimentavam em diferentes velocidades, que variavam em proporção à sua distância em relação ao Sol – mais depressa quando próximos e mais lentamente quando mais afastados, contudo, percorrendo áreas iguais da elipse em iguais tempos. Mais adiante, elaborou outra lei, fruto também de suas observações, onde relacionava, matematicamente, as diferentes órbitas planetárias, concluindo que a proporção dos quadrados dos seus períodos orbitais é igual a proporção dos cubos de suas distâncias médias a partir do Sol.

Cumprindo a extraordinária previsão de Platão de órbitas singulares, uniformes e matematicamente ordenadas, Kepler justificava a hipótese de Copérnico e demonstrou que o Universo havia sido construído segundo harmoniosa concepção matemática, conforme defendeu Copérnico no seu *De Revolutionibus*, comprovando a tese da Matemática como a chave do Universo.

Em 1609, ano em que foi publicada, pela primeira vez, a tese de Kepler, Galileu vasculhava os céus com um novo instrumento: o telescópio. Esta nova invenção deu a ele uma visão nova do Cosmo. Via as crateras e as montanhas na superfície da Lua, as quatro luas girando em torno de Júpiter e as incontáveis estrelas da Via Láctea.

Se a superfície da Lua era irregular, como era a da Terra, se o Sol apresentava manchas que apareciam e desapareciam, então estes entes celestiais não eram tão perfeitos nem tão imutáveis como dizia a cosmologia aristotélica-ptolomaica e, visto pelo telescópio, a ideia de Copérnico de um universo amplo, muito mais vasto do que o imaginado por Ptolomeu, parecia muito mais plausível.

Como resultado de suas observações, Galileu escreveu o seu *Sidereus Nuncius* (*O Mensageiro das Estrelas*), onde relatava suas observações. Um novo Cosmo abria-se para o Ocidente, assim como os descobrimentos haviam aberto um novo mundo para a Europa.

Mas a Igreja rejeitava este novo Cosmo e ao rejeitá-lo provocava um dano irreparável à sua integridade intelectual e espiritual. O comprometimento formal da Igreja com a ideia de uma Terra estacionária acabou destruindo sua posição de influência nos meios intelectuais europeus. A retratação forçada de Galileu representou a derrota da Igreja e a vitória da ciência.

Copérnico, Galileu e Kepler mostraram que era possível algo novo pela comparação de observações com hipóteses matemáticas, ou seja, pelo processo científico.

Aspectos de Civilização

Tanto a certeza matemática de Kepler quanto as observações de Galileu conduziram à prevalência da teoria heliocêntrica da Astronomia. Contudo, permaneciam ainda questões a explicar: Ptolomeu havia sido substituído, mas, Aristóteles ainda permanecia inalterado. O que impedia que os planetas fugissem das suas órbitas? Se a Terra se movia, como os objetos caíam verticalmente? Se a Terra não era o centro, onde estava o centro do Universo? Onde estava Deus neste Cosmo? Como explicar o movimento elíptico demonstrado por Kepler?

Esta última questão, Kepler respondia influenciado pelo neoplatonismo, acreditando que o Sol fosse a fonte do movimento no Universo e que este emitia uma força motora análoga às "influências" astrológicas, que movimentaria os planetas. Esta *anima motrix,* conforme Kepler, era maior nas proximidades do Sol.

Todavia, ainda restava explicar por que a forma das órbitas era elíptica. Impressionado pelo então recente trabalho de William Gilbert sobre o magnetismo, no qual este via a Terra como um imenso ímã, Kepler estendeu este princípio a todos os corpos celestes e construiu a hipótese de que o *anima motrix* do Sol combinava seu magnetismo com o dos planetas, para obrigá-los a caminhar em órbitas elípticas, rejeitando a ideia do movimento dos planetas geométrico e automático, como posto nas esferas aristotélicas e ptolomaicas. Apresentava assim, pela primeira vez, a tese de que o que movia os planetas em suas órbitas eram forças mecânicas.

É verdade que Kepler compreendeu o movimento celestial de maneira mais elaborada do que Galileu. Entretanto, foi a percepção de Galileu, da dinâmica terrestre, que começou a resolver os problemas físicos criados pela inovação de Copérnico. Galileu tinha especial admiração por Arquimedes, cujos textos de Física e Matemática haviam sido redescobertos pelos humanistas. Ele argumentava que, para se conhecer a natureza das coisas, dever-se-ia levar em conta somente suas qualidades objetivas mensuráveis de forma precisa, como o tamanho, a forma, a quantidade, seu movimento e peso. As qualidades resultantes da percepção, como a cor, o som, o cheiro, o sabor e a textura deveriam ser deixadas de lado, pois eram efêmeras e subjetivas, ou seja, só a análise quantitativa levava ao acerto. Assim sendo, Galileu estabelecia o experimento quantitativo como teste final de qualquer hipótese, rejeitava a interminável justificação dedutiva da tradição acadêmica aristotélica e acolhia a solução de seus problemas através de uma livre exploração de um universo matematicamente impessoal. E assim ele, progressivamente, demoliu Aristóteles.

Para Aristóteles, um corpo mais pesado caía mais rápido que um corpo mais leve, argumentando que isto era verdade porque quanto mais pesado o corpo, maior sua propensão de buscar o centro da Terra. Galileu demonstrou que o tempo da queda não dependia nem do peso, nem da composição do corpo, formulando, mais tarde, a lei do movimento acelerado uniforme dos corpos em queda. Ele contestou Aristóteles também na explicação dos movimentos, quando este defendia que todos os corpos buscam o seu lugar natural e que nada continuaria em movimento sem que houvesse uma força externa aplicada de forma constante. Partindo da categoria

O Renascimento

do ímpeto de Buridan e Oresme, Galileu estudou o deslocamento dos projéteis, desenvolvendo a teoria da inércia, segundo a qual, um corpo permaneceria em repouso, a menos que viesse a ser empurrado, assim como um corpo em movimento permaneceria em movimento, a menos que viesse a ser detido ou desviado. A força só teria sentido para explicar a mudança no movimento.

Com este conceito de inércia, Galileu explicava por que os projéteis arremessados na vertical caíam no mesmo lugar, apesar da Terra estar em movimento. A inércia dotava os projéteis do mesmo movimento que possuía a Terra e, desta forma, refutava um dos principais argumentos da física aristotélica, que se opunha a uma Terra planetária e em movimento. Galileu continuou a linha traçada por Descartes na matematização da natureza, lançou as bases da Física experimental e da mecânica moderna, elaborou os princípios operacionais do moderno método científico e fundamentou a teoria de Copérnico.

Uma Terra planetária também exigia um universo muito maior, para satisfazer a ausência de paralaxe estrelar observável. Ele não precisava ser finito, já que a Terra não era o seu centro, poderia ser infinito, já que o infinito não tem centro. Ademais, já havia a imagem, não platônica, de um universo infinito enunciado por Nicolau de Cusa, algo que era reforçado pela antiga concepção atomista transmitida por Demócrito e por seus sucessores Epicuro e Lucrécio, como tão bem havia sido visto por Giordano Bruno, ao perceber a congruência entre os dois sistemas: o discurso copernicano e a concepção atomista.

Descartes havia espalhado o atomismo ao propor que o mundo físico era composto de um número infinito de partículas ou corpúsculos que, de forma traçada pela providência divina, se colidiam ou se agregavam. A ideia da colisão das partículas, presente em Descartes, permitiu que se desenvolvesse, em seus sucessores, as ideias iniciais de Galileu sobre a natureza da força e do impulso. Aplicando no Cosmo a teoria da inércia e do movimento da partícula, Descartes apresentou o fator fundamental, ausente na explicação do movimento planetário: por que os planetas, inclusive a Terra, não eram levados em uma linha tangencial, para fora de suas órbitas, em torno do Sol? Havia algo que forçava continuamente os planetas a ficarem perto do Sol? Identificar esta força era o dilema celestial fundamental que a nova cosmologia tinha diante de si. Além disso, pairava outra questão: se a Terra movimentava-se e não estava no centro, por que os objetos caem na Terra?

A ideia de uma força de atração presente em todos os corpos aparecia junto com o conceito de magnetismo. Empédocles já havia falado em tal força. Entre os escolásticos, Oresme havia imaginado uma explicação para a queda dos corpos que fugiam ao discurso aristotélico e que dizia que a matéria naturalmente tendia a atrair outra matéria. Copérnico e Kepler usaram esta tese, para defender o seu discurso sobre a Terra em movimento. No final do século XVII, Robert Hooke concluía que a mesma força que explicava a queda dos corpos explicava os movimentos planetários.

Mas coube a Isaac Newton terminar a revolução copernicana. Em 1687, a Royal Society publicou sua obra *Principia Mathematica Philosophae Naturalis*. Nesta obra, ele defende a gravidade como força universal, aquela responsável pela queda dos corpos na Terra e pelo movimento dos planetas no céu. Sintetizando as leis de Kepler com as de Galileu, no espaço da Filosofia mecanicista de Descartes, Newton construiu uma teoria abrangente, ao estabelecer que para manter suas órbitas estáveis, nas velocidades e distâncias especificadas por Kepler, os planetas deveriam ser puxados pelo Sol através de uma força de atração que decrescia na proporção inversa ao quadrado da sua distância do Sol e que todos os corpos que caíam para a Terra, desde uma pedra, até a própria Lua, eram regidos pela mesma lei.

Suas três leis do movimento, a da inércia, a da força e a da reação igual, ao lado de sua teoria da gravitação universal, não só estabeleciam uma base física para as leis de Kepler, mas, também, resolviam outros problemas como a órbita dos cometas, o movimento das marés, a trajetória dos projéteis. Todos os fenômenos conhecidos da mecânica celeste e terrestre encontravam, em Newton, uma explicação. Cada partícula do universo atraía outra partícula com uma força proporcional ao produto de suas massas e inversamente proporcional ao quadrado da distância entre elas. Newton havia, com o conceito de uma força de atração quantitativamente definido, integrado a Filosofia mecanicista com a tradição pitagórica na cosmologia.

Esta cosmologia newtoniano-cartesiana era, então, o fundamento de uma visão nova de mundo, na qual se colocava o Criador como o arquiteto divino, como mestre matemático e como relojoeiro.

O Renascimento havia cumprido o seu papel. O homem voltava ao centro do universo, na medida em que era capaz de interpretá-lo, ao mesmo tempo em que a revolução científica se completava.

6

Realização Ilustrada

Construindo a Ciência Moderna

A evolução da Filosofia, entre os séculos XVI e XVIII, esteve associada à revolução científica. Na mesma época em que, na Itália, Galileu forjava sua prática científica, na Inglaterra, Bacon anunciava o início de uma nova era, em que as ciências naturais redimiriam materialmente o homem e estimulariam o seu progresso para uma melhor vida cristã. Mas como ele dizia: "Para tanto, seria necessário romper com os velhos padrões de pensamento, com as confusões verbais, com os preconceitos tradicionais e assim adquirir uma nova forma de buscar conhecimento."

Esta nova proposta se apoiava em um método, basicamente empírico, mediante o qual se faria uma cuidadosa observação da natureza, com a realização de muitos e variados experimentos. Este método traria como consequência a possibilidade da mente humana identificar, interpretar e obter as leis e as generalizações dos fenômenos naturais, permitindo ao homem melhor cooptar a natureza.

Sócrates havia proposto que conhecimento era virtude; Bacon argumentava que conhecimento era poder. Poder sobre a natureza. Para ele o homem havia sido criado por Deus para interpretar e dominar a natureza. A história era progressiva e não cíclica, como imaginavam os antigos, e, nesta história, o homem estava prestes a dar um grande passo, que seria o da utilização mais completa da natureza, e para tanto, seria necessário se mudar os fundamentos clássicos da ciência. Encher o mundo com causas finais fictícias, como havia feito Aristóteles, ou, com essências divinas e inteligentes, como havia feito Platão, não possibilitava o entendimento da natureza pelo homem. Tanto os escolásticos como Aristóteles eram, para Bacon, profundamente dependentes da dedução. Além disso, essa dedução decorria geralmente de invenção espúria da mente do filósofo, não encontrando nenhuma base na natureza. O verdadeiro filósofo deveria abordar e estudar o mundo real diretamente, e não recorrer a antecipações, que só tenderiam a prejudicar seus resultados.

Aspectos de Civilização

Para se fazer ciência, seria preciso abandonar o palavreado e os preconceitos inúteis, em prol da atenção direta às coisas e a sua ordem observada. Bacon expressava o espírito da reforma e da teologia de Ockham, que pertencia ao reino da fé, mas a natureza deveria ser interpretada através de uma ciência natural, desimpedida de pressupostos sem importância e originados na imaginação religiosa.

Apesar de apresentar uma posição audaciosa, Bacon subestimou, drasticamente, a força da Matemática. Não percebeu a necessidade da conjectura teórica antes da observação empírica e deixou escapar, inteiramente, o significado da nova teoria heliocêntrica. Contudo, foi o primeiro a fazer apologia da conquista da natureza para a construção do bem-estar do homem e a glória de Deus. Enquanto ele argumentava em prol do caráter distinto e vigoroso da nova ciência, Descartes, na França, estabelecia sua fundamentação filosófica, articulando o que viria a definir o homem que racionaliza.

Havia nos meios intelectuais europeus um determinado relativismo cético sobre a viabilidade de um conhecimento seguro. Na verdade, havia uma crescente incerteza epistemológica que estava sendo alimentada pela divulgação de uma obra grega, a *Sextus Empiricus*, vinculada ao ceticismo. Um exemplo desse movimento encontra-se na obra do ensaísta francês Montaigne, que dava a passagem às antigas dúvidas epistemológicas. Em consequência, emergiu uma crise de ceticismo na Filosofia francesa.

Descartes, possuidor de uma formação jesuítica, ainda jovem sentiu muito os efeitos dessa crise, que o conduziu, então, a buscar/descobrir os fundamentos para o conhecimento seguro. Para tanto, deveria começar duvidando de tudo. Dessa forma poderia eliminar todos os pressupostos do passado que estavam confundindo o conhecimento humano. Era necessário isolar, nos pensamentos, apenas as verdades que o espírito pudesse considerar como indubitáveis.

Diferentemente de Bacon, ele era um excelente matemático. Via a geometria e a aritmética como o caminho para a certeza. A Matemática englobava as duas e começava por princípios simples e evidentes, axiomas essenciais, que estruturariam outros mais complexos, seguindo um rigoroso método mental e racional.

Para Descartes, a racionalidade crítica disciplinada poderia superar a informação não confiável dos sentidos ou da própria imaginação. Usando esse seu método, havia descoberto uma nova forma de fazer ciência, que traria para o homem uma nova era de conhecimento pragmático, de sabedoria e de bem-estar. O ceticismo e a Matemática foram responsáveis por uma combinação que gerou a revolução cartesiana na Filosofia. Esta revolução trazia um componente central: a certeza do conhecimento individual.

Havia um dado que não poderia ser posto em dúvida: o fato dele duvidar. O sujeito pensante, o eu que duvida, existe. *Cogito, ergo sunt* – penso, logo existo. O *cogito* é a base sobre a qual se estruturam todos os conhecimentos, servindo de princípio para todas as deduções decorrentes e de modelo para todas as intuições racionais evidentes. Nada pode originar-se de nada, nem há efeito que não tenha causa. O *cogito* trazia dentro de si uma divisão e uma hierarquia no mundo. O *res cogitans*, aquilo que o homem percebe interiormente, difere totalmente do *res extensas*, a substância externa, o corpo, o mundo objetivo, a matéria, ou seja, tudo que é externo a mente do homem. Só o homem une em si os dois *res*: o espírito e a matéria. A mente humana, o espírito da consciência humana, ou seja, para Descartes, a alma não erra. Os sentidos erram, a imaginação fantasia e as emoções perturbam, só o espírito racional acerta.

O universo físico é inteiramente desprovido de qualidades humanas, não é um organismo vivo, como supunham Aristóteles e os escolásticos. Ele se compõe de matéria atomística desprovida de vida, é dotado de formas e motivado por objetivo teleológico. A matéria atomística seria compreendida melhor se fosse analisada em termos das leis da mecânica que, como dizia Descartes, existem na natureza. Para ele, a mecânica era uma espécie de Matemática universal. O mundo físico era objetivo, material, sem nenhuma ambiguidade e, desta forma, inerentemente mensurável, portanto, o instrumento mais poderoso que o homem possuía para compreendê-lo era a Matemática. Descartes usou a distinção de Galileu das propriedades. O homem deve estar atento somente às chamadas qualidades objetivas que podem ser analisadas em termos quantitativos: extensão, forma, número, duração, gravidade específica e a posição relativa.

O legado de Bacon e Descartes, seus respectivos discursos empirista e racionalista, conduziu a expressão definitiva de libertação do eu do objeto. Não foi por acaso que Newton empregou, sistematicamente, uma síntese do racionalismo matemático dedutivo de Descartes com a prática do empirismo intuitivo de Bacon. Terminava-se um método científico iniciado por Galileu. O destino do homem, pela sua própria capacidade intelectual, parecia assegurado. Ao compreender, o homem poderia realizar.

A síntese de Newton trouxe o iluminismo, que deu início a uma imensa confiança na razão humana. Ele influiu de duas maneiras na Filosofia: primeiro, colocando que a base do conhecimento humano se dá no encontro do mundo com a mente, e, depois, promovendo o conhecimento deste mundo pela análise da mente.

Contemporâneo de Newton e herdeiro de Bacon, John Locke fundamentou o empirismo ao afirmar que tudo que se conhece passa antes pelos sentidos – *Nihil est in intellectu quod non antea fuerit in sensu* –, estabelecendo a tônica do iluminismo: não há nada do intelecto que não tenha passado pelos sentidos.

Locke foi influenciado pela Filosofia de Descartes, por Newton e seus amigos da *Royal Society*. Não aceitava plenamente a crença racionalista cartesiana das ideias inatas. Para ele, todo conhecimento decorria de experiências sensoriais. Ao correlacionar as impressões sensoriais ou ideias – aqui entendidas como reflexões após sensações – a mente pode chegar a conclusões corretas.

No início, a mente é um vazio. Na verdade, uma *tabula rasa*. Uma receptora de experiências que representam o seu exterior e sobre a qual se escreve a experiência sensorial. A cognição começa com a sensação. Para o empirismo, a razão necessita da sensação para chegar à verdade.

Aspectos de Civilização

Há um ceticismo latente na posição empirista. Para Locke não existia nenhuma certeza de que as ideias humanas das coisas representassem corretamente os objetos exteriores que elas refletem. Para ele existiam três fatores no conhecimento humano: o espírito, o objeto físico e a percepção ou a ideia mental que representaria tal objeto. Este objeto só é reconhecido através da mediação da ideia. Fora da percepção do homem, há somente um conjunto de substâncias em movimento. Não podemos afirmar que as percepções que o homem tem do mundo externo pertençam ao mundo em si.

Ele também distingue as características dos objetos em primárias e secundárias. As características primárias seriam aquelas detectáveis em todos os objetos materiais, quais sejam: o peso, a forma e o movimento. Já as secundárias, seriam aquelas inerentes apenas à experiência subjetiva humana desses objetos, como o sabor, o cheiro e a cor. As características primárias produzem na mente ideias que são, de forma legítima, correlacionadas ao objeto externo, enquanto que, segundo ele, as características secundárias produzem ideias que se relacionam exclusivamente com o aparelho de percepção do observador.

Seguindo Locke, o bispo Berkeley foi mais além: mostrou que não pode haver nenhuma inferência conclusiva, ao reduzir todos os dados dos sentidos a simples conteúdos mentais, enquanto Locke reduzira todos os conhecimentos mentais como resultados de sensações. Não seria possível sequer concluir-se a respeito da existência de um mundo material, com objetos, fora da mente que produziu as ideias, pois não existem meios pelos quais se possa distinguir os objetos das impressões sensoriais. Como não se pode sair da mente para comparar a ideia ao objeto real, toda a noção de representação está desprovida de base. Defendia que os mesmos argumentos usados por Locke contra a precisão representativa das características secundárias seriam aplicáveis às características primárias e, ao final das contas, todas as características do objeto devem ser consideradas experiências da mente. Assim, a doutrina representativa de Locke era insustentável – a distinção entre características da mente e características que pertencem à matéria –, e toda a experiência humana é fenomênica e limitada à aparência da mente.

Ser não significava ser uma substância material, significa só ser percebido pela mente. Todo o conhecimento baseia-se na experiência. A objetividade decorre da subjetividade, da experiência de várias mentes. Para Berkeley a razão pela qual existe essa objetividade é o fato de diferentes indivíduos estarem conjunta e continuamente percebendo uma inerente ordem confiável – esta ordem é confiável, universal e representa o espírito de Deus.

Berkeley foi seguido por David Hume, que levou ao extremo a crítica epistemológica empirista. Sendo um empirista, que tinha dentro de si muito do ceticismo de Montaigne e de Bayle, Hume fundamentava toda experiência humana na experiência dos sentidos. Ele concordava com Locke e, também, com a crítica de Berkeley à teoria da representação, mas discordava da sua solução idealista. Para Hume, a experiência humana era, realmente, apenas a do fenomênico, a impressão dos sentidos e, como Berkeley, não aceitava as ideias de Locke sobre a representação

Realização Ilustrada 85

perceptiva, mas também não aceitava as de Berkeley, da identificação dos objetos exteriores com ideias interiores que, em última análise, vinham da mente de Deus.

Hume faz uma distinção entre ideias e impressões sensoriais. As impressões sensoriais são a base de qualquer conhecimento e surgem com força e vivacidade, o que as fazem singulares, enquanto que as ideias são cópias esmaecidas dessas expressões. Exemplificando: a cor amarela pode ser experimentada por meio dos sentidos, gerando uma impressão que, por sua vez, cria uma ideia do amarelo pela qual ela pode ser lembrada. O que causa a impressão sensorial? Se todas as ideias têm por trás de si uma impressão, qual a impressão que está por trás da causalidade? De acordo com Hume, nenhuma. Se a análise é feita sem preconceito, deve-se reconhecer que a mente impõe uma ordem nas sensações que ela recebe de forma caótica. Na verdade, diz Hume, de sua experiência a mente retira uma explicação que deriva de si própria, não da experiência. A mente nunca sabe o que causa as sensações, pois jamais experimenta a causa como uma sensação. Ela experimenta somente simples impressões.

Em outros termos, para Hume, é através de associações de ideias que a mente humana estabelece ou pressupõe uma relação causal. Esta relação causal, de fato, não tem nenhuma base na impressão sensorial. Tudo que possuímos para fundamentar nosso conhecimento são as impressões na mente, mas ela não tem como conhecer o que existe além dessas impressões. Ele defendia que as ideias de espaço e tempo não são realidades independentes como supunha Newton, mas simples resultados de sensação de coexistência ou sucessão de determinados objetos. As noções de espaço e de tempo são extraídas pela mente a partir de repetidas sensações. Era necessário refutar o racionalismo filosófico e a lógica dedutiva.

Segundo Hume, só seriam possíveis dois tipos de proposições: uma baseada inteiramente no intelecto e outra, inteiramente na sensação. A proposição baseada no intelecto diz respeito às relações entre conceitos (exemplo: todos os quadrados têm quatro lados iguais) e é sempre axiomática – ou seja, sua negação dá origem a uma contradição. Uma proposição baseada na sensação diz respeito a questões óbvias de fatos concretos (exemplo: chove lá fora), são sempre contingentes (poderiam ser diferentes, mas não são). Todavia, as verdades da razão pura, como as da Matemática, são necessárias apenas porque existe um sistema autocontido sem nenhuma referência obrigatória ao mundo externo. Elas se tornam verdadeiras por definição lógica, tornando explícito o que está implícito em seus próprios termos, e estes não podem alegar nenhuma relação indispensável com a natureza das coisas. Daí o fato de que somente as verdades de que a razão pura é capaz, são tautológicas.

A razão, por si, não pode afirmar uma verdade sobre a natureza essencial das coisas. Além dela não ter nenhuma percepção das questões metafísicas, também não pode pronunciar-se sobre a natureza, última das coisas, através da inferência da experiência. Não se pode conhecer o suprassensível examinando-se o sensível, porque o princípio sobre o qual se pode basear esse tipo de julgamento – a causalidade – está afinal baseado apenas na observação de eventos concretos particulares em sucessão temporal. Sem os elementos da temporalidade, da concretude, a causalidade perde seu significado. Por isso, todos os argumentos metafísicos que buscam confirmações seguras sobre toda realidade possível, algo que vá além da experiência temporal concreta, já se encontram pervertidos em sua base. Assim, para Hume, a metafísica apenas é uma forma exaltada de mitologia, sem nenhuma pertinência para o mundo real. Platão sustentava que as ideias eram o relevante, as impressões sensoriais eram suas cópias esmaecidas. Hume sustentava exatamente o contrário.

Do Leviatã ao Contrato Social

No início do século XVII, a Inglaterra volta a participar na elucidação dos mistérios decorrentes das transformações da vida política no Renascimento através do filósofo empirista Thomas Hobbes (1588-1679). Inicialmente, Hobbes foi o primeiro a ter convicção de que o método axiomático se aplica a todo pensamento; depois, pela sua perspectiva materialista; e finalmente, pela terceira realização que ainda é mais importante que as outras: o desenvolvimento da doutrina da causalidade.

Thomas Hobbes assistiu à revolução democrática inglesa de 1648, dirigida pelos puritanos de Oliver Cromwell (1599-1658), tendo se oposto a ela a partir de um ponto de vista aristocrático. Vamos nos ater exclusivamente à visão de Estado presente em sua maior obra: *O Leviatã*,[1] publicada em 1651. Hobbes tem passagens bem próximas a Maquiavel, entretanto, já representa claramente a visão mercantilista existente nos albores do capitalismo, ao considerar o Estado como resultado de um contrato.

Em *Leviatã*, Hobbes aplicou o método de excelência da ciência experimental do século XVII. Cabe citar sua correlação de uma comunidade com um corpo artificial, ou animal, criado pelo engenho do homem:

> *A natureza, arte pela qual Deus fez e governa o mundo, é imitada também pela arte do homem, como em muitas outras coisas, no fato de ele poder fazer um animal artificial... Pois é pela arte que cria este grande Leviatã, chamado Comunidade, ou Estado, em latim* Civitas, *que não é senão um homem artificial; ainda que de maior grandeza do que o natural, para cuja proteção e defesa foi pensada.*[2]

Sua teoria se resume no seguinte: os homens, quando vivem em seu estado primitivo, se jogam uns contra os outros, em busca de poder, riquezas e prestígio – agem como animais. Vê isto também no impulso à propriedade que observa na Inglaterra de sua época. Para ele, "*homo homini lupus*", ou seja, "cada homem é um lobo para seu próximo". Entretanto, desta forma os homens se dilaceram uns aos outros, o que os leva a perceber a necessidade de estabelecerem entre eles um

---

1. Livro XIV da coleção *Os Pensadores*.
2. *Leviatã* Cap. XVII.

acordo, um pacto, um contrato que refreie a vontade predatória dos lobos e impeça o desencadear-se do egoísmo e da destruição mútua. Na verdade, para este contrato ser eficiente, tem de gerar um Estado absoluto, ou seja, dotado de poder absoluto. De acordo com Hobbes, pela sua natureza, os homens não estariam propensos a criar um Estado que limitasse sua liberdade. Eles estabelecem as restrições que os limitam dentro do Estado, de forma a obterem sua própria conservação e terem uma vida mais confortável. O Estado existe para retirar os homens da horrível condição de permanente guerra, que decorre, necessariamente, das paixões naturais; mas, também para ele, todos os pactos, todos os contratos, todos os acordos sem a espada não passam de palavras sem força. Por isso o pacto social requer um Estado absoluto – duríssimo em seu poder – a fim de criar as condições da vida em sociedade e a superação ou o controle dos egoísmos humanos.

No Renascimento, a fé medieval foi transfigurada pelo não conformismo e deste movimento, primeiro houve o seu abandono e depois o seu reviver duplo, pela Reforma e pela sua contestação, a Contrarreforma. Com isto a razão, que havia sido perdida no medievo, voltou à cena com a interpretação dos textos clássicos e dominou a vida política, formatando a ideia de Estado. Não mais um Estado como fim supremo da vida humana, mas de um Estado que dá à riqueza o valor supremo e que recorre ao seu poder para tê-la e para mantê-la.

Estes movimentos do Renascimento tiveram consequências seculares, cujas principais formas são:

- O fortalecimento da noção territorial de Estado. O ideal protestante quebrou a visão universalista da Igreja Católica, tornou a religião dependente do Estado e lhe restringiu o espaço, para o da vida interior do indivíduo. As guerras que se seguiram configuraram politicamente a Europa em Estados soberanos;

- O surgimento de uma classe média operativa e atuante – um novo ator social –, uma vez que a visão calvinista explicitou que, acumular riqueza não era vergonha, e, sim, uma boa obra, que cumpria os projetos divinos para o mundo;

- A criação de um individualismo político, que viria a combater a intransigência pelo seu não conformismo, o que chamamos de individualismo renascentista, base para uma posterior noção de solidariedade e de um individualismo econômico, que, quando levado ao radicalismo, se transformou no maior aliado da intransigência, pela sua violenta ação contra as forças do progresso humano.

Essas consequências conduziram à montagem de projetos nacionais, que foram construídos e levados adiante pelas casas reinantes. Estes projetos tinham como concepção estratégica o projeto da casa reinante, algo quase que individual e próprio do soberano: em Portugal, o projeto da conquista de um caminho para as Índias; na Espanha, a conquista de territórios na Europa e fora dela; na Inglaterra, a conquista das rotas de comércio, etc. Eram, contudo, projetos impostos pelo absolutismo – o projeto do rei era o projeto do Estado. Projetos de homens que buscavam riqueza e poder, não mais o contemplar medieval. Riqueza e poder, poder e riqueza, ambos

Aspectos de Civilização

vistos, desde então, como feitos um para o outro. Era o Estado, agora, já Estado Nacional, criando a riqueza e buscando o poder – um para o outro.

Então, a razão expressa nessas concepções foi a base do Antigo Estado Nacional, a verdadeira origem da sua estruturação, como o conhecemos. Mas este Estado evoluiria, mudaria de concepção. Da casa reinante passaria para as casas do reino e também teria um projeto, mas este não seria mais um projeto do rei, seria sim, um projeto do Estado, que representava o povo.

Diferentemente de muitos pensadores, entendemos que foi na Inglaterra onde se processaram as primeiras dores do parto desse Estado Nacional Moderno, – a Revolução Francesa materializou o sonho originado em plagas inglesas.

O governo de Isabel I, a última da casa dos Tudor, foi um governo de realizações para a Inglaterra. Ao falecer em 1603, Isabel, que havia sido, antes de tudo, uma manipuladora de homens e situações extremamente astuta, por não ter descendentes diretos, deixou sua coroa para outra linhagem, os Stuarts. O primeiro dos Stuarts foi Jaime I, um crente violento no direito divino dos reis e que havia escrito a *Verdadeira Lei da Monarquia Livre*, onde defendia que a monarquia era uma instituição de ordem divina, que o rei era responsável somente perante a Deus e que, por isso, o poder real estava acima das leis.[3]

De acordo com estas teses, Jaime I logo entrou em conflito com o Parlamento e seus aliados, os puritanos, que se estendeu durante todo o seu longo governo, o que explica a ida dos peregrinos para a América. Este choque se dava por questões constitucionais e também por questões referentes à gestão do Estado. Entretanto, ele foi suficientemente esperto para não ultrapassar o limite do intolerável nessas. A confrontação se processava quase que exclusivamente entre os poderes: o rei e o Parlamento.

Todavia, o mesmo não pode se afirmar de seu filho, Carlos I, que, pela sua inabilidade, acabou levando a Inglaterra a uma guerra civil, a partir de 1640, ao contrapor-se ao Parlamento, na chamada Revolução Puritana. Consideramos esta como a primeira entre as revoluções modernas, apesar de ter sido a menos provida de ideologia. Com isto não se quer afirmar que não possuísse razões de política.

A vitória do Parlamento, em 1648, conduziu à execução de Carlos I no ano seguinte. Este regicídio, de autoria do líder do Parlamento, Cromwell, e de seu exército, atacou, centralmente, a ideia do direito divino dos reis. Com a morte do rei, foi abolida na Inglaterra a monarquia e instaurada a república. No entanto, esta tentativa de uma república com governo parlamentar falha e, em 1653, Cromwell começou a governar como regente. Poderia ter consolidado o seu governo fazendo-se rei, mas sabia que isso lhe retiraria o apoio do espírito republicano do exército. Assim, foi obrigado a levar o seu governo sem a "proteção divina que cerca um rei".

---

3. O direito divino dos reis foi uma ideia muito fomentada pelos reformadores protestantes, pois viam nele uma forma de afastar a Igreja da condução dos negócios de Estado.

Realização Ilustrada

Com a morte de Cromwell em 1658, seu filho Richard foi proclamado regente, contudo, faltava-lhe pulso; e, desligado da legitimidade real, perdeu rapidamente o poder. Em 1660, com a destituição de Richard, cai a república e restaura-se a monarquia, assumindo Carlos II o trono inglês.

O impacto desta revolução pode ter sido pequena na história das ideias do Estado, pois sua lógica não foi universalizada, ficando restrita ao território inglês. Todavia, a Revolução Puritana foi algo muito importante para a formação dos Estados Unidos e da Inglaterra,[4] e a ela deve ser creditada uma vitória notável sobre a intransigência: a implantação em território inglês da tolerância religiosa. Outro fato relevante que resultou dessa Revolução foi o surgimento de uma figura nova: um exército popular e democrático. Este exército fez a campanha do Parlamento, e foi o primeiro exército com essas características.

A restauração da monarquia com Carlos II conduziu a Inglaterra a uma nova era. O rei manteve muito das conquistas de Cromwell, rejeitando, entretanto, os aspectos ditatoriais da regência anterior e, com isso, criou espaço para o aparecimento de novas formulações quanto à ideia de Estado.

No início do século XVIII, um filósofo inglês, importante para a evolução do conceito de Estado, foi John Locke (1632-1704), em especial pela sua obra *Dois Tratados de Governação*, publicada em 1690.

Ao analisar a visão de Locke, é importante ter em mente que a Inglaterra de seu tempo já era um complexo império mercantil. Ele é tido como um expoente fundador do empirismo filosófico moderno e como teórico da segunda revolução inglesa – a chamada Revolução Liberal.

Esta segunda revolução termina em 1689, com um acordo entre a monarquia, com o apoio da aristocracia por um lado, e a burguesia, pelo outro. Isso levou ao fortalecimento das normas parlamentares, e, o que é mais importante, à condução dos negócios de Estado, fundada numa declaração de direitos do parlamento.

Outra consequência importantíssima da revolução de 1689 foi o reconhecimento definitivo do direito de *habeas corpus*, ou seja, a que tenhas o seu corpo, dispositivo que viria a dificultar as prisões arbitrárias, sem que houvesse uma denúncia bem definida. Esta havia sido uma proposta anterior de Locke, e este instrumento provocava uma revolução de grandes consequências futuras na maneira de pensar o Estado, pois retirava o indivíduo da situação de súdito e o colocava na posição nova de cidadão.

Locke discordava de Hobbes. Para ele o homem, no estado natural, está plenamente livre, todavia, sente a necessidade de colocar limites à sua própria liberdade, para garantir um outro conceito que ele persegue: o conceito de propriedade. Sendo completamente livres, os homens trazem em si a busca de materializarem

---

4. De acordo com G. M. Trevelyan, em sua obra *In England Under the Stuats*, entre 1628 e 1640, cerca de 20.000 não conformistas embarcaram para a América.

Aspectos de Civilização

novos desejos, daí a luta em busca da propriedade que, por si só não a garante e, por conseguinte, tampouco uma liberdade durável.

Ele afirmava que os homens se articulam em sociedades políticas e se submetem a um governo com a finalidade primordial de conservarem suas propriedades – para ele, o estado natural, ou a falta de um Estado, não a garante. Então, visando assegurar o direito da propriedade, os homens estabelecem um contrato, dando origem tanto ao Estado como à sociedade, já que, para ele as duas coisas devem estar juntas. Esta visão se apoia na ideia mercantilista prevalecente no empório que havia se tornado a Inglaterra do início do século XVIII. O contrato era a base de tudo. Os homens se relacionam individualmente, estabelecendo entre si contratos de compra e venda, de transferência de propriedade, etc. Portanto, o Estado também tem de surgir de um contrato.

Para Locke, este contrato poderia ser desfeito, diferentemente do que colocava Hobbes, em que o contrato era único e gerador de um Estado absoluto. Segundo Locke, se o governo não respeitar o contrato, o Estado (o contrato) pode, deve, e vai ser desfeito. Deste modo, o governo tem de respeitar e garantir determinadas liberdades, como a propriedade e aquela margem de segurança pessoal e liberdade política, sem o que fica impossível a defesa da propriedade.

Até então, com seu individualismo, Locke mostrava-se renascentista e inconformado; trazendo para o homem a condução do processo, rompendo com a já comentada intransigência. Contudo, ao extrapolar este seu posicionamento para o campo econômico e admitir a total liberdade para a iniciativa econômica, ele criou uma nova forma de individualismo. Reforçou sobremaneira a intransigência. De um lado deu ao mercado a condução do processo, retirando-a da razão. De outro lado, destruiu, de certa forma, o contrato que via no Estado, pois o colocava sempre subordinado aos negócios. Em tese, na visão dele, eram justificadas todas as formas de tráfico: de mulheres, de drogas, de escravos, etc. Bastava alguém estar interessado em vender e/ou em comprar, que a liberdade da transação deveria ser respeitada pelo Estado.

Todavia, uma importante posição de Locke merece ser apontada: o fato de que ele mexe com o conceito político de herança. Até a Idade Média, transmitia-se pela herança, não só a propriedade, mas, também, o poder político. Locke afirmava que o direito de propriedade é o único que deve ser transmitido de pai para filho, já que o poder político, ao contrário, não se deve transmitir por herança e sim ter uma origem democrática e parlamentar.

Na Idade Média, a sociedade e o poder político – o Estado – eram inseparáveis e de forma entrelaçada, transmitidos; ao final do Renascimento, isto não mais ocorre, permanece apenas a transmissão da propriedade. Isto se reflete em todos os campos, inclusive o casamento não é mais do âmbito do Estado, como na antiga Grécia. Ao final do Renascimento, Locke defendia que o casamento era algo que se deveria processar no âmbito exclusivo da sociedade civil.

Nada poderia ser mais intransigente do que este rompimento, provocado, não por uma ação social e coletiva, mas sim, pela prevalência do individual, e marcava,

Realização Ilustrada

ao final de um período humanista, a volta às verdades preestabelecidas. Era o ressurgir das trevas, onde a ação individual, no campo social, buscava suplantar a visão da coletividade. Esta visão intransigente encontrou outros apoios, em especial na ideia inglesa de lei natural, que se transformou em inibidora da ação humana, como veremos adiante.

A França estava mergulhada no mais profundo absolutismo à época de Locke, e a luta contra a intransigência continuava intensa, dando origem a um conjunto de teses conhecido como o Iluminismo francês. O *Édito de Nantes*, que protegia os huguenotes, havia sido revogado em 1685.[5] Como consequência, houve um grande êxodo dos industriosos calvinistas franceses, que, em sua maior parte, emigraram para a Holanda, a Prússia e a Inglaterra – de certa forma, esta diáspora retratava a subordinação crescente da religião aos interesses políticos, ou de Estado. Apesar do absolutismo, processava-se uma ambiciosa fermentação intelectual e para isto muito havia contribuído Blaise Pascal (1623-1662), alguém que fugia à normalidade de seu tempo. Dedicava-se a criar uma nova lógica: a da ordem numérica.

Para entender Pascal, é importante retornarmos um pouco a Descartes. Este grande pensador francês duvidava das evidências e dos aceites de sua época acerca do mundo. Não obstante, sobre a base da dúvida, concluiu que: quer a matéria, quer o espírito existiam e que questionando-se era possível construir. De outra forma, a dúvida conduzia a primazia da razão.

Pascal defendia a razão, mesmo não acreditando que se poderiam atingir as questões pensando e raciocinando o suficiente. Como Descartes, intimou-nos a olhar nossos próprios espíritos e contemplar o mundo, certificando-nos do que podemos compreender. Ao contrário de Descartes, que acreditava que poderíamos entender tudo, Pascal afirmava que a razão era importante para compreendermos que não poderíamos entender nada: nem a natureza do universo nem a nossa própria personalidade, afirmando que "O homem é simultaneamente incompreensível para o homem". Um de seus pensamentos mais famosos é outro exemplo de seu ceticismo quanto ao conhecimento humano: "Submergido na imensidade infinita de espaços de que nada sei e de que nada sabem de mim, fico aterrorizado... O silêncio eterno desses espaços infinitos aflige-me".[6]

Apesar de ser um racionalista, Pascal tinha fé, que resultava de sua razão e de seu trabalho matemático, em particular sobre a probabilidade. É famosa a aposta de Pascal quando coloca: "Podemos dizer: Deus existe, ou Deus não existe. Mas para que lado inclinarmos? A razão não nos pode ajudar... Onde havemos de apostar?..." Para ele deveria se apostar em Deus: "Se existe, ganhamos tudo; se Ele não existe não perdemos nada".[7]

Assim, Pascal avançava com o método de Descartes e consolidava-o de tal forma que nos próximos cento e cinquenta anos veio a ser usado pelos céticos antirreligiosos

---

5. A revogação do *Édito de Nantes* reforça o absolutismo na França.
6. Em *Pensamentos de Pascal*, livro XVI da coleção *Os Pensadores* da Abril Cultural.
7. *Ibid.*

Aspectos de Civilização

franceses como tema do progresso. O método da dúvida passou a se tornar fundamental no pensamento francês, desde então. Assim, quase nada deveria ser aceito baseado na simples autoridade, e isto complicou a formação de governos estáveis o estabelecimento de novos sistemas de impostos e a regulamentação e pactuação de outras atividades correntes da vida em comum. Entretanto, o método da dúvida revigorou a noção de Estado pelas discussões que gerou e pelos pactos que sucederam estas discussões. O método da dúvida tornou-se o permanente romper com a intransigência.

Outra importante contribuição de Pascal foi aceitar as emoções. Descartes considerava as emoções como um estorvo para a razão. Pascal afirmava o contrário: "A razão está acima das paixões", entretanto, é dele essa frase lapidar: "O coração tem razões que a razão desconhece".[8]

Em sua obra *Discurso sobre as paixões do amor*, Pascal colocava que a lógica do coração é diferente da lógica da razão, mas é também lógica. Mostrou em sua obra que existe uma arte de convencimento do intelecto presa à razão, como agora defendemos para o Estado Nacional: a concepção estratégica, uma arte de persuadir o coração preso à fé, como agora apresentamos para o mesmo Estado Nacional: a vontade. Com Pascal, fé e razão voltavam a caminhar juntas.

Pascal atribuía ao homem uma característica determinante: sua fuga ao padrão ideal estabelecido pela razão. Para ele, o homem ideal não existe, mostrava o homem como um conjunto de contradições. É dele a colocação de que "esse homem desconhecido nada mais é do que uma cloaca de incerteza e erro; a glória e o dejeto do universo – tal é o homem".[9] E completava:

> *O homem é apenas um caniço, o mais fraco da natureza, mas é um caniço que pensa, um caniço pensante. Não é preciso armar-se o universo para o esmagar. Um sopro, uma gota de água, chega para o matar. Mas, estivesse o universo para o esmagar o homem ainda seria mais nobre do que aquilo que o mata, porque sabe que morre e sabe a vantagem que o universo tem sobre ele; o universo não sabe nada disso.*[10]

Outra notável observação de Pascal, ao distinguir o homem das máquinas que surgiam ao seu redor, foi a de que se as máquinas poderiam ser programadas para cumprirem tarefas e assim racionalizá-las, ainda assim eram incapazes de ter vontade. Não é a razão, dizia, mas a vontade e a autoconsciência que nos dão um caráter único em tudo que existe.[11] Ele levantava dessa forma a luta suprema do homem contra a intransigência e a de buscar impor sua ordem na desordem da natureza.

Além de Pascal e Descartes, outro francês do século XVII, Pierre Bayle (1647-1706), foi também importante para o método da dúvida e para rejeitar a intransigência.

---

8. Pascal em seu *Discursos sobre as paixões do amor*.

9. *Pensamentos*.

10. *Ibid.* Apesar dessa apologia à razão, Pascal avisava o homem de suas limitações; em outro trecho da obra: De joelhos, razão impotente.

11. Pascal antevia as origens do avanço civilizatório: a fé, fruto da dúvida e da vontade, e a razão, fruto da dúvida e da autoconsciência.

Bayle era um cético e tomou como o seu lema: "Não sei se não se poderá dizer que os obstáculos a uma boa análise vêm tanto do fato do espírito estar vazio de conhecimentos como de estar cheio de preconceitos."[12] Levou essa sua observação para o campo da história. Bayle havia marcado o seguinte trecho do *Discurso* de Descartes: "Mesmo as histórias mais dignas de crédito, se não mudam ou aumentam o valor das coisas, para as tornar mais dignas de ser lidas, pelo menos omitem quase todas as circunstâncias mais baixas ou menos ilustres."[13] Dessa característica dos fatos virem a serem distorcidos, o povo retirava conclusões erradas e falsos princípios, dizia Descartes.

Na busca da verdade, a resposta de Bayle a essa constatação era concentrar-se, exclusivamente, nos fatos. Essa posição de Bayle levou a que os pensadores do século XVIII vissem a história como a memória da maldade do homem contra o homem, memória iluminada somente pelo progresso da razão. A intransigência conhecia nova derrota. Entretanto, Bayle não a havia derrotado definitivamente, pois se mostrou incapaz de explicar como se introduziria a "ordem" nos fatos. A não explicação dessa introdução da "ordem" nos fatos conduziu a que surgissem para os seguidores de Bayle, em especial para Voltaire e Montesquieu, diversas dificuldades filosóficas e epistemológicas.

Voltaire, de certa forma, foi o responsável pelo encontro de duas correntes que tinham em seu bojo, como já vimos, fortes posições anti-intransigentes: o movimento racionalista francês e o movimento analítico e empírico inglês.[14] Ele foi um dos principais catalisadores das ideias de Descartes, Pascal e Bayle, que conjugadas com o pensamento antiabsolutista inglês levaram ao iluminismo francês e a um dos momentos mais desastrosos para a intransigência: a Revolução Francesa.

Em visita à Inglaterra, entre 1726 e 1729, conheceu *Sir* Isaac Newton, que na época era presidente da Royal Society, onde procurava dar forma definitiva ao método da análise, que resultava da combinação da dedução racional com a indução empírica. Este método analítico exerceu forte influência na obra de Voltaire; embora a base do pensamento francês tenha permanecido cartesiana após Voltaire, é notável a influência newtoniana. Para eles o fato precedia o princípio.

As consequências da obra de Voltaire, juntamente com a de d'Alembert e Malpertuis, ao difundir a visão de Newton e o pensamento de Locke na França, foram as de reorientar o pensamento francês. Os franceses, após Voltaire, desejavam mudar, reformar na prática, o antigo regime. O "espírito sistemático" viria a ser substituído por sistemas deduzidos a partir de "primeiros princípios".[15] Voltaire e os outros haviam tornado possível filosoficamente este desejo de mudança.

A ligação entre a atitude empírica inglesa e o desejo francês de reforma foi mais profundamente elaborado na *Encyclopedia*. Este empreendimento foi previamente

---

12. Da obra de Bayle *O Dicionário*.
13. Descartes, *Discurso do Método*, I Parte.
14. Voltaire reuniu o método de Descartes às ideias de Locke e de Newton. Reuniu-os auxiliado principalmente por Maupertuis e d'Alembert.
15. Conforme foi colocado por Ernst Cassirer em *The Philosophy of the Enlightenment*.

antecedido por um exemplo inglês – a *Cyclopedia* de Chambers –, publicada em 1728, que resumia, no fundamental, as conquistas inglesas até aquela época. Na verdade, no início, tanto Diderot quanto d'Alembert pretendiam fazer da *Encyclopedia* uma mera tradução da obra de Chambers. Voltaire, nesta obra, foi só um colaborador; seu organizador foi Diderot.

Voltaire foi dado à sátira, e como sátiro, um demolidor.[16] Todavia, também foi um construtor, acreditava no progresso, e, mais do que isto, acreditava que as ideias científicas substituíam as religiosas. Projetos e trabalhos, para Voltaire, teriam de tomar lugar da resignação ascética e do otimismo fácil. Aí residia a substância de seu romper com a intransigência. Foi um dos principais filósofos que construíram a ideia da moral e do direito universal, algo que pairava acima dos costumes. Esta foi a ideia central do movimento que derrotou a intransigência e está presente, tanto na Revolução Americana, na Declaração dos Direitos de Virgínia, no Bill of Rigths, como na Revolução Francesa e na Declaração dos Direitos do Homem e do Cidadão.

Voltaire se dedicou a colocar ordem no pensamento ocidental. Apoiado tanto numa visão idealista como na prática decorrente da observação, cuidou de organizar as ideias de muitos que o antecederam. Entretanto, se interessou pela história e ao fazê-lo contrariou o interesse dedicado, até então, aos incidentes, concentrando-se no que veio a nomear de "espírito da época". Em sua obra *Ensaio sobre os Costumes*, Voltaire introduz o termo "Filosofia da história". Pretendia, dessa forma, afirmar que a história deveria ser considerada à maneira do filósofo.

A história havia mostrado que era possível cultivar homens, mas qual seria o adubo deste cultivo? Qual a força que motivava o espírito do homem? Os heróis ou o povo comum? Voltaire rompe com a ideia reinante em Maquiavel do *condottiere*, do herói, que, ao mesmo tempo, é um ser brutal e desalmado, colocando em termos claros: "Não gosto de heróis, fazem muito barulho no mundo." Rompeu com a ligação entre o príncipe e o intelectual. Cortou o elo entre o homem de pensamento e o homem de ação na condução dos negócios de Estado. Não possuía a ideia da moderna democracia. Portanto, não acreditava na capacidade condutora do povo nos negócios de Estado. Era favorável a uma reforma imposta de cima e nunca surgida de baixo. Rompeu com a intransigência, mas o fez preservando a ideia de uma autoridade central, que destruiria o existente e o reconstruiria de acordo com a verdadeira ordem. Foi um defensor do que se veio a nomear como despotismo esclarecido para a condução dos negócios de Estado.

Montesquieu foi outro prosseguidor da forma de Bayle de ver a história. Teve em *Cartas Persas* seu primeiro sucesso editorial – esta obra foi publicada quando ele tinha 32 anos e ao longo de 1721, ano de sua publicação, já estava na oitava edição. Nesta obra, já estava presente a preocupação com a virtude e com a liberdade, que se encontra em toda a sua atividade literária.

---

16. A tarefa dos filósofos foi de dupla natureza: demolir e reconstruir. Para realizar a primeira transformaram o método da dúvida no método da sátira.

Realização Ilustrada

As ideias de Montesquieu foram mais seriamente apresentadas em duas grandes obras que se seguiram às *Cartas Persas: Considerações sobre a Grandeza e a Decadência de Roma* e o *Espírito das Leis*. Seu principal interesse de estudo foi claramente a constituição política inglesa. A posição conquistada pela aristocracia inglesa no Estado o fascinava. Talvez, porque ele, de origem, fosse um nobre francês. A defesa e a exaltação a aristocracia estão presentes em toda a sua obra.

As *Considerações* foram publicadas em 1734 e tem como objetivo acordar a França e retirá-la de um período de declínio. Para Montesquieu, era possível se reverter um período de declínio desde que se conheça as causas. Portanto, acreditava na ação humana, que o passado pode ensinar o presente, pois a natureza humana é imutável. Por isso as instituições, inclusive o Estado, funcionariam eternamente do mesmo modo. Nesta obra ele dizia:

> *A história moderna oferece-nos um exemplo do que aconteceu nessa altura em Roma e que é muito digno de nota: pois, como os homens tiveram sempre as mesmas paixões em todos os tempos, embora as ocasiões que produzam as grandes mudanças sejam diferentes, as causas são sempre as mesmas.*

Ele tentava instruir a França com o exemplo dos romanos e exaltava as virtudes que construíram Roma e foram responsáveis pela sua grandeza. Mostrava que a perda dessas virtudes foram a principal causa do seu declínio. Para ele, na República e no início do Império, o nobre romano era guerreiro, virtuoso, sem ganância, sedento de honra e, mais do que tudo, um apaixonado pelo seu país ou cidade. As virtudes das instituições romanas eram ainda mais relevantes, pois, para ele, eram as instituições que conduziam os homens. Para ele o sucesso de Roma repousava no seu amor à guerra, na adoção dos melhores costumes dos conquistados, e, mais do que tudo, na liberdade, que ele via como a base do Estado Romano. Roma estoica era grande, Roma epicurista, hedonista, era fraca e decadente.

Já no *Espírito das Leis*,[17] publicado em 1748, Montesquieu opõe-se claramente à visão absolutista de Hobbes e demonstra sua admiração por Descartes. Opõe-se a Hobbes, principalmente, na visão que este filósofo inglês tinha de que as leis eram mais uma instituição humana do que uma decorrência da natureza das coisas e mostrou-se claramente anti-intransigente ao denunciar o "grande absurdo", presente em Hobbes, pela sua insistência no desenvolvimento de uma metafísica materialista.

Como vimos, Voltaire havia se preocupado com o que havia chamado de "progresso do espírito do homem". Montesquieu se preocupara com o "espírito" que anima as instituições. Em especial, a principal de todas, a que anima o Estado: o governo.

Montesquieu considera a existência de três formas de governo: a republicana, a monárquica e a despótica. A republicana, quando o povo ou parte representativa dele governa, o que lhe permitiu ver um governo aristocrático como republicano. A monárquica, quando um homem governa submetido a leis fixas e preestabelecidas. E a despótica o governo de um homem sem leis. Dessa forma fugiu à visão

---

17. Publicada em português no livro XXI da coleção *Os Pensadores*, da Abril Cultural.

Aspectos de Civilização

tradicional de dividir as formas de governo também em três e baseada no número de governantes: a monarquia, a aristocracia e a democracia.

Montesquieu se dedicou ao estudo da constituição inglesa e essa preocupação se explica pelo fato dele ver aí a consecução do seu ideal de liberdade política. Para ele só havia um caminho para a liberdade política e este caminho a Inglaterra havia encontrado, que era o caminho da separação dos poderes. A liberdade, dizia Montesquieu, só se estabelecerá em governos moderados (para ele, aristocráticos), onde as coisas se dispõem de forma a poder controlar o poder. Exalta, portanto, o equilíbrio de três poderes: o executivo, o legislativo e o judiciário. A liberdade deixa de existir quando um mesmo homem, ou grupo de homens, exerce estes três poderes.

Outro ponto relevante foi a importância que ele atribuiu para os destinos de uma sociedade: a do contraditório entre as forças desta sociedade. Quanto maior o contraditório, melhor. Mais vida e viço têm esta sociedade.

Para ele, as sociedades são divididas em três forças: o rei, os intermediários e o povo. Os intermediários são os aristocratas, nobres de origem e de nascença, distinguidos de honra pela sua posição e providos da capacidade de contrariar o povo – a contradição interna. Na opinião de Montesquieu, este conflito de interesses, fertilizava a sociedade. Com isso, a aristocracia esclarecia o povo – quanto mais choque, mais esclarecimento. Para ele, o povo esclarecido, tendo o entendimento das virtudes, dos erros e de suas ligações deliberaria com conhecimento e agiria com moderação, daria também, àqueles que obedecem um novo prazer em obedecer.

Por outro lado, o *Espírito das Leis* aumentou as frustrações do povo francês e de sua aristocracia com o regime reinante na França. Encorajou os homens a buscarem a liberdade política, que ele via no sistema inglês. Voltaire acreditara numa reforma feita por um déspota esclarecido. Isto, na França, não aconteceu. Montesquieu acreditara na aristocracia como a entidade reformadora. Isto, também, não aconteceu. Os acontecimentos foram de encontro às suas previsões. Foi a aristocracia francesa quem possibilitou a Revolução Francesa. Em 1787, o Parlamento opôs-se ao esforço da monarquia, para empreender as reformas. Insistiu em convocar – após mais de 150 anos sem o fazer – os Estados Gerais, acreditando que ele viria a ser dominado pela aristocracia. Isto não ocorreu: foi o povo que o controlou. A aristocracia só ajudou a subverter o regime existente.

Como os humanistas do Renascimento, Voltaire e Montesquieu contribuíram para a argumentação fundamentada em que se baseou, desde então, a ação contra a intransigência, a anti-intransigência.

Contudo, foi Rousseau, como veremos adiante, quem deu o argumento definitivo e sentiu o "espírito" da história, dando ao povo o controle da reforma e dando à anti-intransigência, como seu maior e mais definitivo conteúdo, a igualdade de oportunidade entre todos os homens; e como seu lema eterno, os princípios universais de igualdade, fraternidade e liberdade.

Jean-Jacques Rousseau (1712-1778) foi um revolucionário. Operou uma profunda ruptura com o discurso, até então vigente, de nacionalidade. Criou uma ideia de nacionalidade nova e abrangente que extrapolava a visão aristocrática que havia

Realização Ilustrada

sido construída desde o norte da Itália, à época de Maquiavel, e que prosseguiu, ao longo de todo o tempo, até Voltaire, Montesquieu e os enciclopedistas franceses.

Rousseau, ao longo de sua obra, dedicou-se, mais profundamente, a três causas:

1. **como moralista,** repudiando a noção de que o progresso resulta de forma obrigatória do avanço da tecnologia e da ciência, em especial, em sua obra *Discurso sobre os efeitos morais das Artes e das Ciências*;

2. **como um contestador,** patrocinando o lado emocional e romântico da vida, em obras como *Nova Heloísa e Emile*; e

3. **como pensador revolucionário,** sendo o primeiro a defender a participação do povo na condução dos destinos da sociedade, particularmente nos seus trabalhos: *Discurso sobre a Desigualdade*[18] e *Contrato Social.*

Esta última é que nos interessa aqui. Observamos que Locke e Voltaire eram homens prósperos, enquanto Rousseau tinha uma origem diferente dos demais, pois sempre foi pobre. Isto, talvez, explique sua opção permanente pelos oprimidos e seu pressuposto da bondade natural do povo.

Rousseau montava toda a sua complexa formulação sobre uma convicção: o homem é naturalmente bom, mas corrompido pela sociedade. Assim, recupera, de certa forma, a ideia do "nobre selvagem", persistente desde o tempo de Thomas More e da descoberta do Novo Mundo. Na interpretação de Rousseau, o "nobre selvagem" era o homem que, com uma série maravilhosa de emoções e rejeitando inteiramente os seus dons intelectuais, realizava a vida frugal e perfeita que a civilização estava a destruir.

Porém, qual era essa vida frugal e perfeita? Como nós, os corrompidos, poderíamos saber qual a verdadeira natureza do homem? Rousseau interpretava de duas maneiras: ou olhando para o nosso interior ou olhando para a natureza, romantizando-a de forma solidária. Dessa forma, ele valorizava a introspecção e a solidariedade, utilizando-as como instrumento de contestação, como ferramenta de desmonte do entulho da intransigência.

No seu *Discurso sobre a Desigualdade*, Rousseau tentou fazer ver que o selvagem olhava para dentro de si mesmo, enquanto que o homem moderno olhava para fora. São dele essas palavras:

> *O selvagem vive no interior de si mesmo enquanto o homem social vive constantemente fora de si mesmo e sabe apenas como viver pela opinião dos outros, de tal modo que parece apenas receber a consciência da sua própria existência a partir do juízo dos outros a seu respeito.*

> *Ó homem, de qualquer país que sejas, e quaisquer que sejam as tuas opiniões, contempla a tua história, tal como eu pensei tê-la, não nos livros escritos pelas criaturas tuas semelhantes, que são mentirosas, mas na sua natureza, que não mente nunca. Tudo o que dela vier será verdade.*[19]

---

18. Em *Discursos sobre as Origens e os Fundamentos das Desigualdades entre os Homens.*

19. Não há nada mais objetivo, na visão do século XVIII, que aponte como a intransigência se vale de outros meios que não a verdade. Hoje, ela se vale do poder da mídia e das manipulações consumistas do centro.

Aspectos de Civilização

Este talvez seja o maior libelo contra a intransigência. A verdade está em nosso âmago, é o nosso sonho. Mais adiante, Rousseau buscou não só definir a real natureza do homem mas também qual seria a sociedade justa para esta real natureza. Feito isto, restaria trazer o homem de seu isolamento para a posição de cidadão nesta sociedade. Foi o que Rousseau buscou no *Do Contrato Social* (1762).

Está clara a diferença de Rousseau: contestador e glorificador da criança e do selvagem, em *Émile*; do Rousseau equilibrado, filósofo e sábio em *Do Contrato Social*. Este se ocupa de uma questão central: qual é a base de uma sociedade se o consenso de seus membros, passados ou presentes, não estiver, implícita ou explicitamente, expresso? Dessa forma, partindo do homem no estado da natureza – que em Hobbes, como vimos, é um estado de guerra; em Locke, um estado de paz, e em Rousseau, um estado de isolamento – deve levar o homem até a sociedade com sua própria concordância, isto é, por meio de um contrato social.

É claro que não há nada de novo em Rousseau ao usar a ideia de contrato social. Tanto Hobbes como Locke haviam baseado os seus governos em contratos sociais. A grande novidade era que o povo, que fazia parte no contrato geral, permanecia soberano ao longo do desenvolvimento da sua sociedade e exercia de fato a sua própria governança. Os elementos dessa tese podem ser intuídos em Locke, entretanto, Rousseau os colocou com tanta clareza que até os analfabetos a entendiam ao escutá-la.

Para Rousseau, o princípio da soberania democrática repousava na vontade do povo. A introspecção que ele valorizava o levava a considerar que a base de qualquer Estado é sua consciência coletiva. Dizia mais, que qualquer Estado que levasse em consideração somente os interesses dos homens e não suas paixões não duraria muito.

Embora o tema da vontade do povo, a vontade geral, seja central no *Do Contrato Social*, Rousseau começou a discuti-la em outra obra sua o *Discurso sobre Economia Política* (1755). Nesta obra ele apontou dois atributos da vontade geral: primeiro, que a vontade geral está sempre identificada com o bem do todo, o bem comum; segundo, era que a vontade geral fosse o padrão de moralidade. Rousseau, na verdade, defendia que antes do homem entrar no contrato social, e por isso antes de nascer a consciência coletiva, não existia moralidade. Nas suas palavras:

> *O corpo político é também um ser moral, possuidor de vontade, e esta vontade geral que tende sempre à preservação e ao bem do todo e de cada parte e é fonte das leis, constitui para todos os membros do Estado, nas suas relações entre eles e para com este, a lei do que é justo e injusto.*[20]

Rousseau, embora distinguisse a vontade geral da vontade de todos, não era muito claro nesta distinção. Contudo, o núcleo de sua colocação parece ser que a vontade geral reflete necessariamente o que é melhor para o Estado, enquanto que a vontade de todos não segue o que, necessariamente, é melhor para o Estado.

---

20. Em *Do Contrato Social*.

Realização Ilustrada

99

Mas como encontrar a vontade geral? Rousseau dá uma resposta simplista: contando votos. E sobre o tema o filósofo dizia:

A vontade constante de todos os membros do Estado é a vontade geral; é em virtude dela que são cidadãos e livres. Quando, na assembleia popular, é proposta uma lei, o que se pergunta ao povo não é exatamente se rejeita ou aprova a proposta, mas se esta está em conformidade com a vontade geral, que é a vontade deles. Cada homem, ao dar o seu voto, afirma a sua opinião a este respeito[21] *e a vontade geral acha-se contando os votos. Quando, por isso, a opinião que prevalece é contrária à minha, isso não prova mais nada senão que eu estava enganado e que aquilo que eu pensava que era a vontade geral não era de fato. Se a minha opinião particular tivesse prevalecido, teria realizado o oposto da minha própria vontade; e nesse caso não teria sido livre.*[22]

Diferentemente do que à primeira vista sobressai, a vontade geral não é uma ideia essencialmente democrática como a concebemos. Se ela se apoia na contagem de votos é uma ideia democrática, caso se ressalve o pleno conhecimento dos votantes, entretanto, se ela se fundamenta na tese platônica dos reis-filósofos não se pode colocá-la como democrática.

Na análise mais profunda de sua obra, vemos a interpretação de seu ideal democrático. Para que se pudesse alcançar a vontade geral, Rousseau pregava que não deveria haver vontades parciais, pois estas representariam sempre vontades particulares, e acrescentava: "É, por isso, essencial que a vontade geral exprima-se a si mesma, que não haja nenhuma sociedade parcial no Estado e que cada cidadão pense apenas os seus próprios pensamentos".[23] Para ele não devem existir intermediários entre o Estado e o cidadão, argumentando que partidos e associações de classe ou seitas religiosas serviam para afastar o cidadão do Estado. Para ele não restava outra solução: a perspectiva de partido único, já que a soberania que reside no povo é inalienável. Também por isso não caberia falar-se em governo representativo, porque a soberania popular só deve ser exercida de uma única forma: a direta. Para Rousseau o Estado resulta da solução de um problema comum:

O problema é encontrar uma forma de associação que defenda e proteja, com toda a força comum, a pessoa e os bens de cada associado e na qual cada um, embora se unindo a todos, obedeça só a si mesmo e permaneça tão livre como antes. É a este problema fundamental que o Contrato Social proporciona solução.[24]

Ele defendia que as leis da sociedade, sejam sobre a propriedade, sobre o crime, o castigo ou todo o resto, não são dadas por Deus, como colocava Lutero, nem

---

21. A isto, Rousseau deveria ter acrescentado: idealmente.
22. *Ibid.*
23. *Ibid.*
24. *Ibid.*

Aspectos de Civilização

arbitrariamente impostas por um tirano, como afirmava Hobbes, nem são leis naturais que cabe aos homens descobrir, como em Locke. Eram, sim, resultantes do consentimento de toda a população, era o modo de vida que a sociedade escolheu para si mesma. Segundo ele o pacto era universal, abrangia a todos.

Era revolucionário ao colocar que o homem tem de, progressivamente, se desvencilhar da velha sociedade para usufruir a nova que ele pregava. Mas, ao contrário de Locke, o seu problema básico não era justificar a revolução, era justificar o constrangimento do indivíduo pelo Estado. Em *Princípios de Direito Político,* ele se refere à questão decorrente do confronto de direito de revolta *vis-à-vis* justiça perfeita. Em resposta, ele sustenta que a soberania emana do povo e esta lhe é inalienável.

Como vimos, Montesquieu, um defensor da aristocracia, acreditava na separação dos poderes do governo e pregava o equilíbrio entre os poderes sociais; Rousseau só via este equilíbrio na vontade geral e afirmava a supremacia total do poder legislativo, pois este representa legitimamente a soberania do povo. Ele prodigalizava o seu afeto ao povo e afirmava: "A voz do povo é, de fato, a voz de Deus".

Entretanto, é no último capítulo de seu *Do Contrato Social* que Rousseau demonstra sua recusa em aceitar uma separação entre o Estado e a religião, algo que se impunha como uma ação contra a intransigência desde o Renascimento. Mas ele era também um contestador da intransigência e verificou que necessitava de recriar esta ligação de uma nova maneira. A solução que anteviu foi a de criar uma "religião civil", cujos dogmas seriam estabelecidos pelo Estado. A fé nesta religião deveria ser obrigatória e o cidadão que a renegasse deveria ser banido do Estado pela sua ação antissocial. E, caso a fé tivesse sido aceita, o seu repúdio só poderia significar a pena de morte.

Portanto, Rousseau fundamenta o nacionalismo, ou seja, a atitude humana, a mais anti-intransigente e revolucionária.[25] Com a religião civil explicita o patriotismo como uma profissão de fé, estendendo um juramento de vassalagem do cidadão ao Estado, e com a pena de morte propõe, na verdade, a morte para aqueles que traírem o Estado e não a sua religião. Para ele não é o indivíduo que possui direitos naturais inalienáveis, mas a soberania do povo que é inalienável. Na sua visão, o Estado é onipresente e tem de receber submissão total. O ideal de solidariedade nacional foi levado a sua última e mais radical posição: todos os direitos pertencem ao Estado, pois ele é o único detentor da vontade geral, que nada mais é do que a soberania do povo.

Algo importante nas ideias de Rousseau é a relevância que concede à questão da igualdade: o homem só pode ser livre ser for igual. Para ele, assim que surgir uma desigualdade de origem entre os homens, acaba a liberdade. A sua igualdade é a igualdade jurídica, a igualdade perante lei – preocupação com a igualdade de oportunidades. Mas a grande realização dele foi fornecer a justificativa filosófica para o Estado Nacional.

---

25. É isto, na verdade, que é o nacionalismo. Valorizar o patrimônio de uma parcela significativa do gênero humano, criando as condições para a diversidade e a dinâmica social entre as sociedades.

Outro francês que teve importância na história das ideias que sustentam o Estado Nacional Moderno foi Alexis de Tocqueville (1805-1859). Em sua principal obra, *A Democracia na América,* demonstra que a democracia vingaria, como veio a se processar, ou seja, a igualdade jurídica se realizará. Contudo, nesta mesma obra, ele questiona se essa igualdade, para a qual tende a humanidade, não destruirá a liberdade, isto é, se a igualdade não vai se transformar em tirania.

Então, Tocqueville coloca-se como um dos formuladores da tese conhecida por concepção liberal, ou seja, aquela que diz que existe uma correlação direta entre a liberdade e a desigualdade – aliás, para essa corrente a desigualdade de oportunidades caracteriza a liberdade. Ser livre, para os liberais, é também ter diferentes origens e diferentes destinos, numa clara posição intransigente. A outra concepção existente, chamada de concepção democrática, era a de que a igualdade jurídica seria a única base de apoio para uma visão de liberdade: era ainda a ideia de Rousseau.

Outro interessante pensador francês foi Benjamin Constant de Rebecque (1767-1830). O seu pensamento é interessante porque ele leva ao máximo a separação entre sociedade civil e Estado.[26] Ao apresentar a distinção que existe entre o liberalismo moderno e as antigas democracias ateniense e romana, Constant demonstra que a liberdade dos antigos se processa na esfera pública, ou seja, no Estado, enquanto que com o liberalismo, a liberdade se cinge à esfera do privado, fraca ou parcialmente existindo em relação ao Estado.

Hegel e o Estado Moderno

Mas foi na Alemanha que se deu a estruturação definitiva da ideia filosófica do moderno Estado Nacional. O movimento iluminista alemão concebeu quatro grandes filósofos: Kant, Fichte, Schelling e Hegel. Aqui, trataremos de Kant e Hegel, deixando Fichte e Schelling para mais adiante.

Immanuel Kant (1724-1804), autor de obras fundamentais como a *Crítica da Razão Pura* e *Primeiros Princípios Metafísicos da Doutrina do Direito,* nas suas considerações sobre o Estado, parte de uma afirmação que leva em conta a Revolução Francesa e as teorizações de Rousseau: ele afirmava que a soberania do Estado pertence ao povo – o que já é um princípio democrático –, não fruto de um contrato como admitia Locke.

Entretanto, após esta consideração de que a soberania pertence ao povo, ele cria a ideia de que existem cidadãos independentes e cidadãos dependentes: independentes são os cidadãos que são capazes de exprimir uma opinião política e de decidir sobre política de Estado, a estes deve ser dado o direito de voto; e, dependentes, todos aqueles que fossem capazes de ter uma opinião influenciada, como as mulheres, os aprendizes, os estudantes, os servos, e etc. e, deste modo

---

26. Algo que a atual intransigência busca, de forma paranoica, maximizar com a supervalorização das chamadas Organizações Não-Governamentais (ONGs) e de outros atores ditos da sociedade civil.

Aspectos de Civilização

não deveriam ser merecedores do direito de voto. Segundo ele, os direitos políticos ativos são apenas dos formadores de opinião e este critério norteia toda a concepção liberal. Ele acaba negando ao povo o real exercício da soberania, pois o restringe somente a uma parte do povo, deixando claro a relação entre o formador de opinião e a liberdade – só é livre quem forma opinião. As relações da formação de opinião e do liberalismo são muito antigas.[27] Falava do povo em um sentido amplo, mas depois, dentro desse povo, fazia a discriminação entre quem poderia exercer os direitos civis, por ser independente, e quem não poderia.

Além disso, Kant chega à conclusão de que toda lei é tão sagrada, tão inviolável, que é um crime até mesmo colocá-la em discussão; dessa forma, após reafirmar a soberania de um povo, na realidade a nega. Ele ainda adverte que o monarca e os governantes nunca deixem de ser justos intérpretes da soberania do povo, do direito natural, e que as leis sempre correspondam ao direito natural, à própria soberania do povo. Assim, a lei sobrepõe-se à soberania do povo. É a típica visão liberal do Estado de Direito, onde a soberania do povo tem de estar delimitada por algumas leis que transitam acima dela e que, nessa concepção, são invioláveis e indiscutíveis: o direito de propriedade, de liberdade de palavra, de expressão, de reunião, de associação. Entretanto, essas liberdades só são gozadas pelos formadores de opinião.

O filósofo Johann Gottlieb Fichte (1762-1814) verificou que Kant e Hume pregavam que o conhecimento científico do mundo não poderia ser atribuído a uma combinação de lógica e experimento. Para eles, uma lei científica não pode ser derivada de nenhum número de observação. Mas, para ele, havia uma relação lógica dedutiva que seguia em direção contrária. Dizia que embora não se consiga deduzir leis científicas de observações empíricas o contrário é possível, ou seja, observações empíricas podem ser deduzidas de leis científicas. A partir daí, afirmava que o Universo é criação do sujeito e daí concluía: "O tipo de Filosofia que se escolhe depende do tipo de pessoa que se é".[28]

Fichte valorizava a vontade, na existência humana. Era ela o constituinte básico de nossa existência humana e não as correlações que criávamos entre os experimentos e a nossa lógica. Nossa vontade se expressa no ego, que é o eu da vontade e que cria o mundo empírico que se transforma, para Fichte, no reino possível para o conhecimento deste eu, onde este eu é capaz de agir e de fazer escolhas como um ser moral. Ele foi um completo idealista e o primeiro filósofo a ver o conhecimento científico como uma criação livre da parte dos seres humanos. Essa visão da natureza submetida viria a adquirir um amplo espectro de defensores no final do século XX.

---

27. Isto explica por que a intransigência se apossou da mídia.
28. Fichte aceitou o argumento de Hume que colocava ser impossível situar o nosso eu como objeto do conhecimento. Contudo afirmava que, apesar disso, temos contato com o nosso eu não como sujeitos com amplo conhecimento, mas em nossa capacidade de agentes morais. De acordo com ele, ao agirmos, tomamos decisões e, ao fazê-lo, tomamos o conhecimento do nosso eu, como agentes morais. Para Fichte, os homens não são "seres cognoscentes", ou seja, puros recipientes de experiências, mas são sim agentes conscientes, portanto, "seres morais".

Realização Ilustrada 103

O filósofo Friedrich Schelling (1775-1854) encarava o espírito como vindo da matéria e o homem como parte da natureza e, portanto, para ele, a criatividade humana é parte da produtividade da natureza[29] – no homem, a natureza havia atingido sua autoconsciência. Schelling foi contemporâneo do romantismo, onde colheu várias das convicções que usou em seu discurso de exaltação da natureza tais como: sua importância suprema; a unidade do homem com ela; e a glorificação da arte e exaltação dos artistas criativos.[30]

Entretanto, foi Georges Wilhelm Frederic Hegel[31] (1770-1831), o maior filósofo que apareceu depois de Aristóteles, que pôde dar as melhores respostas às várias e complexas questões postas ao homem moderno, inclusive àquelas colocadas pelo moderno Estado Nacional: a questão da liberdade e a questão da ação política.

O primeiro livro publicado por Hegel tratava da diferença entre as Filosofias de Fichte e de Schelling e de certa forma sua Filosofia pode ser vista como apoiada nas duas. Schelling e Hegel convergem na visão da realidade como uma unidade, em constante processo de desenvolvimento. Como Schelling, também vê no final deste processo de desenvolvimento o autorreconhecimento e o auto entendimento. Mas, para ele, o processo não estava na natureza. Como Fichte, observava o que acontecia: como mais moral e menos natural. Hegel não via o espírito e a consciência emergindo da natureza inanimada, mas sendo eles, a consciência e o espírito, a própria existência, ou seja, os sujeitos do processo histórico que constituía a realidade, que nomeia como *Geist*.[32] O sujeito do processo histórico é este *Geist*, que assim se assume na busca da autoconsciência e do autoconhecimento e nesta busca existe – "existir", a essência de seu ser – e constrói o processo histórico que é a realidade.

Quando se alcança o autoconhecimento e a autoconsciência, chega-se a uma unidade, e tudo será harmoniosamente um só consigo mesmo. A esta unidade autoconsciente Hegel chamava de Absoluto. Por ver a essência do que existe como algo não material, sua Filosofia é dita como o idealismo absoluto.

Como defendemos na introdução desta obra, para o estudo de uma nova fundação do Estado, é de fundamental importância a recuperação de Hegel e o entendimento da sua concepção filosófica. Daí por que nos estenderemos nele um pouco mais que nos demais pensadores. Sua importância deve-se ao fato de que ele renova a Filosofia ao lançar as bases de um novo método, a que chama de método dialético. Diz Hegel:

Até aqui se admitiu que o pensamento deve estar submetido ao princípio da contradição, que afirma que, se uma coisa possui certa qualidade, não pode possuir a qualidade oposta: se um frasco está cheio, não está vazio.[33]

---

29. Para Schelling a produtividade da natureza se expressa na sua criatividade pródiga. Copiava de certa forma Spinoza, que em seu discurso *Natura naturans* mostrava a Natureza criando Natureza. Para ele, a suprema criação da Natureza, os seres humanos, são eles mesmos criativos e de todas as formas possíveis.

30. Schelling coloca uma questão fascinante para a modernidade: Por que algo existe?

31. Suas obras têm muitas versões em português, apesar de, em sua totalidade, ainda não ter sido totalmente vertida. A coleção *Os Pensadores* tem, no volume XXX, algumas destas obras. A Edições Loyola relançou alguns de seus textos.

32 Geist em português seria algo a meio caminho entre espírito e mente. Suas conotações seriam mais mentais que nosso vocábulo espírito e mais espirituais que nosso vocábulo mente.

33. *A Ciência da Lógica.*

Aspectos de Civilização

Hegel afirmava que foi sob este princípio que as ciências exatas se estruturaram. Kant, em sua tentativa de suplantar tanto o materialismo de Descartes como o idealismo integral de Berkeley na explicação do conhecimento humano, havia mostrado na sua *Crítica da Razão Pura,* que as ciências só atingem a superfície das coisas: os fenômenos, enquanto que a própria realidade, a essência das coisas, escapa-lhes. Hegel afirma e demonstra que as ciências exatas utilizam a lógica tradicional para refutar a contradição, mas só levam a resultados que sempre apresentam contradições. Para exemplificar, Hegel se vale da geometria, ao explicar que tanto o círculo como o seu diâmetro são grandezas definidas, entretanto, a relação entre essas duas grandezas não consegue ser definida, é o famoso número PI, que permanece indeterminado, dado que seria necessário colocar após o algarismo três, e da vírgula, um número tido como infinito de algarismos.[34]

Para Kant o pensamento humano é impotente para conhecer a coisa em si. Hegel recusa-se a ficar por aí. Estabelece que para ultrapassar a visão kantiana da impotência, é necessário aceitar que o pensamento humano é capaz de ultrapassar as contradições que lhe são apresentadas pelas ciências exatas e pelo simples bom senso. Para tanto se faz mister não considerar o princípio da contradição como o princípio supremo da lógica. É necessário ultrapassá-lo com a ideia de que o mundo é na realidade, e em sua essência, uma unidade entre contrários. E vai além, o mundo é feito de realidades finitas e limitadas. Para ele, existia uma realidade infinita e superior: Deus. "Mas, diz o filósofo, isto é uma contradição, pois se existem realidades finitas junto de Deus, Deus não seria infinito. É necessário admitir que o mundo é a unidade do finito e do Infinito".[35]

Hegel coloca, a exemplo de outros que o antecederam, que, para o homem, a primeira realidade é ele próprio. Mas ao olhar a sua realidade o homem já esbarra em uma contradição: ele é um pensamento sobrenatural e um corpo natural. O homem sabe que seu pensamento nada tem a ver com as coisas naturais que existem. Sabe que o seu pensamento não tem extensão. Entretanto, seu corpo é finito e tem todas as características de um objeto natural.[36]

Para explicar esta dualidade, os filósofos edificaram, desde a Antiguidade, numerosos sistemas. Como vimos, quando Hegel começava a apresentar suas teses, o último e mais discutido sistema proposto era o de Fichte, que dizia ser a natureza uma criação do Eu, sendo este o Absoluto, ou seja, a conjunção do corpo natural e do pensamento construía no homem o Eu e dele tudo derivava. Hegel dizia: "Mas se existe uma coisa fora do Absoluto (quer isto derive ou não do Absoluto), o Absoluto é limitado, portanto não é o Absoluto".

---

34. "Quando compara o diâmetro do círculo à circunferência, a matemática esbarra com a sua incomensurável visão, numa relação verdadeiramente conceitual, um infinito que escapa à determinação matemática", como consta em sua obra *Fenomenologia do Espírito.*

35. *Ciência da Lógica.*

36. Esta dualidade é a raiz da grande questão hodierna da inteligência artificial, pois o corpo natural constrói seu pensamento interagindo com a natureza, algo que o não humano não consegue processar.

Desta forma, o idealismo de Fichte não pode ser aceito. Por outro lado, também se deve recusar o materialismo de Schelling, que faz da consciência um produto da matéria. Portanto, a única atitude possível é considerar essas contradições como essenciais e permanentes. É essa atitude que permite a concepção dialética do pensamento, segundo a qual, para compreender a realidade, não se poderiam eliminar as contradições que se apresentam e sim, pelo contrário, deve-se colocá-las como a única explicação das questões apresentadas.

O cerne da visão de Hegel era: para compreender o homem não é preciso estabelecer uma prioridade de sua consciência sobre a sua natureza, ou de forma inversa, afirmar que esta consciência decorre da existência do seu oposto, o corpo. Nada disto é relevante, pois aí, também, existe uma unidade dos contrários, ou seja, o que existe é uma consciência encarnada. Noutros termos, para Hegel, não existe consciência pura ou pensamento puro, nem matéria pura, mas tão somente uma natureza ou uma matéria para um pensamento ou para uma consciência. Entretanto, só é possível entender esta unidade dos contrários se admitirmos que o mundo não está inerte, mas que existe uma permanente dinâmica, que resulta de um processo de separação de opostos e de reunificações.

Para Hegel, tudo fica claro quando se verifica que o espírito é negado pelo sensível, pela natureza; e que a natureza também é negada pela consciência humana, que derruba a primeira negação e reconstitui o mundo como espírito, como um sonho que se materializa. Nesta visão de mundo, uma visão realista, ao se considerar o mundo como um processo espiritual não se está desprezando a natureza, mas, pelo contrário, se está reconhecendo seu importante papel no quadro do próprio processo espiritual.

As consequências dessa nova visão de mundo são importantíssimas para a evolução da conceituação de Estado. Hegel imagina, desta forma, poder resolver duas questões que se apresentam como fulcrais para o entendimento do moderno Estado Nacional: a questão da liberdade e a questão da ação política.

Tratemos primeiro de sua visão de liberdade. No seu primeiro trabalho publicado, *Diferença dos Sistemas Filosóficos de Fichte e Schelling* (1801),[37] Hegel denuncia que o socialismo de Estado de Fichte em vez de tornar possível a liberdade, como advogava Fichte, a suprime. Sobre o tema, Hegel assim se expressava:

> *A liberdade é o que caracteriza a racionalidade; ela é o que em si suprime toda a limitação e o ponto culminante do sistema fichtiano. Mas na comunidade com outrem, deve ser abandonada para tornar possível a liberdade de todos os seres racionais que vivem em comunidade, e a comunidade é, por sua vez, uma condição de liberdade; a liberdade tem de se suprimir a si própria para ser liberdade.*[38]

Segundo Hegel, o erro de Fichte era o mesmo de todos que o antecederam desde Locke e que se preocupavam com o problema da liberdade e era, também, o

---

37. Tradução francesa, in G. W. F. Hegel, *Primeiras Publicações*, Paris, 1952.
38. Obra citada.

Aspectos de Civilização

erro de Rousseau e de Kant: admitir para análise, exclusivamente, o ser humano, na sua individualidade. O individualismo político que no Renascimento havia conspirado contra a intransigência, agora, pelo contrário, havia se tornado uma intransigência, para a construção do moderno Estado Nacional. O individualismo se apoiava na ideia de que o homem dispõe plenamente da faculdade de escolher livremente, ou do livre-arbítrio, que o leva a deixar a natureza e transitar em outro nível, o do espírito. Isto para Hegel não era verdade, era falso conforme dizia:

> *É verdade que o ser humano individual se distingue do animal porque pode refletir e escolher antes de ceder a tal ou tal impulso. Mas a diferença é apenas formal, porque, na medida em que escolhe tal ou tal satisfação permanece no plano da natureza. Posso hesitar em tomar ao almoço tal ou tal prato, mas é inteiramente necessário que eu me alimente exatamente como um animal. O livre-arbítrio, a possibilidade de refletir antes de escolher, não me dá uma superioridade decisiva e não me situa de repente acima da natureza. O livre-arbítrio indica apenas que existe no homem uma contradição entre natureza e vontade.*[39]

Para Hegel, qualquer atividade humana que tem a intervenção do livre-arbítrio é também uma atividade natural.[40] Tanto Rousseau como Kant erraram, segundo Hegel, porque definiram falsa e erradamente a liberdade, como o poder de escolha do ser humano individual, algo que não existe, porque ele está limitado pela oposição absoluta que traz consigo, entre sua natureza limitada e sua consciência sem limites. Ambos, para Hegel, entram em choque, com suas próprias teses, quando são confrontados com a questão da sociedade.

Contudo, observa Hegel, ainda assim eles veem perfeitamente que o ideal dos liberais – a justiça decorrendo da desigualdade de oportunidades – é impossível. Isto os leva, segundo Hegel, a modificar a concepção original que tinham de liberdade por outra, que Rousseau, por exemplo, chamou de "liberdade civil". Fica claro que em sociedade, os indivíduos não podem fazer o que querem. É necessária a existência de um poder – o Estado – que os limitem. Se existe um regulamento que obriga o andar calçado, todos devem andar calçados. A liberdade (primitiva) deixa de existir em sociedade. O ser humano individual, agora indivíduo, tem de se submeter, sem limites, às prescrições que regulamentam o total da vida social. Por ter buscado tratar o indivíduo como espírito puro, tanto Rousseau como Kant, de acordo com Hegel, ao final foram obrigados a tratá-lo como uma simples coisa.

Para sair deste impasse é necessário entender-se que a liberdade é essencialmente uma obra comum dos homens que vivem em sociedade e que, se a autonomia do indivíduo deve ser respeitada, é porque ela faz parte das condições de realização desta obra comum. De acordo com Hegel, a liberdade humana está na construção de instituições racionais e na consciência de que estas são produtos da atuação

---

39. Em *Princípios da Filosofia do Direito*, tradução francesa, Paris, 1940.
40. O livre-arbítrio, longe de ser a vontade na sua verdade, é, bem ao contrário, a vontade na medida que é contradição", também em *Princípios da Filosofia do Direito*.

do próprio homem. O homem tem na sociedade racional uma vida livre, porque o Estado nada mais é do que o espírito do homem tornado objetivo, e porque ele é assim reconhecido pelo sujeito humano. O que Rousseau havia considerado como "liberdade civil" nada mais é do que a real e verdadeira liberdade humana.

Ainda de acordo com Hegel, a criação progressiva do Estado é o resultado de uma humanidade dividida numa multidão de seres particulares, os indivíduos. O homem está na natureza e, portanto, pertence a uma espécie natural que se caracteriza por possuir indivíduos distintos, cujas ações se notabilizam por serem guiadas por interesses particulares. O jogo que resulta do processamento dos interesses individuais é o espaço onde se edifica, pouco a pouco, a liberdade. Não se pode de forma alguma suprimir este jogo, pois, se assim se fizer, estar-se-á suprimindo a autonomia do indivíduo e, consequentemente, a própria liberdade. Tanto o jogo como a autonomia individual são elementos fundamentais para a vida em sociedade. Se não for assim, explica Hegel a propósito do Estado:

Os Estados ordinários são ilógicos quando estende o seu direito de polícia suprema simplesmente a algumas infrações possíveis... mas... esta inconse-quência é o que mais perfeito há nos Estados imperfeitos.[41]

Hegel renova as ideias de Fichte em dois conceitos: o conceito do povo – que havia sido descrito por Fichte, não como um corpo orgânico de uma vida rica e comum, mas sim uma pluralidade atomística e sem vida – e o conceito do Estado – que para Fichte não era uma organização, mas sim uma máquina.

Tanto para Hegel como para Heráclito tudo flui, tudo muda, a mudança é produto da operação de forças históricas e o indivíduo apanhado nela não tem nenhum poder para dirigi-la – é levado por ela. Mesmo quando é criativo, o indivíduo é levado pelo espírito de sua época (*Zeitgeist*). Todo artista está preso ao espírito de sua época, não é possível saltar sobre a história, ou seja, não se pode fugir ao processo dialético.

Para Hegel, a única coisa capaz de sustar o processo dialético seria a emergência de uma situação livre de conflitos, pois sem conflitos não há mudanças. Se isto ocorresse o indivíduo teria sua liberdade, pois ele não se inseriria mais no processo dialético.

Se falarmos do desenvolvimento das ideias, uma situação isenta de conflitos seria alcançada quando o *Geist* vier a conhecer a si mesmo como a realidade última e entender que tudo aquilo que ele vê como alheio a si mesmo é, na verdade, parte de si mesmo. Enquanto isto não acontecer o *Geist* se vê em conflito, pois estará alheio a si mesmo. E aqui cabe explicar um conceito novo que Hegel cria, o conceito de alienação: a ideia de algo, que de fato é parte de nós mesmos, parecer estranho ou hostil a nós. Para ele, tanto no espírito como na matéria e no mundo do trabalho é esse estado de alienação que dá a força motriz para a mudança dialética.

Então perguntamos: em que ponto da história das ideias o *Geist* alcança a per-cepção de que ele mesmo é a realidade última? A resposta só pode ser: com Hegel e sua Filosofia.

---

41. Em Diferenças entre as Filosofias de Fichte e de Schelling, in *Primeiras Publicações*, obra já citada.

Aspectos de Civilização

Se estivermos falando no processo de desenvolvimento histórico de uma sociedade como um todo, a não-mudança só será alcançada quando esta sociedade ficar livre dos conflitos, conforme Hegel. O estado ideal das coisas teria sido então alcançado e qualquer mudança é desnecessária e não desejável. Ele concebe que esta situação só é possível em uma sociedade orgânica onde todo indivíduo faz parte de um conjunto que funciona de forma harmoniosa. Este indivíduo serve livremente a uma totalidade que vai muito além de si próprio. Hegel acreditava que tais valores transcendiam muito além dos valores do individualismo liberal.

Segundo Hegel, os liberais erram negando a atuação do Estado, pois reduzem o homem a um simples ser natural. Para o filósofo, tanto Rousseau como Fichte também haviam errado ao suporem que a vontade geral reina absoluta sobre o lado natural do homem.

Sobrevém, então, sua concepção magistral da unidade entre contrários, da unidade dialética, da unidade entre a natureza do homem e de sua vontade. É nesta unidade que se fundamenta toda a Filosofia política de Hegel, que está expressa de forma definitiva na sua obra *Princípios da Filosofia do Direito*, de 1821.

O indivíduo procura satisfazer as suas necessidades, porque está submetido à necessidade natural. Para isso entra em relações com os outros indivíduos e daí resulta um sistema de dependência recíproca, que faz com que a subsistência, o bem-estar e a existência jurídica do indivíduo estejam misturados com a subsistência, o bem-estar e a existência jurídica de todos, porque uns se fundam nos outros e não são reais e assegurados senão por esta ligação.[42]

Segundo Hegel, modernamente, o homem não é mais só um indivíduo, é agora cidadão de um Estado, membro de uma comunidade espiritual, na qual manifesta uma vontade. E a verdadeira liberdade do homem se manifesta não no terreno das relações entre os homens, mas pela formação, no Estado, de uma vontade que todos os cidadãos reconhecem como sua vontade. O Estado é sempre chamado a criar instituições, que devem ultrapassar as contradições que surgem no âmbito da "sociedade civil".

E esta conciliação, que opera para vencer as contradições, é obrigatória para o Estado e sempre superior ao interesse das partes. O filósofo rejeita o reino ilimitado do interesse particular:

> *O interesse particular invoca a liberdade contra a regulamentação superior, mas, quanto mais ele se enterra cegamente na direção do fim pessoal, tanto mais tem necessidade dela para ser reconduzido ao universal e atenuar os choques perigosos e para abreviar a duração do intervalo durante o qual a necessidade inconsciente deveria acomodá-los.*[43]

Por outro lado, para ele, cabe ao Estado a solução da miséria em seu território, pois não há solução para esta questão, exclusivamente, com a caridade privada:

---

42. Em *Fé e Saber*, tradução francesa, também em *Primeiras Publicações*.
43. Em *Princípios da Filosofia do Direito*.

Realização Ilustrada

Tem ainda a beneficência muitíssimo que fazer e esta se engana se pretende que os remédios para a miséria estejam reservados à particularidade do sentimento e à contingência de suas disposições e das suas informações se sente lesada e ofendida pelos regulamentos e decretos obrigatórios e coletivos. O Estado público deve, pelo contrário, ser considerado tanto mais perfeito quanto o que é deixado à iniciativa do indivíduo; segundo a sua opinião particular, é menos importante em comparação com o que é assegurado de uma maneira universal.[44]

Contudo, Hegel opõe-se à ideia de Fichte de se suprimir o jogo espontâneo das leis de mercado pela única e exclusiva vontade do Estado. Para Hegel, isto seria negar o lado natural da vida humana e, por conseguinte, encaminhar-se para um beco sem saída, demonstrando dessa forma, mais uma vez, sua posição realista e anti-intransigente.

Hegel não esconde sua admiração pela Revolução Francesa, entretanto, critica aqueles que viam no interesse pessoal um papel exclusivamente malévolo. Estes que buscavam com este discurso criar um estado da mais pura moralidade só criaram o mais nefasto dos terrores. Isto explicava por que, a partir do momento que aqueles que detêm o poder exigem de todos os cidadãos o devotamento total ao Estado suspeitam daqueles que tomam qualquer iniciativa e exigem a sua eliminação. Na verdade, o estado da mais pura moralidade conduz à mais sangrenta das ditaduras.

Portanto, para Hegel, a questão da liberdade está equacionada se o Estado, por vontade geral e suprema, aceitar ser limitado por interesses particulares, porque, para ele, não foi dado ao homem a forma de um anjo, ou seja, o homem não é um puro pairando acima da natureza. Para concluir sua visão de liberdade, cabe um dito de sua obra *Princípios da Filosofia do Direito*:

O espírito só tem sua realidade caso se divida em si mesmo, caso se dê por limite e por finalidade as necessidades naturais e as relações com a necessidade exterior e se, por isso mesmo, se forma inserindo-se nelas, e, assim, se ultrapassa e obtém a sua existência objetiva.[45]

Vamos estudar agora a questão da ação política, que foi um dos focos principais do filósofo. A hostilidade de Hegel às teses de Rousseau sobre a democracia, assim como sua oposição ao sistema de Fichte, pode nos conduzir à ideia de que Hegel era um intransigente. Na verdade, a atitude dele é complexa, muitas vezes difícil de definir, mas nunca foi intransigente.

Na sua juventude ele foi um ardoroso defensor da Revolução Francesa, embora, como já vimos, rejeitando o terror. Em 1807, em *Fenomenologia do Espírito*, convoca a vinda de um novo mundo social:

---

44. *Ibid.*
45. *Ibid.*

Aspectos de Civilização

De resto, não é difícil ver que a nossa época é um tempo de gestação e de transição para um período novo... O desabamento deste mundo é indicado apenas por sintomas esporádicos; a frivolidade e o tédio que invadem o que ainda subsiste, o pressentimento vago de um desconhecido, são os sinais anunciadores de alguma coisa diferente que está em marcha. Esse esboroamento contínuo que não alterava a fisionomia do todo é bruscamente interrompido pelo nascer do sol que, num clarão, desenha, de uma só vez, a forma de um mundo novo.

Contudo, a queda de Napoleão consolida as antigas monarquias na Europa e Hegel, ao final de sua vida, mora em Berlim, sendo uma espécie de filósofo oficial da Prússia. Entretanto, neste final de existência, vê-se claramente o desejo de Hegel manter-se fora das atividades políticas, todavia se mantém coerente com suas ideias iniciais: em sua obra *Lições sobre a Filosofia da História*, publicada após sua morte, ele ainda celebra a Revolução Francesa:

Desde que o Sol encontra-se sobre o firmamento e que os planetas rodam à sua volta, nunca se vira o homem colocar-se de cabeça para baixo, isto é, basear-se na ideia e construir com ela a realidade... Estava, portanto, aí um soberbo nascer do sol. Todos os seres pensantes celebram essa época. Uma emoção sublime reinou nesses tempos, o entusiasmo do espírito fez arrepiar o mundo, como só nesse momento se tivesse chegado à verdadeira reconciliação do divino com o mundo.[46]

Nesta obra, no entanto, verifica-se que algo havia mudado no espírito do filósofo. Não há mais o incentivo a novas mudanças que se via na *Fenomenologia*. Agora ele diz:

O filósofo tem de se preocupar com o esplendor da ideia que se reflete na história universal. Cansado das agitações suscitadas pelas paixões imediatas e na realidade, a Filosofia se liberta delas para se entregar à contemplação.[47]
O homem deve toda a sua existência ao Estado.

Os devotos da prevalência de um Estado ordenador se apoderaram da necessidade expressa na Filosofia de Hegel, de se acabar com os conflitos no âmbito da sociedade, para propor, em especial na Alemanha, um culto ao Estado. Estas pessoas vieram a ser consideradas como a direita hegeliana.

Outrossim, existiram outros seguidores de Hegel, conhecidos como a esquerda hegeliana que viam as sociedades longe daquela idealizada por ele e que era necessário proceder-se a mudanças radicais, revolucionárias, para se atingir a sociedade sem conflitos. Hegel nunca havia lançado nenhum apelo à revolução social. Entretanto, é incontestável que o mesmo Hegel é o filósofo que instrumentaliza Marx, o maior dos esquerdistas hegelianos, para conduzir um ideal revolucionário na busca de quebrar um dilema que separa os meios dos fins, mas que na verdade, como veremos adiante, só consegue recuperar e reforçar a intransigência.

---

46. *Ibid.* p. 401.
47. *Ibid.* p. 409.

Realização Ilustrada   *111*

Hegel não acredita que a Filosofia possa modificar o mundo como pode se ver neste trecho de seus *Princípios da Filosofia do Direito*:

Para dizer mais uma palavra como deve ser o mundo, observamos que em qualquer caso a Filosofia chega sempre demasiado tarde. Como pensamento do mundo, surge apenas quando a realidade cumpriu e terminou seu processo de formação... é no início do crepúsculo que a coruja de Minerva toma seu voo.[48]

Este procedimento o leva a se opor a Kant e sobre ele Hegel comenta:

Este acreditou libertar o indivíduo fazendo da lei moral uma lei puramente interior, o imperativo categórico que ordena a cada um agir de tal maneira que a sua ação possa servir de regra universal.[49]

Hegel se opõe à tese do imperativo categórico e afirma: o que é bom para um pode ser mal para outro e vice-versa. Hegel diz que o problema da moralidade não tem solução quando colocado pelo ponto de vista do indivíduo, porque é um ponto de vista subjetivo. Para ele, a moral verdadeira é a moral social ou objetiva, ou seja, o conjunto de princípios de conduta que são admitidos numa determinada sociedade. E acrescenta:

Na verdade, qualquer coisa tão inexpressiva como o bem pelo amor do bem não tem, de uma maneira geral, lugar para si na realidade viva. Caso se queira agir, não é somente necessário querer o bem, mas saber o que é o bem. Mas o que é bem ou não, justo ou injusto, isso é indicado como casos vulgares na vida privada nas leis e nos costumes de um Estado. Não há grande dificuldade em sabê-lo. Todo o indivíduo tem o seu lugar e sabe, em geral, em que consiste uma conduta legítima e honesta.[50]

Hegel rompe, portanto, com a ideia liberal da prevalência da moral individual e, sem renegá-la, a subordina aos princípios de conduta socialmente aceitos. Na verdade, determina que a organização social estabeleça o padrão de conduta, dando, pela primeira vez, espaço para uma realidade cuja essência é a história.

Mas esta história, para Hegel, se transforma, e mutações nela se processam por critérios racionais que não devem ser julgados, observando-se padrões que se limitam à moralidade dos indivíduos como pessoas privadas. Observemos suas palavras em *Lições sobre a Filosofia da História*:

Qual é o mestre-escola que não tenha demonstrado que Alexandre, o Grande, que Júlio César... foram animados por tais paixões, e que, por consequência foram homens imorais? Donde se segue imediatamente que ele, o mestre-escola, vale mais que essas pessoas, porque não tem essas paixões e dá como prova que não conquistou a Ásia, nem venceu Dario e Poro, mas que certamente vive de acordo com o bem e deixa viver também...

---

48. Ibid.
49. Em *Lições sobre a Filosofia da História*.
50. *Ibid.* p. 37.

Aspectos de Civilização

...Uma figura histórica não tem a calma necessária para querer isto ou aquilo, para ter muitas considerações, mas pertence ao seu único fim sem considerar mais nada. Acontece, pois, que trata, superficialmente de outros interesses, grandes, mesmo sagrados, conduta que seguramente está submetida ao desprezo moral. Uma tão grande figura esmaga necessariamente muitas flores inocentes, arruína muitas coisas em seu caminho...

É o que é necessário chamar de "artifício da razão",[51] *quando esta deixa agir em seu lugar as paixões, de maneira que aquele por meio do qual vem à existência experimenta perdas e sofre danos... Em geral, o particular é demasiado pequeno em face do geral: os indivíduos são sacrificados e abandonados. A ideia paga o tributo da existência e da caducidade, não por si própria, mas graças às paixões dos indivíduos.*[52]

Isto não quer dizer que Hegel valide a força como instrumento de ação política. Na verdade, o que ele coloca é que existe uma marcha inexorável do mundo, uma marcha necessária e racional para a liberdade, e que nessa marcha a violência também desempenha um papel, dado que o homem não é só espírito.

Resumindo: Hegel restabelece plenamente a distinção entre Estado e sociedade civil, formulada pelos pensadores do século XVIII; contudo, põe o Estado como o fundamento da sociedade civil e da família.[53] Para Hegel, não há sociedade civil se não existir um Estado que a construa, que a componha e que integrem as suas partes. Para Hegel, não existe povo se não existir Estado, pois é o Estado que funda o povo e não o contrário.

Para Hegel, a soberania não é do povo e sim do Estado. Em sua visão, portanto, o Estado funda o povo, o que leva a que a sociedade civil seja incorporada pelo Estado e de certa forma aniquilada dentro dele. Temos em Hegel uma crítica devastadora da concepção liberal e individualista da liberdade.

Para Rousseau, o Estado dissolvia-se na sociedade e a sociedade civil triunfaria sobre a sociedade estatal. Para Hegel, como vimos, se dá o contrário: o Estado é que tem de triunfar sobre a sociedade civil que está fadada a se dissolver em seu interior. Para Hegel, o Estado é também ético, pois tem uma concepção moral. Já o Estado sem projeto, o Estado liberal, não é ético, pois não pactua uma vida coletiva, já que não educa a convivência social, garantindo somente a esfera dos chamados direitos naturais.

Hegel, ao estabelecer sua Filosofia política, institui a legitimação do moderno Estado Nacional. Ele só é possível se cada cidadão vir na vontade geral, na vontade de seu Estado, a sua própria vontade.

Hegel sintetiza seu método dialético pela conceituação da fugaz ou permanente existência de uma tese, que tem correspondente antítese e que o choque entre

---

51. Em português fala-se mais em artimanhas da razão.
52. Em *Lições sobre a Filosofia da História*, p. 40 e 41.
53. Esta é uma forma transigente e conserva a dinâmica social. Hegel revela todo o seu desvelar das questões que preservam a marcha da civilização.

ambas soluciona-se, sempre, por uma síntese, que por sua vez transformar-se-á numa nova tese, que provocará uma nova antítese, dando origem a uma nova síntese e assim por diante...

Deste modo, a teoria do retardo, introduzida neste livro, deveria incluir esta concepção, que, após o conhecimento da visão de Hegel, agora é possível de ser materializada: a dialética hegeliana pressupõe o entendimento de que existe um sistema composto de tese, antítese e síntese. A teoria do retardo estabelece que cada um destes sistemas tem como oposto um outro sistema, também composto de tese, antítese e síntese. Cada sistema tem seu contraponto; se um sistema processa-se no centro, o seu oposto se processará na periferia; se um sistema se organiza na cultura, o seu oposto se organizará na barbárie. Destes choques resulta a evolução do próprio processo da civilização.

As três ideias centrais que Hegel incorpora ao pensamento ocidental podem ser assim resumidas:

1. A realidade é um processo histórico que só pode ser entendida se compreendermos como ela veio a ser o que é, e como está se transformando no que será, ou seja, só pode ser entendida nas categorias da explicação histórica;

2. A história tem uma estrutura racional, e a chave para se entender esta estrutura é a lei da mudança, em outras palavras, a dialética; e

3. O homem, no processo de criação da civilização, cria suas instituições, suas regras e suas ideias, e estas se transformam em camisas de força que tolhem seu próprio avanço. Aqui está a alienação, filha maior da intransigência.

Hegel é um marco maior e a Filosofia, desde então, se referencia a ele e resulta de sucessivas reações a sua obra. O filósofo dinamarquês Kierkegaard (1813-1855) escreveu se opondo a Hegel. Sua principal ideia filosófica era que tudo que realmente existe é individual e que não nos é possível capturar a verdade da realidade em afirmações gerais. Para ele era um erro ter quaisquer sistemas abstratos de Filosofia.

Contudo, o desenvolvimento da Filosofia se fez sobre o sistema hegeliano, pois nenhum outro sistema completo apareceu, ao longo do último século e meio. A Filosofia desde então se divide em apoio ou contestação a Hegel, em quatro correntes: hegelianismo, marxismo, existencialismo e Filosofia analítica. Não vamos tratá-las neste texto, pois são expressões não testadas no tempo histórico e não interferem no conteúdo lapidar de Hegel, só o interpretam.

Na mesma Alemanha, alguns pensadores formularam teorias onde conjugavam as suas visões de Estado com outras ciências, mais desenvolvidas e concretas, como a Geografia. É o caso de Friedrich Ratzel (1844-1904), cuja concepção central é conhecida como *As Leis do Crescimento Espacial dos Estados*.[54] Ele cria, de certa forma, uma teoria organicista do Estado e formula a tese do espaço vital, tão referenciada pelo nazismo.

---

54. Um dos criadores da teoria geopolítica dos Estados, que foi erradamente conceituado, por muitos, como uma visão autoritária e fascista das relações entre os Estados.

Aspectos de Civilização

Um seguidor de Ratzel foi o professor sueco Kjellen. Sua obra mais importante foi o *Estado como Forma de Vida*, onde, em síntese, afirma que o Estado emerge como uma manifestação biológica ou como forma de vida.

Tanto Marx como Engels, formuladores do marxismo, apresentam na sua teoria uma visão crítica do Estado. Marx, em sua crítica, transforma o Estado de criador, em criatura. Ele argumentava que não era o Estado que determinava a estrutura econômica, mas sim o contrário. Ao fazê-lo, retira do Estado a sua liderança no processo estruturador da dinâmica social e a transfere para o que nomeia de relações econômicas, ou de produção. Estabelece que o Estado seja um elemento essencial da estrutura econômica, na medida em que o garante. Da mesma forma que os liberais retiram o Estado do processo. Enquanto o liberalismo defende que o Estado só deve existir para garantir direitos, que apresentava como naturais, Marx ia mais longe ao dizer que o Estado só existia para garantir relações de produção. Para ele, era importante destruir o Estado para reconstruir a sociedade em bases mais justas e, pelo seu sistema, ao buscar a igualdade de realizações, conspirava de forma definitiva contra a razão. Ao pretender a liberdade pela igualdade social repelia o próprio conceito de liberdade e o submetia aos desígnios do desempenho individual no campo econômico. A intransigência havia encontrado novas asas que a levaria aos grandes voos.

Esta ação intransigente do marxismo encontrou espaço para sua realização na União Soviética, após a Revolução Bolchevique de 1917. Entretanto, foi necessário que houvesse uma reformulação de seus postulados, por Lenin e por Stalin, para que a ação intransigente primitiva do marxismo ultrapassasse suas próprias limitações e sobrevivesse por sete décadas. Lenin e Stalin foram intransigentes, na necessidade de um Estado, dentro da intransigência marxista, e de certa forma, portanto, transigiram. Contudo, o tempo e a intransigência do marxismo os derrotaram. A intransigência do marxismo nunca pontuou em sua formulação a questão maior da dinâmica social: o choque entre as sociedades. O marxismo sempre se ateve em buscar o término das contradições internas das sociedades, mesmo quando assumia sua configuração intransigente e explícita, ao propor a existência de uma única sociedade universal.

A derrota do marxismo-leninismo foi uma derrota da intransigência, uma intransigência tão atuante no século XX quanto o liberalismo a outra intransigência. Entretanto, esta derrota aguçou nova intransigência, o neoliberalismo, como veremos adiante.

7

Criando a Modernidade Política: A Razão

O iluminismo trouxe consigo a ruptura entre a autocracia e o absolutismo, presente no chamado direito divino dos reis. Esta ruptura se processou de maneira diversa nas duas margens do Atlântico. Existem claras diferenças que permitem distinguir a versão estadunidense da versão francesa, do que veio, posteriormente, nomear-se como "a revolução dos direitos do homem".

A versão estadunidense precede a francesa em mais de uma década. Na Declaração de Independência dos Estados Unidos já está presente a ideia que "todos os homens são criados iguais e dotados pelo Criador de certos direitos inalienáveis", entre os quais se mencionou, explicitamente, "a vida, a liberdade e a busca da felicidade".

A versão francesa segue na mesma linha, ao reconhecer que todos os homens são livres e independentes, e que possuem direitos que limitam o poder do Estado. Entretanto, ambas se contradizem em alguns pontos, e aí explicitam suas divergências. Enquanto a visão estadunidense sobre os direitos do homem está inscrita filosoficamente na tradição britânica da espontaneidade da ordem social – o funcionamento natural da sociedade tende a realizar espontaneamente os direitos individuais do homem –, a visão francesa, ao contrário, defende a necessidade de uma ação radical da sociedade, através do Estado, para a imposição desses direitos do homem, fruto de uma vontade virtuosa e de um ideal moral.

As consequências políticas destas duas posições enfatizam teses distintas sobre os direitos do homem: a norte-americana, que consiste, simplesmente, em limitar o poder do Estado: uma revolução política; e a francesa, que faz brotar a ideia da presença do Estado: uma revolução social.

A essa questão política de fundo, que trata dos reais direitos do homem, acrescenta-se outra, de forma, provocada pelas necessidades políticas dos estadunidenses. A "democracia", de acordo com Pubius, é o regime em que "o povo se reúne e se governa a si próprio", ou seja, o governo do povo pelo povo. Os pais da constituição dos Estados Unidos, os federalistas, criaram um novo conceito, que nomeiaram de república e que apresentaram como o governo do povo pelos seus representantes. Contudo, hoje, generalizou-se chamar o que era nomeado de república de democracia. Nas chamadas modernas democracias, anexou-se, com cada vez mais peso, ao princípio da soberania do povo, o conceito da representação, diluindo, de forma progressiva, o que de mais democrático possa existir na república.

Aqui, afirmo que a tese da modernidade política, expressada na ideia viva da democracia, é que deve ser preservada, porque entendo que ela, na sua imagem, se encontra atravessada de profundos equívocos. Para tanto, explicitarei também a base das transformações políticas modernas, que está posta na relação biunívoca entre o Estado e a sociedade. A origem desta relação vem da conceituação de sociedade civil[1], e uma análise desta relação nos conduz a três reflexões:

1. A primeira, que ela serve àqueles que veem no Estado o absolutismo, mesmo que nele se processe a democracia direta, são os liberais radicais. Eles criam a possibilidade de uma esfera privada de interesses, algo que conceituam como fora de contrato. Para eles, o Estado é o contrato, e rejeitam qualquer intervencionismo, que sempre decorre de posições voluntaristas;

2. A segunda, que ela decorre de uma transição conceitual filosófica sobre a liberdade, feita por Hegel sobre Kant[2], seja em relação às coisas – que leva ao conceito de propriedade e ao direito privado; seja em relação à preservação conjunta de diversas liberdades individuais – que leva ao direito público. Esta dicotomia entre direito privado e público corresponde à distinção entre sociedade (civil) e Estado; entre espaço privado e espaço público;[3] e

3. A última, que este par, Estado e sociedade, tem seu nascimento datado no mesmo momento que se explicita a visão social francesa, a economia clássica inglesa e a filosofia iluminista alemã.

Esta justaposição entre Estado e sociedade foi sendo apropriada pelo pensamento liberal que aí introduziu a sua visão própria do que conceituam como mercado. E esta apropriação veio a ser contraditada pelo aparecimento do conceito moderno de vontade que foi se voltando contra o conceito da "mão invisível" – de que tudo ordena o espaço das vontades individuais e coletivas. Para o pensamento moderno, do sujeito que surge do cartesianismo e da razão, é também necessária à explicitação da vontade.

---

1. Ao que parece o termo sociedade civil surge no século XVI, na tradução para o francês da obra Política de Aristóteles. Contudo, foi no início do século XIX que, se opondo ao conceito de Estado, adquiriu o conceito atual.

2. Kant, preso à tradição jusnaturalista, seguiu duas expressões então consagradas: "sociedade natural" para a esfera do direito privado e "sociedade civil" para a esfera do direito público. Hegel, ao contestar Kant, atribui ao termo "sociedade civil" uma posição oposta, ligando-a ao espaço privado.

3. O espaço privado de Hegel não é o espaço privado dos liberais, como ele claramente defende em seus Princípios da Filosofia do Direito: "A criação da sociedade civil pertence ao mundo moderno, único a reconhecer o seu direito a todas as determinações da Ideia. Quando se concebe o Estado como uma união de diferentes pessoas, união que não é senão uma simples associação, apenas se entende por isso a característica da sociedade civil. Muitos teóricos modernos do Estado não chegaram a elaborar outra concepção de Estado." Na verdade, ao assim se expressar, Hegel coloca a sociedade civil como uma teoria de Estado, que se forma na modernidade, se contrapondo à concepção grega da pólis. Na verdade, um Estado voltado para a proteção dos direitos individuais.

Criando a Modernidade Política: A Razão   117

Não existe ainda nenhum espaço de colaboração entre esses dois modelos, que na verdade trazem dentro de si duas representações diferentes do que seja a História. Neste capítulo vamos tratar da criação da modernidade política, onde se apresentam os defensores da História, como uma história da razão, na qual os homens fazem a História sem saber a história que fazem. Também apresentaremos as doutrinas políticas que os representam: o liberalismo e o positivismo.

No próximo capítulo, que nomeamos de "Criticando a Modernidade Política: A Vontade", nos dedicaremos àqueles que entendem que a História resulta da vontade, onde a Vontade, travestida da busca da liberdade, é que constrói a História, e que tanto passa por Kant como por Fichte. Este, em sua obra *Considerações sobre a Revolução Francesa*, de 1793, já escrevia: "Nunca encontraremos na história nada que nós próprios não tenhamos começado a pôr nela." Algo que Hegel estigmatizará como *Visão Moral do Mundo*. Discutiremos também as críticas à modernidade política expressas pelo marxismo e pelo modernismo reacionário.

Mais adiante discutiremos o historicismo, herdeiro também do hegelianismo, que se apresenta como uma escola descritiva e não formuladora de uma proposta como as demais.

A Tradição Positivista

O movimento positivista, que nasceu como um legítimo descendente da filosofia do iluminismo, rompe com a ordem feudal-absolutista, no início do século XIX. Ele foi uma reação contra o apriorismo, o formalismo e o idealismo, valorizando a experiência e os dados positivos. Entretanto, ficava no mesmo espaço do idealismo e do pensamento moderno em geral, defendendo, mais ou menos, o absoluto do fenômeno: "O fato é divino."

A diferença fundamental entre idealismo e positivismo é que o idealismo procura uma interpretação, uma unificação da experiência mediante a razão; enquanto o positivismo limita-se à experiência imediata, pura, sensível, como já fizera o empirismo. Daí a sua pobreza filosófica e seu maior valor: a descrição e a análise objetiva da experiência.

O positivismo do século XIX pode assemelhar-se ao empirismo e ao naturalismo, dos séculos XVII e XVIII, porquanto reduz substancialmente o conhecimento humano ao conhecimento sensível, à metafísica, à ciência e o espírito à natureza. Diferencia-se, porém, desses sistemas por um elemento característico: o conceito de *vir-a-ser*, de evolução, considerado como a lei fundamental dos fenômenos empíricos, isto é, de todos os fatos humanos e naturais. O idealismo concebia o *vir-a-ser* como desenvolvimento racional, teológico, ao passo que o positivismo o concebe como evolução por causas. Através de um conflito mecânico entre seres e forças, na luta pela existência, determina-se uma seleção natural, uma eliminação do organismo mais imperfeito, sobrevivendo o mais perfeito. O positivismo acredita firmemente no progresso – como, nele, já acreditava o idealismo. Trata-se, porém, de um progresso concebido de forma naturalística, quer nos meios, quer nos fins, para o bem-estar material.

Aspectos de Civilização

Sua busca pelo cientificismo é a busca de um instrumento de luta contra o obscurantismo clerical, as doutrinas teológicas, os argumentos de autoridade, os axiomas *a priori* da Igreja e os dogmas imutáveis do feudalismo. O positivismo é o resultado também da luta do iluminismo contra os preconceitos, isto é, contra a ideologia tradicionalista do antigo regime. Ao surgir, em fins do século XVIII e início do século XIX, o positivismo era uma utopia crítica e revolucionária da burguesia antiabsolutista – era a razão. Contudo, no decorrer do século XIX e até os dias de hoje, transformou-se numa ideologia conservadora, identificada com a ordem industrial estabelecida, numa forma nova de intransigência.

Em síntese, pode-se afirmar que o positivismo está fundamentado em três premissas que procuram estruturar um sistema coerente e operacional:

1. A sociedade (logo, o Estado) é regida pela lei natural (uma lei invariável e independente da vontade e da ação humana), ou seja, na vida social reina uma harmonia natural;

2. A sociedade pode, portanto, ser epistemologicamente assimilada pela natureza (naturalismo positivista) e ser estudada pelos mesmos métodos e processos empregados no estudo das ciências da natureza; e

3. A ciência da sociedade, assim como as da natureza, deve se limitar à observação e à explicação causal dos fenômenos de forma objetiva, neutra, livre de julgamentos de valor e/ou ideologias, descartando previamente todas as pré-noções e preconceitos.

Quando uma dessas três premissas estiver integrada em uma investigação metodológica distinta do positivismo, ela já se encontrará submetida a uma dimensão positivista. A visão positivista baseava-se na ideia da lei natural assim como a economia clássica. Nada mais intransigente.

De todos os enciclopedistas foi, sem dúvida, Condorcet quem contribuiu, de maneira mais direta e imediata, para a gênese do movimento. Próximo dos fisiocratas (em especial, Turgot) e dos clássicos ingleses (Adam Smith), Condorcet pensava que a economia política pudesse estar submetida à "precisão de cálculo" e ao método das ciências da natureza. Nele residia também o objetivo confesso de emancipar o conhecimento social das paixões e dos interesses de classes. Escapou da visão de Condorcet que a nova ciência, representada pelos fisiocratas, por Adam Smith e pelos próprios enciclopedistas – a economia política, uma ciência que se dizia racional, precisa e experimental –, pudesse ela mesmo estar submetida a interesses outros que não científicos, digamos, de dominação.

Pela premissa da neutralidade valorativa das ciências sociais, o positivismo nega, se não ignora, o condicionamento histórico-social do conhecimento. É nesta linha que caminha um discípulo de Condorcet, Saint-Simon.

As origens da ciência política contemporânea devem ser encontradas na busca pela criação de uma ciência social, algo que era difundido no século XIX e estimulado pelo crescimento rápido das ciências naturais. Pode-se dizer que o marco

Criando a Modernidade Política: A Razão

inicial para o desenvolvimento da ciência política moderna foi o trabalho de Saint-Simon, um notável socialista utópico, que, em 1813, sugeriu que a moral e a política poderiam se transformar em ciências "positivas", isto é, em disciplinas cuja autoridade, para comandar a opinião, descansaria, não em cima dos pressupostos subjetivos, mas em cima da evidência objetiva. Com ele trabalhou o matemático e filósofo Auguste Comte. Os dois colaboraram na publicação do *Plano das Operações Científicas Necessárias para a Reorganização da Sociedade*, em 1822, que argumentava, entre outras coisas, que a política transformar-se-ia em Física Social e que a finalidade da Física Social era descobrir as leis imutáveis do progresso.

Durante toda sua vida Saint-Simon devotou-se a uma série longa de projetos e publicações com os quais procurou ganhar sustentação para suas ideias sociais. Entretanto, como um pensador, faltava a ele sistema, clareza e coerência, mas sua influência no pensamento moderno, especialmente nas ciências sociais, é inegável. Além de seus ensinamentos socialistas, suas ideias principais são simples e representaram uma reação contrária ao derramamento de sangue da revolução francesa e do militarismo de Napoleão. Propôs também que os estados da Europa formassem uma associação para suprimir a guerra. Previu corretamente a industrialização do mundo e acreditou que a ciência e a tecnologia resolveriam a maioria dos problemas da humanidade.

Seus escritos socialistas giraram em torno da ideia de que sua época sofria de um individualismo doentio e selvagem, resultante de uma quebra da ordem e da hierarquia. Mas afirmava que a época continha também em si sementes de sua própria salvação, que deveriam ser buscadas no crescimento da ciência e da tecnologia e nos industriais e técnicos, pelos especialistas/estudiosos que tinham começado a construir uma ordem industrial nova. A união do conhecimento científico e tecnológico à industrialização inauguraria o governo dos peritos. Saint-Simon sustentava que a nova sociedade não poderia ser igualitária, porque os homens não foram dotados igualmente pela natureza. Todavia, buscar-se-ia o uso máximo das habilidades potenciais individuais, assegurando que todos teriam igual oportunidade de alcançar uma posição social proporcional aos seus talentos. Erradicando as fontes da desordem pública, far-se-ia possível a eliminação virtual do Estado como uma instituição coercitiva. A sociedade futura funcionaria como uma oficina gigantesca, em que o governo sobre homens seria substituído pela administração das coisas.

Coerentemente à sua oposição ao feudalismo e ao militarismo, Saint-Simon propunha uma ditadura branda dos industriais e dos cientistas para eliminar as desigualdades do sistema liberal inteiramente livre. Advogou um esquema segundo o qual os homens de negócios e outros líderes industriais controlariam a sociedade. A grande contribuição de Saint-Simon ao pensamento socialista foi sua insistência no dever do Estado de planejar e organizar o uso dos meios de produção de modo a manter-se continuamente a par das descobertas científicas, e a sua insistência na função de governo dos peritos industriais e administrativos, e não dos políticos e dos meros "homens de negócio". A direção espiritual da sociedade estaria nas

Aspectos de Civilização

mãos dos cientistas e engenheiros, os quais tomariam o lugar ocupado pela Igreja Católica Romana na Idade Média Europeia. O que Saint-Simon desejava, em outras palavras, era um Estado industrializado, dirigido pela ciência moderna, em que a sociedade seria organizada para o trabalho produtivo dos homens mais capazes. O alvo da sociedade seria produzir as coisas úteis à vida.

Ele não era um "igualitário" estrito, mas seus seguidores radicalizaram suas ideias, voltaram à doutrina do fundador para um sentido mais definitivamente socialista e passaram a ver a propriedade privada como incompatível com o novo sistema industrial. A transmissão hereditária do poder e da propriedade, para eles, era inimiga do ordenamento racional da sociedade. A tentativa, um tanto bizarra, dos seguidores de Saint-Simon de criar uma igreja Saint-Simoniana não deve obscurecer o fato de que eles estavam entre os primeiros a proclamar que a propriedade burguesa e capitalista não era mais sacrossanta.

Apesar de defender uma nova organização social, Saint-Simon não enfatiza o contraste entre a classe trabalhadora e proprietária. Contudo, a causa dos pobres é discutida no seu trabalho mais conhecido, *Nouveau Christianisme* (1825), onde assume o caráter de uma religião. Apesar de se colocar como um ordenador e se classificar como um organizador, apresenta uma clara dimensão subversiva em seus escritos. Em função das leis fisiológicas do organismo social e da sua "higiene", prega o fim do absolutismo e a mudança de regime na França:

> *Uma vez que a natureza inspirou aos homens, em cada época, a forma de governo mais conveniente, será exatamente de acordo com este princípio que iremos insistir na necessidade de uma mudança de regime para uma sociedade que não mais se encontra nas condições orgânicas que possam justificar o reino da opressão... por que conservaríamos hábitos contraditórios com nosso estado fisiológico?*

Foi essa linha de ensinamentos que provocou a ruptura de Saint-Simon com seu discípulo Auguste Comte. Antes da publicação do *Nouveau Christianisme,* ele não havia se preocupado com teologia, mas neste trabalho, começando com uma crença em Deus, tenta desdobrar o cristianismo em seus elementos essenciais, e finalmente propõe o preceito de que a religião "deveria guiar a comunidade no sentido do grande propósito de melhorar tão rapidamente quanto possível as condições da classe mais pobre", que se transformou na palavra de ordem da escola de Saint-Simon.

Friedrich Engels encontrou nele "a largura de vista de um gênio... contendo no embrião, a maior parte das ideias dos socialistas que viriam depois..." As propostas de Saint-Simon para o planejamento social e econômico estavam na verdade à frente de seu tempo, e os marxistas, os socialistas e os reformadores do capitalismo que o sucederam ficaram de um modo ou de outro igualmente devedores a suas ideias.

Estas ideias tiveram uma influência profunda no filósofo Auguste Comte, que trabalhou com Saint-Simon até que os dois se desentenderam. Comte partiu de

Criando a Modernidade Política: A Razão

uma crítica científica da teologia, para terminar como profeta. Compreende-se que alguns tenham contestado a unidade de sua doutrina, notadamente seu discípulo Littré, que, em 1851, abandona a sociedade positivista. Littré – autor do célebre *Dicionário*, divulgador do positivismo nos artigos do *Nacional* – aceita o que ele chama "a primeira filosofia de Augusto Comte" e vê, na segunda, uma espécie de delírio político-religioso, inspirado pelo amor platônico do filósofo por Clotilde, o grande amor de Comte.

Todavia, mesmo se o encontro com Clotilde deu à obra do filósofo um novo tom, é certo que Comte, já antes do seu Curso de Filosofia Positiva, e principalmente em seu *Opúsculo Fundamental* de 1822, sempre pensou que a filosofia positivista deveria terminar finalmente em aplicações políticas e na fundação de uma nova religião. Littré podia, sem dúvida, em nome de suas próprias concepções, "separar Comte dele mesmo".

Comte, afirmando vigorosamente a unidade de seu sistema, reconhece que houve duas carreiras em sua vida: a primeira, diz ele sem falsa modéstia, foi Aristóteles e a segunda foi São Paulo.

Contudo, em vários trabalhos, Auguste Comte foi mais além, em seus *Curso de Filosofia Positiva* (1830-42) e *Sistema Positivo* (1851-54) elaborou uma "religião da humanidade", com ritual, calendário e um sacerdócio de cientistas, e santos seculares, incluindo Julio Cesar, Dante e Joana d'Arc. A Sociedade seria governada por banqueiros e tecnocratas, e a Europa unida em uma República Ocidental. Esta doutrina, amparada por uma sociologia pioneira, alcançou muita influência entre os intelectuais. Comte, como Saint-Simon, visou responder às perguntas essenciais:

- Como desdobrar a potência da tecnologia moderna para o benefício de toda a humanidade?
- Como evitar guerras entre estados soberanos? e
- Como preencher o vácuo deixado pelo arrefecimento das crenças cristãs?

A filosofia da história, tal como a concebe Comte, é de certa forma tão idealista quanto aquela de Hegel. Para Comte "as ideias conduzem e transformam o mundo" e é a evolução da inteligência humana que comanda o desenrolar da história. Ainda como Hegel, Comte pensa que nós não podemos conhecer o espírito humano senão através de obras sucessivas – obras de civilização e história dos conhecimentos e das ciências –, que a inteligência, alternadamente, produziu no curso da história. O espírito não poderia conhecer-se interiormente – Comte rejeita a introspecção, porque o sujeito do conhecimento confunde-se com o objeto estudado, e porque só se pode descobrir através das obras da cultura e particularmente através da história das ciências. A vida espiritual autêntica não é uma vida interior, é sim a atividade científica que se desenvolve através do tempo. Assim, diz Gouhier, a filosofia de Comte sobre a história é "uma filosofia da história do espírito através das ciências". Ele propõe, também, a lei dos três estágios: o teológico, o metafísico e o positivo; através dos quais, o conhecimento tinha que passar, e que Comte viria a estabelecer como o tema da ciência da Física Social,

Aspectos de Civilização

estudo que ele veio a chamar de Sociologia. Para ele, o espírito humano, em seu esforço para explicar o universo, passa sucessivamente por três estados:

1. O estado teológico ou "fictício", que explica os fatos por meio de vontades análogas à nossa (a tempestade, por exemplo, será explicada por um capricho do deus dos ventos, Eolo). Este estado evolui do fetichismo ao politeísmo e ao monoteísmo;

2. O estado metafísico, que substitui os deuses por princípios abstratos como "o horror ao vazio", por longo tempo atribuído à natureza. A tempestade, por exemplo, será explicada pela "virtude dinâmica" do ar.[4] Este estado é, no fundo, tão antropomórfico quanto o primeiro. O homem projeta espontaneamente sua própria psicologia sobre a natureza. A explicação dita teológica ou metafísica é uma explicação ingenuamente psicológica. A explicação metafísica tem para Comte uma importância, sobretudo, histórica como crítica e negação da explicação teológica precedente. Desse modo, os revolucionários de 1789 são "metafísicos", quando evocam os "direitos" do homem – reivindicação que é crítica, contra os deveres teológicos anteriores, mas sem conteúdo real; e

3. O estado positivo é aquele em que o espírito renuncia a procurar os fins últimos e a responder aos últimos "porquês". A noção de causa (transposição abusiva de nossa experiência interior do querer para a natureza) é por ele substituída pela noção de lei. Contentar-nos-emos em descrever como os fatos se passam, em descobrir as leis (exprimíveis em linguagem matemática) segundo as quais os fenômenos encadeiam-se uns aos outros. Tal concepção do saber desemboca diretamente na técnica: o conhecimento das leis positivas da natureza permite-nos, quando um fenômeno é dado, prever o fenômeno que se seguirá e, eventualmente, agindo sobre o primeiro, transformar o segundo. "Ciência donde previsão, previsão donde ação."

Acrescentemos que, para Augusto Comte, a lei dos três estados não é somente verdadeira para a história da nossa espécie, ela o é também para o desenvolvimento de cada indivíduo. A criança dá explicações teológicas, o adolescente é metafísico, ao passo que o adulto chega a uma concepção "positivista" das coisas.

As ciências, no decurso da história, não se tornaram "positivas" na mesma data, mas numa certa ordem de sucessão que corresponde à célebre classificação: Matemáticas, Astronomia, Física, Química, Biologia e Sociologia. Da Matemática à Sociologia, entre elas, a ordem é a do mais simples ao mais complexo, do mais abstrato ao mais concreto, e de uma proximidade crescente em relação ao homem.

Esta disposição corresponde à ordem histórica da aparição das ciências positivas. As Matemáticas (que com os pitagóricos eram ainda, em parte, uma metafísica e uma mística do número) constituem-se, entretanto, desde a antiguidade, numa

---

4. São igualmente metafísicas as tentativas de explicação dos fatos biológicos que partem do "princípio vital", assim como as explicações das condutas humanas que partem da noção de "alma".

Criando a Modernidade Política: A Razão

disciplina positiva (elas são, aliás, para Comte, antes um instrumento de todas as ciências do que uma ciência particular). A Astronomia descobre bem cedo suas primeiras leis positivas, a Física espera o século XVII para, com Galileu e Newton, tornar-se positiva. A oportunidade da Química vem no século XVIII (Lavoisier). A Biologia se torna uma disciplina positiva no século XIX. O próprio Comte acredita coroar o edifício científico, criando a Sociologia.

As ciências mais complexas e mais concretas dependem das mais abstratas. De saída, os objetos das ciências dependem uns dos outros. Os seres vivos estão submetidos não só às leis particulares da vida, como também às leis mais gerais, físicas e químicas de todos os corpos – vivos ou inertes. Um ser vivo está submetido, como a matéria inerte, às leis da gravidade. Além disso, os métodos de uma ciência supõem que já sejam conhecidos os das ciências que a precederam na classificação. É preciso ser matemático para conhecer Física. Um biólogo deve saber Matemática, Física e Química. Entretanto, se as ciências mais complexas dependem das mais simples, não poderíamos deduzi-las e nem reduzi-las a estas últimas. Os fenômenos psicoquímicos condicionam os fenômenos biológicos, mas a Biologia não é uma Química Orgânica. Comte afirma energicamente que cada etapa da classificação introduz um campo novo irredutível aos precedentes. Ele se opõe ao materialismo que é "a explicação do superior pelo inferior". Nota-se, enfim, que a Psicologia não figura nesta classificação. Para Comte, o objeto dela pode ser repartido, sem prejuízo, entre a Biologia e a Sociologia.

A última das ciências que Comte chamara, primeiramente, Física Social, e para a qual depois inventou o nome de Sociologia, reveste-se de importância capital. A criação da Ciência Social é o momento decisivo na filosofia de Comte. Dela tudo parte, a ela tudo se reduz. Nela irão se reunir o positivismo religioso, a história do conhecimento e a política positiva. É refletindo sobre a sociologia positiva que compreenderemos que as duas doutrinas de Comte são apenas uma. Enfim, e sobretudo, é a criação da Sociologia que, permitindo aquilo que Kant denominava uma "totalização da experiência", nos faz compreender o que é, para Comte, fundamentalmente, a própria Filosofia.

Ao criar a Sociologia, a sexta ciência fundamental, a mais concreta e complexa, cujo objeto é a "humanidade", ele encerra as conquistas do espírito positivo: como diz excelentemente Gouhier em sua admirável introdução aos *Textos Escolhidos de Comte*, publicados por Aubier:

> *Quando a última ciência chega ao último estado, isso não significa apenas o aparecimento de uma nova ciência. O nascimento da Sociologia tem uma importância que não podia ter o da Biologia ou o da Física: ele representa o fato de que não mais existe no universo qualquer refúgio para os deuses e suas imagens metafísicas. Como cada ciência depende da precedente sem a ela se reduzir, o sociólogo deve conhecer o essencial de todas as disciplinas que precedem a sua. Sua especialização própria se confunde, pois, – diferentemente do que se passa para os outros sábios – com a totalidade do saber. Significa dizer que o sociólogo é idêntico ao próprio filósofo*

Aspectos de Civilização

"especialista em generalidades", que envolve com um olhar enciclopédico, toda a evolução da inteligência, desde o estado teológico ao estado positivo, em todas as disciplinas do conhecimento.

Comte repudia a metafísica, mas não rejeita a filosofia concebida como interpretação totalizante da história e, por isto, a identificação com a Sociologia, a ciência última, que supõe todas as outras, a ciência da humanidade, a ciência do "universal concreto", falando-se em termos hegelianos.

O objeto próprio da Sociologia é a humanidade e é necessário compreender que a humanidade não se reduz a uma espécie biológica: há na humanidade uma dimensão suplementar – a história –, o que faz a originalidade da civilização – da "cultura" diriam os sociólogos do século XIX. O homem, diz-nos Comte, "é um animal que tem uma história". As abelhas não têm história. Aquelas, de que fala Virgílio, nas *Geórgicas*, comportavam-se exatamente como as de hoje em dia, a espécie das abelhas é apenas a sucessão de gerações que repetem suas condutas instintivas: não há, pois, num sentido estrito, sociedades animais ou, ao menos, a essência social dos animais reduz-se à natureza biológica. Somente o homem tem uma história, porque é ao mesmo tempo um inventor e um herdeiro. Ele cria línguas, instrumentos que transmitem este patrimônio pela palavra e, nos últimos milênios, pela escrita às gerações seguintes que, por sua vez, exercem suas faculdades de invenção apenas dentro do quadro do que elas receberam. As duas ideias de tradição e de progresso, longe de se excluírem, se completam. Como diz Comte, Gutemberg ainda imprime todos os livros do mundo, e o inventor do arado trabalha, invisível, ao lado do lavrador. A herança do passado só torna possíveis os progressos do futuro e "a humanidade compõe-se mais de mortos que de vivos".

Comte distingue a sociologia estática da sociologia dinâmica. A primeira estuda as condições gerais de toda a vida social, considerada em si mesma, em qualquer tempo e lugar. Três instituições sempre são necessárias para fazer com que o altruísmo predomine sobre o egoísmo – condição de vida social:

1. A propriedade, que permite ao homem produzir mais do que suas necessidades egoístas imediatas, isto é, fazer provisões, acumular um capital que será útil a todos;

2. A família, educadora insubstituível para o sentimento de solidariedade e respeito às tradições; e

3. A linguagem, que permite a comunicação entre os indivíduos e, sob a forma de escrita, a constituição de um capital intelectual, exatamente como a propriedade cria um capital material.

A sociologia dinâmica estuda as condições da evolução da sociedade: do estado teológico ao estado positivo na ordem intelectual; do estado militar ao industrial na ordem prática; do estado de egoísmo ao de altruísmo na ordem afetiva. A ciência, que prepara a união de todos os espíritos, concluirá a obra de unidade que a Igreja católica havia parcialmente realizado na Idade Média e tornará o altruísmo universal e "planetário". A sociedade positiva terá, exatamente como a sociedade

Criando a Modernidade Política: A Razão

cristã da Idade Média, seu poder temporal – os industriais e os banqueiros; e, seu poder espiritual,[5] os sábios, principalmente os sociólogos, terão à sua testa o papa positivista, isto é, o próprio Augusto Comte, o Grão-Sacerdote da Humanidade.

Vê-se que é sobre a Sociologia que vem se articular à mudança de perspectiva, a mutação que faz do filósofo um profeta. A Sociologia, cuja aparição dependeu de todas as outras ciências tornadas positivas, transformar-se-á na política que guiará as outras ciências, "regenerando, assim, por sua vez, todos os elementos que concorreram para sua própria formação". Assim é que, em nome da "humanidade", a Sociologia regerá todas as ciências, proibindo, por exemplo, as pesquisas inúteis.[6] Compreende-se que esta "síntese subjetiva", integrando-se inteiramente no sistema de Comte, tenha desencorajado os racionalistas, que, de saída, viram no positivismo uma apologia do espírito científico.

A religião positiva substitui o Deus das religiões reveladas pela própria humanidade, considerada como Grande-Ser. Este Ser, do qual fazemos parte, nos ultrapassa, entretanto, pelo gênio de seus grandes homens, de seus sábios aos quais devemos prestar culto após a morte – esta sobrevivência na veneração de nossa memória chama-se "imortalidade subjetiva". A terra e o ar – meios onde vive a humanidade – podem, por isso mesmo, ser objeto de culto. A terra chamar-se-á o "Grande-Fetiche". A religião da humanidade, pois, transpõe – ainda mais que não as repudia – as ideias e até a linguagem das crenças anteriores. Filósofo do progresso, Comte é também o filósofo da ordem. Herdeiro da Revolução, ele é, ao mesmo tempo, conservador e admirador da bela unidade dos espíritos da Idade Média. Compreende-se que ele tenha encontrado discípulos tanto nos pensadores "de direita" como nos "de esquerda".

Mas não é por acaso que Augusto Comte – e não Condorcet e Saint-Simon – é considerado o pai do positivismo. É Comte quem transforma a visão de mundo positivista em ideologia. Discípulo de ambos, Comte distinguir-se-á deles por romper com a carga crítica e perigosa que vê nos seus discursos. Comte traz a novidade de congelar o otimismo generoso do iluminismo sob um manto de inquietude ansiosa com a estabilidade social. Ao fazê-lo, rompe com Saint-Simon e o acusa de não poder descobrir as leis sociológicas, por estar dominado pelo que denomina "preconceitos revolucionários". A ordem que Comte aspira é uma ordem nova, ou seja, uma ordem industrial, contendo o progresso – isto é, o desenvolvimento das ciências e da indústria.

Em síntese, o método positivista de Comte visava afastar a ameaça representada pelas ideias do iluminismo e do socialismo utópico à ordem estabelecida – críticas anárquicas, dissolventes e subversivas –, que ele considerava negativas. Para tanto,

---

5. Comte rejeita, como metafísica, a doutrina dos direitos do homem e da liberdade. Assim como "não há liberdade de consciência em Astronomia", assim, uma política verdadeiramente científica pode impor suas conclusões. Aqueles que não compreenderem terão que se submeter cegamente.

6. Para Comte, o astrônomo deve estudar somente o Sol e a Lua, que estão muito próximos de nós, para ter uma influência sobre a Terra e sobre a humanidade e interditar-se aos estudos politicamente estéreis dos corpos celestes mais afastados.

Aspectos de Civilização

ele apoiava-se, paradoxalmente, no mesmo sistema que servira a Condorcet e a Saint-Simon, ou seja, o "princípio metodológico de uma ciência da sociedade".

Desde 1825, em *Considerações Filosóficas a Respeito dos Filósofos e dos Sábios,* Comte enunciara o fundamento de sua busca:

> *Entendo por Física Social a ciência que tem por objeto o estudo de fenômenos sociais considerados do mesmo espírito dos fenômenos astronômicos, físicos, químicos e fisiológicos, quer dizer, como sujeitos a leis naturais invariáveis, cuja descoberta é o objetivo específico de suas pesquisas...*

Ele cria a Física Social, afirmando que "... a ciência social pertença ao sistema das ciências naturais, um sistema no qual... as ciências do homem e da natureza não passam de ramos do mesmo tronco".

Esta sua homogeneidade epistemológica nos remete à rigorosa identidade entre a sociedade e a natureza e a dominação da vida social por leis naturais. Outro fato relevante, no pensamento de Comte, é que ele considera a concentração de riqueza e poder como uma lei natural, à qual todos se submeterão. No aspecto relativo às classes sociais, esta afirmativa chama a ideia de Marx que, como veremos, faz questão de refutá-la.

Comte inventou o termo sociologia, contudo é Durkheim que é considerado o pai da sociologia positivista como disciplina científica. Mas a continuidade metodológica entre os dois é inegável. O conceito central da sociologia positivista é a lei natural. Assim como os fenômenos físicos, os fenômenos sociais são fatos, como os outros, são coisas, que a vontade humana não pode interromper. Deste modo, qualquer ação decorrente da vontade deveria ser abandonada, ou seja, abria-se espaço para resignação.

Mas como no âmbito do idealismo engendrou-se uma crítica ao próprio idealismo, igualmente, no âmbito do positivismo fez-se uma crítica ao positivismo, a única realidade existente, o cognoscível, é a realidade física, o que se pode atingir cientificamente, portanto, nada de metafísico e filosofia, nada de espírito e valores espirituais. No entanto: atinge a ciência, fielmente, a sua realidade, que é a experiência? E a ciência positivista é pura ciência ou não implica uma metafísica naturalista inconsciente e, involuntariamente, discutível, pelo menos tanto quanto a metafísica espiritualista? Nos fins do século passado e nos princípios deste século determina-se uma crise interior da ciência mecanicista, ideal e ídolo do positivismo, para dar lugar a outras interpretações do mundo natural no âmbito das próprias ciências positivas. Daí uma revisão e uma crítica da ciência por parte dos mesmos cientistas, que será uma revisão e uma crítica do positivismo.

O positivismo foi promovido devido ao grande progresso das ciências naturais, particularmente das biológicas e fisiológicas, do século XIX. Tentou-se aplicar os princípios e os métodos daquelas ciências à filosofia, como solução dos problemas do mundo e da vida, com a esperança de conseguir os mesmos fecundos resultados. O positivismo também teve impulso, devido ao desenvolvimento do estudo dos problemas econômicos e sociais, que dominaram o mesmo século XIX.

Criando a Modernidade Política: A Razão

Nesta época valorizou-se a atividade econômica e produtora de bens materiais, procurando-se dar base filosófica positiva, naturalista e materialista para as ideologias econômicas e sociais.

O positivismo admite, como fonte única de conhecimento e critério de verdade, a experiência, os fatos positivos, os dados sensíveis. Nenhuma metafísica, portanto, como interpretação, justificação transcendente ou imanente, da experiência. A filosofia é reduzida à metodologia e à sistematização das ciências. A lei única e suprema que domina o mundo concebido de forma positiva é a evolução necessária de uma infalível energia naturalista, como a que diz resultar das ciências naturais. Marcuse assim sintetizava o positivismo:

> *A filosofia do iluminismo afirmava que a razão poderia dominar o mundo e que os homens poderiam transformar as suas formas obsoletas de vida caso agissem a partir de seu conhecimento e capacidades liberados. A filosofia positivista de Comte apresenta o quadro geral de uma teoria geral e de uma teoria social capaz de contra-arrestar as tendências "negativas" do racionalismo.*

A Postura Liberal

O liberalismo é a corrente política que defende como um imperativo a manutenção de uma dualidade permanente entre o Estado e a sociedade, ou melhor, entre a esfera pública e a esfera privada. Para esta corrente o Estado deve reduzir o seu papel à proteção de três direitos individuais: a segurança, a propriedade e a liberdade. Em termos coletivos, busca tornar autônoma a "sociedade civil".

O principal problema desta corrente política é o de limitar, reciprocamente, o Estado e a sociedade, ou melhor, a extensão paralela de ambos, algo que acaba impossibilitando o desabrochar profícuo do seu relacionamento mútuo. Por outro lado, o liberalismo não traz para a política nada além da suposta gestão objetiva de conflitos e confunde a técnica de trato das questões com a política. Estrutura-se apenas nos meios e não faz da atividade política a busca dos fins. Lembremos da questão proposta por Rousseau: "Buscar uma forma de associação que proteja e defenda a pessoa e os bens de cada associado e através da qual, cada um, ligando-se a todos, obedeça a si próprio e mantenha-se, contudo, tão livre como antes."[7]

A questão foi por ele resolvida por meio da vontade geral expressa no que nomeou como "Contrato Social". Essa solução, contudo, mostrou-se um ideal inacessível e conduziu a reformulação prática do problema teórico quando se opôs ao fatalismo do desespero à vontade da revolta.

Esta revolta, de certa forma, veio a ser explicitada pelo filósofo, pensador e político francês, conhecido como abade Sieyès (1748-1836). A vontade da revolta também se apresenta na França através de uma série de panfletos que ele escreve

---

7. *Do Contrato Social* (Livro I capítulo VI).

Aspectos de Civilização

e publica em 1788 e 1789 e que apresentam as duas molas centrais da revolta: o ódio ao privilégio e a ideia de *tabula-rasa*.

A denúncia ao privilégio traz em si a definição moderna de comunidade e afasta a expressão do ressentimento da exclusão. O privilégio que concede um direito exclusivo ou dispensa alguém de um dever é contraditório com o próprio conceito do direito e com o princípio de reciprocidade que modernamente deve estar presente na lei. Ao combater o privilégio busca-se na verdade constituir uma comunidade onde as mesmas regras sejam válidas para todos. Faz-se a defesa da moderna lógica da liberdade se opondo à lógica tradicional das liberdades ao colocar que é necessário excluir as castas para melhor se integrar os indivíduos.

O conceito de *tabula-rasa* cria, como consequência, a denúncia dos privilégios. Desta forma, a tradição também perde seus privilégios na rejeição destes. A modernidade política, portanto, apresenta-se liberta de qualquer compromisso com esta tradição. Esta é a *tabula-rasa*.

Após estes posicionamentos Sieyès defende que é necessário esquecer o passado para se resolver o problema da comunidade, para então escolher o possível no confronto que opõe o desejado ao real. Tem-se de dar início a uma nova fundação da sociedade onde fiquem realçadas as possibilidades advindas das liberdades propugnadas pelo iluminismo e onde se apliquem racionalmente os princípios dos modernos. Sieyès explora isto na sua obra *O que é o Terceiro Estado?* Propõe uma trilogia que associe as seguintes partes:

- **O Indivíduo**, onde ele coloca os direitos do homem;
- **A Nação**, onde ele explicita a soberania; e
- **A Representação**, onde ele esquematiza a soberania.

E constrói uma outra visão da história que leva a três fases na formação das sociedades políticas:

- Num primeiro momento, a reunião de um número considerável de indivíduos forma a nação. Nesta etapa, todos possuem os mesmos direitos, cabendo apenas exercê-los;
- O segundo momento é quando surge a vontade comum, e dela, o governo propriamente dito;[8] e
- O terceiro momento se dá quando, em vez de atuar sobre uma vontade real comum, o que atua é uma vontade representativa comum. Há uma hostilidade de Sieyès com a democracia direta. A sua defesa pela mediação permanente

---

8. Sieyès achava que é do jogo das vontades individuais que nasce todo e qualquer poder político. Isto o torna liberal. Cabe apresentar sua visão: "O soberano do todo não pode residir num de seus elementos nem na impossível reunião de todos os elementos, porque a soma dos elementos não é o corpo organizado capaz de agir como um todo. O soberano do todo só pode ser o que os elementos quiseram tornar em coisa pública. Esta coisa comum não é o todo. Eis como o corpo social acaba de se dotar de uma cabeça, de uma razão comum, por se organizar." Desta forma, ele propõe que a Vontade Geral e a Nação – dois conceitos – exprimissem um ao outro, criando uma conceituação nova de nação.

Criando a Modernidade Política: A Razão

exercida pela figura do representante do povo contesta de certa forma a própria colagem que ele faz da "Vontade Geral" com a Nação. Ao atribuir a delegação desta para a Assembleia Nacional ele a modifica duas vezes: em primeiro lugar porque deixa de ser Vontade Geral e passa a ser uma ideia de, e depois, o que é mais grave, é que nada garante que ela seja cumprida.

Além disso a representação pode vir a se transformar numa ditadura legislativa. Sieyès trabalhou com esta probabilidade e propôs a criação de um "júri constitucional", que teria como função guardar e garantir a constitucionalidade das leis. Caberia a este júri evitar o risco de uma contradição flagrante entre a Vontade Geral e as decisões legislativas.

Outro pensador francês, de extrema importância para a conceituação do liberalismo político na França, foi Benjamin Constant (1767-1830). Enquanto Sieyès se preocupava com os privilégios, o ponto de partida de Constant, para a formulação de sua teoria política, foi a condenação do terror.

Constant viu que o princípio da soberania popular que se impôs com a Revolução Francesa trazia em si dois perigos que se materializaram: o despotismo, como nunca se viu, e o permanente risco do descontrole e do caos político. Ele sintetiza sua preocupação com a soberania popular na seguinte observação em sua obra *Princípios da Política*: "O povo, que tudo pode, é tão ou mais perigoso que um tirano."

Constant busca conceber um princípio de controle do processo político que se opunha ao processo revolucionário.

Na verdade, Constant trabalha com a conjunção do que entende como antigo e moderno, ou seja, ideias antigas que se colocam *vis-à-vis* às que se conceituam como modernas, e que ele apresenta como contradições que estão muito além do choque entre um obscurantismo primitivo e o iluminismo recentemente lúcido. As ideias modernas postulam quatro ações transformadoras: a destruição da teocracia, da escravatura, do feudalismo e da nobreza como um privilégio.

Com o olhar do século XXI, verifica-se existir hoje um hiato maior entre um homem rico e um homem pobre, que aquele que havia no século XVIII entre o senhor e seu escravo. Constant não conseguiu prever a dominação inédita que a ciência e a informação introduziram nas relações humanas através da industrialização. Seu enfoque era de outro viés, pois via no trabalho moderno um potencial libertador decorrente do mesmo ser assalariado e autônomo, portanto passível de ser dividido, o que daria autonomia aos indivíduos e os libertava das estruturas tradicionais que eram as corporações de ofício.

Resumindo, para Constant, os Modernos ganhavam em individualização e perdiam em participação. Em sua opinião, o Estado, que ele via como um mal necessário, pois, segundo ele, o ideal seria que a sociedade fosse suficientemente madura para gerir a si própria, deveria se limitar à "sua própria esfera". Contudo, como ele argumenta:

O governo possui uma esfera que lhe é própria. É criado pela sociedade para impedir que os seus membros se prejudiquem mutuamente. Se sai de sua esfera o governo torna-se um mal incalculável.

Aspectos de Civilização

A esfera própria de Constant é a segurança, seja interna (entre os cidadãos), seja externa (perante os demais governos).

Mas tanto ele como Sieyès, ao tentarem reduzir o papel do Estado na formação da doutrina liberal, esbarraram no fato de que o Estado Moderno é o organismo onde a chamada sociedade civil toma consciência de si própria e não se tolhe, nessa consciência, a um modelo preestabelecido, transformando a representação no demiurgo de sua constante transformação. Cabe ainda lembrar que o direito, por mais elaborado e perfeito que seja, não conseguirá nunca eliminar todos os conflitos e sempre restará ao Estado evitar que a existência destes contenciosos não levem a situações caóticas.

Entretanto, apesar das teorizações francesas, o liberalismo só se transformou prevalente por conquistar o apoio das elites inglesas e estadunidenses. E para isto contribuiu decisivamente uma série de pensadores do início do século XVIII, na sua grande parte escocesa, como Francis Hutcheson, David Hume e Adam Smith, que advogavam a existência de uma ligação entre a natureza sensível do ser humano – sua sociabilidade, sua capacidade de se identificar e de ter compaixão por outrem –, com sua moralidade. Desta forma rejeitavam tanto a ideia posta por Locke e pelo calvinismo, que apresentavam o dever moral como resultado da vontade divina quanto à visão trágica de Hobbes, da permanente prevalência das paixões egoístas. Eles procuravam absolver de culpa a busca individual da felicidade pessoal, pelo contrário, a colocava, como também Adam Smith o faz na economia, como a verdadeira causa da felicidade geral.

Este otimismo vai além do liberalismo, engendrando a doutrina chamada posteriormente de utilitarismo. Esta pode ser definida como o conjunto de ideias que aceita como base da moral a busca da maior felicidade ou da utilidade. Estabelece que todas as ações tornam-se boas e moralmente corretas, desde que promovam a felicidade; e más, quando levam à infelicidade.

Foi na "Filosofia do Sentido Moral", doutrina proposta por Lord Shaftesbury (1671-1713) em sua obra *Investigação a Respeito da Virtude* (1699), que se originou o utilitarismo. Esta doutrina deu início à emancipação da moral e da política da lei divina, ao pregar que existe um sentimento inato e universal, que nomeia como *moral senses*, capaz de nos levar à virtude, e de nos guiar para agir moralmente com compaixão pelo outrem e, na aversão do sofrimento, seja nosso ou dos outros.

Mas foi Francis Hutcheson (1694-1796) o primeiro a explicitar o princípio da utilidade: "A melhor ação será sempre a que proporcionará maior felicidade ao maior número de pessoas." Este pensador dedicou-se a refutar a visão de Hobbes e dos calvinistas quanto à natureza humana e afirmava que ações, individual ou coletiva, podem vir a se processar de maneira desinteressada.

Na mesma época, outro pensador, Bernard Mandeville (1670-1733), em uma obra de grande repercussão, *Fábula das Abelhas*, defende que são dos vícios privados que nasce o bem público e faz uma apologia do egoísmo natural do ser humano.

Criando a Modernidade Política: A Razão

Entre os adeptos de Hutcheson e os de Mandeville se estabelece uma contenda. Os primeiros são partidários de que existe um sentido moral inato, enquanto os de Mandeville defendem que o que sempre prevalece é o egoísmo individual. Resolvendo esta disputa, se apresenta o pensamento conciliador do filósofo David Hume (1711-1776), que, conjugando as ideias dos dois, cria o conceito da lei natural – ao estabelecer que o melhor seria se todos pudessem cuidar, de forma moral, de seus interesses. Abre espaço para o individualismo moral e cria também a figura do "espectador imparcial"[9], que dará base à doutrina do utilitarismo.

Contudo, coube a Jeremy Bentham (1748-1832), filósofo e jurista inglês, ser o primeiro formulador amplamente reconhecido do utilitarismo. Em sua obra *Princípios da Moral e Legislação* assim o define: "A maior felicidade para o maior número, valendo para todo o mesmo." Ele concordava que o utilitarismo não é de sua lavra, já estando presente antes dele. Todavia, diz ter sido o primeiro a explicitá-lo de forma sistêmica.

Bentham teve como seus mestres figuras do iluminismo francês: Voltaire, Montesquieu, que foi vítima de suas críticas, e principalmente Helvetius (1715-1771), que deles foi o que mais o influenciou. Foi de Helvetius que Bentham buscou a concepção do "cálculo da felicidade". Helvetius afirmava que da sensibilidade física é que vem o amor ao prazer e o ódio à dor, mas é do amor que surgem as paixões e destas os vícios e todas as nossas virtudes e todas as nossas mazelas. Ainda nesta sua obra citada, ele afirma:

A natureza colocou a humanidade sobre o domínio de dois amos: a dor e o prazer. Só a estes amos compete indicar o que devemos fazer, bem como determinar o que faremos... Qualquer prazer é comprado pelo preço de uma dor.

Outra influência importante no pensamento de Bentham foi o marquês italiano Cesare Beccaria (1738-1794), que em sua obra *Tratado dos Delitos e das Penas* revolucionou o direito penal. No pensamento filosófico de Bentham ocupa papel importante o discurso de Beccaria que defende que os castigos e recompensas são as alavancas das ações humanas. Sob esta inspiração, ele articulava: "O delito, em proveito de uma única pessoa, provoca um mal geral e a pena para um único indivíduo produz o bem universal".

Ele também achava que o único meio eficaz de se lutar contra o despotismo consistia em dar ao povo os elementos para proteger seus interesses, ou seja, dar-lhe força para controlar a administração dos negócios públicos e dar aos juízes condições de arbitrar querelas, usando um sistema baseado em penas e recompensas.

Para ele não existem direitos naturais anteriores à associação política. O que deve existir são as garantias que têm de suprir a necessidade individual e coletiva de proteção. Ele não aceita a separação de poderes, como prega Montesquieu. Advoga, sim, a existência de condições de minimizar a confiança e de maximizar o controle sobre os governantes. Bentham dizia:

---

9. Ele é capaz de reproduzir, na sua experiência, as satisfações e os dissabores que o outro sente. Este passa a ser o critério para avaliar o conjunto de consequências de uma ação.

Aspectos de Civilização

É permitido ao homem, se não por dever, mas também por interesse, tomar medidas de resistência quando, segundo o melhor cálculo que ele é capaz de fazer, os inconvenientes que resultam da resistência se lhe afiguram menores do que os inconvenientes que resultam passíveis da submissão.

Sua visão de democracia se estrutura em torno destes elementos fundamentais:

- É a opinião pública, e não a lei, que deve controlar o exercício do poder;[10]
- A soberania não deve ser absoluta e ilimitada. Tem de haver o controle da constitucionalidade;
- As "garantias" têm de ser tais, que evitem o conflito que os direitos naturais necessariamente trariam entre a liberdade e a lei;
- Não deve existir separação de poderes, mas sim um sistema eficiente de sanções e recompensas que exerça sobre a dominação um controle eficiente; e
- Os custos de um governo devem estar submetidos à competição dos fatores de acordo com as regras do mercado.

Para Bentham, a lei é um mandamento e é a natureza imperativa de lei que a distingue da lei da natureza. A lei nasce sempre de uma vontade, a do soberano. A sua força nasce da sanção a ela associada, seja política, seja moral, seja religiosa. A lei, portanto, sempre é coercitiva e encontra-se em oposição à liberdade.

Mas só nos escritos tardios de Bentham consegue-se compreender o utilitarismo, conceituando-se os três princípios que o sustentam e que se confundem usualmente com o próprio princípio da utilidade, que são:

1. **O Princípio da Maior Felicidade** (*Greatest Hapyness Principle*): Em caso de colisão ou de conflito, como a felicidade de cada qual é igual, deve-se preferir a felicidade do maior número à felicidade do menor número;

2. **O Princípio do Interesse Individual** (*Self Preference Principle*), também conhecido como Princípio da Utilidade Pessoal: Que deve conduzir as ações humanas sem excluir o sentido do interesse geral e o conceito de bem comum; e

3. **O Princípio da Identificação dos Interesses e Deveres** (*Interest-and-Duty Function Principle*): Que, ao governar, deve levar o legislador e o executor a utilizar-se das motivações humanas "prazer e dor", e das sanções "penas e recompensas".

Eles se conjugam de forma clara: o primeiro, ao buscar o que deve ser; o segundo, ao considerar o que é; e o terceiro, ao procurar compatibilizar o que é com o que deve ser.

O utilitarismo estabelece que o fim de qualquer governo bom seja o de promover a felicidade geral, e isto decorre do atendimento do que proporciona a felicidade geral que ele estabelece, ao que parece, com esta ordem de prioridade: segurança,

---

10. Seu seguidor John Stuart Mill, em sua obra *Sobre a Liberdade* (1859), se opõe a isto, afirmando que desta maneira pode se vir a chegar à tirania da maioria.

Criando a Modernidade Política: A Razão

subsistência, igualdade e abundância. Ele possui duas dimensões: a primeira, seu critério de bem e de mal, como disposto no epicurismo, ou seja, ligado aos conceitos de prazer e dor; a segunda, está presa à análise das consequências, já que se encontra liberta *a priori* de seguir critérios morais.

Também rejeita, assim como Kant havia rejeitado, os critérios morais advindos das convenções sociais e das crenças religiosas. Busca responder à questão sempre presente do que deve se fazer. Sua posição poderia ser confundida com a de Kant, caso entendêssemos o imperativo categórico proposto pelo filósofo alemão como: "Faça sempre o que gostarias (e não o que queres) ver estabelecido como lei geral." Além disso, se defronta com duas questões que o fulminam: a sua concepção cardinal e não ordinal da felicidade e a definição da felicidade por um estado fisiológico do indivíduo, algo que é impossível de se determinar de forma objetiva.

O utilitarismo é, muitas vezes, confundido com o liberalismo econômico, o princípio da mão invisível de Adam Smith, assim como o historicismo político também é confundido com o historicismo econômico. No caso do utilitarismo se deve ao fato de que ele se faz liberal por conta de seu individualismo, buscando sempre preservar o interesse individual do interesse comum. Mas é bom lembrar que a história do utilitarismo está ligada à história da economia política, o que justifica o fato de que esteja generalizada a confusão entre a filosofia utilitarista e o pensamento econômico. Contudo, existe uma distinção clara entre um e outro: na Filosofia, a moral e os interesses individuais devem estar conciliados com o interesse social, enquanto no liberalismo econômico, se parte do indivíduo, de sua função de utilidade, esquecendo-se sua perspectiva na sociedade, busca-se um comportamento, dito racional, do indivíduo, fala-se do consumidor não do cidadão.

A posição de Bentham é, muitas vezes, crítica ao liberalismo.[11] O mesmo não acontece com John Stuart Mill (1806-1873),[12] seu discípulo inglês, que prega a prioridade completa da liberdade individual sobre o que ele considera a autoridade tirânica do Estado, em seu texto *Sobre a Liberdade* (1859). Mill defende um "utilitarismo indireto", onde os homens não buscam diretamente a satisfação, já que a felicidade envolve também outros fins.[13]

John Stuart Mill, inspirando-se no positivismo,[14] se posicionará contra a visão que intui "o sentido moral", buscando mostrar que a ética do utilitarismo é científica e racional. Foi um opositor ao hedonismo – ou seja, a ideia de que o prazer é a base da felicidade, e de que a sua busca para si e em sua volta é que constrói a moralidade. Afirmando em seu texto *Sistema da Lógica*:

---

11. A maior diferença entre Bentham e Adam Smith é que Smith se prende à ficção da ordem natural como o espaço de harmonia dos seres humanos, enquanto Bentham busca criar uma relação de êxitos entre dois princípios: o do egoísmo individual e o da maior felicidade para o maior número.

12. Filho de outro pensador de renome, James Mill (1773-1836) teve sua educação tutelada pelo pai. Escreveu vários ensaios e dois textos: *Sistema da Lógica*, 1843, e *Tratado de Economia Política*, 1848, textos de referência.

13. Pensadores modernos como Karl Popper e Isaiah Berlin defenderam formas diversas de utilitarismo, apesar desta doutrina não resistir às críticas contundentes de John Rawls em sua obra *Uma Teoria de Justiça*.

14. Trocou ampla correspondência com Comte.

Aspectos de Civilização

Nunca deixei de considerar a felicidade como critério de todas as regras de conduta e a finalidade da vida. Mas, presentemente, penso que esta felicidade só será atingida se não a transformá-la numa finalidade direta.

E complementa:

Não afirmo que a felicidade deva ser o fim de tudo que se faz, nem mesmo de todos os procedimentos. Justifica todos os fins, mas não é o único fim.

Como se vê, seu utilitarismo não faz da busca da felicidade o objetivo de nossas ações, mas apenas o fim último. Ele conclui que para se ter uma boa vida, ela deve estar baseada no que chama de "Cultura do Si", na busca do desenvolvimento das inclinações e potencialidades, o que nomeia, seguindo Aristóteles, de "caráter" e que certamente não é a busca imediata de prazer. Só assim, defende, se pode ser feliz. Esta tese do desenvolvimento do "Si" é o resultado da busca que faz de compatibilizar o individualismo com o utilitarismo, que também o leva a criar uma distinção entre prazeres intelectuais e prazeres sensoriais.

Mill rejeita a concepção maniqueísta de Bentham que estabelece que os únicos motivos da ação humana sejam a busca ao prazer e a fuga da dor. Para ele, em função da educação e por força do hábito, surge a vontade, o que explica a formação do "caráter", noção que agrega à filosofia de Bentham. A base epistemológica do utilitarismo indireto de Mill é a defesa que faz da compatibilidade entre a unicidade do critério utilitarista e a pluralidade dos fins humanos. Para ele, a ética racional não conduz, obrigatoriamente, a uma moral e vice-versa.[15]

Contudo, apesar de todo seu esforço, ele fracassa por não se preocupar com a repartição da satisfação, cuidando somente de sua maximização. Como consequência extrema desta visão, aparece o malthusianismo: "Se o fim a ser buscado é a maior felicidade para o maior número, a solução poderia ser a de diminuir a população para que a parcela de felicidade individual se tornasse maior".

Para Mill o regime político que melhor se adequou à filosofia utilitarista é a democracia, por responsabilizar os governantes perante os governados. Como afirma em seu texto:

Se as ações dos homens são determinadas, principalmente, pelos interesses individuais, as únicas pessoas que de quem pode se esperar um governo conforme o interesse dos governados são aquelas cujos interesses estão de acordo com os interesses deles. Mas os governantes só podem ter interesse idêntico aos governados enquanto sejam responsáveis, ou seja, dependam dos governados.

Ele defende o governo representativo, diferentemente de Bentham, que é adepto do governo da maioria, e se opõe à ideia francesa da soberania do povo, que, em sua opinião, pode levar a uma tirania da maioria que acabará consagrando o despotismo da sociedade sobre o indivíduo.

---

15. A proibição da mentira não é algo aplicável no utilitarismo já que, se ela aumentar a felicidade geral, deve ser praticada.

No entanto, sabemos que na maioria das sociedades democráticas, concepções de governo por representação ainda estão longe de garantir solução às questões que afligem o maior número de pessoas, ou seja, as massas. Quanto mais se busca isto na América Latina mais se acusa o governo de ser populista. Aqui o modelo representativo aplica o que se conceitua como democracia de elites.

O utilitarismo com Mill entrou definitivamente na filosofia política e teve em Henry Sidgwick (1836-1900) uma síntese criativa e propagadora, transformando-se num conceito moral que dominou a discussão econômica e política ao longo de todo o século XX. Sidgwick teve como principal mérito observar que o maior problema, até então não resolvido pelo utilitarismo, era o da obrigação do sacrifício da felicidade individual, caso esta conflitasse com a felicidade do maior número. Apoiando-se em Kant, Sidgwick afirma que: "O que é certo na moral, não é o que é certo para o indivíduo, e sim aquilo que é posto para todos pela razão." Por isto ele é chamado de um "utilitarista intuicionista", sendo a intuição, posta como evidência da razão. Sidgwick também nomeia de "métodos de ética" a reformulação que constrói nos princípios que a moral do senso comum nos legou na história, e o faz após uma refinada análise dos preceitos do chamado senso comum, concluindo que estes podem ser reduzidos a três métodos:

1. O egoísmo racional, que tem como axioma a obrigação que temos de trabalhar para a nossa felicidade, já que isto é racional. Este axioma foi nomeado de prudência racional;

2. O intuicionismo racional, que tem como axioma a obrigação que temos de tratar todos os seres humanos como se tratássemos de nós próprios. Este axioma foi nomeado como "equidade"; e

3. O utilitarismo propriamente dito, que tem como axioma o fato de que a minha racionalidade me leva a trabalhar para o bem geral. Este axioma foi nomeado como "benevolência racional".

Contudo, a conjugação destes axiomas é muitas das vezes contraditório, o que levou Sidgwick a concluir que existe uma "antinomia da razão prática" que é o obstáculo existente e permanente à implantação do utilitarismo.

O utilitarismo esbarrará sempre com a contradição inerente entre a visão de mundo que busca compatibilizar as preferências e necessidades individuais no todo, em um espaço finito ou limitado da felicidade.

Criticando a Modernidade Política: A Vontade

Como já foi dito, o século XVIII foi palco de um processo crucial de grandes mudanças das sociedades. Kant entendeu, melhor que ninguém, este processo, conforme indica em sua obra *O Que é o Iluminismo* (1784). Para ele, o Iluminismo foi o movimento que criou as condições para o homem atingir a sua maioridade, ao pensar e agir por si próprio, transformando-se, portanto, na origem e no sujeito de seus pensamentos e ações. Por se apresentar como um movimento e não como um momento, o iluminismo – a dinâmica das luzes – tornou-se o alvo principal das críticas à modernidade política. A mais contundente não é aquela que se volta à liberdade, mas, sim a crítica que se faz, questionando, em nome de que e de quem se vem a exercer esta liberdade. Aqui se delimita a questão: subjetivar-se permanentemente as normas, enquanto que, em paralelo, se estabelece normas para fazê-lo. Mas em nome de quem, e por quê?

O mundo, após o Iluminismo, pode ser visto como um ente em permanente mutação, resultante de juízos individuais que, mesmo quando coletivizados fora das regras passadas da tradição, está sujeito às vontades individuais, o que sugere a possibilidade de dar um poder infinito ao projeto de dominação da pessoa. Torna-se dificílimo o estabelecimento de limites. Aí reside a primeira face da crítica à modernidade, como magistralmente disse Heidegger ao apresentar a democracia como uma tentativa de subjetivação do mundo real. Algo que decorre da progressiva e contínua tecnificação[1] de tudo. Para ele o ideal seria o encontro do mundo real que só se conseguiria por um retorno ao universo anterior às luzes, o universo da tradição.

Outra saída à questão é a encontrada não no aquém do Iluminismo como o faz Heidegger, mas no seu além. Esta saída está no além do mundo moderno. É a visão marxista. Neste ponto, tanto o modernismo reacionário como o marxismo se unem para denunciar os efeitos dominadores da chamada razão instrumental.

---

1. Entende-se como tecnificação tanto a subjugação do homem ao mundo da técnica como a transformação da técnica em coisa.

Aspectos de Civilização

Tanto para Heidegger, com o seu conceito de "mundo subjetivado", como para Marx, e depois para Adorno e Hokkheimer, com o conceito de "mundo administrado", o que existe é o resultado da prevalência da razão tecnicista que acaba se caracterizando como cultura de massas.[2] O marxismo vê a cultura de massas como uma criação burguesa, é a própria cultura burguesa; uma alienação, não um domínio, mas, caso seja conduzida a uma racionalização acabada, poderá possibilitar uma revolução nos meios de produção, em que o homem poderia se reconciliar consigo próprio numa sociedade sem classes e sem contradições.

Assim, no aquém da tradição e no além da utopia, a modernidade política, em termos hegelianos, se expõe a contraditório da crítica externa. Os dois regimes, que na história real do século XX se apoiaram nesta crítica, conduziram, como sabemos, a desregramentos monstruosos. Será, portanto, necessário remodelar-se o estilo da crítica para sermos bem-sucedidos na criação de sociedades mais justas e inclusivas.

Esta é uma questão presente nas periferias. E está presente nas democracias, ou melhor, nas repúblicas, que tentam se impor nestas periferias. A América Latina, no início do século XXI, já caminha para responder a esta questão. Todavia, para tanto, hegelianamente falando, ela terá de enfrentar todo o contraditório a este processo que nasce nos centros hegemônicos.

Ao abordarmos a modernidade reacionária, veremos que assim como o filósofo Nietzsche declarou sua guerra às luzes e ao século XVIII, o filósofo Heidegger também o fez, ao afirmar que neste século é que teria começado "o aprofundamento cada vez mais exclusivo da interpretação no mundo da antropologia".

A democracia tem uma dinâmica que pode ser considerada erosiva. Esta dinâmica pode corroer todos os valores tradicionais, quer os religiosos, quer os da moral, quer os da própria política. Na sua sede de autonomia de gestão, a democracia se apoia sobre os indivíduos que são levados a conceituar a liberdade como a "autoprodução" de regras e de leis que assim acabam sendo feitas à luz de interesses individuais. Isto conduz à dissolução progressiva das referências postas no passado. Assim, questões que eram facilmente respondidas pela tradição ficam sem solução, já que estão permanentemente questionadas, levadas que são pela ressaca infinita dos posicionamentos individuais.

A democracia constrói, desta forma, um sistema em permanente mutação e conduz a uma espiral progressiva de incertezas ao fazer prevalecer o que é moderno sobre o que é tradicional, algo que, se não é diabólico, pelo menos é temível. É esta a principal crítica à moderna democracia.

Esta crítica é, na verdade, a crítica da própria modernidade política. Como afirmava Hegel em sua obra *A Essência da Crítica Filosófica*: "A crítica só pode ter sentido para aqueles em que se encontra a ideia de filosofia una e idêntica".

---

2. Na verdade, para todos os citados, esta metafísica da subjetividade tem o seu ápice na lógica de Hegel.

Criando a Modernidade Política: A Vontade

A crítica deve sempre reconhecer que na outra parte existe uma oposição que é parte da mesma filosofia, sob pena de ver no outrem, ou o nada, ou como disse o filósofo: "Que quando este reconhecimento é suprimido passa a existir somente a manifestação de duas subjetividades que se opõem".

E, em vez da crítica, o que há é a reprovação. Temos sim que estar no além e no aquém também ao construir no presente, em nosso espaço, um além que faça justiça social e um aquém que preserve nossa tradição aristocrática ibérica.

A Contestação Marxista

A revolução industrial do século XIX produziu profundas transformações no mundo do trabalho. As precárias condições de vida dos trabalhadores, as longas jornadas de trabalho, a exploração em larga escala do trabalho feminino e infantil, os baixíssimos salários, o surgimento de bairros operários, onde conforto e higiene não existiam, eram apenas algumas das contradições geradas pela nova sociedade industrial. É dentro desse contexto que se desenvolve a teoria socialista.

Trata-se, ao mesmo tempo, de um avanço e de uma reação aos princípios da economia política clássica e às práticas do liberalismo econômico que, nessa época, serviam de referencial teórico ao desenvolvimento do capitalismo. Desde Saint-Simon, os pensadores socialistas entendiam que a produção capitalista, estabelecida a partir da propriedade privada dos meios de produção e da exploração do trabalho assalariado, era incapaz de socializar a riqueza produzida. Pelo contrário, para estes, o capitalismo tendia à máxima concentração da renda, não apenas pelo avanço contínuo do progresso da técnica aplicada à produção, mas também, e principalmente, pelo fato de se apropriar do excedente das riquezas produzidas pelos trabalhadores.

A necessidade de profundas modificações na sociedade foi expressa, inicialmente, pelos chamados socialistas utópicos. Suas ideias, desenvolvidas na primeira metade do século XIX, de uma maneira geral distinguiram-se ao propor certas mudanças, visando alcançar uma sociedade mais justa, igualitária e fraterna, sem, no entanto, apresentarem, de maneira concreta, os meios através do qual essa sociedade se estabeleceria, pois não fizeram uma análise crítica da evolução da própria sociedade capitalista. Tais considerações seriam desenvolvidas, mais tarde, por Karl Marx (1818-1883) e Friedrich Engels (1820-1895).

O "socialismo utópico" pode ser definido como um conjunto de ideias que se caracterizaram pela crítica ao capitalismo, muitas vezes ingênua e inconsistente, buscando, ao mesmo tempo, a igualdade entre os indivíduos. Em linhas gerais, combate-se a propriedade privada dos meios de produção como única alternativa para se atingir tal fim. A ausência de fundamentação científica é o traço determinante dessas ideias. Pode-se dizer que seus autores, preocupados com os problemas de justiça social e igualdade, deixavam-se levar por sonhos. Os princípios básicos do socialismo utópico podem ser assim resumidos:

Aspectos de Civilização

- Crítica ao liberalismo econômico, sobretudo à livre concorrência;
- Formação de comunidades autossuficientes, onde os homens, através da livre cooperação, teriam suas necessidades satisfeitas;
- Organização, em escala nacional, de um sistema de cooperativas de trabalhadores que negociariam, entre si, a troca de bens e serviços; e
- Atuação do Estado que, através da centralização da economia, evitaria os abusos típicos do capitalismo.

Marx buscou ir mais além, e sua contribuição para nossa compreensão da sociedade foi grande. Seu pensamento não é o sistema abrangente desenvolvido por alguns de seus seguidores sob o nome de materialismo dialético. A própria natureza dialética da sua abordagem dá a esse pensamento um caráter experimental e aberto. Além disso, registra-se, com frequência, uma tensão entre o Marx ativista político e o Marx estudioso de economia política. Muitas de suas previsões sobre o futuro do movimento revolucionário não se confirmaram. Mas a ênfase que atribuiu ao fator econômico na sociedade e sua análise das classes sociais tiveram ambas grande influência sobre a história recente e a Sociologia.

Reagindo contra as ideias dos utópicos, que consideravam espiritualistas, românticas, superficiais e ingênuas, Karl Marx e Friedrich Engels desenvolveram a teoria socialista partindo da análise crítica e científica do próprio capitalismo. Ao contrário dos utópicos, eles não se preocuparam em pensar como seria uma sociedade ideal, preocuparam-se, em primeiro lugar, em compreender a dinâmica do capitalismo e para tal estudaram a fundo suas origens, a acumulação prévia de capital, a consolidação da produção capitalista e, mais importante, o que imaginavam como as suas contradições. Profetizaram que o capitalismo seria superado e destruído. Para eles, isso ocorreria na medida em que, na sua dinâmica evolutiva, o sistema necessariamente geraria os elementos que acabariam por destruí-lo e que determinariam sua superação. Entenderam, ainda, que a classe trabalhadora, expropriada dos meios de subsistência, ao desenvolver sua consciência histórica e entender-se como uma classe revolucionária, teria um papel decisivo na destruição da ordem capitalista.

Marx e Engels afirmaram também que o Socialismo seria apenas uma etapa intermediária, porém, necessária, para se alcançar a sociedade comunista. Esta representaria o momento máximo da evolução histórica do homem, no qual a sociedade já não mais estaria dividida em classes, não haveria a propriedade privada nem o Estado Nacional, entendido por eles como um instrumento da classe dominante, uma vez que no comunismo não existiriam classes sociais. Chegar-se-ia, portanto, a mais completa igualdade entre os homens. Para eles isso não era um sonho, mas uma realidade concreta e inevitável, e para se alcançar tais objetivos o primeiro passo seria a organização da classe trabalhadora.

A teoria marxista, conforme conhecemos, teve seu início no pequeno livro publicado em 1848, *O Manifesto Comunista*. Posteriormente, em 1867, foi publicada a obra básica para o entendimento do pensamento marxista: *O Capital*.

As demais obras de Marx foram publicadas após a sua morte, graças ao esforço de seu amigo Engels. Os princípios básicos que fundamentam o socialismo marxista podem ser sintetizados em quatro teorias centrais:

- A teoria da mais-valia, onde se demonstra a maneira pela qual o trabalhador é explorado na produção capitalista;

- A teoria do materialismo histórico, onde se evidencia que os acontecimentos históricos são determinados pelas condições materiais – econômicas – da sociedade;

- A teoria da luta de classes, onde se afirma que a história da sociedade humana é a história da luta de classes ou do conflito permanente entre exploradores e explorados; e

- A teoria do materialismo dialético, onde se pode perceber o método utilizado por Marx e Engels para compreender a dinâmica das transformações históricas. Para eles toda formação social – escravismo, feudalismo e capitalismo – traz em si os germes de sua própria destruição.

O marxismo se propõe a explicar e a mudar a sociedade em que vivemos através de um conjunto de ideias que se explicita por uma teoria. Sua origem política está posta no Cartismo, movimento político que teve origem na luta empreendida pelos primeiros sindicatos para dar direitos políticos aos trabalhadores na Inglaterra. Destes vieram os movimentos socialistas utópicos dos já referenciados idealistas, e depois o chamado marxismo ou socialismo científico. É da origem filosófica do marxismo o conceito presente, nas teses de Hegel e de Feuerbach, da alienação, como resultado de construções pretéritas. Em seus primeiros escritos, Marx tomou essa noção de "alienação" e a aplicou à vida daqueles que criam a riqueza da sociedade:

O trabalhador torna-se mais pobre na mesma medida da riqueza que produz, na mesma proporção em que cresce sua produção em poder e alcance...

O aumento do valor do mundo das coisas ocorre na proporção direta da desvalorização do mundo dos homens...

O objeto que o trabalho produz confronta-se com ele como algo alheio, como um poder independente do produtor...

No tempo de Marx, as explicações mais populares sobre o que estava errado com a sociedade tinham ainda um fundo religioso. A miséria da sociedade, diziam, ocorria porque as pessoas não conseguiam fazer o que Deus queria que elas fizessem: "Se todos nós renunciarmos ao pecado, as coisas se tornarão justas".

O marxismo torna-se intransigente na sua gênese, ao negar o fato de que as ideias constroem a história, e ao afirmar que as condições materiais que as geram e daí a história, ou, como insistia Marx, opondo-se a Hegel: "Não é a consciência que determina o ser, mas o ser social que determina a consciência".

Para ele, as ideias se submetem à natureza humana material, e, por isto, afirmava que para se entender a sociedade seria preciso entender os seres humanos como

Aspectos de Civilização

parte do mundo material. Mas, ao ser plenamente materialista, Marx despreza o sonho e se torna intransigente. A história que ele procurava decifrar o corrigiu. O comportamento humano não é determinado exclusivamente por forças materiais como o comportamento de qualquer outro objeto natural. Ele resulta, também, dos dois nossos maiores atributos: a razão e a vontade. É bem verdade que Marx entendia a visão transformadora do homem e não era um materialista grosseiro, mas a sua defesa da ação transformadora do homem o mantém intransigente, pois a admite, exclusivamente, no plano material como tão bem exposto em sua interpretação materialista da história:

> Os seres humanos podem se diferenciar dos animais pela consciência, re-ligião e qualquer outra coisa que quisermos considerar. Mas eles somente começam a diferenciar-se dos animais tão logo comecem a produzir seus próprios meios de sobrevivência – sua comida, abrigo e roupas.

Para Marx, os seres humanos são animais que descendem dos símios, e tal como outros animais, sua maior preocupação é alimentação e proteção em relação ao clima. Entretanto, para ele, diferentemente dos animais, os seres humanos não precisam simplesmente reagir às condições ao seu redor para sobreviverem, podem agir sobre essas condições, começando por mudá-las para seu próprio benefício, e, ao mudá-las, progressivamente iam mudando a própria organização da vida humana. Marx descrevia esse processo do seguinte modo: o desenvolvimento das "forças produtivas" muda as "relações de produção" e, através delas, a sociedade.

Para ele, as mudanças no modo como os seres humanos produzem coletivamente seu alimento, vestuário e habitação, causam mudanças no modo como a sociedade se organiza e no comportamento das pessoas no interior dela. Ao restringir as causas da mudança social ao campo econômico, Marx despreza também a emoção, as razões de cultura não material e o desejo de se fazer imortal, algo que transcende a sobreviver, como instrumento de mudança social e principalmente de fazer história.

Ele centra sua análise da dinâmica social no que nomeia como luta de classes, ou seja, quanto mais a produção se desenvolvia, mais a riqueza se concentrava na mão de uma minoria, uma classe que usava esta riqueza para seu próprio bem. Disto resultou o que ele chamava de "classe dominante", que engendra leis para defender seu crescente poder. Contudo, segundo ele, esta classe dominante teve seu tempo necessário na história, perdendo sentido em tempos de revolução industrial, concluindo que hoje, a sociedade de classes está atrasando a humanidade, impedindo-a de avançar. Para ele, os capitalistas são as classes dominantes e os trabalhadores, as classes oprimidas. E como o desenvolvimento da civilização depende da exploração de uma classe por outra, acaba dependendo, portanto, da luta entre elas. Daí seu panfleto, O Manifesto Comunista, insistindo que "a história de todas as sociedades que existiram até agora tem sido a história da luta de classes".

Ao olhar o Estado, Marx o coloca a serviço da classe dominante. Para ele, ela somente pode sobreviver se começar a monopolizar, em suas mãos, a elaboração

Criando a Modernidade Política: A Vontade

e aplicação das normais penais, leis, a organização militar e a produção de armas. Assim, para Marx, a separação em classes sociais foi acompanhada pelo surgimento de juízes, policiais, agentes, generais, burocratas – para os quais, de acordo com a teoria marxista, a classe privilegiada ofereceu parte da riqueza da qual se apropriou, em troca de proteção para suas leis. Coerentemente com a sua intransigência, com o seu discurso que não distingue as nações, Marx não vislumbra a ideia do choque entre sociedades como motor da história, algo que vê na luta de classes e se coloca, desta forma, contra o maior dos pactos, ou seja, contra o Estado Nacional.

Como já dissemos, para Marx, o sistema capitalista é baseado na propriedade dos meios de produção pelas classes dominantes, que são os capitalistas. Isto dá, em sua opinião, aos capitalistas um poder imenso para explorar o trabalho das outras pessoas. Esta exploração ocorre no campo econômico, levando os capitalistas a garantir ao trabalhador exclusivamente o salário de sua sobrevivência, o que não é compatível com a riqueza que o trabalhador gera. O capitalista apropria-se desta riqueza sob a forma de lucro e acumulação de capital, que ele chama de apropriação de "mais-valia". Ou seja, transforma o antigo conceito de excedente econômico, de Ricardo, em "mais-valia".

Karl Marx também tratou do que ele denominou "auto expansão do capital", que considera como fruto da exploração capitalista, o resultado da compra e venda do fator trabalho e assim afirmando que todo o capital existente é fruto desse trabalho. Foi por isso que ele costumava referir-se aos meios de produção como "trabalho morto". Mas a noção de que o trabalho é fonte de riqueza – costumeiramente chamada de "teoria do valor trabalho" – não foi uma descoberta original de Marx: todos os economistas clássicos que o antecederam aceitavam essa teoria.

Ele também insistia que a medida do valor de alguma coisa não é simplesmente o tempo que um indivíduo leva para fazê-la, mas o tempo que um indivíduo gastará para trabalhar dentro do nível médio de tecnologia e habilidade – ele chamava esse nível médio de trabalho necessário "o tempo de trabalho socialmente necessário". Este ponto é importante, porque estão sempre acontecendo avanços tecnológicos, o que significa que cada vez menos trabalho é necessário para produzir mercadorias.

A competição é um "fetiche" permanente na teoria marxista, e é em cima dela que Marx cria a figura do capitalista como um miserável obcecado em juntar mais e mais riquezas para gastar em novas máquinas e, obviamente, também manter sua vida de luxo, e assim se manter competitivo – o que só é possível se mantiver os salários de seus trabalhadores o mais baixo possível. E ele mesmo acrescenta:

O que no miserável é mera idiossincrasia, no capitalista, é o efeito de um mecanismo social em relação ao qual ele não passa de uma das engrenagens...

O desenvolvimento da produção capitalista torna permanentemente necessário manter o crescimento do total de capital colocado em um determinado

Aspectos de Civilização

empreendimento e a competição faz com que as leis imanentes do capital sejam percebidas por cada capitalista como sendo leis coercitivas externas. Isso os obriga a manter seu capital crescendo permanentemente para preservá-lo. Mas ele só pode fazer isso através de uma acumulação progressiva.

Acumulai! Acumulai! Dizem Moisés e outros profetas.

Apesar de socialista, ele não acredita na cooperação, não acredita que os capitalistas, vendo a impossibilidade de serem monopolistas – únicas razões que os poderia levar a competir –, cooperam na formação de cartéis para a dominação do mercado.

Para ele, a produção não acontece para satisfazer as necessidades humanas – mesmo as necessidades humanas da classe capitalista –, mas para possibilitar ao capitalista sobreviver na competição com outros capitalistas. Conforme se expressou no Manifesto Comunista:

Na sociedade burguesa o trabalho vivo não passa de um meio para acumular trabalho morto...

O capital é independente e tem sua individualidade, enquanto as pessoas são dependentes e não têm qualquer individualidade.

"Acumulação de riqueza, de um lado, e de pobreza de outro", é assim que Marx resume a principal tendência do capitalismo, esta a razão central das crises econômicas que ele vê como inexoráveis. Para ele, a economia é cíclica, do *boom* segue-se a crise. A história do capitalismo é a história dessas periódicas quedas, em depressão, e da insanidade de trabalhadores desempregados morrendo de fome ao lado de fábricas vazias.

Assim como List, ele percebeu a importância do planejamento e intui que o capitalismo cria crises de superprodução e subprodução periodicamente, porque não existe planejamento de modo a impedir as corridas e as fugas dos capitais em investimentos produtivos, todos de uma vez.

Apoiando-se novamente nos economistas clássicos, Marx argumentava, há mais de cem anos, que é exatamente a capacidade do capitalismo de acumular investimentos em novos equipamentos que conduz a menores taxas de retorno do investimento realizado e leva a uma tendência de declínio da taxa de lucro. Marx previu que, na medida em que o capitalismo envelhecesse, sua capacidade de gerar riqueza ficaria menor devido ao fato de que sua fonte de lucros, a mão de obra, de forma alguma conseguiria crescer com tanta rapidez quanto os investimentos necessários para colocá-la para trabalhar.

Ele iniciou *O Manifesto Comunista* com a declaração: "A história de todas as sociedades que existiram até nossos dias tem sido a história das lutas de classes." Mas será? Não seria melhor dizer que a história tem sido a história das lutas das sociedades? Contudo, Marx está preso às relações de dominação dentro da sociedade e é esta relação interna e dominada que ele coloca como dominante. Mas, no passado, ele via como necessária a dominação no âmbito de uma sociedade

Criando a Modernidade Política: A Vontade

para que ela pudesse progredir, afirmando que no passado, a maioria das pessoas foi mantida em enorme pobreza para que uma pequena minoria tivesse tempo e sossego para desenvolver as artes e ciências, e assim manter a civilização. Quando a maioria pobre e oprimida revoltava-se, sempre ao final do processo, tudo retornava ao que era antes: "Os oprimidos eram como batatas em um saco", eles podiam ser mantidos juntos por uma força externa, mas eram incapazes de se juntar permanentemente para defender seus próprios interesses.

Para ele, o capitalismo transforma os oprimidos, que agora se constituem na classe trabalhadora e têm outra postura:

Todos os movimentos anteriores na história foram movimentos de minorias a favor dos interesses de minorias. O movimento proletário é o movimento consciente e independente da imensa maioria a favor dos interesses da imensa maioria.

Contudo, como este movimento pode tomar consciência? Diz Marx, que a explicação para essa consciência reside exatamente na própria natureza do capitalismo. O capitalismo é um sistema que tende para a crise. No longo prazo, ele não pode fornecer pleno emprego, não pode oferecer prosperidade para todos, não pode assegurar nossos atuais padrões de vida contra as crises que ele necessariamente irá produzir. Durante esses períodos de expansão, os trabalhadores chegam a alcançar algumas vantagens, mas, inevitavelmente, chega-se a um ponto em que os trabalhadores concluem que já não podem mais aguentar. Neste ponto, eles começam a tomar algumas iniciativas – greves ou outras manifestações – contra os patrões ou contra o governo. Aí reside a premissa básica do marxismo: o próprio desenvolvimento do capitalismo leva os trabalhadores a se revoltarem contra o sistema.

Como o movimento proletário pode ser bem-sucedido? Como vencer a resistência da classe dominante e do Estado, que para Marx, a representa? Tanto Marx quanto Lenin insistiam que a classe trabalhadora não pode iniciar a construção do socialismo sem que antes tenham destruído o velho Estado baseado nas hierarquias burocráticas, para, depois disso, construírem um novo Estado baseado em princípios inteiramente novos. Lenin destacou que este Estado teria que ser tão diferente do velho, que ele o chamou de "Estado comunista, um Estado que não é um Estado". Seria necessário que a classe trabalhadora impusesse suas ordens aos antigos membros das classes dominantes e das camadas intermediárias, e denominavam este tipo de governo "ditadura do proletariado".

Nesta ditadura, Lenin defende que o poder do Estado não seria mais algo separado da massa dos trabalhadores e suas funções seriam muito menos ligadas à coerção do que sob o capitalismo.

Gradativamente, após a revolução, à medida que os remanescentes da velha sociedade (em relação aos quais o novo Estado utilizaria repressão) se conformassem com o sucesso da revolução e que as revoluções em outros países removessem suas classes dominantes, seria cada vez menos necessário usar a coerção. Em vez da coerção contra o povo, o Estado tornar-se-ia um mero instrumento dos conselhos de trabalhadores para decidir como produzir e distribuir os bens produzidos. Este Estado seria, segundo eles, o saco que manteria pela força, as batatas junto com as abóboras.

Mas é de Lenin a revisão central do papel do Estado; ele afirmava que ao longo de toda a história do capitalismo a classe patronal tem sempre procurado uma fonte de riqueza adicional – apoderar-se da riqueza produzida em outros países. Apoia-se nas teses de Marx, da transformação do mercantilismo em capitalismo, do século XVI em diante, pela prática da expropriação de riquezas que foram transferidas para as mãos das classes dominantes ocidentais da Europa, enquanto sociedades inteiras foram destruídas, ficando no que agora é conhecido como "Terceiro Mundo" (África, Ásia e América do Sul). Como havia dito Karl Marx: "A escravidão velada do trabalho assalariado da Europa foi erigida sobre o pedestal do escravismo simples e puro do Novo Mundo". Este processo foi seguido, na visão de Lenin, por uma progressiva concentração de riqueza em poucas nações e o empobrecimento de muitas outras. Diante das crises econômicas, as nações ricas tentavam resolver seus problemas encolhendo a esfera de influência de outras nações, o que levou ao imperialismo e às guerras mundiais.

Para ele, isto provocou enormes mudanças no âmago da organização capitalista. O Estado, como ferramenta para travar guerras, tornou-se muito mais importante. Ele funcionava ainda mais próximo das empresas gigantes, para fortalecer o poder da indústria na competição externa e também para a guerra. O regime torna-se o capitalismo monopolista de estado.

O desenvolvimento do imperialismo, para Lenin, significou que os capitalistas não apenas exploravam a classe trabalhadora de seu próprio país, mas também tomaram o controle físico de outros países e passaram a explorar suas populações. As classes mais oprimidas dos países coloniais eram duplamente exploradas, além de suas próprias classes dominantes, eram também exploradas pelos imperialistas estrangeiros. Para Lenin, era necessário a libertação nacional para que se pudesse utilizar a riqueza produzida no país para expandir a indústria local, possibilitando "desenvolvimento" e "modernização" nacionais.

Contudo, Marx, o último dos economistas clássicos, foi também cientista social, historiador, revolucionário e, certamente, o pensador socialista que maior influência exerceu sobre o pensamento filosófico e social. Embora ignorado pelos estudiosos acadêmicos de sua época, o conjunto de ideias sociais, econômicas e políticas que desenvolveu conquistou, de forma cada vez mais rápida, a aceitação do movimento socialista após sua morte, em 1883. Porém, esse mesmo sucesso significou que as ideias originais de Marx foram, com frequência, obscurecidas pelas tentativas de adaptarem seus significados às circunstâncias políticas as mais variadas. Além disso, como decorrência da publicação tardia de muitos de seus escritos e do caráter apaixonado de suas proposições, só em época bem recente surgiu a oportunidade de uma apreciação justa da sua estatura intelectual.

O Modernismo Reacionário

Desde a Revolução Francesa há uma corrente filosófica que defende o surgimento de novas formas de desumanização nos processos de emancipação da individualidade, presentes nas modernas sociedades democráticas. Diferentes visões desta crítica ao modernismo que pode ser nomeada como "modernismo reacionário". No passado aparecem na *Cólera contemporânea* de Péguy[3], (1873-1914), no *Ataque ao americanismo*, de Rilke[4], (1875-1926), na *Mobilização total do real a serviço da técnica,* em Junger[5], (1895-1998), e hoje, em Kundera[6], (1929-), e outros.

Primeiramente, esta crítica contesta a ideia de que a afirmação do indivíduo, como princípio e como valor, possa conduzir à sua emancipação, que foi o princípio através do qual se construiu a modernidade política. Observando-se, *a posteriori*, os efeitos da modernidade, esta crítica afirma que o que se tem por trás desta emancipação é a subordinação resultante de uma exploração socioeconômica do indivíduo à coação do consumo, em paralelo a uma diluição gradativa da autoridade. E esta subordinação se produz no campo biológico, o que minimiza as potencialidades do espírito, que é o único ente que contamos para libertarmo-nos das exigências repetitivas da vida. Acresce-se o fato de que a submissão imposta pelo consumo leva à progressiva e contínua erosão da cultura erudita, que se torna também vítima das razões exclusivamente calculistas que dominam o universo da técnica. O que busca substituir a cultura erudita, a chamada cultura de massas, na verdade não é cultural ou como bem coloca Balzac em sua obra *Béatrix*: "Temos produtos, não temos obras".

Esta forma de ver a modernidade política que se expressa de forma difusa em diversos autores encontra contornos mais nítidos na filosofia alemã do final do século XIX e no século XX. Em especial na obra filosófica de dois de seus expoentes: Nietzsche[7] (1844-1900) e Heidegger[8] (1889-1976).

Como pano de fundo das obras filosóficas destes autores está a contestação aos princípios democráticos. Benjamin Constant já havia dito, e muito bem, que

---

3. Pensador e poeta francês que teve como principal inspiração de seus escritos uma visão nacionalista e socialista.
4. Pensador de origem checa e anunciador do "fim dos tempos modernos" foi um dos maiores poetas em língua alemã do século XX.
5. Pensador e escritor alemão, autor de *Tempestade de Aço* onde relata sua experiência da Primeira Guerra Mundial.
6. Pensador de origem checa, autor da *Insustentável Leveza do Ser*.
7. Em decorrência de suas críticas à moral cristã, por sua teoria da vontade da potência e por seu elogio ao super-homem, Nietzsche estruturou não propositalmente um pensamento nacionalista e racista precursor do nazismo.
8. Na adolescência, Heidegger se identificou com o catolicismo ultraconservador, mostrando sua admiração pelo monge xenófobo Abraham a Sancta Clara, e depois mostrou sua simpatia para com as bandeiras do nacionalismo extremado do pós-guerra, o que o levou a ser indicado pelos nazistas para o cargo de novo reitor da Universidade de Friburgo, em 1933. Na sua caderneta de membro do partido, de registro 312.589, aponta o dia 1º de maio de 1933 como o da sua admissão. Heidegger foi um entusiasta da revolução parda (a revolução "dentro da ordem") proposta por Hitler, e foi recebido de braços abertos pelo ministro da Cultura do III Reich, Alfred Rosemberg, porque o nome de Heidegger – uma personalidade filosófica internacionalmente reconhecida e alto membro do estabelecimento acadêmico alemão – trazia respeitabilidade à Nova Ordem. Ele, por sua vez, sentiu que, ancorado na revolução parda, poderia lançar-se como o *führer* da filosofia alemã para concretizar uma nova metafísica.

a essência da sociedade liberal está assentada na emancipação do indivíduo das tutelas postas pelas tradições herdadas do passado. A modernidade política, ao retirar o peso das tradições, desonera a obrigação de comportamentos individuais e reduz as limitações que, *a priori*, delimitavam as áreas de livre escolha. Assim, simplificando, podem-se opor à tradição (meio anterior à modernidade), à racionalização (a própria modernidade), como formas para o estabelecimento de leis e normas. Contudo, a racionalização não é estática e segue um processo onde a discussão dos interesses segue uma ordem em que primeiro se coloca na posição do interessado e depois do coletivo envolvido. No processo de racionalização, não há lugar para qualquer transcendência, seja ela da vontade divina, seja do posto pelo passado, seja da verdadeira ordem do mundo indica a filosofia política da modernidade reacionária. Avançando na sua contestação, a modernidade reacionária pondera que toda norma busca impor um limite ao indivíduo e requer sempre uma visão exterior às vontades particulares. Esta exterioridade sempre havia estado em valores culturais herdados da tradição posta na ordem do mundo ou numa pretensa conformidade com a vontade divina. Logo, a racionalização retira a exterioridade e faz da interioridade das vontades individuais o valor decisório para o estabelecimento de regras coletivas. Assim sendo, e buscando racionalizar a racionalização, só "razões" suscetíveis de valor também para outrem podem dar justificativas a um ponto de vista individual. Isto, se de um lado permite o aparecimento contínuo de novas razões, de outro contesta as antigas, o que torna válida a assertiva que só mais democracia pode corrigir e regular a democracia. Mas se esta é a maior grandeza da democracia, é também a sua maior fraqueza, porque esta correção cumulativa, ou regulação, será sempre imperfeita. Os modernistas reacionários olham para esta fraqueza e buscam rejeitar a democracia, procurando destruir ou desmontar todas as ilusões do universo democrático.

Nietzsche está presente na origem filosófica do movimento que denuncia a fraqueza da democracia. Ele articula a crítica da modernidade política ao denunciar as bases argumentativas das normas que moldam a democracia. Mostrou, contudo, a maior dificuldade desta sua postura na busca de algo que a substitua, que se fundamente no universo tradicional. O reconhecimento que apresenta da "morte de Deus" (*Deus morreu*) não permite que ele leve a tradição para que esta opere de sua forma usual: o sagrado, que resulta de uma vontade divina, ou numa ordem transcendente do mundo, que resulte desta vontade, perde sentido. O mundo sem Deus aparece desprovido de qualquer ordem e deve ser encarado como caos.[9] Assim, inaugura o movimento neotradicionalista ao construir uma mistura de antimodernismo e de modernidade, de tradição e de novidade.

Entender Nietzsche é entender seu discurso filosófico. São essas as três teses principais que estruturam este discurso:

1. Uma interpretação do Ser como Vida;

---

9. *A Gaia Ciência*, Parágrafo 109.

Criando a Modernidade Política: A Vontade

2. Uma interpretação da Vida como Vontade de Poder; e

3. Uma interpretação da Vontade de Poder como a Vontade de sempre adquirir mais Poder.

Estas três teses explicam por quê, para ele, toda sociedade resulta de relações entre forças complexas que se chocam em busca do poder ou de seu reforço. Tudo, portanto, seja no social, seja no econômico, seja no político, e mesmo no histórico, deve ser analisado em termos de poder. Isto explica a forma como Nietzsche vê as normas e as leis, como ele expressa em sua obra *Vontade de Poder:* "O direito é a vontade de eternizar o poder atual, desde que nos satisfaça".

Portanto, considera o direito como mais um atributo dos fortes. Na verdade, o direito seria, na sua essência, o atributo do mais forte. Não é muito diferente da visão de Marx, que vê o direito na sociedade capitalista como um instrumento de dominação.[10] Nietzsche vai além das relações econômicas que instrumenta o direito para Marx. Para ele, as relações de poder frequentam todo o relacionamento, são "imanentes" a todos os tipos de relações.[11] Apesar desta profunda diferença, ambos desvalorizam radicalmente o direito, o conceituando exclusivamente como forma de proteção das relações sociais, Marx protegendo a dominação, Nietzsche, o poder. As repercussões desta desvalorização incidem pesadamente sobre o chamado estado de direito posto pelo discurso da democracia.

Nietzsche também tem uma profunda antipatia à argumentação racional que é a base em que se apoia a formulação democrática. Assim ele se expressa na sua obra *O Crepúsculo dos Ídolos (O Caso Sócrates,* parágrafo 5): "O que tem de ser demonstrado para ser acreditado não vale grande coisa".

Se anexarmos a isto o dito em sua outra obra *Ecce Homo:* "Não refuto as ideias, contento-me em pôr luvas quando as abordo." Ou, mais ainda, o que ele disse em *Humano, Demasiado Humano:* "Não refuto o ideal, congelo-o".

Tudo isto demonstra que a recusa à argumentação está sempre presente, seja em sua forma afirmativa – a demonstração –, seja em sua forma negativa – a refutação.

Reconhece o deslocamento que a modernidade faz do princípio da autoridade para o princípio da argumentação. Mas isto não é um fato novo na filosofia alemã. Hegel já o fazia em seus *Princípios da Filosofia do Direito:* "O princípio do mundo moderno exige que aquilo que cada um venha a aceitar lhe pareça legítimo." Ele contesta também a dialética, e os dialéticos acompanhando seu desprezo quanto à argumentação. No já mencionado *Caso Sócrates* afirma: "Com a dialética é a plebe que prevalece."

---

10. Foucault (1926-1984) mostra em sua obra *A Vontade de Saber* que existe uma diferença objetiva entre a visão de Nietzsche e a de Marx. Marx constrói sua teoria numa visão maniqueísta entre dominadores e dominados, as cingindo ao plano externo das relações econômicas. Nietzsche recusa a ideia das relações de poder se cingir a um único espaço – o econômico –, advogando a existência de uma multiplicidade de relações em todos os espaços não totalizáveis e irredutíveis entre si. Apoiando Nietzsche diz Foucault: "O poder está em todas as partes (...) produz-se a cada momento em todos os pontos, ou antes em todas as relações ponto a ponto".

11. Há, portanto, para Nietzsche, algo além da visão macro na cratologia – ciência que estuda o poder –, há para ele uma parte desta ciência que poderíamos nomear de "microcratologia".

Aspectos de Civilização

Para Nietzsche, é com Sócrates que se inicia a decadência dos gregos, pois este, em sua opinião, promoveu a dialética em detrimento de "todos os instintos dos antigos helenos" – dialética, uma "perversidade de raquíticos" que apunhalou com "a faca do silogismo" tudo aquilo que havia se constituído na grandeza da Grécia. Ele afirma que a mudança causada por Sócrates transformou as forças ativas, anímicas, puramente afirmativas, capazes de mergulhar até ao fundo de si mesmas, sem mutilação, em forças reativas que só se afirmam opondo-se a outras, tentando destruí-las ou negá-las. Ambas, ativas ou reativas, formas de vida, por isso, são vontades de poder. E isto para Nietzsche é força. Contudo, as ativas, ascendentes; mas, as reativas, que só se afirmam em detrimento de si própria, degenerescentes.

As transposições desta sua visão para o chamado universo democrático estruturam dois modos de rejeitá-lo:

1. O modo da rejeição da perda de referência, que se explicita pela dissolução dos balizadores herdados do passado, tanto para o indivíduo como para sociedade, o que gera um sem-número de questões que não existiam, ou melhor, que nem se colocavam no universo que se estruturava pelas tradições;

2. O modo da rejeição pela necessidade permanente de se legitimar, que coloca a prioridade absoluta e também permanente da argumentação, ou seja, a emergência socrática do indivíduo e, como consequência, o declínio inevitável do instinto de solidariedade, que se constituía, por exemplo, na saúde e na coesão social da antiga Grécia.

Tudo isto dá sustentação à tripla crítica presente no pensamento de Nietzsche: a democracia, a ciência e a modernidade. Crítica da democracia, que ele apresenta no parágrafo 208 de sua obra *Para o Bem e o Mal*, como "forma degenerada de organização política"; crítica da ciência, já que a mesma é filha da dialética socrática; e crítica da modernidade, que, aliás, é o título do parágrafo 39 de suas *Deambulações Intelectuais*, conforme cita em sua obra *O Crepúsculo dos Ídolos*.

Outro ponto de sua obra que fundamenta seu repúdio à democracia é que, pela sua defesa do princípio do eterno retorno, não tem espaço em sua filosofia a ideia do progresso político em busca da liberdade. Isto justifica a sua colocação de estar na herança e na tradição toda a articulação social. Como ele mesmo coloca em sua obra *Crepúsculo dos Deuses* (parágrafo 47): "Tudo que é bom é herança, o que não é herdado é imperfeito, não é mais que um começo...".

Em síntese, Nietzsche, em sua rejeição ao mundo da argumentação, atribuiu à dialética socrática a mutilação das forças instintivas, mutilação esta que ele vê presente no ambiente democrático sob a forma de um ascetismo. Contrapõe propondo a prevalência completa do sensível, através de uma hierarquização construída dos instintos, algo que ele nomeia como "grande estilo" e que define nos seguintes termos: "Tornar-se senhor do caos interior, forçar o seu próprio caos a tomar forma, atuar de forma lógica, simples, categórica, matemática, tornar-se lei".

Outro crítico da modernidade política é Heidegger. É comum comentar-se que seu pensamento pouco tem a ver com a filosofia política. Ele próprio defende que

Criando a Modernidade Política: A Vontade

a sua filosofia se resume no "pensamento do Ser no Ser, e nada mais". Mas isto não é verdade. Não há nos seus escritos nem em sua posição política neutralidade. A neutralidade, como veremos no próximo capítulo, em política não existe. Os escritos de Heidegger estão muito longe desta neutralidade ao abordarem as relações que o século XX trouxe para a vida em comum.

Heidegger claramente se posicionou politicamente, primeiro em 1933, ao ter assumido uma posição política, e depois, nos seus últimos escritos, ao se entregar a uma clara fenomenologia de dominação – ao defender que a sistematização racional do mundo se expressava, não só pelo domínio crescente do reino da técnica mas também pelo devir totalitário, algo para ele inevitável nas ditas sociedades democráticas – construindo uma mordaz e feroz crítica à modernidade política.

Ele aderiu explicitamente ao nazismo em 1933, seis anos após ter lançado ao público sua grande obra *Ser e o Tempo*. Em 1935, em sua *Introdução à Metafísica*,[12] ele defende que há "uma grandeza e uma verdade interna no nacional socialismo". No mesmo ano de 1935 ele declarava que: "O que hoje é apresentado como nazismo nada tem a ver com a verdade interna e a grandeza deste movimento...".

Em entrevista que concede em 1966 para a revista *Der Spiegel* e publicada em 1976, por ocasião de sua morte, ele reiterou esta posição, o que demonstra que ele nunca abjurou realmente o nazismo. Nesta mesma entrevista, comentando aquela sua opinião de 1935, ele enuncia um segundo juízo político:

Hoje em dia, é para mim uma questão decisiva, como é possível estabelecer uma correspondência, em geral, entre o sistema político e a era da técnica, e que sistema poderia ser esse. Não tenho resposta para esta pergunta. Não estou persuadido que seja a democracia.

O fio condutor da discussão que Heidegger faz sobre a modernidade é a sua análise e reflexão sobre a essência da técnica. Busca criar a função, a correspondência entre a técnica difundida planetariamente e o homem moderno. Em 1937, no curso que ministra sobre Nietzsche e seu "eterno retorno", ele já defendia o estilo técnico das ciências modernas, ou melhor, "a razão calculadora da técnica". Em 1938, em sua obra *A Época das Concepções de Mundo*, associa todos os elementos daquilo que nomeou como "uma interpretação tecnológica de nossa época", apontando a "técnica mecanizada" como um fenômeno essencial dos tempos modernos, que para ele nada mais é que a própria metafísica moderna. Para Heidegger, o homem moderno nada mais é do que um servidor da técnica – um domínio irresistível da técnica sobre o mundo e sobre o homem. O mundo moderno, seja visto pela era atômica, seja visto pela cultura de massa, é, para ele, a busca que faz a humanidade para pôr a sua disposição a totalidade do ente.

Esta busca se caracteriza pelo controle procurado de todas as forças naturais, inclusive aquelas comprometidas com a destruição. Como filósofo, ele aborda na sua obra *A Questão da Técnica* o que se apresenta como "tornar integralmente

---

12. *Introduction á la Metaphysque*, Paris, Gallimard.

Aspectos de Civilização

disponível tudo que existe e o que possa vir a existir". Para Heidegger, a técnica é a realização plena da metafísica moderna sob a forma de "metafísica da subjetividade" ou "metafísica acabada". Ele a vê como o final de um longo caminho, iniciado por Descartes, da interrogação filosófica em seus dois eixos tradicionais, o teórico e o prático. Daí por que em capítulos anteriores apresentou-se de forma expedita o desenvolvimento da ciência.

Na visão moderna, o real é concebido como seguindo os princípios constitutivos do espírito humano – como o apregoa Leibnitz, ao transferir o princípio da razão, o princípio lógico, algo subjetivo, para o próprio real. Leibnitz executa esta transferência pelo *nihil est sine ratione.* A visão da transferência da razão para o real avança com Hegel, que defendia que o racional é o real e vice-versa, mas só culmina com a dominação da técnica, ao criar o que nomeia de "metafísica acabada". Na prática, a "metafísica acabada" concebe o ente não mais como o resultado de princípios subjetivos de racionalidade, mas sim como "objeto da vontade". E isto se deu para Heidegger graças à doutrina de Kant da "autonomia da vontade", que pavimentou o caminho para a interpretação técnica do mundo. Até Kant, a vontade encontrava-se subordinada a algo que não ela própria – a saber, os fins que ela visava. Com sua razão prática, Kant já nada quer além dela própria, quer a si mesma como liberdade. A vontade surge então como ideia a ser realizada, ou seja, como "vontade absoluta", ou melhor, como "vontade da vontade". A "vontade da vontade" é que, para ele, pode deixar para trás a decadência, que, pelo seu sistema político, tomou conta do Ocidente e de seus valores.[13] Mas para Heidegger ainda faltava um passo para explicar o predomínio filosófico existente, nos dias de hoje, da técnica. E este passo deu Nietzsche quando transformou a "vontade absoluta" ou a "vontade da vontade" em vontade de poder. O Ser quer outra coisa além de si próprio, quer o poder, e sempre mais poder para acabar se caracterizando como vontade dominadora do real, segundo Heidegger. Como ele próprio diz: "O ser da vontade do poder só pode ser compreendido a partir da vontade do poder".

Com a técnica tudo é possível. Para Heidegger é a partir dela que se completa o projeto cartesiano do controle e da posse da natureza. Contudo, este domínio foi feito pela transformação da razão objetiva, que tentava ser simplesmente razão, em razão puramente instrumental. Assim, o domínio que os homens buscavam sobre a natureza – de levar à felicidade – transformou-se exclusivamente em domínio pelo domínio, ou de força bruta pela força bruta.

Entendo que este ponto de vista é mais fácil de entender porque ele vislumbrou o nacional-socialismo como o movimento político que correspondia ao mundo que ele via – o mundo técnico da "metafísica acabada". Assim, ele desvaloriza a democracia, que ele não considera como um sistema político capaz de preencher as exigências da técnica mundial planetária, já que este sistema político é incapaz de

---

13. Isto está claro numa aula que ministra em 1940, onde atribui a derrota da França para a Alemanha ao povo francês. Este povo, pelo seu sistema político, não havia encontrado a autonomia, ou melhor, não havia sido capaz de dirigir e utilizar a técnica.

Criando a Modernidade Política: A Vontade

perceber as exigências do mundo dominado pela técnica, presa que está à valoração suprema da autonomia do indivíduo. Ele questiona a democracia, afirmando que ela não responderá às questões cada vez mais presentes na modernidade e postas pela globalização da técnica e que sempre transcendem a autonomia individual. Mas no nacional-socialismo estas respostas aparecem, dá a entender Heidegger, pois neste movimento eclodem os resultados decorrentes de uma ação que suplanta a autonomia da vontade kantiana, ao construir uma doutrina presa a Nietzsche, da vontade do poder, o que liberta a técnica para a dominação do mundo.

Na obra de Heidegger, em especial, escrita logo após a subida do nazismo ao poder, fica claro que ele vê o nazismo como o sistema político mais adequado à mundialização da técnica. No discurso de posse do cargo de reitor – *A Auto-Afirmação da Universidade Alemã* –, ao tratar da liberdade acadêmica, ele a conceitua como a liberdade mais elevada, muito acima da simples despreocupação quanto aos projetos ou inclinações, que deve buscar uma "auto-afirmação", esta sim para ele uma real autonomia. Isto, prossegue, vale tanto para a universidade como para um povo, na realidade "um nós querendo a nós mesmos".

Outro exemplo da opção política de Heidegger está em uma palestra política que ele proferiu intitulada *Por que os Poetas?*, escrita antes do final da Segunda Grande Guerra, onde ele diz: "Enquanto consequências necessárias ao desenvolvimento da técnica, a ciência moderna e o Estado totalitário constituem, ao mesmo tempo, a sua continuação".

Há uma outra explicação para o seu posicionamento político. E esta explicação pode ser fornecida pela sua "superação da metafísica", algo presente em vários de seus escritos da época do nazismo. Para assegurar seu reinado sem partilha do homem sobre o ente, ele defende "ser preciso instalar e equipar homens afeitos ao trabalho de direção, homens que têm poder de decisão que vigiam todos os setores onde é necessário garantir o consumo esgotante do real". Esta garantia exige que os chefes (*führer*) disponham de um controle totalizante sobre os entes, um controle dos "setores da usura". Para Heidegger, as condições centrais do nazismo, seu dirigismo, seu centralismo e seu totalitarismo, fazem parte do cálculo eficaz da "usura", da configuração tecnológica que adquire a modernidade: "É o domínio da técnica que arquiteta o sistema político da dominação total".

Acresce-se a isto o fato de Heidegger ter visto o nazismo como uma terceira via impermeável ao fluido discurso da democracia e ao rígido discurso do coletivismo soviético. Como ele coloca em 1935, na sua *Introdução à Metafísica,* ao abordar a globalização da técnica como a "decadência espiritual da Terra" e ao apresentar a opressão em que se encontra a Europa, que ele já via mergulhada no conflito Leste e Oeste: "Do ponto de vista metafísico, a Rússia e a América são ambas a mesma coisa, o mesmo frenesi da técnica desenfreada e da organização sem raízes no homem normalizado".

Para Heidegger, a indignação contra o nazismo, segundo valores como o direito individual e o humanismo jurídico, deveria ser suplantada pelo entusiasmo, caso

Aspectos de Civilização

fosse aplicada a meditação resultante da essência da técnica e o conhecimento mais profundo da modernidade. Em síntese, para ele, a "metafísica acabada" exige um sistema político baseado no *Führerprinzip*, que é muito mais realizador do Ser como "essência da técnica".

Para Heidegger torna-se necessário pôr ordem no processo de tecnificação do mundo sob pena de que, se assim não o fizermos, cairemos na maldição de sermos dominados pela técnica. Para ele, o nacional-socialismo buscou pôr esta ordem ao enfrentar o americanismo – por ele explicado como o jorro constante de produtos da técnica por toda a Terra, vista como um mercado mundial –, a maré americana deve ser vista como a essência desaprendida da técnica; e o coletivismo soviético – por ele visto como a busca utópica da divisão equânime de todos os produtos da técnica, por todos os homens, e não a harmônica distribuição adequada –, a ação marxista devido a uma visão econômica inaudita avança por sobre a técnica, desarticulando-a.

O modernismo reacionário com Heidegger vê o nazismo como uma revolução conservadora, que se apoia na tradição e na busca de um modernismo, que se torna assim original nos conceitos e conservador nas conclusões, proporcionando as condições para um encontro feliz do homem com a técnica.

Este movimento foi muito além da simples adesão à técnica; foi, na verdade, a reação dialética aos efeitos perversos de seu desenvolvimento. Assim ele se expressa em sua mencionada entrevista de 1966: "Todas as coisas grandes e essenciais só nasceram pelo fato do homem ter uma pátria e estar preso a uma tradição". Admite-o, ainda na mesma alocução, que não existe ainda uma resposta adequada "a hegemonia mundial do Ser não pensado da técnica", e profetiza: "Quem entre nós poderá afirmar que não despertará em outro espaço, como na Rússia, ou na China de antiquíssimas tradições, um pensamento que possibilitará ao homem uma relação livre com o mundo da técnica".

O nazismo foi para ele, no seu espírito inovador, não a busca da tecnologia pela tecnologia, nem da técnica pela técnica, nem do lucro pela acumulação predatória da natureza. Foi sim a busca da reunião do fluxo da modernidade com a glória e com a grandeza da aurora grega, onde a ciência não era um bem cultural, mas o meio "que determina mais intimamente todo o *Desein* como povo e como Estado", como falou em seu discurso de posse como reitor.

9

Descrevendo a Utopia da Política

É possível dar objetividade científica ao estudo do Estado, no âmbito das ciências sociais?

É concebível uma ciência de Estado livre de julgamentos de valor e de pressupostos políticos e/ou sociais?

Considerando a ciência social engajada, necessariamente, a um ponto de vista de uma classe ou grupo social, como conceituar o Estado?

Como seria possível conciliar este ponto de vista partidário, ou comprometido, no trato do que vem a ser o Estado, com o caráter objetivo da verdade?

Neste capítulo, discutiremos o Estado Nacional, abordando o historicismo que não se importa com a formulação da solução política e sim com a solução da formulação política.

A Estratégia Nacional deve objetivar, antes de tudo, a construção social de uma realidade comprometida por uma visão social de mundo. Mas para se construir esse instrumento é fundamental que se estabeleça, na sociedade, um senso comum, no caso, a Sociedade Nacional. Entendo que se deva amealhar tudo aquilo que consideramos conhecimento nesta sociedade, mediante a formatação desse senso comum, algo que, na realidade, deve fazer parte do imaginário de cada membro e de toda a coletividade. A Estratégia Nacional, como arte de planejar, visa atender os interesses da nacionalidade e do Estado Nacional, este, representando, acima de tudo, uma visão particular que se totaliza em uma visão social de mundo.

Portanto, ao propormos o termo "visão social do mundo" para a conceituação atual de Estado Nacional, pretendemos:

1. Tratar de visões de mundo, isto é, de um conjunto relativamente homogêneo e coerente de ideias sobre o homem, a sociedade, a história e sua relação com o que lhe cerca: a natureza, enquanto tais; e

2. Ligar estas visões a um povo, no caso, aos interesses da população brasileira e, como consequência, ao seu Estado Nacional.

Aspectos de Civilização

Examinaremos então a relação que se pode estabelecer entre visões sociais de mundo (ideológicas e intransigentes, ou racionais e utópicas) e conhecimento, no domínio das Ciências Sociais. Destas, sem dúvida, me parece que a visão historicista é a mais adequada ao nosso estudo, mas, ela nunca será utilizada de forma pura, as outras sempre terão também seus espaços. A razão é a visão social do mundo, que constrói o destino maior do gênero humano, que constrói a civilização. Como vimos, e demonstraremos adiante, a razão é a visão nacional, é a utopia. Globalização, cosmopolitismo é intransigência, é ideologia.

Diferentemente do que se propaga, o debate entre as visões sociais de mundo não se processa como um confronto, que opõe o positivismo ao liberalismo, este ao marxismo, e este, por sua vez, ao modernismo reacionário, como é usual colocar-se no Brasil. Existe uma quinta corrente independente, apesar de muitas vezes articulada com as outras, como exemplificam as obras de Weber (1864-1920), de Mannheim (1893-1947) e de Lukács (1895-1971). Este fluxo de pensamento, o historicismo, é portador de uma contribuição única e específica. Ele dominou o pensamento alemão durante mais de um século e dele proveio o que se convencionou nomear como "sociologia do conhecimento".

De acordo com o historicismo, analisar a possível evolução futura sem se recorrer ao pretérito, nos conduz, no mínimo, à perda de objetividade e ao espaço das probabilidades. Portanto, ao nos prepararmos para estudar a Estratégia Nacional do Brasil, devemos enfrentar a problemática historicista e seu contraponto inevitável: o relativismo. Fugir desta problemática e ignorar ou fingir sua inexistência – como foi usual e comum – conduz a soluções inconsistentes, quando não inviáveis. Não é por mero acaso que os autores positivistas ou marxistas mais produtivos são aqueles que deram ao historicismo algum crédito. Os princípios centrais discutidos pelo historicismo são:

- A existência de diferenças fundamentais entre os fatos naturais e os seus correspondentes históricos: isto conduz a que o mesmo ocorra entre as ciências que os estudam;

- Que todo fenômeno político, social e cultural é histórico e não pode ser compreendido a não ser através de sua historicidade; e

- Que não é só o objeto da pesquisa que se encontra imerso na história, mas o sujeito, ou seja, o próprio pesquisador e tudo que traz e que lhe cerca: seu espaço, seu tempo, seu método, sua perspectiva e seu ponto de vista.

O historicismo apresenta um contexto variado, sob o abrigo destes princípios: foi romântico, conservador, moderno e levou ao relativismo. Ele está aí, pronto para ser incorporado aos estudos sobre Estratégia Nacional. Mas para conhecê-lo devemos aplicá-lo a si próprio, ou seja, devemos fazer a historicidade do próprio historicismo.

No fim do século XVIII e início do século XIX é fruto também de uma reação de caráter conservador à filosofia do iluminismo, à ocupação napoleônica e a Revolução Francesa. Nas suas origens, o historicismo foi uma corrente conservadora

Descrevendo a Utopia da Política

e, às vezes, reacionária no sentido literal do termo. Fazia-se romântico, nostálgico do passado pré-capitalista, das instituições medievais, do direito feudal tradicional e da cultura gótica. Esta corrente procurava revelar o sentido da história, opondo-se à abstração racionalista, à histórica e à ruptura com o passado existente na França, no final do século XVIII.

Apresentava-se de diversas formas e se encontrava, articuladamente ou não, no mesmo quadro cultural, presentes no romantismo político e literário de Schlegel[1] (1767-1845), de Schleiermacher[2] (1768-1834), de Adam Müller[3] (1779-1829), na escola histórica do direito de Savigny[4] (1779-1861), na historiografia moderna representada pelos mais importantes historiadores alemães do século XIX, Sybel (1817-1895), Droysen (1808-1884) e Ranke (1795-1886), este, considerado o pai da História Científica. O historicismo detinha também uma visão de razão, que encontramos em Novalis[5] (1772-1801), e uma relação ou uma dimensão intransigente, com Adam Müller, que se posicionava em defesa da ordem monárquica prussiana e contra a onda revolucionária. Sua base de apoio era composta das camadas vinculadas a um modo de vida pré-capitalista e visceralmente contrário ao modo burguês de vida que se encontrava em gestação. Sua base social eram os *junkers*, o clero tanto protestante como católico, a burocracia, a intelectualidade tradicional e os pequenos proprietários urbanos e rurais. No seu início, sob o comando da aristocracia, criou-se um bloco antirrevolucionário e anticapitalista, cuja *intelligentsia* engendrou uma ideologia: o romantismo historicista.

Esta ideologia foi capaz de ter uma visão muito mais verdadeira do que os enciclopedistas ou da visão da economia clássica inglesa das contradições sociais geradas pelo capitalismo.[6] Foi também capaz de construir pontes importantes para a compreensão da historicidade dos fatos sociais e para o desenvolvimento da ciência social moderna – apesar de suas ilusões do passado e de sua visão idílica do Antigo Regime. Mas sua maior virtude é ter criado as condições para a crítica estruturada da visão analítica e do pensamento racionalista, quando observava que a razão só é parte do processo, e que se faz necessária também emoção e vontade, especialmente vontade, além disso, mais que o particular e o quantitativo devem-se ver no campo social a totalidade e o qualitativo.

Para o historicismo não é o avaliador quem avalia, é a própria história quem carrega seus valores. No historicismo, afirma Ranke: "O historiador não é senão um organismo de um espírito geral que fala através dele." Ele não fala, a história é que fala através dele.

---

1. Poeta e crítico, tradutor de obras de Shakespeare.
2. Teólogo protestante, autor de *Discursos sobre a Relilgião; Monólogos; Crítica das Doutrinas; e, A Fé Cristã*.
3. Crítico literário e economista político. Foi bastante atuante no início do século XIX.
4. Influente jurista, autor de *Tratado da Posse*.
5. Georg Philipp Friedrich von Hardenberg foi o profeta do Romantismo alemão no final do século XVIII, entrou para história com o nome de Novalis.
6. A luta que Adam Müller vê se travar entre os capitalistas e os desvalidos explicita bem isso.

Aspectos de Civilização

Historicismo e conservadorismo eram tão identificados, que o próprio ponto de vista conservador é percebido como o decorrente da história, eles aparecem como dois espelhos que se refletem e se confirmam.

O enraizamento histórico das instituições e a defesa da manutenção da continuidade milenar – duas faces da mesma moeda – fundamentam este historicismo que se opõe às atitudes contestadoras de base histórica. Portanto, é visto como anti-histórica, rejeitando o Iluminismo e a Revolução.

O historicismo conservador do século XIX fazia uma oposição inconsciente, porém de peso, ao marxismo. O marxismo defendia a tese de que, em cada época histórica, a razão está posta nas classes que mais favorecem o aparecimento da verdade objetiva, já o historicismo conservador foi bem-sucedido ao negar, ou pelo menos, relativizar esta colocação.

Tanto para os historicistas conservadores como para os positivistas, havia um ar de cognição preestabelecida. A percepção do fator natural para os historicistas conservadores é encontrada no crescimento histórico orgânico das instituições. Já para os positivistas, o fator natural está na ordem das coisas, que se exprime nas leis naturais e eternas da vida social. Mas o historicismo indicava uma mutação, pois, se todo fenômeno social ou cultural é histórico e, portanto, limitado no tempo, o ponto de vista do historiador não estaria, ele mesmo, submetido ao relativismo? Isto conduz a uma mudança no historicismo a partir do final do século XIX, que de conservador vai se alterando até tornar-se relativo.

Esta mudança também ocorre na Alemanha e decorre das mutações que ela havia sofrido. A reunificação, o desenvolvimento econômico, a penetração do capital no conjunto das relações econômicas e sociais, o aparecimento de uma classe rica ligada aos interesses industriais surgem, mais e mais, como fenômenos irreversíveis e também como resultados do próprio historicismo conservador, tornando-o anacrônico assim como as instituições, os valores e as formas de sociabilidade que ele pretendia defender – a criatura havia devorado o criador. O historicismo buscava, então, redefinir-se e transformava-se num questionamento de todas as instituições sociais e formas de pensamento como historicamente relativas, deixando de ser conservador e passando a relativista.

Evidentemente que o relativismo guarda uma dimensão conservadora, um aspecto nostálgico e neorromântico que toma, em geral, a forma de uma crítica cultural do capitalismo. A *intelligentsia* tradicional não crê mais na manutenção dos estilos de vida pré-capitalistas, mas se recusa a aderir ao capitalismo industrial, que é sentido como hostil a seu ser social e cultural; o relativismo está, sem dúvida, vinculado a estes dilemas.

Em nossa opinião, o primeiro representante e também o mais importante e o mais coerente desta tendência foi Wilhelm Dilthey[7] (1833-1911), aluno de Ranke,

---

7. Filósofo, psicólogo e pedagogo. Autor de *Introdução ao Estudo das Ciências Humanas*. Obra de grande repercussão no período por estabelecer uma distinção entre a ciência da natureza e a ciência do espírito.

apaixonado pela obra do teólogo romântico Schleiermacher, mas nem por isso ele se situa no campo conservador. Sua obra constitui uma das primeiras tentativas sistemáticas e profundas da crítica historicista ao positivismo e de seu método científico-naturalista.

A divisão que Dilthey estabelece entre as "ciências do espírito" e as "ciências da natureza" tornou-se clássica e um ponto de referência obrigatório para as Ciências Sociais nos países de cultura alemã. Ela baseia-se em três características particulares das "ciências do espírito":

1. A identificação do sujeito e do objeto: os dois pertencem ao mesmo universo cultural e histórico;

2. A unidade inseparável dos julgamentos dos fatos e do valor; e

3. A necessidade de compreender a significação vivida dos fatos sociais, enquanto a ciência natural pode limitar-se a uma explicação exterior dos fenômenos.

Mas sua contribuição decisiva no quadro geral da historicidade e, consequentemente, do relativismo de todas as formas de pensamento e de todas as visões de mundo é a percepção das ciências do espírito. Em algumas passagens marcantes de sua teoria das visões de mundo, Dilthey desenvolve esta abordagem radicalmente historicista da cultura: "A história do mundo, como tribunal, expõe cada sistema metafísico como relativo, passageiro, transitório, apesar da sua vã pretensão à validade objetiva...". O mesmo poder-se-ia dizer com respeito ao predomínio temporário de cada hegemonia no processo da civilização. E ele continua:

Cada visão de mundo é historicamente condicionada, portanto, limitada, relativa...

Cada uma exprime, nos limites de nosso pensamento, uma dimensão do universo. Cada uma é, consequentemente, verdadeira, mas, cada uma delas é unilateral. É-nos negado ter uma visão de conjunto destas dimensões. A luz pura da verdade nos é visível apenas nas múltiplas facetas de um raio de luz.

Dilthey evitava assim, de forma radical, o atalho de uma solução eclética que resultaria da justaposição de diferentes percepções unilaterais. Para ele, as ciências humanas não fogem ao condicionamento histórico geral, a esta imersão no fluxo perpétuo da vida:

De acordo com a forma pelas quais os historiadores, economistas, juristas e estudiosos da religião se situam na vida, eles desejam influenciá-la. Eles submetem às personalidades históricas, os movimentos de massas, as orientações a seu julgamento, e estes são condicionados por sua individualidade, pela nação à que pertencem, pela época em que vivem. Mesmo quando julgam proceder sem pressuposições, eles são determinados por seu horizonte...

Mas, ao mesmo tempo, cada ciência enquanto tal contém a exigência da validade universal. Para que as ciências do espírito, no sentido rigoroso de ciência, possam existir elas devem se posicionar neste objetivo de forma sempre mais consciente e crítica. A maior parte das contradições científicas que

Aspectos de Civilização

se manifestaram ultimamente na lógica das ciências do espírito se baseia no conflito entre estas duas tendências.

Ele, corretamente, entende a nação como uma determinante central na construção do ponto de vista histórico e da visão social de mundo. Durante toda sua vida ele lutou, em vão, para escapar às consequências relativistas de seu próprio historicismo radical. Às vezes, parecia acreditar que a própria consciência histórica permitiria superar os dilemas que ela suscita, na medida em que se poderia descobrir "no relativo, o válido universalmente". Entretanto, a consciência histórica está, da mesma forma que as visões de mundo, submetida à historicidade.

Às vezes, ele parece se encaminhar para o ecletismo, mas o seu rigor intelectual o impede de sucumbir a essa saída superficial e banal. Nada revela melhor este dilema e seu esgarçar interior, em face da confrontação de sistemas de ideias contraditórios, que a bela parábola intitulada *Sonho*, que ele publicou contemplando o célebre quadro *A Escola de Atenas*, de Rafael. Ele se impressionou com a forma pela qual o artista atenuou uma luta de morte entre sistemas hostis, apresentando-a como uma conversação amigável. Mas, em seu sonho, o quadro toma vida e aos filósofos antigos vêm-se juntar os modernos: Descartes, Leibniz, D'Alembert, Kant, Fichte, Hegel, etc. Eles se reagrupam em três grandes conjuntos: os materialistas, os idealistas da liberdade, os deterministas. Uma conciliação é possível?

Em vão os mediadores atarefados corriam entre estes grupos, e de um a outro, a distância que os separava se alargava a cada segundo, agora, o próprio solo desaparece entre eles, uma terrível hostilidade parecia separá-los, fui invadido por uma angústia estranha...

A unidade de meu próprio ser parecia dilacerada e eu era atraído tanto para um quanto para outro grupo e procurava defendê-lo.[8]

A última posição à qual Dilthey chegou foi que somente podemos ver quadros, partes da realidade, onde apenas uma destas visões é verdadeira, mas como parte, nenhuma é capaz de abranger toda a realidade, algo que se opõe de forma incompatível com o pensamento que sempre busca uma totalidade. Isto nos remete à possibilidade de pintarmos nosso próprio quadro, de estruturarmos uma estratégia nacional desde que sejamos dotados de vontade e de razão.

A grandeza e a originalidade de Dilthey fizeram dele uma figura única no pensamento moderno, e foi precisamente seu radicalismo, coerente com seu historicismo, que não o levou a temer as suas implicações relativistas. Todavia, ele não se resignou ao relativismo absoluto que tem por corolário lógico o ceticismo, a negação de toda possibilidade de conhecimento objetivo; ele buscou durante toda a sua vida uma superação. Muito rigoroso para se contentar com soluções facilmente ecléticas, ele reconheceu, contudo, no final de sua vida, o fracasso de suas tentativas.

---

8. Sob esta forma poética e pessoal, Dilthey exprime sua lúcida intuição do caráter irreconciliável da oposição das visões de mundo, ideia que se encontrará mais tarde em Max Weber, sob a forma do combate eterno entre deuses e demônios e da inconsistência da ilusão eclética.

Descrevendo a Utopia da Política

Em um discurso pronunciado por ocasião de seu septuagésimo aniversário (1903), ele resumiu em alguns parágrafos pungentes o dilema de sua obra teórica:

A finitude de todo fenômeno histórico, quer seja uma religião, um ideal ou um sistema filosófico (e eu diria uma relação de poder); e a relatividade de toda interpretação humana da relação entre as coisas, é a última palavra da concepção histórica deste mundo, onde tudo flui e nada é estável. Diante disso, surge a necessidade que tem o pensamento de um conhecimento universalmente válido e os esforços que faz a filosofia para atingi-lo...

Onde encontrar os meios para superar a anarquia de convicções que ameaça se propagarem? Trabalhei toda minha vida visando resolver os problemas que se vinculam, em longa cadeia, a este problema essencial. Vejo o final da minha vida. Se fiquei a meio caminho, meus jovens companheiros de jornada, meus discípulos, irão espero até o fim.

É muito raro que um pensador confesse, com tanta sinceridade, sua dificuldade em encontrar uma solução para "o problema fundamental" de sua obra. Mas ao defender claramente a própria questão – como o conhecimento da história, ou da sociedade, pode ser ao mesmo tempo historicamente limitado e objetivo? –, apesar de não chegar a uma resposta satisfatória, Dilthey abandona qualquer ideologia ou intransigência e abraça a razão e está mais próximo de uma compreensão real e fecunda dos dilemas da objetividade sociológica que os doutrinários da certeza positiva ou da dialética marxista, com suas soluções ilusórias e estéreis. A principal crítica que se poderia fazer a ele é que seu historicismo é inteiramente desprovido de densidade social; as épocas históricas, ou as culturas nacionais, são os únicos enquadramentos que ele leva em consideração, enquanto as classes sociais são pura e simplesmente ignoradas. É o oposto de Marx, dando prioridade na história da civilização, não aos choques das classes dentro de uma sociedade, mas sim, ao choque entre as sociedades.

Com a obra de George Simmel (1858-1918), o historicismo relativista não conseguiu escapar à tentação eclética. Contudo, com outros historicistas, Simmel vai criticar, com lucidez, as limitações do positivismo, que ele designa pelo termo "naturalismo epistemológico". O conhecimento nas ciências históricas não pode ser como julga o naturalismo, o reflexo da realidade em um espelho; ele não é simples reprodução, mas atividade espiritual que coloca questões à realidade e atribui-lhe uma significação. Longe de ser uma imagem de espelho, o produto da ciência histórica parece mais um retrato ou uma paisagem pintada por um artista; este quadro do passado histórico é sempre o resultado de um ponto de vista determinado, de uma perspectiva necessariamente unilateral. Ora, esta perspectiva é condicionada, de forma decisiva, por pressuposições ou interesses do cientista. Por exemplo, a passagem de uma época coletivista para outra mais individualista será interpretada ou não como um "progresso" segundo as pressuposições e ideais subjetivos dos historiadores.

Contrariamente a Dilthey, Simmel pertence, assim como Max Weber, a uma geração que não pode deixar de fazer um ajuste de contas metodológico com o

Aspectos de Civilização

marxismo. Trata-se para ele de demonstrar o caráter "subjetivo" do materialismo histórico e de seus pressupostos. É a aspiração igualitária dos marxistas que explica a sua tendência a privilegiar a economia – na medida em que esta é a única esfera da vida social onde a igualdade é pretensamente possível. O materialismo histórico tem a ilusão de constituir uma concepção realística livre de todo momento, mas, na verdade, é a vontade prática do socialismo e seu desejo de igualdade que leva à concepção materialista da história e à sua interpretação econômica dos fatos históricos.

A partir destas premissas, como evitar o relativismo total e seu corolário epistemológico: o ceticismo?

A solução esboçada por Simmel é do tipo "sintético", isto é, eclética: ele se propõe a "dissolver as cristalizações dogmáticas no movimento fluido do conhecimento, cuja unidade resulta da justaposição complementar e dependência recíproca dos diferentes princípios finais"; graças a esta ação, "métodos subjetivos podem se aproximar – em um processo infinito de relação recíproca – do ideal da verdade objetiva". Na verdade, através de interações sucessivas.

Por exemplo, em economia política é necessário superar o conflito irreconciliável e a negação mútua dos dois principais métodos: o histórico e o das leis gerais; para pôr-se a caminho de sua interpenetração orgânica.

Não nos parece correta a "síntese" de Simmel. Porque, como enfatiza justamente Max Weber, antes de tudo, a "síntese", ou o exato meio-termo ou a mistura eclética, não são, em nada, mais objetivos ou mais próximos da verdade científica que as posições extremas. Por outro lado, estando o próprio autor da "síntese" imerso no fluxo da história, como poderia sua ação ser objetiva? Sendo possíveis muitos tipos de "combinações" entre visões de mundo ou de métodos, como saber qual é a "verdadeira", a objetiva? Como optar nesta infinidade de sínteses contraditórias? Em outros termos: o ecletismo não permite, em nada, escapar aos dilemas suscitados pelo historicismo relativista, ele nada faz senão recolocá-los novamente sob uma outra forma.

Outra variante da solução eclética no quadro do historicismo é a obra de Ernst Troeltsch[9] (1865-1923). Mais próximo da inspiração de Dilthey, ele procurou, como seu mestre, durante toda a sua vida uma resposta ao desafio relativista: como encontrar, no fluxo incessante da historicidade, um fundamento estável para a verdade? Em sua grande obra sobre o historicismo e seus problemas, de 1922, Troeltsch mostra como o avanço da consciência histórica produziu, no século XIX, "uma historicização fundamental de nosso pensamento sobre o homem, sua cultura e seus valores", tendo como resultado "uma dificuldade crescente de encontrar pontos de apoio neste oceano em movimento".

Como escreveu seu amigo, o historiador Friedrich Meinecke[10] (1862-1954), o pensamento de Troeltsch pode ser resumido com as duas célebres fórmulas de

---

9. Teólogo e escritor. Elaborou, ao lado de Max Weber, alguns conceitos relacionados à religião.
10. Importante historiador alemão. Cofundador e primeiro reitor da Universidade de Berlim, em oposição ao nacional-socialismo.

Descrevendo a Utopia da Política 163

Heráclito e Arquimedes: "Tudo flui, dê-me um ponto de apoio estável e moverei o mundo." O esforço de Troeltsch, acrescenta Meinecke, visava escapar ao relativismo cético "se possível, utilizando os meios do próprio pensamento histórico como antídoto, para o veneno que jaz latente no historicismo".

Tratava-se, portanto, de encontrar um freio à anarquia dos valores, uma escapatória ao abismo relativista, um dique para a corrente dissolvente da historicidade. Ou, em termos mais diretamente epistemológicos, a questão que o inquietava era a seguinte: como um conhecimento objetivo é ainda possível, se toda cognição humana e social é historicamente condicionada?

Ele parece, como Simmel, inclinar-se para a solução eclética: a superação do relativismo seria possível graças a uma grande síntese cultural da civilização ocidental, análoga àquelas que produziram, no passado, os profetas, os gênios políticos e os grandes historiadores. Em sua última obra, *Der Hisiorismus und seine Uberwindung* (*O Historicismo e sua Superação*), de 1924, ele apresenta a conciliação, o compromisso entre as diferentes opções morais, próprias a cada indivíduo ou grupo, como o elemento dinâmico desta síntese nova.

Todavia, esta solução não parece inteiramente satisfatória para Troeltsch, que procura em vão um ponto de apoio que permita a síntese cultural. Ela coexiste nele com outra orientação, que tende a transcender o oceano em movimento da história. De acordo com Meinecke, Troeltsch havia compreendido que diante do historicismo "a única saída é vertical, buscar o eterno no momento histórico". Esta foi a saída a que me propus ao estabelecer a teoria do retardo. Realmente, na conclusão de *Der Historismus und Seine Probleme*, acha-se uma fórmula sibilina que sugere esta escapatória vertical, isto é, religiosa: "A chave para a solução de nosso problema encontra-se na identidade individual e essencial dos espíritos finitos com o espírito infinito...".

Troeltsch parece implicitamente reconhecer a impossibilidade de uma síntese eclética puramente científica. Seu fracasso metodológico – reconhecido pela maior parte dos críticos a sua obra – foi, como foi de Dilthey, a prova ao mesmo tempo da extraordinária potência crítica do historicismo e de sua incapacidade em oferecer resposta coerente aos problemas que ele mesmo suscita.

Com a obra de Karl Mannheim, o historicismo relativista desenvolve-se e metamorfoseia-se mais uma vez: sua nova imagem é de uma sociologia histórica do conhecimento, tingida de marxismo, à procura de um fundamento social para a solução eclética tradicional.

Mannheim começa de um polo oposto ao historicismo. Foi a partir do idealismo metafísico, onde é marcante o discurso do Absoluto, das verdades eternas, do estudo da história como uma verdade eterna, que Mannheim construiu suas primeiras intervenções. Contudo, as circunstâncias o levam a estudar a obra dos principais historicistas, Troeltsch, Dilthey, bem como a obra *História e Consciência de Classe,* do teórico marxista Georg Lukács.

No curso dos anos 20, Mannheim vem reivindicar para si uma versão particularmente radical do historicismo relativista, que ele procura combinar com certos

Aspectos de Civilização

temas marxistas. Em um ensaio de 1924, *Historismus*, sua ideia principal é a "dependência situacional" de todo conhecimento histórico: não existe nenhuma afirmação sobre a história na qual não se penetre a posição filosófica do sujeito observador. Esta posição, por sua vez, está vinculada tanto à camada social do observador quanto a sua dinâmica. No ensaio de 1925, *Das Problein einer Soziologie des Wissens*, ele reafirmava, como um desafio e uma provocação, esta profissão de fé relativista:

> *Não podemos partilhar deste medo que se manifesta no pensamento contemporâneo com relação ao relativismo...*

> *Preferimos um relativismo que torna a sua própria tarefa difícil – na medida em que coloca em evidência todos estes momentos que revelam a parcialidade e a dependência para com o ser de toda a afirmação – a este "absolutismo" que proclama o caráter absoluto de seu próprio ponto de vista ou da "verdade em si", mas é de fato ao menos tão parcial como qualquer um de seus adversários...*

Neste artigo, a dimensão sociológica e a influência do marxismo são mais profundas e o programa de uma sociologia do conhecimento é esboçado. Mannheim relaciona as categorias do conhecimento com certos modos de pensar, certas visões de mundo, que são ligadas ao sistema econômico e político e a certas classes sociais.

É com *Ideologie und Utopie*, de 1929, e o artigo *Wissensoziologie*, de 1931, escrito para um manual de sociologia e integrado à nova edição inglesa de *Ideologia e Utopia*, de 1936, que Mannheim vai sistematizar sua concepção da sociologia do conhecimento e fornecer uma contribuição original à problemática historicista. A ideia central do livro, em continuidade com os ensaios de 1924-25, é a da *Standortgebundenheit* ou *Seingsgebundenheit* do pensamento em geral e do conhecimento histórico-social, em particular. A tradução habitual destes termos: "determinação existencial", nos parece imprecisa, o termo *gebundenheit* não implica determinação, mas dependência, ligação, vinculação: seria preciso, portanto, falar antes de dependência do conhecimento com relação ao ser social ou vinculação do conhecimento a uma determinada posição – social. Que entendia Mannheim por posições sociais? O termo inclui vários grupos ou categorias sociais: gerações, círculos, seitas religiosas, grupos profissionais, mas a estrutura decisiva é a das classes sociais. Contudo, estas categorias são abrangidas por uma única: a nacional. Para Mannheim, a formação e a evolução do conjunto dos grupos sociais estão fundamentadas nas relações de produção e de dominação. Nestas condições, compreende-se facilmente a crítica frequentemente dirigida contra ele por seus críticos antimarxistas: "Apesar de seus esforços para diferenciar sua própria visão da do marxismo, ele nunca escapou inteiramente das categorias marxistas de Unterbau e Uberbau...", infraestrutura e superestrutura.

É partindo de Marx e do jovem Lukács, de 1923, que Mannheim vai definir o conceito de ideologia total. Esse não correspondia a tal ou qual ideia ou representação, mas ao conjunto da estrutura da consciência, *Bewusstseinstruktur*, de uma classe ou categoria social – seu estilo de pensamento socialmente condicionado. Esta visão de mundo global modela, no curso do processo cognitivo, as hipóteses, a problemática *Problemstellung*, a seleção dos dados, o vocabulário, o aparelho conceitual e os modelos intelectuais das teorias. No artigo sobre a sociologia do conhecimento, considera que o conceito de ideologia, que ele havia empregado ainda em 1929, estava muito "carregado" e o substitui pela perspectiva socialmente vinculada. Mas a significação concreta do novo termo é a mesma.

Mannheim enfatiza, com razão, que esta ideologia total, ou perspectiva social, não é somente fonte de erro ou ilusão, ela é também fonte de lucidez e de conhecimento verdadeiro, ela abre o acesso a certos domínios da realidade, esclarece com acuidade certos aspectos do ser social. Em outros termos: o condicionamento social do pensamento não significa ausência de conhecimento, mas sua "particularização", parcialidade – seus limites de validade.

De acordo com ele, isso não se aplica às ciências naturais, fundadas sobre o paradigma matemático, já que no tipo de conhecimento exemplificado por duas vezes, a gênese não tem nenhum papel constitutivo no conteúdo cognitivo. Mannheim retomava, por sua conta, a distinção historicista clássica entre ciências da natureza e ciências do espírito: sua sociologia do conhecimento não visa, na realidade, senão às ciências humanas, aquelas que, segundo a sua essência, não são formuláveis a não ser no quadro de uma perspectiva socialmente condicionada.

Constatando a presença da posição social no olhar, na percepção, na "visão" cognitiva dos fatos históricos e sociais, Mannheim coloca uma questão tipicamente "lukacsiana": "Qual é a posição que tem as maiores condições de ter acesso a um *optimum* de verdade?"

Sua resposta parece, às vezes, aproximar-se surpreendentemente da resposta de *História e Consciência de Classe*: "A consciência burguesa tem um interesse social vital em... ocultar de si mesma os limites de sua própria racionalização"; o marxismo, pelo contrário, descobriu um novo método de pensamento que, situado em um observatório mais elevado, produziu um "alargamento do campo de visibilidade".

O conjunto da problemática da *Standortgebundenheit* em Mannheim é, portanto, em nossa opinião, não somente inspirado pelo marxismo e especialmente por Lukács, mas constitui um enriquecimento para a sociologia marxista do conhecimento, graças à contribuição conceitual e metodológica do historicismo. Este "enxerto" entre marxismo e historicismo é, do nosso ponto de vista, a contribuição teórica mais interessante de Mannheim, aliás, magistralmente aplicada em algumas de suas pesquisas históricas concretas – por exemplo, o estudo de 1927 sobre o pensamento conservador.

Todavia, após ter seguido de perto o marxismo na definição da sociologia do conhecimento, Mannheim separou-se dele em certo momento, para empreender uma *démarche* relativista inspirada na tradição historicista. Pode-se situar com precisão o ponto lógico desta separação/ruptura com o marxismo, a partir da qual

Aspectos de Civilização

vai redirecionar seu itinerário: o *Princípio da Carruagem,* de Max Weber. Como se sabe, em seu *Discurso sobre a Vocação do Político,* de 1919, Max Weber havia criticado a recusa do marxismo em aplicar-se a si próprio: "A interpretação materialista não é uma carruagem sobre a qual se pode montar a vontade e que se deteria diante dos agentes da revolução". Mannheim cita, com aprovação, a fórmula "weberiana" e critica o marxismo por não ter observado a *Seinsgebundenheite* e a ideologia, senão em seus adversários, enquanto concebia-se a si próprio como não ideológico. Em outros termos: Os marxistas desmascararam todas as outras correntes de pensamento, desvelando, sob a máscara de objetividade, universalidade e neutralidade, a sua verdadeira face: um ponto de vista de classe tendencioso e parcial; eles se recusam, entretanto, a retirar sua própria máscara e a revelar sua própria "face social".

Ora, "a carruagem", uma vez em marcha, não pode mais parar e não pode permitir nenhum dos "passageiros" descer no meio do caminho: o método que consiste em "desmascarar" o rival não pode continuar sendo por muito tempo o privilégio de uma única tendência, e ninguém pode impedir seus adversários de aplicar ao marxismo o seu próprio remédio. Para Mannheim, é exatamente aí que se situa a superioridade da sociologia do conhecimento sobre o marxismo: ela retira todas as máscaras, sem exceção, e mostra o caráter unilateral – "perspectivista" –, ideológico, socialmente condicionado de todas as formas de pensamento e conhecimento científico-social, inclusive o próprio marxismo.

Não se pode negar que esta crítica contém uma parte de verdade: várias correntes no seio do marxismo, desde a época de Mannheim, até os nossos dias, são influenciadas pelo positivismo. É suficiente pensar em Kautsky[11] (1854-1938) e no "marxismo ortodoxo" da Segunda Internacional, que apresentaram o materialismo histórico como apenas uma "ciência", pura e simples, livre de julgamentos de valor, não ideológica ou utópica e sem vinculações de classe. É contra essas correntes – mais que contra o próprio Marx, que não ocultava que sua teoria "representava" o ponto de vista do proletariado – que se aplica o "princípio da carruagem". Entretanto, não se pode apenas ficar surpreendido diante do silêncio de Mannheim, em *Ideologia e Utopia,* face às teses de Lukács, que advêm precisamente de uma tentativa de aplicação do marxismo como método a si mesmo, reivindicando claramente seu caráter de consciência de classe "adjudicada" do proletariado.

É evidente que não se podem acertar as contas com a História e a consciência de classe através do "princípio da carruagem"; ora, Mannheim, que considerara, em 1923, o livro de Lukács como a primeira grande obra filosófica da dialética marxista, polemiza com o marxismo, fazendo abstração das posições de seu mais eminente teórico.

É apenas no artigo sobre a *Wissensoziologie,* de 1931, que há uma pequena referência crítica a Lukács, quando ele expressa a dificuldade de Mannheim: "Ele se

---

11. Teorico político, importante representante do marxismo e um dos fundadores da ideologia social-democrata.

Descrevendo a Utopia da Política

limita a falar elipticamente do risco de uma solução unilateral construtiva e dogmatizada – carregada de certa concepção filosófico-histórica – da problemática" e a lamentar que Lukács não tenha sabido dissociar a sociologia do conhecimento do método de "desvendamento ideológico".

Escreveu-se, a propósito de Max Weber, que a sua obra era um diálogo com a sombra de Marx. Poder-se-ia afirmar também que *Ideologia e Utopia* é um diálogo com e uma resposta à *História e Consciência de Classe*: num caso como no outro, os adversários-parceiros não são, quase nunca, explicitamente criticados e discutidos, mas o conjunto da *démarche* se realiza em relação a eles.

Uma vez rejeitada a saída marxista, Mannheim acha-se diante dos dilemas clássicos do relativismo historicista: se todo pensamento ou conhecimento é dependente de uma perspectiva social, historicamente condicionada e ligada a um ponto de vista social, inevitavelmente parcial e tendencioso, como chegar à verdade objetiva ou ao menos a um *"optimum"* de veracidade cognitiva? Sua resposta não escapa às armadilhas do atalho já percorrido por seus mestres predecessores, Simmel, com quem Mannheim havia estudado em Berlim antes da guerra, e Troeltsch: a "síntese" eclética.

Trata-se, constatando a complementaridade recíproca dos diferentes pontos de vista parciais, – vinculados a posições sociais distintas –, de atingir uma visão de conjunto pela síntese dinâmica destas perspectivas unilaterais.

Esta síntese – que deve ser constantemente renovada, seguindo o momento histórico –, permite a percepção a mais vasta, a mais ampla possível em uma época determinada. Ao integrar as diferentes perspectivas, ao traduzi-las e convertê-las umas nas outras, ela abre o caminho a uma nova objetividade. Mannheim insiste no caráter "dinâmico" da síntese, supondo distingui-la da velha "média exata", mas é obrigado a reconhecer que ela advém, bem ou mal, de uma opção política determinada pelo "equilíbrio dinâmico" contra "as duas alas extremas do movimento-político": a revolução e a contrarrevolução. É a partir desta "decisão política", pelo "centro dinâmico", que se pode elaborar a síntese que representa o *optimum* relativo de conhecimento em uma época determinada.

Não se pode dirigir a essa solução eclética as mesmas críticas mencionadas anteriormente a respeito de Simmel, a começar pela constatação feita por Max Weber – pouco suspeito de simpatia pelo extremismo revolucionário –, de que a posição de "centro" não é em nada mais objetiva que a posição dos "extremos". Abstemo-nos de qualquer comentário sobre a evolução de Mannheim, após sua partida para a Inglaterra, em 1933, quando sua "síntese" ou ''terceira via'' toma um caráter mais e mais conservador, até que ele se torna, de acordo com seu antigo assessor na London School of Economics, Jean Floud, um "utópico de direita". É suficiente constatar que este itinerário é uma demonstração exemplar da vacuidade do conceito de "síntese dinâmica", conceito que, nos anos 20, envolveu uma articulação entre marxismo e historicismo, e nos anos 30 e 40, entre liberalismo capitalista e conservadorismo autoritário.

Aspectos de Civilização

Entretanto, o que distingue Mannheim, de antes de 1933, de seus antecessores relativista-ecléticos e lhe dá, em relação a eles, uma superioridade inegável é sua tentativa de encontrar um fundamento social para a síntese. Nisso, ele é coerente com o conjunto da sociologia do conhecimento: toda forma de pensamento é necessariamente "vinculada a uma posição social" – *Standortgebunden*.

Mas Mannheim, ao colocar a questão do protagonista da síntese, isto é, da camada social capaz de realizar a integração dinâmica das perspectivas ideologicamente conflitivas, situa-se – de certa maneira – no interior de uma problemática do tipo marxista/lukacsiana. Ele parece aceitar o desafio de Lukács, quando questiona: "Qual é a classe social cujo ponto de vista permite o máximo de conhecimento possível em uma época determinada?". Evidentemente, sua resposta é diametralmente oposta à dos marxistas, mas os críticos antimarxistas de Mannheim, como Robert Merton, não se enganaram ao afirmar que a *intelligentsia* desempenha em seu sistema o mesmo papel epistemológico de garantia estrutural da validade que o proletariado em Marx.

As razões que Mannheim propõe para justificar a atribuição deste "privilégio epistemológico" à *freischwebende intelligenz (intelligentsia* sem vínculos) ou literalmente "livremente flutuante" são significativas:

a. Trata-se de uma camada, relativamente sem posição de classe, desprovida de vínculos sólidos com o espaço social e à margem da produção;

b. No meio intelectual, composto de pessoas de origem a mais diversa, todos os pontos de vista contraditórios confrontam-se de forma permanente, favorecendo assim o avanço de uma visão de conjunto;

c. Enquanto o ponto de vista de classe – ligado ao processo de produção – é diretamente determinado por sua posição social, o ponto de vista do intelectual – qualquer que seja à sua afinidade de classe – é também determinado por certa comunidade educacional ou cultural; e

d. A "flutuação" dos intelectuais, a instabilidade de sua posição social, o caráter hesitante e deliberativo de sua mentalidade não são apenas elementos negativos, como se diz geralmente. Os que têm liberdade de escolha, que examinam todos os pontos de vista antes de tomar uma posição, são precisamente os que podem chegar a uma visão global e formular uma síntese verdadeiramente dinâmica.

De acordo com Mannheim, dois caminhos oferecem-se ao intelectual:

1. A adesão a uma das classes em luta, processo habitual através do qual a *intelligentsia* fornece ideólogos – no sentido amplo –, tanto aos conservadores como aos liberais e ao proletariado; e

2. A tomada de consciência de sua própria missão, de "sua predestinação a se tornar o advogado dos interesses espirituais do todo social".

É, de acordo com ele, evidentemente nesta segunda opção que se encontra a solução para o problema da maximização do conhecimento social e político.

O importante para nós é que os interesses espirituais do todo social só são realmente encontrados no interesse nacional.

Alguns acusam Mannheim de querer simplesmente fazer o apanágio do universitário, o que não nos parece realidade. Mas se o fizesse, já teria provocado um avanço na discussão do tema. A "*intelligentsia* livremente flutuante" de Mannheim leva, como ele mesmo diz, a se identificar o sujeito social do *optimum* do conhecimento. Contudo, é inegável que a *intelligentsia* é uma camada relativamente autônoma com relação às classes sociais e que seu comportamento não pode ser mecanicamente explicado em função de sua origem social.

A "livre flutuação" dos intelectuais é real e explica por que os pensadores, vindos de uma classe determinada, puderam se tornar ideólogos ou utópicos de outra, ou transferir sua solidariedade de uma classe a outra. O que Mannheim parece ignorar é que a flutuação é um estado temporário. Para ele, cada classe social possibilita um ponto de observação, contudo, há observatórios mais elevados que outros. Esta é uma visão correta, contudo, a visão maior que pode ter um intelectual é a que o afasta da questão de classes e o coloca sobre pairando nelas ao discutir a questão nacional. Tudo pode ser relativo, só não o é a visão nacional. Aqui está a solução que se procura: a grande missão dos intelectuais de uma sociedade periférica é criar a utopia capaz de deslocar esta periferia para o centro.

10

Desenvolvimento:
Economia como Instrumento da Política

Não existe uma unidade teórica sobre o tema "Desenvolvimento Econômico". Na teoria econômica, encontramos apenas fragmentos e/ou conjuntos de ideias e observações heterogêneas.

Para um bom entendimento da questão, vamos examinar como as diversas correntes e escolas econômicas abordaram o tema, com especial atenção para os trabalhos que formataram a base do pensamento econômico. Assim, nos dedicaremos ao pensamento das duas correntes do capitalismo: os clássicos e os historicistas. A principal questão que ambas pretendem responder é: Quais as causas fundamentais e determinantes do desenvolvimento econômico?

Os economistas definem desenvolvimento econômico como o processo pelo qual a renda nacional de uma economia aumenta durante um longo período de tempo. Preferimos considerar, como mais apropriado e melhor definido no sentido econômico do termo, que o desenvolvimento econômico é o processo pelo qual a renda nacional de uma economia aumenta durante um largo período de tempo, colocando à disposição de uma população cada vez mais bens físicos. Renda nacional de uma economia pode ser definida, de forma simplificada, como o que ela produz, acrescida ou decrescida de transferências líquidas de produção e riqueza do exterior.

Óbvio está que, se o ritmo do desenvolvimento é superior ao ritmo de crescimento da população, haverá um crescimento da renda real *per capita*. No entanto, é possível que haja desenvolvimento sem aumento dessa renda. É importante ressaltar que o aumento do produto, ou a maior produção de bens físicos, sempre vem acompanhado de outras variações, tanto na oferta dos fatores produtivos quanto na demanda desses produtos. A seguir uma relação sumária que sintetiza as causas dessas variações:

Aspectos de Civilização

- Quanto à oferta dos fatores:
  - descoberta de recursos adicionais;
  - acumulação de capital;
  - crescimento populacional;
  - novas técnicas de produção;
  - melhorias das habilidades pessoais; e
  - modificações institucionais e organizacionais.
- Quanto à estrutura da demanda dos produtos:
  - tamanho e composição etária da população;
  - nível e distribuição de renda;
  - gostos, e
  - arranjos institucionais e organizacionais.

Portanto, é possível organizar-se uma metodologia para se acompanhar o processo do desenvolvimento econômico, mediante a observação detalhada dos elementos condicionantes, tanto na oferta dos fatores como na estrutura de demanda da produção no período em análise. Tem-se defendido a tese de que, tanto a produção quanto o desenvolvimento econômico são funções dependentes das seguintes variáveis:

1. Oferta de recursos;
2. Técnicas disponíveis;
3. Organização dos mercados;
4. Estrutura institucional da vida econômica; e
5. Atributos antropológicos da população.

Atualmente, este último fator não tem merecido a devida atenção, contudo o consideramos importantíssimo. Desenvolvimento pressupõe um crescente nível coletivo de vida: ele vai além da simples análise econômica; não se trata apenas de haver crescimento da renda real *per capita* durante um longo período de tempo. Para autores como Viner, o desenvolvimento se caracteriza quando este incremento na renda real vem acompanhado de uma diminuição do contingente da população que está abaixo de um determinado nível mínimo de renda. Sobre esta questão temos uma observação interessante do economista Kuznets:

> A eleição de uma medida per capita, ou qualquer medida simples similar adotada para avaliar o crescimento econômico... leva consigo o perigo de negligenciar o denominador da fração...

Em nossa opinião, desenvolvimento não se insere em um contexto exclusivamente econômico. Uma economia não é um sistema operado exclusivamente por forças mecânicas. Estas forças, por não serem naturais, devem ser vistas dentro de uma matriz sociocultural. Não se pode afirmar, com segurança e de forma definitiva, que o bem-estar econômico aumentará em decorrência do simples aumento da renda

Desenvolvimento: Economia como Instrumento da Política

nacional ou da renda *per capita*, e que seja uma resultante direta do desenvolvimento econômico. Outros fatores também tendem a influir, como por exemplo, a distribuição da renda, a composição da produção, gostos, custos reais e outras variações particulares, podem vir a provocar alterações no bem-estar econômico.

A economia apresenta avanços cíclicos e o que caracteriza o desenvolvimento é o incremento da renda nacional entre esses ciclos. Está claro que só períodos superiores a uma década é que podem ser utilizados como unidades de tempo relevantes para medir ou avaliar o desenvolvimento. Os ciclos estão empiricamente estimados como de 6 a 13 anos. Dois ciclos podem vir claramente a caracterizar um estágio, ou seja, em aproximadamente um quarto de século podemos avaliar o crescimento ou a estagnação econômica. Apesar disso, o estudo do desenvolvimento econômico não deve se prender, exclusivamente, a uma visão de longo prazo. Na verdade, consideramos um erro a divisão do estudo dos problemas econômicos em dois grupos: uns denominados de curto prazo e outros de longo prazo. Tempo não se detém arbitrariamente, o curto prazo se infiltra no longo prazo e questões de longo prazo sempre surgem em problemas de curto prazo.

No Brasil do final do século XX, a questão do desenvolvimento não tem se feito presente como se fez no passado, o que, em muito, decorre de mudanças quanto ao tema, ocorridas no mundo. Após a II Grande Guerra e até meados da década de 1970, era nítido o interesse dos EUA e da Grã-Bretanha no desenvolvimento dos países mais atrasados, o estímulo ao desenvolvimento do então chamado Terceiro Mundo fazia-se notar claramente na política externa desses países. Hoje, isto já não se faz mais tão presente, talvez pelo predomínio, naqueles países, das teses neomalthusianas, influenciados pelo Clube de Roma.

Duas escolas econômicas – os clássicos e os historicistas – observam o fenômeno do desenvolvimento.

A Visão dos Clássicos: a Especialização e o Mercado

Os economistas, especialmente os clássicos mais notórios, Adam Smith (1723-1790) e David Ricardo (1772-1823), foram os primeiros a abordar o estudo da economia com uma visão ampla e ousada. Eles desejavam, em primeiro lugar, determinar as causas do crescimento no longo prazo da renda nacional e descobrir o processo pelo qual se dava este crescimento.

Adam Smith era um escocês que, ao publicar sua doutrina sobre a ética, em uma obra intitulada *Teoria dos Sentimentos Morais*, em 1759, passou a ter certa notoriedade na época. Entretanto, sua grande obra, que o celebrizou como o pai da Economia, só veio a ser divulgada em 1776, intitulada de *Investigação sobre a Natureza e a Causa da Riqueza das Nações*. Nessa obra, Adam Smith cria os pressupostos básicos sobre os quais se erigiu a escola econômica inglesa e criou as condicionantes maiores que envolvem as discussões de economia política.

Em sua abordagem, que veio a ser conhecida como abordagem clássica, ele atribui a origem da renda nacional a três fatores de produção: o trabalho, a terra e o capital – não traindo assim, plenamente, o legado fisiocrata. Para ele, a renda nacional tinha três origens: dos salários – frutos do trabalho; dos lucros – que resultam do capital; e das rendas – que decorrem da terra. Assim, para Smith e para os economistas clássicos que o seguiram, o produto nacional só comportava dois tipos de bens: os manufaturados e os agrícolas. Analisavam, portanto, os problemas políticos que, aceleravam ou embargavam o desenvolvimento em cima dessas duas simples premissas.

Smith ainda tem uma imensa influência sobre a teoria econômica. Seu ponto de vista econômico é identificado com a política do *laissez-faire* fisiocrata. *A Riqueza das Nações*, contudo, é mais um sumário superficial de ideias do que uma análise bem racionalizada de economia. Contudo, apesar desse seu pouco rigor intelectual, Smith contribuiu em muito para o estudo da teoria do desenvolvimento.

Adam Smith foi influenciado, diretamente, pela ideia da lei natural, tese ampla-mente difundida no século XVIII, que defendia ser a natureza que conduz todo o processo histórico. Ele firmava que:

> *Há um conjunto de regras de direito ou de justiça e talvez mesmo de morali-dade em geral, que são ou que podem ser conhecidas por todos os homens com a ajuda da razão ou de um sentimento moral e que possuem uma autoridade superior aos ditames emanados de soberanias humanas e às limitações legais e morais correntes que possam vir a contrariá-las.*

Smith estende este conceito à economia. Para ele, o sistema legal justo e prescrito pela natureza é, também, o melhor meio de promover o desenvolvimento. Considera que este sistema legal prescrito pela natureza implica, em essência, a proteção ao direito de todos os homens de tentar alcançar os seus próprios interesses, livres da opressão de outros membros da sociedade, embora dentro dos limites impostos pela necessidade de conceder idêntica proteção aos outros membros da mesma sociedade. Para ele, se cada membro da sociedade for livre para buscar os seus próprios interesses, ter-se-á, como resultado, uma harmoniosa e benéfica ordem econômica. É a famosa "mão invisível" que assegura este objetivo.

Mas como se dá o progresso nesse mundo tomado pelo autointeresse? Na visão de Smith, é através do incremento das energias produtivas da mão de obra, e este tem sua origem na "divisão do trabalho": o maior instrumento para o progresso. Para ele, uma maior divisão induz à especialização e esta conduz a um aumento na destreza dos trabalhadores, a uma redução do tempo necessário à produção e à invenção de melhoras no processo produtivo.

Smith achava, contudo, que mesmo antes da divisão do trabalho, os homens já tinham o seu autointeresse motivado pela sua propensão de "negociar, permu-tar ou trocar uma coisa pela outra". Para ele, isto conduz ao intercâmbio e este à divisão do trabalho. Entretanto, ele não é claro neste ponto. Antes que esta ocorra, é necessário a acumulação de capital. Aí é que ele enfatiza ser a poupan-ça uma condição necessária ao desenvolvimento econômico:

Desenvolvimento: Economia como Instrumento da Política

Todo o aumento ou toda a diminuição do capital, portanto, tendem a aumentar ou a diminuir o volume real da indústria, o número de mãos produtivas, e, consequentemente, o valor intercambiável do produto anual da terra e do trabalho do país, a riqueza e os ganhos reais de todos os seus habitantes.

Os capitais são aumentados pela frugalidade e diminuídos pela prodigalidade e pela má conduta.

Além da limitação decorrente da acumulação de capital, a divisão do trabalho, na visão de Adam Smith, tem outra limitação, que é a extensão do mercado, como afirma:

Quando o mercado é muito pequeno ninguém pode ter o estímulo para dedicar-se inteiramente a uma ocupação, pois não pode trocar o excedente do produto de seu próprio trabalho, que está acima de seu próprio consumo, por outras partes resultantes do trabalho de outros homens, quando tiver ocasião para isso.

Outra ideia que se verifica claramente na obra de Smith é que ele acreditava que uma vez iniciado o processo do desenvolvimento, este tende a se tornar progressivo. Em sua visão criava-se um círculo virtuoso:

A divisão do trabalho dá origem à acumulação de capital, esta aumenta o nível de produtividade, algo que conduz a maior especialização e esta conduz a uma nova divisão do trabalho.

Outro ponto importante da análise de Smith é o reconhecimento da existência, ao longo do processo de desenvolvimento, das economias externas, ou seja, fatores que provocam ganhos e que se encontram fora do controle de uma empresa individual, ou seja, assim como existem economias, processam-se também deseconomias. Embora ele acreditasse na natureza cumulativa do desenvolvimento, acreditava também na existência de limites para o processo de desenvolvimento e estes limites estão postos na sua visão sobre a distribuição da renda nacional.

Nos escritos de Smith, não há uma teoria clara sobre salários. Contudo, em sua opinião, os salários resultam do embate das forças negociais dos trabalhadores e dos capitalistas. Estes últimos têm todas as vantagens nesses embates e acabam conduzindo os trabalhadores ao seu nível de subsistência, apesar de reconhecer que existem períodos em que eles podem ter alguns ganhos – períodos nos quais a acumulação de capital processa-se de maneira rápida. Nestes períodos, os capitalistas competem de forma acirrada pelos empregados, e, aí, os salários tendem a se elevar:

Se esta demanda (mão de obra) aumenta de forma continuada, a remuneração do trabalho deve, necessariamente, estimular de tal forma o casamento e a multiplicação de trabalhadores, que lhes permita satisfazer àquela demanda continuada, com uma população que é, de forma continuada, crescente. Se a recompensa for, em qualquer tempo, menor do que a necessária para esse fim, a escassez aumentaria prontamente; e, se em qualquer ocasião fosse maior, sua multiplicação excessiva faria com que descesse até a taxa necessária.

Aspectos de Civilização

O aumento que eleva os salários tende a diminuir os lucros.

Quando os fundos de muitos comerciantes ricos são investidos no mesmo setor do comércio, a sua concorrência mútua tende, naturalmente, a abaixar os seus lucros e quando existe um aumento de fundo em todos os diferentes setores de intercâmbio, efetivados dentro da mesma sociedade, a mesma concorrência deve produzir os mesmos efeitos em todas elas.

Depreende-se desta e de outras colocações que Smith concebe o processo que relaciona o capital e o trabalho no desenvolvimento econômico como uma sistemática que tem seu início quando o capital existente é pequeno e as oportunidades são muitas e os lucros são elevados. Isto proporciona uma rápida acumulação de capital, o que pode conduzir à elevação dos salários. Entretanto, no decorrer do processo diminui as oportunidades aproveitáveis, o que necessariamente conduz à diminuição da remuneração de capital. Desde que se mantenha a taxa de acumulação, os salários podem ficar acima do nível de subsistência do trabalhador. Contudo, em sua visão, salários altos conduzem a um aumento desmedido da população. Assim acaba-se chegando a outro estágio da economia em que não se pode mais avançar em acumulação de capital.

Para ele, quando se atinge esta situação, a taxa de acumulação deteriora-se e sua derrocada provoca a diminuição dos salários, que são então conduzidos ao estágio da sobrevivência, atingindo o que ele classifica como estágio estacionário. Neste ponto, a taxa de acumulação é zero e o desenvolvimento deixa de existir.

Defendia que, quando se atinge o estágio estacionário, as rendas da terra se maximizam. Esse rendimento, na opinião de Smith, resulta do monopólio da terra. Todavia, sua análise da renda é muito obscura e não explica por que a renda aumenta quando a sociedade progride. Baseado na sua lei natural, o avanço econômico primeiro se dá na agricultura, depois nas manufaturas e ao final no comércio. Em nossa opinião, a maior contribuição que Adam Smith deu para o entendimento do processo do desenvolvimento foi a ênfase que ele concede à acumulação da capital.

Outra importante colocação que resultou de suas pesquisas e que veio, mais tarde, a ser utilizada por outros economistas é o fato de que ao longo do processo de desenvolvimento os bens manufaturados têm preços cadentes, enquanto os bens agrícolas têm preços ascendentes.

Algo que também fica bem claro olhando os seus escritos, é que ele acreditava que o processo de desenvolvimento no estágio estacionário, uma vez iniciado, só estancará após o aproveitamento de todas as oportunidades de investimento – a ideia de que desenvolvimento econômico é um processo gradual e autocontínuo. Ponto de vista adotado por todos os economistas clássicos e neoclássicos que o seguiram.

Mas a grande marca da visão de Smith sobre o mundo econômico é a sua condenação ao processo de intervenção governamental em assuntos econômicos.

Outro importante economista da escola clássica foi David Ricardo, que era filho de um banqueiro israelita que emigrou da Holanda para a Inglaterra. Trabalhou

Desenvolvimento: Economia como Instrumento da Política

para seu pai desde os 14 anos. Depois, na idade de 22 anos, começou a trabalhar por conta própria como corretor de valores. Cortou seus laços com a família e converteu-se aos *quackers* na época de seu casamento. Especulador ousado e bem-sucedido, reuniu uma grande fortuna, retirando-se dos negócios aos 42 anos. Tornou-se, então, membro do parlamento, no qual veio a gozar de grande prestígio. Sua principal obra, *Princípios de Economia Política e de Imposto*, foi publicada em 1817. Em nossa opinião, o pensamento de Ricardo é muito mais estruturado e relevante para o avanço da análise clássica que o de Smith, apesar deste ter granjeado muito maior fama.

Ricardo considerava a agricultura como o principal setor da economia. As dificuldades decorrentes da necessidade de se proporcionar alimentos a uma população crescente servem como pontos focais de sua análise.

Para ele, a cena econômica só contemplava três tipos de atores: os capitalistas, os latifundiários e os trabalhadores. Destes três, ele vê os capitalistas como os mais importantes, já que, em sua opinião, exercem um papel-chave na economia, pois dirigem a produção de bens e serviços. São eles, em sua opinião, que levam a cabo duas importantes missões:

1. A de igualar, ou procurar igualar, as taxas de lucro sobre o capital entre os vários setores da economia, promovendo, assim, permanentemente, a mais eficiente distribuição de recursos; e

2. Que ele considera como a mais importante: a de dar início ao processo de desenvolvimento econômico – o que fazem pela simples reinversão dos seus lucros.

Ele defendia que o conjunto dessas novas inversões conduz à progressiva acumulação de capital, o que resulta numa série de ações que promovem o aumento da renda nacional. Constata que, embora os trabalhadores representem a maior parte da sociedade, eles são totalmente dependentes dos capitalistas para obter emprego ou para obter os implementos necessários ao processo produtivo. Na sua visão, os salários representam um simples adiantamento que os capitalistas fazem aos trabalhadores, para que eles se mantenham, e a quantidade de pessoas empregada é regulável, decorrendo da própria capacidade aquisitiva deles. Acredita na existência de um salário real natural que ele vê como o da subsistência. Neste ponto, sua visão é bem próxima à tese exposta pelo economista clássico Malthus, em sua obra *Ensaios sobre o Princípio da População* (1798).

Para os latifundiários, exercita a seguinte análise: que o desenvolvimento conduz, progressivamente, a uma crescente escassez dos tipos mais férteis de terra, o que, por si só, conduziria a rendimentos decrescentes no setor agrícola. Conforme mais se necessita de terra, mais se estabelece uma competição dos capitalistas na busca de mais e melhores categorias de terra, o que conduz a um crescente aumento do pagamento que os capitalistas fazem aos latifundiários, ou seja, àqueles que são donos da terra. Este pagamento representa a renda dos latifundiários ou como ele diz: "... aquela porção do produto da terra que é paga ao seu proprietário pelo uso da energia natural e indestrutível do solo".

Aspectos de Civilização

Em sua visão, a equalização das rendas recebidas por unidades de capital e de trabalho empregados em diferentes tipos de terra resulta do processo de competição dos capitalistas em sua busca de terras.

Os economistas clássicos explicam a renda nacional de forma similar a Ricardo. Eles a dividem em três partes: salários, rendas e lucros. Procuravam esclarecer como se dava a evolução relativa dessas três partes ao longo do processo de desenvolvimento econômico. Ricardo justificava este procedimento em carta que dirigiu a Malthus:

> Nenhuma lei pode ser enunciada a respeito da quantidade, mas pode-se ter outra que é toleravelmente aceitável relativa às proporções. Sinto-me cada dia mais satisfeito com o fato de que as primeiras investigações são vãs e enganosas e as últimas são as que unicamente compreendem os verdadeiros objetivos das ciências.

Em suma, Ricardo pregava que se pode entender o crescimento da renda (ou do produto nacional) estudando-se o comportamento relativo das três partes que ele admite compor a renda nacional. Todavia, isto não se aplica ao total. Não há, na sua visão, um comportamento relativo entre salário total, lucro total e renda total. Em vez disto, suas leis e normas se aplicam ao comportamento da renda, do lucro e do salário auferido por qualquer quantidade de capital ou trabalho, comparada ou relativa àquela renda produzida por esta unidade em termos de renda nacional.

Neste ponto é importante o entendimento de um conceito introduzido por Ricardo, que distinguia a renda bruta da renda líquida. Para ele, a renda bruta é o valor de mercado dos bens finais produzidos por unidade de tempo. A diferença entre este valor e o valor necessário para manter a força de trabalho que dá origem a este produto (e de forma presumida o valor necessário para a reposição dos bens necessários para manter o estoque de capital) é o que ele chama de renda líquida – hoje conhecido como excedente econômico. Este nos parece ser o mais relevante conceito introduzido por Ricardo: o excedente econômico é aquilo que está disponível para o posterior aumento da produção. Se não houver excedente econômico não há possibilidade de progresso, e acrescenta:

> De acordo com o conceito clássico, quando o trabalho em conjunto com os recursos naturais e o capital fixo dão origem a um excedente que suplanta o que é necessário para manter a força de trabalho, torna-se possível o desenvolvimento econômico.

O conjunto de lucros, de rendas da terra e mesmo os salários que sobrepujam o nível de subsistência constituem a renda líquida da economia. Quando esta renda líquida for empregada numa maior acumulação de capital, é que, na visão de Ricardo, dar-se-á o desenvolvimento. Por isso é que, para ele, os capitalistas são tão relevantes. Além disso, para ele os trabalhadores e os latifundiários não poupam ou se poupam não empregam suas economias nas atividades produtivas. São, portanto, os capitalistas que promovem o desenvolvimento, tanto pelo investimento, como pelo fundo decorrente dos salários.

Desenvolvimento: Economia como Instrumento da Política

No entanto, ele também chega ao estado estacionário, talvez influenciado por Malthus, ao atribuir à natureza a crescente e progressiva diminuição do excedente econômico, até tornar-se desprezível, quando cessava o crescimento, conforme observava.

A maior questão com que Ricardo se defrontou para apresentar uma teoria econômica integrada foi explicar a questão do preço e do valor. Sobre este tema ele escreve a James Mill: "Sei que logo serei detido pela palavra preço e devo recorrer a você em busca de conselho e assistência".

Afinal, ele acaba seguindo um trabalho anteriormente elaborado por Smith, cuja teoria afirmava que os bens valem as quantidades comparativas de trabalho empregado para produzi-los. Contudo, reconhecia que não era algo definitivo, pois era muito difícil a comparação de trabalhos que exigem níveis diferentes de destreza:

Reconheço que a teoria do trabalho não é rigidamente verdadeira, entretanto, afirmo que se constitui na aproximação mais imediata da verdade como o padrão para medir o valor relativo de quantas outras eu jamais tenha conhecido.

Ricardo defendia que o ouro deveria ser o padrão de valor e esta sua proposição foi adotada não só pela Inglaterra como pela maioria das nações, vigorando quase que continuamente até a primeira grande Guerra.

Ele tinha uma visão essencialmente presa à moeda, pois entendia que os preços monetários dos bens aumentariam caso crescesse a quantidade de dinheiro em circulação, permanecendo a mesma quantidade de bens disponíveis. Ricardo, portanto, preocupava-se de forma marcante com a relação entre o volume da moeda e o seu valor, abstraindo-se quase totalmente de outros fatores que poderiam vir a influenciar os preços. Assim, em sua visão, se for necessário aumentar a quantidade de trabalho para produzir um determinado bem, necessariamente este aumentará também de valor.

Ele foi um defensor implícito das teses da industrialização. Para ele, a indústria não apresentava discrepância de escala. Por exemplo, para se duplicar a produção bastava, tão somente, duplicar os fatores. Para ele, a agricultura apresentava a necessidade crescente de fatores, as melhores terras sempre eram as primeiras a serem cultivadas. Assim, a agricultura estava submetida a uma lei de rendimentos decrescentes. Ele também aborda a questão da superabundância e, assim como o economista clássico francês Jean-Baptiste Say (1767-1832), considera que a questão não existe: "A oferta sempre gera sua própria demanda." Opondo-se, portanto, de forma clara a Malthus, que dizia ser necessário gerar, antes da oferta, a própria demanda:

A primeira coisa de que há necessidade, antes mesmo do crescimento do capital e da população, é uma procura efetiva de produtos, isto é, uma procura feita por aqueles que têm os meios e a vontade de dar um preço suficiente.

Outro ponto interessante nas formulações de Ricardo é que, para ele, tanto os latifundiários como os trabalhadores são consumistas. Apenas os capitalistas poupam e depois investem. Modernamente dir-se-ia que esta tese respalda-se no fato de que a poupança prevista é sempre tornada investimento, o que traz como consequência nunca haver uma insuficiência de demanda efetiva.

Para Ricardo, a renda da terra dependia de sua fertilidade e localização. Esta tese estava fundada no fato de que quantidades iguais de um determinado produto agrícola chegavam às mãos do produtor, incorporando diferentes quantidades de trabalho. Por exemplo, um quilograma de trigo plantado em terra muito fértil e próxima ao mercado consumidor sempre terá o mesmo preço do trigo oriundo de uma terra muito distante e de baixa fertilidade. Não se leva em consideração a sua procedência, logo, o ganho na atividade agrícola era resultado direto da localização da terra e da qualidade do solo utilizado. Daí, conclui Ricardo, que as terras mais férteis e próximas do mercado possibilitam um lucro extraordinário, enquanto as terras menos férteis e distantes possibilitam apenas um lucro tido como normal. A diferença entre o lucro extraordinário e o lucro normal é o valor até o qual o capitalista estaria disposto a pagar ao latifundiário pelo arrendamento de sua terra e constitui a chamada renda líquida da terra.

Mas o ponto essencial da visão de Ricardo para a questão agrícola é que, a exemplo de Malthus, ele acha que a população tende sempre a crescer até atingir o limite da completa exaustão dos recursos naturais indispensáveis ao sustento humano. Malthus pregava que os recursos naturais e, principalmente, a terra cultivada são finitos e os seres humanos, pelo desejo carnal em especial, tendem a multiplicar-se até serem barrados pela falta de recursos da natureza.

Seguindo a visão pessimista da Malthus, Ricardo defendia que a expansão demográfica conduziria à exploração de terras cada vez menos adequadas às atividades agrícolas, exigindo cada vez mais trabalho para a produção de alimentos; o que, na opinião dele, implicava necessariamente a elevação do custo dos alimentos em relação às demais mercadorias. Na visão de Ricardo, a elevação dos preços dos alimentos conduz a uma elevação dos salários e das rendas, o que é feito em detrimento dos lucros. O crescimento dos salários, que continua sendo o da subsistência, aumenta em função da quantidade de trabalho necessário para garanti-lo.

Já a renda da terra aumenta em decorrência da expansão entre a margem do lucro "extraordinário" e do lucro "normal". Pela elevação da renda é atribuída aos proprietários rurais cada vez maior parcela do produto social. É desta forma que Ricardo vê diminuir o lucro e, portanto, o ritmo com que o capital é acumulado que, sendo um processo progressivo, leva ao estado estacionário. Para ele, este estado caracteriza-se pelo fato dos lucros tornarem-se ínfimos, deixando de se processar a acumulação e, portanto, os investimentos.

Naturalmente, Ricardo considera que existem fatores, em cada país, que retardam essa evolução fatal para o "estado estacionário", resultante da inexistência de investimentos. Um destes fatores é o progresso técnico, que permite produzir mais com menos trabalho, reduzindo o custo e, portanto, o valor do produto. O progresso técnico possibilita, em última análise, sustentar um número maior de pessoas e prolonga o período em que a lucratividade do capital viabiliza sua acumulação.

Desenvolvimento: Economia como Instrumento da Política

Outro fator é o comércio internacional, e Ricardo desenvolve sua famosa "teoria das vantagens comparativas", segundo a qual, naturalmente, cada país especializa-se nos ramos em que tem mais vantagens, isto é, em que seus custos de produção são menores que os custos dos demais países. Na sua visão, na divisão internacional do trabalho, cada país apresenta vantagens naturais (solo, clima, minério) ou artificiais (melhor infraestrutura, mais capital acumulado) que determinam os produtos que podem obter com menor custo. Dessa forma, os grandes beneficiários seriam os consumidores, que poderiam adquirir os produtos, independentemente de sua origem, pelos menores preços. Esta teoria possibilitou a ele defender a tese de que o Estado não deve se imiscuir, de nenhuma forma, no comércio internacional – deveria ser o espaço onde atuam, exclusivamente, os capitalistas.

Entretanto, os próprios economistas clássicos defendem uma notável exceção para a liberdade do comércio, com o argumento das "indústrias nascentes". Sobre o assunto assim se refere John Stuart Mill:

O único caso em que, sobre meros princípios de economia política, se pode defender as políticas protetoras é quando elas são impostas temporariamente (especialmente em uma nação jovem e em expansão), na esperança de naturalizar uma indústria estrangeira, de per se perfeitamente adaptável às circunstâncias do país.

Outro detalhe relevante das posições de Ricardo é que ele, a exemplo de outros economistas clássicos, em princípio, considera que, tanto o capital quanto o trabalho são imóveis do ponto de vista internacional; estes dois fatores são fortes atributos nacionais:

A experiência, no entanto, demonstra que a segurança real ou imaginária do capital... associada à pequena inclinação que todos os homens têm de deixar o país que nasceram e abandonar os laços que os prendem a ele... limitam a imigração do capital. Estes investimentos induzem a maioria dos homens, com propriedades, a estar satisfeitos com um baixo nível de rendimentos em seus próprios países, em vez de procurar um emprego mais vantajoso do seu capital em países estrangeiros.

Outro ponto extremamente relevante e que merece acurada observação de nossa parte é como os economistas clássicos encaram, em separado, as áreas coloniais. Sobre o tema, assim observa J. S. Mill:

Estas (as áreas coloniais) quase não deveriam ser consideradas como países, sob o ponto de vista de intercâmbio com outros países, mas, com mais propriedade, como estabelecimentos agrícolas, ou de manufaturas, que pertencem a uma comunidade maior.

Eles creem que todos os problemas de balanço de pagamentos têm a sua solução pela adoção universal do padrão-ouro, algo que proporciona, na visão deles, um mecanismo automático de ajuste.

Ricardo considerava os serviços do governo como improdutivos. Para ele, todos os impostos são pagos sempre pela renda do país ou pelo capital, e que estes tributos prejudicam o crescimento do estoque de capital.

Aspectos de Civilização

Em suma, a apreciação clássica buscou analisar o processo pelo qual uma parte do excedente disponível da comunidade é empregada em benefício da acumulação de capital. Portanto, para os economistas clássicos, a principal característica do desenvolvimento é a acumulação de capital. Toda a visão prospectiva dos economistas clássicos apoia-se, como foi visto, no histórico dos rendimentos decrescentes e no princípio malthusiano da população. Contudo, o aparecimento de um rápido ritmo de progresso técnico veio invalidar suas assertivas relativas à taxa decrescente dos lucros e à renda decrescente das terras. Não existe, também, como o tempo veio a demonstrar, uma tendência permanente para o salário de subsistência.

Suas conclusões à eventual cessação do desenvolvimento econômico apoiavam-se, portanto, sobre bases irreais. Além disso, os economistas clássicos defendiam a ideia da mínima intervenção do governo. Para eles, ao impor altas taxas alfandegárias o governo elevava o preço das mercadorias; ao adotar políticas sociais encorajava a superpopulação; e mais do que isto, ao apropriar-se de parcela da riqueza nacional para fins improdutivos prejudicava a criação de riqueza. Os clássicos acreditavam que, removendo a interferência governamental vinda do mercantilismo, estariam estimulando o desenvolvimento econômico.

Os economistas clássicos não analisaram adequadamente o problema da manutenção da demanda total. De acordo com suas visões, as depressões são causadas apenas por fatores, como a superprodução e as variações repentinas que se processam nos canais de comércio. Embora Malthus discorde de Ricardo neste ponto, a lógica de Ricardo prevalece. Hoje existe o consenso de que a questão do pleno emprego é de muito mais difícil solução do que imaginavam os economistas clássicos. A descrição clássica do processo de ajuste da balança de pagamentos deve, então, ser modificada sob condições inferiores às previstas, como, por exemplo, o pleno emprego.

A Visão dos Industrialistas: a Intervenção e o Planejamento

A primeira reação objetiva da economia clássica às teses econômicas difundidas pelos ingleses, em especial pelo liberalismo econômico, fruto de sua primazia no processo de industrialização, deu-se nos Estados Unidos da América, ainda como consequência direta da revolução, do processo de independência e da Constituição Americana de 1787, origens da república norte-americana. Esta contestação provocou o início de uma nova forma de condução dos negócios pelo Estado Nacional.

Como obras conceituais, que deram início a essa visão das questões econômicas, pode-se citar três documentos escritos por Alexander Hamilton, Secretário da Fazenda do Governo de George Washington, os *Informes sobre: o Crédito Público, o Banco Nacional* e os *Assuntos das Manufaturas*, esse último datado de 5 de dezembro de 1791.[1]

---

1. Os Informes sobre o *Assunto das Manufaturas* foi recentemente republicado no Brasil sob o título de *Relatório sobre as Manufaturas*, pelo Movimento Solidariedade Ibero-Americana.

Desenvolvimento: Economia como Instrumento da Política

Nesse último trabalho, Hamilton contestava, de forma objetiva, a visão de espontaneidade econômica presente nas teses inglesas. Ao fazer essa contestação, ele apresenta a exigência da industrialização e de seu fomento através da ótica da segurança nacional. Portanto, é sob a égide dos interesses do Estado (o recém-criado Estado americano) que se dá a formulação das teses que darão lastro ao que veio, mais tarde, a ser nomeado como escola historicista econômica. Para se entender a ligação das teses econômicas de Hamilton com a questão nacional, selecionamos alguns trechos desse documento:

Se um sistema de liberdade industrial e comercial regulasse a conduta das nações em forma mais geral do que a desenvolvida, imagina-se que se poderia levá-las mais rapidamente à prosperidade e à grandeza, do que se conseguisse mediante a observância de máximas conflitantes...

Se o sistema de liberdade perfeita para a indústria e o comércio fosse o sistema dominante nas nações, os argumentos, para dissuadirem um país – no caso os Estados Unidos – de desenvolver zelosamente a indústria, teriam, sem dúvida, muita força...

Considerando que a política reinante nas nações industriais é o monopólio do mercado interno pelas suas próprias indústrias, uma política semelhante se torna indicada, da parte dos Estados Unidos, quase que diria, a todos os níveis, em virtude dos princípios da justiça; e, certamente pelo dever de tentar assegurar aos seus próprios cidadãos a reciprocidade de vantagens...

As nações da Europa, especialmente as que fomentaram sua produção, sacrificam os interesses de um intercâmbio comercial mutuamente benéfico, pelo projeto inútil de vender tudo e não comprar nada...

Os Estados Unidos se encontram, até certo ponto, na situação de um país excluído do comércio exterior...[2]

Convencido, em seu nacionalismo econômico, da necessidade de serem adotadas medidas protecionistas para a jovem nação independente e poder competir com nações poderosas como a Grã-Bretanha, Hamilton propunha uma política de produção, de fabricação e um sistema de proteção e auxílio governamentais que: "... tornassem os Estados Unidos independentes das nações estrangeiras quanto aos abastecimentos militares e outros de caráter essencial..."

Cada nação deveria possuir dentro dela tudo que é essencial em matéria de suprimento nacional. Estes suprimentos compreendem os meios de subsistência, a casa, a habitação, o vestuário e a defesa. A posse disso é necessária ao aperfeiçoamento político para a segurança, e também o bem-estar da sociedade...

As indústrias do país mais jovem devem desfrutar da extraordinária ajuda e proteção do governo...[3]

---

2. *Ibid.*
3. *Ibid.*

Aspectos de Civilização

Ele acreditava no emprego da política econômica como um instrumento tanto para a unificação nacional quanto para o poder nacional. Em discurso que proferiu em 1796, *Discurso de Despedida de Washington*, Hamilton defendeu a ideia de uma nação unida pela diversificação da economia: "... os Estados Unidos teriam melhor segurança frente a qualquer perigo externo, se adotassem as medidas propostas, visando a ligar o sistema econômico à segurança nacional...".[4] A visão dele sempre esteve presente na economia americana.

Entretanto, a ideia de uma ação governamental em questões econômicas continuava a requerer outros apoios, que não só o da segurança nacional, para se contrapor ao liberalismo ou ao livre-cambismo da escola clássica. Esta oportunidade resultou do embate filosófico do final do século XVIII.

Foi através da obra *O Estado Comercial Fechado,* publicada pelo filósofo alemão Johann Gottlieb Fichte[5], que se manifestou pela primeira vez o problema que resulta da produção e da distribuição de bens na sociedade.

Fichte (1762-1814) pertencia a um meio intelectual completamente diferente do existente no centro das duas revoluções que fizeram o seu tempo: a francesa, centro da revolução política e social; e a inglesa, cerne da revolução econômica. Ele recupera, de forma marcante, as preocupações de Aristóteles e Platão quanto ao que vem a ser a realidade. Em Fichte, encontra-se uma filosofia do direito e um programa de organização social que almejam se explicar pela busca da definição da realidade. Fichte entendia, como entendia Platão, que o filósofo tem de agir como elemento ativo na sociedade em que vive. Ele publicou, em 1794, *A Doutrina da Ciência*, que expõe os princípios de seu sistema e, em 1796, *Os Fundamentos do Direito Natural*, obra na qual coloca sua visão sobre os grandes problemas da sociedade, em especial os problemas econômicos. Em 1800, publica o *Estado Comercial Fechado*, obra em que prega uma total reestruturação da sociedade.

Após a invasão dos franceses de Napoleão, Fichte, que era um entusiasmado defensor da revolução francesa, dedica-se a escrever uma obra de propaganda patriótica que tem grande influência na resistência alemã à invasão francesa, os *Discursos à Nação Alemã*, publicados em 1807.

Ele apoiava-se em teses diferentes da evolução natural, tão em voga na sua época, de Platão e também de Rousseau, que dizia, em sua maior obra, *Do Contrato Social,* que a humanidade não cessa de se afastar da igualdade, portanto, da justiça. O autor do *Contrato Social* não esperava, pois, nada de uma evolução natural apela para um legislador que virá transformar a sociedade, estabelecendo regras de vida inteiramente novas. Esta também é a base da ação filosófica de Fichte.

---

4. Não estará aí a base da estruturação do complexo industrial-militar norte-americano?

5. Com exceção de algumas passagens de sua vasta obra no tomo XXVI da coleção *Os Pensadores*, da Editora Abril Cultural, muito pouco da obra de Fichte foi vertido para o português. Como Fichte é o filósofo que mais fundo foi na delimitação da intransigência sugere-se a leitura de suas obras, o que é possível de ser feito também em francês. Hegel valeu-se muito de várias de suas análises.

Desenvolvimento: Economia como Instrumento da Política

Aquilo a que chamamos progresso foi, no século XVIII, essencialmente um desenvolvimento do espírito humano, fruto da acumulação dos conhecimentos. Não se concebe, por essa linha de pensamento, que a própria organização social se transformasse, naturalmente, no sentido de uma melhoria progressiva. Para o entendimento do choque das ideias que se dá entre os historicistas e os clássicos, é necessário ir-se mais fundo no campo filosófico. Pascal dizia que:

> *Toda a sequência dos homens, durante o curso de tantos séculos, deve ser considerada como um mesmo homem que subsiste sempre e que aprende continuamente.*

Essa ideia é retomada e divulgada pela filosofia das luzes, no século XVIII, e exerceu um papel importante na preparação da Revolução Francesa, dirigindo os espíritos, ávidos de liberdade de pensamento, contra as instituições tradicionais – Monarquia e Igreja –, que negavam essa liberdade. Traziam em seu bojo a ideia de que a melhoria do homem, sobre todos os seus aspectos, acontecerá se os homens forem mais esclarecidos filosoficamente. Isto está presente até hoje, por exemplo, no modernismo, que também defende que o progresso humano resulta do progresso intelectual dos indivíduos.

A esta ideia contrapõe-se outra, bem mais antiga, pois já é encontrada na Bíblia: a de que a humanidade passa por sucessivos estágios, o último dos quais seria o *Millenium*, a era da felicidade prometida para o povo de Deus. No início do século XVIII, a passagem de um estágio para outro era vista como fruto de um milagre, da mesma forma que em épocas anteriores. Na verdade, este posicionamento retira dos homens a possibilidade de construir ativamente o seu futuro, e, por isto, também receberá o nome de intransigência.

A volta, o reaparecimento e a permanência das teses que atendiam à intransigência, teses que defendiam a passividade frente ao futuro, em uma época de luzes, exigia uma racionalização que afastava o seu caráter religioso e dogmático. Isto foi conseguido pela intervenção de um pastor alemão, Herder (1744-1803), que, em sua obra *Uma Outra Filosofia da História*, defendia que as leis da história são leis universais da natureza, como as presentes na mecânica geral. É baseado nesse novo dogma, defendido por ele como princípio universal, que Herder prega uma atitude completamente hostil, não somente para com as ideias de revolução, mas ainda para com a ideia de que, para se assegurar o progresso, seria necessária uma ação concertada e sistemática.

Encontramos uma atitude parecida no filósofo alemão Schelling com sua maior obra, *As Idades do Mundo*, publicada em 1815. Esta ação concertada de explicação filosófica da inação conduzia de novo à resignação diante dos males da sociedade, o que é característica, no campo econômico, do liberalismo e, mais recentemente, do neoliberalismo, que nos é apresentado como modernidade.

Fichte foi o primeiro filósofo iluminista a defender a tese de que são os homens que fazem a história, a defender a ação humana no processo econômico, mediante a intervenção governamental na produção e distribuição de bens como instrumento

Aspectos de Civilização

de maior justiça social. Ao pregar essa posição, ele deu aos defensores da ação de governo, nos meios econômicos, outros argumentos que não os exclusivamente vinculados à segurança nacional.

Foi, entretanto, Frederico List (1789-1846)[6] o primeiro contestador das doutrinas econômicas inglesas, a abordar, de forma objetiva, as questões do desenvolvimento econômico, dentro de um sistema nacional de economia política. Esta sua abordagem permitiu justificar a interferência governamental nos assuntos econômicos por três aspectos: do desenvolvimento econômico, da segurança nacional e da justiça social.

List foi, sobretudo, um nacionalista que entendeu e lutou pela Nação, como a forma de liberar o indivíduo e formar uma humanidade livre. Ele acreditou e combateu o individualismo camuflado de humanidade cosmopolita precoce que esteve, e ainda está, no cerne da teoria clássica e neoclássica dos economistas que, de forma ingênua ou corruptamente, estão a serviço das nações mais fortes contra aquelas mais pobres.

Ele foi discípulo de Hamilton e deve ter conhecido as teses de Fichte, em especial, pela divulgação que essas teses tiveram durante a sua juventude. Esteve na América sob o patrocínio e apoio de Lafayette, revolucionário francês de grande prestígio lá, quando pôde realizar o seu sonho de conhecer e entender o sistema econômico americano e ser apresentado às mais altas autoridades do país à época, como Henry Clay, Emerson, Madson, etc. No prefácio de seu livro, diz que nos EUA voltou a aprender tudo: "Pus de lado todos os livros, pois, a esta altura, só tenderiam a desencaminhar-me da via certa".[7]

Sua teoria apoiava-se na observação empírica da realidade social e não de leituras anteriores, como é tão comum nos clássicos. Ele erige uma nova doutrina econômica. A gênese do seu pensamento tem muito mais a ver com a sua prática existencial e com a sua ideologia nacionalista. É a partir desses ditames que ele vai dando corpo às suas ideias, gerando suas hipóteses, que são, uma a uma, comprovadas na história. É, portanto, uma doutrina econômica que se apoia na história. Sob este fundamento do saber histórico, da comprovação factual de suas teses, é que ele prega a sua doutrina econômica, daí a dita visão historicista econômica, como é conhecida pelos clássicos. Neste seu principal livro, *O Sistema Nacional de Economia Política*, List confirma estas suas hipóteses e se concentra em analisar a situação da Alemanha.

Ao apoiar-se na fundamentação histórica e na sua própria experiência prática, List não fugiu à realidade como outros teóricos da época, por exemplo, a propósito de Adam Smith, ele comenta:

> ... *Desses fatos, ao que parece, Adam Smith não quis tomar conhecimento, ou não quis reconhecer. Isto porque fazem parte daquela categoria de fatos incômodos que, como afirma Say, se teriam comprovado muito contrários ao seu sistema...*[8]

---

6. Cuja principal obra *O Sistema Nacional de Economia Política* encontra-se na coleção de obras sobre economistas da Abril Cultural.

7. Em *O Sistema Nacional de Economia Política*.

8. *Ibid.*

Desenvolvimento: Economia como Instrumento da Política

Entretanto, não buscou uma realidade que justificasse sua teoria, criou sim, uma teoria a partir da realidade. A sua principal obra que coonesta esta afirmação está dividida em 36 capítulos agrupados em três partes: a História, a Teoria e as Políticas. Na parte da História, analisa a evolução de dez civilizações, desde os portugueses aos estadunidenses. Na parte da Teoria, busca formular um marco explicativo do processo de evolução econômica que ele acaba chamando de Sistema. É este sistema que resulta da análise que faz do conceito dos economistas clássicos, onde ele formula os seus próprios conceitos e, finalmente, defende, teoricamente, a necessidade de direitos alfandegários, como única forma de desenvolver as nações.

Na parte referente à política, ele se dedica a formular uma política para a Alemanha. É por intermédio dessas colocações que ele imagina superar as limitações da teoria clássica que, segundo ele: *"... não conseguiu, até agora, operar nenhuma reforma profunda, nem conseguirá jamais, enquanto continuar a contrariar a própria ordem das coisas..."*[9]

Foi List o principal precursor de uma grande linhagem de economistas alemães que se propuseram a fazer do Estado o guardião da produção e da distribuição da riqueza. O objetivo desses economistas talvez fosse menos o de garantir a justiça para o indivíduo do que consolidar a unidade e aumentar o poder da nação. Acreditavam que o governo não só devia impor tarifas de proteção, mas também regular e planejar o desenvolvimento da indústria, de modo a estabelecer o equilíbrio entre a produção e o consumo. Em geral, de suas ideias pegaram o nacionalismo, e de Fichte, o coletivismo que, mesclados, construíram as teses econômicas alemãs mais recentes.

Todos se uniam na crítica aos economistas clássicos, na condenação do *laissez-faire* e na posição quanto à liberdade de comércio entre as nações. Entendiam que a riqueza nacional devia decorrer mais da força produtiva dos cidadãos. Pregavam a atuação do Estado no sentido do bem comum e, além disso, propunham o desenvolvimento integral da Nação e a adoção de tarifas protetoras.

List, apesar de não comungar com Smith na maioria dos temas, em um ponto ele concordava:

> *O poder é de maior importância que a riqueza... porque o contrário de poder – ou seja, a debilidade – conduz a deixar, em mãos dos que nos superam em poder, tudo quanto possuímos, não somente a riqueza adquirida, mas nossos poderes de produção, nossa civilização, nossa gente, nossa liberdade e, mais ainda, até nossa independência nacional.*[10]

É fruto de sua observação o choque que prega existir entre "economia cosmopolita" – dos estudos de Smith – e "economia política" – dos seus. Sobre o tema, afirma, ainda no prefácio do *Sistema Nacional*:

---

9. *Ibid.*
10. *Ibid.*

Aspectos de Civilização

Vi, claramente, que a livre competição entre duas nações mutuamente civilizadas só pode ser mutuamente benéfica no caso de estarem ambas quase em igual posição de desenvolvimento industrial e que qualquer nação que, por infortúnio, se encontre inferiorizada em relação a outras em indústria, comércio ou navegação... deve, antes de tudo, fortalecer seus próprios poderes individuais, para assim poder competir com as nações mais adiantadas. [11]

Em uma palavra, percebe a diferença entre "economia política" e a "economia cosmopolita". Percebe que a Alemanha deveria abolir suas tarifas internas e que, mediante adoção de uma política comercial uniforme comum para os estrangeiros, devia empenhar-se para chegar ao mesmo grau de desenvolvimento comercial e industrial alcançado por outras nações por meio de sua política comercial.

List recupera o conceito de Nação como unidade econômica e a ideia de nacionalidade, presente em sua obra, merece ênfase especial, antes e acima de tudo. É verdade que os mercantilistas, pelo fetichismo que lhes impunha a balança de pagamentos e o seu saldo, tinham de raciocinar em termos de nação. No entanto, não entendiam, como via List, que as nações eram peões de jogo dentro de uma ação macroestratégica. Os economistas clássicos encontraram um sistema que buscava justificar uma economia com base na liberdade absoluta, sobretudo do comércio internacional. Mas, para List, essa liberdade de comércio só interessa às nações mais desenvolvidas industrialmente.

É, ou melhor, foi em decorrência do fortalecimento industrial da Inglaterra que se tornou conveniente para este país – falando de forma mercantil – defender o livre comércio, que serviria para aumentar o tesouro britânico.

Isto explica, segundo ele, por que as nações europeias sempre sofreram mais por parte da Inglaterra como aliada do que como inimiga. Mostra como Portugal (1703), a França (1786), os EUA (1786 e 1816), a Rússia (1815 e 1821) e a Alemanha sempre tiveram seus reais interesses maculados em todos os seus acordos com os ingleses para facilitar o comércio internacional. Sobre o tema, são suas palavras sobre as liberdades do livre comércio impostas pelos acordos com os ingleses:

... que, dessa maneira, se sacrifica a prosperidade das demais nações, sem que haja benefícios para a humanidade em geral, servindo, exclusivamente, para o enriquecimento da nação dominante do ponto de vista industrial e comercial... [12]

Ao contrário dos mercantilistas, List não vê o ouro como símbolo da riqueza ou a sua acumulação como o objetivo de uma ação econômica. Para ele, uma nação rica é aquela que tem uma forte indústria e um sistema de transportes nacionais.

Considerava que nenhuma nação pobre se enriquece no comércio que faz com nações mais ricas, e um dos maiores exemplos dessa tese está no Tratado de

---

11. *Ibid.*
12. *Ibid.*

Desenvolvimento: Economia como Instrumento da Política

Melthuen, onde Portugal, com base na teoria tradicional, decide trocar vinho por tecido e termina enviando todo seu ouro (brasileiro) para a Inglaterra, ficando, além disso, com sua indústria destruída.

Mas o seu nacionalismo é pragmático, provisório, até que as nações igualem seus potenciais e formem, em suas palavras, uma:

> ... efetiva união universal; mas, enquanto outras nações continuarem a subordinar os interesses da humanidade como tal aos seus interesses nacionais, é loucura falar de livre concorrência entre os indivíduos de nações diferentes... ocorre que, entre cada indivíduo e a humanidade inteira, existe a nação.[13]

Relativamente ao propósito da economia, ele escreveu:

> O objeto da economia deste corpo (a nação) não é somente a riqueza, como ocorre na economia individual e cosmopolita, senão o poder e a riqueza, porque a riqueza nacional é aumentada e mantida mediante o poder nacional, assim como o poder nacional é aumentado e mantido pela riqueza nacional. Seus princípios dominantes são, pois, não somente econômicos, mas também políticos. Os indivíduos podem ser muito ricos, porém, se a nação carece de meios para protegê-los, ela e eles podem, em um dia, perder a riqueza acumulada durante anos e também seus direitos, liberdade e independência...

> Como o poder assegura a riqueza e a riqueza aumenta o poder, o poder e a riqueza resultam, assim, beneficiados em partes iguais, mediante um estado harmônico da agricultura, do comércio e das indústrias, dentro dos limites do país. Não existindo essa harmonia, nunca uma nação será poderosa ou rica...

> O governo não tem apenas o direito senão o dever de promover tudo aquilo que possa aumentar a riqueza e o poder da nação... É seu dever proteger o comércio, por meio de uma marinha de guerra, porque os navios mercantes não podem proteger-se a si mesmos...

> Toda nação deve procurar, antes de tudo, garantir sua prosperidade e independência para o desenvolvimento independente e uniforme de seus poderes e recursos...[14]

Um ponto interessante é como List vê a questão entre os grandes estados e pequenos estados:

> ...um pequeno estado nunca pode levar seus recursos produtivos diversificados à situação de completo desenvolvimento. Por tal razão, as pequenas nações terão que manter sua independência com a maior das dificuldades e somente podem existir pela tolerância de Estados Maiores ou mediante alianças que representam um sacrifício claro à sua soberania nacional...[15]

---

14. *Ibid.*
15. *Ibid.*
16. *Ibid.*

Aspectos de Civilização

O importante é a contestação formal que List faz, no cerne do pensamento clássico, ao propugnar a intervenção do estado como instrumento de alavancagem do processo capitalista. Esta foi a maior ousadia de List. Ele rejeitou a ideia simples da "mão invisível", que considerava: "...uma forma inteligente, estruturada e mecanicista de dar aos industriais ingleses oportunidades de aumentar seus negócios e criar novos tentáculos colonialistas...".[16] E isto tudo vinculado a uma ideologia pretensiosamente libertária e uma lógica concatenada e ilusória de igualdade entre os povos.

A "mão invisível", para ele, ainda tinha outro atrativo, que era a possibilidade de, através dela, explicar-se o praticamente inexplicável até aquela época e ainda hoje também indecifrável: o comportamento coletivo. E, finalmente, para aqueles que governam, a "mão invisível" era a inação, a inoperância justificada, conforme dizia: "...quem não sentiria o desejo e a capacidade de ser um grande estadista, se para isso outra coisa não se exigia senão o cruzar dos braços...".[17] Qualquer coisa que acontecesse de errado resultava da rebeldia dos indivíduos contra a lógica universal. A correção só dependeria da manutenção da ordem policial, pois todo o resto decorria da "mão invisível" ou de seus desígnios.

Essa contestação era feita diferentemente de outros contestadores, como veremos mais adiante, em especial Marx, que se insurgiam contra a "mão invisível", seguindo a via de que era preciso coibir o esbulho que era praticado contra os fracos, em especial os pobres, pela ação ordenadora de uma pseudológica universal.

List contestava com o conceito de nação, em especial com um tipo: a grande nação, onde o porte do mercado permitisse o desenvolvimento industrial de uma infraestrutura econômica e também militar capaz de manter colônias fornecendo matérias-primas. List ousou, esqueceu os livros, e por isso, hoje, está claro que outros também ousaram. C.T. Hayes, em sua obra *Evolução Histórica do Nacionalismo Moderno*, escreve: "O Estado Nacional Alemão (1880), ... sob a direção nominal de Bismarck, marchava, na realidade, pelo caminho econômico que havia sido brilhantemente iluminado por Frederico List...".[18]

Outro ponto importante da obra de List é que ele não era influenciado pela metafísica escolástica e, portanto, conseguia entender que o corpo econômico tem características dinâmicas, avança e recua. Apoiado, talvez, na visão de Fichte, ele não viu o mundo como um sistema sem evolução. Entendeu, também, que os sistemas sociais evoluíam em suas estruturas e características, ele vislumbrou as etapas de desenvolvimento:

A história ensina que as nações... podem e devem modificar seus sistemas de acordo com o estágio de seu próprio progresso: no primeiro estágio, adotando o comércio com nações mais adiantadas como meio de saírem de um

---

17. *Ibid.*
18. *Ibid.*
19. As ideias de List influenciaram Bismarck, em especial, no seu plano de infraestrutura.

estágio de barbárie..., no segundo estágio, promovendo o crescimento das indústrias, pesca, navegação, adotando restrições ao comércio; e, no último estágio, após atingir o mais alto grau de riqueza e poder, retornando ao princípio de comércio livre... de maneira a que seus comerciantes e industriais possam ser preservados da indolência e estimulados a conservar a supremacia que adquiriram... [19]

Mas é na questão da indução que List se distingue e monta o núcleo que serviu de base ao entendimento do problema de desenvolvimento e subdesenvolvimento que se incorporou ao pensamento econômico latino-americano – isto desde o século passado.

Diferentemente dos economistas de sua época, List não crê que o desenvolvimento de uma nação possa se dar espontaneamente. Todas as suas realizações buscavam criar condições de induzir o processo de desenvolvimento que ele identificava com a criação de um parque industrial estável e de uma infraestrutura econômica básica, especialmente transporte.

Outro ponto de especial interesse na obra de List é o fato de que ele advogava que cada nação, para desenvolver-se, requer uma intervenção do setor público para proteger as indústrias nascentes contra a concorrência do exterior, a partir das nações industrialmente mais avançadas, advogando que "Constitui tarefa da Economia Política realizar o desenvolvimento econômico da nação...".[20] List é um precursor das técnicas de indução e do planejamento.

Mas é a atualidade do seu pensamento que dá características especiais à sua obra, num campo onde é comum os pensadores terem suas ideias atropeladas pelo tempo. List teve o futuro a favor de suas teses. Vários fatos vieram comprovar o acerto de suas premissas, tais como: a deterioração dos termos de intercâmbio entre os países agrícolas e os industrializados, e a possibilidade do progresso técnico mais que compensar a tendência ao rendimento decrescente previsto por todos os clássicos. Entendeu também a possibilidade de gastos "não produtivos" – em especial a guerra –, como instrumento de dinamização da economia, e considerou o efeito multiplicador dos investimentos. Consideramos o mais relevante, no trabalho de List, a sua preocupação com o desenvolvimento, algo que foi ignorado pelas diversas escolas.

Para ele, o objetivo de qualquer economia é limitar a atuação dos países já desenvolvidos em seu mercado. As economias desenvolvem-se mediante etapas sucessivas, que só podem ser superadas através da ação indutora do Estado. A industrialização exige a adoção de medidas de proteção aduaneira e este protecionismo, ao permitir o crescimento da indústria local, gera também o mercado interno necessário ao seu próprio crescimento. Assim, a industrialização só pode ocorrer se o Estado assumir suas obrigações de gerar infraestrutura, especialmente no setor de transporte.

---

20. Também como exposto no *Sistema Nacional de Economia Política.*
21. *Ibid.*

Aspectos de Civilização

Na concepção de List, o Estado Nacional estava livre para buscar o centro e dar, à sua sociedade, a cultura; e faria isto mediante seu planejamento, fruto de uma concepção estratégica conjugada a uma vontade nacional. Todavia, para legitimar seu intervencionismo, necessitava fazer do desejo da cidadania o seu desejo.

Desta forma, criam-se as condições para que a ação do Estado se propague em outros campos, que não os do uso da força, da justiça e da moeda. Assim como os homens conduziam o processo, o resultado de seus pactos, os pactos entre homens, é que estrutura uma sociedade.

Toda a história do século XX, da Alemanha, dos Estados Unidos e do Japão, apesar de desconhecida por muitos, é uma história de sucesso das teses dos intervencionistas e de insucesso dos clássicos. O capitalismo organizado, ou o capitalismo com planejamento governamental, ou estruturado pelo Estado, fruto das teses dos intervencionistas, tem derrotado, em todas as frentes, as teses dos economistas clássicos na competição maior, que é a que se dá entre as nações.

II

ASPECTOS DE NAÇÃO

Formação do Brasil
e sua influência na
Arte da Estratégia Nacional

Índice

Capítulos:

11 – Portugal pré-Brasil: A Formação do Reino Português   *197*
Os Primeiros Povos da Península • A Chegada do Islã
A Reconquista • A Estruturação do Estado Português

12 – Portugal pré-Brasil: A Disputa Além-Mar   *211*
A Estratégia Nacional de Portugal • As Condicionantes Centrais
Inserção: os Descobrimentos • Contenção: Tordesilhas • As Estratégias Rivais

13 – Construindo a América Portuguesa   *229*
Antecedentes • A Caminho da Colônia • Estruturando a Terra de Vera Cruz
Doce América Portuguesa • O Poder no Brasil-Colônia

14 – União Ibérica: Descobrimentos   *251*
A Contestação Holandesa • A Confrontação Francesa

15 – A Defesa do Eldorado   *265*
A Reforma do Governo Colonial • Uma Nova Sociedade Colonial
Em Busca do Prata Perdido • A Estratégia da Inglaterra • Portugal Subjugado

16 – As Contestações Internas   *279*
A Busca da Autogestão • A Revolta de Felipe dos Santos
A Inconfidência Mineira • A Conjuração do Rio • A Conjuração dos Alfaiates
A Vinda da Corte • A Revolução Pernambucana
O Reino Unido de Portugal, Brasil e Algarves • O Ruir da Colônia

17 – A América portuguesa é o Brasil   *291*
Cenário Internacional • Portugal e a Independência
A Intervenção Inglesa • Os Interesses Estadunidenses
A Questão Platina • Relações Econômicas pós-Independência

18 – A Estratégia Imperial   *317*
A Regência • A Questão do Rio Amazonas • As Questões Inglesas
A Bacia do Rio da Prata • A Guerra do Paraguai • O Legado Imperial

19 – A Diplomacia Republicana   *335*
Diretrizes • Construindo as Fronteiras • Da Bacia do Prata ao Cone Sul
Para além do Cone Sul: Brasil e EUA

20 – O Século XX e a Estratégia Nacional   *353*
A Era Vargas: Um Projeto Nacional • A Aliança com os Estados Unidos
Novas Relações com o Velho Mundo • Construindo uma Vizinhança
Política Externa: Mantendo o Projeto • Política Interna: Perdendo o Projeto

Adendo: Os Fundadores do Estado   *381*

Referências Bibliográficas   *557*

Portugal pré-Brasil:
A Formação do Reino Português

Para a discussão deste tópico consideramos, preliminarmente, a existência de um pressuposto central: o fato de o Brasil ser a América Portuguesa, em decorrência das sucessivas ondas dominantes de imigrações portuguesas que ele recebeu durante o período colonial. No primeiro século, após o descobrimento, aqui aportaram entre 15 a 20 mil portugueses; no segundo, algo em torno de 150 a 200 mil; e no século XVIII, entre 600 a 800 mil.

Enquanto, nos dois primeiros séculos, esta imigração estava voltada, oficialmente, para a conquista e catequese; a onda do século XVIII foi uma imensa corrida do povo pobre de Portugal em busca da loteria do Eldorado. Após a independência brasileira, e até 1950, foi o Brasil o principal polo da emigração portuguesa. Para aqui vieram, neste período, mais de dois milhões de lusos, em busca de colocação no mercado de trabalho, principalmente em atividades urbanas.

Este processo multissecular precisa ser entendido a partir dos sucessivos momentos de evolução da matriz portuguesa. O ideal seria se pudéssemos reconstituir o perfil, ou os diferentes perfis, dos migrantes portugueses ao longo desses séculos, o que não é o objetivo deste trabalho.[1]

Em decorrência, consideramos a existência de uma única estratégia nacional, e que ela inicia sua formulação no século XI em Portugal e depois se transfere para a América Portuguesa, no início do século XIX – uma estratégia nacional que busca um destino: o da construção da mundialização. Neste aspecto, Brasil não se libertou de Portugal, este é que não aceitou a perda do centro de formulação da estratégia nacional para sua antiga colônia. A partir desta ideia é que se organiza este estudo, abordando, primeiramente, a formação de Portugal.

---

1. Sobre o assunto ver OLIVEIRA, Lucia Lippi. *O Brasil dos Imigrantes*. Rio de Janeiro: Jorge Zahar Editora, 2002. RIBEIRO, Gladys Sabina. *Mata Galegos, os Portugueses e os Conflitos de Trabalho da República Velha*. São Paulo: Brasiliense, 1990.

Aspectos de Nação

Os Primeiros Povos da Península

Os mais antigos sinais da presença humana na região oeste da península ibérica, onde hoje é Portugal, compõem-se de ossadas de tipo próximo ao do chamado "Homem de Neanderthal". Essas ossadas, em especial as encontradas em Furninhas, ensejaram a construção de teorias que enfatizavam o caráter particular dos primeiros habitantes de Portugal. Essas teorias se estruturam pela afirmação de que em Portugal, diferentemente de todos os outros lugares em que se fizeram presentes na Europa, os "Homens de Neanderthal" se mestiçaram com os "Homo Sapiens", sendo por estes absorvidos e não destruídos. Em 1500 a.C. já havia nesse espaço culturas primitivas que trabalhavam o bronze e que sofreram a influência ou resultaram da mescla de outras culturas mais primitivas que antes existiram na península ibérica.

Pouco se sabe dessas culturas, contudo, existe comprovação de que no primeiro milênio antes de Cristo, os celtas penetraram na Ibéria, perpassando a cadeia dos Montes Pirineus, que separa a península do restante da Europa e por pressão natural, muitos deles dirigiram-se mais para ocidente, chegando ao território que hoje é Portugal. Eles trouxeram para o vale do Tejo a técnica de fundição do ferro e da fabricação de armas e outros objetos do mesmo metal. No mesmo período, os fenícios e mais tarde os cartagineses também influenciaram o sul de Portugal, em torno de 500 a.C., as culturas da Idade do Ferro predominavam no norte e os fenícios no sul.

Entre 264 e 241 a.C., após a Primeira Guerra Púnica, os cartagineses decidiram conquistar a península Ibérica, porque consideravam esta região como um ponto estratégico, mas o seu domínio foi incompleto e efêmero. Com a Segunda Guerra Púnica, entre 218 e 201 a.C., Roma dominou as costas leste e sul da península, enquanto que os povos celtas, que tinham sido absorvidos pela população autóctone, ocuparam o oeste.[2]

O processo de ocupação romana da península Ibérica continuou, apesar da brava resistência de Lusitânia, uma federação celta, sob o brilhante comando de Viriato. Contudo, depois de seu assassinato, por volta de 140 a.C., o general romano Decius Junius Brutus marchou para o norte, atravessou o rio Douro, no centro de Portugal, e subjugou toda a Galiza.

A presença dos romanos no espaço que viria a ser Portugal pode ser, ao longo do tempo, dividido em dois períodos: o primeiro é o período da contestação, que vai do século II a.C. até o século I de nossa era, e que teve seu principal momento na incursão de Júlio César na península Ibérica, em 49 a.C; e o segundo, o período da integração, onde se processou entre Roma e as populações locais uma progressiva convivência, que se estenderia até o século V d.C.[3]

---

2. No oeste estavam os calaicos (um povo celta, se originando daí o termo "galego").

3. Um exemplo da presença romana em Portugal pode ser encontrado nas cidades de Évora, onde temos o templo de Diana, e em Condeixa, onde encontramos as ruínas da antiga cidade de Coninbriga.

Portugal pré-Brasil: A Formação do Reino Português

No ano 25 a.C., quando do governo de Augusto, os romanos conquistaram definitivamente toda a península Ibérica, chamando-a de Hispânia e dividindo-a em três províncias: a Bética, a Hispânia Citerior ou Terraconense, e a Lusitânia. O Imperador mandou edificar Augusta Emerita (Mérida), tornando-a capital da Lusitânia, e a Galiza, ao Norte do Douro, tornou-se uma província separada.

Durante muito tempo, o Norte foi considerado uma região rebelde, exigindo uma maior vigilância dos romanos. Sua pacificação veio com a ação política e militar da chamada *Pax Augusta*, dividindo a Galícia em três conventos administrativos[4] que tiveram como capitais: Bracara Augusta, (Braga); Asturica Augusta, (Astorga); e Lucus Augusto, (Lugo). O atual território português cabia, em parte, dentro da Terraconense até ao rio Douro e, para o sul, entrava nos limites da Lusitânia – o que em princípio é um prodígio, dada a inexistência de fronteiras naturais.

Nos tempos romanos a região de Beja e Évora foi grande produtora de grãos, em especial de trigo. Foi introduzido o sistema de villa, cuja forma fundiária era a propriedade de um senhor, com escravos, dominante no sul de Portugal, porém escassa no norte. A agricultura romana chegou a utilizar cinco variedades de trigo em Portugal. Eles também introduziram a vinha e, posteriormente, na Alta Idade Média, os portugueses desenvolveram o plantio de vinhedos nas margens do Douro, hoje produtoras do famoso Vinho do Porto. Já a cultura da oliveira parece preceder os tempos romanos, assim como a produção de lã – supõe a figura do tosquiador e o trabalho caseiro das mulheres fiandeiras e tecelãs. O vale do Tejo também ficou famoso por seus cavalos, quintas e minas de ferro.

Como estratégia de dominação de Roma sobre a península Ibérica, processou-se a "romanização" do território, mediante a subordinação aos seus códigos jurídicos e a imposição do latim como língua oficial.

Com o colapso da fronteira do Reno, em 406 d.C., os povos bárbaros forçaram a entrada na Gália e atravessaram os Pirineus. Um povo germânico, os Suevos, instalou-se na parte sul da Galiza em 411 d.C. e os seus governantes residiram em Bracara Augusta, e Portucale (Porto). Anexaram a Lusitânia e por um tempo dominaram o resto da Península, até que os Visigodos, outros bárbaros que haviam penetrado na península, em 416 d.C. e que, a princípio serviam a Roma, os dominaram e extinguiram a sua monarquia em 469 d.C.[5]

Pouco se sabe do que ocorreu até cerca do ano 550 d.C., quando a monarquia sueva foi restaurada e convertida ao cristianismo por São Martinho de Dume. Contudo, sabe-se que Leovigildo, o rei visigodo, derrotou outra vez a monarquia sueva e anexou seu território, nomeando-o de Lusitânia. O cristianismo chegou à Lusitânia no século III e à Galiza somente no século IV, devido aos ensinamentos

---

4. Estes conventos foram criados com o objetivo de dar unidade ao território conquistado e ocupavam-se das questões legais, administrativas e religiosas, como o culto ao imperador.

5. Por volta do ano 400, teve início a decadência do Império Romano, causada pela sua própria deterioração econômica e pelos seguidos ataques dos povos germânicos. Costuma-se considerar o ano de 476, data em que uma tribo de bárbaros germânicos invadiu Roma, como o fim do Império Romano e o início da Idade Média.

Aspectos de Nação

heréticos e ascéticos de Gaul Priscillian, bispo de origem belga, que foram muito influentes e retardaram a penetração da, mais tarde, verdadeira religião cristã nesta região. Os Visigodos não eram católicos, mas sim arianos. A igreja de São Martinho agrupou a sua volta os bispos do território suevo, até cerca do ano 660 d.C., quando, a partir do qual, as divisões eclesiásticas foram ajustadas ao antigo sistema provincial romano e a região do sul do Douro foi restaurada.

A presença bárbara na península Ibérica contou com o apoio da parcela mais desprovida da população local, que se sentia espezinhada por Roma, e por isso não se alinhou com ela na defesa da terra invadida. Contudo há algo central trazido pelos bárbaros à Ibéria: a sua conversão à fé católica e a subjugação paralela da vida de seus povos ao pensamento e à doutrina da Igreja.

A família dos tempos visigóticos consistia no lar – fogo, agrupamento biológico formado pelo núcleo familiar casal mais filhos. A estirpe foi o agrupamento mais vasto, compreendendo ascendentes e descendentes, submetidos ao chefe de família. No lar, poderia ter abrigo toda a parentela ligada por sangue e mesmo servidores que residiam à volta do mesmo – daí advém a expressão "criados", do e no lar. O pai e os ascendentes não eram herdeiros forçados. Se o pai fosse plebeu, os filhos bastardos concorriam com os legítimos, já os bastardos da nobreza, somente herdavam se fossem legitimados. O falecido, sem herdeiros, deixava seus bens para o nobre titular do respectivo senhorio.

Com a invasão muçulmana[6] de 711, tudo mudou e a única resistência visigótica séria foi feita em Mérida. Com a queda do império visigótico, todo o noroeste foi submetido e tropas berberes se estabeleceram no centro de Portugal e Galiza. Mais adiante, com a revolta dos berberes e a grande fome na região entre 740 e 750, estas tropas foram evacuadas. Braga foi abandonada, mas sua população rural ali permaneceu, sendo posteriormente restaurada durante a Idade Média. Na Lusitânia, entretanto, as invasões sucessivas não geraram a expulsão dos derrotados, provocando uma miscigenação destes com a população já existente. A união entre etnias é uma antiga prática no laboratório lusitano como igualmente antiga é sua inserção mercantil.

Quando Abd'ar-Rahmän,[7] em 756, criou em Córdova a dinastia Omíadas, houve alguma resistência no oeste, o que levou a que ele colocasse algumas tropas berberes em Mérida e Coimbra. Consta ainda que Lisboa foi independente por alguns anos (por volta de 800 d.C.).

A presença moura[8] dá consistência à formação urbano-artesanal-mercantil e articula relações sistêmicas com o norte da África. Eles davam reduzida importância à agricultura, não consumiam vinho, e utilizavam o trigo produzido no

---

6. Os muçulmanos são os povos seguidores do Islã, religião fundada por Maomé, por volta de 600 d.C. Eles podem ser formados por povos árabes ou berberes (do Norte da África, que falam línguas berberes).
7. Foi o fundador de uma dinastia mulçumana que governou a Espanha durante três séculos.
8. Os mouros são um povo árabe-berbere oriundos, principalmente, da região do Saara Ocidental e da Mauritânia.

Marrocos e na Tunísia. Sublinharam o homem do mar, aperfeiçoaram a tradição dos ferreiros e artesãos de armas, dos instrumentos musicais, dos objetos de cerâmica vitrificada, etc., e incorporaram a antiga prática lusa das feiras. Além disso, fortaleceram a rede de cidades ibéricas com base em um sistema mercantil – seu principal interesse –, relacionada com a retaguarda islâmica e tributária dos mares do Norte e Mediterrâneo.

Deste período mouro na península Ibérica ficaram os seguintes traços: a convivência e a interpenetração moura e cristã; a tolerância religiosa islâmica – que admitia, junto à mesquita, a igreja e a sinagoga. Houve longos períodos de recíproca tolerância interativa, exemplo claro disso foram o Mossárabe, o cristão com hábitos mouros e o Mudejar, o mouro com costumes cristãos.[9]

O lusitano aprendeu com o Islã a lidar sem susto com a alteridade; a assumir costumes e idiomas, em operações de cooperação e assimilação. E, com os mouros, aprendeu a dupla alternativa entre: conquistar (conflito) ou comerciar (competir e cooperar); e, também, a tolerância e o sincretismo; o catolicismo sofisticado, convivendo com o popular; a veneração dos oragos – convertidos em protetores particulares de frações da população –; e o misticismo assimilador de rituais e de procedimentos de várias procedências, traços decantados desta longa cadeia de influências étnicas.

Desse caldeirão étnico, religioso e cultural, também participaram parte das 50 mil famílias dos judeus deportados para a Ibéria por Adriano, em 117 d.C.

A Chegada do Islã

Considerando que os mouros dominaram a península Ibérica por mais de seis séculos, influenciando, com sua cultura e sua religião o imaginário português, é interessante que se tenha uma visão da história da religião islâmica.

A partir do século VIII, o cristianismo sofreu a crescente presença do islamismo na Ibéria; e isto teve um papel decisivo na história de Portugal.

As origens do islamismo estão além da remota região sudeste do Império Romano do Oriente, Bizâncio, e do sudoeste do Império Persa, onde as fronteiras eram mal definidas e tribos nômades de árabes pagãos, tidos biblicamente como os descendentes de Ismael, viviam de acordo com seus próprios códigos e costumes. Várias dessas tribos haviam se estabelecido em cidades situadas nas rotas de comércio, tais como Meca, e, em algumas delas, existiam comunidades de cristãos e judeus.

Naquela época, a religião dos árabes poderia ser descrita como de um humanismo tribal. O sentido da vida estava no fato de ser membro de uma tribo que possuísse as qualidades que refletiam o conceito árabe de masculinidade: a bravura, a

---

9. O rei português Afonso VI, como veremos, casou o seu filho Sancho com uma princesa, filha do mouro Emir de Sevilha, em 1073. O unificador de três reinos – Castela, Leão e Galiza – expressou, com esta união, a interação das duas etnias.

Aspectos de Nação

virilidade, a munificência. Além disso, a solidariedade para com outros membros da tribo era de suma importância, e os princípios morais aplicavam-se apenas aos próprios parentes. Os deuses que eles cultuavam eram estrelas, tótens e pedras sagradas, em particular uma pedra negra muito antiga, consagrada a uma deidade conhecida simplesmente como Alá – "o Deus" –, que estava abrigada na Caaba, um templo em Meca.

Meca era controlada pela tribo dos coraixitas e havia conseguido fazer da Caaba algo tão sagrado entre todos os árabes, que a cidade se tornou um centro de peregrinação. Com os peregrinos veio o comércio, e esta situação especial de Meca a protegia e aos coraixitas de razzias, ou incursões predatórias, de outras tribos.

Maomé, o fundador do islamismo, nasceu em Meca, por volta do ano 570, e descendia de um dos clãs mais pobres da tribo dos coraixitas. Seu pai morreu antes de seu nascimento, e sua mãe, quando ele era ainda criança. Foi criado, primeiro pelo avô, o chefe do clã, e depois pelo tio, Abu Talib, a quem acompanhava nas caravanas de comércio até a Síria. Aí ele se familiarizou não só com a doutrina do judaísmo, mas também com a do cristianismo, cujo Deus único já estava associado na mente de alguns árabes ao Alá da Caaba.

Quando tinha quase 25 anos, Maomé partiu numa missão comercial como representante de uma rica viuva chamada Cadija. Sua honestidade e perspicácia a impressionaram tanto, que ela lhe propôs casamento, apesar da diferença de idade entre eles ser de quinze anos. Maomé aceitou a proposta e assim adquiriu o capital necessário para comerciar para si mesmo. Contudo, ele era mais do que um competente homem de negócios: mostrava grande interesse por religião. Um belo dia retirou-se para uma caverna nas montanhas, fora dos limites de Meca, para meditar e orar a Alá. Certa noite, ao redor de 610, enquanto estava absorto numa dessas meditações noturnas, Maomé entrou em transe e teve a visão de um ser etéreo, a quem mais tarde identificou como o anjo Gabriel, do qual ouviu: "Tu és o mensageiro de Deus" a partir daí, teve início uma série de revelações que continuaram até sua morte. Ele as memorizava e repetia para seus seguidores, que as registravam por escrito. Mais ou menos no ano de 650 estas revelações foram reunidas sob forma escrita, no *al-Qur'an* ou *Alcorão*.

A princípio, surpreso com estas suas visões, ele foi encorajado pela fé de sua esposa, e o primo cristão desta, Waraqah, a acreditar na veracidade das visões. Com isto convenceu-se de que ele era o último na linha dos profetas de que falavam os judeus e os cristãos. Formou-se um grupo de adeptos em torno dele, e em 613, começaram a pregar publicamente a mensagem de um monoteísmo simples: existia apenas um Deus e Maomé era seu profeta.

O entendimento da conexão entre religião e política é um importante aspecto que se deve ter em mente quando se tenta compreender a vida de Maomé e o islamismo. Maomé era órfão e, numa sociedade de direitos de herança patrilineares, não possuía bens até casar-se com Cadija, além disso, descendia de um dos clãs mais pobres da tribo dos coraixitas e vivia numa época em que, em busca de vantagens pessoais, os mercadores de Meca estavam desestabilizando a antiga sociedade tribal. Sendo pobre, tornou-se rico pelo casamento, mas não traiu suas origens. A advertência de Maomé acerca da riqueza, seu apelo à justiça e compaixão e sua invectiva contra ídolos pagãos acabaram o indispondo contra os mercadores mais ricos. Estes fizeram várias tentativas de persuadi-lo a atenuar seus ensinamentos e foram sistematicamente por ele rejeitadas.

Até então, a solidariedade de seu clã havia protegido Maomé de seus inimigos, mas, por volta de 619, Cadija e Abu Talib morreram. O outro tio, que sucedeu a Abu Talib como chefe do clã, foi convencido pelos mercadores de Meca a retirar sua proteção a Maomé. Então ele foi obrigado a deixar Meca, indo primeiro para Ta'if e mais tarde para Medina, a convite de seus habitantes. Essa emigração, a chamada *hijrah* (hégira), de 622, é tida como o ano zero da era muçulmana.

No decurso de apenas alguns anos, Maomé firmou sua autoridade em Medina, em consequência dos ataques de surpresa que organizou e mais tarde liderou contra as caravanas dos mercadores de Meca. A princípio, tais ataques eram apenas escaramuças em pequena escala. Todavia, em abril de 623, um grupo de sessenta muçulmanos interceptou uma caravana que se dirigia da Síria a Meca e um deles disparou algumas flechas contra a escolta, este foi o primeiro ato de agressão em nome do Islã.

No ano seguinte, uma força de oitocentos homens de Meca investiu contra Maomé, tendo sido derrotada na batalha de Badr, que deixou um saldo de quarenta e cinco mortos e setenta prisioneiros. Esta vitória fez aumentar sua autoridade e prestígio. Quer sua vitória, como Maomé acreditava, tenha sido uma prova da graça de Deus, ou não, ela convenceu alguns dos que não haviam participado da batalha a aceitar o islamismo. Ao mesmo tempo, Maomé estabeleceu vínculos com as tribos autóctones de Medina, casando-se com várias de suas mulheres.

É importante mencionar que, na época, o clã judeu dos qorayzah sofreu grave punição por ter conspirado contra Maomé – os homens foram executados, e as mulheres e crianças vendidas como escravas. Mais tarde, na medida em que os judeus abandonaram sua oposição ao islamismo, Maomé permitiu que vivessem em Medina sem serem molestados.

Em 630, Meca finalmente capitulou. Maomé com dez mil seguidores foi admitido no templo sagrado, a Caaba, e a veneração da pedra negra foi a única concessão que ele fez às antigas crenças dos árabes. Todos os demais ídolos pagãos foram destruídos. Conquanto nem todos os habitantes de Meca tivessem adotado o islamismo, dois mil alistaram-se no exército, que ele comandou contra uma coalizão de nômades hostis e, quando ela foi derrotada, repartiram a presa entre si.

As tribos da Arábia estavam agora unidas sob Maomé e sujeitas à disciplina do islamismo; mas, uma vez que isso implicava que eles não poderiam mais lucrar com a pilhagem uns dos outros, se viram forçados a procurar saques em outros lugares.

Aspectos de Nação

Em 630, Maomé seguiu para o norte, à frente de trinta mil guerreiros, a fim de assegurar a submissão dos governantes de Eilat, Adhruh e Jarba, perto da fronteira com a Síria. Ele percebeu que para seu contínuo bem-estar, o Estado islâmico teria de encontrar, rumo ao norte, um meio para dar vazão à energia dos árabes e que isso significava desafiar o Império Bizantino e Persa.

Como explicar o poder de atração de Maomé? Ao contrário de Jesus, ele não fez milagres. No ano 620, teve uma visão, na qual cavalgava o corcel celestial el-Buruq, com o anjo Gabriel. Juntos estavam indo até o monte do Templo, em Jerusalém, para encontrar Abraão, Moisés e Jesus, e daí ascender ao trono de Deus, passando pelos sete céus. Essa visão é comparável ao relato da transfiguração de Cristo e foi uma das razões por que Jerusalém se tornou uma cidade sagrada para o islamismo. Contudo, essa aparição parece ter sido uma experiência muito pessoal para o próprio Maomé, porque não continha nenhuma revelação que pudesse ser incluída no Alcorão.

Dizem os cristãos que o êxito de Maomé não resultou do exercício de um poder sobrenatural, mas de seu sagaz apelo ao egoísmo material e espiritual dos árabes de seu tempo. Ele prometeu o paraíso àqueles que morressem em batalha e pilhagem aos que não o fizessem. Quando suas forças atingiram uma massa crítica, passou a ser vantajoso para outras tribos juntar-se a elas; e seu monoteísmo singelo era fácil de compreender.

A autoridade do Profeta não apenas pôs fim à incessante rixa entre as tribos, como também conferiu um senso de identidade aos árabes, como aquele que os abissínios, os persas, os cristãos bizantinos e os judeus já possuíam. O islamismo era uma religião árabe, e não, como as outras fés disponíveis, algo que viera de fora. A estabilidade política causada pelo islamismo era útil para todos: mesmo os judeus e os cristãos, "os Povos do Livro", aqueles que podiam obter a proteção do Profeta pelo pagamento de um imposto. Para eles, contudo, o credo do Islã era menos atraente.

Os judeus desdenhavam o uso de sua escritura por Maomé e eles achavam a improvisação do anjo Gabriel um absurdo que dispensava explicação. Inicialmente, Maomé dissera a seus seguidores que orassem voltados para Jerusalém; mais tarde, depois da rejeição de sua mensagem pelos judeus, ele os acusou de falsificar a escritura, a fim de ocultar que a Caaba havia sido de fato construída por Abraão, e instruiu os muçulmanos a orarem voltados para Meca. Para Maomé, o Islã era a religião de Abraão ressuscitada impoluta e que fora abandonada pelos judeus.

Os cristãos também julgavam impossível dar crédito a revelações que reescreviam a história de forma tão arbitrária e ingênua. A mais ofensiva de todas era a insistência de Maomé em que Jesus não era o filho de Deus; na verdade para Maomé, era uma blasfêmia sugerir que Deus teria se dignado aparecer sob forma humana. Isso não significava que ele desprezasse Cristo por considerá-lo uma fraude: antes, pelo contrário, ele era um profeta como Abraão e Moisés, e Maria, sua mãe, uma virgem. E mais, porque Deus amava tanto o filho de Maria, sua crucificação tinha sido uma ilusão: Deus não lhe permitiria um destino tão cruel e ignóbil.

Portugal pré-Brasil: A Formação do Reino Português

Havia outros aspectos no islamismo em que o discurso cristão contrastava desfavoravelmente com essa religião. Enquanto Jesus pregara o amor e a não violência, Maomé convertia pela espada. Enquanto Jesus abençoara os mansos e os pobres de espírito, Maomé exaltava o guerreiro vitorioso. Enquanto Jesus insistia em que seu reino não era deste mundo, Maomé fundou um império teocrático. Enquanto Jesus pedia a seus seguidores que carregassem sua cruz e aceitassem o sofrimento, Maomé oferecia o produto de pilhagens, concubinas e escravos. Jesus prometia o paraíso numa vida após a morte, e Maomé, prosperidade nesta vida e o paraíso num mundo vindouro. Não há, contudo, contraste mais forte entre as duas religiões do que na sua doutrina moral. Jesus insistia na monogamia por toda a vida; Maomé permitia que um homem tivesse até quatro esposas e quantas concubinas quisesse. Enquanto Jesus havia rescindido a Lei de Moisés e proibido o divórcio, Maomé permitia que um homem encerrasse um casamento com uma simples declaração. Jesus apreciava o celibato e era celibatário; Maomé condenava o celibato e tinha uma concubina cristã e nove esposas. Muitos desses casamentos foram, sem dúvida, de conveniência, e seu objetivo era criar vínculos com clãs até então hostis.

Todavia, até os homens do seu tempo ficaram chocados com certos fatos, como o episódio de uma de suas mulheres ter desposado o filho adotivo dele, e, de outra feita, quando, aos 53 anos se casou com Aixa, que tinha apenas nove anos. Ele mandou construir um aposento separado, uma pequena suíte, para cada uma de suas mulheres, em volta do pátio de sua casa em Medina e, supostamente, se orgulhava de satisfazê-las todas numa única noite. Quando uma delas teve ciúmes de seus afagos a uma prisioneira egípcia, o anjo Gabriel mandou Maomé repreendê-la. A vida privada do Profeta de vez em quando desnorteava os fiéis, mas, sua menção a Alá apoiava-o e silenciava seus críticos.

Evangelizadores cristãos deram grande importância a esses aspectos da vida de Maomé, bem como a certos casos de traição que, na causa do Islã, sugerem que ele acreditava que os fins justificavam os meios. Mas, está claro, se ele não era considerado imoral pelos homens do seu tempo, na verdade, ele elevou os padrões éticos da sociedade em cujo seio nascera. Prescrevia honestidade, humildade e frugalidade, proibiu o infanticídio e insistiu no cuidado de membros vulneráveis da sociedade, em particular viúvas e órfãos. Criou uma estrutura familiar e uma forma de seguro social que eram um avanço considerável em relação ao que existia antes, e, das tribos nômades da Arábia, fez uma nação que conquistou um vasto império e fundou uma grande civilização.

A escolha de um sucessor de Maomé (califa, do árabe *khalifah*) como governante foi disputada entre diferentes membros de sua família o que levou à divisão do islamismo em sunitas, seguidores de Abu Bakr, pai de Aixa, a jovem esposa de Maomé, e xiitas, seguidores de Ali, marido de Fátima, filha de Maomé. A princípio, Ali e seus adeptos aceitaram a eleição de Abu Bakr e, devido à sua morte, ocorrida dois anos depois da de Maomé, também aceitaram a eleição de Omar, outro genro do Profeta. Foi Omar quem comandou os muçulmanos numa vitoriosa campanha de conquistas, tendo dominado a Síria bizantina e o Iraque, em 636, e

Aspectos de Nação

depois o Egito, em 641; no ano seguinte era o senhor da Pérsia. Estes dois antigos impérios, a Pérsia e a Síria, de Bizâncio, foram incapazes de resistir à investida do Islã. Ambos estavam enfraquecidos após longa guerra entre eles, e, no caso de Bizâncio, agravado com a defesa contra as tribos bárbaras, em particular os ávaros, que o rodeavam ao norte.

Àquela altura, importantes mudanças tinham ocorrido nessa parte oriental do Império Romano, sob o imperador Justiniano, no século VI. O latim fora substituído pelo grego, e uma extensa área do Império do Ocidente, abrangendo partes da Itália, da Sicília e do norte da África, tinha sido retomada de seus conquistadores por exércitos bizantinos.

O avanço muçulmano pode ser assim resumido: em 635, Jerusalém rendeu-se aos exércitos do Islã. Alexandria capitulou em 646. As tropas árabes marcharam para oeste, ao longo dos desertos do norte da África, atravessaram o estreito de Gibraltar, sendo saudadas como libertadores pelos judeus, e invadido a maior parte da península Ibérica e da Espanha visigoda. Em 732, os muçulmanos, sob o comando de Abd al-Raman, nesta época já nomeados de mouros, cruzaram os Pirineus até a França, saqueando Bordéus e, após queimar seus templos cristãos, seguiram para Poitiers. Aí, fora dos limites da cidade, encontraram uma tropa de francos, comandada por Carlos Martelo, avô de Carlos Magno e mordomo-mor do paço dos monarcas merovíngios, quando foram finalmente desbaratados e rechaçados de volta para a Espanha.

Embora a batalha de Poitiers viesse a assinalar o avanço máximo do islamismo na Europa Ocidental, ela não pôs fim a sua marcha para o norte e o leste. Tendo assegurado uma base naval em Alexandria, esquadras muçulmanas foram enviadas para bloquear Constantinopla: primeiro em 669, em seguida, entre 673 e 677, e, finalmente, entre 717 e 718; e foi, sem dúvida, com grande dificuldade que os bizantinos conseguiram derrotá-los.

Em 846, menos de meio século após a coroação de Carlos Magno pelo papa Leão III, uma força expedicionária muçulmana de cinco mil soldados de cavalaria e dez mil de infantaria desembarcou na costa da Itália, próximo a Óstia, o porto que servia a Roma. A guarnição de Óstia fugiu, e uma força de defesa composta, sobretudo, por peregrinos, entre eles anglo-saxões, foi massacrada quando tentava impedir a marcha sobre Roma desses "sarracenos", nome com que agora os latinos se referiam aos seus adversários islâmicos.

Nunca a cristandade esteve tão ameaçada. Nas cercanias da cidade, as basílicas de São Pedro, na colina do Vaticano, e de São Paulo, desprovidas de muros, foram ambas pilhadas, enquanto o papa Sérgio II e o povo romano a tudo assistia em 469 d.C., indefesos, por detrás da muralha Aureliana. Uma base sarracena foi estabelecida em Fraxentum (atual La Garde-Freinet), no litoral da Provença, de onde saqueadores ameaçavam os desfiladeiros dos Alpes e atacavam de surpresa cidades cristãs na costa mediterrânea. Bari, na costa do Adriático, foi tomada pelos sarracenos e tornou-se sede de um emirado, e, em meados do século IX, eles assumiram o controle da Sicília, culminando com a queda de Siracusa em 878.

Nessa época, o islamismo havia se fragmentado em diferentes seitas, sendo dignas de nota, a maioria sunita e a minoria xiita. No fim do século X, existiam três califados diferentes, denominados de acordo com as famílias de seus fundadores: os abácidas, em Bagdá, os fatímidas, em Damasco e no Cairo, e os omíadas, em Córdova, na Espanha.

O predomínio da casta de guerreiros árabes e beduínos deu lugar a uma elite mais heterogênea. Imperceptivelmente, a civilização árabe tornou-se uma civilização muçulmana, e a colaboração espontânea dos melhores cérebros de todas as nacionalidades do Império é responsável pela estupenda ascensão dessa civilização nos séculos IX e X, tão ansiosamente repletos de proezas culturais nas mais distintas áreas da realização humana.

A única marca duradoura das origens do islamismo foi a adoção da língua árabe em expressiva parcela das terras conquistadas. Na Síria e na Palestina, o árabe pouco a pouco substituiu o grego como língua oficial no curso do século VIII, e por volta do ano 900 era de uso comum, sendo o grego ou o aramaico falado apenas em partes do norte e o hebraico em partes do sul deste espaço.

Embora houvesse, por parte dos muçulmanos, uma tolerância básica para com "os Povos do Livro" e isto fosse um princípio do governo islâmico, ela não assegurava o mesmo tratamento diante da Lei ou o direito de participar em condições de igualdade da vida pública da comunidade.

O proselitismo cristão era proibido na área de dominação mulçumana e a acusação pública a Maomé era punida com a morte, mas esse tipo de punição parece ter vitimado apenas aqueles que o provocavam, como, por exemplo, os cinquenta homens e mulheres de Córdova que, em 850, pregaram em público a verdade superior do cristianismo.

Na Ibéria os árabes foram ocupantes muito mais tolerantes do que nas demais áreas do seu império, o que permitiu uma convivência, naquela região, menos litigiosa.

A Reconquista

No início do século IX, os muçulmanos dominavam quase toda a península Ibérica e a bacia do Mediterrâneo, e ali permaneceram, por mais de sete séculos. Os cristãos da península, inicialmente derrotados, refugiaram-se na região montanhosa das Astúrias, onde fundam um reino e se preparam para recuperar as terras perdidas, lutando contra os mouros, dentro de um movimento que mais tarde empolgou toda a cristandade, a este movimento na península Ibérica damos o nome de Reconquista.

Nobres descendentes dos visigodos, que haviam se retirado para as Astúrias, somaram suas forças aos habitantes da região para resistir aos muçulmanos. Sob o comando de Pelágio alcançaram a primeira vitória, expulsando os inimigos da região. Entretanto, a grande vitória dos cristãos sobre os muçulmanos se deu na Batalha de Covadonga, em 722, dando início ao processo de reconquista, lentamente, entre avanços e recuos. Em meados do século IX, os cristãos chegam à bacia do rio Douro.

A restauração, pelos cristãos, das sés da Galiza e a descoberta do suposto túmulo de São Tiago – talvez, algumas relíquias do apóstolo Tiago, trazidas desde Mérida –, e a construção de sua Basílica, em Santiago de Compostela, foram seguidas pela organização de uma nova fronteira: a do território de Portucale, em 868. Havia uma clara mobilidade entre as fronteiras do território cristão e muçulmano, como demonstra Coimbra, que, tendo sido anexada pelos cristãos, foi novamente conquistada pelos mouros.

Aproveitando o rio Douro como fronteira natural, no final do século XI, os limites entre os territórios cristãos e muçulmanos tornaram-se mais estáveis. Com a continuação dessas lutas, vão-se formando também vários reinos cristãos na península Ibérica: Leão, Castela, Navarra e Aragão, implantando reorganização e repovoamento das terras reconquistadas. Vímares Peres, que conquistou o Porto, é encarregado do governo dessa região. Pelo século X o condado de Portugal (norte do Douro) foi governado por Mumadona Dias, seu marido Hermenegildo Gonçalves e os seus descendentes, um dos quais foi tutor e sogro do rei leonês Alfonso V.

O rei de Leão e Castela, D. Afonso VI, conseguiu significativas vitórias contra os mouros que, escorraçados concentraram-se em Granada, ao sul da península. Nobres franceses, que o ajudaram, engajaram-se na guerra, na esperança de conseguir terras. Foi o que aconteceu com D. Henrique de Borgonha, que, como recompensa pelos serviços prestados, recebeu em casamento dona Teresa, filha ilegítima de D. Afonso VI, e como dotes, terras ao sul do rio Minho, que originaram o Condado Portucalense.

Com a morte de Henrique de Borgonha em 1112, tendo deixado seu filho Afonso Henrique ainda criança, assume o poder, com o título de "Portucalensis Regina", sua mulher Teresa. As intrigas dessa rainha com seu favorito Fernando Peres de Trava a indispôs contra os barões portucalenses, que, em 1128, a derrotaram na batalha de São Mamede e a exilaram. Esta batalha consagra, efetivamente, a separação definitiva entre Portugal e a Galiza, condado pertencente ao conjunto de terras do reino de Leão.

Tudo resultou das tentativas feitas no final do século XI e, principalmente, no início do seguinte, que tiveram como protagonistas principais, o Arcebispo Diego Gelmírez, de Santiago de Compostela, e o Conde Pedro Froilaz de Trava, destinadas a consolidar essa unidade política sob a hegemonia galega. Efetivamente, isto acabou levando à revolta portucalense e à formação, entre o Douro e o Minho, de um estado independente, que não tardaria a demonstrar a sua viabilidade, conquistando o território que com ele confinava ao sul. Pode-se assim dizer que a Batalha de São Mamede marca o início da independência portuguesa.

As terras recuperadas do Islã passam a formar um fundo territorial, sendo um quinto pertencente à Coroa, o restante era destinado aos morgadios e às terras de concelho, estruturando a defesa da região.

Portugal pré-Brasil: A Formação do Reino Português

Com a relação de suserania e vassalagem estabelecia-se que o nobre recebedor de terras devia obrigações e fidelidade ao doador. Pode-se dizer que nessa época, Portugal não era ainda um reino independente, pois estava sob a suserania de D. Afonso VI. O filho de D. Henrique de Borgonha, Afonso Henriques, contrariando o costume medieval, rompeu os laços de suserania com Leão e Castela e proclamou-se rei de Portugal em 1139, dando início à primeira dinastia portuguesa: a dinastia de Borgonha.

A Estruturação do Estado Português

Tanto as lutas de Reconquista quanto aquelas travadas pela soberania em relação aos espanhóis marcaram profundamente a história de Portugal nos seus primeiros tempos.

Ao sul, os habitantes da região eram seguidamente fustigados por investidas dos mouros e buscavam o amparo do Rei. A descentralização política que caracterizava o feudalismo[10] não se configurou, de forma plena, em Portugal. Vários fatores conflitavam com os princípios gerais do feudalismo em Portugal, na época medieval, tais como:

- Ausência de hereditariedade: O rei distribuía as terras conquistadas, mas não em caráter hereditário. Morto o nobre conquistador, elas voltavam às mãos do rei. Além disso, em muitas ocasiões, o monarca entregava a terra sob condição de poder reavê-la quando quisesse. Portanto, foram raros os senhores que possuíram autonomia sobre suas propriedades;

- Poder municipal: A instituição municipal mostrou-se poderosa desde o início da monarquia portuguesa. Os municípios recebiam dos reis os forais, cartas de autonomia que os liberavam do domínio dos senhores feudais; e

- Debilidade das relações de servidão: Desde o século XII nota-se, de forma significativa, a existência de trabalhadores assalariados no campo. A mão de obra agrícola era muito restrita, condicionando os monarcas a impulsionarem a libertação dos servos.

---

10. A Idade Média na Europa caracterizou-se pela existência do feudalismo, em cujas origens se encontram traços tanto da cultura romana quanto da germânica. São muitas as características do feudalismo, destacando-se entre as principais: feudo é o nome dado ao local onde se organizava a produção dos bens materiais. O feudo era formado por uma extensão de terra onde havia um castelo, no qual morava o senhor feudal e sua família, por uma vila, onde viviam os servos, e pelas terras que o compunham. Apesar da existência de camadas intermediárias, havia basicamente duas classes sociais: os senhores feudais, pessoas da nobreza e do clero, e os servos, que moravam e trabalhavam nas terras o que conduzia a uma sociedade particionada ou estamental. Não havia mobilidade de uma classe para outra. Os servos não eram assalariados. Eles só recebiam permissão para viver e trabalhar nas terras do senhor mediante o pagamento de tributos. No feudo se produzia somente o necessário para a sobrevivência. Era um tipo de economia rudimentar, essencialmente rural. Não havia um poder central que dirigisse todos os feudos. Cada um tinha a sua autonomia, e o senhor feudal o conduzia da maneira que lhe fosse mais conveniente. O suserano, senhor feudal possuidor de grandes porções de terra, cedia parte dessas propriedades a outro nobre. Este, por sua vez, passava a dever obrigações e fidelidade ao suserano, tornando-se um senhor feudal vassalo. A cultura feudal era teocrática alicerçada por uma visão do homem voltada para Deus e para a vida após a morte. A Igreja Católica, que teve um papel preponderante durante toda a época feudal, foi a principal divulgadora dessa cultura. O feudalismo não se manifestou da mesma forma em toda a Europa, tendo variado temporal e espacialmente.

Aspectos de Nação

Registram-se, assim, poucas características feudais em Portugal nessa época, podendo-se mencionar, por exemplo, os tributos sobre a terra e o desfrute de alguns privilégios e imunidades pelos nobres. Essas características, entretanto, se comparadas às tendências típicas do sistema feudal, levam-nos a concluir que o feudalismo português não chegou a se consolidar, desenvolvendo rapidamente as condições que culminariam no mercantilismo.

É durante o período da primeira dinastia portuguesa que as características particulares do não presente e débil feudalismo português aparecem claramente.

O débil feudalismo português é correlato ao peso e onipotência do prematuro Estado lusitano. Em torno do rei, integrando a Casa Real, se desenvolve uma burocracia. Surge a Corte, com seu elenco de práticas discriminatórias e de clientela. A Casa Real mantém uma permanente visibilidade e prestígio junto ao povo. De longa data, o rei é considerado o defensor dos concelhos (municipalidades) em relação à nobreza.

12

Portugal pré-Brasil:
A Disputa Além-Mar

A Estratégia Nacional de Portugal

Em decorrência de sua formação geográfica, Portugal se apresenta como um país sem fronteiras naturais. Os rios que cortam seu território correm do interior para a costa em vales pouco férteis, quase que paralelos e separados por serras quase estéreis, e na posição mais ocidental da Europa.[1]

O Portugal medieval tem praticamente a mesma configuração do Portugal atual e como vimos, abrangendo, já no medievo, regiões possuidoras de grande diversidade. No norte, a velha aristocracia descendente do Reino de Leão, que possuía grandes territórios, trabalhados, principalmente, por servos. No sul, nos territórios que haviam sido conquistados aos muçulmanos, existiam algumas cidades, muitas vezes separadas por distritos quase desertos e despovoados.

A povoação destas regiões começou com a vinda dos monges cistercienses, que chegaram a Portugal em 1143. Mais tarde, alguns reis, como Sancho I e Afonso III, criaram concelhos (municipalidades), garantindo-lhes a posse de forais (cartas), onde se concediam muitos privilégios, para atrair a população. Muitas vezes, esses privilégios compreendiam o direito de cobrar imposto e a promessa da libertação de servos ou cristãos cativos, depois de um ano de residência. Todavia no sul, os concelhos eram gravados com a obrigação de defender o território.

Os cavaleiros, aqueles providos de mais posses, tinham que ter armas e cavalos à sua própria custa, e os peões, ou homens mais desprovidos, eram obrigados a servir como soldados a pé, na defesa do território e também nas incursões ao território muçulmano. No século XII, em Portugal, existiam os imunes, que nada pagavam à Coroa, os vilões e os semisservos. Os vilões poderiam receber soldo como

---

1. Com uma posição geográfica deslocada do ecúmeno europeu, o país tem 848 km de litoral voltados para o Atlântico e o mar Mediterrâneo.

Aspectos de Nação

homens livres. Não estavam subordinados a nenhum nobre, e podiam livremente se deslocar pelo país. A Coroa sempre se empenhou em preservar o direito de livre circulação – algo que também ia contra a ordem feudal. O semisservo surgiu na conquista aos mouros, em função das doações de terra do Islã, feitas pelo rei. O semisservo que fugisse poderia se converter em vilão. Em 1211, a lei afirma: "Qualquer homem que for livre, tome por senhor a quem quiser". Os mouros capturados durante operações de guerra eram os únicos escravizados e obrigados a trabalhar. Sua obtenção foi um dos motivos da Reconquista,[2] em 1385, com a Casa de Avis, D. João. Após a derrota espanhola de Aljubarrota, foi extinta definitivamente a vassalagem.

Na corte, o rei era assessorado pelos seus conselheiros mais próximos (séquito), que compreendia os chefes da administração real, o chefe ou comandante militar, o mordomo da casa real, o chanceler e todos os membros da grande aristocracia, os homens ricos. Esta classe também compreendia os bispos, abades e mestres das ordens de cavalaria; e muitos destes tinham autoridade civil privada ou militar.

A nobreza baixa não tinha estes direitos. Abaixo deles havia várias classes de plebeus livres, tais como os cavaleiros e os malados, homens que se colocavam eles mesmos debaixo da proteção de outros. Havia também numerosos servos e escravos.

Nos fins da época medieval, ocorreram várias mudanças na estrutura social em Portugal. Muitos da velha aristocracia perderam suas posições com a chegada da Casa de Avis e, mais tarde, a nova nobreza, decorrente da Casa de Bragança, era muitas vezes de origem burocrática ou ministerial.

Os privilégios garantidos aos concelhos forçaram os senhores da terra a competir na busca do fator trabalho, e nos tempos de Afonso III, os pagamentos em dinheiro já substituíam, na sua maior parte, o dever dos servos de trabalhar nas suas terras.

Representantes do povo foram chamados às Cortes, pela primeira vez, em 1254, ano a partir do qual os concelhos tomaram parte ativa na política. As Cortes foram reunidas muitas vezes nos reinados de João I, Eduardo e Afonso V, mas os caminhos do poder tornaram-se mais estreitos no século XVI, sendo que, nessa época, a proposta de João III (em 1525) para chamá-las só de 10 em 10 anos não sofreu contestação.

Ainda que as corporações de comerciantes e ofícios se desenvolvessem lentamente, elas já eram parte importante no poder e nos impostos locais, durante o século XIII. O comércio aumentou com os Países Baixos, desde os tempos de Afonso Henriques, e com a Inglaterra, desde os começos do mesmo século XIII.

Também é importante esclarecer que a crise política de 1385 foi seguida por uma intensa inflação e muita falsificação; não havendo, portanto, moeda nacional de ouro até 1435, quando as fontes encontradas na África Ocidental o começaram a produzir.

---

2. A obrigação inequívoca do mouro escravizado em trabalhar deu origem léxica ao "mourejar", daí a expressão "trabalhar como um mouro".

As Condicionantes Centrais

A questão alimentar é a primeira demanda com que se defronta o homem, e em Portugal não foi diferente. Na Idade Média, cultivava-se trigo do Minho ao Algarve, porém, o rendimento médio dos cereais por hectare era um dos mais baixos da Europa. As feiras tiveram origem no negócio local de cereais: trigo, centeio, cevada e, posteriormente, bem após os descobrimentos, o milho. O controle dos moinhos e dos celeiros sempre foi matéria de conflitos, e os concelhos se preocupavam em reduzir a saída de cereais do lugar, dado o persistente espectro da fome.

O azeite teve em Coimbra, Évora e Santarém os principais polos de produção. Os lagares de azeite eram monopólio dos mestrados das ordens e capitanias e também foram fontes de conflitos.

O bacalhau merece uma referência especial, por sua importância como alimento, no ciclo de expansão ultramarina. Os peixes eram secados pelos vikings – perdem 4/5 do peso –, que chegaram com esta ração à Groenlândia e à Terra Nova. No século IX, comercializava-se peixe seco da Islândia e Noruega, em todo o norte da Europa. Os bascos descobriram a salga, que aumenta a durabilidade do peixe; há suspeita de que eles pescavam nos bancos do Labrador, porém, necessitavam de sal, e aí os portugueses se fizeram presentes com o sal de Setúbal, que era perfeito para o bacalhau. Os nórdicos também precisavam dele para a salmoura do arenque. Deste modo, houve uma complicada geopolítica do bacalhau: os ingleses foram atrás dos bascos; os franceses chegaram à foz do rio São Lourenço, apesar da vantagem do sal da Bretanha; os puritanos da Nova Inglaterra criaram a aristocracia do bacalhau em Boston. Graças ao seu sal e em aliança constante com a Inglaterra, Portugal obteve acesso a este alimento estratégico.

No século XIII, Lisboa, com 40 mil habitantes, Porto, com 8 mil, e Algarve, tinham que ser alimentados basicamente com mercadorias de fora, necessitando do trigo que vinha pelo mar.

As terras de além-mar situadas no norte da África sempre foram, no imaginário português, aquelas a serem conquistadas a partir do controle do Mediterrâneo, e a conquista de Ceuta materializaria este sonho português. Secundariamente, deveria abrir acesso ao comércio com o norte da África, e pelo deserto com as terras além do Saara. O trigo do além-mar estaria inserido no movimento inicial do povo português para a conquista das terras férteis do Islã, do outro lado do Mediterrâneo.[3] Além disso, são antigas as evidências da presença lusitana no comércio europeu decorrentes, em muito, de sua não suficiência alimentar. O vinho, o azeite, o sal, couros, cortiça e frutas secas eram exportados em troca de cereais, madeiras para construção naval, peixe seco, cordoalha, metais, etc. No século XII, havia uma feitoria lusa em Bruges, localizada na atual Bélgica, e era frequente a

---

3. De meados do século XIV até o final do século XV, Portugal atravessou 21 crises de carência alimentar e fome devastadora. Para abastecer-se, recebia trigo da França, da Inglaterra, de Castela e até mesmo do norte da Alemanha.

Aspectos de Nação

presença portuguesa no porto de Marselha. No século XIII, já estavam os portugueses em todos os portos franceses e ingleses do Canal da Mancha.

Portugal ocupa uma situação geopolítica natural de entreposto entre o norte da Europa e o Mediterrâneo. Esta rota, devido à presença de corsários, era precária. Em Dieppe, Bayonne e Rouen, corsários franceses ameaçavam a ligação de Portugal com Flandres, Inglaterra e portos alemães. A rota pelo Mediterrâneo era sistematicamente ameaçada pelos mouros e turcos. Assim sendo, a orientação mercantil marítima tende a desenvolver-se, associada à cultura naval militar.

Mas, no início do século XV, Portugal era um reino pobre; a riqueza estava na Itália, na Alemanha e em Flandres – hoje parte da Bélgica e da Holanda. Aí, se pergunta: como é que no século XVI os portugueses conseguiram liderar a expansão europeia?

Portugal se situava numa extremidade do mundo conhecida, porém uma extremidade que, quando de sua estruturação como espaço nacional, nos séculos XII ao XV, via-se inserida no principal contencioso de sua época, aquele que opunha os cristãos aos muçulmanos. Além disso, trazia em si um contraditório: ser um espaço relevante, dentro do contencioso central de sua época, mas totalmente marginalizado quanto aos aspectos econômicos e geopolíticos que cercavam esta questão. Diferia, por exemplo, da Palestina ou das ilhas do Mediterrâneo Oriental, que, envolvidas no mesmo contencioso, se situavam nas principais rotas do comércio mundial de então.

Conceituando a problemática com que se defrontava Portugal, podemos resumir o seu principal problema numa questão: como se inserir nas rotas centrais do comércio mundial e consequentemente da civilização? Esta foi a maior questão com que se defrontou a casa reinante no século XV e a sua resposta foi a diretriz central que fundamentou toda a concepção estratégica nacional de Portugal, a partir de então. Além disso, pesava sobre a independência portuguesa a presença dos espanhóis, que sempre olharam Portugal como um prolongamento natural de seu território e como espaço, portanto, a ser conquistado. Havia, portanto, duas condicionantes para a concepção estratégica de Portugal: uma, primordial, de inserção – colocar Portugal no centro da civilização? outra, secundaria, de contenção – como evitar a dominação espanhola?

Quanto à contenção, esta foi parcialmente resolvida, pela montagem de um sistema de tratados e alianças com os ingleses, algo já presente no século XIV, com o Tratado de Windsor.

Quanto à inserção, esta foi concebida como um movimento que unia a inovação, o uso de novas técnicas,[4] em especial as vinculadas à navegação, com a ruptura de paradigmas, a ousadia – algo que deve sempre estar posto em uma ação estratégica. Exigiu paciência e um muito bem elaborado projeto nacional.

---

4. Ao progresso científico, junta-se o aperfeiçoamento da técnica naval com a invenção do leme (século XIII) e o uso da bússola (século XIV), orientando os navios no alto-mar.

Antes de tudo, era necessária uma aliança estratégica com o papado. Esta aliança protegeria toda atuação portuguesa contra os muçulmanos sob o manto da fé cristã e justificaria sua expansão territorial e comercial. A aliança foi feita e contou com a rica Ordem de Cristo como seu trunfo decisivo.[5] A Ordem de Cristo havia sido fundada por franceses, em Jerusalém, em 1119, com o nome de Ordem dos Templários. Em 1307, acabou por transferir para Portugal parcela expressiva de sua estrutura, mediante acordo com D. Dinis, quando o rei de França desencadeou contra ela uma das mais sanguinárias perseguições da História.

Os templários franceses eram os mais poderosos da Europa. Controlavam feudos e construções no interior e em Paris. Entre eles, a abadia de Cluny, um conjunto de igrejas e oficinas que foi reformado em 1319, tendo uma parte se tornado a prisão da Bastilha, destruída mais tarde durante a Revolução Francesa. As derrotas no Oriente alimentaram uma onda de calúnias segundo as quais os cavaleiros teriam feito acordos com os muçulmanos, fugindo de campos de batalha e traído os cristãos.

O rei de França, Filipe IV, o Belo, devia dinheiro à Ordem dos Templários. Aproveitando o clima favorável, em 13 de outubro de 1307, Filipe invadiu, de surpresa, as sedes da Ordem em toda a França. Só em Paris foram detidos 500 cavaleiros. Dois processos foram abertos: um dirigido pelo rei contra os presos, o outro conduzido pelo papa Clemente V contra a Ordem. O papa era francês, vivia em Avignon e era aliado do rei. Torturas brutais e confissões arrancadas pela Inquisição tornaram-se peças difamatórias escandalosas. O sigilo da Ordem foi usado contra ela e as etapas dos rituais de iniciação foram convertidas em monstruosidades. Os santos guerreiros foram acusados de cuspir na cruz, adorarem o diabo, render culto a Maomé, manter práticas homossexuais e queimar crianças. Todos os seus bens foram confiscados. Esperava-se uma fortuna, mas, como pouco foi efetivamente recolhido, criou-se a lenda de que os tesouros teriam sido transferidos, em segurança, para outros países. Para muitos investigadores, um desses países teria sido Portugal.

O rei D. Dinis (1261-1325) decidiu garantir a permanência da Ordem em terras portuguesas: sugeriu uma doação formal dos seus bens à Coroa, mas nomeou um administrador templário para cuidar deles. Nem o processo movido pelo papa, nem a execução do grão-mestre Jacques de Molay, em 1314, o intimidaram. Em 1317, reiterando que os templários não tinham cometido crimes em Portugal, D. Dinis transferiu todo o patrimônio dos cruzados para uma nova organização recém-fundada: a Ordem de Cristo. Assim Portugal tornou-se um refúgio para os monges perseguidos de toda a Europa. De vários países chegavam fugitivos, trazendo o que podiam. O convento de Tomar transformou-se na caixa-forte dos segredos que a Inquisição não conseguiu arrancar. Dois anos depois, em 1319, um novo papa,

---

5. Em sua obra *Sagres, a Revolução Estratégica*, Luís Fernando da Silva Pinto apresenta como o fato determinante para a montagem da concepção estratégica de Portugal o casamento de João I com a inglesa Philipa of Lancaster (Filipa de Lencastre em português) e as modificações que esta inglesa provocou na corte portuguesa e na sua visão de mundo, em especial, pelo seu conhecimento e sua cultura, decorrente do contato que mantinha com as elites pensantes de seu país, particularmente com Geoffrey Chaucer.

João XXII, reconheceu a Ordem de Cristo. Começava para os cavaleiros uma nova era, com uma nova missão.[6]

Inserção: os Descobrimentos

O terceiro filho de João I e Filipa de Lencastre, mais conhecido, impropriamente, como "Navegador" – ele pessoalmente nunca passou de Tanger –, chamava-se Henrique e foi mestre da Ordem de Cristo.

Em 1415, o Infante D. Henrique sagrou-se cavaleiro na batalha de Ceuta, em Mar-rocos, quando os portugueses expulsaram os muçulmanos da cidade.[7] No ano seguinte, o príncipe tornou-se comandante da Ordem de Cristo. Como a sucessão do trono caberia a D. Duarte, seu irmão mais velho, Henrique, assumiu o cargo de governador do Algarve. Ele era um articulador discreto e raramente ia à corte, em Lisboa. Solteiro e casto, D. Henrique dividia o seu tempo entre o convento de Cristo, em Tomar, a sede da Ordem, e a vila de Lagos, no Algarve.

Em Tomar, cuidava das finanças, da diplomacia e da carreira dos pilotos iniciados nos segredos do empreendimento cruzado. O convento era tanto um cofre de recursos quanto um repositório de informações secretas.

Estruturava operacionalmente o seu projeto de reconhecimento marítimo na vila de Lagos, uma base naval e uma corte aberta.[8] Para esta vila vinham, na época, viajantes de todo o mundo, de "desvairadas nações de gentes tão afastadas de nosso uso", como escreveu o cronista Gomes Eanes de Azurara na *Crônica do Descobrimento e Conquista da Guiné*.[9]

O Vaticano estava preocupado com a pressão muçulmana que havia aumentado muito no século XIV sobre a Europa. Foi na época que o infante D. Henrique assumiu o cargo de grão-mestre e lançou-se à diplomacia. Em 1418, ele consegue do papa um aval ao projeto, inserindo-o no contexto do combate aos muçulmanos. A simples ideia de lutar com os muçulmanos estava vinculada a outros objetivos que se inseriram na concepção estratégica portuguesa, quais sejam:

---

6. Para maiores informações sobre a Ordem dos Templários sugere-se a leitura de *Os Templários*, de Piers Paul Read, Imago Editora, 2000.

7. Ceuta foi uma conquista fácil para o Infante D. Henrique, pois os mouros não tinham armamentos ou armaduras comparáveis àquelas do invasor, nem condições de responder aos arqueiros ingleses. Se os mouros não eram adversários para os portugueses, do ponto de vista militar, ficou bem claro, durante o saque da cidade, que em padrão de vida a balança pendia favoravelmente para eles, se comparado ao dos invasores, que buscavam ouro, prata e marfim e encontraram também tapetes e ornamentos orientais, terraços de mármore, pisos de mosaicos, depósitos de trigo, arroz, sal, jarros de pimenta, canela, cravo, gengibre e outras especiarias que poucos entre os portugueses, poderiam apreciar. Todas essas riquezas representavam os frutos do comércio com a África subsaariana e as Índias, que fluíam para Ceuta através das rotas das caravanas do sul e do leste. Como parte do reino de Fez, Ceuta estava em contato tanto com o interior da África quanto com o mundo maometano da Ásia Menor. Todas essas vantagens não passaram despercebidas ao Infante D. Henrique.

8. A escola de Sagres foi uma lenda criada pelos poetas românticos portugueses do século XIX. Na verdade, foi do porto de Lagos que a Ordem de Cristo, liderada pelo Infante D. Henrique, comandou a expansão marítima do século XV.

9. As personagens desse livro revelam um pouco do espírito cosmopolita da vila de Lagos: havia gente das Canárias, caravaneiros do Saara, mercadores de Tumbuctu (hoje Mali) e monges de Jerusalém. Havia navegadores venezianos, alemães e dinamarqueses, cartógrafos italianos e astrônomos judeus.

Portugal pré-Brasil: A Disputa Além-Mar

1. O impulso de fazer prevalecer e espalhar a fé cristã;
2. A busca de um caminho que levasse ao encontro das ricas especiarias das Índias, sem tantos riscos; e
3. O desejo de estar na vanguarda do progresso e das inovações.

Desde então, todo avanço para o Sul e Oeste será seguido da negociação de novos direitos. Durante um século, os papas emitiram onze bulas privilegiando a Ordem de Cristo com monopólios da navegação para África, posse de terras, isenção de impostos eclesiásticos e autonomia para organizar a ação da igreja nos locais a descobrir.

Os fundos da Ordem foram usados pelo infante para atrair geógrafos e navegadores preparados e simultaneamente para equipar uma série de expedições que, gradualmente, começaram a colher frutos. Uma das regras de ouro da diplomacia era dar presentes, assim, o príncipe juntou uma biblioteca preciosa. Entre os mapas, plantas e tabelas, havia um exemplar manuscrito das *Viagens de Marco Polo*.[10]

A data da primeira expedição do príncipe não é conhecida exatamente, mas parece ter sido próxima de 1418, quando a ilha de Porto Santo foi visitada. O primeiro contato com a Madeira data, provavelmente, de 1419. Sob sua coordenação fez-se uma tentativa de povoar as Canárias, sem êxito, e entre 1427 e 1431 os marinheiros portugueses visitaram os Açores. Os Açores e a Madeira eram desabitados, e a sua colonização procedeu-se rapidamente por volta de 1445. As ilhas se tornaram posto de abastecimento dos navios que seguiam para a África, sendo também, inicialmente, utilizadas como provedoras de grãos para Portugal. Posteriormente, o açúcar aí produzido era exportado para a Europa e deu às ilhas uma grande importância econômica.

A ideia da expansão para a África se inseria na concepção estratégica como espaço de penetração para a inserção e foi um desiderato projetado e lógico da Reconquista. Estes propósitos foram, pouco a pouco, sendo moldados num projeto nacional, ainda que no princípio representassem apenas os desejos e aspirações de um homem, o Príncipe Henrique.

Quando o navegador da Ordem de Cristo Gil Eanes[11] passou o Cabo Bojador, um pouco ao sul das Canárias, em 1434, mais do que realizar um avanço náutico estava a desmontar uma mitologia milenar.[12] Ao mesmo tempo os barcos do príncipe Henrique estavam reconhecendo a costa africana, passando o Rio de Ouro, em 1436.

---

10. Não foi por acaso que a primeira edição impressa dessa obra foi feita em português, em 1534, e não em latim ou italiano.

11. Navegador português, escudeiro do Infante D. Henrique. Além deste, foram parceiros do Infante no projeto das grandes navegações: João Gonçalves Zarco, comandante de caravelas que descobriu a ilha de Porto Santo (1418), com Tristão Vaz Teixeira; depois a ilha da Madeira, com Bartolomeu Perestrelo (1419) e que auxiliou sempre o Infante nas suas empresas marítimas e também Gonçalo Velho Cabral, que introduziu famílias e gado nas ilhas de Santa Maria e São Miguel (Açores), das quais foi o primeiro capitão-donatário.

12. Acreditava-se que depois do cabo, localizado no que é hoje o Saara Ocidental, começava o Mar Tenebroso, onde a água fumegaria sob o sol, imensas serpentes comeriam os desgraçados que caíssem ao oceano, o ar seria envenenado, os brancos ficariam pretos, haveria cobras com rostos humanos, gigantes, dragões e canibais com a cabeça embutida no ventre. O estrondo das ondas nos penhascos do litoral, que poderia ser ouvido a quilômetros de distância, a ideia de correntes fortíssimas e de nuvens de areia reforçava o pânico dos pilotos. Quando Eanes finalmente reuniu coragem e viu que do outro lado não haveria nada de especial abriu o caminho para Sul.

Aspectos de Nação

A conquista de Ceuta, no Norte de África em 1415, por uma esquadra de 200 navios e um exército de 20.000 homens forneceu o impulso para essa futura expansão. Situada na costa marroquina, Ceuta simbolizava o poderio muçulmano. Como dessa região partiam as expedições piratas árabes, a conquista foi justificada por Portugal como sendo uma reação cristã aos ataques muçulmanos. Os portugueses saíram frustrados em seus objetivos, na verdade, a intenção deles era interceptar as caravanas de ouro, marfim, pimenta e escravos que faziam paradas em Ceuta. Mas a depredação, os assassinatos e roubos foram tantos, que as caravanas árabes partiram para novas rotas que os livrassem dos cristãos.

No livro citado, que trata das crônicas da tomada de Guiné, no seu capítulo VII, Azurara apresenta "cinco razões por que o senhor infante manda buscar as terras da Guiné":

1. O desejo de saber a verdade, do que haveria para além das Canárias e do Cabo Bojador;
2. Averiguar se dessas terras se poderiam trazer para Portugal muitas mercadorias, exportando-se para lá os produtos portugueses;
3. Conhecer até onde chegava o poder dos infiéis;
4. Saber se achariam naquelas partes alguns príncipes cristãos que o quisessem ajudar contra os inimigos da fé; e
5. Desejo de divulgar a santa fé de Nosso Senhor Jesus Cristo a todas as almas que se quisessem salvar.

Pelas razões acima, observamos que D. Henrique não visava apenas aos fins espirituais de cruzadas, nem só os interesses mercantilistas, mas, também, interesses científicos e militares. Entretanto, os objetivos da expansão do Infante eram:

a. A África, para onde envia numerosas e repetidas expedições;
b. As terras do ocidente, como revela a ocupação dos Açores e outras viagens para conhecer as regiões afastadas do oceano ao ocidente; e
c. As Índias, para alcançar as fontes do ouro e das especiarias ou para conquistar os mares e preparar a derrota do Islã do Oriente.

Contudo, em 1437, os portugueses são derrotados pelos mouros em Tanger. Mas a infeliz expedição contra Tanger em 1437 foi seguida, afinal, por um conjunto de novas descobertas.

Até meados do século XV, os cavaleiros tomavam a iniciativa da conquista de terras aos mouros, sem esperar pelo Estado português. Uma vez iniciada a colonização, eventualmente doavam à família real o domínio material dos territórios, mantendo o controle espiritual. À corte, interessada em promover o desenvolvimento da produção de riquezas e do comércio, cabia então consolidar a posse do que tinha sido descoberto.

Riqueza e poder devem andar juntos. O tesouro deve ser escondido e defendido. Obtê-lo exige a aventura e o valor com a espada. Pragmaticamente, é possível

Portugal pré-Brasil: A Disputa Além-Mar

chegar à riqueza pelo ganho mercantil, com o escambo e a troca. A troca deve ser privilégio garantido pela espada. O ideal do trocador é dispor do monopsônio e do monopólio. Na versão inicial, a obtenção do tesouro exige a necessidade político-militar de assegurar o privilégio da troca. A ideia do capital mercantil é um desenvolvimento posterior ao auge das conquistas portuguesas.

O ímpeto guerreiro da Ordem preponderou sobre o mercantilismo real até 1461, um ano após a morte de D. Henrique – ano em que o cavaleiro Pedro Sintra encontrou ouro na Guiné. Aí, a pressão comercial da monarquia começou a aumentar. Mesmo assim, ainda houve novas expedições contra os mouros marroquinos em Asilah e Tanger, em 1471, quando foram finalmente capturadas.

À medida que foi sendo consolidado o comércio na rota das Índias, a partir da sua descoberta em 1498, a Coroa foi absorvendo gradualmente os poderes da Ordem. Até que, em 1550, o rei D. João III fez o papa Júlio III fundir as duas instituições, a Coroa e a Ordem. Com isso, o grão-mestre passava a ser sempre o rei de Portugal, e o seu filho tinha o direito de lhe suceder também no comando dos monges.

Com a ideia de reconquistar Jerusalém, os portugueses passaram décadas à procura do lendário reino do Preste João, que seria um núcleo cristão remanescente em terras orientais. Por fim, em 1492, os portugueses encontraram na Etiópia, uma monarquia cristã. Em 1541, os cristãos etíopes pediram ajuda a Portugal contra os Turcos. O rei português mandou uma expedição de 400 soldados, liderada por Cristóvão Gama. Gama morreu, mas os cristãos venceram. Os portugueses foram recompensados e muitos deles ficaram na Etiópia. Em 1544, o rei etíope Galawdewos escreveu a D. João III, agradecendo a ajuda.

As explorações africanas não foram, portanto, inteiramente abandonadas porque eram ponto de apoio para a marcha portuguesa para o caminho das Índias. Os navegadores portugueses procuravam o Paraíso e acreditavam ser o rio Senegal uma de suas vias de acesso. Procuravam também as minas do Rei Salomão, a Montanha de Prata no outro lado da África, bem como buscavam encontrar vestígios de São Tomé nas Índias, tanto na África oriental quanto ocidental.

Foi fundada em Elmina (São João da Mina), em 1481 ou 1482, uma fortaleza e feitoria de comércio no Golfo da Guiné. Diogo Cão[13] descobriu a foz do rio Congo em 1482 e avançou até Cape Cross, duzentas léguas para o sul, em 1486. No centro da África um monarca nativo, o Manikongo, converteu-se ao cristianismo e aliou-se aos portugueses, abrindo espaço à penetração cristã no continente. O primeiro rei cristão, Afonso I (entre 1506 e 1543), tornou seu reino, Mabnza, centro de influência portuguesa no continente africano, mas esse reino entrou em

---

13. Navegador português, que, por duas vezes (1482 e 1484), foi mandado aos descobrimentos por D. João II. Dirigiu-se para a Mina e daí para o Zaire. Depois de várias vicissitudes seguiu até à ponta dos Farilhões (serra Parda), a 22° 10', de latitude sul, donde regressou ao Zaire, que subiu, a fim de visitar o Rei do Congo. Regressou ao Tejo em 1486, trazendo o ensinamento conveniente para atingir a África do Sul a navegar pelo largo, como fez Vasco da Gama. Na Sociedade de Geografia de Lisboa existem alguns padrões de Diogo Cão (século XV).

Aspectos de Nação

convulsão e os interesses portugueses foram transferidos para o reino de Angola. Paulo Dias de Novais, neto de Bartolomeu Dias, fundou Luanda, a primeira cidade da África ocidental ao sul do Equador, em 1576.

Em 1487, Bartolomeu Dias[14] passou o cabo da Boa Esperança, chegando à costa oriental da África, e o caminho para as Índias estava aberto. O seu regresso foi seguido das notícias em 1493 de que Cristóvão Colombo tinha, pensava ele, chegado às Índias através do Atlântico. Mas as suas notícias não perturbaram os portugueses, pois Colombo não trazia novas das especiarias nem das cidades do Oriente.

O rei de Portugal, D. João II, ordenou que preparassem uma expedição à Índia pelo caminho do cabo da Boa Esperança, que só zarpou depois de sua morte. Em julho de 1497, Vasco da Gama[15] navegou com quatro navios para a primeira expedição à Índia. Chegou a Calicut na primavera seguinte, e os sobreviventes chegaram a Lisboa no outono de 1499 com amostras de mercadorias do Oriente e dizem que estas amostras eram em volume maior que todo o comércio feito dessas mercadorias, no ano anterior, pelos venezianos. Uma segunda esquadra foi preparada sob o comando de Pedro Álvares Cabral, esquadra esta que tocou a costa brasileira em 22 de abril de 1500 e a reclamou para Portugal.

Um dos seus barcos, sob o comando de Diogo Dias, descobriu Madagascar em 1500; João da Nova descobriu a ilha da Ascensão no ano seguinte e Santa Helena em 1502. Tristão da Cunha avistou a ilha que levou o seu nome em 1506 e foi explorar Madagascar. Durante este período estabeleceram-se postos ou feitorias de comércio na Índia, em Cochin e Calicut e por João da Nova, em Cananor (Cannanore). Em 1502, Vasco da Gama fez tributário do rei de Portugal, o rei de Quiloa (Kilwa), na África Oriental.

Francisco de Almeida chegou à Índia, como vice-rei, em 1505, fortaleceu a estação africana de Quiloa e ajudou o rei de Cochim contra o Samorim de Calicut.

---

14. Navegador português, descendente de Dinis Dias. Ignora-se onde e quando nasceu. Em 1486, D. João II confiou-lhe o comando de duas caravelas, de 50 toneladas cada uma, para ir colher notícias do Prestes João. Primeiro descobriu a angra dos Ilhéus, hoje baía de Spencer, e o cabo das Voltas. Em seguida foi surpreendido por violento temporal, ficando treze dias à mercê do vento e das ondas. Quando o tempo serenou, procuraram costa para leste e só encontraram mar. Navegaram então para o norte e foram descobrindo diversos portos. Não quiseram, porém, as tripulações passar além de um rio, a que foi dado o nome de rio do Infante, e obrigaram o capitão a retroceder. Foi só então que descobriram o grande cabo, que haviam dobrado sem dar por tal, em 1487. Aí levantou Bartolomeu Dias o padrão chamado de São Filipe, e ao cabo deu o nome de Tormentoso, que D. João II substituiu pelo de Boa Esperança. Bartolomeu Dias acompanhou Cabral, em 1500, na famosa viagem em que este descobriu o Brasil. Quando a frota seguia para a Índia, o navio, em que ia Bartolomeu Dias, naufragou em 1500 e o valente marinheiro encontrou a morte junto do mesmo cabo da Boa Esperança, de que fora glorioso descobridor.

15. Navegador português (1469-1524), nascido em Sines, a quem D. Manuel I confiou o comando da frota que, em 8 de julho de 1497, largou do Tejo em demanda da Índia, e que se compunha de quatro pequenos navios: S. Gabriel, S. Rafael, Bérrio e S. Miguel – este último não passou da baía de S. Brás, onde foi queimado. Em 2 de março de 1498, aportou a esquadra a Moçambique depois de haver sofrido medonhos temporais e de ter Vasco da Gama sufocado com mão de ferro uma revolta da equipagem. O piloto que o sultão de Moçambique lhe deu para o conduzir à Índia foi secretamente incumbido de entregar os navios portugueses aos Mouros em Mombaça. Um acaso fez descobrir a cilada e Vasco da Gama pôde continuar até Melinde, cujo rei lhe deu um piloto árabe, conhecedor do Índico. Em 17 de abril de 1498, avistava o porto de Calicut. Estava descoberto o caminho marítimo para a Índia. D. Manuel recompensou este glorioso feito, nomeando Vasco da Gama almirante-mor das Índias e fazendo-lhe doação de trezentos mil-réis de renda. Voltou mais duas vezes à Índia, de que foi governador e segundo vice-rei.

Portugal pré-Brasil: A Disputa Além-Mar

O controle do comércio marítimo estava agora estabelecido, e tornou-se a principal fonte de riqueza dos portugueses no Oriente. Com a derrota da forças navais muçulmanas em 1509, ficou assegurado o controle de Diu. Francisco de Almeida concebeu o plano de manter apenas o domínio do mar, com fortes esquadras, e na terra não ter mais que algumas feitorias e pontos de apoio, dando um requinte e um toque final na concepção estratégica portuguesa.

Afonso de Albuquerque, sucessor de Almeida, conquistou Goa em 1510, que se tornou a sede do poder português, e Malaca em 1511; mandou duas expedições às Molucas em 1512 e 1514; capturou Ormuz no Golfo Pérsico em 1515. Pouco depois, Fernão Peres de Andrade chegou a Cantão, na China. Albuquerque foi responsável pela concepção do sistema de construir pontos de apoio fortes, que asseguraram o comércio do Oriente para Portugal durante quase um século.

Mais para Este, instalaram-se feitorias menos fortificadas com o consentimento dos governantes nativos desde Bengala até à China, colocando o comércio das especiarias, das ilhas principais, nas mãos dos portugueses. Portugal construiu um roteiro de feitorias para trocas mercantis, e um colar de ilhas colonizadas como suporte para a carreira das Índias.

Goa tornou-se rapidamente o principal porto da Índia ocidental; Ormuz controlava o Golfo Pérsico, e Malaca era a ponte para o oceano Índico e para o sul do mar da China, enquanto que uma cadeia de feitorias fortificadas assegurava a costa Este da África, o golfo, as costas da Índia e do Ceilão.[16]

Em 1541, os portugueses penetram pelo Suez e atingem o Monte Sinai. Dez anos depois, navegam pelo rio Eufrates, atingindo a cidade de Bassora. Por terra, missionários portugueses chegaram ao Tibet, e pela Zambésia às nascentes do Nilo azul. Houve momentos em que dominou a Índia, Macau e Nagasaki. Em 1543 foi permitido aos mercadores portugueses instalarem-se em Liampo (Ning-Po). Em 1557 é criada a Feitoria de Macau, no entanto, desde 1542, Portugal vendia armas para o Japão e tinha acesso às minas de prata japonesas. Em meados deste século, a Indonésia e as Filipinas têm feitorias lusas. O sonho da cruzada foi imbricado ao domínio comercial. Aparentemente o império asiático desenhado por Afonso de Albuquerque estava implantado. Em Goa e Malaca, a política portuguesa estimulou os casamentos de portugueses com mulheres indianas e árabes, e foi cuidadosamente tolerante com a propriedade e a religião dos nativos. A orientação deste sistema complexo era manejada por um governador, que algumas vezes tomava o título de vice-rei, com sede em Goa.

A epopeia gloriosa de Portugal não encontra nenhum feito similar em grandiosidade, sofrimento e realização em toda a história da humanidade. O povo português

---

16. O espaço-mundo português nas Índias começa por Cochin (1501), Cananor (1502) e Diu (1509). Desta base lança expedições para Sumatra e Malaca. Em 1510 é fundada Goa. Malaca é conquistada em 1512. Neste ano, atingiu o Sião e Pegu. Em 1513, os portugueses penetram no mar Vermelho. Conquistam Ormuz em 1515. O comércio com Cantão é iniciado em 1517. As feitorias de Colombo (1518) e das Maldivas (1519) reforçam a presença na Índia. Neste ano, Portugal instala uma embaixada em Pegu. Em 1520, contata a dinastia etíope. Com o Tratado de Saragoça, Portugal indeniza a Espanha pela ocupação das Molucas, pagando-lhe 350 mil cruzados.

Aspectos de Nação

desenvolveu historicamente a cultura da conquista. Assumiu, em massa, a incerteza e os riscos da aventura, e posteriormente conviveu com a angústia da emigração. A pobreza rural lusitana sempre voltou seu olhar de esperança para a cidade, e daí para o mundo. As experiências de liberdade do vilão português e da conquista, com o saque da terra e do mouro, foram vivências fortes de mobilidade social, e de busca da boa sorte com a aventura da conquista. A movimentação talvez superasse a subsistência, no fio da navalha da miséria; na cidade está o sonho do pequeno comércio, e no mundo o lugar da grande sorte da conquista aventureira.

Este padrão se explicitou e amplificou, organizado no ciclo ultramarino, e prosseguiu nos séculos subsequentes. Foram os portugueses os formuladores e os construtores iniciais da mundialização e neste feito forjaram seus heróis. Faltou-nos citar um desses grandes heróis portugueses: Fernão de Magalhães, que nasceu em 1480, em Sabrosa ou no Porto e morreu em combate, em 27 de abril de 1521 em Mactan, nas Filipinas. Navegou sob as bandeiras de Portugal (1505-1512) e Espanha (1519-1521) e é considerado por muitos historiadores como o maior navegador de todos os tempos. Quando imaginou a viagem de circunavegação ao globo, que acabou por fazer ao serviço de Carlos V,[17] Magalhães sabia bem o que ia encontrar, ninguém fazia uma viagem dessas sem sofrer toda a sorte de dificuldades, e o lema que o imperador concedeu ao escudo de armas de Sebastián Elcano, *Primus circum dedisti me* (O primeiro que me rodeou), teria assentado também perfeitamente a Fernão de Magalhães.

A navegação do oceano Índico estava, no século XVI, inteiramente nas mãos dos árabes. Os portugueses revelaram-se os seus implacáveis rivais ainda que a milhares de léguas das suas bases. Foram apenas necessários 30 anos, para que uns poucos milhares de lusos se apoderassem dos seus negócios graças, muito mais, à sua concepção estratégica do que como muitos pensam à sua artilharia e aos seus 300 barcos de combate e comércio.

Apesar dos triunfos e derrotas das armas portuguesas, o controle do comércio com o Oriente permaneceu quase total, ainda que nunca completo, tornando-o o centro da civilização, até o século XVII, quando os holandeses, em guerra conjunta com as coroas de Portugal e Espanha, apesar do seu pretérito e fraterno comércio tradicional com Lisboa, começaram a procurar as espécies na sua fonte, demolindo o monopólio português.

Contenção: Tordesilhas

A Ordem de Cristo controlou o conhecimento das rotas e o acesso às tecnologias de navegação enquanto pôde. Mas com o ouro descoberto na Costa da Mina, em 1461, o monopólio da pilotagem passou a ser cada vez mais desafiado. A partir de então, multiplicaram-se os contratos com comerciantes e as cessões de domínio

---

17. Carlos de Habsburgo era neto dos reis católicos, por via materna, sendo coroado como Carlos I, Rei da Espanha e como Carlos V, Imperador do Sacro Império Romano-Germano.

Portugal pré-Brasil: A Disputa Além-Mar   223

ao rei para exploração das regiões descobertas. Aos poucos, a sabedoria secreta guardada em Tomar foi sendo passada para mercadores de Lisboa, de Flandres e de Espanha.

Naquela época, Portugal fervilhava de espiões, especialmente espanhóis e italianos, que procuravam os preciosos mapas ocultados pelos cruzados.

Enquanto o tesouro de dados marítimos esteve sob a sua guarda, a estrutura secreta da Ordem garantiu a exclusividade dos portugueses. Em Tomar e em Lagos, os navegadores só progrediam na hierarquia depois de a sua lealdade ter sido comprovada, se possível em batalha. Só então podiam ler os relatórios reservados de pilotos que já tinham percorrido regiões desconhecidas e ver preciosidades como as tábuas de declinação magnética, que permitiam calcular a diferença entre o Polo Norte verdadeiro e o magnético que aparecia nas bússolas. E, à medida que as conquistas avançavam no Atlântico, eram feitos novos mapas de navegação astronômica, que forneciam orientação pelas estrelas do Hemisfério Sul, a que também só os iniciados tinham acesso. Mas o sucesso atraía a competição.

A Espanha, tradicional adversária, também fazia política no Vaticano para minar os monopólios de Portugal, numa ação combinada com o seu crescente poderio militar. Em 1480, depois de vencer Portugal numa guerra de fronteira que durou dois anos, os reis Fernando II, de Aragão, e Isabel, de Castela, começaram a se interessar pelas terras de além-mar. Com a viagem de Colombo à América, em 1492, o papa Alexandre VI, espanhol de Valência, reconheceu em duas Bulas, as Inter Caetera, o direito de posse dos espanhóis sobre o que o navegante genovês tinha descoberto, e rejeitou as reclamações de D. João II de que as novas terras pertenciam a Portugal. O rei não se conformou e ameaçou com outra guerra. A controvérsia induziu os dois países a negociarem, frente a frente, no ano de 1494, em Tordesilhas, na Espanha, um tratado para dividir o vasto Novo Mundo que todos pressentiam: o Tratado de Tordesilhas.

No regresso da viagem à América, em 1493, Cristóvão Colombo fez uma escala em Lisboa para visitar o rei de Portugal, D. João II – um gesto corajoso. O soberano estava dividido entre dois conselhos: prender o genovês ou reclamar ao papa os direitos sobre as terras descobertas. Para sorte de Colombo, decidiu-se pela segunda alternativa. Como a reivindicação não foi atendida, acabou por ser obrigado a enviar os melhores cartógrafos e navegadores da Ordem de Cristo, liderados pelo experiente Duarte Pacheco Pereira, a Tordesilhas, em Espanha, para tentar um tratado definitivo, mediado pelo Vaticano, com os espanhóis. Apesar de toda a contestação, a Santa Sé ainda era o único poder transnacional na Europa do século XV. Só ela podia mediar e legitimar negociações entre países.

A linha do Tratado de Tordesilhas, assinado em 1494, ia do Polo Norte ao Polo Sul, passando 370 léguas a Oeste das ilhas de Cabo Verde. Para a sua esquerda, era tudo de Espanha; para a direita, de Portugal. Portugal saiu-se bem no acordo. Pelas bulas Inter Caetera, os espanhóis tinham direito às terras situadas a 100 léguas a Oeste das ilhas dos Açores e de Cabo Verde. Pelo acordo de Tordesilhas, a linha divisória imaginária, passou para 370 léguas, reservando tudo o que estivesse a Leste desse limite para os portugueses, incluindo o Brasil.

O cronista espanhol das negociações, frei Bartolomeu de las Casas, invejou a competência da missão portuguesa. No livro *História de las Indias*, escreveu: "Ao que julguei, tinham os portugueses mais perícia e mais experiência daquelas artes, ao menos das coisas do mar, que as nossas gentes".

Graças à Ordem e à sua política de sigilo, os portugueses sabiam da existência das terras onde hoje está o Brasil, sete anos antes da viagem de Pedro Álvares Cabral. E trinta anos antes da viagem de Colombo todos os mapas nacionais mostravam ilhas com o nome de Antílias, a Oeste de Cabo Verde. O mais famoso cartógrafo italiano da época, Paolo Toscanelli, escreveu a um amigo português, em 1474, falando da Ilha de Antília, "que vós conheceis". Nesse ano, também há notícia de que o navegador, membro da Ordem de Cristo, João Vaz da Corte Real, explorou as Caraíbas e foi até à Terra Nova (Canadá).

As Estratégias Rivais

Espanha

Depois de Portugal, foi a Espanha o país mais importante no processo da interação permanente entre mercados e culturas, que batizamos como mundialização, que teve origem nas grandes navegações e na formação dos primeiros impérios modernos, os impérios coloniais dos séculos XV e XVI.

Uma "mundialização" é desde logo passível de ser desenhada a partir de constatações deste tipo: existência de "trocas comerciais" envolvendo povos, ou nações, ou distintas regiões do Globo, um conjunto de "territórios vinculados a estado(s) central(is)", que desempenha(m) papel de "centro; regiões semiperiféricas", com funções centrais em simultâneo com as funções de intermediação entre o "centro e a periferia; e regiões periféricas". É, no entanto, apenas a partir da descoberta e exploração das minas de ouro e prata do Novo Mundo, aliadas à "integração" da Índia e de áreas do Sudoeste Asiático às economias europeias, que se pode falar da emergência de uma única "economia internacional pré-moderna" pela prática de "preços mundiais", interdependentes e relacionados entre si, através do ouro. O ouro teve também papel central no processo de mundialização.

Durante todo o século XV, a Espanha prosseguia a luta contra os árabes. A Reconquista na Espanha reforçou a implantação do sistema feudal, porque as terras tomadas aos árabes eram divididas entre os grandes senhores da nobreza. De outro lado, ao mesmo tempo que os nobres se fortaleciam, a luta contra os árabes exigia o fortalecimento de uma autoridade central, o rei, para concentrar os esforços dos exércitos cristãos particulares contra um inimigo comum. O fortalecimento da autoridade real culminou com o casamento de Fernando de Aragão com Isabel de Castela, os célebres reis católicos, em 1476. A união de Castela e Aragão promoveu a formação da Espanha, que, no século XV, se apresentava como um país predominantemente agrícola, com algum desenvolvimento comercial na província de Aragão.

Portugal pré-Brasil: A Disputa Além-Mar

Os reis católicos nas últimas cinco décadas do século XV deram prosseguimento à reconquista dos últimos redutos muçulmanos no sul do país e passaram a se interessar também pelo desenvolvimento do comércio e da navegação, por influência dos sucessos expansionistas do reino português.

Todavia, a Espanha não possuía nem grandes navegadores nem geógrafos e nem construtores de navios. Teve de se valer das experiências de elementos de outros países europeus, como Portugal e Itália, para participar das navegações.

Em 1490, o navegador genovês, de nome Cristóvão Colombo, apresentou aos reis católicos um plano para chegar às Índias. Colombo acreditava na redondeza da Terra, e por isso, admitia chegar às Índias navegando sempre para o Ocidente. O único evento não previsto no plano era o encontro da América no meio do caminho. Financiado pelos reis Fernando e Isabel, Colombo descobriu o continente americano em 1492, inaugurando, de forma notável, a participação espanhola na expansão marítima europeia.

Este sucesso de Colombo é que provocou a grande disputa entre espanhóis e portugueses pelas novas terras descobertas, e a razão por que os dois países firmaram, o Tratado de Tordesilhas, em 7 de junho de 1494.

No início do século XVI, os espanhóis prosseguiram na exploração e ocupação dos novos territórios americanos. Um navegador florentino chamado Américo Vespúcio, a serviço da Espanha, constatou em 1504, que as terras descobertas por Colombo formavam um novo continente. Um outro navegador, de nome Balboa, em 1513, passando pelas terras da América Central, chegou ao Pacífico. O português Fernão de Magalhães, também a serviço da Espanha, realizou a primeira viagem de circunavegação do globo em 1519. Partindo de Cádiz, navegou pelo Atlântico Sul, cruzou o estreito que hoje tem o seu nome, e rumou para a Ásia, chegando às Filipinas em 1521. Com esta viagem, foram descobertas novas rotas e ficou provada a esfericidade da Terra.

A diretriz central da estratégia nacional de Espanha, desde a sua concepção como Estado nacional, era a conquista de territórios e a sua ocupação. Assim, foi também no Novo Mundo. Começou nas Antilhas onde aconteceram várias tentativas de conquista e prosseguindo na ocupação do continente americano, os espanhóis, comandados pelo fidalgo Fernão Cortez, invadiram o México, derrotando a civilização Asteca. Na década de 1530, algo semelhante ocorreu no Peru, com a destruição da civilização Inca, por uma expedição de aventureiros espanhóis chefiada por Francisco Pizarro.

Como no México, o objetivo foi o saque dos minerais nas mãos dos indígenas. Os espanhóis conseguiram derrotar os Astecas e os Incas, praticando inúmeras atrocidades que foram seguidas pelo saque de fabulosas quantidades de ouro e prata. Em 1545, descobriam-se riquíssimas minas de prata, na região de Potosi, na atual Bolívia, que atraíram milhares de aventureiros, explorando violentamente a mão de obra indígena para remeterem quantidades fabulosas do metal precioso à metrópole espanhola.

Aspectos de Nação

De repente, a Espanha, um país pobre e com pequeno desenvolvimento manufatureiro, bancário e comercial experimentou o recebimento de imensas quantidades de ouro e prata que enriqueceram o Estado, a nobreza e aumentaram as condições aquisitivas do povo em geral. A Espanha viveu a febre do ouro e da prata. Dessa forma, os homens produtivos tenderam a abandonar a agricultura e o artesanato e partir para a América, buscando riqueza fácil. No decorrer do século XVI, a Espanha converteu-se num grande importador de manufaturas dos diversos países europeus, compradas com o ouro e a prata sul-americana, que entravam no seu território e se espalhavam pela Europa ocidental, gerando desvalorização das diversas moedas e um sensível aumento de preços. O século XVI foi chamado pelos espanhóis de "Siglo de oro", época da hegemonia espanhola.

Nos fins do século XVI, a quantidade dos metais nobres sul-americanos foi diminuindo cada vez mais, o governo espanhol resolveu tomar medidas para conter as importações, no entanto, tais providências chegaram tarde. Com a diminuição progressiva da riqueza americana, a Espanha entrou numa séria decadência econômica que se arrastou pelos séculos seguintes.

Inglaterra

Empenhados, como os franceses, na mesma guerra que os opunham, a Guerra dos Cem Anos, os ingleses só conseguiram participar das grandes navegações no século XVI, e ao fazê-lo encontraram todo o espaço dividido e ratificado pelo Papa. A exemplo dos demais estados nacionais que se constituíam e tinham projeção atlântica, como a França e a Holanda, o primeiro movimento da concepção estratégica inglesa foi o de rejeitar este tratado.

No reinado de Henrique VIII, navegadores ingleses procuraram uma passagem para a Ásia pelo extremo norte da América. Mal sucedidos nesta procura, começaram a percorrer a rota do Cabo para chegar à Índia, onde se estabeleceram em alguns pontos da costa.

No reinado de Elizabeth I, as navegações inglesas tiveram o seu apogeu; Francis Drake comandou uma expedição que realizou uma viagem de circunavegação do globo; diversas expedições reconheceram o litoral e rios na América do Norte.

Mas a principal atividade dos marinheiros ingleses foi, sem dúvida, durante a segunda metade do século XVI – a pirataria oficializada contra a Espanha. Nesse momento, a maior parte dos piratas ingleses transformou-se em corsários, piratas que possuíam a chamada Carta de Corso, um documento firmado pelo poder real que permitia ataques e pilhagem contra navios da nação inimiga. O lucro dos ingleses com a prática desta pirataria legalizada, em uma só expedição de corso, a de Francis Drake, deu um lucro de 700%, cabendo à Rainha, 250 mil libras. Além da pirataria, os ingleses também iniciaram-se no rentável negócio do tráfico de escravos para a América, durante o século XVI.

França

No século XVI, motivados pelas notícias das conquistas dos portugueses e espanhóis, e seduzidos pelas lendárias riquezas asiáticas e americanas, os franceses também se lançaram às navegações, liderados pelo poder real.

Em 1520, o rei Francisco I fez um discurso no qual dizia: "Eu não vi no testamento de Adão que só Portugal e Espanha têm o direito ao Novo Mundo". O rei francês investiu contra o Tratado de Tordesilhas, e os franceses desencadearam a seguir uma série de ataques de pirataria, especialmente contra a América Portuguesa.

Os ataques contra os espanhóis foram menos frequentes por causa dos bons negócios que os franceses realizavam com a Espanha, seus principais compradores na Europa.

Depois de procurarem uma passagem para a Ásia pelo extremo norte do continente americano, os navegadores franceses lançaram os fundamentos de um império colonial na América do Norte. No Brasil não obtiveram êxito na tentativa de se estabelecerem no Rio de Janeiro e no Maranhão. Na Índia, ocuparam pontos da costa, juntamente com outras nações europeias.

13

Construindo a América Portuguesa

Portugal iniciou, com os descobrimentos, o processo que convencionou chamar de mundialização, ou seja, a construção de um único mercado mundial. Inaugurou a era da acumulação capitalista e dos impérios. A geração de excedentes econômicos justifica o domínio sobre um espaço e a conjugação de diversos excedentes e, consequentemente, de diversos domínios acaba por criar um império, requisito, que até hoje, passados mais de cinco séculos, permanece no processo de mundialização.

A ocupação da terra e o seu domínio, exigia o estabelecimento de uma atividade econômica suficientemente lucrativa que atraísse os interesses de investidores e colonos e que gerasse dividendos para metrópole.

Apesar de habitarmos o mesmo planeta, as necessidades humanas e suas aspirações variam com a língua que se fala, o espaço em que se vive e as circunstâncias que nos cercam.[1] Isto explica, em parte, o caráter ímpar dos espaços de colonização portuguesa.

A América Portuguesa foi uma parte neste processo, que, ao longo dos séculos, vem adquirindo cada vez maior importância. Por exemplo, ao início do século XIX, assumiu a posição de centro da concepção do Império Português, pouco antes de sua desarticulação.

Portanto, é fundamental entender que, ao longo dos séculos XVI, XVII e XVIII, a concepção estratégica portuguesa não tinha sua visão de mundo centrada na América, já que os interesses do Império Português se espraiavam por todos os oceanos e envolviam todos os continentes. A estratégia de construção da América Portuguesa foi, no seu início, caudatária dos interesses de acumulação de Portugal e, portanto, dependente, na maioria das vezes, de interesses mercantis postos na metrópole e, outras vezes, em outros espaços de domínio português na África e Ásia.

---

1. Talvez nada possa explicar melhor o fato de existir o nacional entre o individual e o universal.

Aspectos de Nação

Existem diversas construções teóricas sobre as prioridades que Portugal atribuía aos espaços na construção de seu império. Contudo, como demonstraremos adiante, a América Portuguesa sempre obteve, após sua ocupação, a maior das prioridades de todos os espaços coloniais portugueses.

Por que Portugal promoveu o seu maior esforço de colonização na América e não na África ou na Ásia? A resposta a esta questão é complexa, contudo, um dos elementos explicativos está nos mitos que cercavam o imaginário português quanto ao espaço americano, a América Portuguesa: o Paraíso na Terra, A Idade Perdida do Ouro, A Fonte da Eterna Juventude, O Reino Fabuloso das Amazonas e A Utopia do Eldorado – o Brasil é um grande Portugal.[2]

Antecedentes

Nos mais de trinta mil anos de povoação do continente americano, os povos que habitaram o território que viria a ser América Portuguesa eram muito semelhantes na sua primitiva tecnologia: não possuíam técnicas agrícolas e viviam da coleta de frutas e caça nas matas, ou de mariscos e crustáceos, na beira dos rios e do mar. Comiam carne moqueada na brasa ou assada debaixo da terra. Não conheciam a cerâmica nem a canoa, eram nômades, se mudavam de acordo com a necessidade de caça e de colheita de frutos. Contudo, apresentavam um sistema social complicado, como a divisão da tribo em clãs e casamento intergrupais – os sambaquis do litoral e da região amazônica e as pinturas das cavernas do Centro-Oeste e do Nordeste são testemunhos desta época.

Estas culturas existiram nos mesmos sítios por milhares de anos, mas não resistiram ao contato com povos de técnicas mais avançadas, ocorrido cerca de mil anos antes do descobrimento e acabaram sendo expulsos para regiões dos cerrados e do planalto brasileiro.[3]

Por sua vez, esses povos de técnicas mais apetrechados se originaram da América Central e do Caribe, por volta do ano 2000 a.C. Eles começaram a aparecer nas cabeceiras de muitos afluentes do Amazonas e alguns séculos mais tarde já tinham ocupado quase toda a sua bacia.

A grande novidade desta cultura era o uso de algumas plantas como a mandioca, o feijão, a batata-doce e outras que provocaram uma verdadeira revolução no modo de vida dos agrupamentos humanos em território sul-americano, dando condições para o aumento de população e criando novas necessidades. Foi assim que, para guardar a colheita tiveram que fazer cestas; o uso de bebidas levou à utilização de cuias, que mais tarde impuseram a criação de cerâmica. O uso de fibras levou-os a inventar a rede e algumas peças de vestuário. As bebidas

---

2. Por isto o estudo anterior de Portugal. Como disse Maquiavel: "Para dizer o que vai acontecer é preciso saber o que ocorreu antes."

3. Ainda hoje encontramos grupos indígenas que guardam traços desta cultura mais primitiva, como os Maku, Nambikwara e alguns povos do tronco linguístico Gê.

Construindo a América Portuguesa

fermentadas e de ervas, que faziam ter sonhos e visões, criaram a figura do pajé, que tanta influência teve, e ainda tem, em vários grupos indígenas. A descoberta de venenos para caçar e pescar aumentou os recursos alimentares da comunidade, e o rio tornou-se parte essencial em sua vida.

As aldeias cresceram à beira dos rios e os grupos ficaram fortes e numerosos. Na época da invasão portuguesa, estima-se a população indígena do território do atual Brasil em seis a oito milhões de índios e a amazônica em dois ou três milhões de habitantes.[4] Todas estas culturas foram sistematicamente destruídas ou cooptadas pelo branco português que, em nome da civilização, se apropriou do que lhe pareceu útil e destruiu com a doença e a ferro e a fogo o que lhe pareceu inútil.

O texto abaixo, dos escritos de Hans Staden, um artilheiro de navio, que fez duas viagens ao Brasil, em 1547 e 1550, retrata este fato de forma clara, além de nos mostrar algumas das dificuldades enfrentadas pelos colonizadores portugueses no século XVI:

> *Rebentou então, por culpa dos portugueses, uma revolta dos índios, que anteriormente se mostravam pacíficos, e o chefe da terra pediu-nos pelo amor de Deus, que fôssemos à pressa auxiliar o lugar Igaraçu, distante cinco milhas de Olinda, defronte da qual nos achávamos, não podiam dar aos outros nenhum ajutório, pois desconfiavam que os selvagens queriam também atacá-los...*

> *Tomamos 40 homens entre a guarnição do nosso navio, para prestar socorro aos colonos de Igaraçu e seguimos em um pequeno barco através dum braço de mar, que se estendia duas milhas terra adentro, e no qual jazia a população. O número dos defensores montava, incluindo-nos, a cerca de 90 cristãos. Acrescentem-se, a este número, 30 negros e escravos brasileiros, a saber, selvagens que pertenciam aos colonos. Os silvícolas que nos sitiavam estimavam-se em oito mil.*

A Caminho da Colônia

A segunda grande expedição para as Índias partiu de Lisboa em uma segunda-feira, a 9 de março de 1500. Naquele dia, o rei D. Manuel I retirou a bandeira da Ordem de Cristo de um altar, montado no cais da Torre de Belém, e entregou-a a Pedro Álvares Cabral, comandante da frota, que a içou em sua principal nave, antes da partida para a Índia.

Era uma esquadra respeitável, a maior já montada em Portugal, com dez naus, três caravelas e 1.500 homens.[5] Outro detalhe incomum era o fato do seu comandante

---

4. Alguns grupos Karib, como os Omágua e os Tapajós, e mais anteriormente os da cultura marajoara, chegaram a ter uma casta sacerdotal, cacique hereditário e uma certa divisão de classes sociais.

5. Depois, reduzida a seis naus, alcança e submete Sofala, onde encontra o ouro supostamente das lendárias Minas da Rainha de Sabá. A viagem redonda de Cabral deu lucro de 150% aos seus financiadores.

Aspectos de Nação

não possuir a menor experiência como navegador. Cabral estava no comando da esquadra porque era cavaleiro da Ordem de Cristo e, como tal, sua presença à frente do empreendimento era indispensável e conveniente para o monarca português, porque só esta Ordem, herdeira dos Templários, tinha autorização do papa para ocupar – tal como nas cruzadas – os territórios tomados aos infiéis. Atrás dessas descobertas vinham as riquezas que faziam a grandeza e a glória do reino. Ele deveria cumprir duas missões: criar um entreposto na Índia e, no caminho, tomar posse de uma terra já conhecida, o Brasil.

No dia 26 de abril de 1500, quatro dias depois de avistar a costa brasileira, o cavalheiro Pedro Álvares Cabral cumpriu a primeira parte da sua tarefa: levantou a bandeira da Ordem onde hoje é Porto Seguro e mandou rezar a primeira missa no novo território – o futuro país estava formalmente incorporado nas propriedades da organização. O escrivão Pero Vaz de Caminha, que reparava em tudo, escreveu ao rei sobre a solenidade: "Ali estava, com o capitão, a bandeira da Ordem de Cristo, com a qual saíra de Belém, e que sempre esteve alta."

Diz a tradição que o nome Brasil vem do pau-brasil, madeira encarnada. Mas essa tradição é precária, quando se sabe que desde 1339 o nome "Brasil" aparece em mapas e planisférios. No século XIV, os planisférios dos cartógrafos Mediceu, Solleri, Pinelli e Branco mostravam uma ilha Brasil, sempre a Oeste dos Açores. O historiador brasileiro Sérgio Buarque de Holanda acreditava que a origem do nome é uma lenda céltica que fala de uma "terra de delícias", vista entre as nuvens.

Os portugueses sabiam muito mais sobre as terras situadas a Oeste do que reconheciam publicamente, levando a crer que o continente sul-americano não foi descoberto por acaso. Os navegadores da Ordem de Cristo já lá tinham estado antes de 1500. Há um mapa de 1482, feito pelo cartógrafo Gracioso Benincasa, em Ancona, na Itália, que deixa isto muito claro, indicando a costa portuguesa; a costa africana; a "Isola de Braçill";[6] e a "Antília".

Entretanto, a primeira carta geográfica onde aparecem referências seguras ao Brasil é o mapa de Cantino, de 1502, obtido pelo espião Alberto Cantino, que já apresentava o desenho pormenorizado de uma grande extensão da costa brasileira, de Norte a Sudeste, com papagaios e florestas. Este mapa foi encomendado por ele a um cartógrafo de Lisboa e enviado ao seu senhor, o duque de Ferrara. A forma como foi feito é um mistério – provável fruto de um suborno do cartógrafo, a avaliar pela polpuda conta apresentada por Cantino ao duque. Ele torna claro que já havia conhecimento profundo das terras a oeste do Atlântico e, além de quatro mil quilômetros de litoral brasileiro, aparecem no mapa a Flórida, a Terra Nova (hoje Canadá) e a Groenlândia.

Historiadores portugueses modernos, como Jorge Couto e Luciano Pereira da Silva, acham que Duarte Pacheco Pereira, o navegador que negociou Tordesilhas e

---

6. Esta ideia de ilha é algo sempre presente no imaginário português e constrói parcela expressiva da estratégia nacional portuguesa para a sua América, que deve ser sempre separada das demais, em especial, da América espanhola, sempre por braços de água. Daí o porquê do esforço da ocupação da colônia do Sacramento nos séculos XVIII e XIX na foz do rio da Prata e da foz do Amazonas.

autor de um livro escrito em 1505 sobre as navegações portuguesas, *Esmeraldo de Situ Orbius*, deixou indicações de que ele esteve no Brasil antes de Cabral, tendo visitado a costa do Maranhão e a Foz do Amazonas, em 1498, quatro anos depois de Tordesilhas.

De outro lado, as únicas viagens oficiais de espanhóis e portugueses ao Brasil, até 1502, foram as de Vicente Pinzón, ao estuário do Amazonas, e de Pedro Álvares Cabral, até onde hoje é a Bahia. Então, como explicar a presença, nessa carta, do desenho do litoral? É uma das questões não respondidas a respeito desse mapa de Cantino. A única certeza é que entre a versão oficial e os fatos reais sempre esteve o sigilo dos cavaleiros da Ordem de Cristo, cuja documentação ainda não foi encontrada.

A notícia da chegada de Cabral ao Brasil não teve grande repercussão nos meios comerciais portugueses. Afinal, a existência de grandes riquezas não fora nem constatada pelo escrivão Pero Vaz de Caminha.

Assim, por 30 anos, depois de seu descobrimento, o Brasil foi relegado quase que ao esquecimento. Nesta época, a prioridade de Portugal era para a Ásia Portuguesa e essa expansão no Índico, ocorrida no início do século XVI, prejudicou o comércio italiano, gerando uma resposta geopolítica de Veneza. Veneza acionou o Sultão Mameluco do Egito contra os portugueses. Todavia Veneza foi sufocada pela hegemonia portuguesa no comércio intra-asiático. Tudo isto apressou a ocupação portuguesa de Malabar. Ainda, em 1509, Francisco de Almeida desbaratou a frota conjunta egípcia e hindu em frente a Diu, consolidando o domínio português por um século no oceano Índico.

Afonso de Albuquerque conquista Goa, Ormuz e Malaca, mapeia a Costa Arábica, o Malabar, Bengala e a ilha do Ceilão. Organiza expedições para a Indonésia, Sumatra e Java (fontes adicionais de pimenta), Timor (sândalo) e Molucas (cravo e noz-moscada). O Papa foi advertido do risco de que represálias islâmicas à expansão portuguesa desencadeassem a destruição dos lugares santos da Palestina. Afonso de Albuquerque, além de consolidar Goa, se propõe a conquistar Jerusalém para a cristandade pela porta dos fundos. Para tanto, precisava do controle completo do mar Vermelho – algo que não conseguiu. Em 1513, os portugueses contatam o Império do Meio (China) e constroem um sistema de alianças com trinta e três reinos não islamizados, realizando operações comerciais com vinte e nove cidades, se apropriando da rede comercial preexistente e, desta forma, além do comércio Europa-Índia, epicentro do comércio entre os asiáticos.

De 1500 a 1530 a exploração das riquezas do Brasil gravitou quase que exclusivamente em torno do "pau-brasil". Esta árvore era encontrada, em grande quantidade, em todo o litoral brasileiro, na chamada Mata Atlântica, que, originalmente, tinha aproximadamente área de 1,3 milhão de km^2, e se estendia desde o litoral do Rio Grande do Norte ao Rio Grande do Sul. Dela se extraía um corante, muito utilizado na tintura de tecidos, miniaturas e na ilustração de manuscritos.

A extração do pau-brasil foi declarada de "estanco" (monopólio real): só o rei poderia conceder o direito de sua exploração. O primeiro arrendatário a ser beneficiado com o estanco foi Fernando de Noronha, em 1502. A exploração era feita por conta e risco do arrendatário, e a Coroa, sem nada investir, recebia 20% dos lucros. Como essa extração era feita de maneira predatória, não havendo preocupação de replantio, essa riqueza florestal esgotou-se rapidamente. O trabalho de corte e transporte até os navios portugueses era feito pelos indígenas que, sob forma de escambo, recebiam em troca objetos de pouco valor. O ciclo do pau-brasil não criou núcleos povoadores, gerou apenas algumas feitorias com pouco significado, como a de Cabo Frio, em 1503.

A primeira expedição exploradora veio um ano após o descobrimento e foi comandada por Gaspar de Lemos e com ele veio, também, o famoso navegante Américo Vespúcio, quando fizeram o primeiro levantamento do litoral brasileiro e dos principais acidentes geográficos, atribuindo-lhes nomes de acordo com o santo comemorado no dia, quando constataram também a existência do pau-brasil. Em 1503, Gonçalo Coelho liderou a segunda expedição exploradora, contando também com a participação de Américo Vespúcio, que penetrou na região de Cabo Frio, fazendo seu reconhecimento.

Estruturando a Terra de Vera Cruz

As Capitanias Hereditárias

Nos meados do século XVI, o império português, que detinha o monopólio do comércio nas Índias, começou a ser contestado por outros Estados europeus. Ao mesmo tempo, os judeus, expulsos de Portugal, levaram consigo boa parte do capital movimentado neste comércio e, para completar, os banqueiros europeus exigiram o pagamento dos empréstimos concedidos ao governo português. Neste contexto de pressão e sistemática ameaça estrangeira que sofria com o declínio de seu comércio com o Oriente, Portugal precisava encontrar novas fontes de renda para evitar a falência e a perda das terras conquistadas na América. O rei de Portugal, D. João III, resolveu que a melhor saída era iniciar a colonização do Brasil, criando para este fim uma empresa colonizadora e incumbindo Martim Afonso de Souza e Pero Lopes de Sousa, seu irmão, do comando da missão de explorar todo o litoral brasileiro, até o rio da Prata, atacar os estrangeiros e montar os primeiros povoados.

O primeiro núcleo de colonização instalado no Brasil, a Vila de São Vicente, foi fundado em 1532. Um ano mais tarde, erguia-se ali o engenho São Jorge dos Erasmos. Depois o núcleo estendeu-se pelo planalto de Piratininga, onde João Ramalho, outro náufrago que vivia entre os indígenas, fundou a Vila de Santo André da Borda do Campo. A colonização continuou com a fundação de Santos, pelo escudeiro de Martim Afonso, Brás Cubas, em 1545. Foram nomeados os primeiros administradores, criando-se os órgãos judiciários e fiscais; iniciada a distribuição de sesmarias (lotes de terras) aos colonos, além da construção de uma fortaleza, para proteção.

Portugal pré-Brasil: A Disputa Além-Mar

Os passos iniciais da colonização estavam dados. No entanto, a Coroa, em precárias condições econômicas, não conseguiu fazer avançar esse processo. Não bastava iniciar a colonização, era necessário povoar, estimular o desenvolvimento e garantir a defesa da terra em face das incursões de seus concorrentes europeus, em especial, os franceses. A saída encontrada foi transferir para particulares os compromissos com a colonização.

Todavia, uma questão se levantava: Como era possível colonizar, ocupar, povoar, administrar, defender a terra, se para tanto, eram necessários recursos que o Estado não possuía, já que os recursos de Portugal eram pequenos frente aos desafios que ele enfrentava para manter o monopólio no comércio com as especiarias no Oriente?

A solução foi dividir o Brasil em capitanias hereditárias e transferir aos donatários os custos da colonização. O sistema político já era conhecido de Portugal, pois o havia aplicado com relativo sucesso nas ilhas atlânticas, tanto nos Açores e na Madeira quanto na Ilha da São Tomé, onde conseguiram desenvolver o plantio da cana-de-açúcar. A divisão do território em capitanias hereditárias foi o primeiro grande passo rumo à afirmação efetiva e definitiva da colonização do Brasil, sem pretender diminuir a importância histórica de Martim Afonso de Sousa e da fundação da Vila de São Vicente, como ato pioneiro na instalação do aparelho administrativo na colônia.

Entusiasmados com os lucrativos negócios no além-mar, pelas notícias da descoberta de metais preciosos na América espanhola e pelos direitos que os documentos reais lhes davam sobre vastas áreas brasileiras, alguns homens aceitaram as propostas de D. João III, o colonizador, garantindo a instalação do sistema no Brasil. Entre 1534 e 1536 as terras brasileiras foram divididas, do litoral à linha demarcatória de Tordesilhas, em quinze lotes doados a doze donatários. As doações eram vistas como recompensa a alguns funcionários civis ou militares e a fidalgos que haviam enriquecido com o comércio oriental.

Contudo, apesar de hereditárias, as capitanias não eram propriedades privadas dos donatários. A legítima propriedade das terras permanecia como atributo exclusivo do Estado. Além disso, essas doações traziam aos donatários direitos e deveres. A hereditariedade era tão somente o direito do donatário de administrar a capitania como uma província do Estado, diferentemente dos feudos, onde o senhor governava com poderes absolutos. O sistema de Capitanias Hereditárias era regulamentado por dois instrumentos jurídicos que definiam os direitos e os deveres dos donatários: a Carta de Doação e o Foral.

A Carta de Doação era um documento pelo qual o governo português concedia ao donatário uma ou mais capitanias, transferindo a ele a administração, suas rendas e o poder legal para interpretar e ministrar a lei. Os atos do donatário só poderiam ser julgados pelo rei, e só em caso de traição à Coroa a capitania lhe seria tomada. Esta doação era intransferível e indivisível, geralmente, só com a morte do donatário – também intitulado governador – a posse da capitania e os direitos sobre ela eram transferidos para o filho mais velho, que passava a ser o novo donatário, com direito aos títulos respectivos.

Aspectos de Nação

O Foral estabelecia os direitos e deveres dos donatários. Um dos deveres era o de promover a prosperidade da capitania em benefício próprio e, em especial, em benefício da Coroa. Quanto aos direitos, ele podia, por exemplo, conceder sesmarias a colonos, fosse esse português ou não, desde que professasse a fé católica. A pessoa beneficiada com uma sesmaria, diferentemente do próprio donatário da capitania, passava a ser o legítimo proprietário da área concedida – era, portanto, uma propriedade privada –, que ele poderia dispor livremente, inclusive vendê-la.

O donatário também tinha o privilégio de ter uma sesmaria dentro de sua capitania, que lhe era concedida pelo rei e possuía em média de 10 a 16 léguas de terra ao longo da costa e se estendia, ao fundo, até os limites extremos da capitania, definidos pela linha de Tordesilhas. Além disso, ele podia fundar vilas e povoações e criar instrumentos administrativos, jurídicos, civis e criminais para regê-las; podia julgar e condenar, inclusive à morte, exceto pessoas sob a proteção da Coroa, que só poderiam ser condenadas à pena máxima por crime de traição, heresia, cunhagem de moeda falsa e sodomia.

Pelo Foral, os donatários ficavam obrigados a respeitar os direitos dos colonos cujas regalias eram teoricamente comparáveis às dos portugueses na metrópole. Estabelecia, também, que os impostos seriam pagos em espécie e à Coroa pertencia o monopólio das especiarias, aqui conhecidas como drogas do sertão e a ela deveria ser paga a quinta parte do ouro e das pedras preciosas extraídos. Ao donatário reservava-se o direito à redízima (10%) das rendas da metrópole e à vintena (5%) da comercialização do pau-brasil e do pescado.

O sistema de capitanias hereditárias no Brasil não obteve o mesmo sucesso que alcançara nas ilhas atlânticas. A rigor, apenas duas capitanias prosperaram: a de Pernambuco e a de São Vicente, onde seus donatários iniciaram o cultivo da cana-de-açúcar com capital próprio ou com empréstimos estrangeiros, notadamente holandeses. Deve-se frisar, contudo, que a produção de açúcar da capitania de São Vicente tornou-se secundária ainda no século XVI, devido ao sucesso da empresa açucareira nordestina, especialmente nas capitanias de Pernambuco e Bahia. Apesar do declínio da produção açucareira, São Vicente tornou-se, com o tempo, polo irradiador da caça e escravização do índio e ponto de penetração para o interior em busca de pedras e metais preciosos.

Vários fatores contribuíram para o fracasso desse sistema no Brasil: os constantes ataques dos índios, a grande quantidade de terras inférteis em algumas capitanias, o desinteresse de alguns donatários que não chegaram sequer a vir ao Brasil e, fundamentalmente, a falta de capital. A necessidade de altas somas de dinheiro para desbravar, ocupar e defender a terra, comprar escravos, instalar engenhos, cujos equipamentos eram importados da Europa, etc., tornava incompatível o desenvolvimento da colonização com capital particular. Somente ao Estado, com recursos próprios, competia um empreendimento desse porte. Há que se considerar também a incompatibilidade do sistema, excessivamente descentralizado, com o poder rigidamente centralizado do Estado metropolitano, interessado no absoluto controle da exploração mercantil colonial.

Construindo a América Portuguesa

A Contribuição das Ordens Religiosas

Nos meados do século XVI, a Igreja Católica estava demasiadamente imersa nos problemas seculares e nas suas questões com a Reforma no Velho Mundo, para promover uma expansão missionária, tão grandiosa como a que o Novo Mundo exigia. Tornava-se igualmente irrealizável deixar nas mãos dos colonos a conversão do gentio uma vez que os colonos viam o indígena meramente como força de trabalho a ser explorada. Tal possibilidade foi levantada, mas logo abandonada diante da incompatibilidade entre os interesses apostólicos e os mercantilistas dos colonos.[7] Portanto, teriam que sair da Igreja os esforços para a difusão do Cristianismo no ultramar.

Foram as ordens religiosas que se propuseram a esse movimento missionário, cabendo aos franciscanos a precedência sobre todas as outras. As notícias de muitos povos pagãos recém-descobertos despertou o zelo apostólico entre os frades de toda a Europa, oferecendo-se numerosos deles para predicar o Evangelho aos indígenas. Acorreram à América espanhola imediatamente após a conquista do México e se estendeu a todo império espanhol no Novo Mundo. Seguiram-se a eles os dominicanos, cuja obra missionária era inspirada num rigorismo ético. Alguns franciscanos chegaram à costa brasileira, em 1500, mas não possuíam nenhuma diretriz específica de trabalho missionário.

Empolgados com as descobertas de novos povos no além-mar, em 1538, um grupo de sete padres jesuítas foi a Roma se oferecer ao Papa para ir a qualquer parte do mundo em defesa da fé católica. A Companhia de Jesus havia sido organizada pelo padre Inácio de Loyola dentro do espírito da Contrarreforma, sendo aprovada pelo Papa Paulo II em 1540.[8]

Não demorou que alguns discípulos da Companhia de Jesus mostrassem grande interesse em serem enviados ao Novo Mundo, entretanto, não contaram com a aquiescência do papa, a quem o fundador da companhia havia jurado obediência absoluta. Ele considerava mais necessários os trabalhos dos jesuítas dentro da própria Europa, onde tanto havia que fazer, como os teólogos mais qualificados da Igreja, do que deixá-los dispersarem-se pelas missões na conversão de infiéis.

Em Portugal, a Companhia de Jesus havia sido favorecida desde a sua organização, durante o reinado de D. João III e, graças a ele, puderam estabelecer-se na América portuguesa, e também no Oriente, sem encontrar os mesmos impedimentos colocados aos jesuítas espanhóis por Felipe II e pelo Conselho das Índias.

---

7. Com o objetivo de explorar a força de trabalho dos nativos, os colonos desenvolviam as racionalizações mais arbitrárias. Basta-nos ver o exemplo de Cortés, que pedia ao rei espanhol e ao papa o direito de castigar os da terra que não se submetiam, apresentando-os "como inimigos de nossa santa fé".

8. A ação da Contrarreforma na Europa revestiu-se de dois aspectos principais: procurou por um lado reconquistar pelas armas os territórios protestantes; e por outro, onde a vitória militar lhe permitia, procurou converter as massas protestantes por toda uma série de meios. Nesse segundo aspecto, visando reconquistar as almas onde a situação política o permitia, a Igreja romana empregou os métodos mais diversos: multiplicou as dioceses, construiu ou reconstruiu igrejas, sobretudo criou seminários, universidades e colégios, utilizando o fanático devotamento das ordens religiosas. Foram os jesuítas e capuchinhos os agentes por excelência dessa reconquista.

Aspectos de Nação

Junto com o primeiro governador-geral vieram para o Brasil os primeiros jesuítas: os padres Manuel da Nóbrega, Leonardo Nunes, Antônio Pires, Aspicueta Navarro, Vicente Rodrigues e Diogo Jácome. Nóbrega, que viera à frente dos demais, tornou-se provincial com a fundação da província jesuítica brasileira, em 1553. Apesar de não ter sido a primeira ordem a aqui se instalar, os jesuítas tornaram-se a mais importante e a que maior influência teve na vida colonial brasileira.

O trabalho de evangelização da Companhia de Jesus se desenvolveu principalmente no campo da educação. O ensino desenvolvido nos colégios baseava-se no *Ratio studiorum*, que era, ao mesmo tempo, um estatuto e o nome do sistema de ensino; estabelecia também o currículo, a orientação e a administração. O currículo dividia-se em duas seções distintas: inferiores e superiores – chamadas classes, de onde derivou a denominação "clássica" a tudo que dissesse respeito à cultura de autores greco-latinos. As classes inferiores, com duração de seis anos, compunham-se de Retórica, Humanidades e Gramática. Já as superiores, com duração de três anos, compreendiam os estudos gerais de Filosofia, para a época abrangendo Lógica, Moral, Física, Metafísica e Matemática. Tanto num grau como no outro, todo estudo era vazado no Latim e Grego e no Vernáculo.

Além de colégios e conventos, os jesuítas fundaram, em parte da América Portuguesa e Espanhola, as chamadas Missões ou Reduções. Nestes lugares administrados pelos padres da Companhia eram aldeados os índios guarani.[9] Nas Missões, os índios recebiam um ensinamento religioso e laico, através da poesia, da pintura, da gravura e da arquitetura. Os jesuítas sistematizaram as línguas tupi e guarani, dando-lhes grafia com caracteres latinos e produzindo boa quantidade de obras literárias, a maior parte ligada à catequização. Com o intuito de proteger os índios da escravidão, os padres tiveram de enfrentar a ira dos bandeirantes que desejavam apreender os nativos para utilizá-los como mão de obra.

Cabia também à Companhia de Jesus a vigilância sobre seus habitantes, de forma a mantê-los dentro dos estritos preceitos da religião católica, controlando os seus modos de vida e suas crenças, tanto combatendo as práticas tidas por pecaminosas como a penetração das seitas heréticas. Já no final do século XVI os jesuítas se ressentiam da liberalidade dos costumes demonstrada pelos colonos, que respiravam com alívio, uma vez longe da Inquisição, de seus autos de fé e incendiários.

A presença de protestantes estrangeiros no Brasil, como ingleses, holandeses e franceses, e mais concretamente, a tentativa de Villegaignon, de fundar uma colônia no Rio de Janeiro com franceses calvinistas, tornava real a ameaça ao monopólio católico que se pretendia assegurar na terra. As ameaças de invasão estrangeira e

---

9. Os aldeamentos se organizavam seguindo um plano geométrico perfeitamente ordenado, aplicado com poucas variações, em todos os aldeamentos. Desenvolvia-se em torno de uma grande praça quadrada, em cujo centro se instalava uma grande cruz e uma estátua do santo protetor. De um lado se erguia a igreja, com casas anexas para viúvas e órfãos e uma escola, a casa dos missionários e as oficinas; atrás da igreja se cultivavam o pomar e a horta. No lado oposto ficavam as moradias dos índios, e nos lados restantes estabeleciam o Conselho da Missão, uma portaria, uma hospedaria, capelas, um relógio de sol e uma prisão. Em torno da aldeia cavavam trincheiras e erguiam um muro para proteção contra os ataques de indígenas selvagens e as incursões predatórias dos bandeirantes.

Construindo a América Portuguesa

a libertinagem dos colonos levavam os jesuítas a reclamar com insistência, junto à Companhia, a vinda de um Visitador do Santo Ofício que cuidasse da grave situação. No Brasil não se chegou a instaurar tribunais inquisitoriais permanentes, cabendo aos bispos agir em nome do tribunal. A Coroa limitava-se a enviar comissários especiais para a realização de processos por causa de fé. Estes funcionários viajavam para os lugares onde eram exigidos e eram conhecidos como "visitadores".

O Governo Geral

Portugal resolveu participar direta e efetivamente da vida colonial, instalando no Brasil um sistema político centralizado: o sistema de Governo Geral, visando três objetivos: promover maior desenvolvimento da colonização, atingir objetivos mercantis e criar condições efetivas de resistência às incursões estrangeiras em terras brasileiras. A tentativa de centralizar o poder e a administração pública no Brasil se inseriu também no fracasso do sistema de capitanias, na vulnerabilidade do Brasil às investidas estrangeiras e na inviabilidade de se promover a colonização com recursos particulares. A esperança do governo português era de que o retraimento da economia metropolitana poderia ser superado com as possíveis riquezas que a nova terra podia gerar, afinal, os espanhóis acabavam de descobrir (1545) as ricas minas de prata na região do Potosi, na atual Bolívia.

A autoridade do poder monárquico se chocava com o excesso de autonomia e soberania assumido pelos donatários em suas capitanias, obrigando o governo português a elaborar um novo instrumento jurídico, em 1548, o Regimento de 1548, pelo qual se instalava e se regulamentava o novo sistema político: o Governo Geral. Conforme esse regimento, competia ao governador-geral:

- Fundar vilas e povoações;
- Conceder sesmarias para a instalação de engenhos de açúcar ou qualquer outra atividade econômica;
- Explorar e descobrir terras no sertão;
- Promover a criação de feiras nas vilas e povoações;
- Exterminar os corsários e destruir seus estabelecimentos nas costas do Brasil;
- Edificar fortes e construir navios para a defesa da terra;
- Garantir o monopólio real sobre a exploração do pau-brasil; e
- Fazer alianças com as tribos amigas e promover sua catequese.

No exercício de suas funções como chefe do governo, o governador-geral era assessorado por três auxiliares diretos: provedor-mor (tesoureiro), responsável pelos negócios da fazenda, como a cobrança dos impostos, etc. ouvidor-mor (juiz), responsável pela justiça; e o capitão-mor da costa, militar responsável pela defesa da terra.

Todavia, o sistema de Governo Geral não acabou com as capitanias nem conseguiu impor a centralização política em toda a colônia. As capitanias hereditárias continuaram existindo até a segunda metade do século XVIII, quando o marquês de Pombal transformou as então existentes, em Capitanias Reais. Na prática, o poder político continuou descentralizado em todo o período colonial, pois permaneceu concentrado nas mãos da elite latifundiária – a classe dominante da qual faziam parte os próprios donatários. Em síntese, apesar dos governadores passarem a ser chamados de vice-reis, a partir de 1720, a centralização política existia apenas formalmente, mesmo assim, o sistema de Governo Geral duraria até 1808.

Doce América Portuguesa

Como vimos, com os descobrimentos havia-se inaugurado algo fundamental para o processo de mundialização: a necessidade da geração do excedente econômico para justificar o domínio, e a conjugação desses diversos excedentes para se criar um império.

A ocupação das terras da colônia exigia o estabelecimento de atividades econômicas suficientemente lucrativas, que atraísse os interesses de investidores e colonos e que gerassem dividendos para a metrópole. A simples exploração do pau-brasil nas costas brasileiras não se ajustava às necessidades da Coroa portuguesa e nem justificava a constituição de um domínio. Era preciso ultrapassar a fase de acumulação aleatória, de intermediação e exploração predatória da madeira, para uma fase de acumulação programada de produção. Assim, a ocupação econômica das terras americanas se distinguiria do modelo de exploração comercial, levado a efeito pelos portugueses na África e no Oriente, que se caracterizava como uma acumulação tradicional, fruto da mera atividade comercial atravessadora.

A iniciativa de programar o processo de colonização de suas terras americanas, com a instalação de uma empresa açucareira, é considerada por alguns autores como diretamente relacionada com a busca da recuperação econômica, contudo, esta explicação nos parece muito pobre. A escolha da empresa açucareira foi determinada por uma série de fatores: os portugueses já estavam habituados ao plantio da cana e à produção do açúcar desde o século XV – eles foram pioneiros na Europa quando transformaram as recém-conquistadas ilhas atlânticas em centros açucareiros. Essa experiência possibilitou-lhes desenvolver o conhecimento sobre a produção do açúcar e do fabrico de equipamentos para os engenhos, provocando a queda de preço do produto e quebrando o monopólio veneziano da produção e comercialização do açúcar.

Por sua vez, no início do século XVI, o açúcar despontava como uma mercadoria de alta aceitação nos mercados consumidores europeus. Crescia o seu consumo, que já fora considerado de alto luxo e de tal maneira raro que chegara a figurar como dote nos casamentos de rainhas. Naquele momento, já era intenso o comércio do açúcar português produzido nas ilhas oceânicas e na África, com a região de Flandres.

Com a ampliação do mercado consumidor, ele tornou-se um produto altamente rentável e atraente para aqueles que pretendessem investir na instalação de

Construindo a América Portuguesa

engenhos no Brasil. O clima quente e úmido e o rico solo de massapé do litoral, especialmente em Pernambuco e na Bahia, tornaram o nordeste do Brasil área de excelência para o cultivo da cana-de-açúcar.

A partir da metade do século XVI a produção portuguesa de açúcar passa a ser mais e mais uma empresa em comum com os flamengos, inicialmente representada pelos interesses de Antuérpia e em seguida pelos de Amsterdã. Os flamengos recolhiam o produto bruto em Lisboa, refinavam-no e faziam a distribuição por toda a Europa, particularmente o Báltico, a França e a Inglaterra.

Havia também o problema da mão de obra. Transportar para o Brasil uma quantidade de mão de obra livre, compatível com as necessidades da atividade que se iniciava, era demasiado caro e antieconômico. Em Portugal havia escassez de mão de obra e o trabalho assalariado era inviável. E aí, o domínio conjuga-se com os interesses de outro domínio, no caso, o domínio português sobre a África abaixo do deserto do Saara, que tinha na mão de obra escrava seu maior ativo.

Não devemos esquecer que o colono português não vinha à América para ser mão de obra e sim para ser senhor. O que o estimulava era a ideia de ter na colônia uma projeção social e econômica superior à que tinha na metrópole, ser proprietário, enriquecer rapidamente e, se possível, voltar para gozar a vida na Corte.

Ora, como se devia organizar a produção de modo a possibilitar à metropole ampla margem de lucratividade, impunha-se a utilização do trabalho obrigatório, isto é, da mão de obra escrava. O grande investimento capitalista da exploração das riquezas do Novo Mundo levou à restauração do escravismo, que parecia morto desde o fim da alta Idade Média. A experiência da utilização dos indígenas como escravos na colonização da América foi de pouca valia, daí a utilização dos escravos africanos. Esta prática dos negócios de escravos foi extremamente lucrativa para os portugueses e outros povos europeus.

Uma circunstância veio facilitar enormemente a solução do problema. Por essa época os portugueses eram já senhores de um completo conhecimento do mercado africano de escravos. No ano de 1550, chegou ao Brasil a primeira leva de escravos negros, que desembarcou em Salvador. No começo, eram trocados por cachaça, fumo, bugigangas, instrumentos de metal e outras quinquilharias, depois passaram a ser comprados dos próprios africanos. Os principais grupos negros trazidos para o Brasil foram os sudaneses, originários da Nigéria, Daomé e Costa do Ouro: os bantos, de Angola, Congo e Moçambique; e os malês, sudaneses islamizados.

O Brasil teria, portanto, no seu início, uma colonização de base agrária que se iniciava dentro da estrutura monopolista e escravocrata do sistema colonial. Portanto, do ponto de vista do produto explorado, a colonização brasileira, montada em base agrícola e tropical, difere da colonização de base metalífera das colônias espanholas da América.

De qualquer maneira, a colônia portuguesa na América era uma área econômica periférica, cuja função seria a de complementar a economia central, metropolitana

Aspectos de Nação

– era colônia de exploração. Isto a diferenciava das colônias criadas, mais tarde, pelos franceses e pelos ingleses na América do Norte, que foram típicas colônias de povoamento e de imigração.

A empresa colonial brasileira, o engenho, unidade de produção, que se estruturou no que veio a se nomear como *plantation*, grande propriedade de monocultura e escravista, que se caracterizava, principalmente, por ser um latifúndio, isto é, uma grande propriedade rural – em alguns casos, chegou a ter cerca de 5.000 habitantes.

A vida no engenho girava em torno da casa-grande, da senzala, da capela, da escola e das habitações dos trabalhadores livres – como o feitor, o mestre do açúcar, os lavradores contratados, etc., e da moenda. Na casa-grande viviam o senhor de engenho, sua família e um bom número de agregados, todos a ele subordinados. Além de residência, ela era o centro irradiador de sua autoridade e de toda a atividade econômica e social da propriedade. A capela era ao mesmo tempo centro religioso e social, onde se reuniam os homens livres do local e das proximidades.

Na senzala, de construção miserável, moravam os escravos, o número de negros que a habitava dependia da capacidade produtiva do engenho e podia chegar a algumas centenas.

Um bom engenho tinha, no mínimo 50 escravos, 15 juntas de bois e muita lenha; portanto, necessitava de muito dinheiro. Em 1560, o Brasil já contava com um total de 62 engenhos. A alimentação vinha das plantações, da criação de animais, da caça e da pesca realizadas no próprio engenho. Lá se montavam também serrarias, onde era preparada a madeira para a construção de casas, para a confecção de apetrechos para o engenho e para o mobiliário.[10]

Contava ainda com instalações e maquinários para a fabricação do açúcar. Após o corte, a cana era transportada para a moenda, para se obter a garapa que depois de conduzida às caldeiras, onde se fazia a apuração e a purificação do caldo, até engrossar e o mestre "dá o ponto", resultando no melaço; em seguida este melaço seguia para a casa de purgar, onde era colocado em fôrmas especiais, de barro ou madeira, para esfriar e secar ao sol, transformando-se em rapadura – o açúcar mascavo –, que era, finalmente, encaixotado e transportado para a metrópole, daí seguia para a Holanda onde era refinado. O transporte era controlado pelos holandeses, o que contribuía para os transformar nos principais interessados nos negócios açucareiros. Havia alguns engenhos, as engenhocas ou molinetes, que

---

10. De acordo com Frei Gaspar de Lemos, a respeito do engenho que serviu de modelo para os demais: *Consta por duas escrituras lavradas em Lisboa e registradas no cartório da Fazenda Real de São Paulo, que Martim Afonso de Sousa e Pero Lopes de Sousa celebraram contrato de sociedade com João Veniste, Francisco Lobo e o piloto-mor Vicente Gonçalves, para o efeito de levantarem dois engenhos nas Capitanias destes donatários, obrigando-se eles a darem as terras para isso necessárias nas Capitanias respectivas... Consta mais, expressamente, que Martim Afonso satisfez as condições, assinando as terras no engenho de São Jorge, situado na ilha de São Vicente, e consignando mais para refeição do dito engenho as terras que haviam sido de Rui Pinto, as quais ficam nos fundos da ilha de Santo Amaro, ao norte do rio da Vila de Santos...*
Foram vários os apelidos do sobredito engenho, por terem sido também diversos os seus donos, em tempos diferentes: *No princípio chamaram-lhe Engenho do Senhor Governador, por ser do Donatário, depois do Engenho dos Armadores e ultimamente São Jorge dos Erasmos, segundo tenho visto nos livros das Vereações de São Vicente.*

produziam exclusivamente cachaça, um dos produtos mais utilizados no escambo de negros africanos. Nos que produziam açúcar, as destilarias de cachaça funcionavam como atividade secundária.

O primeiro engenho brasileiro foi instalado por Martim Afonso de Sousa, na Capitania de São Vicente. Esta capitania foi, durante algum tempo, um importante centro produtor de açúcar, porém, perdeu posição para as empresas nordestinas de Pernambuco e Bahia, que se transformaram, ainda no século XVI, nos principais centros açucareiros do Brasil-Colônia, devido ao predomínio do solo de massapê, mais apropriado para o cultivo da cana, e, principalmente, pela localização geográfica do Nordeste, mais próximo dos mercados consumidores europeus, o que tornava a sua empresa mais lucrativa devido aos menores custos de transporte.

Para justificar o seu domínio, e em concordância com o sistema colonial que lhe deu vida, os engenhos teriam de viabilizar o processo de colonização e gerar fortunas para o Estado e para o grupo mercantil metropolitano. Inserida nos quadros da política mercantilista, estas *plantations* instaladas no Brasil só seriam economicamente viáveis se fossem suficientemente grandes, produzindo em larga escala, para atender aos crescentes mercados internacionais, exigindo, com isto, a utilização de vastas áreas territoriais e o emprego de uma grande quantidade de mão de obra, para que houvesse um rápido retomo do capital empregado – assim, elas foram a célula fundamental da exploração agrária colonial.

Na zona açucareira havia também os fazendeiros obrigados: eram os arrendatários, que não possuíam engenhos. Plantavam cana nas terras que arrendavam de outros fazendeiros e eram obrigados a moê-la no engenho do dono da terra, que lhes cobrava 50% do açúcar produzido, além de uma outra porcentagem pelo uso da terra. Havia também fazendeiros, proprietários, que cultivavam a cana, mas não possuíam engenho, eles moíam a cana no engenho de outro senhor, pagando com metade do açúcar produzido, não tendo com este qualquer outra obrigação.

Paralelamente ao crescimento da lavoura canavieira e da produção açucareira, principal atividade exportadora, desenvolveu-se na colônia um setor de subsistência responsável pela produção de gêneros que visavam atender às necessidades básicas dos colonos e dos escravos. Esta produção de subsistência contribuiu fortemente para o funcionamento da economia colonial – desenvolveram atividades econômicas complementares como a pecuária e o cultivo agrícola do tabaco, do algodão, da mandioca, do milho, do feijão e outros.

A Economia complementar ao Açúcar

Dentro do conceito clássico, a colônia existe e se estabelece tendo como objetivo básico o benefício exclusivo da metrópole, que se constitui através da produção e exportação, para a metrópole, de bens primários e gêneros que esta necessita, para seu próprio consumo e, também, para comercializar com outros países. Portanto, a organização e o povoamento das colônias se subordinavam a estes objetivos, admitindo-se, como exceção, somente a produção de certos gêneros indispensáveis à sobrevivência da população, ou seja, aqueles impraticáveis de se trazer de fora.

A economia de subsistência se estrutura tendo como produtos determinantes, a mandioca – da qual se produzia a farinha – e o milho, elementos básicos da alimentação do brasileiro. A mandioca era mais característica nas zonas de cana-de-açúcar e o milho nas demais. Apesar disso, muitos senhores não admitiam outros cultivos em suas terras, já que estavam mais interessados em ampliar as áreas para o plantio da cana. Isto gerou, muitas vezes, a carência desses produtos nos mercados locais.

Contudo, o simples crescimento da população constituía, por si só, em um fator de transformação, porque levava à formação e ao desenvolvimento de um mercado interno e com ele, a um setor econômico exclusivamente nacional. Criava-se um mercado orientado para as necessidades do país. Na economia da América Portuguesa, todavia, não houve, de início, a preocupação de se organizar um sistema de produção e distribuição de recursos para a sua subsistência. Tudo foi feito ao acaso.

Todavia, a prioridade que a colônia confere ao comércio exterior tinha dentro de si uma grave questão, pois este comércio dependia exclusivamente de mercados sobre os quais não se tinha a mais leve e remota ação. Tudo também se fez de forma cíclica e ao acaso. As fases de crescimento, assim como as de recessão econômica no Brasil-Colônia, se explicam por causas de exaustão interna ou de pressão externa. E as fases de prosperidade foram localizadas e não conseguiram se espraiar por toda colônia.

A economia colonial pode ser assim resumida: de um lado a brutal concentração de riqueza que a maximização da propriedade traz e, de outro, sua orientação voltada para o exterior como simples fornecedora de bens primários – nos séculos XVI e XVII estes bens, no Brasil, eram principalmente o açúcar e depois o tabaco e o algodão.

Após o açúcar, o fumo passou a ocupar o principal lugar na economia colonial como produto de exportação. Sua importância consistiu no fato de ter se transformado, juntamente com a cachaça, num dos produtos básicos para aquisição de escravos no mercado africano. A produção do fumo na época colonial se concentrou em zonas restritas da Bahia e de Alagoas.

O algodão, que era uma planta nativa do Brasil, já era conhecido pelo índio antes do descobrimento. Com a colonização, passou a ser usado no fabrico de tecidos de baixa qualidade destinados à confecção de roupas para os mais pobres, especialmente para os escravos.

A pecuária bovina foi introduzida no Brasil em meados do século XVI e se desenvolveu inicialmente em Pernambuco e na Bahia, de onde penetrou para os sertões. Apesar da sua importância como elemento de penetração e de povoamento de várias regiões, a pecuária bovina foi sempre uma atividade secundária, complementar, apesar de sua importância como fornecedora de força de tração animal e meio de transporte para os engenhos, além de rica fonte de alimento e de couro. Sua implementação não exigia muito capital, era muito mais fácil instalar uma fazenda

Construindo a América Portuguesa   245

de gado do que um engenho de açúcar. O eventual fazendeiro não precisava de mão de obra abundante, nem de importar equipamentos caros, o fundamental era a terra, que havia em grande extensão.

Aos senhores de engenho não interessava criar gado, pelo contrário, para eles as terras deveriam ser usadas para o plantio da cana e não para pastagens. Além disso, o gado estragava as plantações devido à ausência de cercas. Esta, talvez, foi a principal razão por que o gado foi afastado do litoral e penetrou para o interior em busca de novas pastagens e outros alimentos naturais, contribuindo para o povoamento do sertão.

Nas margens do rio São Francisco nasceram e cresceram muitas fazendas de gado no decorrer do século XVII. A pecuária era o vínculo de ligação do sertão do Nordeste com o litoral açucareiro – suas fazendas abasteciam a zona do açúcar. Elas tornaram-se área de atração para as pessoas pobres e marginalizadas daquela região, que viam na pecuária uma possibilidade de melhorar sua condição de vida. Os trabalhadores ou vaqueiros eram livres e só excepcionalmente se encontrava um negro numa fazenda do sertão nordestino. Os vaqueiros eram brancos, mestiços,[11] poucos negros livres e alguns índios. Além de um pequeno salário, o vaqueiro era pago com um quarto das crias, que ele recebia após cinco anos de trabalho. Essa forma de pagamento era um grande estímulo para o vaqueiro que sonhava em ser fazendeiro e se instalar por conta própria, passados os cinco anos.

Assim, a pecuária foi responsável pelo povoamento do sertão nordestino, da Bahia ao Maranhão, e excelente instrumento de expansão e colonização do interior do Brasil. Com ela surgiram muitas feiras que deram origem a importantes centros urbanos, como, por exemplo, Feira de Santana, na Bahia.

A Economia suplementar das Bandeiras

O meridiano de Tordesilhas, a leste do qual seria o território de Portugal nas Américas, apesar de nunca demarcado e de difícil localização no interior do país, passaria, ao norte em Belém do Pará e no sul em Laguna, Santa Catarina. Apesar dessas compreensíveis dificuldades, os portugueses conseguiram fixar-se na costa do continente desde o rio Oiapoque, ao norte, à baía de Paranaguá, em Santa Catarina, ao sul indo, portanto, na costa sul-americana, além desses limites.

Durante os séculos XVI e XVII, as condições de vida existentes em São Paulo não permitiam aos seus moradores as mesmas possibilidades de enriquecimento oferecidas pelo empreendimento colonial, na forma como se efetivou no nordeste, com a cana-de-açúcar. Era preciso procurar outras formas de ganho ou, pelos menos, de mera sobrevivência, e esta busca mudou o território da América Portuguesa.

Surge então o bandeirante, na verdade um desbravador de terras desconhecidas. Ele foi o fruto social de uma região marginalizada que se apresentava de início,

---

11. Os mestiços eram assim nomeados: filhos de brancos com índios em primeira geração, curibocas, em segunda, mamelucos, de brancos com pretos, mulatos e de índios com pretos, cafusos.

Aspectos de Nação

com escassos recursos materiais e de vida econômica restrita. Sua atuação se orientou no sentido de tirar o máximo proveito das brechas que a economia colonial eventualmente oferecia para a efetivação de lucros rápidos e passageiros em conjunturas favoráveis – como no caso da caça ao índio ou na destruição de ameaças, como os quilombos – ou no sentido de buscar alternativas econômicas fora da agricultura como ocorreu com a busca dos metais e das pedras preciosas.

Para empreender as suas incursões, tanto no caso do apresamento e tráfico do indígena quanto na busca de riquezas míticas, inerentes ao sonho do Eldorado, os paulistas se organizavam nas chamadas "bandeiras". De início a denominação era aplicada às companhias militares que tinham uma função caracterizada como defensiva, quer se tratasse de rechaçarem estrangeiros ou de submeter os indígenas. Contudo, a partir dos fins do século XVI até o início do século XVII, essas milícias passaram por modificações, transformando-se em corpos paramilitares de ataque ao sertão. Paulatinamente, esse tipo de organização paramilitar passou a ser estimulado oficialmente como atesta a decisão do governador-geral D. Francisco de Souza, de 1610, no sentido de que se fizesse o alistamento militar de todos, desde os quatorze anos, o que incluía os índios, e o arrolamento de todas as armas: espingardas, espadas, arcos e flechas.

Do ponto de vista de sua organização, a expedição bandeirante era comandada por um chefe branco ou mameluco, que encerrava em suas mãos poderes absolutos sobre os subordinados. Sob seu comando estavam os escravos indígenas que eram usados como batedores de caminhos, coletores de alimentos, guias e carregadores. O capelão era a figura obrigatória, e dele dá notícias, em novembro de 1692, Domingos Jorge Velho, exigindo sua presença para a entrada que pretende realizar: "Peço-lhe pelo amor de Deus me mande um clérigo em falta de um frade, pois se não pode andar na campanha e sendo com tanto risco de vida sem capelão."

O número de componentes de uma bandeira era variável, podia ser uma expedição de quinze a vinte homens como também chegar a reunir centenas de participantes. Os bandeirantes levavam pólvora, machados, balas, cordas para amarrar os índios aprisionados, por vezes sementes, sal e uma pequena quantidade de alimentos. Em geral partiam de madrugada e pousavam no entardecer; na caminhada durante o dia dedicavam-se à caça e à coleta de frutos, se apropriando também dos produtos das pobres roças dos indígenas que aprisionavam.

Quanto aos caminhos, aproveitavam tanto as trilhas dos índios como os rios, improvisando canoas ligeiras para a navegação. Seguiam os córregos e riachos, procuravam evitar as matas e caminhar pelos espigões, buscando sempre as gargantas como vias de passagem. As incursões sertanejas podiam durar meses e até mesmo vários anos. Com a prática os bandeirantes chegaram a adquirir um grande conhecimento das matas.

Ao que tudo indica caminhavam descalços e não com as botas de montaria tão comuns nas estátuas e figuras dos bandeirantes; o vestuário se restringia ao chapelão de abas largas, à camisa, ceroulas e aos gibões de algodão acolchoados, que serviam de anteparo às flechas dos indígenas.

Construindo a América Portuguesa

Do ponto de vista geográfico, as bandeiras paulistas foram possíveis, em grande medida, devido à posição de São Paulo como centro de circulação fluvial e terrestre do acesso ao sertão e, pela sua ação, contestando espacialmente Tordesilhas, representaram a primeira interferência clara do fator geopolítico na construção da estratégia nacional do Brasil.

Capistrano de Abreu, numa forma bem sintética, resume as facilidades geográficas da região:

> O Tietê corria perto; bastava seguir-lhe o curso para alcançar a bacia do rio da Prata. Transpunha-se uma garganta fácil encontrava-se o Paraíba, encaixado entre a serra do Mar e a da Mantiqueira, apontando o caminho do Norte. Para o sul, estendiam-se vastos descampados, interrompidos por capões e até manchas de florestas, consideráveis às vezes, mas incapazes de sustar o movimento expansivo por sua descontinuidade.

O Poder no Brasil-Colônia

O problema das origens é sempre um falso problema. O mesmo se dá com as origens do poder, sendo mais próprio falar em antecedentes.

A sociedade colonial brasileira era um sistema dual, que combinava uma pequena minoria formada de brancos ou quase brancos, colonos, senhores da terra, parceiros da metrópole e de assalariados servidores da grande propriedade rural com uma grande maioria de escravos, simples instrumentos de trabalho, não mais que isto.

Como um todo, era o reflexo da estrutura econômica escravista e, portanto, foi estruturada, como já dito, para atender aos interesses mercantis da metrópole. Mesclada por elementos feudais e mercantilistas, importados de Portugal, a sociedade colonial apresentou características próprias. Apesar do absoluto domínio do senhor de engenho em suas propriedades e até fora delas, ela não era feudal e sim escravista.

Na sociedade feudal os servos não eram propriedade dos senhores; no modo de produção colonial, os escravos o eram. No sistema feudal, os servos eram donos da matéria-prima e dos instrumentos de trabalho; no sistema escravista, o escravo não era dono de nada, nem mesmo da sua força de trabalho. De resto, vale frisar que o escravismo moderno difere do modelo escravista greco-romano, pois, iniciado no século XVI, ele foi estruturado como elemento de acumulação capitalista em conjunção com a política mercantilista.

Na sociedade colonial do açúcar a mobilidade social era praticamente inexistente, a vida se restringia aos limites da grande propriedade voltada para a cana-de-açúcar. Como já foi dito, havia primordialmente duas classes sociais, opostas e conflitantes: a do branco, senhor, e a do negro, escravo. Não havia ainda classes médias no Brasil, e as camadas intermediárias eram extremamente heterogêneas em sua composição. De forma geral, a sociedade colonial brasileira era escravista, rural, aristocrata e patriarcal.

Aspectos de Nação

Em toda a história do Brasil-Colônia o poder esteve concentrado nas mãos dos grandes proprietários de terra – a classe senhorial latifundiária dominante –, apesar da existência do governador-geral e mais tarde do vice-rei. Esta classe senhorial foi constituída com os primeiros colonos portugueses que se estabeleceram aqui, em sua grande maioria como proprietários. Mesmo os trabalhadores dependentes na América Portuguesa são livres e assalariados.

No trópico, o colonizador português impôs aos negros que aqui chegavam e aos índios que aqui encontraram seus padrões e sua cultura, dando todos os elementos necessários para a incorporação da sua civilização na América Portuguesa.

O colonizador emigrou individualmente, ele era um aventureiro. Deste modo, ao longo de toda colônia houve uma crônica falta de mulher branca. Portanto, foi sob a mestiçagem que a América Portuguesa se estruturou. Ela resulta não só dessa escassez mas, também, da excepcional capacidade do português em cruzar com outras raças.

A classe senhorial dominava a vida política, econômica, social e cultural da colônia e seus interesses eram representados e defendidos pelas Câmaras Municipais.

Câmaras Municipais

As Câmaras Municipais decidiam sobre a administração dos municípios, impostos, salários, abastecimentos, guerra e paz com os índios, etc. Era nelas que se concentrava o poder político do Brasil colonial até 1642, quando o governo português criou o Conselho Ultramarino, implantando no Brasil uma política centralizadora mais rígida.

Assumindo o controle dos órgãos políticos locais, a elite dirigente colonial escolhia os vereadores entre os homens bons do lugar. Eram considerados homens bons, todos aqueles que desfrutavam de posição social elevada e que não exerciam nenhuma profissão manual, isto é, os grandes proprietários rurais, ou dizendo melhor, "homem bom" era todo aquele que possuía projeção social e cuja riqueza se originava da exploração do trabalho escravo negro ou indígena. As Câmaras eram autonomistas e ardentes defensoras dos interesses locais contra os abusos da autoridade metropolitana.

A Elite Colonial

A elite dominante era formada pelos grandes proprietários rurais que compunham a aristocracia brasileira. Dona de terras e de escravos, essa elite era senhora de amplos poderes sobre todas as pessoas que viviam na fazenda – familiares ou não. Seu domínio muitas vezes extrapolava as fronteiras de sua propriedade. Sua palavra tinha força de lei, e contestá-la era um abuso imperdoável. O poder político da elite senhorial pode ser simbolizado no controle que ela tinha sobre as Câmaras Municipais.

O regime familiar era patriarcal. Neste regime todos, familiares, escravos, agregados, deviam se submeter ao pátrio poder, isto é, ao poder do patriarca, que, não

Construindo a América Portuguesa

raro, decidia sobre a vida e a morte daqueles que estavam a ele subordinados. Nesse regime, o herdeiro de todos os bens era o filho mais velho, o primogênito, a quem todos deveriam obedecer quando se tornasse senhor.

A mulher, além de subordinada ao homem, era considerada um ser inferior. Tinha de obedecer cegamente às ordens do pai e, depois de casada, às do marido. A preservação da virgindade feminina era fundamental para o casamento. Por isso a sinhazinha só podia sair de casa acompanhada. Vivia confinada, e seu quarto geralmente não tinha janelas. Deveria casar-se entre os quinze e dezessete anos com um marido, geralmente, muito mais velho que ela e escolhido pelo chefe da família. No fundo, a mulher era um objeto e seu casamento não passava de uma troca de favores políticos ou materiais entre seu pai e membros da elite.

Sobre a vida sexual vale dizer que, submetendo as escravas e muitas vezes os garotos escravos a seus caprichos, os senhores impunham à escravaria uma verdadeira libidinagem já que se tratava, a mais das vezes, de uma sexualidade pervertida e sádica.[12] Dessa forma, as relações eram carregadas de violência e promiscuidade, e as negras tinham que servir a vários filhos da casa-grande e a outros membros do engenho, proporcionando o aparecimento e disseminação de doenças venéreas.

---

12. A consciência culpada do lusitano moralista se descarregava na atribuição da culpa suposta à lubricidade da raça negra, às "torpezas" da mulher escrava.

14

União Ibérica: Descobrimentos

O choque entre Portugal e a Espanha, a partir dos descobrimentos, não fugia à lógica dos negócios. Contudo, é bom ressaltar que o compartilhamento histórico e geográfico da península Ibérica com a Espanha sempre pautou a estratégia de Portugal. Este encontro histórico e geográfico também se fez presente na estratégia portuguesa na América.

A construção da América Portuguesa fez parte da estratégia nacional de Portugal do século XVI ao século XIX. Esta estratégia buscava, principalmente, inserir Portugal de forma vantajosa no comércio mundial. Ao longo desses séculos, esta estratégia se defrontou com objeções de outros estados nacionais que buscavam se colocar no mundo mercantil. Limitar-nos-emos primordialmente a observar o contencioso entre Portugal e esses estados nacionais, que não a Espanha, no espaço geográfico da América. Contudo, não se pode atribuir à ação portuguesa na América nem o sucesso inicial nem o insucesso final da estratégia nacional portuguesa. Apresentaremos, a seguir, um resumo dos choques da estratégia nacional de Portugal com as dos outros estados europeus na América.

Com a morte do rei D. Sebastião, na batalha de Alcácer-Quibir, no norte da África, contra os muçulmanos e a do seu sucessor, o cardeal D. Henrique, o trono português ficou vago. O cardeal não tinha um descendente direto e Portugal entrou num período de indecisões quanto à sucessão do trono. As aspirações da duquesa de Bragança, Catarina, filha de Eduardo, irmão de João III, não foram preenchidas. A tentativa em busca do trono, dos adeptos de Antonio, o prior do Crato, que era filho ilegítimo de Luís, irmão de João III, como Antônio I, também fracassou.

Aproveitando-se dessa situação, o rei Filipe II, da Espanha, resolveu invadir Portugal com um exército comandado pelo duque de Alba, em 1580. A resistência militar portuguesa aos invasores espanhóis não teve o apoio de parte expressiva da nobreza e dos grupos mercantis portugueses, que, pelo contrário, ajudaram os espanhóis, em face de promessas de cargos e privilégios. Assim, o rei de Espanha tornou-se o Filipe I, de Portugal, e governou este país entre 1580 e 1598.

Aspectos de Nação

Esta junção das duas coroas criou a União Ibérica. Porém, apesar disso, Filipe II preservou a imagem de Portugal, não o tratando como nação conquistada, mas como um país que se uniu à coroa espanhola. A estratégia nacional de Portugal permaneceu viva sob o manto de uma nação e de um país que se colocava preservado. Esse tratamento foi assegurado com a assinatura, em 1581, do juramento de Tomar – uma série de compromissos assumidos pela Espanha em relação a Portugal. Pelo juramento resguardava-se para Portugal o controle do comércio de suas colônias, a manutenção das leis, usos e costumes portugueses e garantia que a administração pública de Portugal e de suas colônias seria executada por portugueses.[1]

Os lucros advindos do comércio oriental, da extração de metais preciosos na América e da empresa agrícola brasileira, não foram utilizados pela União Ibérica para o desenvolvimento. Contrariando um princípio fundamental do mercantilismo não se construía um tesouro. A União Ibérica usava o saldo positivo de suas relações comerciais com as colônias para importar bens industrializados de outros países, incluindo produtos supérfluos de luxo. Isso esgotava as reservas da Coroa Ibérica e gerava sua dependência econômica em relação à Holanda, Inglaterra e França.

O desastre da política mercantilista ibérica tem muito a ver com a inexistência, nas duas nações, tanto de uma classe mercantil forte e suficientemente poderosa para impor ao governo suas decisões quanto da falta de descortino administrativo dos seus governantes. Na verdade, as finanças portuguesas e espanholas eram administradas por uma nobreza parasitária, incapaz e luxuosa, cujos gastos dilapidavam os recursos das coroas. O caso espanhol foi ainda agravado em decorrência dos gastos das inúmeras guerras em que a Espanha se envolveu.

Enfim, devido ao descaso e à irracionalidade dos seus administradores, tanto Espanha quanto Portugal se transformaram em meros entrepostos de suprimento de metais preciosos, de especiarias, de açúcar, das chamadas drogas do sertão[2] e de outros produtos tropicais para mercadores de toda a Europa. Nem mesmo se capacitaram a criar um sistema próprio de distribuição dos seus produtos coloniais nos mercados europeus, perdendo, com isto, os expressivos ganhos da comercialização.

Contudo, a União Ibérica incorporou a estratégia nacional de Portugal: o ganho da extrapolação ao espaço determinado por Tordesilhas. Portugal não se preocupou mais com uma linha imaginária e seus desbravadores expandiram o território colonial muito além do acordado. O espaço sob governo de Portugal mais que dobra em relação ao que havia sido acertado à época dos descobrimentos.

No imaginário português, suas terras na América escondiam o Paraíso e levava-os a imaginá-las contidas numa ilha, a "Isla Brasillis". Isto explica um claro movimento estratégico para o conhecimento e a ocupação do território na busca dos rios que delimitavam esta ilha e que seriam, ao mesmo tempo, os caminhos

---

1. O juramento de Tomar deixa-nos claro o pouco interesse econômico de Filipe II por Portugal e pelo Brasil; para ele, a União Ibérica tinha um significado político maior: o de aumentar o prestígio internacional da Espanha.
2. As chamadas drogas do sertão eram, em geral, produtos colhidos na floresta amazônica, tais como noz de pixurim, salsaparrilha, cacau, guaraná, castanha-do-pará e borracha.

União Ibérica: Descobrimento

de penetração e os verdadeiros divisores de água da continuidade continental. Isto justifica a arrancada portuguesa para o domínio da Amazônia, a partir do planalto de Piratininga em São Paulo e a busca da foz do rio da Prata.

Na verdade, como já foram mencionadas, estas ações se processam no período da União Ibérica, quando os portugueses conduzem dois movimentos de grande envergadura: o desbravar da calha do rio Amazonas e a abertura dos sertões centrais, pelas bandeiras.

A exploração da calha do Amazonas teve como seu fato épico maior a expedição de Pedro Teixeira, em 1607, que, partindo da foz do Amazonas, reconhece toda calha do rio, até Quito, no Equador. Em 1642, Pedro Teixeira teria chegado a fundar uma povoação franciscana, em pleno Equador atual; mas a fronteira acabou se fixando mais a leste, na boca do rio Javari.

De Belém, fundada em 1616, mestiços, filhos de portugueses, subindo o rio Amazonas e seus afluentes, por mais de duzentos anos, foram se apossando de lugares que deveriam ser espanhóis, pela partilha de 1494. Fortalezas foram levantadas: os Fortes do Presépio e Gurupá, na entrada da bacia Amazônica, Macapá, Santarém, Óbidos, São João da Barra do Rio Negro e após 1750, foram erguidos mais: São Joa-quim, São José de Marabitana, São Gabriel da Cachoeira, São Francisco Xavier de Tabatinga e Príncipe da Beira. Os luso-brasileiros, na margem norte do Amazonas, foram subindo os rios Negro e Branco, até quase suas nascentes e na margem sul, os compridos rios Madeira, Purus e Juruá, até onde puderam. Assim, já nas primeiras décadas do século XVIII os luso-brasileiros completaram o feito excepcional de ocupar os pontos estratégicos da imensa bacia amazônica.

No desbravar do interior do continente sul-americano merece especial destaque a penetração de Antônio Raposo Tavares que, em vinte anos, entre 1628 e 1648, contestou o meridiano de Tordesilhas, abrindo-lhe uma larga brecha que levou à sua definitiva ruptura. Neste movimento, dos maiores, este grande bandeirante, com talvez 900 mamelucos e 2000 índios, investe contra os jesuítas, destroça reduções e caminha pelo desconhecido. Desloca-se para oeste e noroeste e por corredores fluviais da bacia do rio da Prata, atinge o Guaporé, desce o rio Mamoré e, sempre por trilhas naturais ele entra no rio Madeira, alcança o rio Amazonas e chega a sua embocadura. Em seu percurso de 10.000 quilômetros, Raposo Tavares segue rios, vales e divisores, sempre linhas naturais anunciadoras de fronteiras também naturais e delineadoras de fronteiras políticas, fundamentando o espaço territorial que se materializaria em um tratado com os espanhóis, mais adiante, o Tratado de Madri, em 1750.

Em 1722, bandeirantes de São Paulo descobriram ouro em Cuiabá. Para manter contato com essa área longínqua estabeleceram-se vias de transporte através de rios, que é uma das originalidades da história do Brasil, as "monções". Eram comboios de canoas que, por mais de cento e cinquenta anos, ligaram São Paulo aos centros mineradores do oeste. Dessas minas, o movimento expansionista atravessou o então chamado "mato grosso do rio Jauru" (que deu nome ao futuro

Aspectos de Nação

estado) e atingia as margens do Guaporé, onde novas minas foram descobertas em 1734. Da bacia do Prata os bandeirantes paulistas passaram à do Amazonas. Em pouco tempo estabeleceu-se a ligação com Belém, pelo rio Madeira, também por comboios de canoas, as "monções do norte". Com elas, os dois movimentos de penetração se encontravam: era a ligação entre os estados do Brasil e do Grão-Pará e Maranhão que afinal se estabelecia.

De ambas as penetrações, a pé e depois em canoas a partir de São Paulo, e sempre em canoas a partir de Belém, resultou o acontecimento fundamental do período colonial: a dilatação do território brasileiro muito além de Tordesilhas. Entre essa odisseia e o Tratado de Madri, os portugueses praticaram uma estratégia de ocupação do território desbravado, calcado na conquista e manutenção de ganhos territoriais.

O avanço territorial português, para além de Tordesilhas, para o sul, foi a causa de um longo contencioso. Quando do reconhecimento de D. João IV, rei de Portugal, pelo Governo de Madri, em 1668, os dois monarcas não cogitaram dos limites de suas possessões americanas. Entretanto, a incerteza sobre a linha divisória cedo iria fazer com que a Coroa portuguesa resolvesse fundar sobre o rio da Prata, bem em frente de Buenos Aires, a Colônia de Sacramento que durante um século e meio (1680-1828) foi o centro e o símbolo das divergências entre Portugal e Espanha.

Quanto ao litoral sul, o longo trecho entre Cananeia, a ilha de Santa Catarina, Laguna e o rio da Prata, ainda deserto em 1580, passou a merecer atenção especial do governo de Lisboa. Já em 1671, Portugal conseguiu que a Santa Sé, ao criar a Diocese do Rio de Janeiro, estendesse sua jurisdição espiritual até o grande curso fluvial austral e, em 1676, foi aquele território concedido em sesmaria a membros da poderosa família Corrêa de Sá. Eram atos que procuravam indicar exercício de soberania.

Outros argumentos eram esgrimidos para justificar a fundação do baluarte português, como a prioridade do descobrimento do rio da Prata e a busca dos limites naturais. Paralelamente à motivação política, explicando-a e tornando-a premente, estava, porém, o interesse econômico. A preocupação de manter e incrementar o contrabando com Buenos Aires propiciava ao Brasil, carente de prata, a obtenção mais ou menos abundante deste metal. Isto através dos "peruleiros" que desciam do Alto Peru, trocando sua cobiçada mercadoria pelo não menos desejado escravo negro, de suma utilidade ao trabalho crescente das minas do altiplano. Assim foi fundada a Colônia do Sacramento.

Em agosto de 1680, esta Colônia foi conquistada pelo governador de Buenos Aires e destruída. Ela havia se tornado inaceitável pelo vizinho espanhol. Porém, diante da indignação do soberano português, o Governo de Madri recuou no início de 1683 e restituiu a Colônia a Portugal. O novo rei da Espanha, Felipe V, em 1701, renunciou a todo direito sobre aquela praça. Entretanto, passando Portugal para a coalizão que, na Europa, apoiava as pretensões do Arquiduque Carlos de Habsburgo, ao trono da Espanha, a Guerra da Sucessão repercutiu na América e Sacramento foi atacada por forças de Buenos Aires, entre 1701-1705, quando foi abandonada pelas tropas portuguesas, permanecendo em mãos dos castelhanos até o Tratado de Utrecht de 1715, quando voltou outra vez ao domínio português.

União Ibérica: Descobrimento

No sul, iniciou-se então um período de competição entre os governadores de Buenos Aires e da Colônia – ambos, compreensivelmente, interessados na fundação de outras povoações na margem esquerda do rio da Prata. O representante do Governo espanhol levou a melhor, fundando Montevidéu em 1724 e criando o governo portenho da Banda Oriental, o que dificultou as comunicações terrestres entre a Colônia e o Rio de Janeiro.

Sob o pretexto de "pequeno incidente diplomático", em Madri, as duas Coroas romperam relações, sem, contudo, chegar a hostilidades nos seus espaços de origem. O mesmo não se verificou na América, onde o governador de Buenos Aires resolveu atacar a Colônia, cuja guarnição resistiu ao sítio por 23 meses, de 1735 até 1737, quando, ante a notícia do armistício celebrado entre as metrópoles, foi o cerco levantado. No mesmo ano de 1737, novo posto avançado dos domínios portugueses foi criado: a Colônia do Rio Grande de São Pedro, transformada em capitania dois anos depois.

Aproveitando as condições favoráveis vigentes depois de 1748, Portugal e Espanha, reconhecendo a obsolescência da linha de Tordesilhas, entabularam negociações que se marcaram pelo alto espírito que as animou e pela objetividade com que foram diagnosticadas e enfrentadas as questões pendentes. A grande figura que se distinguiu, então, foi a do santista Alexandre de Gusmão, secretário de D. João V.[3] Celebrou-se, assim, o Tratado de Madrid, de 13 de janeiro de 1750. O próprio preâmbulo indicava claramente seus dois "fins" mais importantes:

O primeiro e principal é que se assinalem os limites dos dois domínios, tomando por balizas as paragens mais conhecidas, para que em nenhum tempo se confundam nem deem ocasião a disputas, como são a origem e curso dos rios e os montes mais notáveis. O segundo é que cada parte há de ficar com o que atualmente possui; à exceção das mútuas concessões que em seu lugar se darão.

Deste modo, consagravam-se, de um lado, o abandono do meridiano de Tordesilhas e de todas as decisões anteriores sobre limites, e, de outro, a aceitação do *uti possidetis*, que passou a ser o grande princípio orientador da diplomacia brasileira, ficando sob a soberania de Portugal todos os territórios por ele ocupados no rio Amazonas e em Mato Grosso. A Colônia do Sacramento foi trocada pelos Sete Povos das Missões, na margem esquerda do rio Uruguai, de onde, pelo Tratado, deveriam sair "os missionários com todos os móveis e efeitos, levando consigo os índios para os aldear em outras terras de Espanha", ficando o Brasil a ter a forma que tem hoje.

Este pretendido êxodo forçado, incluindo os cerca de 30.000 índios, que não compreendiam a desumana decisão, provocou a resistência dos guarani.* O enfrentamento durou, aproximadamente, três anos, durante os quais as tropas de Portugal e Espanha combateram os indígenas rebeldes, até esmagá-los totalmente, em 1756. Conflito que ficou conhecido como Guerra Guaranítica.

---

3. Com justiça, considerado o avô dos diplomatas brasileiros.
* Segundo etnólogos e antropólogos, nome de nação indígena não faz plural. N.E.

Aspectos de Nação

Estatuía ainda o texto contratual de Madri a conservação da paz nos domínios americanos, mesmo se as partes contratantes estivessem em guerra na Europa – dispositivo verdadeiramente pioneiro nos usos internacionais de então.

Apesar de seus reais méritos e do espírito de conciliação com que foi negociado, o Tratado de Madrid despertou, desde o início, antipatias na Espanha e em Portugal. Em Madri, o novo soberano, Carlos III, considerava-o lesivo aos interesses de sua coroa; em Lisboa o Marquês de Pombal, o onipotente ministro de D. José I (que acabava de subir ao trono), insurgiu-se também contra o Tratado de 1750, principalmente por ter suscitado a guerra com os guarani. Não é, pois, de admirar que ele tenha sido pura e simplesmente anulado, em 1761, pelo Tratado de El Pardo.

A Contestação Holandesa

Com o renascimento comercial, na Baixa Idade Média, a região dos Países Baixos (Holanda e Bélgica atuais) transformou-se no principal centro mercantil da Europa. O crescimento comercial de algumas cidades, como Antuérpia,[4] Amsterdã, Utrecht e outras, originou uma florescente classe mercantil, que iria, no século XVII, transformar a Holanda (região norte dos chamados Países Baixos) na maior nação mercantil do mundo, e Amsterdã, na capital financeira internacional.

Altamente capacitados, os empreendedores flamengos ou holandeses já dominavam o comércio do norte da Europa, desde fins da Idade Média. Eram, desde então, os principais distribuidores dos produtos europeus nos mercados internacionais. Eles distribuíam produtos de vários países, como o açúcar produzido nas ilhas portuguesas do Atlântico, por exemplo.

Apesar de todos os seus recursos financeiros, os Países Baixos pertenceram, assim como o Sacro Império Germânico, à coroa da Espanha,[5] desde o século XV até o final do século XVI. Em meados desse século a burguesia holandesa aderiu ao calvinismo, que defendia o lucro, a política mercantilista e colonialista, e exaltava as virtudes da riqueza. A partir daí passamos a ter, de fato, uma situação de conflito: uma Coroa católica e uma possessão protestante. A partir da conversão ao calvinismo, as províncias dos Países Baixos se rebelaram contra a opressão política e tributária e as perseguições religiosas impostas por Filipe II, o fanático rei da Espanha católica. As províncias do sul (atual Bélgica) dos Países Baixos desistiram da luta por terem permanecido católicas. Apesar da repressão violenta e cruel da Coroa de Espanha à rebelião, as províncias do norte (atual Holanda) resistiram e proclamaram sua independência em 1581, que só veio a ser reconhecida definitivamente pela Espanha em 1648.

---

4. Antuérpia, por exemplo, no século XV já era um importante centro distribuidor de pedras preciosas, que eram ali polidas e cujas origens situavam-se nas mais variadas partes do mundo. Eram zircões, rubis e safiras, que vinham do Ceilão; lápis-lazúli, do Afeganistão; da Boêmia, granadas; da Tchecoslováquia, opalas; da Península do Sinai e da Pérsia, turquesas, e assim por diante.

5. O ganho da coroa espanhola em meados do século XVI decorrente de sua tributação sobre os ganhos mercantis nos Países Baixos era superior a todo ganho obtido por essa coroa com o comércio da prata de Potosi.

União Ibérica: Descobrimento

Os objetivos da estratégia nacional holandesa foram de um lado aumentar sua riqueza nacional e de outro lado fugir ao controle espanhol. Para atingir estes objetivos, de forma concomitante, a Holanda conduziu uma política de, não só, militarmente, contestar a presença espanhola em seu território, mas de fazê-lo em todo mundo.

Numa tentativa de minar o poderio mercantilista dos holandeses, Filipe II proibiu o comércio entre eles e as colônias espanholas. A esta proibição deu-se o nome de embargo espanhol.

Do ponto de vista econômico o embargo prejudicou sensivelmente as finanças da Espanha, na medida em que as companhias de comércio criadas pelos holandeses passaram a atacar diretamente as colônias espanholas. A luta com a Holanda enfraqueceu o poderio espanhol, situação agravada com a perda da poderosa esquadra naval, a Invencível Armada, afundada, em 1588, quando a Espanha tentou invadir a Inglaterra.

Em 1602, protegidos e apoiados pelo Estado, mercadores holandeses se uniram e criaram a Companhia das Índias Orientais, que conquistou algumas possessões portuguesas[6] na Ásia e na África, fez acordos comerciais com alguns povos orientais como os japoneses, os chineses e os persas (no atual Irã) e passou a controlar parcialmente o tráfico negreiro.

A política mercantil da Companhia das Índias Orientais acabou por gerar astronômicos prejuízos aos espanhóis e forçou o trono espanhol a assinar com a Holanda a chamada Trégua dos Doze Anos entre 1609 e 1621. Findo esse período de paz, em 1621 os holandeses fundaram uma nova companhia, a Companhia das Índias Ocidentais (WIC, de West Indische Compagnie),[7] que foi a responsável pelas invasões holandesas na parte portuguesa da União Ibérica na América. Afinal, o açúcar brasileiro contribuía em escala considerável para a sustentação da economia holandesa e o embargo espanhol poderia ameaçar seriamente o domínio holandês sobre este setor.

Durante todo o tempo em que durou a guerra da independência holandesa ao trono espanhol, o Brasil pertencia à União Ibérica. Mas a questão holandesa sempre foi espanhola e não portuguesa. Os holandeses haviam sido grandes parceiros comerciais na expansão ultramarina portuguesa no século XVI, e financiaram, em parte, a implantação da lavoura açucareira no Nordeste do Brasil.[8] Todavia, os holandeses, no início do século XVII, resolveram atacar a Coroa de Espanha e a União Ibérica na América. Preparada a esquadra para a invasão, o local escolhido foi a Bahia. A escolha se deu por sua posição geográfica privilegiada, por ser a capital colonial do Brasil e por ter, na região, a segunda área produtora de açúcar. A vitória foi fácil. O governador foi preso e enviado à Holanda. Os holandeses conquistaram

---

6. Durante a União Ibérica as possessões portuguesas na Ásia e na África ficaram sob controle da Espanha. Optamos por continuar a chamá-las de portuguesas.
7. Essas Companhias eram constituídas por sociedades de ações.
8. O açúcar produzido nessa área era recebido pelos holandeses na forma da rapadura para ser refinado e distribuído por toda a Europa, gerando vultosos lucros.

Aspectos de Nação

e dominaram toda a zona urbana de Salvador. Entretanto, no interior, a elite agrária organizou a resistência e escolheu Matias de Albuquerque para governador. Organizaram-se guerrilhas sob a liderança do bispo D. Marcos Teixeira, e os grupos de guerrilheiros passaram a atacar de surpresa os invasores, impedindo a conquista do interior. As investidas guerrilheiras minavam as forças inimigas e as forçavam a ficar sitiadas em Salvador. Em 1625, Matias de Albuquerque e seus homens receberam ajuda de uma forte esquadra enviada pela União Ibérica, composta de 52 navios e mais de 12.000 homens. Essa esquadra ficou conhecida como a Jornada dos Vassalos, sendo sua ajuda decisiva para a expulsão dos holandeses da Bahia.

Após a saída, eles mudaram de tática. Partiram para a ação de corso. O holandês Piet Heyn, a serviço da Companhia das Índias Ocidentais, apoderou-se, no litoral da Bahia, de vários navios carregados de açúcar, pau-brasil, algodão e tabaco. Capturou também, nas Antilhas, a frota espanhola que transportava ouro e prata em grande quantidade. A captura dos navios e da valiosa carga possibilitou a Companhia das Índias Ocidentais organizar uma nova expedição e forçar a invasão de Pernambuco, então a mais rica região açucareira do mundo.

As forças invasoras[9] conquistaram facilmente Olinda e Recife. Entretanto, a força luso-brasileira ainda liderada por Matias de Albuquerque, que havia se concentrado no Arraial do Bom Jesus, impedia que os invasores conquistassem a zona rural, onde estavam localizados os grandes engenhos. Nos primeiros anos que se seguiram à invasão, a resistência luso-brasileira, organizada mais uma vez em grupos de guerrilhas, conseguiu a duras penas evitar o absoluto domínio dos holandeses. Contudo, apoiados na experiência de seus militares, no constante reforço vindo da Holanda, no auxílio de judeus forçados à conversão católica pelos portugueses residentes em Pernambuco e em negros e mestiços, que eram atraídos pelas promessas de liberdade e pagamentos, os invasores finalmente quebraram a resistência e conquistaram todo o Nordeste açucareiro, com exceção da Bahia.[10]

De qualquer maneira, é importante frisar que a luta não interessava aos senhores de engenho nem aos holandeses. Aos senhores de engenho causava sérios prejuízos, pois muitos tiveram seus canaviais e engenhos destruídos, além de perder um grande número de escravos que, aproveitando-se da luta, fugiam para os quilombos, notadamente para Palmares. A luta também era prejudicial aos holandeses, porque sustentá-la implicava em gastos financeiros, além de estar ocorrendo queda da produção açucareira. Afinal, para os senhores de engenho interessava vender a produção do açúcar e para os holandeses, distribuí-la. Graças a esta conjugação de interesses restabeleceram-se as relações mercantis entre invasores e invadidos. A consolidação das relações amistosas entre a aristocracia canavieira e a adminis-

---

9. Que estavam equipadas com 67 navios, 1.170 canhões e 7.000 homens.

10. Os holandeses, para vencer a resistência luso-brasileira, tiveram o apoio da traição de Calabar. Domingos Fernandes Calabar havia lutado ao lado de Matias de Albuquerque na defesa do Arraial do Bom Jesus. Profundo conhecedor do terreno, o mulato nascido em Alagoas passou para o lado holandês, ajudando os invasores a abrir caminho para a conquista de várias regiões. Em 1635 caiu o Arraial do Bom Jesus, principal centro de resistência. Matias de Albuquerque fugiu para Alagoas, onde prendeu e executou Calabar.

União Ibérica: Descobrimento

tração holandesa ocorreu durante a administração de João Maurício de Nassau, de 1637 a 1644, nomeado pela Companhia das Índias Ocidentais para governar os domínios holandeses no Brasil. Hábil administrador, o conde de Nassau assegurou aos senhores de engenho proteção, respeito às propriedades, liberdade religiosa[11] e abertura de novos créditos para a recuperação das plantações, remontagem dos engenhos e compra de escravos. Com os novos empréstimos, a empresa açucareira se reergueu e a Companhia se recuperou dos prejuízos. Nassau assegurou também a participação de membros da aristocracia açucareira nos chamados Conselhos de Escabinos, órgãos administrativos holandeses que substituíam as Câmaras Municipais dos ibéricos. Remodelou e urbanizou Recife e mandou construir a Cidade Maurícia, provavelmente projetada pelo arquiteto Pieter Post na Holanda, pois ele jamais estivera no Brasil. Construiu canais e pontes, uma delas ligando Recife à Cidade Maurícia.[12]

Nassau completou a conquista holandesa do Sergipe ao Maranhão. Além disso, durante sua estada no Brasil, a Companhia das Índias Ocidentais ocupou várias regiões africanas fornecedoras de escravos como, por exemplo, São Jorge de Minas, a Ilha de São Tomé, na Guiné, e São Paulo de Luanda, em Angola. Estava assegurado o abastecimento de mão de obra negra para o Brasil holandês. Deve-se, todavia, ressaltar, como já foi colocado, que Nassau jamais conquistou a Bahia, apesar de ter tentado, e, assim, os holandeses não conseguiram dominar completamente a produção de açúcar.

Em 1640, Portugal restaurou sua independência e nascia, com D. João IV, a dinastia de Bragança.[13] Era o fim da União Ibérica. Entretanto, arruinado financeiramente, Portugal não tinha condições de expulsar os holandeses do Brasil. Daí o governo português ver-se obrigado a assinar um acordo de paz com a Holanda, em que Portugal aceitava as conquistas holandesas. Mas o acordo estabelecia que os holandeses não poderiam ampliar seus domínios sobre posses portuguesas. Essa determinação não foi plenamente obedecida pelos holandeses que, contrariando-a, conquistaram, em 1641, novas áreas da África portuguesa e anexaram o Maranhão. Acresce-se a este fato que no passar do tempo o relacionamento amistoso entre a aristocracia latifundiária da colônia e a Companhia das Índias Ocidentais começou a se deteriorar. Os atritos tornaram-se constantes e por várias razões.

Entre 1640 e 1644 uma série de contratempos naturais como: inundações, secas, incêndios e epidemias entre os negros, além da crescente alta dos juros,

---

11. O objetivo dessa medida era evitar possíveis atritos com os luso-brasileiros. A liberdade religiosa, garantida pelo domínio holandês calvinista, estendeu-se também aos judeus e a todos os católicos, só não atingindo os jesuítas, pois representavam a principal força do Papa na luta contra o protestantismo.

12. Do ponto de vista cultural e artístico, a época de Nassau foi marcante. Vivia cercado por intelectuais, por cientistas, como o naturalista Jorge Marcgrav, o médico Willem Piso e por artistas, como os pintores Frans Post e Albert Eckhout, que retrataram em famosas telas a óleo aspectos da flora, da fauna e da vida humana na colônia.

13. Os portugueses sempre perseguiram sua independência no período da União Peninsular, mantendo esse sonho através do credo na vinda de um ser eleito, um chefe superior, o qual era o único capaz de uma ação salvadora para Portugal, há muito ansiosamente aguardada. Isto se nomeou como sebastianismo. D. Sebastião, garantia de independência como rei de Portugal, seria o salvador na hora própria.

Aspectos de Nação

impossibilitava aos senhores de cumprir seus compromissos com os credores holandeses. A dívida aumentava.[14] A WIC também passava por problemas financeiros devido às guerras europeias em que a Holanda estava envolvida. Procuraram então explorar ao máximo seus domínios no Nordeste: os preços do açúcar declinaram no mercado internacional, aumentaram o preço do transporte e os impostos sobre este produto, e passaram a exigir o pagamento das dívidas, ameaçando os senhores com o confisco dos engenhos, caso não as quitassem no prazo estipulado. As tensões se avolumaram, principalmente depois que os calvinistas holandeses esqueceram-se do compromisso assumido, anos antes, de assegurar a liberdade de culto religioso. Nassau aconselhou aos administradores da WIC a mudar seu comportamento em relação aos senhores de engenho. Entretanto, não deram ouvidos a Nassau e o acusaram de pretender criar no Brasil um império particular. Nassau, em desacordo com a WIC, foi demitido e voltou à Holanda em 1644. As relações entre holandeses e a população colonial se deterioraram rapidamente, acrescidas agora pela saída de Nassau.

Como a resistência ao domínio holandês nunca desaparecera por completo, esse novo quadro impulsionou a retomada do confronto com a Companhia das Índias Ocidentais. Em 1642 explodiu no Maranhão o primeiro movimento organizado de reação aos holandeses. A luta dos senhores de engenho do Maranhão, apoiados pelos da Capitania do Pará, foi sufocada, retornando em 1644, quando os holandeses foram expulsos de São Luís. A ideia de expulsar o invasor ganhou vulto e se espalhou em Pernambuco. No ano seguinte explodiu a Insurreição Pernambucana, que só acabaria em 1654 com a expulsão dos holandeses.[15] Durante certo tempo, a lutas dos colonos contra os holandeses não contou com a ajuda de Portugal, já que, então, vigorava a Trégua dos Dez Anos, firmada logo ao término da União Ibérica.

O movimento assumiu, nesse momento, um caráter tipicamente de defesa dos interesses comerciais postos na Colônia. Os grandes senhores de engenho passaram a colaborar com as forças populares, o que fortaleceu o movimento. Apesar de algumas significativas vitórias como a da Batalha do Monte das Tabocas e as duas batalhas dos Guararapes, os luso-brasileiros não conseguiram desalojar os holandeses do Recife. Isso se deveu também à pálida ajuda militar portuguesa aos brasileiros por causa do acordo de paz que Portugal fizera com a Holanda e à incapacidade portuguesa de enfrentar militarmente os exércitos holandeses. Depois dessas vitórias iniciais a guerra tornou-se morosa. De um lado, as forças rebeldes impossibilitadas de entrar no Recife; do outro, os holandeses dominando o mar, dificultando a chegada de reforços para os luso-brasileiros e sendo facilmente abastecidos por seus companheiros. O texto a seguir foi escrito por um cronista

---

14. O que impulsionou a vinda dos holandeses para o Brasil foram os interesses mercantilistas em relação ao açúcar. Não vieram para colonizar e se fixarem à terra, mas para garantir seus lucros sobre a empresa açucareira. Os donos da WIC emprestaram capital aos senhores para a recuperação da produção açucareira. Esses empréstimos, a juros altíssimos, geraram dívidas e obrigações extremamente difíceis de serem cumpridas pela elite produtora de açúcar.

15. O movimento armado congregou em sua liderança elementos dos três grupos étnicos existentes no Brasil: os brancos André Vidal de Negreiros e João Fernandes Vieira, o negro Henrique Dias e o índio Poty.

União Ibérica: Descobrimento

do século XVII, Pierre Moreau, que esteve no Brasil de 1646 a 1648, e presenciou a guerra contra os invasores holandeses da qual fez o seguinte relato:

Ali (no Brasil) estive por dois anos, além de seis meses para ir e três meses de volta, durante os quais, à vista de tantas desordens, ruínas, calamidades, homicídios e pilhagens praticadas pelos portugueses e pelos holandeses uns contra os outros, tanto no mar quanto em terra, apliquei todo o meu cuidado em instruir-me sobre a origem e o começo de tantas desgraças e em anotar tudo aquilo que acreditei conveniente para auxiliar a compreensão dos leitores do presente discurso, que eu me propunha oferecer-lhes, relativo às lutas ocorridas no Brasil. A verdade é que jamais se conseguiu ali estabelecer paz e pode-se dizer do Brasil que é como certos lugares da Terra: impossíveis de serem satisfatoriamente fortificados, não pelo defeito da arte, dizem os arquitetos, mas pela má situação em que se encontram.

Porém a explosão de uma guerra entre Holanda e Inglaterra, pela liderança marítima, criou as condições para a vitória final da insurreição. O desgaste financeiro da Holanda, provocado pelo confronto militar com os ingleses e a ajuda da Inglaterra aos rebeldes pernambucanos, foi fundamental para a rendição holandesa em 1654. A Holanda enfraqueceu-se ao ter de enfrentar a Inglaterra, que se transformara na sua principal concorrente no comércio internacional. A rivalidade se intensificou quando o governo inglês de Oliver Cromwell decretou, em 1650 os Atos de Navegação, medida que protegia os mercadores ingleses e suprimia a forte participação holandesa no comércio inglês. Em 1652, teve início a guerra entre Holanda e Inglaterra (1652-1654), o que favoreceu uma maior aproximação inglesa e portuguesa e um significativo desgaste holandês com sua derrota militar.

O Brasil estava livre, porém a Holanda continuava mantendo sua pretensão de domínio sobre a colônia e sobre as regiões africanas conquistadas de Portugal. Esse impasse gerou um novo conflito armado entre os portugueses e holandeses. Portugal recebeu o imediato apoio da esquadra britânica, o que forçou a abertura de negociações diplomáticas entre Holanda e Portugal e, finalmente, a assinatura da Paz de Haia, em 1661, que obrigava Portugal a pagar à Holanda uma indenização de quatro milhões de cruzados em dinheiro, açúcar, tabaco e sal, e a restituir aos holandeses toda a artilharia tomada no Brasil.

O auxílio inglês a Portugal nas lutas contra os holandeses e a consequente aliança entre as Coroas inglesa e portuguesa resultou na dependência definitiva da nação lusitana e de suas colônias ao capital inglês e a perda da estratégia nacional de Portugal. Os vínculos entre portugueses e ingleses estreitaram-se progressivamente, reforçando a dependência de Portugal com a Inglaterra, culminando no Tratado de Methuen, em 1703. Essa dependência, que atravessou séculos, afirmava-se à medida que Portugal era forçado a assinar novos tratados econômicos com a Inglaterra.

Contudo, a reconquista completa do Brasil só se materializou de forma definitiva quando da expulsão dos holandeses de suas feitorias em Angola. As expedições que repuseram aquela região sob a dominação da Coroa portuguesa tiveram seu ponto de partida no Brasil. Restaurou-se a hegemonia marítima portuguesa no Atlântico Sul, vinculada ao tráfico negreiro e responsável direta pela reorientação da concepção estratégica portuguesa, que de uma visão ampla e mundial dos descobrimentos, se limitou, a partir de então, a um olhar atlântico.

Para o Brasil, a consequência mais séria da expulsão holandesa foi a decadência da empresa produtora de açúcar. Os holandeses, após sua expulsão do Brasil, foram plantar cana e produzir açúcar nas Antilhas, valendo-se da experiência que haviam adquirido na cultura da cana-de-açúcar no Brasil. Senhores absolutos da distribuição do produto nos mercados internacionais e, agora, produtores diretos, os holandeses passaram a dominar da produção à distribuição do açúcar. Os produtores nordestinos, não tendo condições de concorrer com a nova empresa holandesa que produzia um açúcar de melhor qualidade e mais barato, entraram em decadência. Com isso o Brasil conheceu sua primeira grande crise econômica. Isso acirrou as relações entre a classe senhorial da colônia e as autoridades representativas do Estado português metropolitano.

A Confrontação Francesa

Oficialmente, os franceses não reconheceram as determinações do Tratado de Tordesilhas, que dividia a América entre Portugal e Espanha.

Ao contestar o predomínio ibérico no continente americano, os franceses utilizaram inicialmente corsários, que eram piratas, a serviço ou sob a proteção do rei. A descoberta do pau-brasil fez com que as costas brasileiras passassem a ser sistematicamente visitadas por corsários franceses que aqui vinham em busca dessa madeira. Estes se achavam no direito de explorar a madeira brasileira e até fundar uma colônia no Brasil, se possível fosse.

A presença desses estrangeiros no litoral brasileiro representava ameaça à estratégia de Portugal, o que levou a Coroa portuguesa a mandar para cá expedições guarda-costas, sob o comando de Cristóvão Jacques, em 1516 e 1526, que pouco puderam fazer contra os franceses, em virtude da grande extensão da costa brasileira.

Diante da insistente investida dos piratas sobre o espaço destinado a Portugal por Tordesilhas, a Coroa via-se obrigada a ocupá-las, sob pena de perdê-las.

Contudo, esta ocupação foi incipiente e não impediu que os franceses se apossassem da baía da Guanabara, em 1555, e ali fundassem uma colônia. Ressalte-se também que, além de estarem interessados na exploração do pau-brasil, estes franceses, que eram em sua maioria huguenotes, protestantes calvinistas, fugiam das perseguições da Igreja e dos católicos fanáticos na França e buscavam um refúgio onde pudessem defender suas convicções religiosas e praticar seu culto livremente.

É claro que a fundação de uma colônia no Brasil atendia aos interesses mercantilistas da Coroa francesa e, por isto mesmo, os invasores, chefiados por Villegaignon, foram protegidos por figuras importantes na política da França como o almirante Coligny e o próprio rei Henrique II.

União Ibérica: Descobrimento

Esta ocupação foi, inicialmente, bem-sucedida e os franceses, com apoio dos índios tamoios, se instalaram na baía da Guanabara, em Uruçumirim (Flamengo) e nas ilhas de Laje e de Paranapuã (atual ilha do Governador), denominando toda essa região de França Antártica.

Em 1560, Mem de Sá, nomeado governador-geral do Brasil pela Coroa portuguesa, comandou uma expedição que tinha como objetivo expulsar os franceses da Baía de Guanabara. Esta expedição era composta por uma armada e contava com índios aliados e com a ajuda de homens e armas de Portugal que já estavam estabelecidos em São Vicente e tinha, ainda, o apoio dos jesuítas.

Sem condições para resistir, os franceses foram inicialmente obrigados a abandonar as ilhas com seus aliados. Porém, com a retirada das forças de Mem de Sá, os franceses, que havia se refugiado nas matas e apoiados por navios franceses, que vieram para reforçar suas posições, voltaram a dominar algumas ilhas da baía da Guanabara.

Em 1565, Mem de Sá mandou vir de Portugal uma nova esquadra, para expulsar definitivamente os franceses. Esta chegou à baía da Guanabara, chefiada por seu sobrinho, Estácio de Sá, que ao chegar fundou a cidade do Rio de Janeiro. Mas a expulsão definitiva dos franceses só aconteceu em 1567, quando Mem de Sá veio a socorrer o sobrinho. Nesse mesmo ano Estácio de Sá morreu em consequência de uma flechada no rosto.

Outro episódio onde a estratégia portuguesa na América se defrontou com a França foi ao norte do Brasil. Jaques Riffaut e seu assessor Charles des Vaux que, em 1594, conheceram a ilha de São Luís no Maranhão, haviam convencido Henrique IV, rei da França, e a sua corte, da importância de conquistar um espaço no norte do Brasil. O rei manda para o Brasil Daniel de la Touche, Senhor de la Revardiére, com a missão de avaliar a instalação de uma colônia francesa no Maranhão. Convencidos por la Touche, em 1612, da conveniência de ter uma colônia naquele espaço, os franceses mandaram 500 colonos para se estabelecerem no Maranhão. Os portugueses reagiram e prepararam uma expedição, comandada por Jerônimo de Alburquerque, que, com o apoio dos colonos estabelecidos em Pernambuco expulsou os franceses em 1615.

As querelas com os franceses diminuíram ao longo do século XVII pela prioridade dada pelos franceses a sua ação nas Américas do Norte e Central. Em 1713, na cidade de Utrecht, o Governo de Lisboa conseguiu celebrar um tratado com a França, solucionando suas últimas pendências com os franceses. Neste tratado a estratégia portuguesa conseguiu plena satisfação quanto às fronteiras na região norte do país, tanto ao ser garantido o rio Oiapoque ou Vicente Pinzón como limite entre os dois territórios, como, ao reconhecer como portuguesas as duas margens do rio Amazonas. Este Tratado foi o único da época colonial referente a limites, que não foi anulado nem denunciado e se manteve vigente após a independência.

A Defesa do Eldorado

No final do século XVII e início do século XVIII, a descoberta das lavras de ouro nas Minas Gerais, seguida dos achados em Jacobina e no Rio de Contas, na Bahia; em Forquilha e Sutil, no Mato Grosso; e do que se extraiu no sertão de Guaiás, em Goiás, se transformou no acontecimento mais espetacular da história econômica colonial do Brasil, provocando enorme repercussão, tanto para a própria metrópole como para boa parte do mundo. Isto por que, desde os primórdios da colonização, acreditava-se que o Brasil tinha muito ouro, outros metais e pedras preciosas, e passados já quase que dois séculos de ocupação, ainda não haviam sido encontrados volumes significativos dessas riquezas.

Contudo, estas descobertas trouxeram consigo sérias questões. Por exemplo, a disputa pelo ouro em Minas Gerais, que culminou, de 1708 a 1709, com a Guerra dos Emboabas ("estrangeiro" em tupi-guarani) – nome dado pelos paulistas, maioria no lugar, aos portugueses e gente de outras regiões do país que iam chegando às zonas de mineração. Os inevitáveis choques entre os que ali estavam e os recém-chegados levaram à guerra, vencida pelos emboabas. Os paulistas, em menor número, abandonaram a região, indo procurar estas riquezas em Goiás e Mato Grosso. O episódio mais sangrento do conflito ocorreu em fevereiro de 1709, quando um grupo de 50 paulistas rendeu-se ao líder das tropas emboabas, que depois de desarmá-los ordenou sua execução. O local do massacre ficou conhecido como Capão da Traição.

A exploração aurífera no Brasil se estruturou em duas modalidades de extração: as lavras e as faisqueiras. As lavras eram grandes unidades de extração formadas por importantes jazidas. Esses estabelecimentos auríferos exigiam, para sua exploração, um grande número de escravos e um volume de capital razoável. Já as faisqueiras eram unidades menores, onde a extração do ouro era feita por garimpeiros que trabalhavam sozinhos ou com um pequeno número de escravos, que usavam técnicas e equipamentos mais simples.

Aspectos de Nação

Na segunda metade do século XVIII, o predomínio de faisqueiras sobre o número de lavras pode ser explicado pelo declínio das grandes minas e a predominância do ouro de aluvião, encontrado nas areias e nos cascalhos dos rios e dos riachos. Havia faisqueiras tão pequenas que eram exploradas por um único faiscador. E havia casos em que o dono de uma faisqueira enviava um ou alguns negros de sua propriedade para extrair ouro, em troca de uma porcentagem do metal encontrado. Isto, teoricamente, possibilitava a alguns negros a compra de sua liberdade.

Além do ouro, em alguns lugares, no mesmo espaço, foram descobertos diamantes. Em 1729, quando da notícia de sua existência em Serro Frio, Minas, se espalhou pelas zonas de mineração, começou uma verdadeira corrida para a região. Intensificada a procura, o diamante foi descoberto em maior quantidade no Arraial do Tijuco, hoje Diamantina. Identificado o valor econômico dessas jazidas, o governo português mandou demarcar a principal área de exploração, surgindo assim o Distrito Diamantino.

Como ocorria em relação às minas de ouro, as de diamantes também pertenciam ao rei, e só a Coroa podia conceder a particulares o privilégio de exploração, sob obrigação de efetuar os pagamentos das taxas e tributos impostos pelo governo lusitano.

Mais adiante, Portugal alterou a política sobre a extração do diamante, passando a conceder os direitos de exploração a um único indivíduo: o contratador, que exercia autoridade plena sobre os moradores do Distrito e só prestava obediência à Intendência dos Diamantes. A rígida fiscalização sobre o Distrito Diamantino impunha um absoluto controle sobre as pessoas que nele entravam ou saíam.[1] Em 1771, foi extinto o sistema de contrato e se determinou que a exploração do diamante seria feita exclusivamente pela Coroa.

A mineração teve sérios reflexos sobre as demais atividades econômicas da colônia. Seja negativamente, pelo deslocamento de mão de obra que ocasionou, seja positivamente, pela demanda que agregou. No século XVIII, com a mineração, a pecuária nordestina ganhou novo impulso econômico. A necessidade de abastecimento das zonas mineradoras elevou o preço da carne bovina e, consequentemente, estimulou os criadores nordestinos e do sul a expandir suas atividades.

A estruturação da inserção econômica do Brasil com a descoberta do ouro manteve-se. A economia colonial poderia ser assim resumida: de um lado, a concentração da riqueza que a maximização da propriedade traz, de outro, a sua orientação voltada para o exterior como simples fornecedora de bens primários para o comércio internacional. A colônia existia para fornecer matéria-prima à metrópole e ao comércio europeu. A matéria-prima agora era o ouro, e ele conduz a uma modificação relevante no conceito de que a colônia existe para beneficiar exclusivamente a metrópole. O ouro é um bem universal e suplanta a categoria de gêneros que a metrópole necessita para seu uso e seu comércio. Ele conspirava contra a ideia vigente de que o povoamento e a organização das colônias deviam

---

1. Os escravos que trabalhavam na extração do diamante eram vigiados e revistados por um número de vigias bem superior ao número de negros. Apesar disso, o roubo e o contrabando eram constantes.

A Defesa do Eldorado 267

estar subordinados aos objetivos da produção colonial. Enfraquecia com a sua mobilidade o conceito que admitia, no máximo, a produção de gêneros estritamente voltados para a subsistência da população e impraticáveis de trazer de fora.

A atividade mineradora difere da grande propriedade monocultural, que tinha no colono português o empresário de um grande negócio. A grande propriedade (lavrada por trabalhadores dependentes, sejam eles escravos ou assalariados) representou o sistema de organização agrária que sempre acabou prevalecendo nos trópicos na época de colonização. Isto porque se combinam as dificuldades decorrentes do meio natural agressivo que os trópicos oferecem aos indivíduos isolados com as exigências técnicas da exploração tropical e o objetivo da produção única de certos gêneros de grande valor comercial e, portanto, lucrativo. Tudo isto conduziu à concentração extrema da riqueza. Na monocultura o produtor não se vê como trabalhador ou povoador.

A grande importância da descoberta do ouro é geopolítica. Isto se deve ao fato de que Minas Gerais, o espaço da descoberta, é central na América Portuguesa e serviu como elemento de articulação econômica da região.

No século XVIII, o algodão, que não era expressivo na pauta de exportação da colônia, se tornou o terceiro produto, abaixo do ouro e do açúcar. Este avanço deveu-se à oportunidade gerada pelo processo de independência das treze colônias, assim como pelos efeitos da Revolução Industrial iniciada na Inglaterra. A mecanização da indústria têxtil transformou o algodão em matéria-prima fundamental, na medida em que foi responsável pela queda do preço dos tecidos e, consequentemente, pela ampliação dos mercados consumidores desse produto. A indústria do tabaco também tem sua relevância, conjugada que estava com a sua agricultura.

O cacau havia se tornado a principal atividade agrícola das capitanias setentrionais de Rio Negro e do Pará. Esta atividade era acompanhada da coleta das chamadas drogas do sertão: noz de pixurim, salsaparrilha, guaraná, castanha-do-pará, etc.

Contudo, no Brasil-Colônia prevaleceram os ciclos. As fases de ascensão e de queda se sucedem e sempre são pontuais no espaço. A evolução econômica se resumiu a fases de prosperidade estritamente localizadas que deram origem, em maior ou menor lapso de tempo, a decadências que conduziram ao seu total aniquilamento no final.

A Reforma do Governo Colonial

A descoberta das jazidas e o início da extração aurífera no Brasil impuseram a Portugal a necessidade de uma administração mais rígida da colônia, mais compatível com os interesses da Coroa. Uma administração que assegurasse os privilégios da metrópole, facilitasse a política fiscal e impusesse absoluto controle sobre tudo o que dissesse respeito à movimentação de riqueza e à mineração. Enfim, uma política administrativa que refizesse, em novas bases, os alicerces do pacto colonial mercantilista.

Uma complexa hierarquia de funcionários civis e militares governava o Brasil em nome da Coroa portuguesa no século XVIII. No topo da pirâmide administrativa estava o vice-rei, delegado direto do monarca, com poderes absolutos sobre toda a colônia. Cada capitania tinha o seu governador, que era intitulado capitão-general, no caso das capitanias gerais ou principais, e capitão-mor, no caso das capitanias subalternas.

A base da pirâmide eram as comarcas e vilas, com seus vereadores e oficiais das Câmaras (procuradores, escrivães, tesoureiros), os alcaides pequenos – encarregados da polícia e do abastecimento urbano –, e os homens jurados – encarregados da guarda das zonas rurais.

Abaixo do vice-rei, a autoridade máxima da colônia, em matéria de finanças, era o governador-mor. Mais tarde esse cargo foi extinto e criaram-se as juntas da fazenda – uma em cada capitania.

As juntas supervisionavam a arrecadação e aplicação das rendas da Coroa. A elas ficavam subordinadas as alfândegas, as provedorias de moeda e, de um modo geral, todas as repartições administrativas. As Casas de Conto, também uma em cada capitania, combinavam funções de tesouro público e tribunal de contas; eram presididas pelos contadores-mores.

Em matéria de saúde pública, havia na colônia, delegados do físico-mor do Reino – chamados comissários –, aos quais cabia fiscalizar os boticários (farmacêuticos), mas não lhe era permitido exercer a Medicina.

O vice-rei e os capitães-generais eram as supremas autoridades militares. Tinham sob seu comando as tropas regulares ou de linha (integradas por soldados profissionais), as milícias e os corpos de ordenanças.

Quanto à administração da justiça, até 1751, quando foi criado o Tribunal da Relação do Rio de Janeiro, o Brasil se dividia em dois distritos: o do estado do Maranhão, dependente da Casa de Suplicações de Lisboa, e o do estado do Brasil, subordinado ao Tribunal da Relação da Bahia.

As juntas gerais, um órgão colegiado, funcionava como uma espécie de Conselho de Estado junto ao vice-rei, quando este o convocava; era composto pelos mais altos funcionários civis e militares da colônia, pelo prelado diocesano, e, às vezes, por representantes das câmaras municipais.

O evento administrativo mais importante, decorrente da mudança provocada pela descoberta das minas na América Portuguesa, foi o Regimento de 1702. Os objetivos do governo português ao decretar esta legislação, que alterava essencialmente as leis anteriores sobre extração mineral na colônia, eram o de garantir sua participação nos ganhos crescentes da produção mineral. Por este instrumento legal foram criadas as Intendências das Minas, uma para cada capitania, de onde se extraía ouro. Nas zonas de mineração, as Intendências eram autênticos governos autônomos independentes das demais autoridades coloniais, já que só prestavam obediência à Coroa. Além de enfeixar os poderes administrativos, fiscais e policiais, as Intendências eram superórgãos que funcionavam como um tribunal especial, onde se julgavam os delitos relacionados à mineração.

A Defesa do Eldorado 269

Cada Intendência era composta por um superintendente e um guarda-mor, responsável pela distribuição e fiscalização das minas. No caso de acúmulo de trabalho, eram nomeados guarda-menores para auxiliar o guarda-mor em suas funções.

De acordo com o Regimento todas as jazidas pertenciam ao rei, e o indivíduo que descobrisse uma zona aurífera deveria comunicar o achado imediatamente às autoridades da Intendência. Quem procedesse de forma diferente seria preso e julgado por crime de lesa-majestade.

Descoberta a zona aurífera, era da competência do guarda-mor demarcar a região e proceder à distribuição dos lotes (datas) a serem explorados. Pelo Regimento, o descobridor tinha o direito de escolher, para si, as duas primeiras datas. Em seguida o guarda-mor reservava para a Real Fazenda a terceira data, que, depois, era leiloada publicamente. As demais datas eram distribuídas por sorteio entre aqueles que houvessem requerido o direito a um lote, junto à Intendência. Os requerentes se comprometiam a iniciar a exploração do lote no prazo determinado (quarenta dias). O Regimento determinava expressamente que ninguém podia vender o lote recebido nem receber um segundo lote sem antes ter terminado a exploração do primeiro. O tamanho das datas variava de acordo com o número de escravos que o pretendente possuísse, os maiores ficavam com aqueles que tinham, no mínimo, doze escravos. Dessa maneira o governo português privilegiava os mais capazes economicamente.

Em relação à cobrança de impostos, o Regimento de 1702 estipulava que a quinta parte de todo o ouro extraído no Brasil era da Coroa – o imposto era conhecido como o quinto. Por determinação real, a cobrança seria feita nas Casas de Fundição. A ideia de se criar estas casas já datava do início do século XVII, mas somente no final desse século elas foram inauguradas no Brasil. A cobrança do quinto era facilitada, pois o ouro que chegava nas casas era fundido em barras timbradas com o selo real. Ainda antes da fundição a quinta parte era retirada como tributo para a Real Fazenda. A circulação do ouro em pó foi proibida, de acordo com a lei: só podia circular na colônia o ouro fundido em barras.

O sistema de arrecadação não atingiu o êxito desejado por Portugal, primeiro, porque a sonegação era facilitada pelas grandes distâncias entre as zonas de mineração e as Casas de Fundição, segundo, porque os mineiros desobedeciam à proibição da circulação do ouro em pó, que continuava corrente em toda a colônia.

A carga tributária onerosa e opressiva imposta pela metrópole abrangia não só a extração do ouro, mas todas as demais atividades na colônia. Os colonos se ressentiam das constantes altas dos impostos, que provocavam continuadas altas nos preços dos artigos por eles consumidos. A abrangente política fiscal usava de todos os meios para aumentar a arrecadação em prol do governo local ou metropolitano. Um desses meios foi a instalação de postos fiscais em pontos estratégicos das estradas que ligavam Minas ao Rio, a São Paulo e à Bahia. Nesses postos fiscais, também chamados centros de inspeção, além de se fiscalizar se havia sido feito o pagamento do quinto, cobravam-se impostos sobre a passagem de pessoas e animais, e sobre a entrada de todas as mercadorias transportadas para Minas.

Os mineiros encontravam na sonegação e no contrabando formas ideais de fugir aos excessos fiscais. Há autores que afirmam que mais de 20% do ouro exportado saiu do Brasil via contrabando.[2]

Em 1730, o governo reduziu o quinto para 12%. Entretanto, para ampliar a arrecadação foi criado, em 1735, um imposto complementar chamado capitação. Esse imposto era extremamente amplo e exigia o pagamento de uma taxa sobre cada um dos escravos do detentor da mina. O mesmo imposto incidia sobre os faiscadores que não tinham escravos, pois pagavam por si mesmos, e taxava também os donos de hospedarias, oficinas e lojas.

Em 1750, a capitação foi abolida, retornando-se ao quinto. Contudo, o governo português estipulou em 100 arrobas anuais o mínimo arrecadado. Se essa quantia não fosse atingida processar-se-ia a derrama, isto é, a cobrança complementar praticada, em geral, com requintes de violência.

O procedimento usual no trato das atividades das áreas colonizadas é a maximização dos ganhos pela metrópole, que, em geral, são voltadas à exploração dos recursos naturais. Com esta estratégia atingem-se dois objetivos complementares: maximiza-se o ganho da metrópole e evita-se que a acumulação capitalista se faça em território colonial. A tributação lusa no Brasil-Colônia do século XVIII é um perfeito exemplo desta estratégia.

Uma Nova Sociedade Colonial

A sociedade colonial brasileira do século XVIII passou por profundas transformações devido à mineração. Já no final do século XVII a mineração atraiu para as Minas Gerais uma imensa multidão de pessoas das mais diferentes origens, posições sociais e situações econômicas. Pobres e ricos, brancos, índios, negros livres e escravos, nobres e plebeus, aristocratas e burgueses, portugueses e gente de outros países – apesar das restrições portuguesas à entrada de estrangeiros na colônia – povoavam as terras mineiras.

Esta migração promoveu um extraordinário crescimento demográfico. Calcula-se que, no século do ouro, entraram no Brasil 1 milhão de negros africanos,[3] 800 mil portugueses e centenas de milhares de imigrantes de outros países. De 300 mil

---

2. Segundo documentos da época, muitos frades que viviam nas regiões mineiras eram responsáveis pela evasão de grande parte dos metais preciosos. Eram tão frequentes os abusos dos frades que houve quem propusesse "desinfetar as Minas daqueles homens".

3. Os negros do Brasil foram trazidos principalmente da costa ocidental africana. Tanto Arthur Ramos (1940, 1942, 1946) como Nina Rodrigues (1939, 1945) distinguem, quanto aos tipos culturais, três grandes grupos. O primeiro, das culturas sudanesas, é representado, principalmente, pelos grupos Yoruba – chamados nagô –, pelos Dahomey - designados geralmente como gegê – e pelos Fanti-Ashanti – conhecidos como minas –, além de muitos representantes de grupos menores da Gâmbia, Serra Leoa, Costa da Malagueta e Costa do Marfim. O segundo grupo trouxe ao Brasil culturas africanas islamizadas, principalmente os Peuhl, os Mandinga e os Haussa, do norte da Nigéria, identificados na Bahia como negros malé e no Rio de Janeiro como negros alufá. O terceiro grupo cultural africano era integrado por tribos Bantu, do grupo congo-angolês, provenientes da área hoje compreendida pela Angola e a "Contra Costa", que corresponde ao atual território de Moçambique.

A Defesa do Eldorado   271

pessoas em 1700, passou para 3,3 milhões em 1800, o que significa que a população cresceu onze vezes.[4]

Assim, como ainda hoje, na colônia a classificação étnica dependia muito mais da posição social do que das características somáticas.[5] Contudo, há um paradoxo: existia na colônia uma mestiçagem generalizada que convivia com um razoável preconceito de cor, fato, aliás, comum também em Portugal, que nunca foi um povo branco puro.[6]

A sociedade que se formou nas Gerais era tipicamente do tipo urbano, onde – ao contrário do que ocorrera com o meio agrário dos engenhos – proliferaram os profissionais liberais e vários tipos de ofícios: sapateiros, alfaiates, ferreiros, pintores, entalhadores, músicos, joalheiros, barbeiros, boticários, mercadores, taberneiros, estalajadeiros, advogados, médicos, mestres-escolas, padres, militares, funcionários públicos, prestamistas, etc. Esta diversificação das atividades econômicas – característica das sociedades urbanas – promoveu o desenvolvimento do mercado consumidor interno e a melhor distribuição da renda. A mineração não exigia equipamentos sofisticados nem mão de obra numerosa. O pleiteante recebia seu lote e muitos mineiros trabalhavam sozinhos em suas faisqueiras.

Além disso, a possibilidade de se tornar senhor de uma propriedade aurífera e enriquecer com o metal era bem maior que a possibilidade de ser senhor de engenho nas zonas açucareiras. Isso porque para montar um engenho era preciso muito capital disponível para comprar equipamentos e mão de obra escrava, e ainda suportar o período de carência que ia da montagem da empresa até os primeiros lucros. Por outro lado, a partir da segunda metade do século XVII, a atividade vinculada ao açúcar entrou em franca decadência no Nordeste, criando uma série de problemas.

Um dos exemplos deste problema foi o conflito, que recebeu o nome de Guerra dos Mascates, em 1710 e 1711, entre os senhores de engenho, que habitavam Olinda, e os comerciantes portugueses, conhecidos por Mascates que moravam em Recife. Foi um movimento de caráter regionalista, cujos principais fatores, além da decadência da atividade agroindustrial açucareira, em virtude da concorrência internacional, foram: o desenvolvimento comercial e urbano em Pernambuco; a elevação do povoado de Recife à categoria de vila; e a perda da autonomia dos senhores de engenho de Olinda, motivada pela nova política colonial portuguesa no início do século XVIII.

---

4. Nossa população, ao redor do final do século XVII, era estimada em uns 300 mil povoadores (calcula-se que havia ainda 1.500.000 índios), grande parte deles concentrados no Nordeste. Outro pequeno núcleo populacional encontrava-se no Planalto de Piratininga, na atual São Paulo, formado pelos bandeirantes, que eram tipos mamelucos que se dedicavam a prear índios pelo sertão afora, indo inclusive atacar as missões guarani, organizadas pelos jesuítas desde os séculos XVI e XVII, no Paraguai e no atual Estado do Rio Grande do Sul.
5. Uma gota de sangue branco faz do brasileiro um branco, uma gota de sangue preto faz do norte-americano um preto. Há também uma anedota: "Era mulato mas já não o é. (?) Pois, senhor, capitão-mor pode ser mulato?"
6. Em 1500, 10% da população de Lisboa era composta de negros, isto sem falar dos contatos pretéritos com os mouros do norte da África.

Aspectos de Nação

Recife dependia administrativamente de Olinda, pois a Câmara Municipal de Olinda legislava por Recife. Os cargos da Câmara eram privativos dos grandes proprietários rurais. Os comerciantes recifenses não conseguiam participar como vereadores, por isso apelaram às autoridades coloniais e conseguiram permissão para se candidatarem a vereadores da Câmara de Olinda. Porém, nada mudou, pois a aristocracia olindense controlava as eleições e o passo seguinte foi reivindicarem a elevação de Recife à categoria de Vila, com a criação de uma Câmara Municipal, tornando-a independente de Olinda, o que veio a ocorrer em 19 de novembro de 1709. Diante deste fato, os aristocratas de Olinda se revoltaram e semanas depois invadiram Recife. Em 1710, os recifenses organizaram um ataque ao governador de Olinda, que, ferido, fugiu para a Bahia. A rebelião foi vencida por eles e os principais implicados foram punidos, mantendo Recife como Vila independente de Olinda.

A existência dessa classe média urbana nas zonas mineradoras é uma prova inconteste de que a mineração possibilitou uma mobilidade social que não poderia ser encontrada na empresa do engenho de açúcar, caracterizada por uma hierarquização bipolar da sociedade. Diferentemente da empresa açucareira, a mineração promoveu o desenvolvimento da mão de obra livre. Este fato se explica pelo crescimento das diferentes profissões liberais e ofícios exercidos por homens livres e porque nas faisqueiras a extração do ouro era feita por brancos e mestiços livres e por negros que gozavam de semiliberdade.

Mas o crescimento da mão de obra livre[7] num país essencialmente escravista não alterou, em sua essência, o conjunto das relações entre o branco e o negro. É verdade que muitos escravos, trabalhando em regime de semiliberdade nas faisqueiras ou em alguma atividade comercial, conseguiram acumular algum dinheiro e comprar a alforria, ou seja, a sua liberdade. Porém, o negro permaneceu como escravo, já que a possibilidade de libertação era praticamente nula. A existência de negros libertos como Chica da Silva e Chico Rei foram fatos excepcionais.[8]

Prova da continuada opressão e violência do homem branco sobre o negro foi a formação de vários quilombos nas regiões mineradoras, como, por exemplo, o do Rio das Mortes, em Minas Gerais, e o de Carlota, em Mato Grosso.

A escravidão, com tudo o que ela encerra de malévolo, duraria ainda mais de um século. Entretanto, o século do ouro foi responsável pelo desenvolvimento do interesse pelo conhecimento entre alguns homens da elite urbana endinheirada, principalmente de Minas Gerais, Bahia e Rio de Janeiro. Os estudos superiores ainda não existiam no Brasil. Muitos senhores ricos mandavam seus filhos para estudar em universidades europeias, principalmente em Coimbra. Na Europa, eles

---

7. Também provocada pelo altíssimo índice de mortalidade dos negros escravos nas minas. O trabalho do negro nas grandes minas era sensivelmente pior do que nos canaviais. O índice médio de vida útil do escravo nas minas era em torno de cinco anos, pois era forçado a trabalhar em buracos onde o ar era rarefeito e, às vezes, tóxico, dentro da água ou atolado várias horas por dia na lama.

8. Chica da Silva foi uma escrava que conquistou sua liberdade ao casar, em 1753, com o contratador de diamantes João Fernandes de Oliveira, tendo se inserido na elite colonial da época.

A Defesa do Eldorado 273

entraram em contato com as ideias filosóficas liberais dos iluministas europeus e as trouxeram para o Brasil, enriquecendo a vida intelectual, política, administrativa e científica no século XVIII. Não foi, pois, sem razão que a arquitetura, a escultura sacra e a música floresceram na região e deixaram imponentes registros do período do barroco brasileiro.

Já na segunda metade do século XVIII, Vila Rica transformou-se no centro do arcadismo brasileiro, onde se destacaram nomes como Tomás Antônio Gonzaga, Cláudio Manuel da Costa, Silva Alvarenga, Alvarenga Peixoto e outros intelectuais também conhecidos por terem sido líderes da Inconfidência Mineira.

Em Busca do Prata Perdido

Apesar de toda a tradição diplomática da primeira metade do século XVIII, materializada pelo Tratado de Madri e outros, as relações entre os dois vizinhos ibéricos permaneceram conflituosas.

Sobrevindo novamente as hostilidades entre os dois governos, envolvidos, em campos opostos, na Guerra dos Sete Anos, a Colônia do Sacramento foi pela quarta vez atacada, rendendo-se a guarnição portuguesa às tropas espanholas comandadas pelo Governador de Buenos Aires, D. Pedro de Cevallos, que prosseguiu na invasão de territórios considerados portugueses no Rio Grande do Sul. Quando, porém, se fez a paz, o Tratado de Paris estatuiu a restituição das terras invadidas. Cevallos, entretanto, só entregou a Colônia de Sacramento, retendo os territórios de Rio Grande que, só mais tarde, voltariam às mãos dos luso-brasileiros. Essa Província passou, assim, a ser o ponto essencial das divergências.

Portugal, somente em 1776, pôde recuperar seus territórios, com o que não concordou a Espanha. Nada conseguindo por via diplomática, enviou, então, o Governo de Madri grande expedição de 13.000 homens comandados por Cevallos, que retornava à América austral como vice-rei do Prata. Conseguiu tomar a Ilha de Santa Catarina, sendo impedido, porém, por ventos contrários, de atacar as costas do Rio Grande. Entrou, entretanto, no Rio da Prata, atacando, tomando e destruindo a Colônia de Sacramento.

Falecendo, porém, D. José, subiu ao trono D. Maria, que afastou Pombal do governo, o que permitiu a celebração do Tratado de San Ildefonso de 1777 pelo qual a Espanha devolvia a ilha de Santa Catarina, ficando, porém, com o território da Colônia e os Sete Povos das Missões. Embora consagrasse o *uti possidetis*, o Tratado foi reconhecidamente favorável à Espanha.

A Estratégia da Inglaterra

Ao iniciar o século XVIII, a Inglaterra privilegiou a componente econômica como centro de sua estratégia nacional. Foi o primeiro Estado que assim procedeu. Havia por parte dos ingleses uma busca ao lucro, que tudo dominava, e considerava menos relevantes outros aspectos, fossem eles religiosos, territoriais ou militares, quando confrontados com o aspecto econômico.

Aspectos de Nação

Isto não era fortuito. Houve também, na primeira metade deste século, uma aceleração da acumulação econômica que decorria tanto do número de invenções quanto da sua importância. As inovações traziam primazia, seja nos produtos, seja nas formas de produção, e esta primazia trazia o monopólio, e este, a acumulação.

Nesta acumulação, a ação do Estado teve grande influência, principalmente com os éditos reais de 1700 e 1719, que proibiam a importação de tecelagens indianas. Com eles a autoridade inglesa alcançou, de um só golpe, dois resultados: evitava a competição de um artesanato perfeitamente estruturado e incentivava uma indústria nascente. Essas medidas protecionistas tinham grande alcance, pois não apenas reservava o mercado inglês exclusivamente para as fábricas britânicas, como permitia a exportação do tecido manufaturado da metrópole para a Índia, onde o parque industrial têxtil ia sendo gradualmente desmantelado.

Ao lado dessas medidas, ou mesmo como consequência delas, surge em 1733, por invenção de John Kay, a lançadeira volante que revolucionou a indústria de tecidos. Cinco anos mais tarde, ele e Lewis Paul oferecem uma máquina de fiar de concepção avançada. A invenção é instalada em 1741, em Birmingham, impulsionada por animais; em 1743, em Northampton, já utilizavam a força hidráulica e, em 1748, Daniel Bourn cria uma máquina de cardar lã. A invenção mais importante, contudo, seria apresentada por Hargreaves, em 1765, a máquina de fiar rotativa conhecida como *spinning jenny*.

Em 1771, outro inventor, Arkwright, inaugura uma grande fábrica em Nottingham, utilizando um tipo de caixilho hidráulico patenteado em 1767. Samuel Crompton, com uma fiandeira melhorada, a *mule jenny*, de 1779, e Cartwright, com o tear mecânico, em 1785, fecham o século, confirmando o primado industrial inglês no setor têxtil.

Um elenco de invenções e inovações equivalentes podem ser arroladas para a indústria metalúrgica inglesa a partir do carvão, cujo interesse só veio a crescer quando se descobriu uma maneira de transformá-lo em coque. Em 1784, Cort dá um passo decisivo ao definir a *pudelage*, como em 1750, Huntsman, ao apresentar o aço fundido. Avanços como estes, que solucionaram a carência do carvão vegetal decorrente do desflorestamento rápido, permitiram a criação de importantes complexos industriais por empresários ativos, como: Darby, Wilkinson, Bradley, Crawshay (o rei do ferro) e outros.

A fisionomia tradicional da Inglaterra alterou-se ao longo de todo o século XVIII. Rapidamente o país se urbanizou com as consequências conhecidas: superpopulação, insalubridade, exploração, alcoolismo, violência. No campo, esboçou-se o quadro aprazível dos séculos anteriores, dos relvados pitorescos, da caça em grande estilo, da abundância despreocupada. Estávamos entrando na idade do capitalismo; a atividade fazia-se em lugares afastados e inóspitos cuja principal qualidade era a proximidade da matéria-prima ou da fonte de energia, mais esta que aquela.

Energia, com efeito, foi algo indispensável nas mudanças que se processavam. Em geral o recurso era apelar para os métodos eólico, hidráulico ou animal, até

A Defesa do Eldorado 275

que em 1769, James Watt patenteia, também na Inglaterra, sua máquina a vapor, que iria substituir, de forma muito mais prática, todas as alternativas. A invenção é de tal forma conveniente que seu uso já está generalizado por volta de 1786; isto é, menos de vinte anos após. Desde então, houve uma revolução na maneira de agir do homem, e o seu motor foi a energia e a inovação.

O intenso movimento expansivo que a Grã-Bretanha experimentou durante o período fez com que ela ampliasse, em muito, o nível econômico de sua sociedade e alcançasse a dianteira industrial sobre os demais países. Tudo isto, como já foi dito, baseado na energia e na inovação.

De modo geral a supremacia industrial inglesa afirma-se no período 1750-1820, com as bem-sucedidas experiências de mecanização do parque industrial, tanto no sul do país (principalmente a região de Merseyside, *i.e.* Liverpool-Manchester) quanto ao norte, no Gales (zona industrial de Glasgow-Edimburgo). Por seu turno, a França, só experimenta o processo de industrialização acelerada entre 1830-1860 e a Alemanha muito mais tarde, 1850-1870. Desde então, inovação e energia devem estar no centro de qualquer concepção de Estratégia Nacional, para que ela venha a ser bem-sucedida.

A análise do processo de industrialização básica revelou princípios que parecem tão constantes quantos outros semelhantes, que serão reencontrados quase dois séculos depois, em outro movimento de consequência comensurável: o desenvolvimento econômico após a Segunda Guerra Mundial.

Portugal Subjugado

A Inglaterra foi a primeira nação, como já foi colocado, a explicitar a prática do uso de meios econômicos para impor a sua Estratégia Nacional. Para melhor compreensão do que vai ser explicado, faz-se necessário retomar a exposição sobre a situação de Portugal à época da Restauração.

Se de um lado a Restauração significou a recuperação da independência política da nação lusitana, de outro implicou o início de um processo de dependência econômica. Arruinada economicamente e sob constante ameaça da Espanha, a Coroa portuguesa, após a Restauração, foi forçada a fazer alianças e a assinar tratados, em especial com a Inglaterra, ficando a ela submetida. Na medida em que Portugal ia assinando mais acordos, sua dependência econômica com a Inglaterra ia se acentuando. Entre tantos outros tratados destacamos dois, por descaracterizarem a nação portuguesa como uma nação autônoma: o Tratado de 1654 e o Tratado de Methuen, concluído pelo inglês John Methuen, em 27 de dezembro de 1703, no qual, a troca de vinho do Porto por tecido de lã inglês era a principal base, por isso ficou conhecido como Tratado dos Panos e Vinhos, que estipulava:

Artigo 1°. Sua Sagrada Majestade, El-Rei de Portugal promete, tanto em seu próprio nome, como no de seus sucessores, admitir para sempre, de aqui em diante, no Reino de Portugal, os panos de lã e mais fábricas de lanifício da

Aspectos de Nação

Inglaterra, como era costume até o tempo em que foram proibidos pelas leis, não obstante qualquer condição em contrário.

Artigo 2º. É estipulado que Sua Sagrada e Real Majestade Britânica, em seu próprio nome, e no de seus sucessores, será obrigada para sempre, de aqui em diante, de admitir na Grã-Bretanha os vinhos do produto de Portugal, de sorte que em tempo algum (haja paz ou guerra entre os Reinos de Inglaterra e de França) não se poderá exigir direitos de Alfândega nestes vinhos, ou debaixo de qualquer outro título direta ou indiretamente, ou sejam transportados para a Inglaterra em pipas, tonéis ou qualquer outra vasilha que seja, mais que o que se costuma pedir para igual quantidade ou medida de vinho de França, diminuindo ou abatendo uma terça parte do direito do costume.

Artigo 3º. Os Exmos. Senhores Plenipotenciários prometem e tomam sobre si, que Seus Amos acima mencionados ratificarão este tratado, e que dentro do termo de dois meses se passarão as ratificações.

Pelo Tratado de 1654, ficavam estipuladas, em apenas 23%, as taxas sobre as mercadorias inglesas nas alfândegas portuguesas e determinava também que navios ingleses comerciassem livremente com as colônias portuguesas. No caso do Brasil, os ingleses só não podiam comerciar com farinha de trigo, azeite, vinho, bacalhau e pau-brasil, porque o comércio desses produtos era monopólio da empresa portuguesa Companhia Geral de Comércio do Brasil.

Além das desvantagens comerciais explícitas de troca de pano inglês por vinho português, o Tratado de Methuen trouxe drásticas consequências para a nação portuguesa: o monopólio para as manufaturas inglesas e o aniquilamento das possibilidades de Portugal desenvolver sua indústria manufatureira.

Não podemos precisar, com exatidão, a quantidade de ouro extraído no Brasil no século XVIII, já que grande parte foi desviada pelo contrabando e os registros são controvertidos, mas, afirma-se que em cinquenta anos extraiu-se mais ouro no Brasil do que na América espanhola em 350 anos. Isto nos permite avaliar as extraordinárias vantagens que o Tratado de Methuen reservou para a burguesia britânica, e afirmar que ao impor ao governo português a assinatura desse tratado os ingleses já visavam o ouro brasileiro.

Portugal poderia ter se tornado uma potência econômica com o ouro do Brasil, mas isso não ocorreu. Em grande parte, o ouro brasileiro serviu para a Coroa pagar suas dívidas e cobrir os prejuízos de uma balança comercial eternamente deficitária, já que as importações superavam em muito as exportações. Com a mineração, a Inglaterra encontrou na economia luso-brasileira um mercado em rápida expansão e praticamente unilateral. Suas exportações eram saldadas em ouro, o que adjudicava à economia inglesa uma excepcional flexibilidade para operar no mercado europeu, adquirindo maior flexibilidade e tendendo a concentrar suas inversões no setor industrial, que era o mais indicado para uma rápida evolução tecnológica.

A Defesa do Eldorado 277

Recebendo a maior parte do ouro que então se produzia no mundo, os bancos ingleses reforçaram mais e mais sua posição, provocando a transferência do centro financeiro da Europa, de Amsterdã para Londres. Segundo fontes inglesas, as entradas de ouro brasileiro em Londres alcançaram, em certa época, 50.000 libras por semana, permitindo uma substancial acumulação de reservas metálicas, sem as quais a Grã-Bretanha dificilmente poderia ter atravessado as guerras com Napoleão.

A estratégia final de construção da América Portuguesa pode ser confundida com o final da estratégia nacional de Portugal, ou melhor, a translação desta, para a formatação de uma nova estratégia nacional, a do Brasil. Portugal, quando iniciou seu processo de construção da América Portuguesa, era soberano, podia impor suas ações, qualidade imprescindível para se adjetivar, com o termo nacional, a sua estratégia. Contudo, no início do século XVIII, em função de sua subordinação aos desígnios ingleses, Portugal não mais era soberano. Sua concepção estratégica era dependente, e como consequência a construção da América Portuguesa transformou-se em um processo interminável. Seu governo na colônia era um reflexo da situação subordinada da metrópole e seu desgoverno, o resultado natural de uma falta de projeto, portanto, de uma falta de perspectiva histórica. Sem perspectiva abria-se espaço para que outros projetos se colocassem, e, dentre estes, o de maior peso e de maior atração foi o da independência da colônia, como adiante veremos.

16

As Contestações Internas

A Busca da Autogestão

No Ocidente, além dos efeitos da revolução industrial inglesa, a passagem do século XVIII para o XIX foi marcada por duas grandes revoluções políticas que causaram um grande impacto em todo o mundo da época, e, consequentemente, também, sobre os luso-brasileiros dos dois lados do Atlântico: a independência dos EUA, 1776, e a Revolução Francesa, 1789.

A Revolução Francesa que, de início, mereceu o apoio e admiração de expressiva parcela das elites portuguesas, foi inicialmente embalada pelas ideias resultantes do movimento filosófico iluminista, que se opunha ao absolutismo também presente da Coroa portuguesa. Razão pela qual, posteriormente, foi, progressiva e crescentemente, perseguida na metrópole. Entretanto, este reformismo ilustrado, que estava por detrás daqueles que admiravam a queda da Bastilha, obteve na colônia brasileira uma passagem mais forte, já que ensejava a possibilidade da autogestão. A independência das treze colônias inglesas da América do Norte, em 1776, também teve ampla repercussão no espaço português.

A busca da independência foi o resultado natural dos processos de contestação. Ocorreram várias contestações ao sistema de controle e gestão da metrópole sobre a colônia. Destacaremos cinco: a revolta de Felipe dos Santos, a Inconfidência Mineira, as conjurações do Rio e da Bahia e a Revolução Pernambucana.

A análise destas contestações faz-se necessária para reconstruir suas utopias e vinculá-las, se possível, a uma nova montagem da concepção estratégica do sistema português, que fugisse, tanto a sua subordinação à concepção estratégica inglesa, quanto à limitação atlântica que esta subordinação impunha.

A Revolta de Felipe dos Santos

Esta revolta, ocorrida em 1720, em Vila Rica foi uma reação à política econômica da metrópole. As razões desse levante foram os sucessivos aumentos da opressão fiscal e administrativa da Fazenda Real portuguesa.

Nesse momento, a Coroa adotava medidas duras no intuito de assegurar ao máximo os rendimentos sobre os metais preciosos. A criação da Casa de Fundição trouxe consigo a proibição de circular ouro em pó ou em pepitas na colônia. As pessoas que fossem pegas com ouro, sem o selo real, seriam presas e julgadas e as penalidades eram bastante rigorosas, indo do confisco dos bens até o degredo na África.

O descontentamento contra essas medidas gerou a Revolta de Felipe dos Santos, abastado fazendeiro e tropeiro, líder do movimento. A revolta teve o seu início quando foram denunciados os funcionários da Coroa como corruptos, questionando-se, assim, o destino final do ouro.

Durante 20 dias, Felipe e seus homens ocuparam Vila Rica e exigiram o fim das casas de fundição. Convictos de suas ideias, marcharam até a vila de Ribeirão do Carmo, onde estava o governador da Capitania, o Conde de Assumar, exigindo dele o compromisso de rever a cobrança dos impostos. De início ele contemporizou, aceitando as reivindicações e Felipe dos Santos, e seus homens saíram supostamente vencedores. Porém, tão logo o governador se organizou, mandou prender os implicados no movimento, de forma bastante violenta, e ordenou que suas casas fossem queimadas. Os rebeldes derrotados e seus líderes foram deportados. Apenas Felipe dos Santos foi condenado à morte na forca. O resultado dessa revolta foi a criação da Capitania de Minas Gerais e o funcionamento regular das Casas de Fundição, forma que a metrópole encontrou para administrar as minas de maneira mais centralizada.

A Inconfidência Mineira

A Inconfidência Mineira ocorreu em 1789, em parte devido aos pesados tributos cobrados por Portugal, em Minas Gerais, cujos pagamentos tornaram-se quase impossíveis com a decadência da produção mineral na segunda metade do século XVIII. Nessa época, a região aurífera já não conseguia, com a arrecadação do quinto, alcançar as 100 arrobas exigidas anualmente pela Coroa. Dessa forma, a dívida com a metrópole ampliava-se de forma considerável. O governo português, julgando que os mineiros estivessem sonegando os impostos, poderia lançar mão da derrama para obter o montante estipulado, forçando a população mineira a entregar, sob violência, parte dos seus bens para pagar a dívida.

O descontentamento dos colonos crescia na medida em que se arrochava a tributação e ocorriam atos de violência dos soldados portugueses. Além disso, as autoridades portuguesas controlavam a divulgação de ideias, proibindo a impressão de jornais e livros na colônia. Os altos cargos administrativos eram ocupados somente por lusitanos.

As Contestações Internas

Este quadro explosivo, agravado pela cobrança de elevados preços dos produtos importados, como tecidos, calçados, ferramentas, sabão e outros manufaturados, proibidos de serem produzidos na colônia pelo Alvará de 1785, levou um grupo de colonos a se reunir secretamente em Vila Rica, conspirando contra o governo português e preparando um movimento de revolta. A maioria dos participantes era formada de pessoas da alta sociedade mineira. Alguns deles estudaram na Europa, destacando-se os nomes de José Joaquim Maia, que estabeleceu contato com Thomas Jefferson quando este ocupava o cargo de embaixador dos Estados Unidos na França, e José Álvares Maciel, que buscou apoio de comerciantes ingleses à rebelião. Apesar dos contatos e da assimilação das ideias revolucionárias iluministas, os membros da elite mineira não conseguiram apoio efetivo para a conspiração, apenas manifestações de simpatia.

Entre os mais ativos, destacam-se os poetas Cláudio Manoel da Costa, Inácio José de Alvarenga Peixoto e Tomás Antônio Gonzaga, os padres José de Oliveira Rolim, Carlos Correia de Toledo e Melo e Manoel Rodrigues da Costa, o tenente-coronel Francisco de Paula Freire Andrade, os coronéis Domingos de Abreu e Joaquim Silvério dos Reis e o alferes Joaquim José da Silva Xavier, conhecido como Tiradentes. Este atuou como divulgador do movimento junto ao povo e foi um dos poucos participantes de origem modesta: fora tropeiro, comerciante, dentista-prático e militar.

No início de 1789, a cidade de Vila Rica devia mais de cinco mil quilos de ouro à Coroa e estava na expectativa da decretação de uma derrama. Assim, os conspiradores decidiram intensificar suas reuniões e acelerar a eclosão da revolta. Entre os objetivos estabelecidos pelos rebeldes estava a adoção do sistema republicano de governo, tomando a Constituição dos Estados Unidos como modelo, a transformação de São João Del Rei na capital do novo país, a obrigatoriedade do serviço militar e o apoio às manufaturas. Adotariam para a nova nação uma bandeira branca, tendo ao centro um triângulo verde com os dizeres: *Libertas quae sera tamen* que, em latim, significa "liberdade ainda que tardia". Quanto à escravidão, nada ficou definido, pois poucos inconfidentes manifestaram-se favoravelmente à sua extinção, já que a maioria deles possuía terras e muitos escravos.

Os líderes do movimento também decidiram que o início da revolta ocorreria assim que a derrama começasse a ser aplicada pelo novo governador da região, o visconde de Barbacena, e esperavam poder prendê-lo, contando com o apoio da população revoltada. Tiradentes seria enviado ao Rio de Janeiro para divulgar o movimento e obter apoio, armas e munições.

Apesar dos preparativos, a rebelião não chegou a acontecer, pois, Silvério dos Reis, em troca do perdão de suas dívidas pessoais, traiu o movimento. Ele entregou ao governador o plano da revolta e o nome de todos os participantes. Com isto, o visconde de Barbacena suspendeu a derrama e deu início à prisão dos conspiradores, frustrando a revolta. Presos, os revoltosos aguardaram o julgamento durante três anos. Cláudio Manoel da Costa, segundo a versão oficial, enforcou-se na prisão antes do julgamento – acredita-se que tenha sido assassinado por seus carcereiros.

Aspectos de Nação

Os demais líderes, mesmo negando a participação na conspiração, foram condenados ao desterro, sendo enviados às colônias portuguesas na África. Apenas Tiradentes, que assumiu integralmente a responsabilidade pela conspiração, foi condenado à morte, sendo enforcado em 21 de abril de 1792, no Campo de São Domingos, no Rio de Janeiro. Seu corpo foi esquartejado e os pedaços distribuídos pelas cidades onde estivera buscando apoio. Sua cabeça foi exposta publicamente em Vila Rica, a fim de intimidar possíveis conspiradores e evitar novas rebeliões.

É preciso registrar que a Inconfidência Mineira só ganhou importância e dimensão de maior revolta colonial brasileira muito tempo depois, durante o século XX. Foi só no período republicano que, enfatizando uma posição contrária aos ex-monarcas e ao regime imperial, exaltaram-se as lideranças da Inconfidência, especialmente a de Tiradentes, transformado em herói e mártir republicano.

A Conjuração do Rio

A chamada Inconfidência do Rio de Janeiro de 1794 não foi, de fato, uma inconfidência, nem mesmo uma conspiração abortada, como a que ocorreu em Minas Gerais. Na verdade, desenvolveu-se unicamente no plano das ideias, encerrava utopias que tinham um traço comum: contrariar alguns elementos do Antigo Regime. Neste contexto, temos a carta que Manuel José de Novais de Almeida, médico residente em Lisboa, escreve para seu amigo português e colega de ofício, Jacinto José da Silva, formado pela Universidade de Montpelier e um dos acusados de inconfidência no Rio de Janeiro em 1794, datada de 24 de fevereiro de 1791. Na carta, ele trata de assuntos profissionais e desenha as linhas gerais de uma utopia, situada no longínquo ano de 2440 e que seria instaurada, rogava a Deus, "sem efusão de sangue". Nesse "tempo", quando Novais já estaria dormindo "no Senhor", "os direitos do homem e do cidadão" haveriam "de ser respeitados, ouvidos, atendidos e bem despachados, cada um segundo seu merecimento"; além disso, o "novo hemisfério, a América", se haveria "de dividir tudo, em duas repúblicas" compreendendo uma "todo o norte, outra, todo o sul". A carta demarcava a existência de uma abordagem claramente antimetropolitana.

Assim, a ambiguidade do olhar crítico que os inconfidentes de Minas Gerais lançaram sobre Portugal inscrevia-se também na denominada Inconfidência do Rio de Janeiro: os protagonistas dessa última eram portugueses da América e do Reino a moverem-se em disputas sobre o Antigo Regime francês e luso-brasileiro, e também colonos que percebiam as especificidades do "ser português" nesta parte do mundo.

A percepção dessas especificidades e, por conseguinte, da existência de antagonistas foi explicitada por outro implicado na inconfidência carioca, o Dr. Mariano José Pereira da Fonseca, bacharel em filosofia pela Universidade de Coimbra. Além disso, alguns dos acusados de inconfidência no Rio de Janeiro teceram loas à contestação protagonizada pelos conjurados de Minas Gerais, cuja repressão teve seu desfecho em 1792, na então capital do Vice-Reino do Brasil, ficando provavelmente na memória daqueles. Não se pode afiançar que esse louvor

As Contestações Internas 283

carregasse algum sentido nítido de identificação com a América Portuguesa ou parte dela, ou mesmo um sentimento antiportuguês. O mais provável é que representasse apenas o endosso ao direito de os povos se rebelarem; a recusa a uma interpretação dos fatos que estigmatizava os inconfidentes mineiros e, ainda, a conjectura de que seria outra a versão da história se os mesmos tivessem sido vitoriosos.

A Conjuração dos Alfaiates

A Conjuração dos Alfaiates foi um movimento organizado na Bahia, em 1798, por gente marcada pela cor e pela condição social: mulatos e negros livres ou libertos, ligados à atividade urbana como artesãos ou soldados, e alguns escravos. Entre eles destacavam-se vários alfaiates, derivando daí o nome da conspiração. Mesmo entre os brancos, predominava a origem popular, com a importante exceção do médico Cipriano Barata, que iria participar de vários movimentos revolucionários do Nordeste, por mais de quarenta anos.

A conspiração se liga ao quadro geral das rebeliões surgidas em fins do século XVIII e tem a ver com as péssimas condições de vida da população de Salvador. A escassez de gêneros alimentícios e a carestia deram origem a vários motins na cidade, entre 1797 e 1798. No sábado de aleluia de 1797, por exemplo, os escravos que transportavam grandes quantidades de carne destinada ao general-comandante de Salvador foram atacados pela multidão faminta e seu fardo dividido entre os atacantes e as negras que vendiam quitutes na rua.

Os conspiradores defendiam a proclamação da República baiense, o fim da escravidão, o livre comércio com outras nações e especialmente com a França, o aumento do salário dos militares e a punição de padres contrários à liberdade. O movimento não chegou a se concretizar. Houve apenas algumas articulações e lançamento de panfletos. Após tentativa de obter o apoio do governador da Bahia, começaram as delações e eles foram presos. Quatro dos principais acusados foram enforcados e esquartejados, outros receberam penas de prisão ou banimento.

A severidade das penas foi desproporcional à ação e às possibilidades de êxito dos conjurados. Nelas transparece a intenção de exemplo, um exemplo mais duro do que o proporcionado pelas condenações aos inconfidentes mineiros. Explica-se a dureza pela origem social dos acusados e por um conjunto de outras circunstâncias ligadas ao temor das rebeliões de negros e mulatos a exemplo da insurreição de escravos iniciada em São Domingos, colônia francesa nas Antilhas, em 1791, que estava em pleno curso e só iria terminar em 1801, com a criação do Haiti como Estado independente. Por sua vez, a Bahia era uma região na qual os motins de negros iam se tornando cada vez mais frequentes. Essa situação preocupava tanto a Coroa como a elite colonial, pois a população de cor (negros e mulatos) correspondia, em números aproximados, a 80% da população da capitania.

A inspiração dos rebeldes baianos veio principalmente da Revolução Francesa, no curso do processo. Foram apreendidas obras filosóficas de autores como Voltaire e Condillac, que vários inconfidentes mineiros também conheciam. Ao lado dessas obras, aparecem pequenos textos políticos, de linguagem direta, definidores de posições. Esses textos atravessaram o Atlântico, chegaram às estantes de livros de

Aspectos de Nação

gente letrada da Colônia e acabaram por inspirar os "pasquins sediciosos" e os panfletos lançados nas ruas de Salvador, em agosto de 1798.

No plano dos fatos materiais, a Conjuração dos Alfaiates pouco representou. Assim como a Inconfidência Mineira, ela nos interessa pelo seu aspecto simbólico.[1]

A Independência, todavia, não viria pela via de um corte revolucionário com a Metrópole, mas por um processo de que resultaram mudanças importantes e também continuidades com relação ao período colonial. A história desse processo passa por episódios novelescos, como a transferência da família real para o Brasil, e atos solenes, como a abertura dos portos, pondo fim ao sistema colonial.

A Vinda da Corte

Enquanto se processavam várias modificações internamente, em especial, a busca da autonomia para a colônia, no plano externo, a subjugação da estratégia portuguesa aos ditames da estratégia inglesa trouxe grandes consequências para a constituição final da América Portuguesa.

Logo no início do século XIX, em 1801, a aliança que a Espanha de Carlos IV fez com a França revolucionária de Napoleão conduziu a intervenção espanhola em Portugal. O território metropolitano foi invadido, porém, no Brasil, os portugueses foram mais felizes, pois reconquistaram o território dos Sete Povos, fixando definitivamente a fronteira do Brasil no arroio Chuí. Foi, então firmado em Badajoz o Tratado de 6 de junho de 1801, que não invalidou o de San Ildefonso nem restabeleceu o *status quo ante bellum*. Pelo princípio do *uti possidetis* ficaram assim incorporados ao Brasil os territórios que haviam sido conquistados no Rio Grande.

Contudo, este tratado, não trouxe para Portugal a paz por muito tempo. A guerra entre a França de Napoleão e a Inglaterra acabou envolvendo Portugal. Após controlar quase toda a Europa Ocidental, Napoleão impôs um bloqueio ao comércio entre a Inglaterra e o continente. Portugal recusou-se a participar do bloqueio. Como consequência, em novembro de 1807, tropas francesas invadiram Portugal e avançaram em direção a Lisboa. Ante a ameaça da ocupação de Lisboa pelas tropas francesas, o príncipe D. João, que regia o reino desde 1792, quando sua mãe Dona Maria fora declarada louca, resolveu transferir a corte para o Brasil, o que fez com o total apoio do governo inglês.[2]

---

1. Sem alcançar as glórias da Inconfidência, o movimento foi posto em destaque na historiografia brasileira a partir de um livro de Affonso Ruy intitulado *A Primeira Revolução Social Brasileira*, publicado em 1942. O título é exagerado, mas não há dúvida de que a Conjuração da Bahia foi a primeira expressão de uma corrente de raiz popular que combinava as aspirações de independência com reivindicações sociais.

2. Entre 25 e 27 de novembro de 1807, milhares de pessoas embarcaram em navios portugueses e ingleses rumo ao Brasil, sob a proteção da frota inglesa. Todo um aparelho burocrático vinha para a Colônia: ministros, conselheiros, juízes da Corte Suprema, funcionários do Tesouro, patentes do exército e da marinha, membros do alto clero. Seguiam também com o tesouro real, os arquivos do governo, máquina impressora e bibliotecas que seriam a base da Biblioteca Nacional do Rio de Janeiro. Houve muita confusão no embarque, e a viagem não foi fácil. Uma tempestade dividiu a frota; os navios estavam superlotados, daí resultando falta de comida e água; a troca de roupa foi improvisada com cobertas e lençóis fornecidos pela marinha inglesa e, para completar, o ataque dos piolhos obrigou

As Contestações Internas 285

Logo ao chegar, durante a sua breve estada na Bahia, Dom João decretou, em 28 de janeiro de 1808, a abertura dos portos do Brasil às nações amigas (no caso à Inglaterra). O ato punha fim a trezentos anos do sistema colonial português. A abertura dos portos era previsível e impulsionada pelas circunstâncias do momento. Portugal estava ocupado por tropas francesas e o comércio já não podia ser feito através dele. Foi preferível legalizar o extenso contrabando existente entre a Colônia e a Inglaterra e receber os tributos devidos. O Rio de Janeiro tornou-se o porto de entrada dos bens produzidos pela indústria inglesa para toda a América do Sul. Já em agosto de 1808, existia na cidade um importante núcleo de 150 a 200 comerciantes ingleses. Apresentando a alfândega do Rio de Janeiro, um desses agentes, John Luccock, relatava, em 1809, "que os ingleses tinham-se tornado senhores da alfândega, que eles regulavam tudo, e que ordens tinham sido transmitidas aos funcionários para que dessem particular atenção às indicações do cônsul britânico".

A abertura dos portos favoreceu internamente os proprietários rurais produtores de bens destinados à exportação (açúcar e algodão principalmente), que se livravam por esta medida do monopólio comercial da Metrópole. Daí em diante, para eles, seria possível vender a quem quer que fosse sem as restrições impostas pelo sistema colonial.

Mas a abertura contrariou os interesses dos comerciantes portugueses e provocou grandes protestos no Rio de Janeiro e em Lisboa, obrigando o governo a fazer a estes algumas concessões. Por decreto de junho de 1808, o comércio livre, o chamado comércio de cabotagem entre portos da Colônia, ficou limitado aos portos de Belém, São Luís, Recife, Salvador e Rio de Janeiro. Foi reservado, portanto, a navios portugueses e o imposto sobre produtos importados, que fora fixado em 24% do valor da mercadoria, foi reduzido para 16%, quando se tratasse de embarcações portuguesas.

No mês de abril de 1808, já no Rio de Janeiro, o príncipe regente revogou os decretos que proibiam a instalação de manufaturas na Colônia, isentou de tributos a importação de matérias-primas destinadas à indústria, ofereceu subsídios para as indústrias da lã, da seda e do ferro, encorajou a invenção e introdução de novas máquinas.

No que diz respeito à política externa, o príncipe regente tomou várias medidas de grande repercussão, como a ocupação de Caiena, em 1809, que permaneceu em mãos do governo português até 1817, constituindo-se numa resposta à invasão de Portugal pelas tropas napoleônicas.

Como contrapartida pelo apoio recebido da Inglaterra o governo português celebrou o Tratado de Comércio com a Inglaterra, após longas negociações, em fevereiro de 1810, o que consolidou o controle inglês do mercado colonial brasileiro. Por este acordo, leonino para Portugal, as mercadorias inglesas em vez das taxas de

---

as mulheres a raspar o cabelo. Mas esses aspectos novelescos não podem ocultar o fato de que, a partir da vinda da família real para o Brasil, ocorreu uma reviravolta nas relações entre a Metrópole e a Colônia.

24% *ad valorem*, como as estrangeiras, ou de 16%, como as portuguesas, entravam no Brasil pagando apenas 15%, ficando protegidas apenas as exportações portuguesas de vinho e azeite. Com isso, os produtos ingleses ficaram em vantagem até com relação aos portugueses. Mesmo quando, logo depois, as duas tarifas foram igualadas, a vantagem inglesa continuou imensa. Sem proteção tarifária, a mercadoria de um país atrasado, como se tornara Portugal, no âmbito do capitalismo europeu, não tinha condições de competir em preço e variedade com os produtos ingleses. Entretanto, apesar de desequilibrado e lesivo aos interesses de Portugal e da própria América Portuguesa, ele contribuiu como sempre argumentam os adeptos do liberalismo, naturalmente, para baixar o custo de vida no Brasil.

A Coroa portuguesa tinha pouco campo de manobra para poder recuperar o território metropolitano. Ela dependia do resultado da guerra contra Napoleão, e suas colônias eram protegidas pela esquadra britânica. Apenas um ponto da política britânica seria motivo de preocupações para os diferentes setores dominantes da sociedade colonial portuguesa: após ter sido grande beneficiária do comércio de escravos, a Inglaterra, para buscar mais mercado para sua indústria, passara a combater a escravidão a partir de fins do século XVIII. Junto com o Tratado de Navegação e Comércio, a Coroa portuguesa também firmou um Tratado de Aliança e Amizade com a Inglaterra, obrigando-se a limitar o tráfico de escravos aos territórios sob seu domínio.

Cinco anos depois, com a queda de Napoleão, as potências vencedoras, tendo à frente a Inglaterra, se reuniram no Congresso de Viena (1815). O governo português assinou novo tratado concordando com o término do tráfico ao norte do Equador, que, em princípio, deveria terminar o tráfico de escravos da Costa da Mina para o Brasil. Uma cláusula adicional ao tratado concedeu à Inglaterra o "direito de visita" em alto-mar a navios suspeitos de estarem transportando cativos, autorizando sua apreensão. Contudo, nenhuma dessas medidas impediu o tráfico, pelo contrário, no início de 1820 ele se tornou ainda maior do que era no começo do século. Mas armava-se uma disputa que se tornaria clara com o Brasil independente: o governo inglês, de um lado, e autoridades e setores dominantes no Brasil, de outro.

A Revolução Pernambucana

No Brasil, na primeira metade do século XIX, a ameaça interna à estabilidade e à integridade territorial foi uma questão relevante. Ela tornara-se realidade próxima em Pernambuco, antes mesmo da independência. Os preços do açúcar e do algodão tinham chegado a uma alta histórica durante as guerras napoleônicas, mas, com a paz de 1815, entraram em colapso. O algodão pernambucano, em particular, enfrentava a competição maciça da produção norte-americana na Europa.

Em 1817, o regionalismo levou a uma revolta aberta em Pernambuco. No início daquele ano proclamou-se uma república no Recife, que buscou o reconhecimento no exterior. Porém, esta república durou apenas pouco mais de dois meses e mostrou diferentes interesses opositores ao poder português. O ódio dos grandes proprietários nativos aos negociantes portugueses foi o único fator de união dos

As Contestações Internas

287

republicanos. Tanto os antagonismos como os temores foram expostos pelo rascunho de constituição promulgado pelo governo provisório. O governo provisório havia deixado claro que a propriedade era sagrada. Ficou claro que não interessava a mobilização do povo – pequenos meeiros e posseiros, a população livre subempregada –, bem como artesãos, cujas ideias, solidariedade e simpatia inter-racial esporádica ofendiam o senso de *status* dos grandes proprietários e colocavam um desafio à autoridade local. Deste modo, dilacerada por facções internas, com acesso ao mar bloqueado e ameaçada por um exército vindo por terra da Bahia, Recife capitulou e a república acabou.

A república de Pernambuco não obteve nenhuma resposta ao seu pedido de reconhecimento internacional. O governo provisório esperava apoio dos Estados Unidos[3] e da França, mas era a Inglaterra que realmente importava. O governo provisório do Recife tinha muito pouco a oferecer à Inglaterra, que os ingleses já não tivessem obtido em 1810. A influência da Grã-Bretanha no governo central do Rio de Janeiro conspirava contra as revoltas separatistas.[4]

O Reino Unido de Portugal, Brasil e Algarves

O Congresso de Viena procurou restaurar a vida política e territorial da Europa. A posição de Portugal não foi um tema fácil, além da questão de prestígio internacional, que se resolveu incluindo-o entre as oito potências da Comissão Diretora. Havia outras relacionadas com temas como: o da abolição do tráfico; o Tratado de Comércio de 1810; a restituição, pela Espanha, de Olivença e do território de Jurumenha; os limites com a Guiana Francesa; e a Colônia do Sacramento. Nesse período, foi o Brasil elevado à categoria de Reino Unido ao de Portugal e Algarves, curiosamente por sugestão de Talleyrand, buscando garantir a presença portuguesa.

Portugal conseguiu que o tema do tráfico não fosse incluído na Ata Final. Diante, porém, da campanha dirigida pela Grã-Bretanha, este assunto, de incontrastável aspecto ético, permaneceu como *punctum dolens* no relacionamento do governo de Londres com os de Lisboa e do Rio de Janeiro, tendo sido incluídos instrumentos que proibiam essa prática imoral na costa da África, ao norte do Equador.

O Tratado de Comércio com a Inglaterra continuou vigente, inclusive para o Brasil independente, até que se celebrasse o Tratado de Amizade, Navegação e Comércio com o Brasil, de 1827, que praticamente manteve todos os privilégios da Inglaterra. No que diz respeito aos limites com as Guianas, Portugal aceitou restituir o território ocupado em 1809, até o Oiapoque, de acordo com o Tratado de Utrecht. A situação da Colônia do Sacramento somente se modificou com a instalação de um Governo português em Montevidéu, em 1816.

---

3. Um amigo de Jefferson, o abade Corrêa, representante de D. João VI em Washington, havia trabalhado intensamente para frustrar os representantes de Pernambuco, decepcionando os negociantes de Baltimore, que os haviam ajudado.

4. Londres não tinha nenhum interesse material significativo ameaçado em Pernambuco, por volta de 1817, já que os ingleses podiam obter o algodão cru em abundância dos Estados Unidos e açúcar das Ilhas Britânicas, no Caribe.

Aspectos de Nação

A questão da Colônia do Sacramento, que marcara tragicamente a história do rio da Prata nos séculos anteriores, adquiriu contornos novos com a transladação da corte portuguesa para o Rio de Janeiro e a independência de Buenos Aires, em 1810. As Províncias Unidas do Rio da Prata, desejosas de restaurar o Vice-Reinado, não conseguiram atrair o Alto-Peru (Bolívia) e o Paraguai.

Como Montevidéu continuava sob o domínio espanhol, o Governo de Buenos Aires passou a auxiliar os uruguaios, partidários da independência, provocando guerrilhas, que chegaram a perturbar a região fronteiriça com o Brasil. Procurando resolver essa situação e garantir o território à dinastia de Bourbon, que fora substituída no trono espanhol por um irmão de Napoleão, Portugal invadiu a Banda Oriental em 1811, retirando-se no ano seguinte após a celebração de armistício. Entretanto, entre 1811 e 1816, as agitações prosseguiram e persistiam as pretensões de anexação de Buenos Aires, que aumentava seu apoio aos uruguaios que, com o apoio dos portenhos, conseguiram a capitulação das tropas espanholas.

Porém, com a continuação das violações à fronteira brasileira, o governo português invadiu novamente a Banda Oriental, em 1816, instalando em Montevidéu um governo chefiado por Carlos Frederico Lecor, que criou o governo da Província Cisplatina, incorporada ao Reino Unido em 1821.

O Ruir da Colônia

Ao longo de três séculos, a colonização portuguesa havia ocupado o imenso território brasileiro e nele introduzira certa unidade jurídica e administrativa, criando uma comunidade com a mesma língua e religião.

Embaixo dessa aparente uniformidade, escondiam-se enormes diferenças regionais, os resultados alcançados permaneciam na superfície. No extremo norte, durante longo período, a Amazônia nem pertencera à colônia e tinha dificuldades imensas para comunicar-se com o Rio de Janeiro. Na época da navegação a vela, a viagem, da foz do Amazonas ou do Maranhão para o litoral leste e para o sul do Brasil, era extremamente difícil, seja pela corrente marítima de velocidade maior que 110 km/dia que flui no litoral, indo do Rio Grande do Norte para o Pará, seja pela direção dos ventos dominantes na região. Isto levou a que Portugal desmembrasse a América Portuguesa em dois Vice-Reinados: o do Grão-Pará e o do Brasil.

No extremo sul, os campos de criação de gado eram, em grande parte, autônomos. No centro, em meio a extensões inacreditavelmente desertas, a região das minas, após o apogeu do ouro e dos diamantes, ensimesmara-se. No interior nordestino, as fazendas de gado conservavam-se imunes às autoridades e mecanismos de controle centrais. Apenas no litoral, do Recife ao Rio de Janeiro, mantinha-se propriamente uma integração efetiva, embora dilacerada entre rivalidades regionais.

Mas é importante registrar, a política portuguesa no Brasil não favoreceu o surgimento de um sentimento nacional, baseado nas características geográficas de todo o território e em uma história comum. Ao contrário, estimulou a ligação de cada região diretamente com Lisboa, com a exclusiva formação da elite em Coimbra e, mais do que isto, incentivando uma concepção estratégica limitada, de um im-

As Contestações Internas

pério luso-brasileiro centrado no Atlântico, o que deixou profundas marcas na geração que realizou a Independência que, tendo perdido a parte africana de seu todo com esta mesma independência, perdeu também o domínio de seu centro de articulação, o Atlântico, e, consequentemente, a parcela mais expressiva de sua concepção marítima.

Ao ser proclamada a Independência, Portugal deixou para o Brasil um legado quanto ao relacionamento externo:

- Vigorava o Tratado de Utrecht (1713-1715), celebrado entre Portugal e França, no que diz respeito à fronteira no norte, não se tendo feito, porém, demarcações;

- Não mais vigoravam, porém, entre Portugal e Espanha, os tratados sobre limites celebrados na época colonial, devendo-se, assim, recorrer, na dúvida, ao *uti possidetis*, segundo o pensamento brasileiro;

- A questão da Colônia de Sacramento adquirira um novo contorno com a invasão da Banda Oriental por forças portuguesas;

- Permanecia vigente o Tratado de Comércio com a Inglaterra de 1810 que, "por vontade do Imperador", continuaria em vigor no Brasil independente, até a celebração do Tratado de 1827; e

- A questão do tráfico de escravos tornara-se de suma importância e atualidade, condicionado, em grande parte, às posições diplomáticas do Império recém-criado.

Deste modo, as circunstâncias especiais que circundaram a independência do Brasil, não só se refletiram na atitude com que os governos das potências europeias e dos Estados Unidos da América passaram a encarar a nova situação, mas, também, tiveram repercussão na maneira através da qual se processou o reconhecimento do Império e se desenvolveu a diplomacia e a própria história da nova monarquia, como veremos adiante.

A independência do Brasil, proclamada a 7 de setembro de 1822 por D. Pedro I, príncipe herdeiro do Reino Unido de Portugal, Brasil e Algarves, e sua posterior aclamação, não poderiam deixar de criar, para o novo Império, situação muito distinta e, indiscutivelmente, mais complexa da que se produziu quando da emancipação das antigas colônias espanholas. Nessas, o corte era mais radical, pois não havia nenhum aspecto de transmissão legítima de soberania, o que era, de certo modo, mais atentatório aos princípios defendidos pela Santa Aliança. No caso excepcional do Brasil, entretanto, se esse problema da legitimidade parecia contornado, uma questão paralela subsistia: a da aceitação da independência pelo rei de Portugal, considerado o legítimo soberano do então reino do Brasil.

Por outro lado, o fato de não se ter definido, paralelamente com a independência, o problema da sucessão ao trono de Portugal, deixou pairar, em muitos espíritos, a ideia de que, no fundo, se instituíra uma "União Pessoal" que, após o falecimento de D. João VI, sucederia naturalmente ao Reino Unido, criado em 1815. Essa questão, passando por várias vicissitudes, iria ser, anos mais tarde, uma das causas principais da abdicação do Primeiro Imperador, em 1831.

A América Portuguesa é o Brasil

O Brasil é a América Portuguesa. A independência do Brasil se deu de forma muito singular, não foi fruto de uma revolução, nem de revolta popular. A antiga burocracia que geria os negócios do Estado no Império luso-brasileiro sobreviveu intacta no Brasil na sua configuração e no seu pessoal, pela forma como se deu a quebra dos liames que uniam o Brasil a Portugal, após a independência. Contudo, o modelo de independência do Brasil continha os limites que o seu próprio sistema impunha aos canais de ascensão social, além de incrementar o caráter autoritário e hierárquico da comunidade política, que contrastava em muito com o que aconteceu nas ex-colônias espanholas. De fato, após a independência, em quase todos os novos países de colonização espanhola, ocorreram longos períodos de turbulência política e administrativa, que trouxeram como consequências a desorganização institucional e a fragmentação territorial. Portanto, diferentemente de outros espaços da América Latina, há, no começo do Brasil, uma centralidade da ação estatal que consolida a unidade nacional, segundo um projeto específico e original. Isto não quer dizer que este projeto não enfrentou grandes dificuldades. O Império do Brasil não foi, no seu início, uma ilha de tranquilidade no contexto da América do Sul. Várias vezes isto tinha a ver com aqueles limites mencionados do sistema. Mesmo a estabilidade política das três décadas seguintes à independência não apresentava um quadro de uma vida coletiva tranquila e afastada das questões sociais.

Desde o início da monarquia, as elites no Brasil tinham consciência de que eram os únicos beneficiários do sistema e que, em seu trajeto pelo tempo, se faziam acompanhar de uma multidão formada por escravos e outros grupos de desclassificados sociais. A escravidão, pela conjugação de interesses que representava as elites, favorecia a monarquia e a preservação da integridade territorial, mas era um poderoso obstáculo à modernização do Estado pelo seu núcleo dirigente. Este contexto conduziu a um choque que opunha a parcela da elite burocrática governante – o núcleo gestor – à elite proprietária. Entretanto, na questão da propriedade – tão importante para os senhores de escravos – elas tinham um pensamento em comum, desobrigando-se assim da questão social.

Quando estudamos o aparecimento de novas nações, que têm suas origens em velhos impérios, certas expectativas e certos preconceitos estão sempre presentes. Nos dias de hoje, pensamos que a emancipação política de uma situação de colônia compreende a democratização da política interna ou, pelo menos, sua liberalização. Esperamos, portanto, a derrota do despotismo e a emergência de algum tipo de fórmula institucional que expresse a vontade popular. Isto, contudo, é um pressuposto da cidadania, algo moderno, resultante da revolução francesa e, portanto, tão próximo da época que está sendo estudada, o início do século XIX, que, acabou não influenciando a independência da América Portuguesa.

Entre 1815 e 1821, Portugal e Brasil faziam parte, formal e institucionalmente, de um "Reino Unido". O período histórico da independência do Brasil, aquele que vai de fins de 1807, quando Portugal foi invadido pelo general Junot, obrigando a corte portuguesa a se refugiar no Brasil, até 1825, ano em que Portugal e as principais potências europeias reconheceram a independência do país, envolve acontecimentos de ambos os lados do Atlântico, que estavam intimamente relacionados e que não podem ser explicados sem que se compreenda sua ligação. O entrelaçamento da política e da economia de portugueses e brasileiros era bastante profundo e assim permaneceu até meados do século XIX.

A ambiguidade que cerca a passagem do Brasil de colônia a centro de império e depois à nação independente fica mais explícita quando confrontamos: de um lado, os planos de reforma propostos por José Bonifácio, o "Patriarca da Independência" (que foram abortados), expostos em sua obra *O Projeto Nacional*, e de outro, os objetivos do enigmático D. Pedro, primeiro imperador do Brasil, depois da ruptura com Portugal. De início, unidas pelo discurso da independência, conviveram duas concepções estratégicas completamente diversas: a primeira, ainda em gestação, sonhando com um novo destino americano para a cultura lusa; e a outra, terminal, presa na velha visão de uma monarquia decadente europeia. Pena que esta última tenha inicialmente prevalecido.

Cabe observar que o rompimento com Portugal em 1822 não foi resultado dos interesses de um grupo ou de uma classe, e, muito menos, das aspirações nacionais de um povo, consciente de si mesmo. O Império do Brasil nasceu, na verdade, tendo como explicação mais imediata um expediente para manter as prerrogativas da coroa bragantina, que o movimento liberal português ameaçava. Conservavam-se dentro deste processo as vantagens daqueles grupos que detinham o poder e a riqueza, desde o estabelecimento da Corte no Rio de Janeiro em 1808. Era mudar para não mudar.

No entanto, a criação do novo país – os percalços da consolidação da Independência e o ideário liberal, que, em maior ou menor medida, todos com voz ativa tiveram de assumir – propiciou a oportunidade para questionar o sistema de poder tradicional que se implantara. Nordestinos ou fluminenses, paulistas ou mineiros,

A América Portuguesa é o Brasil   293

comerciantes ou proprietários rurais, burocratas ou militares, brasilienses ou coimbrenses, todos julgaram chegada a hora de apresentar suas reivindicações e de fazer prevalecer seus interesses.

Porém, havia uma instituição que colocava um limite nas divergências dessa disputa: a escravidão. Em primeiro lugar, ela inviabilizava o projeto de uma nação nos moldes liberais, a despeito de todos os discursos de uma minoria sonhadora, que declamava para as galerias. Como transformar os habitantes do Brasil em cidadãos se, por definição, um terço deles estava sujeito ao chicote? Mas, sobretudo, a formação do país exigia que as diferenças no interior das camadas dominantes não chegassem a ponto de abalar a ordem estabelecida. Diante de qualquer ameaça nesse sentido, real ou imaginária, as elites rapidamente se uniam em um compromisso, ou, como se chamava então, em uma transação, para conter os mais exaltados.[1] Esse processo caracterizou os anos que medeiam a Independência da Abdicação de 1831, e continuou presente nas duas décadas seguintes.

Na época, as objeções à escravidão no Brasil não se deviam tanto a algum sentimento "humanitário" ou "filantrópico", estando muito mais próximas das objeções à escravidão nos Estados Unidos, no mesmo período. Elas eram respostas à percepção de que o equilíbrio racial da população era potencial e perigosamente instável, ou que era capaz de impedir o crescimento de uma nação segundo o modelo europeu. Os poucos que lutavam pela emancipação final dos escravos, como José Bonifácio, não o fizeram por causa do sentimento de humanidade aos escravos e sim porque desejavam ver o Brasil europeizado, não somente em termos de aspirações, instituições e propósito nacional, mas também em termos de composição da população. Portanto, José Bonifácio achava que era necessário homogeneizar a população – que significava eliminar a escravidão, integrar os índios e incentivar a miscigenação entre índios, brancos e negros. Seu objetivo, por conseguinte, era a criação de uma "raça" brasileira, composta por mestiços, unidos por uma identidade nacional comum. Mas Bonifácio, num certo aspecto muito importante, era bem mais radical que seus correligionários estadunidenses, e seu comportamento refletia uma forte corrente de pensamento que emergira no século XVIII, principalmente durante a longa administração do Marquês de Pombal, de quem Bonifácio herdara muita coisa. Ele era extremamente cético quanto à viabilidade de uma sociedade tão heterogênea como a brasileira, onde, segundo seu raciocínio, proprietários brancos, escravos negros e mestiços pobres não possuíam uma noção de identidade que os unissem,[2] pelo contrário, agiam como se fossem inimigos uns dos outros, estando mais predispostos ao conflito do que à unidade.[3]

---

1. Essa figura da transação é algo presente ainda na cultura brasileira, algo que resulta da tolerância e da predisposição à negociação e ao acordo, algo muito luso e muito brasileiro.

2. Tudo isto resultava das consequências da revolução dos negros no Haiti à colonização francesa.

3. Como metalurgista que gozava de certa reputação na Europa, ele usou de uma analogia para o que tinha em mente: sua intenção, escreveu, era "amalgamar metais os mais diversos, de modo que daí emergisse um todo homogêneo e compacto". Só assim a "preguiça e os vícios" dos brancos seriam eliminados, "tiranizamos os escravos e os reduzimos a animais selvagens e eles inoculam em nós sua imoralidade e todos os seus vícios", disse Bonifácio.

Aspectos de Nação

Os ideólogos do "livre comércio" no Brasil também tinham uma atitude essencialmente racista. José da Silva Lisboa, que, em 1808, insistiu na abertura dos portos brasileiros ao príncipe regente, em 1818, defendia que o progresso de São Paulo se devia "à extraordinária preponderância da raça branca". Com relação ao Rio Grande do Sul, que ele chamava de "o celeiro do Brasil", também havia sido colonizado pela "raça portuguesa e não pela população da Etiópia". Tomando o exemplo da ilha da Madeira, ele afirmava que: "A experiência tem mostrado que uma vez que se estanca o suprimento de africanos, a raça não diminui e declina, mas se torna melhor e mais branca...".

E questionava: "A melhor área da América será povoada por rebentos da África ou da Europa? E o horrível espetáculo da catástrofe, que reduziu a Rainha das Antilhas (isto é, o Haiti) a uma Madagascar." Ele defendia a eliminação do câncer da escravidão do rio da Prata ao Amazonas, para impedir que o Brasil se tornasse uma *"Negrolândia"*.

Portanto, a escravidão era um assunto que suscitava questões cruciais sobre que sistema legal e de governo adotar para o Brasil, como Estado independente, e que rumo e tipo de sociedade seriam mais convenientes para o desenvolvimento do Brasil. Todavia, a atitude perante a escravidão dividia os homens "esclarecidos" e consolidava a determinação daqueles cujos interesses giravam em torno do comércio e de terras – cuja riqueza dependia dos escravos – e que procuravam garantir que as novas estruturas do poder estatal, bem como a nova monarquia constitucional, continuassem firmemente vinculadas aos seus interesses.

Em suma, os intelectuais brasileiros, os comerciantes e os patriotas advogavam o "liberalismo", mas seu zelo limitava-se estritamente ao desejo de acesso aos mercados, à proteção da propriedade e às garantias de que as dívidas seriam pagas. Nesse centralismo, monarquia e continuidade tiveram papel destacado, os "patriotas" do Brasil eram realistas e não podiam ir além de sua base social de apoio. Os que o faziam, como José Bonifácio, eram logo expulsos. A escravidão e o capitalismo mercantil revelaram-se extremamente compatíveis no contexto do sistema atlântico do século XIX. O capitalismo prosperava alicerçado no algodão e no café, produzidos pelos escravos em medida nada inferior ao progresso que tivera o capitalismo comercial impulsionado pelo açúcar, também produzido pelos escravos. Nesse contexto, reformadores, como José Bonifácio, foram duplamente vítimas: de um lado, o sistema econômico não somente criava condições hostis à sua proposta de reforma fundamental, tanto interna quanto em suas dimensões atlânticas, como ele fora vítima também da política britânica, cuja pressão ajudou a minar a única administração com algum comprometimento real para pôr fim ao tráfico e ao trabalho escravo.

Em conversas secretas com Henry Chamberlain, em abril de 1823, José Bonifácio alertou o inglês para que não pressionasse exageradamente cedo demais:

Vossa Senhoria sabe o quanto detesto, sinceramente, o comércio escravo, como o considero prejudicial ao país, o quanto desejo que cesse totalmente,

A América Portuguesa é o Brasil

mas não é possível fazê-lo de imediato. As pessoas não estão preparadas para isso e, enquanto não forem convencidas do contrário, seria perigoso para a existência do governo se o tentássemos subitamente. A abolição é uma das principais medidas que desejo levar perante a Assembleia, sem demora, mas trata-se de algo que requer habilidade e não se deve apressar... Com relação a Colontes ou à costa da África, não queremos nada e nem em parte alguma. O Brasil é grande o bastante e produtivo o suficiente para nós; estamos muito contentes com o que a Providência nos concedeu. Meu desejo é que vossos cruzadores prendam todo e qualquer navio negreiro que porventura encontrarem no mar. Não quero vê-los nunca mais; eles são a gangrena de nossa prosperidade. A população que queremos é a branca e espero que em breve cheguem aqui, vindos da Europa, em grandes quantidades, os pobres, os desgraçados, os operosos. Aqui acharão a abundância e um clima excelente; aqui serão felizes. São esses os colonos que queremos.

Mas é óbvio que a legitimidade de uma independência nunca dependeu de fatores internos ou domésticos. Era fundamental que o novo posicionamento nacional fosse reconhecido no exterior; assim também como era preciso que o novo Estado se reconciliasse com sua antiga metrópole. No período da independência, as relações internacionais da antiga colônia eram fundamentais. A constelação das forças externas, sua disposição em intervir ou não, talvez, fosse mais importante do que em qualquer outra época da história de uma nação. A nova nação também deveria atender às suas obrigações internacionais: organizar sua vida econômica e financeira; fazer empréstimos, participar do comércio e financiá-lo; pagar indenizações ou assumir obrigações para saldar dívidas coloniais. Na época da independência, a estratégia nacional se resume em ficar independente, com tudo que isto representa, e, em especial, ter soberania.

Cenário Internacional

No momento de suas independências, a grande dificuldade que enfrentaram, tanto as antigas colônias espanholas como o Brasil, residia no ânimo da Santa Aliança, que pensava em restaurar, no mundo, a situação que preexistia à Revolução Francesa, ciosa que estava em defender os governos absolutistas europeus, principalmente após a passagem da tempestade napoleônica.

Felizmente, para as novas nações da América Latina, a Santa Aliança não se apresentava como um bloco político homogêneo e coeso, sendo claras as posições desajustadas do governo da Inglaterra e, sob certos aspectos, da própria coroa da França. É verdade que na Inglaterra, Jorge IV e a maioria do Ministério, Wellington à frente, tinham uma posição indubitavelmente contestatória aos cânones da Santa Aliança.[4] A França, da Restauração, tinha também posição dúbia: de um lado, seu

---

4. Castlereagh, primeiro-ministro, não escondia tendências idênticas e foi só após seu suicídio e a ascensão de George Canning que novos ares liberais deram outra vida à política britânica.

apego à legitimidade, que explicava a presença, em Paris, dos Bourbons; e, de outro, sua consciência pragmática de que não poderia deixar à Inglaterra as glórias e as vantagens da prioridade de um reconhecimento e do rápido estabelecimento de relações com os novos países, inclusive comerciais. Na Áustria, Metternich não se deixava influenciar senão pelo que, a seu juízo, era do interesse austríaco, no contexto incerto da Europa restaurada. Já na Rússia, a posição do Czar parecia inflexível no apoio à guerra contra os governos representativos. Todavia, suas pretensões no Oriente o levavam a suscitar desentendimentos entre seus colegas da Europa, buscando os enfraquecer e assim deixar-lhe aberto o caminho almejado de Constantinopla. A posição da Espanha em relação a suas antigas colônias não poderia ser comparada à de Portugal para com o Brasil. O governo de Espanha não tinha outra preocupação senão restaurar a ferro e fogo, como o tentara Pablo Morillo na Grã-Colômbia, seu poder e suas vantagens de metrópole colonial na América espanhola. Portugal via com olhos distintos, era a parte maior, a mais rica e mais promissora do seu próprio Reino Unido, que se desligara da mãe-pátria, em um momento difícil da monarquia, sob o comando do próprio herdeiro da Coroa. Era nesse contexto internacional que o novo Império começava sua vida independente.

É sempre bom lembrar que o Brasil, na década de 1820, negociou seu relacionamento com o mundo externo dentro das severas limitações que a sua história, a sua geografia e a sua experiência colonial o impunham. Até recentemente, a interpretação desse período crítico tem sido fortemente influenciada pelo discurso da teoria da dependência. Mas esta teoria, além de outras questões de natureza sociológica, tende a homogeneizar a experiência latino-americana em um modelo explicativo válido para todos.

Fortemente influenciada pelos movimentos de descolonização na África e na Ásia, no século XX, a teoria da dependência nega frequentemente autonomia para as forças sociais, políticas e econômicas que estão em jogo nas chamadas regiões "periféricas". A teoria da dependência desencoraja, sobretudo, a investigação do processo, das causas e das dinâmicas da mudança, descartando as inovações e ideias institucionais. A teoria da dependência tende a sublimar toda investigação relacionada ao modo como a Europa conquistou sua supremacia e confina as explicações relativas a grandes mudanças sistêmicas – o fim do feudalismo, a ascensão do capitalismo e assim por diante –, à dinâmica interna das sociedades europeias. É em decorrência destes fatores que me parece muito mais próprio fugirmos da teoria da dependência e operarmos sob a ótica da teoria do retardo.

A Teoria da Dependência cria, no nosso meio intelectual, um obstáculo enorme à compreensão do caso da independência do Brasil colonial. O controle da colônia portuguêsa na América fora, antes de tudo, um componente fundamental da construção da dominação britânica e, em especial, um elemento central da estratégia para a construção de sua hegemonia. De fato a independência do Império Luso-Brasileiro, que margeava este oceano em três continentes, também veio a reforçar esta hegemonia, na medida em que afastava do Atlântico um contestador de peso do seu domínio dos mares.

A América Portuguesa é o Brasil

A extraordinária importância do impacto da colonização portuguesa no hemisfério ocidental foi de tal ordem que a construção pós-colonial do Brasil se tornou um caso único e intrinsecamente incestuoso – o Brasil foi, e é antes de tudo, a América Portuguesa.

Nesse aspecto, o Brasil foi e é, de fato, um "Novo Mundo nos Trópicos", conforme disse Gilberto Freyre; uma sociedade de colonizadores que se enraizara no Novo Mundo e onde a população (fosse ela, europeia, africana ou nativa) estava suficientemente entrelaçada para que pudesse ser novamente segregada com facilidade.

É preciso se ter claro um entendimento: para alimentar o seu sistema atlântico e sustentar sua organização econômica de produção, uma coisa era certa, o Brasil não precisava de Portugal, ou seja, de fato o Brasil já era economicamente independente. Aliás, os ressentimentos e as dificuldades econômicas e financeiras que levaram à revolução no Porto, à convocação das cortes em Lisboa em 1820 e à formulação da constituição liberal se deram, em grande parte, por causa da perda dos privilégios e dos monopólios que os portugueses da metrópole tinham no comércio colonial no Atlântico.

A revolução no Porto obrigou D. João VI a voltar a Lisboa e levou as cortes a logo determinarem o fim dos muitos poderes que ele havia concedido ao seu filho mais velho, D. Pedro, que ficara no Rio como regente. Para os brasileiros, as medidas da corte de Lisboa, apoiadas pelos odiados comerciantes e imigrantes portugueses no Brasil, revelavam uma tentativa de nova colonização, provocando um retrocesso ao tempo anterior àquele em que o Rio fora o centro do governo.

Esta situação levou D. Pedro a desafiar as instruções da corte para que voltasse à Europa, quando recebeu do Conselho Municipal do Rio de Janeiro, no início de 1822, o título de "Defensor Perpétuo do Brasil", e, mais tarde, no dia 7 de setembro de 1822, fez a declaração de independência quando estava de viagem a São Paulo.

Reafirmando, a emancipação política do Brasil foi, portanto, um processo longo e cumulativo, em que muita coisa ficou preservada ao longo do caminho; os anos de 1808, 1816, 1822 e até mesmo 1831 são todos momentos importantes nessa afirmação gradual de separação e definição do que significa ser Brasil, algo que vai além do, simplesmente, América Portuguesa.

Naturalmente, houve momentos árduos nessa trajetória. O reconhecimento internacional só veio depois de uma longa negociação em 1825, com a promessa do Brasil de pagar uma vultosa indenização a Portugal.[5]

Foi preciso muita movimentação militar interna, tanto em terra quanto no mar, para que a Bahia se libertasse de Portugal bem como o extremo norte. Pernambuco tentou se separar novamente em 1824, agora já do Brasil. Sob o aspecto da administração, o país só se tornou realmente brasileiro no fim do curto reinado de D. Pedro, em 1831. E só na década de 1840 foi que as ações militares do Duque de Caxias puseram fim a todas as revoltas separatistas regionais.

---

5. A guerra contra os descendentes dos espanhóis estourou no sul com vigor renovado ao longo da Banda Oriental e só foi debelada no fim da década com o estabelecimento, sob os auspícios dos ingleses, de um Estado-tampão independente no Uruguai, fixando assim uma fronteira ao sul menos ambiciosa do que desejaria um reino unido.

Aspectos de Nação

Em 1858, quando já ia bem adiantado o longo reinado do segundo imperador brasileiro, D. Pedro II, esse resultado satisfatório foi muito bem sintetizado por Domingos Antônio Raiol em seu *O Brasil Político*:

> *Quão distantes de nós não estão os outros povos (que) habitam o mesmo continente sul-americano... Quando nós descansamos, eles lutam. Quando nós nos irmanamos, eles se hostilizam... o governo – monárquico, hereditário – que é sem dúvida um verdadeiro escolho, onde se vem quebrar os desejos de ambição e por sua estabilidade se torna um poderoso alimento de ordem e de prosperidade.*

Somente em meados do século XIX, a experiência ardilosamente adquirida permitiu a elaboração de mecanismos que viabilizassem a convivência dos poderes locais com o poder central e se atribuíssem a cada grupo a respectiva quota nos despojos do país. Quanto à Nação, a proverbial imprevidência dos brasileiros relegou para alguns intelectuais, embebidos na cultura europeia, a tarefa de imaginar que a estavam construindo. A conciliação das elites derivada de uma transação política ocorreu após o término da Praieira, em 1848. As diversas revoltas marcaram profundamente o período de 1831 a 1850. Com a derrota daquelas manifestações, o Estado consolidou-se, garantindo o monopólio da força e sedimentando a estrutura político-jurídica conservadora e centralizadora.

As novas condições econômicas, derivadas da expansão cafeeira, contribuíram para os acordos. Afinal, segundo as elites políticas, o Império necessitava de "paz e prosperidade" para ingressar no rol das nações "civilizadas". Mas o momento da independência requer decisões de natureza fundadora, como em raras outras ocasiões da história de uma nação. Tais decisões estão relacionadas a questões profundas sobre a organização da esfera social e econômica do novo país; sobre a manutenção dos direitos e reivindicações de propriedade, e sobre o relacionamento entre a Igreja e o novo Estado. Estas decisões vinculam-se, também, à formatação das estruturas constitucionais, dos tribunais e da administração pública, assim como às questões organizacionais relativas à fundação de bancos e de instituições de crédito, ou ao modo de impor tarifas, ou de negociar tratados comerciais, ou de criar uma moeda confiável.

A conciliação das elites políticas não foi difícil. Liberais e conservadores não tinham grandes dificuldades para chegar a um entendimento, em especial pelas suas origens comuns e pela existência de certa homogeneidade de pensamento existente na sua formação. As divergências foram postas de lado, pelo menos temporariamente, para a preservação da ordem. Esta conciliação implicou o estabelecimento de acordos políticos que garantissem os interesses da grande propriedade. Eles deveriam ser feitos com o aval dos dois partidos, isolando os elementos "radicais".

Os conservadores assumiram o governo, em 1848, e foram os que mais governaram o Império. Em 1853, foi criado o Gabinete da Conciliação, composto por liberais e conservadores, sob a liderança de Honório Hermeto Carneiro Leão, o Marquês do Paraná. A fase dos "radicalismos" terminou, os "elementos extremados"

A América Portuguesa é o Brasil ___ 299

foram derrotados com o fim da praieira. As elites políticas chegaram à transação, segundo o jornalista Justiniano José da Rocha, que vivenciou o período. A ordem foi mantida garantindo a prosperidade das elites, através da violência e da utilização do trabalho escravo. Nessas circunstâncias, não é de surpreender que toda tentativa de modificar a organização econômica do trabalho tenha fracassado. O modelo opcional de desenvolvimento para o Brasil, em que a imigração europeia e os trabalhadores livres substituiriam os escravos, não poderia ser implantado, ao menos enquanto imperadores e a aristocracia que os acompanhavam reinassem no Rio de Janeiro; consequentemente, o comércio escravo continuaria até meados do século e a escravidão até a década de 1880. Também não é de espantar que o fim da escravidão tenha decretado o fim da monarquia. Pelo menos em parte, porque, com a emancipação dos escravos, a alternativa republicana à monarquia tinha finalmente se libertado do estigma de separatismo e de insurreição social.

Portugal e a Independência

O Manifesto da Nação Portuguesa, emitido pelos rebeldes na cidade do Porto em 1820 e dirigido aos soberanos e povos da Europa, tem conteúdo muito semelhante ao de outras declarações de independência de antigas colônias e traz em si as mesmas queixas; a única diferença é que este manifesto foi feito por rebeldes, em uma cidade portuguesa, e não de além-mar, de alguma cidade portuária da colônia, dando a impressão de que a independência parece ter sido de Portugal, não do Brasil. Ele declarava:

Os portugueses começam a perder a esperança na única fonte e no único meio de salvação que lhes resta em meio às ruínas que praticamente consumiram sua querida pátria. A ideia do status de colônia a que Portugal foi efetivamente reduzida aflige profundamente todos os cidadãos que ainda conservam um sentimento de dignidade nacional. A Justiça é administrada do Brasil ao povo leal da Europa, ou seja, de uma grande distância... o que a torna excessivamente cara e demorada.

Como a revolução anticolonial ocorreu na cidade do Porto, e não no Rio de Janeiro, as questões pertinentes, da perspectiva brasileira, foram as seguintes: o desejo de independência no Brasil era suficientemente forte para chegar, aonde chegou, se não tivesse ocorrido a revolução liberal no Porto, em 1820 e se as cortes portuguesas, uma vez unificadas, não tivessem forçado o rei a voltar à Europa?

Tudo isso se constituiu numa herança importantíssima para o regime que D. Pedro iria chefiar como imperador do Brasil, além de ajudá-lo a resguardá-lo contra o desafio republicano. Em outras palavras, a base social para a mudança radical estava mais forte e a oposição a ela mais fraca em Portugal, em 1820, contrariamente ao que se passava no Brasil. A razão disso é que, sob todos os aspectos, a continuidade era maior no Brasil do que em Portugal, durante as primeiras duas décadas do século XIX. Isto demonstra, mais uma vez, a perda de rumo da metrópole e o translado para a colônia, da estratégia nacional do antigo império.

Aspectos de Nação

Desde 1808, Portugal não somente perdera o papel de sede da monarquia como também fora alvo de invasões e de guerras devastadoras; a população fora mobilizada contra um inimigo comum; o comércio e a indústria foram arruinados e os rentáveis mercados coloniais tomados. Os ingleses, esquecendo-se da regra cardeal do império "informal",[6] haviam sujeitado uma população orgulhosa e nacionalista ao domínio direto e insensível de um general britânico.

No Brasil, além do mais, as ameaças à ordem social desde a década de 1790 se deram em estreita ligação com o movimento republicano e isso, nos momentos de crise, gerava normalmente uma aglutinação maior no seio da elite, principalmente entre donos de propriedades, cuja posse de propriedade humana era mais comum do que a posse de terras.

A Intervenção Inglesa

A abertura dos portos brasileiros ao comércio com "todas as nações amigas", em 1808, foi a primeira atitude tomada pela corte portuguesa recém-chegada de Lisboa. Com isso, encerravam-se três séculos de práticas mercantilistas, em que Lisboa fora o entreposto obrigatório para os produtos coloniais do Brasil. Muito embora tal atitude tivesse, evidentemente, motivações ideológicas, era justificada em termos da superioridade do livre-comércio sobre o protecionismo, também era uma medida inteiramente pragmática, que se tornara inevitável em vista da determinação francesa de incorporar os portos portugueses ao bloqueio continental contra a Inglaterra.

No período das guerras napoleônicas, os concorrentes europeus aos comerciantes ingleses, no Brasil, e, entre eles, os franceses, estavam temporariamente fora da competição. Nessas circunstâncias favoráveis, os comerciantes britânicos saturaram rapidamente o mercado consumidor brasileiro, onde a maioria da população compunha-se de escravos e não de consumidores de classe média. Passados, portanto, apenas dois anos da abertura dos portos os ingleses começaram a se mexer novamente para conseguir mais privilégios especiais. O Tratado Anglo-Brasileiro de 1810[7] impunha taxação mais alta aos produtos portugueses do que aos ingleses, no Brasil, e desferia um severo golpe na já frágil possibilidade de reconciliar Portugal com o novo *status* do Brasil, como o centro da monarquia. Tudo isto foi uma decorrência natural do fato de que em meados do século XVII, Portugal (e mais tarde o Brasil) se viu obrigado a equilibrar a necessidade de autonomia com a necessidade de apoio político e militar, principalmente em suas relações com a Grã-Bretanha, a potência naval e econômica dominante. Muitas vezes, as pressões comerciais impostas pelos ingleses tornavam-se contraproducentes em face da abrangência de

---

6. Império "informal" ou hegemonia nas relações internacionais, de tanto gosto dos ingleses e de seus descendentes, algo ainda presente. A dominação inglesa sobre o trono português é um exemplo.

7. É irônico observar que a primeira e a segunda edição parcial de *A Riqueza das Nações*, de Adam Smith, publicadas no Brasil, apareceram no Rio de Janeiro e na Bahia respectivamente, como que para lembrar aos ingleses (e certamente aos brasileiros) que as potências hegemônicas nem sempre praticam o que pregam.

A América Portuguesa é o Brasil

seus interesses políticos, principalmente se estes desembocavam precipitadamente em interesses adquiridos, combinados com fortes sentimentos nacionalistas.

Os ingleses aprenderam de um modo bem duro, essa lição em Buenos Aires, em 1806, quando sua força intervencionista foi derrotada de forma vergonhosa. Essa devia ter sido também a lição da Revolução Americana. E, de fato, foi uma lição de consequências catastróficas a que a França de Napoleão aprendeu com os desdobramentos de sua intervenção no Haiti. No Brasil, foi também o que se verificou especialmente no caso do comércio de escravos, apesar dos compromissos contratuais entre o Brasil e a Inglaterra visando a abolição do comércio escravo, conforme o tratado de 1810, a influência dos interesses de proprietários de terras e de comerciantes de escravos no Brasil mostrou-se forte o bastante para se opor por mais de 40 anos à diplomacia bélica dos ingleses durante toda a primeira metade do século XIX. Muitas vezes a influência econômica da Inglaterra estava em conflito com as iniciativas políticas, diplomáticas e filantrópicas dos ingleses.[8]

Mas a independência do Brasil atendia aos desígnios da estratégia nacional da Inglaterra. Os ingleses demonstraram muito interesse em apoiar a separação entre o Brasil e os enclaves portugueses na África. Isto atenderia seus desígnios comerciais e consolidaria sua estratégia nacional de evitar que qualquer área oceânica ficasse sob a gestão exclusiva de outra nação (como o espaço do Atlântico Sul estava se tornando um espaço de dominação para o reino unido de Brasil e Portugal). Até 1820, o comércio intraimperial de escravos era uma questão que dizia respeito à política interna luso-brasileira. Contudo, depois de 1825, com a separação do Brasil de Portugal, esse grande obstáculo à interferência direta foi removido pela pressão britânica que buscava que os territórios africanos continuassem ligados a Lisboa, não ao Rio. Com a independência, o comércio escravo entre o Brasil soberano e entre Portugal e suas colônias africanas tornou-se internacional e aberto, portanto, à supressão pela marinha britânica em alto-mar.

Quanto à questão da escravidão, José Bonifácio, o "Patriarca da Independência", via o dilema brasileiro com grande realismo. Ele disse ao enviado britânico Henry Chamberlain, em abril de 1823:

> *Estamos plenamente convencidos da imprudência do comércio escravo... mas, devo afirmar sinceramente a Vossa Excelência, que a abolição não poderá ser imediata, e explico as duas principais considerações que nos levaram a essa conclusão. Uma é econômica e a outra é política. A primeira funda-se na necessidade absoluta de se tomarem medidas que assegurem um aumento da população branca antes da abolição, para que o cultivo regular do país prossiga; caso contrário, vindo a cessar o fornecimento de negros, a lavoura poderá regredir, seguindo-se grande desolação... não perderemos*

---

8. Como diz Sidney Mintz, a Revolução Industrial na Inglaterra (e nos estados do norte da América do Norte) ajudou a ressuscitar a escravidão nas Américas, criando um novo mercado urbano consumidor de vastas proporções para produtos como o café e o açúcar, além de criar também uma enorme demanda por algodões crus para abastecimento da indústria têxtil tanto da nova quanto da velha Inglaterra.

tempo algum em adotar medidas que atraiam para cá imigrantes europeus. Tão logo comecem eles a mostrar a que vieram a necessidade do suprimento africano irá diminuir paulatinamente e, em poucos anos, assim espero, será interrompido para sempre... A última consideração fundamenta-se em expediente político que pode vir a afetar a popularidade e até mesmo a estabilidade do governo. Poderíamos, talvez, fazer face às crises e aos protestos do setor, mas não podemos, em sã consciência, e sob pena de nos expormos a um risco tão grande, tentar no momento presente propor uma medida que deixaria indisposta toda a população do interior... Praticamente toda a nossa agricultura está nas mãos dos negros e dos escravos. Os brancos, infelizmente, fazem só uma pequena parte do trabalho e se os proprietários de terras ficarem, súbita e totalmente, desprovidos de sua mão de obra, deixo a Vossa Senhoria julgar o efeito disso sobre essa classe de gente desinformada e sem esclarecimentos. Se a abolição os atingir antes que estejam preparados para ela, o país todo se veria tomado de convulsões de um extremo ao outro e não há como medir as consequências que desabariam sobre o governo ou sobre o próprio país. Sabemos que enquanto o comércio escravo persistir e a escravidão continuar a existir no país, a indústria real e sadia não poderá fincar raízes; não haverá prosperidade concreta; temos uma população que é doentia, portanto, estamos totalmente convencidos dessas verdades e, se possível fora, aboliríamos de imediato ambas as coisas.

Sob o mesmo tema, Henry Chamberlain, na mesma época, assim havia tratado do assunto com o Ministro de Negócios Estrangeiros da Inglaterra, George Canning:

Não existem nem sequer dez pessoas em todo o império que considerem o comércio um crime ou que o enxerguem de outra maneira que não como fonte de lucros e perdas, mera especulação mercantil que deverá prosseguir até quando for vantajosa.

É relevante observar que, como os ingleses não haviam abolido a escravidão em suas colônias, até meados da década de 1830, acabaram reconhecendo a força dos interesses de proprietários de escravos no Brasil.

Quando da Independência, a situação na Inglaterra parecia propícia às novas nações latino-americanas. Principalmente depois do suicídio de Castlereagh e com o advento de George Canning, aquela nação ia se afastando, cada vez mais, do ideário legitimista e absolutista da Santa Aliança. Afirmavam-se as preocupações comerciais ao mesmo tempo em que ia ganhando espaço a campanha contra a escravidão e, diretamente, contra o tráfico de escravos. Dentro desses parâmetros desenvolveu-se a diplomacia de Canning em relação às antigas colônias latino-americanas e, naturalmente, ao Brasil.

Caldeira Brant, enviado do Imperador D. Pedro I à corte britânica, antes da Independência já buscava o reconhecimento do Reino do Brasil como nação independente. Desde o primeiro momento, ele percebeu que podia contar com a simpatia de Canning. Um único problema grave parecia existir: o do tráfico de

A América Portuguesa é o Brasil

escravos. Aliás, de início, parecia ser esta a única condição importante para o reconhecimento. Desde seu primeiro contato com Canning, Brant foi persuadido de que a Grã-Bretanha nada faria antes de saber o resultado da negociação que Portugal tentava entabular com o Brasil. Brant manteve conversações com o ministro português, Conde de Vila Real, de cujas instruções, entretanto, não figurava qualquer autorização para tratar do reconhecimento do novo Império. Diante desse impasse, resolveu Canning apresentar um projeto de tratado calcado, em grande parte, no documento que os negociadores brasileiros haviam preparado no início das conversações, porém, com a diferença de que, em um artigo secreto, tratava-se da espinhosa questão da sucessão da coroa de Portugal, assunto para o qual eram os diplomatas brasileiros que careciam de instruções. Segundo este dispositivo, se D. Pedro I renunciasse ao trono português, as Cortes teriam que decidir qual dos filhos do Imperador o sucederia. Procurava-se, assim, afastar D. Miguel, fortemente propenso às ideias absolutistas. Para a Corte do Rio de Janeiro, o assunto da sucessão deveria ser naturalmente tratado com extrema prudência e assim mesmo em último caso. Era natural que D. Pedro I desejasse manter a questão em aberto para poder agir como as circunstâncias o indicassem no momento oportuno, isto é, ao falecer seu pai. O desejo de obter o reconhecimento da independência do Brasil, entretanto, era tal que os diplomatas brasileiros foram autorizados, em última instância, a assinar, em nome do Imperador e de seus herdeiros, a renúncia à coroa portuguesa; entretanto, não foi necessário chegar a esse extremo.

Dois acontecimentos vieram modificar o curso desses primeiros entendimentos: de um lado, as notícias da proclamação da Independência e da aclamação do Imperador criaram o que chamou Canning graves contradições com o quadro descrito no primeiro momento, que não previa a separação de Portugal; de outro, com a Revolução da Villafrancada, em 1823, foram derrubadas as Cortes portuguesas, voltando D. João VI a ter, teoricamente, liberdade de agir. Foi nesse momento que Brant deixou suas funções, regressando ao Brasil, sendo substituído por Hipólito José da Costa,[9] que faleceu pouco depois, e por Manuel Rodrigues Gameiro Pessoa, mais tarde Visconde de Itabaiana, que estava representando D. Pedro I em Paris, abrindo-se uma nova fase no quadro das negociações.

As conversações com o representante português, em Londres, não progrediram, e a presença de diplomatas austríacos não contribuiu para adiantarem os entendimentos que praticamente ficaram parados. Canning resolveu então pedir a opinião dos outros negociadores a respeito do projeto de Tratado que elaborara. Brant e Gameiro o aceitaram *sub spe rati*. Vila Real não aceitou nem mesmo a incumbência de encaminhar o documento a seu governo. Fê-lo Canning, acompanhando-o de insistentes apelos para que Lisboa o aceitasse. Contudo, o contraprojeto, enviado por Portugal, era, no dizer do próprio Canning, sem fundamento e inadmissível.

---

9. Fundador do primeiro jornal brasileiro: *Correio Brasiliense*.

Aspectos de Nação

O artigo 1º declarava o Brasil e Portugal independentes, mas debaixo da soberania do Senhor D. João VI e de seus legítimos descendentes, com o título de Rei de Portugal e dos Algarves e Imperador do Brasil, enquanto, pelo artigo 2º, D. Pedro I assumiria o exótico, inaudito e minguado (como comentaram Brant e Gameiro) de Imperador, Regente do Brasil. Esse documento retratava muito bem, aliás, a atitude cada vez mais intransigente do ministério português. Recusada a sugestão de Canning de que o governo português retirasse sua proposta, as negociações foram rompidas.

Complicava-se o assunto até que, em 13 de janeiro, nossos diplomatas foram notificados de que o governo inglês designaria como Embaixador Extraordinário para cumprimentar o Imperador, o diplomata *Sir* Charles Stuart, que com ele tocaria no assunto, extremamente sensível para a Inglaterra, da próxima cessação do Tratado de Comércio de 1810.

O representante inglês deveria passar por Lisboa para dar conta a D. João VI de sua missão e promover a imediata conclusão das negociações iniciadas em Londres. Stuart era portador de instruções redigidas pelo próprio Canning, que bem demonstraram o alto nível político do ministro inglês e sua sensibilidade pelos problemas do momento, que tão bem conhecia. O mesmo não se poderia dizer deste diplomata, que fora retirado, pouco antes, da Embaixada em Paris. Ambicioso e cheio de presunção, não estaria também fora de seus cálculos vir a ser o substituto de Canning, principalmente porque supunha que o soberano ainda andava distanciado do seu Ministro dos Negócios Estrangeiros... e, acreditando-se protegido pelo Rei, contra o Ministro responsável, que sob cujas ordens servia. Stuart pensava, sem dúvida, chegar mais depressa aos seus fins, mostrando-se exageradamente absolutista e legitimista – o que decerto lhe seria proveitoso, no caso de vir a predominar o grupo chefiado pelo Duque de Wellington e Lord Eldon. Essas tendências, que o levaram a condescender com certas pretensões absurdas do governo português, não estiveram longe de prejudicar o êxito das negociações depois entabuladas no Rio de Janeiro. Stuart deveria insistir pelo reconhecimento da Independência e inclusive insinuar-se para ser designado plenipotenciário junto ao governo do Império, fracassada a tentativa portuguesa de entabular negociações diretas através do conde de Rio Maior, que fora mandado ao Rio de Janeiro em 1823.

Chegando a Lisboa, em março de 1825, o diplomata inglês cedo conseguiu fazer com que D. João VI aceitasse reconhecer a independência através de um documento especial – uma carta régia. Os termos em que deveria ser redigido este instrumento foram, entretanto, motivo de longas negociações. Portugal fazia questão de que dele constasse a cessão de soberania, por parte de D. João VI, e sua pretensão de assumir o título de Imperador do Brasil e de em seguida associar o filho a essa dignidade.[10]

---

10. As divergências a respeito levaram o governo português a redigir três cartas: a primeira reconhecia ao Brasil a designação de Império, cujo título, entretanto, era tomado pelo Rei e por seus sucessores, o primeiro dos quais seria o próprio D. Pedro, a quem era transferido, porém, o pleno exercício da soberania; a segunda simplesmente convertia também em Império o velho reino de Portugal e Algarves; a terceira não tocava na questão imperial, assinalando que admitida a separação das administrações dos dois Estados, D. João adotava para si e seus sucessores o título de Rei de Portugal e dos Algarves e do Brasil, transferindo-se com a denominação de Rei do Brasil e Príncipe de Portugal e Algarves.

A América Portuguesa é o Brasil

Além desse tema do título, o plenipotenciário do governo português deveria, nas negociações, ter presentes os seguintes pontos:

- Cessação das hostilidades;
- Restituição das presas;
- Levantamento dos sequestros;
- Transferência da dívida geral ao Brasil;
- Indenização aos antigos donatários das antigas capitanias do Brasil; e
- Fixação de princípios para um tratado de comércio.

Em 17 de julho de 1825, Stuart chegou ao Rio. Foi recebido duas vezes pelo Imperador e iniciou então as negociações com os plenipotenciários Luiz José de Carvalho e Melo, Ministro dos Negócios Estrangeiros, o barão de Santo Amaro e Francisco Vilela Barbosa.

As primeiras discussões a respeito do título imperial e da cessão da soberania foram acaloradas, sentindo os plenipotenciários brasileiros a aversão popular a esses resquícios da legitimidade monárquica. Foram então negociadas outras questões mais objetivas. Posteriormente, os plenipotenciários brasileiros propuseram três artigos de conciliação que seriam mais tarde aceitos, com a modificação imposta por Stuart de fazer constar uma referência expressa a uma das Cartas Régias. Entre essas duas posições chegou-se, com a aceitação do Imperador, a uma fórmula aceitável, que permitiu o prosseguimento das negociações sobre os demais assuntos e a assinatura do Tratado a 29 de agosto.

Este instrumento reflete, de um lado, as preocupações dos negociadores e, de outro, a perplexidade do Imperador diante da urgência com que esperava obter o reconhecimento dos laços de família que o prendiam a D. João VI e de sua preocupação pelos seus direitos dinásticos à coroa portuguesa. Ele demonstra também que o novo Império cedeu em questões políticas de princípio e à pressão conjunta anglo-portuguesa, quanto à parte pecuniária. O artigo 9º do Tratado, por exemplo, fazia alusão ao ajuste de contas de governo para governo, a ser regulado em uma Convenção adicional, que, assinada no mesmo dia, obrigava o Brasil a entregar a Portugal a soma de dois milhões de libras esterlinas, à vista das reclamações apresentadas.

Esses instrumentos não foram bem recebidos nem em Portugal nem no Brasil. Os portugueses se lamentavam da aceitação oficial da independência do Brasil pelo governo de Lisboa, enquanto os brasileiros se revoltaram em relação às concessões de princípio feitas a Portugal, especialmente por pressão de Stuart, e, de modo ainda mais vivo, à convenção pecuniária.[11]

---

11. Oliveira Lima acolhe essas reticências, chamando de compra, a obrigação contraída e assinalando-a com estigma de que a monarquia, justa ou injustamente, não pôde livrar-se do Brasil e cuja recordação pesou sobre o trono até os seus últimos dias. Rio Branco, em nota à margem desse duro comentário, recorda que não houve compra da independência; "Quando se separa o território, o que se separa toma o encargo de parte da dívida pública." Accioly considera que os negociadores brasileiros, apesar de seus argumentos e rigidez de posição, não podiam ter evitado aquela indenização. Mas aí começou a dívida externa impagável do Brasil.

Aspectos de Nação

O fato é que o reconhecimento por Portugal possibilitou a aceitação, pelas outras potências, da nossa independência. Após a Inglaterra, a Áustria foi a primeira a reconhecer o novo Império, ainda em 1825. Seguiu-se na Europa, a Suécia, a França, a Suíça, os Países Baixos, a Prússia, a Santa Sé e mais tarde a Rússia e a Espanha.

Após desincumbir-se de suas tarefas como plenipotenciário português, Stuart iniciou negociações a respeito de dois temas de sumo interesse para o governo britânico: o comércio com o novo Império e o tráfico de escravos.

Em relação ao primeiro, ultrapassando as instruções que recebera, assina um Tratado de Comércio em 18 de outubro. A propósito do segundo assunto, firma, no mesmo dia, uma convenção, porém, ambos os instrumentos não foram ratificados pela Inglaterra. Coube, assim, a Robert Gordon, Ministro Plenipotenciário de Sua Majestade Britânica junto a Sua Majestade Imperial, que pouco depois chegou ao Rio de Janeiro, celebrar com novos ajustes a Convenção com o fim de pôr termo no comércio de escravatura da Costa d'África, em 23 de novembro de 1826; e o Tratado de Amizade e Comércio, em 17 de agosto de 1827.

A questão da escravidão e principalmente a do tráfico de escravos já haviam deixado Portugal em situação constrangedora no Congresso de Viena. Desde os primeiros contatos entre os diplomatas brasileiros e o governo inglês, se verificou que esse tema era considerado prioritário para a Grã-Bretanha. Chegou-se a pensar, inclusive, que uma fórmula aceitável fosse o reconhecimento, *versus* a abolição do tráfico. Premido, entretanto, pelos grandes proprietários e incapaz de imaginar uma solução para o trabalho agrícola, o Império conseguiu ir postergando a solução do assunto que só se resolveu em 1850, com a lei Euzébio de Queiroz, que extinguiu o tráfico, e com a de 1888, que declarou extinta a escravidão. Esta mancha lamentável na História do Brasil não pode deixar de ser considerada.

Deste modo, pode-se afirmar que os interesses da Inglaterra em Portugal e no Brasil não foram monolíticos. Na Grã-Bretanha, no século anterior à independência do Brasil, dois grupos de pressão, distintos, tinham se envolvido economicamente com Portugal: o dos favorecidos, comerciantes importadores de vinho e os exportadores de tecidos de algodão, ambos muito interessados na manutenção do velho regime de tarifas camaradas, além de direitos extraterritoriais privilegiados favoráveis às suas empresas em Portugal, que remontavam a meados do século XVII; e o dos livre-cambistas, os novos fabricantes de tecidos de Lancashire, agressivos em sua expansão mercantil, que queriam o livre comércio.[12] Contudo, é notável, apesar de suas divergências internas, a continuidade, nos elos de mútuo

---

12. Até 1818, os livre-cambistas extraíam grandes partes de sua matéria-prima do nordeste brasileiro, principalmente de Pernambuco. Estes não tinham nenhum interesse em perpetuar a dominação política e econômica de Portugal sobre o Brasil, especialmente depois que Portugal desenvolvera fiação própria de tecidos de algodão e mantinha o Brasil como mercado privilegiado e fechado. É importante, portanto, não enfatizar demais o poder das forças puramente econômicas. A indústria de tecidos de algodão inglesa e seus representantes no parlamento certamente acreditavam que sua vantagem comparativa faria com que seus produtos furassem as velhas barreiras de tarifas de proteção de Portugal, mas também queriam muito ver essas barreiras removidas pela intervenção governamental.

A América Portuguesa é o Brasil 307

apoio da pressão comercial, militar e diplomática, que os ingleses exerciam sobre Portugal e suas possessões ultramarinas.[13]

A revolução política no Brasil, na verdade, também era motivo de muita preocupação na Europa. Henry Chamberlain, ministro britânico no Rio, em 1824, preocupava-se com o fato de que a agitação social latente no Brasil, evidente nas ruas e na assembleia constituinte do Rio, poderia:

> ... provocar um incêndio de proporção tal, que talvez não fosse possível controlar, culminando com a destruição do governo imperial e com a divisão do País, em uma infinidade de pequenos Estados republicanos independentes, insignificantes em si mesmos e motivos de infelicidade entre seus vizinhos tal como havia ocorrido com as colônias hispano-americanas vizinhas.

Os principais aliados de Portugal – tanto a Inglaterra quanto os membros da Santa Aliança – deixaram bem claro esse ponto, conforme escreveu muito sucintamente George Canning, secretário para Assuntos Estrangeiros da Grã-Bretanha, e que servira, anteriormente, como enviado britânico a Lisboa em 1824:

> A questão é saber se o Brasil, independente de Portugal, se tornará monarquia ou república... A manutenção da monarquia em uma parte da América é objeto de vital importância para o Velho Mundo.

Não seriam os sentimentos contra a monarquia no Brasil fortes para provocar um movimento republicano, como aqueles que ocorreram na América do Norte e em grande parte da América espanhola (onde tanto a monarquia quanto o governo europeu foram rejeitados)? Não se tratava simplesmente de questões teóricas – a república, afinal de contas, fora uma preocupação central no pensamento dos conspiradores mineiros nos anos de 1788-89; dos conspiradores baianos em 1798 e também em Pernambuco em 1817, e novamente na década de 1820. O problema era que todos esses movimentos eram interpretados como revoltas regionalistas contra a autoridade centralizada – ou, pelo menos, podiam ser assim entendidos, ameaçando a integridade territorial da América de língua portuguesa. O sistema monárquico centralizado desde 1808 era uma presença institucional bastante forte.

---

13. A dominação inglesa, a dependência e a subserviência portuguesa era algo muito antigo. Em meados da década 40 do século XVII, a nova monarquia de Bragança relutara muito em concordar com o tratado de Cromwell, por meio do qual a Inglaterra reconhecia um país há pouco emancipado do domínio espanhol em troca de grandes concessões comerciais. Só diante da ameaça das armas do almirante Blake, no estuário do Tejo, é que finalmente o rei de Portugal se viu persuadido a ratificar o acordo no dia 1º de maio de 1656.

A frota britânica, que escoltara o príncipe regente D. João, sua mãe, Maria, a Louca, e a corte ao Brasil em 1807, ficara ancorada na zona portuária de Lisboa com o objetivo de intimidar e de prestar assistência ao mesmo tempo. Se a corte portuguesa não tivesse ido para o Brasil conforme planejado, atendendo à exigência francesa de que a família real ficasse em Lisboa, sem dúvida os ingleses teriam bombardeado a capital portuguesa, como haviam bombardeado Copenhague, destruindo ou capturando os navios portugueses no porto. O almirante, Sir Sidney Smith, tinha instruções expressas de Londres para que, em hipótese alguma, permitisse que a frota portuguesa se rendesse aos franceses.

A precocidade desses tratados desiguais entre a Inglaterra e Portugal nos traz a lembrança de C. R. Boxer, magnífico historiador e conhecedor da intimidade da relação entre os europeus e a China, que cita os tratados desiguais firmados entre a Inglaterra e Nanquim, em fins da década de 1840 – época do apogeu, chamando este sistema de "imperialismo do livre-comércio" e império "informal".

Aspectos de Nação

Na verdade, ele estabelecera, no Rio, praticamente todas as instituições fundadoras, o que normalmente é tarefa de um governo pós-colonial: uma administração e uma burocracia centralizadas, com tribunais superiores; biblioteca pública; academia de belas-artes; escolas de Medicina e de Direito; imprensa nacional; banco nacional e uma academia militar. Esse governo tinha feito tratado internacional, enviado representante ao exterior e recebido representantes de fora; casara o herdeiro, presuntivo à chefia do Estado, com uma princesa austríaca; sufocara uma revolta regionalista e travara uma guerra expansionista nas fronteiras ao norte e ao sul. Não havia, portanto, qualquer dúvida quanto à sua legitimidade.

Em Londres, desde o estabelecimento da corte portuguesa no Rio, em 1808, o governo sempre distinguira claramente as circunstâncias que separavam o Brasil da Espanha americana. Canning enfatizou o contraste entre a situação brasileira e a da América espanhola ao escrever a Sir Charles Stuart em 1825:

> *Lembremo-nos de que a diferença de relação entre Portugal e Brasil e da Espanha com suas colônias da América nada mais é do que esta: todas as colônias espanholas saíram ganhando, apesar da metrópole; o Brasil, porém, foi alçado à condição de reino-irmão, em vez de domínio colonial, graças aos atos políticos, recorrentes e judiciosos, do soberano único de Portugal e Brasil. Antes da emigração da família real para o Brasil, este era estritamente uma colônia como eram o México, o Peru ou Buenos Aires. Naquele período, iniciou-se uma série de medidas de distensão que foram sucedidas por concessões de privilégios, os quais, paulatinamente, exaltaram, de tal modo, a condição do Brasil que quase acabam invertendo suas relações com Portugal, de modo que durante a permanência de Sua Majestade Fidelíssima no Brasil, a metrópole tornou-se, de fato, um Domínio.*

Aqui está a tese: Portugal é que se desgarrou do Brasil, desgarrando-se também de sua estratégia nacional. Daí por diante, a estratégia da construção de uma única pátria humana, da "mundialização", seria um projeto do Brasil.

George Canning reportou ao gabinete britânico em novembro de 1822 que:

> *... não deixaria de reconhecer o Brasil, como fez com as colônias espanholas, e tampouco agiria de forma simplesmente negativa. Isso porque temos relações com o Brasil, temos um intercâmbio comercial em vigor e agências que, conquanto não sejam de fato políticas, possibilitam a existência de correspondência política. Não podemos retirar nossos cônsules do Brasil. É óbvio que devemos continuar a cultivar o relacionamento comercial com aquele país.*

Os Interesses Estadunidenses

E não eram somente os comerciantes do Rio de Janeiro ou da Bahia que estavam financiando o comércio escravo ilegal, ou mesmo o comércio legal de algodão, café e açúcar, que dependiam da mão de obra escrava. Eram também os comerciantes de Nova York e Baltimore, além dos de Londres e Liverpool. E eram os navios estadunidenses que transportavam um grande percentual dos escravos que eram importados ilegalmente pelo império brasileiro em fins da década de 1850.

A América Portuguesa é o Brasil

Aos Estados Unidos da América, república recém-independente, portanto, interessava, naturalmente, a emancipação das colônias ibéricas do continente. Tão logo conseguiu adquirir a Flórida à Espanha, em 1819, o governo de Washington, Monroe em 1822, incentivou contatos com as ex-colônias espanholas, reconhecendo-as e enviando-lhes agentes diplomáticos. Com o novo Império do Brasil, apesar da diferença das formas de governo, não havia maiores dificuldades, ambos conscientes do interesse recíproco de iniciar as relações diplomáticas e intensificar as comerciais.

D. Pedro I, Príncipe Regente, em 1822, um mês antes de proclamar a independência, designou o oficial-mor da Secretaria dos Negócios Estrangeiros, Luiz Moutinho Lima Alvares e Silva, Encarregado de Negócios naquele país. Em janeiro de 1824, julgados imprescindíveis os serviços de Moutinho na Secretaria de Estado, o Imperador resolveu designar para essas funções José Silvestre Rebelo, português de nascimento, mas de dedicação absoluta à nova pátria, que iria demonstrar, no desempenho de suas funções, tato e habilidades invulgares. Tendo chegado a Washington em abril de 1824, foi poucos dias depois, recebido pelo secretário de Estado John Quincy Adams, que, para surpresa de seu interlocutor, lhe disse que, até aquela data, não recebera nenhuma comunicação oficial sobre os acontecimentos ocorridos no Brasil.

Em outra entrevista, ele pediu esclarecimentos sobre alguns pontos, inclusive sobre o comércio da escravatura e a respeito do que pensava o governo imperial relativamente aos tratados existentes entre o antigo governo e várias nações estrangeiras, tendo o diplomata esclarecido que o Imperador já havia declarado que todos os Tratados existentes seriam plenamente respeitados. Em 26 de maio deste mesmo ano, Silvestre Rebelo foi apresentado ao presidente James Monroe, pelo Secretário de Estado. Com justo orgulho, o Encarregado de Negócios do Brasil informava que 59 dias após sua chegada ao país cumpria a mais importante parte de sua missão. O governo dos Estados Unidos da América foi o primeiro a reconhecer a Independência do Brasil.

Henry Wise, ministro dos Estados Unidos para o Brasil, disse ao secretário John C. Calhoun, anos após: "Sem a ajuda de nossos cidadãos e de nossa bandeira, o comércio africano de escravos não se realizaria de forma alguma com sucesso no Brasil."

É bom lembrar que na década de 1820, o café representava apenas 19% do total de exportações do Brasil, mas nas duas décadas seguintes, essa fração havia aumentado para mais de 60%. A expansão do mercado de café na Europa e sobretudo na América do Norte, levou a uma maciça importação de mão de obra escrava para o Rio, expandindo-se a escravidão pelo Vale do Paraíba e interior de São Paulo. Os historiadores econômicos argumentam que o lento desenvolvimento econômico do Brasil no século XIX se deve exatamente ao setor da agricultura, em que a baixa renda e a demanda inelástica, própria de uma economia baseada na escravidão, limitou o ritmo do desenvolvimento no restante da economia.

Foi isso precisamente o que José Bonifácio de Andrada e Silva, que, mais do que ninguém, na década de 1820, ajudara a forjar o novo Estado brasileiro independente, havia previsto quando advertiu seus contemporâneos quanto às consequências negativas que, no longo prazo, comprometeriam o futuro bem-estar do Brasil caso não fosse encontrada uma solução para o problema da escravidão, da reforma agrária e da incorporação da população indígena, tão logo fosse proclamada a independência.[14]

Mas, para todos os efeitos, o Brasil já era independente desde 1808 e desde 16 de dezembro de 1815, o Brasil já era um reino em pé de igualdade com Portugal. Todavia, John Quincy Adams, secretário do Tesouro americano, não estava muito enganado quanto ao evento e seu significado quando, ao nomear Ceasar Rodney embaixador dos EUA em Buenos Aires, disse que "no Brasil... um império provavelmente tão efêmero quanto o do México, às nossas portas, tomou o lugar de Portugal".

D. João, príncipe regente, que logo se tornaria D. João VI com a morte de seu irmão demente, em 1816, dissera a Thomas Sumpter Jr., enviado dos Estados Unidos ao Rio em 1815: "Os tempos têm sido difíceis, mas agora a independência do Brasil já está consolidada".

O que estava realmente em jogo em 1822 era a monarquia, a estabilidade, a continuidade e a integridade territorial. Foram esses os interesses que levaram D. Pedro I a apropriar-se antecipadamente da revolução – e não a promovê-la – em 1822, às margens do Ipiranga.

O que vale a pena ressaltar a respeito do Brasil, portanto, é que ele se tornou econômica e politicamente emancipado entre 1808 e 1820, época em que foi centro do império luso-brasileiro. Tornou-se "independente" em 1822, só depois que a experiência como "centro imperial" – para o qual voltaram-se em busca de liderança os súditos de Portugal na Europa, África e Ásia – havia sido tão bem-sucedida que ameaçava os que haviam ficado na metrópole. Essa circunstância pouco comum explica porque, em 1820, Portugal declarou sua "independência" do Brasil e só mais tarde, em 1822, é que o Brasil iria declarar sua "independência" de Portugal.

Logo após a Independência, o temor de que a revolta escrava do Haiti se tornasse contagiosa preocupava as elites brasileiras e norte-americanas o tempo todo. E se a liberdade necessitava da igualdade, certamente haveria de suscitar questões fundamentais acerca de uma sociedade ordenada tanto pela hierarquia racial quanto social.[15]

É preciso também ressaltar que a revolta escrava no Haiti teve um impacto muito significativo não somente porque o equilíbrio das tensões raciais no Brasil, nos

---

14. Foi isso que o motivou a apelar, sem sucesso, aos seus compatriotas brasileiros num manifesto a favor da abolição da escravidão, em prol da reforma agrária, além de um plano em que propunha, conforme suas palavras, "a civilização dos índios selvagens do Brasil". Todas essas coisas foram escritas em 1822: "A experiência e a razão demonstram que a riqueza governa onde há liberdade e justiça, e não onde habitam o cativeiro e a corrupção", argumentava José Bonifácio. "Se esse mal persistir, não cresceremos. Cavalheiros, nossos inimigos domésticos crescem sem parar; e eles nada têm a perder, a não ser esperar por uma revolução como a de Santo Domingo". Em outras palavras, esperar por uma nova revolução haitiana no Brasil.

15. Nesse contexto, é bom lembrar, falamos com base só em percepções. Não quero deixar com isso implícito o fato de que os conflitos sociais podem ou deveriam unicamente ser analisados tomando como referência a escravidão – é óbvio que a estrutura social e a interação entre classe e raça no Brasil era muito mais complexa e variada.

A América Portuguesa é o Brasil

EUA e em outros locais das Américas a tornou um exemplo amedrontador para os brancos, mas também por causa de sua importância intrínseca. O exemplo do Haiti era quantitativamente muito superior em significado do que as rebeliões escravas precedentes. Em primeiro lugar, porque foi vitoriosa. Foi o único levante escravo bem-sucedido da história moderna. Em segundo lugar, porque o Haiti manteve sua independência – naturalmente pagou caro por isso –, mas, isso fez dos haitianos a segunda nação independente do hemisfério ocidental depois dos Estados Unidos.

Mais uma vez, o Brasil apresenta ambiguidades. Uma possível resposta à ameaça que se percebia nos níveis inferiores seria a eliminação da mão de obra escrava, incentivo à imigração europeia e a substituição do trabalho escravo pelo livre, era isso o que José Bonifácio queria.

No Brasil, porém, o temor de uma revolta escrava não era argumento suficiente em si mesmo para obrigar os agentes do poder a desafiar imediatamente os interesses materiais e abraçar a reforma do sistema da produção, baseado no trabalho escravo. Na verdade, a escravidão teve o efeito oposto; ela selou a união da oligarquia em torno da defesa da instituição.

O paulista Diogo Antônio Feijó, sacerdote, fazendeiro, representante de São Paulo na corte de Lisboa, membro da assembleia geral pós-independência, ministro da Justiça e regente na década de 1830, resumiu bem a situação:

> *A escravidão, que sem dúvida é portadora de muitos males para a civilização, cria também nos brasileiros uma sensação de independência e de soberania que o observador pode perceber nos homens livres quaisquer que sejam seu status, profissão ou fortuna.*

Nesse aspecto, é surpreendente o paralelo com a atitude que tinham com respeito à escravidão os patriotas da Virgínia, cujo papel na formação dos Estados Unidos foi tão importante. Deve-se levar em conta que os brasileiros estavam construindo, na década de 1820, um novo Estado nacional, em um ambiente internacional em que a reação havia triunfado na Europa. Além do mais, as consequências da revolução escrava no Caribe eram mais sombrias e ameaçadoras do que qualquer outra coisa com que tivessem de se preocupar os americanos naquela época.

Jefferson, em particular, admirava a experiência brasileira sob muitos aspectos. Em 1821, o príncipe Metternich, à semelhança de Henry Kissinger, nos anos setenta do século passado, acreditava firmemente no princípio do intervencionismo contrarrevolucionário. Os precursores dele, na secretaria de Estado, em princípios do século XIX, pensavam justamente o oposto, chocados que ficaram com as experiências da guerra de 1812 e com a vulnerabilidade que a jovem república havia demonstrado em face dos ataques europeus.

Temeroso de que a Santa Aliança estivesse disposta a conduzir de volta ao aprisco europeu as colônias espanholas rebeldes do Novo Mundo, já que o exército austríaco suprimira as revoluções republicanas em Nápoles e no Piemonte, e a França restaurara o trono espanhol entregando-o ao execrável Bourbon Ferdinando VII, o presidente Monroe anunciou em um discurso perante o Congresso, no fim

Aspectos de Nação

de 1823, sua famosa doutrina que se tornaria o princípio diretor da política estadunidense para o hemisfério.

Esta doutrina já havia sido discutida quase uma década antes, em conversas entre Jefferson e o abade Côrrea da Serra, o enviado da Corte do Rio de Janeiro a Washington. Em sua concepção original, ela uniria o Brasil e os Estados Unidos em um "sistema americano" em que as duas nações agiriam em conjunto para manter a Europa a distância.[16]

O abade, um brilhante naturalista português e secretário fundador da Academia de Ciências de Lisboa, fora para os Estados Unidos em 1812 e era tido como homem de vastos conhecimentos, sendo avidamente requisitado pelos líderes da nova república.

Francis Gilmore, que viajou com o abade de Filadélfia a Monticello em 1813, descreve-o como:

> O homem mais extraordinário do mundo atual. É um homem de leitura, que já viu muita coisa, que compreende e se lembra de tudo o que colheu nos livros ou que aprendeu em suas viagens, suas observações e nas conversas com os homens de letras. É membro de todas as sociedades filosóficas do mundo e conhece todos os homens eminentes.

Jefferson também ficou igualmente impressionado. O abade tornou-se uma presença constante em Monticello, a residência de Jefferson na Virgínia, onde até hoje o quarto onde dormia no andar térreo é conhecido como "o quarto do abade". Em suas discussões em Monticello, Jefferson e o abade Corrêa esboçaram pela primeira vez o seu "sistema americano". Em 1820, Jefferson escreveu a respeito do abade:

> Tendo em vista as muitas conversas que tivemos, espero que ele programe e promova, em sua nova condição (o abade fora chamado de volta ao Rio de Janeiro e Jefferson supunha que ele fosse assumir o ministério das Relações Exteriores), os benefícios de uma fraternidade cordial entre as nações americanas e enfatize a importância de sua união em um sistema americano de política totalmente independente do que prevalece na Europa e sem nenhuma ligação com aquele. Não está longe o dia em que haveremos de requerer a divisão do oceano por um meridiano que separará os dois hemisférios; do lado de cá, jamais se ouvirá o som das armas europeias, tampouco se ouvirá o som de armas americanas do lado de lá. E quando rugirem as tormentas das guerras eternas na Europa, o leão e o cordeiro deitar-se-ão em paz em nossos campos.

Advogavam ambos, Jefferson e o abade, a tese de que a explosão demográfica na Europa e a falta de espaço conduzem à guerra, que eles julgavam necessária, como forma de reduzir os excessos populacionais. Para eles, já nas Américas, havia espaço em abundância, pouca gente e paz, ambiente propício para que os

---

16. Jefferson interessava-se pelo Brasil há muito tempo, desde a época em que estivera em Paris como enviado dos Estados Unidos. Em 1786, ele encontrou-se secretamente, em Nimes, com um jovem revolucionário brasileiro cujo pseudônimo era Vendek, um estudante do Rio de Janeiro que na época frequentava a Universidade de Montpellier.

A América Portuguesa é o Brasil

homens pudessem desenvolver as riquezas que as novas terras ofereciam para a conquista da vida e da felicidade. Os governos deste novo mundo são radicalmente diferentes dos da Europa, e Jefferson prosseguia:

> ... *por isso espero que nenhum patriota americano jamais perca de vista como é fundamental a política de interdição dos mares e dos territórios de ambas as Américas às disputas ferozes e sanguinárias que se travam na Europa. É meu desejo testemunhar o início dessa coalizão. Aguardo ansioso um acordo com as potências marítimas da Europa por meio do qual elas se encarregarão de controlar a pirataria em suas águas e o canibalismo nas costas africanas. A nós caberá a supressão dessas mesmas monstruosidades em nossos mares e, para este propósito, muito me alegraria ver as frotas do Brasil e dos Estados Unidos de mãos dadas, como irmãs de uma mesma família, na busca de um mesmo objetivo.*

O secretário de Estado John Quincy Adams revelou-se menos complacente. Seria ele, é claro, e não Monroe ou Jefferson, quem exerceria mais influência na política externa americana para com as novas nações independentes da América do Sul, primeiro como secretário de Estado, entre 1817 e 1825, e depois como presidente, de 1825 a 1829.

Quincy Adams via méritos na separação das Américas da Europa, mas não achava que isso implicasse algum tipo de identidade mútua entre os Estados Unidos e as novas nações ao sul. Para ele, os sul-americanos haviam sido irrecuperavelmente corrompidos pela religião católico-romana, pela tradição ibérica e pelo clima tropical. O agente comercial americano no Rio de Janeiro enviava-lhe relatórios segundo os quais a monarquia portuguesa no Brasil havia se "degenerado numa total efeminação e voluptuosidade. Dificilmente haverá uma sociedade constituída em Estado pior do que essa; onde também o clima predispõe a todo tipo de depravação e delinquência".

Originário de Massachusetts, Nova Inglaterra, ele era um indivíduo severo que descrevia a si mesmo como um homem de temperamento "frio e austero", e não se mostrava satisfeito com a presença de um vizinho tão desmazelado e nada promissor. Adams, em meados de 1822, concordou, a contragosto, com o desejo do presidente Monroe, de levar adiante o reconhecimento do México, do Chile, das Províncias Unidas do Rio da Prata e do império brasileiro e defendia o mínimo possível de relacionamento com eles. Assim como Jefferson, conhecia muito bem o abade Corrêa e o considerava um homem "de grandes conhecimentos literários, entendido nas ciências mais profundas, de espírito brilhante e dotado de poderes inesgotáveis de conversação".

Mas Adams achava Corrêa igualmente "precipitado, sensível, rebelde, apressado e, quando inflamado, teimoso". Ele ridiculariza a ideia do abade Corrêa (e de Thomas Jefferson) de que o Brasil e os Estados Unidos deviam criar um "sistema americano". Com o desdém e a arrogância que iriam também caracterizar as atitudes dos Estados Unidos em relação à América Latina durante o século seguinte, John Quincy Adams escreveu: "Com relação a um sistema americano, já o temos; nós somos o sistema".

A Questão Platina

Coube ao Império uma pesada herança na conturbada bacia do rio da Prata. A província Cisplatina, que esteve unida, primeiro ao Reino Unido e, após, ao Império, se rebelara, apoiada pelo governo de Buenos Aires que sonhava com a sua integração às Províncias Unidas do Rio da Prata, futura Argentina. Daí resultou a guerra que só terminaria definitivamente com a mediação da Grã-Bretanha e a celebração, entre o Império e as Províncias Unidas, de uma convenção na qual cada parte contratante renunciava às suas pretensões em relação a um novo estado a ser constituído, a República Oriental do Uruguai. Foi o desfecho dos embates em que se viram envolvidos Portugal e Espanha desde 1680.

Como lhe competia conservar intacto o patrimônio territorial herdado de seu pai, o imperador era insensível tanto ao clamor generalizado que se alastrava em ambas as margens do Prata, como à impopularidade que acompanhava a questão no Brasil. As Províncias Unidas não haviam ainda perdido a esperança de incorporar a Banda Oriental. No Uruguai, ainda era geral o desejo de independência. Entre os brasileiros, a maioria considerava artificial a anexação da Cisplatina e completamente fora do contexto em que se haviam formado nossas fronteiras. Os acontecimentos precipitavam-se e as tentativas de resolver diplomaticamente esfumaram-se com os resultados negativos das missões de Antonio Manuel Corrêa da Câmara ao rio da Prata e de D. Juan Valentin Gomez ao Rio de Janeiro.

Em 11 de abril de 1825, trinta e três orientais, sob o comando de Lavalleja, saíram da região do rio da Prata, desembarcando no Uruguai, onde logo contaram com apoio generalizado da população, o que lhes permitiu vencer as primeiras escaramuças contra as tropas imperiais. Em 25 de agosto, Lavalleja convocou um Congresso para votar a união do Uruguai às Províncias Unidas, em uma Confederação, declarando nulos os atos de anexação ao Império. Em 25 de outubro, o Congresso Constitucional das Províncias Unidas aceitava a incorporação do Uruguai. Diante dos acontecimentos, ao governo imperial só restava inferir as consequências dos fatos, e, em um decreto imperial de 1º de dezembro, firmou a declaração de hostilidades.

As operações não foram favoráveis ao Brasil. A esquadra enviada ao Prata para efetivar o bloqueio a Buenos Aires não conseguiu maior êxito, principalmente pela falta de coordenação com as forças de terra, cujo comandante, Lecor, mal se desempenhava de suas atribuições. Seu substituto, o marquês de Barbacena, demonstrou ser bom administrador, mas, de méritos táticos duvidosos. A batalha de Passo do Rosário ou Ituzaingo, como a denomina os platinos, de 20 de fevereiro de 1827, se não foi uma vitória muito clara do general Alvear, não foi também um encontro favorável ao Brasil. As tropas das Províncias Unidas, entretanto, em meio a tantas dificuldades internas, não souberam ou não puderam aproveitar da situação e a questão voltou a ser tratada no âmbito diplomático.

O ministro das Relações Exteriores da Argentina, Manuel Garcia, enviado ao Rio de Janeiro com a preocupação obsessiva de conseguir a paz, assinou em 24 de maio de 1827, um Tratado pelo qual a Província Cisplatina continuava sob soberania

A América Portuguesa é o Brasil

brasileira. Este Tratado foi rejeitado, sob protestos violentos, pelos argentinos, provocando a renúncia de Bernardino Rivadávia, chefe do governo.

A situação, porém, era dificílima, os governos estavam atônitos e impotentes para retomarem hostilidades, tanto nas Províncias Unidas como no Brasil. Era imprescindível o recurso a um entendimento direto, que foi facilitado pela mediação da Grã-Bretanha, que conduziu a uma solução, permitindo que uma nova Missão de Buenos Aires ao Rio, para negociar um novo acordo, em agosto de 1828, tendo sido assinado, em 27 deste mês, o Tratado Preliminar de Paz, no qual o Brasil e as Províncias Unidas reconheciam a independência de um novo Estado: a República Oriental do Uruguai. Encerrava-se, assim, a série de incidentes que transcorreram desde a fundação da Colônia do Sacramento, pelos portugueses, em 1680, na margem esquerda do rio da Prata.

Relações Econômicas pós-Independência

O Tratado de Comércio de 1810 entre Portugal e a Grã-Bretanha continuava a ser aplicado no Brasil. Como já vimos, este instrumento, revalidado por Stuart, em 1826, não fora ratificado pelo governo inglês e outro tratado deveria ser negociado no Rio de Janeiro, com Robert Gordon, novo ministro de Sua Majestade britânica.

Antes disso, porém, realizando antigo desejo, a França consegue assinar com o Império um Tratado de Amizade, Comércio e Navegação, em 8 de janeiro de 1816. Em seu preâmbulo, figura o reconhecimento expresso da Independência e do Império, o que talvez explique a condescendência do governo imperial, não somente em relação ao critério da nação mais favorecida, aplicado, inclusive, aos direitos de importação, mas, o que foi mais grave, reconhecendo o caráter de perpetuidade a vários dispositivos, neles incluídos os que estabeleciam atribuições consulares, que se transformaram em outro grave problema para a diplomacia imperial, ainda sob o Segundo Reinado.

O fato de estender a outras nações o regime de taxação de 15% para as importações acabava, na realidade, com o privilégio britânico. Era, porém, um óbice intransponível à liberdade de taxação, pois impedia o jogo natural do poder taxador para equilibrar os orçamentos. Essas cláusulas perpétuas, apesar de, há muito, não serem observadas, só deixaram de ter vigência jurídica, em 1907, na gestão do Barão do Rio Branco.

Após o Tratado com a França, e antes do Tratado de Amizade, Comércio e Navegação com a Grã-Bretanha, foram assinados tratados similares com a Áustria, em Viena, em 16 de junho de 1827, com vigência de seis anos; e com a Prússia, no Rio de Janeiro, em 9 de julho de 1827, com vigência de dez anos. Estes tratados consagravam principalmente o critério de Nação mais favorecida, com exceção das vantagens concedidas a Portugal.

Pouco depois, era a vez da Grã-Bretanha celebrar um Tratado de Amizade, Navegação e Comércio, assinado pelo ministro Gordon, em 17 de agosto de 1827. O novo instrumento praticamente mantinha os privilégios concedidos por Portugal

Aspectos de Nação

em 1810, inclusive o juízo privativo ou conservatório e o direito dos cônsules de administrarem as heranças de súditos ingleses falecidos no Brasil. Mais lesivo ainda, se fora possível, era a fixação de direitos de 15% sobre as mercadorias inglesas, o que, como assinalamos, reduzia drasticamente os recursos financeiros do governo.

Ao Tratado com a Grã-Bretanha seguiam-se, com o mesmo espírito, se bem que com concessões menos amplas, os Tratados com as cidades livres de Lübeck, Bremen e Hamburgo, em 17 de novembro de 1827; no ano seguinte, com a Dinamarca, em 23 de julho; com os Estados Unidos da América, em 12 de dezembro; com os Países Baixos, em 20 do mesmo mês; e com a Sardenha, em 7 de fevereiro de 1829, assinado em Londres. Durante o período regencial, o governo prosseguiu com a celebração de outros tratados: com a Bélgica, em 22 de setembro de 1834; com a Áustria, novo Tratado em 27 de junho do mesmo ano; com Portugal, em 19 de maio de 1836, e finalmente com o Chile, em 18 de setembro de 1838.

Conforme comenta Prado Júnior em *História Econômica do Brasil*, "afora a produção de gêneros destinados à exportação, a economia brasileira não podia concorrer com as mercadorias importadas do estrangeiro". Ao decretar-se a liberdade do comércio, estabelecera-se como vimos uma pauta geral *ad valorem* de 24% sobre todas as importações. Veio depois a tarifa preferencial outorgada à Inglaterra, de 15%, privilégio concedido com caráter permanente, que o Império independente respeita.

Os tratados firmados antes de 1831 que, segundo a interpretação do Executivo, não necessitavam de aprovação legislativa, eram tidos como ilegais pelo Legislativo. E ao examinar os concluídos no período regencial, que exigiam seu referendo, o Parlamento não escondeu a aversão, aliás, justificada, em que os tinha, negando-lhes aprovação ou adiando indefinidamente seu exame.

Como se pode ver, ao assinar todos estes tratados de comércio com as demais nações, depois da Independência, o Brasil foi obrigado a conceder-lhes igualdade de tratamento, pois a situação anterior de desigualdade em favor da Inglaterra em nada beneficiava o país, apenas assegurava o quase monopólio aos ingleses. Estas concessões só foram modificadas em 1844, aliás, depois de veementes protestos das nações estrangeiras e da Inglaterra em particular. Mas, enquanto perduraram, elas tornaram-se um forte empecilho ao desenvolvimento da produção nacional, devido à concorrência, quase sem restrições, da produção estrangeira, num país como o Brasil, pobre de recursos e de defeituosa organização produtiva.

Em síntese, a inserção comercial do Brasil no conjunto das relações econômicas do mundo como imaginado pelo Primeiro Reinado resultou em uma série de graves empecilhos ao desenvolvimento econômico do país. A obra benfazeja das regências foi ter, pouco a pouco, desatado esses nós, permitindo ao Brasil readquirir sua liberdade de movimentos, levando progressivamente à aquisição de sua independência tributária.

18

A Estratégia Imperial

A construção de uma estratégia nacional é parte relevante da estruturação do Estado Nacional. Ela resulta de aspectos geográficos, de variáveis antropológicas e de condicionantes históricos e econômicos. A independência é uma ruptura. Por mais que se prepare ao longo de anos se dá em um instante fugaz. Todavia, a construção de uma estratégia nacional não se dá quando da independência. É um processo secular. Ainda mais, no caso brasileiro, quando a independência ocorreu por simples separação e onde esteve sempre presente o discurso de estratégia nacional da metrópole primitiva, Portugal.

A separação física dos territórios lusos do espaço espanhol foi um objetivo claro dos portugueses na América. Para tanto criaram um conceito que requeria o domínio dos principais rios do continente sul-americano e a criação da Ilha Brasil – este conceito esteve presente na gênese da estratégia nacional do Brasil.

Esta separação/independência gerou o Império do Brasil. O núcleo gestor deste império defrontou-se, nos seus primeiros trinta anos de existência, com sucessivas contestações. Nesta época, o governo imperial enfrentou dois tipos de revoltas: as de natureza federalista, que repudiavam o centralismo imperial e que tem seu melhor exemplo na "Guerra dos Farrapos", e as de fundo social, que iam além do pacto firmado entre as elites, e questionavam a própria estrutura produtiva alicerçada no trabalho escravo.

Vencer estas contestações e impor o projeto imperial, com seu pacto entre a elite governante e a elite proprietária, foi seu grande desafio nos primeiros anos. Isto não se deu através da constituição de um monopólio de coerção, alicerçado por um Exército Nacional – o pacto entre as elites não aceitava este novo ator. As justificativas iam desde a desconfiança que a crise do Primeiro Reinado trazia até a falta de meios materiais para garantir a existência desta força. O fortalecimento do setor militar não teve lugar no pacto entre as elites, que demonstrou clara preferência pela criação de uma Guarda Nacional. O Estado Nacional, no Brasil, iniciou-se por um processo de descentralização dos meios de coerção.

Aspectos de Nação

A gênese do Estado Nacional no Brasil é singular e difere do que se acredita ter acontecido na Europa durante os tempos modernos. No Brasil, a formação do Estado assumiu uma nova formatação, já que sua estruturação administrativa resultou desse pacto entre a parcela mais representativa da elite burocrática, mais tarde apelidada de letrados, e a elite proprietária, a outra parte do pacto que garantia a afirmação do poderio do Estado, sem, contudo, conceder os meios para impor este poderio, que a si reservava, na figura da Guarda Nacional, permitindo, assim, apenas graus limitados de autonomia e limites claros ao expansionismo, quando o interesse do Império chocava-se com os de grupos privados.

Resumindo, na Europa, a centralização militar permitiu preservar os territórios dinásticos e dobrar as resistências das elites proprietárias, impondo-se, como único meio de se manter o controle social que estas já não mais detinham, enquanto que no Brasil, onde a formação do Estado Nacional foi feita conjugada à manutenção da escravatura, a noção do Império como último árbitro das querelas oligárquicas, como poder moderador, permitiu aos detentores da riqueza reter o poder de coerção de forma direta, ainda que administrada pelo poder central.

A Regência

Durante o Primeiro Reinado, além das dificuldades financeiras e econômicas, o governo imperial se defrontava com problemas de toda ordem, incluindo a crescente impopularidade e a questão da sucessão à Coroa portuguesa que, em 1826, acabou se precipitando, com o falecimento de D. João VI.

O Tratado firmado com Portugal em 1825 não havia resolvido a sucessão ao trono português, nem a favor do Infante D. Miguel, como desejavam a Áustria e os absolutistas portugueses, nem para um dos filhos de D. Pedro, como era desejo do governo inglês. Os ingleses, que tinham como seu objetivo estratégico o domínio do Atlântico, se opunham à presença de D. Pedro nos dois tronos.

Finalmente, D. Pedro assumiu como D. Pedro IV e proclamou uma nova Constituição para Portugal, calcada na Carta brasileira de 1824, tendo abdicado a favor de sua filha D. Maria da Glória, que, para consolidar em definitivo a questão sucessória, teria que contrair matrimônio com seu tio, D. Miguel. Porém, este plano não se materializou porque D. Miguel, em 23 de junho de 1828, se autoproclamou rei de Portugal, gerando grandes dificuldades para a diplomacia brasileira e, principalmente, para o Imperador D. Pedro I.

Dizia-se, no Brasil, que D. Pedro I se preocupava muito mais com o trono português do que com os problemas do Império, porém, a designação de sucessivos ministérios impopulares foi o pretexto definitivo que motivou a precipitação dos acontecimentos, levando o Imperador, em 7 de abril de 1831, a abdicar da coroa imperial em favor de seu filho, D. Pedro de Alcântara, que tinha apenas cinco anos, iniciando-se aí o que se chamou de regência.[1] Daí por diante, o Brasil seria governado exclusivamente por brasileiros.

---

1. Período do Império compreendido entre a abdicação de D. Pedro I (1831) e a maioridade de D. Pedro II (1840).

A Estratégia Imperial

Neste período, estavam claros os graves inconvenientes decorrentes da aplicação dos Tratados de Comércio, gerando uma verdadeira campanha contra estes acordos, que teve, inclusive, alguns desses instrumentos denunciados e outros não chegaram, sequer, a ter vigência.

A aplicação do Padroado[2] – mantido na Constituição de 1824 – provocou um primeiro desentendimento com a Santa Sé. O governo imperial indicou para a Diocese do Rio de Janeiro, em 1833, o Padre Antonio Maria de Moura. O Santo Padre recusou esta indicação, já que este sacerdote havia defendido teses contrárias à disciplina da Igreja, no grande debate sobre o celibato clerical, que pouco antes deflagrara Feijó. O problema tomou contornos delicados quando, ainda na regência de Feijó, o Império ameaçou uma ruptura com Roma, contudo, diante da posição firme da Cúria Romana, pouco tempo depois a questão foi contornada, pela renúncia do padre indicado.

A inconclusa questão dos limites fronteiriços também preocupava seriamente o governo imperial. A invasão do Amapá por franceses, em 1835, e a do Pirara por ingleses, em 1838, são exemplos desses problemas. Houve, também, gestões malsucedidas sobre limites, levadas a cabo em 1837 e 1838, pelos representantes uruguaios no Rio de Janeiro.

Ainda com os uruguaios surgiram outras querelas que prenunciavam mais dificuldades: Frutuoso Rivera[3] assinara dois convênios com os revoltosos farroupilhas e o governo imperial, reconhecendo válida a renúncia de Oribe ao governo uruguaio, não mais recebeu seus emissários.

Todas estas dificuldades, que caracterizaram as administrações regenciais, desde seus primórdios, atingiram seu ponto culminante, quase dez anos depois, quando, com a antecipação da maioridade do Imperador, um verdadeiro golpe de Estado branco marcou o fim do período regencial.

De acordo com o artigo 121 da Constituição, "o Imperador é menor até à idade de 18 anos completos", assim, como nasceu em 2 de dezembro de 1825, D. Pedro II era menor até dezembro de 1843. Entretanto, o movimento para antecipar sua maioridade crescia, mês a mês, com grande apoio popular, conduzido pela oposição liberal, tendo provocado o próprio ministério conservador, de tal ordem, que o assunto foi examinado pelo Gabinete e uma decisão a respeito foi prometida para, até, 2 de dezembro, enquanto a oposição propugnava por uma medida imediata. A pressão funcionou e, em 23 de julho de 1840, se deu o celebrado "quero já" do jovem Monarca que iniciava, assim, seu reinado de 59 anos.

Com esta maioridade e já na condição de Imperador, ele também deveria contrair matrimônio para garantir a perpetuidade da dinastia, daí a necessidade de se escolher uma princesa, entre as disponíveis nas Casas Reais da Europa.

---

2. Tratado entre a Santa Sé e as coroas de Portugal e Espanha. O papa delegava aos reis a administração da igreja nos domínios coloniais.

3. Líder do Partido Colorado, segundo chefe dos exércitos libertadores e presidente do Uruguai.

Coube a Bento da Silva Lisboa, ministro em Viena e futuro segundo Barão de Cairu, essa incumbência que, após várias sondagens, concluiu por sugerir a escolha de uma das irmãs do Rei de Nápoles, a Princesa Teresa Cristina Maria de Bourbon. O Tratado para o matrimônio foi celebrado em 20 de maio de 1842, em Viena, pelos plenipotenciários Silva Lisboa e Vicente Ramires, ministro napolitano naquela capital. A oficialização do casamento foi realizada em Nápoles, tendo o imperador sido representado por seu futuro cunhado, o Conde de Siracusa.

A Questão do Rio Amazonas

Os antigos tratados entre espanhóis e portugueses de 1750 (artigo XVIII) e de 1777 (art. XIII) consideravam "comum" a navegação nos rios contíguos e "privativa", onde as margens do rio pertencessem à mesma coroa.

Logo após a independência, o Brasil se achava numa posição nitidamente contraditória quanto aos interesses políticos que tinha no Amazonas, ou seja, eram exatamente o inverso dos interesses políticos que tinha em relação aos rios formadores da bacia do Prata: por um lado, como detentor da foz do Amazonas, estava pouco interessado em fazer concessões aos donos das cabeceiras dos rios que formavam a sua Bacia – Bolívia, Peru, Colômbia, Venezuela –, e por outro, em que o domínio da foz do Prata era da Argentina e do Uruguai, o Brasil é que era o senhor de suas nascentes e de seus ribeirinhos.

Desde o século XVII, o rio Amazonas despertou a atenção de todo o mundo, tanto pelo interesse científico no seu conhecimento geográfico como por suas riquezas e possibilidades. Foi assim que, já em 1843, o *Boston Daily Times* abordava este assunto de sua navegação, criticando o antigo sistema do monopólio português aplicado ao grande rio. E o tenente Maury, da marinha dos Estados Unidos, liderou uma grande campanha em favor da abertura do rio à navegação estrangeira; seus estudos científicos, suas publicações, seus esforços de propaganda levaram secretários de Estado americanos, como Clayton e Webster, a discutir o assunto com ministros brasileiros em Washington. A questão envolvia as repúblicas andinas, Bolívia, Peru, Equador e Colômbia, que, apesar de terem suas maiores densidades demográficas na vertente do oceano Pacífico, não deixavam de reivindicar seus direitos a um caminho mais curto para o Atlântico, via marítima de maior proximidade para a Europa e de escapar assim às dificuldades e dos perigos do roteiro pelo Estreito de Magalhães.

Em 1850, com o envolvimento militar do governo imperial no rio da Prata, estes movimentos pressionaram para obter concessões no Amazonas. As principais ameaças partiram dos Estados Unidos, sob forma de expedições científicas, com a solicitação de passaportes para a navegação do Amazonas. A atitude norte-americana era alarmante, pois a conquista do Texas estava recente e o Congresso americano também se ocupava desta questão do Amazonas, provocado por mensagem presidencial – o imperialismo era ameaçador nas suas críticas à atitude do governo imperial.

A Estratégia Imperial

Neste contexto, os EUA concluíram um tratado de navegação com o Peru, que abria os seus portos fluviais aos americanos; e um decreto boliviano, do presidente Belzú, hostil ao Brasil, abria os portos bolivianos dos rios Mamoré e Madeira, atiçando assim as demonstrações contrárias ao Império, resultado da campanha jornalística de Maury. Quando se referiam ao acesso a portos bolivianos pareciam ignorar que as quedas do Madeira não os tornavam acessíveis – o decreto de Belzú era, na realidade, uma burla.

A 30 de agosto de 1852, Irineu Evangelista de Sousa, o Barão de Mauá, obteve do governo imperial o privilégio exclusivo da navegação do Amazonas, durante 30 anos. Nesta época, na Convenção de Memphis, destinada a discutir os problemas sulistas do EUA, Maury não hesitou em apresentar a questão da navegação do Amazonas, defendendo uma tese, esdrúxula, de que a calha do Amazonas era um prolongamento da calha do rio Mississipi.

Porém, depois de várias explorações estadunidenses na Amazônia peruana e diante dos obstáculos da natureza, o entusiasmo arrefeceu, em razão dos maus negócios que para eles se apresentaram. Posteriormente, a questão pôde ser discutida mais serenamente com o ministro americano Trousdale, ao qual o governo do Rio de Janeiro recusou a abertura imediata do Amazonas, fazendo promessas para o futuro. A partir de 1854 a questão evoluiu e o Brasil tratou de conciliar sua ação na Amazônia com os precedentes de sua política na bacia platina, que parecia mais contraditória do que o era em realidade.

Ainda em relação à navegação do rio Amazonas, a política imperial instituiu, em seus respectivos territórios, o uso exclusivo dos rios sob a sua soberania, não se recusando, todavia, em concluir acordos com os estados marginais. Entretanto, receava facilitar a entrada e o estabelecimento de elementos estrangeiros nesta vasta região ainda despovoada. Tinha receio das ambições dos Estados Unidos, das pretensões da Grã-Bretanha e também da França, possuidoras das Guianas.

O governo acreditava que os problemas de cada um dos interessados na navegação poderiam ser resolvidos por convenções bilaterais com os países cortados pelos rios, subordinando, entretanto, as discussões a uma delimitação mais exata das fronteiras existentes com os respectivos países em suas colônias. Estas diretivas foram aprovadas em 1854 pelo Conselho de Estado. Só então seria conveniente tratar do assunto com os Estados Unidos. Com diplomacia prudente e comedida, o Império resistiu e venceu a pertinaz política dos Estados Unidos.

Por outro lado, internamente houve forte corrente favorável à liberdade de navegação do Amazonas. Tavares Bastos, nas *Cartas de um Solitário*, e outros, se destacavam na defesa da causa. Não eram necessárias negociações: a medida a tomar devia ser apenas um decreto. Apesar das pressões externas, D. Pedro II não cedeu até 1866, quando julgou oportuno – por ser necessária nos fóruns internacionais uma postura coerente já que interessava ao Brasil, com respeito aos rios da bacia do Prata a liberdade completa de navegação – redigir este decreto que abria o Amazonas à navegação internacional, franqueando também o Tocantins, o Tapajós, o Madeira e o rio Negro. O São Francisco também era aberto até Paulo Afonso.

As Questões Inglesas

Com a derrota de Napoleão, a Inglaterra assume sua hegemonia na Europa e passa a exercer de forma definitiva um papel central na história mundial. Lá, os opositores internos da abolição do tráfico e da escravidão foram vencidos após a meritória campanha de Wilberforce, ao longo da segunda metade do século XVIII. Em consequência, os ingleses, desde o início do século XIX, tornaram-se abolicionistas, se bem que somente em 1838 tenham proclamado a abolição total da escravidão em suas colônias.[4]

Contudo, a Inglaterra já estava atrasada nesta questão. A França, por exemplo, teve a abolição da escravidão aprovada pela Assembleia em 1794, embora Napoleão, Primeiro Cônsul, a restabeleceu em 1802, mas ela foi finalmente extinta em 1848, indenizando-se, contudo, os proprietários atingidos pela medida.

A partir de então, foram os portugueses, espanhóis e brasileiros, que mais se dedicaram ao tráfico de escravos – atividade que se tornou muito mais lucrativa quando ficou clandestina. De certa forma, esta situação conferia ao Brasil um certo domínio marítimo do Atlântico Sul, além de manter viva nossa presença na África.

Mas isto contrariava os ingleses. É interessante observar que, usando dos privilégios que desfrutava após o apoio dado à transmigração da corte portuguesa para o Rio de Janeiro, o governo inglês conseguiu, através do artigo X, daquele Tratado de Aliança e Amizade, celebrado com Portugal em 1810, que o Príncipe Regente aceitasse ser má política o comércio de escravos e resolvesse cooperar com o Rei da Grã-Bretanha, adotando em seus domínios uma gradual abolição do comércio de escravos.

Na ata final do Congresso de Viena, a Inglaterra tentou, sem sucesso, incluir uma cláusula que equiparasse o tráfico à pirataria. Conseguindo, entretanto, que, no anexo XV da referida Ata, constasse, em princípio, a condenação do tráfico. Na mesma época, ela assinou com Portugal um tratado para a abolição do tráfico de escravos na faixa da costa africana que ia do norte até o Equador. Além disso, este acordo bilateral previa que D. João adotaria "em seus domínios, uma gradual abolição do comércio de escravos", e, já em 1817, consegue de Portugal a anuência para que fosse reconhecido o "direito da Grã-Bretanha de visita e busca" nas embarcações suspeitas de tráfico e a criação de "comissões mistas" para julgarem os navios apresados, que passaram a funcionar em Serra Leoa e no Rio de Janeiro.

Após a independência, a Grã-Bretanha também pressionou o governo imperial, tendo inclusive vinculado o reconhecimento do novo governo à abolição do tráfico. Em 23 de novembro de 1826, foi assinada uma convenção, objetivando pôr fim

---

4. Seria interessante recordar que, anualmente, no final do século XVIII, o tráfico retirava cerca de 100.000 escravos negros da África para as Américas, transportados pela Inglaterra (38.000), França (31.000), Portugal (25.000), Holanda (4.000) e Dinamarca (2.000). Os negreiros haviam também trocado de rota, durante o século XVIII, metade deles se dirigia às Antilhas inglesas, holandesas e francesas. No século XIX não tiveram senão dois destinos: o Brasil e Cuba. Depois que a França perdeu o Haiti, Cuba tornou-se o primeiro produtor mundial de açúcar e reclamava incessantemente por mais escravos, sendo que, uma parte era revendida aos fazendeiros do sul dos Estados Unidos. No Brasil, a necessidade de mão de obra escrava aumentava em decorrência da crescente produção de café.

A Estratégia Imperial

ao comércio da escravatura na Costa da África, a qual, além de revalidar os compromissos anteriormente assumidos pela Metrópole, estatuiu:

1. A supressão definitiva do tráfico num prazo de três anos após a troca das ratificações;
2. A libertação dos negros importados ilegalmente; e
3. O término do "direito de visita" em 1845.

O choque entre a estratégia nacional do Brasil e os interesses estratégicos ingleses no Atlântico se deram principalmente na questão, abjeta, da escravatura. Havia, de um lado, os interesses escusos dos traficantes – na maior parte estrangeiros –, ávidos de não perder os lucros extraordinários que obtinham, e que eram sustentados pela maioria absoluta dos produtores rurais. De outro, o governo e o almirantado da Grã-Bretanha, que estavam lutando por uma nobre causa, mas que na verdade defendiam o domínio dos mares e os interesses diretos da hegemônica indústria britânica. Os ingleses se mostravam insensíveis aos desejos nacionais brasileiros que, de certa forma, estavam ligados ao tráfico que habilmente manipulavam. A cada excesso cometido pelos navios ingleses, correspondia a uma contrariedade no povo e no governo, fazendo crescer o sentimento nacionalista. Com a multiplicação desses abusos, a ação inglesa tornou-se unilateral, levando a Comissão Mista de Serra Leoa a funcionar sem representantes brasileiros. Com isso, em 1845 os ingleses sancionaram o famoso *Bill Aberdeen,* que determinava o aprisionamento dos navios negreiros, mesmo em águas brasileiras, e o julgamento de seus comandantes pelo Almirantado inglês, intensificando, consequentemente, as ações inglesas contra o comércio de escravos assim como as reações a elas. Esta medida gerou protestos no Brasil e no Mundo, provocando pânico entre os traficantes e proprietários de escravos, inflacionando o mercado e, com isso, aumentando a entrada de mais escravos.

Na verdade, o tráfico aumentava, em proporção muito superior ao que seria possível esperar, assim, em 1845, ano da sanção do *Bill,* o Brasil importara 19.453 escravos; em 1846, 50.324; em 1847, 56.172; em 1848, 60.000; em 1849, 54.000; em 1850, 23.000; em 1851, 3.287; e em 1852, 700. Em 1852 entrou em vigor a lei Euzébio de Queiroz, que previa o fim do tráfico negreiro, criando, internamente, grandes entraves ao tráfico, tendo sido a principal responsável por este sensível decréscimo.

Essa baixa vertiginosa no quadro da importação de escravos deve-se à atitude do governo imperial, que soube ver o interesse maior do país, ao procurar solucionar, diretamente, sem a colaboração de outras potências, o grande e complicado problema do tráfico, apesar da atmosfera de ressentimentos e de indignação popular, acirrada pelos traficantes e grandes proprietários. Assim, o assunto passou para o campo do direito interno, tendo sido sancionada a lei que suprimiu definitivamente o tráfico, em 4 de setembro de 1850, estatuindo penalidades graves para seus infratores, com o acordo da opinião, aliás um tanto isolada, de uma elite de estadistas. O então ministro do Império, Eusébio de Queiroz, tomou as medidas necessárias para a rigorosa aplicação do texto legal, extinguindo-se, assim, um problema que tantas dificuldades trouxera ao governo imperial.

Aspectos de Nação

Dois pequenos problemas diplomáticos suscitaram uma outra questão com a Inglaterra, dando origem ao episódio conhecido como a Questão Christie. O primeiro caso originou-se na pilhagem da carga de uma embarcação inglesa que naufragou nas costas do Rio Grande do Sul, em 1861. Apesar dos esforços das autoridades brasileiras, os saqueadores conseguiram fugir. O segundo incidente deu-se no Rio de Janeiro, no ano seguinte. Dois oficiais da marinha britânica, embriagados e à paisana, foram presos e logo depois liberados, por terem desrespeitado uma autoridade brasileira.

Christie, representante do governo inglês junto ao Império, unindo os dois casos, exigiu o pagamento imediato de indenização pelo primeiro e amplas satisfações pelo segundo, inclusive com a punição de funcionários. O governo brasileiro rejeitou as exigências, o que levou o diplomata inglês a determinar o apresamento de navios mercantes brasileiros pela Marinha Real. Este fato, ocorrido nos primeiros dias de 1863, provocou grande comoção popular no Rio de Janeiro, levando o governo brasileiro a romper relações com a Inglaterra.

Contudo, as autoridades do império, reconhecendo a origem puramente pessoal do conflito, e levando em conta a antiga amizade das duas casas reais, admitiu, pouco depois, que o caso fosse decidido por arbitramento do Rei da Bélgica, Leopoldo I, que deu um laudo inteiramente favorável ao Brasil, motivo pelo qual, a Inglaterra, reconhecendo a precipitação com que agira o seu ministro Christie, incumbiu a um novo embaixador apresentar a D. Pedro II as escusas do governo de Sua Majestade britânica.

A Bacia do Rio da Prata

Como já enfocamos, a formação da estratégia nacional do Brasil, nos seus primórdios, estava vinculada à velha visão estratégica portuguesa para o seu antigo território americano. Neste contexto, a questão da bacia do rio da Prata sempre foi central.

Embora desconhecida por muitos, o Império teve uma política clara na bacia do Prata com respeito às terras hispânicas recém-libertadas da condição de colônia. O objetivo ali era claro: dar força ao cantonalismo próprio dos hispânicos, de tal forma que não se pudesse constituir um único Estado Nacional capaz de vir a rivalizar com o Império pelo domínio da região.

Os povos da bacia do rio da Prata, inclusive os descendentes dos lusos, estabelecidos no sul do Brasil, tinham características comuns e íntimo relacionamento devido às mesmas dificuldades que vivenciavam. O formato geográfico da imensa planície – os pampas, formados por campos muito propícios à criação de gado – fez com que tivessem o mesmo modo de vida e, praticamente, as mesmas atividades. Por outro lado, apesar dos costumes idênticos, dos interesses comuns e até dos laços de sangue que os unia, quando da venda desses mesmos produtos, os habitantes, de um e outro lado da fronteira, eram competidores nos mesmos mercados (interno e externo).

Entretanto, havia uma pequena diferença entre eles, os descendentes de espanhóis tinham claras vantagens sobre seus concorrentes brasileiros, devido à supe-

A Estratégia Imperial
325

rioridade do trabalho livre sobre o regime escravista. Os luso-brasileiros, na época, não encontravam as razões desta vantagem e ao procurar explicar o fenômeno, não atinavam para a verdadeira causa. Isto, e a natural tendência à violência, que prevaleceu na estruturação destas sociedades nascentes, também explicam estas conturbações na região do rio da Prata no século XIX. O Uruguai foi o ecúmeno deste processo.[5]

Acresce-se, ainda, a esta competição desvantajosa para os brasileiros, o caráter provisório da Convenção de 1828[6] e a Revolução Farroupilha, de 1835 a 1845, na Província do Rio Grande do Sul – de caráter liberal, pregava a autonomia da província frente ao Império, criando assim muitos problemas ao governo.

No período colonial, os Tratados de Madri de 1750 (artigos IV e V) e de San Ilde-fonso de 1777 (artigos III, IV, V e VI) estabeleceram os limites entre as duas coroas na região sul. Contudo, depois da tomada de Montevidéu, em 20 de janeiro de 1817, foi acertado, entre o Cabido daquela capital e o general Lecor, chefe das forças portuguesas, os limites entre as províncias da Cisplatina e a do Rio Grande de S. Pedro do Sul, que reconhecia como pertencente a esta última, o território entre os rios Arapei e Quaraim, além da fortaleza de Santa Teresa e do forte de S. Miguel. Posteriormente, reuniram-se em Montevidéu, em abril de 1821, o Cabido e os deputados das diversas povoações decidindo-se então pela incorporação da Banda Oriental, Cisplatina, ao Brasil. A separação processou-se em 1828.

A Argentina sempre manteve laços intensos com o Uruguai. O comércio intenso entre a antiga Colônia do Sacramento e Buenos Aires, apesar das proibições vigentes, fez parte da nossa história colonial. Não se pode esquecer também que a maioria da população portenha, no século XVII, era de origem portuguesa. Contudo, isso tudo contribuiu para que a Banda Oriental fosse causa de permanentes choques entre Buenos Aires e o Brasil, antes e depois da Independência.

Após a Convenção Preliminar de Paz, de 1828, esse cenário mudou de feição, todavia, seja pelo sonho da reconstituição do antigo território do Vice-Reinado, seja pelas querelas da política interna, o Uruguai era, ainda, a causa desses choques. Para o Brasil, o domínio da Banda Oriental representava a formatação de um espaço ilhado e atendia ao discurso estratégico do espaço insular.[7]

O período compreendido entre a independência e a vitória na Guerra do Paraguai, a centralidade das questões externas do Brasil estava posta na bacia do rio da Prata, e, dentro desta centralidade crescia a presença do Uruguai. Três personagens dominaram a política desta república nessa época: Rivera, Oribe e Lavalleja.

---

5. A população do Uruguai era muito dividida entre descendentes de espanhóis e portugueses. Dos 75.000 habitantes existentes na primeira metade do século XIX, cerca de 14.000 eram exilados argentinos, postos em Montevidéu, enquanto 25.000 eram de sangue lusitano. Os argentinos deixaram Buenos Aires por se oporem ao caudilho Rosas. Muitos dos descendentes dos portugueses encontravam-se no Uruguai desde os tempos da anexação da Cisplatina, onde haviam constituído importantes estâncias. Permaneciam, também, indefinidos os limites entre a República e o Império, que só viriam a ser consagrados no Tratado de 12 de outubro de 1851.

6. Tratado assinado entre o Brasil e as Províncias Unidas reconhecendo a independência do Uruguai.

7. A ideia de ser uma ilha conspirava a favor da construção de um Estado Nacional era algo presente no imaginário da época, pela posição hegemônica da Grã-Bretanha. A ilha do Brasil só seria possível se tivesse como costas, além do Atlântico, a calha do Rio da Prata e a calha do Amazonas.

Aspectos de Nação

Em 1832, pouco depois da promulgação da Constituição do Uruguai e da eleição de Frutuoso Rivera, seu primeiro presidente, foram criados dois partidos nacionais que até recentemente[8] dominavam a vida política do país: o Partido Colorado, que congregava os adeptos do presidente Rivera; e o Partido Blanco, que apoiava Lavalleja, oponente derrotado, que se insurgiu. Nesta luta, Lavalleja conta com o apoio de Rosas,[9] caudilho da Argentina, e também do coronel Bento Gonçalves, importante chefe político da província do Rio Grande do Sul que chegou a invadir, em 1834, o território oriental para auxiliar o Partido Blanco, contrariando as ordens do governo imperial.

O ano de 1835 foi muito importante para a estratégia brasileira no rio da Prata. Neste ano, Bento Gonçalves rebela-se contra a Regência, iniciando a Revolução Farroupilha, que só foi debelada em 1845. Rivera termina seu mandato e é substituído pelo seu correligionário Manuel Oribe, enquanto o caudilho Rosas assume o governo da Argentina pela segunda vez.

O presidente Juan Manuel de Rosas uniu-se ao então ministro da guerra do Uruguai, Manuel Oribe, na tentativa de construir um só país. De início, Manuel Oribe manifesta-se contrário, tanto a Bento Gonçalves como a Lavalleja, depois, ao longo de seu governo, muda de posição, e se alia a Rosas, e, como Lavalleja, vai apoiar também Bento Gonçalves. Declara-se aí contra Rivera que foi neste momento derrotado, mas, que, pouco depois, invadiu o Uruguai, aliando-se aos Farrapos que Rosas e Oribe passaram a hostilizar. Neste clima de contradições, Rivera volta a combater Oribe com sucesso em 1836, desbaratando suas tropas em Palmar, apesar do auxílio concedido por Rosas. Oribe fica então sitiado em Montevidéu, enquanto Rivera domina o resto do país.

Os argentinos buscam o apoio do Brasil para a negociação de um acordo de extradição que envolvesse também Oribe. Rosas alegava ser um grave problema para todos a união dos colorados uruguaios, dos rebeldes farroupilhas e dos proscritos unitários argentinos. Contudo, a invasão de tropas argentinas em território uruguaio afastou o Império das mesas de negociação.

Oribe é então levado à renúncia e se retira para Buenos Aires, enquanto Rivera é reeleito presidente. Rosas, tendo notícias de que na República Oriental se tramava uma conspiração contra ele, invade o Uruguai, mas é derrotado em 1839. O governo brasileiro se mantém neutro, e não aceita os acenos de Rosas para uma aliança que teria como objetivo retirar Rivera do poder. Rosas volta, entretanto, a enfrentar Rivera, que acaba sendo derrotado em Arroio Grande, em 1843. Os argentinos fazem

---

8. Em 2004 foi eleito Presidente da República um candidato de outra corrente política que não esses dois partidos. Um candidato da Frente Ampla, rompendo com quase dois séculos desta dualidade.

9. Já na Argentina, a disputa após a independência se processava entre federais e unitários. Estes últimos, fracassando a Constituição de 1826 e com a renúncia de Rivadavia, dois anos depois, desprestigiaram-se grandemente. Neste clima ganha prestígio D. Juan Manuel de Rosas, grande propugnador do federalismo que, eleito pela Assembleia de Buenos Aires, governou aquela cidade e, mais tarde, toda a Argentina, de 1830 a 1852, tendo se retirado só em um breve intervalo de três anos. Isto levou os unitários para o exílio. Sarmiento e Mitre refugiam-se no Chile; contudo, a maioria dos opositores de Rosas foi para Montevidéu, onde vieram a criar sérios problemas para a nação recém-organizada.

A Estratégia Imperial

chegar ao Brasil documentos que provam a aliança de Rivera com os Farroupilhas e propõe ao Império uma aliança destinada a destruir o poder de Rivera no Uruguai e os Farroupilhas. O Império cede e se assina um tratado com este objetivo, que não veio a ser ratificado pelos argentinos sob a alegação que no tratado o Império não explicitava o seu apoio a Oribe. O governo imperial vê nesta posição da Argentina uma manobra pérfida. Na verdade, sentindo-se suficientemente poderoso, Rosas não vê mais sentido em dividir seu imaginado controle sobre o rio da Prata. Oribe se apodera de quase todo o Uruguai e se estabelece em Cerrilo, localidade perto de Montevidéu. Esta cidade é sitiada e somente dez anos depois consegue se ver livre de um cerco impiedoso.

As potências europeias, preocupadas com a situação, buscaram exercer sua influência na região, e no meio das questões provocadas por Rosas e Rivera, tanto a Inglaterra como a França tentaram interceder, se oferecendo como mediadores. A França alegava também estar enfrentando indevidas dificuldades comerciais, e por isso resolveu criar um bloqueio marítimo a Buenos Aires, em 1838, o que provocou mais uma manifestação de apoio de Oribe a Rosas. Esta crise se resolveu, em 1840, quando os franceses acordaram um tratado com Rosas.

As ações de bloqueio eram um fato normal àquela época e Rosas, para reforçar o cerco de Montevidéu, decretou o bloqueio naval àquela cidade, que foi reconhecido pelos ingleses. O governo imperial, a princípio, tendeu a acompanhar o procedimento inglês; entretanto, Cansanção de Sinimbu, representante em Montevidéu, recusou-se a aceitar o bloqueio, provocando violenta reação diplomática da Argentina. O bloqueio não se efetiva, mas, em decorrência de sua desobediência, Sinimbu volta para o Rio de Janeiro.

A reação da diplomacia argentina e a reafirmação, em 1844, por parte do Brasil, do reconhecimento da independência do Paraguai, muito contribuíram para deteriorar nosso relacionamento com Rosas, sempre esperançoso de reconstituir o antigo vice-reinado do rio da Prata.

A situação em Montevidéu se deteriora em decorrência do cerco e das dificuldades financeiras que surgem pela diminuição dos subsídios que vinham do governo francês. Isto leva a uma ainda maior ingerência do Império, que, crescentemente, se manifestava a favor dos sitiados e, consequentemente, contra Oribe, tendo, através da intervenção empresarial do Visconde de Mauá, gerado condições para o restabelecimento da situação financeira da praça sitiada.

As pressões econômicas e militares argentinas criaram grandes dificuldades em Montevidéu, provocando um clima de extrema beligerância e até de guerra civil na região. Além disso, as queixas dos brasileiros, proprietários de terras no Uruguai, que se diziam vítimas dos desmandos das tropas de Oribe, incitavam os estancieiros gaúchos que, sob o comando do Barão de Jacuí, realizavam incursões punitivas em territórios uruguaios. Tudo isto apontava para uma interferência cada vez maior do Império, na crise da região, conduzindo a um desagrado, também crescente, de Rosas, que termina com o rompimento de relações diplomáticas entre o Império e Rosas, em 1850.

Aspectos de Nação

Para sustentar suas posições, o Império busca novas alianças, e estabelece um tratado com o Paraguai. Com a província argentina de Entre Rios, situada entre o Paraguai e a região de Buenos Aires, governada por Urquiza, foi assinado um convênio, que também envolvia os paraguaios, tratando, especialmente, sobre a expulsão de Oribe e das forças de Rosas do território uruguaio, assim como da futura constituição do governo da República Oriental, a ser presidido pelo general Garzon.

As operações militares foram iniciadas em meados de 1851, logo após a ruptura de Urquiza com Rosas. A esquadra brasileira, no rio da Prata, estava sob o comando do almirante Grenfell, e o Conde de Caxias foi nomeado presidente da Província do Rio Grande e comandante em chefe do Exército. Entretanto, sem qualquer reação, as forças de Oribe renderam-se ao general Urquiza em 12 de outubro. Neste mesmo dia, no Rio de Janeiro, foram assinados os Tratados de Aliança, de Limites, de Comércio e Navegação, de Extradição e uma Convenção de Subsídio, entre o Brasil e o Uruguai.

Concluída esta primeira fase das operações, os aliados reiniciaram as operações militares para liberar o povo argentino do governo de D. Juan Manoel de Rosas. Coube a Caxias, que permaneceu na Colônia do Sacramento, o plano da nova campanha para atacar Buenos Aires. A Armada, sob o comando de Grenfell, forçou a passagem de Tonelero e desembarcou o exército, cuja divisão brasileira era comandada pelo brigadeiro Manuel Marques de Souza, depois conde de Porto Alegre. Em 3 de fevereiro de 1852, em Monte Caseros,[10] deu-se o choque definitivo. Vencido, Rosas assinou sua renúncia e refugiou-se, com a filha Manuelita, em navio britânico, seguindo para a Inglaterra, onde viveu até sua morte. Foi, então, organizado um novo governo em Buenos Aires, chefiado por Urquiza, que, em 1856, assinou um Tratado de Amizade, Comércio e Navegação entre o Império e a Argentina.

Mas Caseros não foi a solução definitiva para as questões que vicejavam no rio da Prata. Após esta batalha, com a morte de Garzon, voltaram a imperar a intranquilidade, a insegurança e a instabilidade no Uruguai. Sérios problemas políticos internos se refletiam até em Buenos Aires, enquanto a desordem anarquizava a vida dos brasileiros residentes no Uruguai e em toda a região fronteiriça da Província do Rio Grande.

Em 1852, Juan Francisco Giró foi eleito presidente do Uruguai, tendo renunciado um ano depois. Após um conturbado mandato, foi obrigado a refugiar-se na legação francesa. Assumiu o governo um triunvirato composto de Lavalleja, Rivera, ainda exilado no Brasil, e o chefe dos colorados D. Venâncio Flores. O primeiro faleceu em outubro de 1853, o segundo, ao retornar a Montevidéu, em princípios do ano seguinte, restando Flores, que foi eleito presidente em 1854 para um mandato de apenas dois anos. Em 1855, foram realizadas novas eleições presidenciais, vencida, entretanto, pelo candidato de Oribe, Gabriel Antonio Pereira.

---

10. Caseros é um marco na história da formação nacional em torno do rio da Prata. Representa o atestado da renúncia expansionista do Império, assim como a renúncia uruguaia à mentalidade de província que lhe procurava impor a Argentina.

A Estratégia Imperial 329

O governo de Gabriel Pereira foi muito conturbado. Ele procurou se manter neutro e imparcial, alheio aos partidos, mas era um político vacilante e pouco hábil. Atacou a independência do poder legislativo, suprimiu a liberdade de imprensa, enfrentou uma revolução armada, deportando militares e, cometendo o erro de mandar fuzilar chefes revoltosos, homens respeitados da história do Uruguai, entre outros, Cesar Diaz, herói de Caseros e Manuel Freire um dos *Treinta y Tres* do ano 25. Veio a capitular em Paso de Quinteros, ao norte de Durazno.

Bernardo Berro foi o sucessor de Pereira que, apesar de uma boa administração econômica e financeira, também violou a Constituição. Durante seu governo deu-se uma grande emigração colorada para Buenos Aires. Por fim, Venâncio Flores, à frente de um destacamento, dito libertador, marchou sobre Montevidéu, e, apesar de terem derrotado as forças governamentais em vários encontros, foram vencidos, falhando também as negociações. Berro conduziu as eleições que levaram à presidência Atanásio Aguirre, em março de 1864. Quando este assume a Presidência do Uruguai a crise política atinge o seu ápice. Flores e seus partidários tumultuavam os Pampas.

A Guerra do Paraguai

No Paraguai, o recém-empossado no poder, Francisco Solano Lopez, via na conturbada situação da república uruguaia o espaço ideal para evoluir o seu projeto estratégico de construir um grande Paraguai que envolveria parte do norte da Argentina, do sul do Brasil, e até o próprio Uruguai. Intensificavam-se, na mesma época, também, os atentados contra os bens de brasileiros na região. A própria situação de instabilidade interna do Uruguai, com bandos armados a percorrerem continuamente todo o país, dava origem a esses excessos, que se intensificavam quando havia reação. Os estancieiros brasileiros criaram suas próprias milícias e se envolviam permanentemente no Uruguai, reagindo ali às agressões e na corte criando no Rio de Janeiro uma atmosfera política que inibia a prudente expectativa por parte do Império na crise no país vizinho.

Em princípios de 1864, o brigadeiro Neto veio ao Rio de Janeiro para expor à Corte as atrocidades cometidas contra brasileiros no Uruguai. Trazia uma representação formal dos estancieiros gaúchos e um apelo ao governo. Também em 1864, caiu o governo conservador e assume um ministério liberal comandado por Zacarias de Góis e Vasconcelos. No Parlamento surgem várias críticas à atuação do governo brasileiro na crise uruguaia e a pressão da opinião pública acaba conduzindo a uma reversão no sentido de uma ação mais forte do Brasil na região.

A intervenção do Império na questão uruguaia se processa pelo envio de um ultimato a Aguirre, onde o Império exigia compensações pelos prejuízos causados a brasileiros, punição dos responsáveis e a instauração de uma era de justiça; se fosse recusado o pedido, tropas brasileiras de terra e mar efetuariam represálias. A procrastinação da decisão uruguaia leva ao cumprimento do ultimato. A intervenção brasileira se dava claramente pelo rompimento de sua pretérita

Aspectos de Nação

neutralidade e pela sua opção por Flores com quem faz um acordo secreto. Aguirre, sitiado em terra por Flores e no mar pela esquadra brasileira comandada por Tamandaré, resolve capitular. Termina assim a chamada crise uruguaia. Restava o Paraguai.

Até Caseros, a Argentina não se conformava com a atitude tomada pelo Paraguai quando da Independência, de recusar o convite para integrar as Províncias Unidas. Tinha a esperança de reincorporá-lo, refazendo também, com a Bolívia, o antigo vice-reinado do rio da Prata que havia sido criado por Carlos III. Daí resultou sua recusa em reconhecer a independência paraguaia e a irritação, transformada em protesto, com que assistiu ao primeiro reconhecimento oficial por parte do Império, em 1842, e a renovação desse reconhecimento em 1844, culminando na preocupação paraguaia de se prevenir contra quaisquer eventuais ataques do sul – toda a estratégia de Francia e de D. Carlos Antonio tinha essa razão de ser.[11]

Pela sua posição autossuficiente, em 1860, o Paraguai era, ainda, praticamente desconhecido no Uruguai. O Brasil já o conhecia.

D. Carlos Antonio faleceu em 1862 e foi substituído na Presidência por seu filho Francisco Solano Lopez que, já aos 18 anos, havia sido nomeado general, comandante em chefe do Exército e Ministro da Guerra, tendo, desde aquela época, considerável influência nas decisões do governo. Ele buscou o fortalecimento militar do Paraguai, quer intensificando os projetos de defesa que seu antecessor iniciara, com o apoio, inclusive, do Brasil, quer aumentando os efetivos de seu exército, tendo conseguido, em dois anos, reunir de 80 a 100.000 homens, munidos de fuzis e artilharia, enquanto o Brasil não contava na mesma época senão com 17.000 homens em seu Exército.

Buscava, assim, criar uma estratégia nacional para o Paraguai e ter voz ativa na problemática do rio da Prata e participar das grandes decisões que, a respeito, tomavam os três outros países. O Brasil não parece ter sido, em um primeiro momento, o alvo dessa política: ela visava fortalecer militarmente o país, para garantir seu plano de expansão territorial, com a absorção, segundo se dizia, de Corrientes, Entre Rios e o Uruguai, tornando-se, assim, uma potência atlântica.

Como já mencionamos, os acontecimentos que se passavam na República Oriental deram a oportunidade para Lopez intervir no cenário do rio da Prata. Em 13 de novembro de 1864, o governo paraguaio captura o vapor brasileiro "Marquês de Olinda", que navegava pelo rio Paraguai, rumo a Mato Grosso, aprisionando seus passageiros, inclusive o novo governador daquela Província, Carneiro de Campos e tripulação. A 13 de dezembro, o governo paraguaio declara guerra ao Brasil e a 26 inicia o ataque ao Forte de Nova Coimbra, invadindo a Província de Mato Grosso. Em janeiro, Solano Lopez pede ao governo da Argentina permissão para que as forças paraguaias atravessem as províncias de Corrientes e Entre Rios para atacar o Rio Grande do Sul. Diante da negativa de Mitre, declara guerra à Confederação e invade Corrientes, contando certamente com o apoio que esperava ter de Urquiza, que permaneceu, entretanto, inativo. Contudo, as circunstâncias não favoreceram

---

11. Primeiros governantes do Paraguai.

A Estratégia Imperial

o presidente paraguaio. A atitude de completo retraimento de Urquiza constituiu surpresa e sério revés aos planos de Lopez. E no Uruguai, em vez de contar com um governo amigo, deparou-se com Venâncio Flores, aliado do Brasil.

O governo argentino cedo verificou que seria difícil manter-se neutro, diante, inclusive, da invasão de seu território. A aliança dos três governos para combaterem o inimigo comum era a tendência política natural, necessitando somente de um tratado que a oficializasse. Foi o que se deu em 10 de maio de 1865 com a assinatura, em Buenos Aires, de um tratado conhecido como a "Tríplice Aliança".

Esse Tratado definiu no seu artigo 1º a sua própria finalidade: unirem-se os signatários "em aliança ofensiva e defensiva na guerra promovida pelo governo do Paraguai", esclarecendo em seguida que a Guerra não era "contra o povo do Paraguai e sim contra o seu governo". No artigo 3º tratou do "comando em chefe e direção dos exércitos aliados", que recaíram em Mitre, "devendo começar as operações de guerra no território da República Argentina ou na parte do território paraguaio que é limítrofe com aquele". Entretanto, as Partes Contratantes firmam "o princípio da reciprocidade para o comando em chefe, caso as ditas operações se houverem de transladar para o território brasileiro ou oriental". De acordo com o artigo 6º, os aliados comprometiam-se solenemente a não deporem as armas, se não de comum acordo, e somente depois de derrubada a autoridade do atual governo do Paraguai; bem como a não celebrarem tratados de paz, trégua ou armistício, nem convenção alguma para suspender ou findar a guerra, se não de perfeito acordo entre todos. No artigo 7º se referia ao Estado paraguaio, tema que suscitaria graves problemas. "A independência, soberania e integridade da República do Paraguai" estavam garantidas pelo artigo 8º, que assinalava com rigor lógico: "Em consequência, o povo paraguaio poderá escolher o governo e instituições que lhe aprouverem, não podendo incorporar-se a nenhum dos aliados e nem pedir o seu protetorado como consequência da guerra". A questão da livre navegação dos rios Paraná e Paraguai foi abordada no artigo 11, enquanto o 14 tratava do pagamento, pelo governo paraguaio, das despesas da guerra, bem como das reparações e indenizações. Por convenção, seriam regulados os temas relacionados com o pagamento da dívida "procedente das causas mencionadas". No artigo 16 estipulava as bases "que os aliados exigirão do governo do Paraguai" quando venha a celebrar, "com os respectivos governos, tratados definitivos de limites". Finda a guerra, as bases então previstas para o Tratado argentino-paraguaio iriam, seriam motivo de sérias dificuldades. Apesar da preocupação de tornar o Tratado secreto, conforme o artigo 18, "até que se consiga o fim principal da aliança", não se impediu, em breve, a divulgação de seu texto. Finalmente, pelo artigo 19, estabeleciam os signatários a forma com que começariam a vigorar as estipulações do Tratado: as que independiam da aprovação legislativa, "desde que sejam aprovadas pelos governos respectivos e as outras desde a troca das ratificações".

A primeira fase da guerra foi caracterizada pela ação ofensiva paraguaia, que, erroneamente, abriu duas frentes de batalha, ao atacar a província de Mato Grosso, ao mesmo tempo em que, atravessando a província de Corrientes, na Argentina,

Aspectos de Nação

buscava contato, com os aliados blancos uruguaios, em Paysandú. Fracassados nesta ofensiva, os paraguaios retornaram para seu território, passando à ação defensiva. Ao final da guerra o Paraguai encontrava-se aniquilado, sofrendo sua última derrota em Cerro Corá. A derrota paraguaia já se materializava com a entrada das forças aliadas em Assunção, em janeiro de 1869, mas só a 20 de junho de 1870 foi assinado em Assunção o protocolo preliminar de Paz.

A questão fronteiriça entre a Argentina e o Paraguai conduziu a que as negociações de paz prolongassem-se por dez anos. Todavia, esta guerra foi o ponto de partida de uma fase nova de relacionamento entre os quatro países, o que se evidencia no fato de que estamos prestes a comemorar quase um século e meio de ininterrupta paz nesta área.

O Legado Imperial

A Proclamação da República encontraria o Brasil na plenitude do seu prestígio internacional. Nossa política exterior merecera sempre do Império minuciosa e vigilante atenção. O Imperador tinha especial atenção com a correspondência das nossas missões diplomáticas e grande consideração pelo Ministério dos Negócios Estrangeiros. Muitas vezes o Imperador traçava de próprio punho as normas de procedimento e acompanhava de perto as negociações entabuladas sobre os assuntos vinculados à segurança e à integridade do Brasil. Era criterioso na busca de seus representantes no estrangeiro, dando invariável preferência aos homens que tinham o conhecimento da história e da geografia do Brasil e que estudavam os delicados e complexos problemas políticos e econômicos que resultavam da posição fronteiriça com quase todas as repúblicas sul-americanas.

Esta rigorosa seleção de valores conduziu a formação de um núcleo respeitável de técnicos e especialistas, a quem o governo brasileiro podia descansadamente confiar a defesa de seus múltiplos interesses. Ainda hoje a diplomacia do Brasil desfruta da invejável reputação que adquiriu desta época, e também graças a sua postura no concerto das nações, participando de forma adequada na arbitragem de algumas questões que envolviam outros países.[12]

Neste contexto de violentas convulsões internas que, em todos os países fronteiriços, precederam sua definitiva organização social e a consolidação das instituições republicanas, o governo brasileiro sempre manteve a mais estrita neu-

---

12. Como exemplo, apresentamos dois casos memoráveis: o primeiro com os estadunidenses: Depois da guerra de Secessão, as reclamações dos súditos franceses, prejudicados por essa sangrenta luta civil, foram julgadas por um Tribunal franco-americano criado em Washington pela Convenção de 15 de janeiro de 1880, cuja presidência coube ao diplomata brasileiro Tomás Fortunato de Brito, então Barão de Arinos. À oferta de bons ofícios, insinuada por algumas das grandes potências da Europa durante a Guerra de Secessão, o presidente Lincoln mandou responder que, em se tratando de uma questão puramente estadunidense, o respeito à Doutrina de Monroe não lhe permitia aceitar qualquer intervenção europeia, acrescentando que, caso se tornasse necessária a mediação de um governo estrangeiro, o que não se lhe afigurava provável, o interventor ou árbitro naturalmente indicado aos dois partidos em luta seria o governo imperial do Brasil.
Depois, no Chile, após a guerra do Pacífico entre este país, de um lado, e o Peru e a Bolívia, do outro, os tribunais arbitrais internacionais, constituídos em 1885 para apreciar e julgar as reclamações de súditos da Inglaterra, Alemanha, França, Itália, Áustria-Hungria, Bélgica e Suíça foram presididos por árbitros brasileiros, nomeados pelo Imperador D. Pedro II por solicitação expressa dos governos interessados, como nos casos anteriores.

A Estratégia Imperial

tralidade, seguindo uma política de escrupuloso respeito às soberanias alheias. Embora convivendo com frágeis vínculos de solidariedade continental, o Império, quando solicitado, jamais deixou de dar sua colaboração e nunca usou de sua força senão para repelir provocações ameaçadoras da sua segurança ou integridade territorial.

A verdade é que sofremos pela diferença de forma de governo, que foi motivo de cautela das Repúblicas americanas contra o Império brasileiro. Em vão, homens da mais alta estatura moral do Continente esforçavam-se por dissipar essas suspeitas e fazer justiça ao Brasil, apontando aos seus concidadãos os nobres exemplares de ordem, paz interna, liberdade e justiça, garantidos por uma monarquia que, no dizer de Mitre, era "una democracia *coronada*".

Na verdade, o império continuava a inspirar desconfianças às jovens democracias sul-americanas. Durante muitos anos, uma propaganda tenaz e insidiosa em livros, jornais e até em documentos de origem oficial, apontava o Brasil à execração continental, atribuindo-lhe propósitos de conquistas territoriais à custa de vizinhos menos poderosos e intuitos de predomínio político e militar que estavam longe do espírito do Império, como o futuro se encarregou de demonstrar. Aí já se encontravam os princípios basilares de uma nascente estratégia nacional.

Apesar de tantos tropeços e dificuldades, os estadistas da Monarquia, animados pelo desejo de eliminar ou reduzir ao mínimo as causas de atrito ou desinteligência com os países confinantes e, assim, preparar o terreno para uma larga política de compreensão mútua e confraternização sul-americana, nunca deixaram de entrar em entendimentos com cada um deles para o fim de regular as mais delicadas e complexas relações de comércio, navegação e vizinhança, e de liquidar amigavelmente a pesada herança das controvérsias territoriais, definindo as linhas de fronteira, ainda indeterminadas, entre os antigos domínios espanhóis e o território do vasto império de língua portuguesa na América.

Com esse objetivo, desde os primórdios da nossa vida política, o governo brasileiro iniciou uma série de negociações de que resultaram nos primeiros ajustes de limites, todos baseados no princípio do *uti possidetis* que, depois de haver sido estipulado e aplicado nos grandes atos diplomáticos celebrados por Portugal e Espanha, em fins do século XVIII, se tornaram norma fundamental, invocada e seguida invariavelmente pelos fundadores da política externa do Brasil no deslindamento de suas contestações territoriais com os países hispano-americanos.

Sumamente expressivo e demonstração da alta conta em que era tido o Império, foi o comentário do Presidente da Venezuela, Roias Paul, quando foi comunicado com a notícia da queda de D. Pedro II: "*Se ha acabado la única república que existia em América: el Imperio del Brasil.*"

19

A Diplomacia Republicana

É consenso em todas as análises recentes do sistema político imperial que, até a Guerra do Paraguai, havia um isolamento dos militares das demais estruturas burocráticas do Império. Foi a guerra e a constituição de um núcleo profissional no incipiente Exército da época que conduziram esta força armada à questão política e ao exercício do seu poder intervencionista nas questões nacionais.

A Guerra do Paraguai, pelo seu vulto, exigiu mobilização nacional e difere, pelas suas demandas, das intervenções anteriores do Império na bacia do Rio da Prata. Exigiu patriotismo como elemento de coerção do grande contingente envolvido na campanha militar. Tinha havido uma invasão estrangeira, uma afronta à integridade territorial. Havia uma clara ligação entre a defesa do território e o apelo ao espírito patriótico do povo. A construção do discurso patriótico foi o objetivo da elite governante neste período. Morrer pela pátria é bravura, é heroísmo, é básico para constituição do espírito militar.

Contudo conjugar este discurso em uma sociedade escravocrata foi uma tarefa hercúlea. No campo de batalha sempre se punha a contradição da cidadania. Esta contradição se fazia em paralelo à necessidade de se ampliar o Exército. Havia um choque permanente entre a regulação social adotada pelo Império e as necessidades da força. Conjuga-se a isto a existência de duas concepções distintas de pátria, no âmbito da oficialidade da força quando de sua reorganização para a guerra. A primeira, virtual, idealizada pelos seus comandantes, e a segunda, real, resultado da realidade sincrética de sua constituição e observada pelo núcleo profissional que se estruturava na reorganização da força. Foi na colagem do virtual com o real que a constituição de um Exército Nacional ganha dimensão e estatura com a figura de Caxias.

E esta colagem tornava-se ainda mais difícil numa época em que doutrinas europeias que se consideravam científicas defendiam a ideia de uma homogeneidade racial como basilar para a constituição de um bom Exército Nacional.

Aspectos de Nação

Mas os feitos da guerra se opunham, na prática, tanto a estas teorias quanto à segmentação social a que estava exposta a sociedade, já que os oficiais viam diariamente atos de bravura de seus subordinados, muitos dos quais desprovidos do espírito racial e social que os qualificava, na época para a elite imperial. Estes oficiais não os viam mais como párias da pátria, mas, sim, como fundadores de um grande Exército Nacional. Isto levou esta oficialidade a mais tarde, no final da década de 80 do século XIX, a contestar a monarquia e a ordem escravocrata que ela apoiava.

O prestígio do núcleo que se profissionalizava no Exército era resultado de um atributo decorrente do seu próprio mérito, algo que adquiria cada vez mais valor na força terrestre, ao longo de toda a guerra e do período que a sucedeu, contrapondo-se ao modelo baseado no valor vinculado ao posicionamento nas hierarquias sociais, como o estabelecido pela ordem monárquica. Não deveria importar mais os contatos existentes fora da corporação e sim a formação técnica e profissional do oficial. Esboça-se no âmbito da força terrestre um projeto institucional para o país, marcadamente antagônico com a ordem civil que havia sido imposta pelo pacto das elites a monarquia. Projeto este que levou à proclamação da República.

A abolição da escravatura, sucedida pela proclamação da República, se fez no caudal deste projeto, que adquiriu fortes componentes do pensamento positivista, em especial da visão de seu maior expoente, que propunha a regeneração social a partir de uma reestruturação do saber e da mente humana tomando por base a razão, cabendo aos sábios ou cientistas a preparação pedagógica para, depois, vir a se instaurar a sociedade industrial. Esta passagem positivista ganha relevância na medida em que a sua penetração no ideário do projeto que conduziu à proclamação da República tinha um forte componente autoritário, pois se via à frente das instituições para comandá-las e para dirigi-las.

Diretrizes

Os primeiros países a reconhecer a República brasileira foram os da América do Sul, começando pela Argentina e o Uruguai, logo acompanhados pelo Chile, Bolívia, Paraguai, Peru e Venezuela. Em janeiro de 1890, os Estados Unidos e o México adotaram a mesma decisão, seguidos pelos governos da América Central e Colômbia. As nações europeias, entretanto, absorveram mais lentamente a nova realidade institucional do Brasil. O reconhecimento da França foi feito em junho de 1890, o de Portugal em setembro e o da Inglaterra em outubro de 1891.

A Proclamação da República, em novembro de 1889, abriu importantes caminhos para a diplomacia brasileira. O rápido reconhecimento internacional do novo regime foi a primeira tarefa do ministro Quintino Bocaiuva, responsável pela pasta das Relações Exteriores do Governo Provisório, sob a chefia do marechal Manoel Deodoro da Fonseca. A mudança de regime não fora traumática, e esse fato, aliado ao anúncio de que os compromissos assumidos durante o período imperial seriam mantidos, facilitaram o trabalho do novo chanceler.

A Diplomacia Republicana

Com a Proclamação da República, não foi possível implantá-la como havia sido concebida pelos seus ideólogos positivistas. Apesar de um início promissor, depois de mais de uma década de conturbações, o governo caiu nas mãos da velha oligarquia que já havia prevalecido no Império, restabelecendo-se, em um novo formato, o antigo pacto das elites. Agora, sob o discurso dos interesses regionais, expressos pelos acordos das oligarquias provinciais, materializados, por exemplo, na chamada política do café com leite, que ora atendia à elite provinciana de São Paulo, ora atendia à de Minas Gerais.

O início do período republicano coincidiu com a etapa de mudanças sociais e econômicas, consequência do fim da escravidão, que estimulou o fluxo imigratório e a transformação do tecido social do país. O trabalho livre foi difundido, favorecendo o crescimento das cidades e estimulando a formação de um mercado interno.

Em 6 de setembro de 1893 iniciou-se um movimento de revolta de parte da esquadra brasileira ancorada no porto do Rio de Janeiro, com imediatas repercussões no mundo exterior. A disputa entre lideranças do Exército e da Marinha – o almirante Custódio José de Melo pretendia suceder o marechal Floriano na presidência –, que no seu âmago refletia o confronto entre republicanos e monarquistas, terminou envolvendo o relacionamento do Brasil com cinco potências mundiais: França, Grã-Bretanha, Itália, Portugal e Estados Unidos. A participação destas potências, a pedido de Floriano, sofreu duras críticas de seus opositores, destacando-se as condenações de figuras como Ruy Barbosa e Joaquim Nabuco. Ambos consideraram as gestões pró-intervencionistas como uma transgressão ao príncipio da soberania e um lamentável sinal de fragilidade política.

O evento teve particular repercussão sobre as relações com os Estados Unidos que, em atendimento às gestões diplomáticas brasileiras, foram responsáveis pela organização da chamada "Esquadra Legal", permitindo a presença naval estadunidense na baía da Guanabara. Partindo de uma neutralidade inicial, estas nações decidiram apoiar o governo brasileiro, em troca do compromisso do desarmamento do Rio de Janeiro. Esta mediação e as pressões exercidas pelas esquadras estrangeiras junto aos rebeldes da Armada brasileira, foram decisivas. Todavia, é importante mencionar, que a atuação destes países foi decisiva para evitar o bombardeio da cidade.

Este quadro de conturbação política levou ao adiamento das eleições presidenciais previstas para outubro de 1893. Sua realização só ocorreu após a rebelião ter sido totalmente debelada, em março de 1894, provocando o esvaziamento do movimento e a continuidade do regime republicano. O governo de Floriano Peixoto assegurou a vitória e a posse do novo mandatário, Prudente de Moraes, graças à ofensiva terrestre das forças legalistas e ao apoio estrangeiro na frente naval. Depois da posse a revolta perdeu seu sentido.

Apesar de favorável às forças governistas, o desenlace da Revolta da Armada provocou situações difíceis de contornar para a diplomacia brasileira, nos primeiros anos da República. Os governos sul-americanos, que procuraram não se

Aspectos de Nação

envolver na revolta, adotaram uma posição de discreta desaprovação ao pedido de participação das potências estrangeiras em assuntos internos da região.

Entretanto, mesmo tendo permanecido à margem durante todo o movimento, na fase final, a Argentina e o Uruguai concederam asilo aos oficiais e marinheiros sediciosos. Estes, mesmo derrotados no Rio de Janeiro, mantiveram fortes vínculos com a Revolução Federalista do Rio Grande do Sul – onde os combates prosseguiram até agosto de 1895. No caso de Portugal, a concessão de asilo aos revoltosos se deu à revelia das pressões do governo brasileiro, o que levou ao rompimento, por quase um ano, de relações com a nação lusitana.

É verdade que a Proclamação da República trouxe um período de grande relevância para a montagem de uma estratégia nacional, ao esboçar as diretrizes básicas de sua política exterior, que perduram até hoje, e na qual, o Itamaraty se firmou como a instituição preponderante na condução desta política. Neste período foram solucionadas, de forma definitiva, as principais questões de fronteira com os países vizinhos, e a definição de um perfil de atuação – seja no âmbito regional ou mundial – acompanhada pela percepção correta de que os Estados Unidos estavam ascendendo como principal referência de poder no sistema internacional.[1] Estas premissas ganharam particular impulso durante a gestão do Barão do Rio Branco como chanceler, entre 1902 e 1912.

As transformações mundiais conduziram ao desenvolvimento de relações entre os países do continente americano, em nível bilateral e multilateral. Em 1889, a Conferência Pan-americana iniciou uma rotina de reuniões, nas quais os estados da região buscaram definir princípios de convivência política e jurídica.

Condicionavam o ambiente interamericano: a nova projeção dos Estados Unidos com suas políticas intervencionistas no Caribe e na América Central; o ativismo diplomático da Argentina, estimulado pela sua opulência econômica; e a atuação do Brasil, que buscava harmonizar posições que reforçassem o seu diálogo com os países sul-americanos, sem ferir o seu interesse manifesto de aprofundar uma relação amistosa com os Estados Unidos.

No início do período republicano, os laços comerciais e financeiros foram sustentados pelas exportações de produtos primários, particularmente o café, seguindo o mesmo padrão do período imperial. Todavia, a produção cafeeira, em decorrência

---

1. No plano internacional os anos da República Velha (1889-1930) coincidiram com uma etapa de profundas transformações no panorama mundial. O sistema europeu já não possuía os mesmos fatores de equilíbrio que lhe haviam assegurado relativa estabilidade econômica e política; durante grande parte do século XIX a *Pax Britânica* estava questionada. A disputa imperialista na Ásia e na África e a competição militar que a acompanharam causaram o declínio das potências europeias. Em seu lugar surgiram fatores de tensão: rivalidades entre os países na Europa, monarquias enfraquecidas, menor proeminência da economia britânica e o avanço do projeto imperial alemão que se alimentava pela sua vocação expansionista. Enquanto o sistema europeu apresentava sinais de esgotamento, os Estados Unidos despontavam do outro lado do Atlântico como novo referencial econômico e político, na comunidade internacional. Este processo foi marcado pela vitória na guerra contra a Espanha, em 1898, e pelo início de sua política imperialista para a América Central e Caribe. Entre 1898 e 1934 foram inúmeras as intervenções militares dos Estados Unidos, que por vezes se viram acompanhadas de prolongadas ocupações em países desta região como a República Dominicana, Haiti, Cuba, Honduras, Guatemala, Panamá. Esta prática, legitimada pelo Corolário Roosevelt, foi acompanhada de uma política de apoio ostensivo às empresas americanas, conhecida como a diplomacia do dólar.

A Diplomacia Republicana

da expansão da economia mundial, passou a ser condicionada por uma teia de interesses, externos e internos, de maior complexidade. Em consequência foram se introduzindo mudanças na política econômica, que redefiniram as relações financeiras com o exterior. A expansão das exportações e o aumento dos investimentos estrangeiros – principalmente ingleses, alemães, franceses e estadunidenses – modificaram a relação do Brasil com o sistema econômico internacional.

A partir de 1906 iniciou-se a política de valorização do café, através da retenção de estoques, financiada pelo governo, permitindo que o Brasil passasse a controlar cerca de 70% da oferta de café no mercado mundial, graças à expansão de sua produção no oeste de São Paulo, e à crescente demanda por este produto nos Estados Unidos.As situações de instabilidade monetária e fiscal aumentaram a dependência de recursos externos, estreitaram os vínculos com os principais agentes do mercado financeiro internacional, em particular a Casa Rothschild. A negociação de um *funding loan*[2] com a Grã-Bretanha, em 1898, foi o primeiro episódio a evidenciar a submissão às pressões do sistema financeiro internacional.

Além de buscar ampliar seus convênios com os países do velho continente, o Brasil assegurava sua presença em eventos de promoção econômica, tendo, gradativamente, substituído a Grã-Bretanha, como fonte de investimentos e de transações comerciais, principalmente, pela França, Itália e Alemanha, tendo, neste período, experimentado um aumento significativo de investimentos externos. Assim, foi possível financiar um novo aparelhamento do sistema de transportes, obras portuárias e melhorias da infraestrutura urbana nas principais capitais do país.

Os primeiros sinais de esgotamento desse modelo econômico foram sentidos às vésperas da Primeira Guerra quando, em 1914, foi necessária a assinatura de um novo *funding loan*, para aliviar os efeitos causados pela queda da demanda de produtos brasileiros no mercado internacional.

A estabilidade política da fase inicial da República repercutiu favoravelmente na condução de suas relações internacionais. Neste período foram introduzidas importantes modificações na organização do Ministério das Relações Exteriores, que influenciaram o conceito da profissão do diplomata.[3] O Barão do Rio Branco, que chefiou o Itamaraty nos anos de 1902-1912 (durante os governos de Rodrigues Alves, Nilo Peçanha, Afonso Pena e Hermes da Fonseca), teve presença marcante neste processo. O caráter centralizador e carismático de sua gestão tornou-se ainda mais evidente a partir de 1907, com o falecimento do Visconde de Cabo Frio.

Com a gestão de Rio Branco nasceu a preocupação de se criar um corpo profissional coeso, que se destacasse pelos seus atributos técnicos, pelo preparo intelectual e de maior uniformização na formação do diplomata, movido por uma

---

2. Empréstimo de consolidação de uma dívida. Na prática, foi uma forma encontrada para garantir, através de um novo empréstimo, o pagamento dos juros e do capital que estava em risco.
3. Durante o Governo Provisório (1889-1893), apesar de terem sido nomeados 13 ministros de Relações Exteriores, preservaram-se de forma quase intacta as tradições da diplomacia imperial. Este fato se deveu, em grande parte, à continuidade do Visconde de Cabo Frio na função de diretor-geral, cargo que desempenhou desde 1864. Sua permanência no cargo até 1907 contribuiu para que no Ministério pudessem conviver valores da tradição, associados ao antigo regime, e percepções inovadoras, que buscavam modernizar a diplomacia brasileira.

mesma visão de mundo. Os primeiros passos em direção a este profissionalismo estavam associados a um processo espontâneo de aprendizagem, fomentado pela agenda cotidiana das negociações externas, e pela modernização da estrutura do Ministério, que envolveu a reorganização do Arquivo, a criação de Biblioteca e Mapoteca, a ampliação dos quadros, com remunerações mais significativas, e a adequação dos espaços físicos. Estas iniciativas implicaram uma profunda remodelação do Palácio do Itaramaty, para onde a Secretaria de Estado das Relações Exteriores havia se mudado em 1899.[4]

Nilo Peçanha definiu novas atribuições para o corpo consular, transformando-o em agente propulsor de comércio exterior, e criou a designação de secretário-geral, em lugar de diretor-geral. Otávio Mangabeira, o último chanceler da República Velha, reestruturou a rede de missões diplomáticas e de repartições consulares. Tanto em termos numéricos como em suas atribuições, esta rede se modificou profundamente durante o período. Em 1893, o Brasil possuía apenas 20 legações, em 1928 já contava com 11 embaixadas e 26 legações.

O início da República foi marcado também por controvérsias profundas sobre as diretrizes externas do país. Desde 1870 o Manifesto do Partido Republicano defendia a aproximação às nações americanas, o que supunha o abandono de uma política externa voltada essencialmente para o mundo europeu. Após o 15 de novembro, muitos representantes da classe política acreditavam que a transformação da vida institucional deveria implicar na mudança das relações internacionais do Brasil, o que significava a sua "americanização".

Um projeto de relacionamento mais intenso com o continente americano implicou na valorização de dois parceiros: Argentina e Estados Unidos. Em relação à Argentina, surgiu no meio político e diplomático uma nova simpatia política que, ao superar antigas rivalidades, procurou explorar pontos de cooperação. Quanto aos Estados Unidos, ficou claro que uma política amistosa com a nação norte-americana, dada sua crescente influência em assuntos internacionais e regionais, poderia ser benéfica para os interesses brasileiros.

Paralelamente às reuniões pan-americanas, diversas nações na América Latina começaram a demonstrar maior entusiasmo pelos novos espaços políticos multilaterais do sistema mundial. Articulou-se pela primeira vez um posicionamento comum latino-americano, motivado pela defesa dos princípios não-intervencionistas da Doutrina Drago.[5]

---

4. Vários sucessores do Barão deram continuidade às políticas inovadoras no Ministério. Podem destacar-se as reformas realizadas por Lauro Müller em 1913; a de Nilo Peçanha em 1918; e a de Otávio Mangabeira em 1928; Lauro Müller instituiu seções organizadas por temas e áreas geográficas, diferenciando os campos político e diplomático das questões econômicas e consulares.

5. Esta doutrina foi criada por Luís Maria Drago, ministro das Relações Exteriores da Argentina, que afirma basicamente o repúdio ao emprego da força por um Estado credor contra o Estado que lhe deve obrigações pecuniárias motivadas por empréstimos concedidos ou reparações de guerra. Drago reconhecia que as obrigações deveriam ser pagas, contudo, negava o emprego da coerção pelos Estados credores. A doutrina inspirou-se na tentativa de intimidação contra a Venezuela, em dezembro de 1902, levado o termo por três potências europeias que eram credoras deste estado sul-americano: Alemanha, Inglaterra e Itália.

A Diplomacia Republicana

Neste período, o Brasil também iniciou suas incursões na diplomacia multilateral. Além de uma participação ativa nas reuniões pan-americanas, o Itamaraty passou a valorizar a presença brasileira nos debates responsáveis pela definição de princípios e normas de convívio da comunidade internacional. Desde o início, esta presença esteve marcada por posicionamentos contrários à consolidação de estruturas hierarquizadas de poder, no sistema mundial.

A primeira atuação de destaque que marcou esta posição se deu durante a Segunda Conferência da Paz, em Haia (1907), na qual a delegação brasileira foi chefiada por Ruy Barbosa. O tema principal foi a criação de uma Corte Internacional de Justiça. De acordo com as posições da Alemanha, Grã-Bretanha e Estados Unidos, esta deveria ser formada por 16 países membros – dos quais apenas 9 teriam assento permanente. Às repúblicas americanas caberia apenas um lugar, de caráter rotativo.

Ruy Barbosa participou intensamente das discussões sobre arbitragem, desenvolvendo grandes e baldados esforços para assegurar um lugar permanente para o Brasil, com base no princípio da igualdade das nações. Nem mesmo a amistosa relação com os Estados Unidos contribuiu para aproximar as posições das delegações brasileira e norte-americana. Foi nesta ocasião que Ruy Barbosa deixou a marca de seu pensamento universalista, de forte influência jurídica liberal, na diplomacia brasileira.

Nos anos seguintes, o Brasil prosseguiu no seu empenho em assegurar uma presença em plano de igualdade com as potências internacionais. Esta preocupação, somada à crescente cooperação com os Estados Unidos, levou o país a assumir novas responsabilidades no sistema internacional.

Porém, a partir de 1917, a situação se agravou quando a Alemanha iniciou uma grande ofensiva na Europa, criando entraves ao transporte do café, além de ter provocado a diminuição das exportações de manufaturados europeus para o Brasil. Por outro lado, o conflito mundial se tornou uma oportunidade para a diversificação das exportações brasileiras, com a expansão das vendas de cereais, carnes, gordura animal, e, com expressiva relevância, a exportação da borracha, que era absorvida em grande quantidade pelo mercado norte-americano, graças ao crescimento da indústria automobilística. Neste contexto, a balança comercial do Brasil foi superavitária durante todo o período da guerra. Este quadro também serviu como estímulo às atividades industriais. Para se ter uma ideia, em 1920, quase a metade (44,6%) dos estabelecimentos industriais havia sido criada nos últimos cinco anos.

O enfraquecimento da Grã-Bretanha como potência mundial gerou um vazio de poder que afetou as condições da paz mundial. Ao mesmo tempo, a ineficácia da diplomacia para dirimir pequenos conflitos favoreceu a propagação de sentimentos nacionalistas e a expansão do poderio militar das principais potências.

Neste cenário, além do crescente interesse pela agenda diplomática internacional, a América Ibérica buscou conectar-se aos acelerados progressos da indústria militar, nos últimos anos do século XIX. Políticas de profissionalização das forças armadas e de aparelhamento bélico, empreendidas na região, estimularam a cooperação naval

Aspectos de Nação

tanto com a Grã-Bretanha como com os Estados Unidos – e a negociação com a França e a Alemanha, para o envio de missões de doutrina e treinamento. Os efeitos deste tipo de assistência se fizeram sentir no relacionamento entre os países americanos. Estes oscilavam entre momentos de rivalidade, que exacerbavam a competição militar, e de cooperação, que estimulavam compromissos de desarmamento.

O enfraquecimento do sistema europeu, deflagrado com a Primeira Guerra, foi acompanhado por uma crise prolongada que se estendeu de 1919 a 1939. Ao longo deste período, o mundo enfrentou enormes dificuldades para a preservação da paz e da estabilidade econômica.

As origens destas dificuldades estavam na inadequação das soluções advindas da Primeira Grande Guerra: as limitações políticas da Liga das Nações; a fragilidade das novas nações, formadas a partir do fim dos impérios Austro-húngaro e Otomano; os problemas da reestruturação da Alemanha; as ideologias extremistas; o impacto da Revolução Russa de 1917; a fadiga do liberalismo econômico; tudo isso contribuiu para a deterioração da paz. No âmbito ideológico, os extremismos gerados pelos movimentos fascistas e as propostas revolucionárias defendidas pelos partidos comunistas estimulavam a violência política. Este panorama se viu agravado com a grande depressão deflagrada pela crise de 1929.

A América Ibérica sofreu as consequências dos graves problemas internacionais. No Brasil, as transformações políticas, econômicas e sociais que transcorreram nos últimos anos da República Velha, e que conduziram à situação de crise irreversível, foram fortemente influenciadas por este cenário.

O Brasil foi o único país latino-americano que participou com uma divisão naval da Primeira Guerra, decisão precedida de um intenso debate no país. Desde o início das hostilidades no continente europeu, figuras ilustres como Miguel Calmon, Olavo Bilac, Pedro Lessa e Ruy Barbosa criticaram o estado de neutralidade da nação brasileira, mantido durante os primeiros três anos do conflito. Do outro lado, personagens como Alberto Torres e Dunshee de Abrantes manifestavam posições contrárias às Forças Aliadas. Este último, como presidente da Comissão de Diplomacia da Câmara dos Deputados, liderou a posição a favor dos alemães no âmbito parlamentar, criticando a forma como os Estados Unidos e a Inglaterra vinham defendendo seus interesses. Também se manifestaram resistências à entrada do Brasil na guerra, sustentadas por lideranças anarquistas locais, neste caso apoiadas nas argumentações pacifistas que proliferavam em todo o mundo.

Só em outubro de 1917 o governo de Wenceslau Brás reconheceu o estado de guerra iniciado pela Alemanha, como reação ao afundamento de um vapor brasileiro, com três vítimas, por submarinos germânicos. A Alemanha havia notificado os países neutros sobre esta medida, como parte de sua campanha naval para garantir o bloqueio europeu.

Nesta época tiveram atuação destacada o chanceler Lauro Müller, que conduziu o rompimento de relações com a nação alemã, e depois Nilo Peçanha, responsável pela pasta das Relações Exteriores quando o Brasil revogou sua neutralidade. Entretanto,

A Diplomacia Republicana 343

no Congresso, o trabalho de Afrânio de Mello Franco foi fundamental para assegurar o apoio do Legislativo ao novo posicionamento do governo Wenceslau Brás.

O Brasil obteve o reconhecimento europeu durante e após o conflito mundial. Os governos britânico, francês e italiano e depois o belga elevaram suas legações no Rio de Janeiro à categoria de embaixadas, com imediata reciprocidade do Brasil. A decisão do governo brasileiro de entrar na guerra antes que estivesse claro o seu desfecho foi particularmente valorizada pelos países aliados e como retribuição a esta lealdade, tanto a Grã-Bretanha como a Itália e a França deram início a programas de cooperação militar. A participação brasileira no conflito se deu através da cessão dos navios alemães apreendidos em portos brasileiros aos aliados, do envio de médicos à Europa, e da cooperação, com os ingleses, no patrulhamento do Atlântico Sul.

Vale mencionar um episódio, dramático, dessa participação, ocorrido com sua divisão naval – formada pelos cruzadores Bahia e Rio Grande do Sul, e os contra-torpedeiros Piauí, Rio Grande do Norte, Paraíba e Santa Catarina – que, antes de chegarem à Europa, sofreu a perda de grande parte de sua tripulação, dizimada pela gripe espanhola.

Mas a atuação do Brasil no conflito lhe trouxe as compensações determinadas no Tratado de Versalhes, quando obteve a permissão para ficar com os navios alemães que haviam sido aprisionados no país durante a guerra e a liberação de depósitos bancários retidos na Alemanha desde 1914, referentes às vendas de café.[6]

A participação na Conferência de Versalhes e os anos de experiência na Liga das Nações permitiram ao país abrir o seu leque de interesses, articulando posições referentes ao desarmamento, à arbitragem, à segurança coletiva e à cooperação econômica.

O interesse em ampliar sua atuação multilateral levou o Brasil à Primeira Conferência Internacional do Trabalho, realizada em 1919, em Washington. A organização desta conferência revelou uma nova abordagem da comunidade internacional em relação à questão do trabalho, influenciada pela pressão das redes sindicais e pelo impacto da Revolução Russa. Na vida política brasileira, esta nova realidade se expressava na expansão do movimento operário, na politização do debate sobre problemas sociais e na fundação do Partido Comunista, em 1922.

Durante os primeiros anos da Liga das Nações, o envolvimento brasileiro foi intenso, o país foi eleito membro do Conselho, tendo sido a primeira nação a criar uma embaixada permanente junto à Liga, em 1924. De 1920 a 1926, exerceu sucessivamente, a sua presidência, com Gastão da Cunha, Domício da Gama e Afrânio de Mello Franco, que, ainda como chefe da representação em Genebra, se empenhou para que o país obtivesse um assento permanente no Conselho, tema

---

6. Os resultados benéficos para o Brasil, na Conferência de Paz, se deveram aos esforços de sua Delegação, destacando-se as atuações de Epitácio Pessoa, Domício da Gama e Heitor Lyra. Desde a etapa preparatória da Conferência, quando a representação brasileira foi assumida por João Pandiá Calógeras, havia a esperança de que o país obtivesse um reconhecimento especial, pelo fato do Brasil ser o único representante latino-americano na Comissão de Organização da Liga das Nações.

prioritário da política externa do governo de Arthur Bernardes, estabelecido em 1922. Deve-se sublinhar também, a contribuição de Raul Fernandes na organização da Corte Permanente de Justiça Internacional e seu esforço para que o Brasil se tornasse membro permanente do Conselho.

A proposta inicial apresentada foi de que o Conselho criasse mais dois lugares permanentes, a serem, provisoriamente, ocupados pela Espanha e Brasil, que depois os transferiria para os Estados Unidos e a Alemanha, quando estes países ingressassem na Liga. Entretanto, faltou apoio dos demais países latino-americanos e da Grã-Bretanha, inviabilizando assim a pretensão brasileira. O encaminhamento desta proposta se tornou ainda mais difícil a partir dos Acordos de Locarno, de 1925, que previam a plena reintegração da Alemanha no sistema político-institucional europeu.

Frustrado, o governo brasileiro abandonou esta sua pretensão em 1926, e, inconformado com o fato de que a nação alemã fosse automaticamente admitida com o *status* de membro permanente, manteve o veto ao ingresso exclusivo da Alemanha no Conselho, tendo o presidente Arthur Bernardes optado pela retirada do Brasil da Organização. Esta atitude, igualmente assumida pela Espanha, foi alvo de veementes críticas no âmbito europeu e latino-americano, e também no meio político interno. Seu caráter definitivo foi formalizado dois anos depois, pelo governo de Washington Luís.[7]

Com o fim do conflito, a economia brasileira sofreu as consequências de sua exposição aos sucessivos choques econômicos externos, apesar de, no imediato pós-guerra, a melhor cotação internacional do café, proporcionada por severas condições climáticas no Brasil, ter arrefecido o seu desempenho.

Porém, em 1920, com a perspectiva de uma recessão mundial, surgiram novas dificuldades e, durante a última década da República Velha, estes sobressaltos foram aliviados pelos breves ciclos de crescimento da economia internacional e pelos programas locais de defesa do café, o que funcionou até à chegada da grande crise de 1929.

A expansão das atividades comerciais do Brasil foi favorecida pela reforma do Ministério das Relações Exteriores, promovida pelo chanceler Nilo Peçanha (1917-1918). Dando impulso especial às atividades de promoção comercial, foram criados os Serviços Econômicos e Comerciais. O interesse de aumentar as exportações agrícolas brasileiras nos mercados europeus permitiu, pela primeira vez, a realização de um trabalho coordenado entre o Itamaraty e os ministérios da Fazenda e Agricultura, e do Comércio e Indústria. Durante a gestão do chanceler Otávio Mangabeira, iniciada em 1926, foram empreendidos novos esforços, no sentido de aprimorar

---

7. Apesar de haver se retirado da Liga, o Brasil manteve uma política de colaboração com o sistema multilateral mundial. Continuou a participar de reuniões promovidas pela Organização, como ocorreu em 1927 na Conferência Econômica Internacional, e em 1928, na Conferência de Estatísticas Econômicas. A presença brasileira também foi mantida no Bureau Internacional do Trabalho e na Corte Permanente de Justiça Internacional – da qual Epitácio Pessoa foi juiz até 1930.

A Diplomacia Republicana

o exercício de uma diplomacia comercial, passando o Itamaraty a desenvolver, de forma sistemática, um serviço de informação relacionado com as atividades econômicas e a elaboração de estatísticas sobre as exportações brasileiras.

Neste período, os acordos comerciais assinados pelo Brasil tinham orientação nitidamente liberal. A inclusão da cláusula de "nação mais favorecida" nos acordos comerciais da época reforçava esta orientação. Assim, o acordo comercial concluído com os Estados Unidos, em 1923, garantiu, automaticamente, aos produtos estadunidenses exportados para o Brasil qualquer redução tarifária que viesse a ser concedida a um terceiro país. O impacto da crise de 1929 levou à exaustão o modelo econômico da República Velha. Os mecanismos financeiros que o suportavam sofreram um grande abalo com a perda da sustentação da política moldada pelas premissas do liberalismo econômico, convergente com os interesses da oligarquia cafeicultora de São Paulo. Esta crise afetou o conjunto das nações exportadoras de matérias-primas e alimentos, que passaram a ficar subordinadas às turbulências do mercado mundial e representa o fim de um período da história política e econômica no Brasil.

Construindo as Fronteiras

Como já mencionado, a principal realização da República Velha e do Barão do Rio Branco foi consolidar o espaço territorial do país. A demarcação definitiva de quase 14.500 quilômetros de fronteiras foi conseguida através de uma série de entendimentos diplomáticos, que se nortearam pelo princípio da solução pacífica das controvérsias, mediante negociações bilaterais ou por arbitragem – as propostas de negociações multilaterais foram recusadas, mantendo-se a máxima prudência na utilização do recurso à arbitragem.

As posições brasileiras se fundamentaram em títulos históricos; no princípio do *uti possidetis,* que foi justificado por ocupação efetiva – demográfica e econômica –; e na "proteção aos nacionais" brasileiros, em áreas onde houvesse dúvidas sobre a legitimidade de soberania. Com base nestas premissas o Brasil adotou interpretações flexíveis dos principais tratados coloniais, o de Madri (1750), entre Portugal e Espanha, e o de San Ildefonso (1777).

Foram concluídas vantajosamente as negociações das áreas de Palmas (Missões), do Acre, do Amapá e do Pirara, e dos contestados da região amazônica, anteriormente sujeitas a diversas contestações, o que proporcionou a incorporação de uma área de aproximadamente 885.000 quilômetros quadrados ao território brasileiro. Para tanto, foram realizados entendimentos com os países vizinhos do Brasil.

Além da premência em concluir o mapeamento territorial brasileiro, as negociações fronteiriças foram motivadas pelas necessidades geopolíticas e econômicas do país. No sul, intensificava-se a colonização do oeste dos estados do Paraná e de Santa Catarina, enquanto ao norte avançava a exploração da borracha na Amazônia. As criações desses novos espaços econômicos estimularam correntes migratórias e se transformou em uma possibilidade de alívio para as populações do Nordeste, castigadas pelas secas.

Aspectos de Nação

Como já observamos, nos anos finais do Império, o Brasil havia alcançado uma situação de equilíbrio junto aos seus vizinhos da bacia do Rio da Prata. As dificuldades de relacionamento, herdadas do período colonial, pareciam superadas. Contudo, o governo imperial havia deixado para a República um legado de delicadas negociações de limites junto a seus vizinhos na América do Sul, que estavam pendentes desde os tratados realizados pelas coroas portuguesa e espanhola, embora o clima político propiciado pelo advento da República tenha favorecido a solução destas pendências.

Nas fronteiras meridionais foram cruciais as negociações sobre a região de Palmas, que envolviam o território argentino, e aquelas referentes à Lagoa Mirim e ao rio Jaguarão, com o Uruguai. Já com os países andinos, devem ser sublinhados os entendimentos alcançados com a Bolívia, referentes ao território do Acre, e a conclusão de demarcações na área amazônica, com a Colômbia e o Peru. Completaram o ciclo as negociações territoriais e os acordos referentes às fronteiras com as Guianas, inglesa e francesa.

A velha República, inicialmente motivada pelo desejo de manter um bom relacionamento com a Argentina, deixou de lado as posições anteriormente defendidas e abriu expectativas para o avanço das negociações sobre limites territoriais.

Estas posições se fundamentavam no acordo de limites assinado por ambos os países em 1857, que havia sido negociado pelo Visconde do Rio Branco, que não previa cessão territorial por parte do Brasil. Este acordo, entretanto, terminou não sendo ratificado pelo Congresso argentino, devido às turbulências políticas internas. Em 1882, a retomada das negociações resultou no Tratado de 1885, desta vez insatisfatório para o lado brasileiro, que passou a preconizar uma decisão arbitral. Defendia-se uma solução na qual o território em disputa passaria a pertencer a uma só das partes. Mais tarde, em setembro de 1889, um novo Tratado estipulava que, caso um entendimento não fosse alcançado no prazo de noventa dias, os dois países se submeteriam a uma arbitragem.

Com o advento da República brasileira, o governo de Buenos Aires tratou de apressar as negociações em torno da questão da comarca de Palmas – território onde hoje é o Estado do Paraná, que estava confinado a Oeste com o território argentino de Missiones e ao Sul com o Estado do Rio Grande do Sul –, tendo, em janeiro de 1890, assinado o Tratado de Montevidéu, que determinava fosse a área dividida, em partes iguais, entre o Brasil e a Argentina. Porém, com a rejeição do Congresso Brasileiro, as negociações foram reabertas, voltando-se aos termos do Tratado de 1889, que previa o recurso à arbitragem, quando, então, os dois países acordaram em atribuir tal responsabilidade ao presidente Cleveland, dos Estados Unidos.

As posições do Brasil foram defendidas inicialmente pelo Barão Aguiar de Andrade e posteriormente pelo Barão de Rio Branco. Por parte da Argentina o primeiro defensor foi Nicolas Calvo, seguido por Estanislau Zeballos. A decisão só veio em 1895, quando o presidente norte-americano pronunciou-se a favor dos argumentos brasileiros. Este resultado foi o primeiro êxito de uma extensa lista de

A Diplomacia Republicana

negociações de limites conduzidas por Rio Branco, durante os primeiros tempos da República.

Uma vez superado este problema, as relações Brasil-Argentina ganharam novo impulso. O fim do litígio coincidiu também com o término das turbulências causadas pela Revolta da Armada e pela Revolução Federalista. Ambos os conflitos haviam gerado apreensões no Brasil, devido a uma atitude conivente do governo argentino com as forças rebeldes. Na virada do século, uma sequência de visitas presidenciais iniciou um novo clima político entre os dois países: primeiro foi Júlio Roca que veio ao Brasil em 1899, depois Campos Salles retribuindo a visita, em 1900. A presença dos mandatários e de suas prestigiosas comitivas surtiu um efeito positivo nos meios políticos argentino e brasileiro.

Neste mesmo período, este clima de cooperação entre os governos argentino e brasileiro, somado à aproximação entre a Argentina e o Chile, propiciou, pela primeira vez, a ideia de uma articulação entre os três países, que, anos depois, foi rotulada como o "pacto ABC". Foi com este espírito que as três nações se articularam em 1903 para o reconhecimento do Panamá, quando este se separou da Colômbia.

O Barão de Rio Branco mostrou-se particularmente interessado em aprofundar a amizade e confiança entre os três países. Em 1909, junto com o governo chileno, o chanceler brasileiro lançou o projeto do Tratado de Cordial Inteligência Política e Arbitragem entre Brasil, Chile e Argentina, que, entretanto, não se materializou.

Paralelamente ao diálogo mais estreito com a Argentina e o Chile, a diplomacia brasileira tratou de dissipar qualquer ideia de que esta aproximação poderia pôr em risco o relacionamento amistoso com os Estados Unidos. Rio Branco não pretendia alimentar uma política contra os EUA, mas sim criar um instrumento comum de prestígio para os três países. Para o Barão, tratava-se de um esquema diplomático complementar, que viria contrabalançar o peso das relações com os Estados Unidos.

Pouco a pouco, o relacionamento Brasil-Argentina passou a ser afetado por questões e episódios que, ora estimulavam sentimentos amistosos, ora reacendiam rivalidades. As trocas comerciais, apesar de pouco significativas, também foram fontes de divergências. As restrições tarifárias aplicadas na Argentina às exportações brasileiras de açúcar, erva-mate, café, tabaco e frutas gerava tantos problemas quanto as restrições impostas pelo Brasil às vendas argentinas de trigo, milho, alfafa e vinho. Além disso, a disputa para atrair imigrantes europeus era motivo de ciumes, de parte a parte. Também devem ser mencionados os controles sanitários no porto de Buenos Aires, que impunham quarentena a navios procedentes de portos brasileiros.

As relações do Brasil com seus vizinhos andinos também foram influenciadas por negociações de fronteiras. Com a exceção dos entendimentos com a Venezuela, em 1905, estas discussões exigiram esforços diplomáticos prolongados.

Os entendimentos com a Bolívia em torno do território do Acre foram os mais delicados. As dificuldades destas negociações existiam desde o reconhecimento da independência boliviana, em 1831. Para o Brasil, a busca de uma solução tornou-se premente a partir de fins do século XIX. Nesta época, a região em litígio se con-

Aspectos de Nação

verteu numa fonte importante para a produção da borracha, além de sua riqueza em madeira e erva-mate.

Depois da assinatura do protocolo de 1894, os trabalhos realizados pelos dois países, na demarcação de sua fronteira comum, trouxeram à luz o maior problema desta negociação. De acordo com os estudos realizados, verificou-se que a região do Acre pertencia à Bolívia, apesar de povoada por numerosa população brasileira. O governo boliviano tentou, sem sucesso, controlar administrativamente a região, e, em 1901, decidiu arrendá-la a uma companhia anglo-americana interessada em suas riquezas naturais. A discordância do governo brasileiro e a forte reação da população local criaram um clima de hostilidades, dificultando os entendimentos.

Dentro deste contexto, o Brasil iniciou um novo processo de negociações que previa a opção de compra do Acre, ao mesmo tempo em que, nos primeiros meses de 1903, brasileiros, liderados principalmente por Plácido de Castro, procederam ao enfrentamento direto com as forças bolivianas que ocupavam o território, expulsando-as, e declarando a soberania brasileira. Os entendimentos entre La Paz e o Rio de Janeiro foram gradualmente retomados e, finalmente, em novembro do mesmo ano, foi assinado o Tratado de Petrópolis, que assegurava à Bolívia uma indenização no valor de 2 milhões de libras esterlinas em troca da cessão da parte meridional do Acre; que o Brasil renunciava à parte norte do território; que a Bolívia teria compensações territoriais em diferentes pontos de sua fronteira com o Brasil; e, que os brasileiros se comprometiam a construir a estrada de ferro Madeira-Mamoré, concedendo liberdade de trânsito por essa via e pelos rios, até o oceano.

Com o Peru, as negociações também sofreram a influência dos problemas originados pela extração da borracha em áreas ainda sujeitas às demarcações fronteiriças. Depois de quase dez anos, as discussões foram concluídas, permitindo, em 1904, a realização de estudos técnicos, que levaram aos entendimentos reunidos no Tratado de setembro de 1909.

A negociação com a Colômbia representou outra experiência de êxito para o Barão do Rio Branco. Após um longo período, chegou-se a um entendimento, sendo assinados dois acordos em abril de 1907: o Tratado de Limites e Navegação Fluvial; e o de *modus vivendi*, relativo ao comércio e tráfego pelos rios Ica e Putumaio.

Estas negociações tiveram a peculiaridade de determinar a demarcação de territórios disputados por quatro nações: Venezuela, Colômbia, Equador e Peru. Em 1904, o governo brasileiro havia assinado um tratado de limites com o Equador, cuja aplicação só teria lugar se este país saísse vitorioso dos litígios que mantinha com o Peru e a Colômbia, a respeito de territórios limítrofes com o Brasil. Para o Barão do Rio Branco, o sucesso do entendimento com a Colômbia deveu-se à prudência e ao equilíbrio das concessões feitas por ambas as partes.

Além de aproximar-se de seus vizinhos, o Brasil liquidou pendências também com as potências europeias – França, Grã-Bretanha e Holanda –, que mantinham

A Diplomacia Republicana

possessões limítrofes com o seu território. Os entendimentos com o governo holandês, em torno dos limites com o Suriname, foram facilmente concluídos em 1906.

Na fronteira com a Guiana Francesa, havia uma disputa em torno de uma área de 260 mil quilômetros quadrados, no território do Amapá, que envolveram complexas negociações, herdadas ainda dos tempos coloniais. Nas últimas décadas do Império, após uma precária solução, com a neutralização do território em litígio, as discussões ficaram congeladas. Com a República, o Governo Provisório aceitou negociar uma convenção de arbitragem, solicitada pela França, tendo recorrido, de imediato, aos serviços do Barão do Rio Branco. Em 1897, os dois países assinaram um acordo estabelecendo que caberia ao governo suíço o julgamento da questão que, em dezembro de 1900, apresentou um laudo que sentenciava a aceitação, de forma integral, da reivindicação brasileira.

O recurso à arbitragem também foi utilizado no caso dos limites com a Guiana Inglesa e, uma vez mais, tratava-se de concluir um litígio herdado do período colonial. Ainda na gestão de Rio Branco, esta negociação, porém, foi conduzida por Joaquim Nabuco, tendo sido atribuído ao rei italiano Vitor Manuel, o julgamento do caso, que em sentença, concluída em 1904, determinava a partilha dos 33.200 quilômetros quadrados em disputa, ficando 19.630 m² para os britânicos e 13.570 m² para o território brasileiro, atendendo, assim, essencialmente às reivindicações inglesas.

As relações com a Grã-Bretanha, desde o início da República, foram afetadas pelo incidente causado pela decisão do governo britânico, em janeiro de 1895, de ocupar a Ilha de Trindade, causando forte reação do Brasil, motivada pelo valor estratégico da ilha. Em julho do mesmo ano, o presidente Prudente de Morais exigiu a imediata retirada dos britânicos que, em resposta, propuseram submeter a questão a uma arbitragem. Com a discordância do governo brasileiro, Portugal ofereceu seus bons ofícios para superar a controvérsia, intermediando as negociações e demonstrando a legitimidade dos direitos brasileiros sobre a Ilha, conseguindo que os britânicos revissem sua posição e abandonassem a ideia da soberania sobre esse pequeno território insular.

O Brasil se distanciava paulatinamente da esfera de influência britânica e, na virada do século XIX, era evidente que os laços com a Grã-Bretanha perdiam prioridade para a política externa brasileira.

Da Bacia do Prata ao Cone Sul

Durante a República Velha, o relacionamento Brasil-Argentina passou a exercer maior influência sobre as políticas externas do Cone Sul. Enquanto o Uruguai e o Paraguai normalmente acompanhavam as tendências de Buenos Aires, o Chile oscilava entre uma atitude defensiva, nos momentos de aproximação argentino-brasileira ou de aproximação ao Brasil, quando os ânimos entre Buenos Aires e Santiago andavam estremecidos.

Aspectos de Nação

O relacionamento Brasil-Argentina refletia as percepções e opiniões, nem sempre convergentes em política internacional, avigoradas em todas as ocasiões em que a diplomacia brasileira acusava melhor sintonia com Washington do que com Buenos Aires.[8] As tensões eram inevitáveis e geradas, principalmente, pelas políticas de aparelhamento militar, como ocorreu quando o Brasil deu curso à modernização de sua Marinha. Em diferentes ocasiões elas foram atenuadas por iniciativas de importantes figuras políticas de ambos os países, identificadas com a amizade argentino-brasileira, como os gestos políticos amistosos de Quintino Bocaiúva, do lado brasileiro, e de Bartolomeu Mitre, do lado argentino, além das viagens dos ex-presidentes Júlio Roca ao Rio de Janeiro, em 1907 e 1912 e de Campos Salles a Buenos Aires, em 1912.

Um passo importante nesta política de aproximação com os demais países vizinhos foi dado quando se negociou o Tratado para Facilitar a Solução Pacífica de Controvérsias Internacionais, em 1915, que contou com a adesão imediata do Chile e posteriormente do Uruguai. Igualmente importante foi a atuação mediadora conjunta argentina, brasileira e chilena, em 1914, no conflito entre o México e os Estados Unidos, quando estes ocuparam a cidade de Veracruz.

Novos problemas entre o Brasil e a Argentina somente surgiram em 1923, no contexto da V Conferência Pan-americana. Nesta ocasião frustraram-se os entendimentos diplomáticos para articular uma posição comum em torno do problema do desarmamento. Apesar da receptividade manifestada pelo Chile, Buenos Aires preferiu manter sua posição crítica em relação à política do Brasil de reforçar seu próprio aparato defensivo. As tensões foram parcialmente contornadas com a aprovação do Pacto Gondra, que previa mecanismos de prevenção para conflitos entre os estados americanos.

Ainda no Cone Sul, o Brasil também cuidou de suas relações com os países menores da área, destacando-se os entendimentos sobre fronteiras com o Uruguai. Neste caso, foram notáveis os esforços negociadores internos, conduzidos pessoalmente pelo Barão do Rio Branco que, após enfrentar vozes discordantes durante vários anos, conseguiu o apoio para a assinatura com o Uruguai do Acordo de outubro de 1909, que concedia a este país o condomínio da soberania da Lagoa Mirim e a plena liberdade de navegação no rio Jaguarão.

Para além do Cone Sul: Brasil e EUA

Dentro deste contexto, as relações entre o Brasil e os Estados Unidos ganharam densidade a partir do apoio deles ao Governo Provisório. A ampliação da presença naval dos Estados Unidos foi acompanhada pela expansão de relações comerciais,

---

8. Um exemplo disso aconteceu em 1902, quando a Inglaterra e a Alemanha efetuaram um bloqueio naval à Venezuela, para pressionar este país a pagar suas dívidas. Enquanto o chanceler argentino, Luís Maria Drago, procurou mobilizar os demais países sul-americanos para protestar contra o método da cobrança, o Barão do Rio Branco preferiu manter uma atitude de não envolvimento, adotada também pelos Estados Unidos.

A Diplomacia Republicana 351

com a assinatura do Tratado de Reciprocidade Comercial de 1891. A partir de então, abriu-se um canal direto de diálogo com o governo estadunidense e, apesar do vigoroso protecionismo do seu parceiro, o Brasil assegurou medidas de exceção ou de reduções tarifárias a seus produtos – especialmente o café. A reciprocidade do lado brasileiro se verificou na concessão de tarifas mais baixas (de 20% a 30%) para as mercadorias estadunidenses.

Os Estados Unidos procuraram aprofundar suas relações com o Brasil durante toda a República Velha. Sua atuação nas negociações de limites, concluídas com a Argentina, foi seguida do apoio ao governo brasileiro na resolução das demarcações das fronteiras com a Guianas Francesa e Inglesa. Em contrapartida, o Brasil apoiou política e logisticamente o governo norte-americano em 1898, no conflito com a Espanha.

O labor diplomático de Salvador de Mendonça durante o longo período de sua permanência em Washington (1890-1898), muito contribuiu para a aproximação entre os dois países. Além de assegurar a entrada de produtos brasileiros nos Estados Unidos, o ministro procurou afinar a diplomacia brasileira às premissas do pan-americanismo.

Em 1905 os dois países elevaram, à condição de embaixadas, as legações mantidas nas respectivas capitais. Para o governo norte-americano, tratava-se da primeira representação diplomática deste tipo na América do Sul. Para o Brasil, foi a primeira embaixada no exterior, o que justificava a nomeação de Joaquim Nabuco como o seu primeiro titular.

Como embaixador em Washington, Nabuco buscou imprimir um sentido fraternal ao relacionamento entre o Brasil e os Estados Unidos, ao idealizar a formação de um único sistema político continental, contribuindo para o fortalecimento da Doutrina Monroe. O Barão do Rio Branco, compartilhando essa visão, agregou-lhe um sentido defensivo frente às pretensões europeias, que assegurasse a soberania dos países americanos.

Nos anos posteriores à gestão de Rio Branco, os dois países aprofundaram e diversificaram ainda mais seus vínculos, com raras exceções, caso de Domício da Gama. Os chanceleres que se seguiram foram partidários de uma política externa alinhada a Washington. A presença no Brasil do embaixador Edwin Morgan, durante o longo período de 1912 a 1933, contribuiu para sedimentar esta política.

Os estadunidenses demonstraram, repetidas vezes, sua amizade pelos governos da República Velha. Seu apoio ao rearmamento naval brasileiro em 1913 foi reforçado com o início, em 1922, de um programa de cooperação militar.

Os bons termos deste relacionamento não impediram a manifestação de diferenças entre ambos os países, durante toda a República Velha. Podem mencionar-se as posições divergentes na II Conferência de Paz em Haia, na divisão entre Colômbia e Panamá e em momentos de difíceis negociações comerciais bilaterais. Quando Washington colocou em prática a "diplomacia do dólar", junto às nações latino-americanas, suas posições endureceram no campo comercial e político. A partir desta época, o debate sobre os prós e contras de um relacionamento alinhado aos Estados Unidos ganhou maior espaço nos meios políticos brasileiros.

No campo econômico, os vínculos com os Estados Unidos concentraram-se na esfera das transações comerciais, que, desde o início, revelavam fortes desequilíbrios. Nos anos 1910-1914, por exemplo, 38% das exportações brasileiras destinavam-se ao mercado estadunidense, enquanto apenas 1,5% das vendas externas dos Estados Unidos chegavam ao Brasil. Entretanto, logo após a Primeira Guerra, as importações de produtos americanos cresceram substancialmente, de 14% para 26%, entre 1914 e 1928. Entre os bens mais procurados pelo Brasil destacavam-se: automóveis e peças industriais, trigo, gasolina, locomotivas a vapor, cimento, máquinas e aparelhos elétricos.

De igual modo, a participação norte-americana nos investimentos estrangeiros no Brasil tornou-se significativa a partir da década de vinte, especialmente nos setores de transportes, mineração e frigoríficos. Dados sobre empresas estrangeiras no Brasil, entre 1891-1920, revelam que a maior presença norte-americana coincidiu com a diminuição do número de firmas inglesas.

O Século XX e a Estratégia Nacional

Na década de trinta do século XX, o mundo atravessou um período de turbulências e incertezas. Os efeitos da crise de 1929 geraram reações diversas, que tiveram em comum a ampliação do papel do Estado, principalmente com a expansão do protecionismo, do planejamento e de estratégias nacionais. O campo político se tornou propício às ideologias extremadas, que questionavam o discurso liberal e levaram à proliferação de movimentos fascistas em quase toda a Europa, com a formação de governos totalitários em importantes países como Itália, Alemanha, Portugal e Espanha.

O novo cenário mundial teve forte impacto na América Latina, fortalecendo o protecionismo e o nacionalismo. A presença dos militares em assuntos políticos internos tornou-se mais comum e coincidiu com o fim de governos controlados pelas oligarquias agrícolas e exportadoras. Esta década também se caracterizou como um período de grande instabilidade política na região, com frequentes quebras na ordem institucional e a imposição de regimes ditatoriais. Em muitos países, a industrialização foi acelerada por meio da substituição de importações e de medidas que favoreceram o investimento em obras de infraestrutura e novas orientações sociais. Quanto às vinculações econômicas externas, observou-se a expansão dos laços com a Alemanha e os Estados Unidos e o consequente declínio da presença da Grã-Bretanha.

No Brasil, com a ascensão de Getúlio Vargas ao poder, após contestar o governo anterior com um movimento, que veio a se nomear Revolução de 30, se iniciou um período de transformações políticas e econômicas, com reflexos imediatos sobre a estratégia nacional. Neste seu primeiro governo,[1] ele criou uma estreita ligação entre a política externa e o movimento político que o levou ao poder – esta vinculação transferiu-se para o Itamaraty e se manteve influente durante a chamada Era Vargas, ou seja, os anos entre 1930 e 1980.

---

1. O governo de Getúlio Vargas foi dividido em três: de 1930-1934 Governo Provisório, de 1934-1937 Governo Constitucionalista, e, por fim, de 1937-1945 Estado Novo. Em 1950, Vargas volta à presidência, desta vez eleito.

A Era Vargas: um Projeto Nacional

Na visão dos velhos positivistas o antigo projeto formatado no aparelho coercitivo do Estado, ao final do Império, não morreu. Transmutou-se com o tempo, manteve-se vivo nos debates da velha república e ressurgiu forte e pregador nos anos vinte do século XX. Na História do Brasil, a prevalência da ação constitutiva do Estado se deu de forma efetiva e duradoura na chamada era Vargas, apoiada, no campo teórico, pelas teses de Hintze e de Tilly, ou seja, pela ação dos executores do monopólio legítimo da força. Esta quadra compreende os 50 anos que vão de 1930 a 1980, período que, na verdade, se deu com Vargas, sem Vargas e contra Vargas. Foi neste ciclo que o Exército Nacional influiu fortemente na transformação e na estruturação do Brasil. Nós encontramos os antecedentes mais próximos desta era em 1922, ano do centenário da Independência: um ano repleto de eventos no campo cultural, com ênfase para a Semana de Arte Moderna de São Paulo, e no campo político com destaque para a eclosão da revolta do Forte de Copacabana.

A partir de então tomou corpo o que os historiadores denominaram Movimento Tenentista. Este movimento, que tinha grande influência na jovem oficialidade do Exército, teve como o seu grande vetor a necessidade de repensar o Brasil. Tornava-se necessário, como afirmava parcela crescente da intelectualidade da época, modernizar socialmente o Brasil.

Repensar o Brasil e buscar a modernização social, requeria a modificação da sua postura no concerto das nações. De uma tradição agrícola e exportadora de café, o país deveria diversificar sua produção e expandir suas exportações, e, para que isto fosse possível, se deveria promover a industrialização. Estas teses se fizeram presentes nos diversos movimentos militares que eclodiram no governo de Artur Bernardes.

Contudo, elas só se expressaram mais claramente no decorrer da campanha eleitoral, que teve seu início em 1929, com as ideias do Movimento Tenentista se conjugando com as da parcela mais representativa da elite intelectual do país, aquela que melhor representava o desejo de uma classe média ascendente e urbana, dentro do programa da Aliança Liberal, uma das duas postulantes na disputa, que havia lançado a chapa Getúlio Vargas-João Pessoa para a Presidência e a Vice-Presidência da República.

O programa econômico desta Aliança Liberal, além de defender a necessidade de se diversificar a produção nacional, demonstrando a importância de um programa de industrialização, porém, mantendo a antiga distinção entre indústrias naturais e indústrias artificiais, preconizava medidas de proteção aos trabalhadores, como a extensão do direito à aposentadoria, a aplicação da lei de férias e a regulamentação do trabalho da mulher e do menor. Mas o grande apelo da Aliança Liberal residia na defesa do princípio democrático da "defesa da representação popular, através do voto secreto e da designação de magistrados para a presidência das mesas eleitorais".

A sistematização dessas ideias se deu em um momento muito favorável da conjuntura internacional. O ano de 1929 representou o marco da maior crise econômica

O Século XX e a Estratégia Nacional

do século XX, provocando efeitos devastadores na incipiente economia brasileira, afetando os mercados consumidores de café, diminuindo a demanda por este produto – na verdade uma especiaria de após a sobremesa –, ao mesmo tempo em que se verificava uma superprodução em termos mundiais.

Esta crise mundial de 1929 teve impacto imediato sobre a economia brasileira, devido à contração das importações e à redução dos preços dos produtos, provocadas pela maior oferta no mercado e a consequente e rápida perda de valor da moeda nacional, que dificultou o cumprimento dos compromissos financeiros do país.

A crise contribuiu para o agravamento da situação política nacional que levou à Revolução de 30 e à prevalência das ideias tenentistas de centralização do poder em escala nacional, da urbanização da sociedade, da expansão e da aceleração do ritmo de crescimento industrial. Com ela, Getúlio Vargas ascende ao poder e torna-se o maior defensor destas novas ideias. Já no Estado Novo, não se encontra elos tão fortes entre o Movimento Tenentista e a Revolução de 30. Entretanto, o afastamento se observa muito mais no teatro das ações do que no campo das ideias.

O Governo Provisório (1930-34) procurou enfrentar os efeitos da crise internacional com medidas que visavam garantir a expansão da atividade econômica, além de políticas de controle cambial, que restringiram as importações, beneficiando a produção doméstica.

Uma dessas medidas foi a destruição de enormes estoques de café. Este produto representava, na época, a principal força motriz da economia brasileira – na verdade o governo, para segurar os preços, comprava os excedentes e os queimava –, que manteve artificialmente o preço do produto. Durante os anos 30, o percentual da safra cafeeira queimada passou de 10%, em 1931, para 40%, em 1937.

Buscou-se o fim do monopólio político da oligarquia cafeeira, utilizando novas lideranças civis e militares, especialmente as oriundas do Rio Grande do Sul, além da preponderância política das camadas médias urbanas, determinando um forte impacto nas transformações sobre a estratégia nacional e a política externa do país.

A pressão da crise internacional de 1929 exigiu respostas rápidas para atenuar seus efeitos sobre as relações econômicas externas do país e redefinir o perfil político e econômico do Brasil. O governo Vargas negociou vários acordos bilaterais que reforçavam as iniciativas tomadas nos anos 20. Todos previam a utilização da cláusula de nação mais favorecida e visavam ampliar o mercado para as exportações de produtos primários brasileiros, particularmente o café. Com esta orientação, foram assinados mais de trinta acordos comerciais. Outra preocupação foi a de modernizar o Ministério das Relações Exteriores, dando maior impulso às reformas iniciadas no final dos anos 20.[2]

Foram realizadas negociações comerciais paralelas com a Alemanha e com os Estados Unidos. Enquanto os estadunidenses insistiam nas premissas do livre-

---

2. Foi implantado um sistema rotativo para os cargos diplomáticos, consulares e da Secretaria de Estado. O Itamaraty foi dividido em quatro departamentos: Secretaria Geral; Departamento de Administração; Serviços Jurídicos; e Arquivo, Biblioteca e Mapoteca.

comércio, os alemães ofereciam as vantagens do comércio compensado. O governo procurou beneficiar-se de ambas as possibilidades, adotando uma política externa marcada pelo pragmatismo.

Em 1932, com a Revolução Constitucionalista de São Paulo,[3] os rebeldes paulistas buscaram apoio internacional, criando sérias dificuldades e constrangimento ao Governo Federal. Vargas, ao mesmo tempo em que procurava neutralizar a ação dos constitucionalistas, tentava criar uma imagem externa de confiança e credibilidade.

De 1933 a 1937, o Brasil experimentou um período de efervescência política e foi neste clima que se desenvolveram os trabalhos da Assembleia Constituinte, em 1934, que definiu a instauração do governo constitucional.[4] Porém, as contradições internas marcaram as ações desse governo (1934-37) e repercutiram na ação externa do país: enquanto o Itamaraty, que representava o segmento burocrático, era mais favorável à cooperação com os Estados Unidos, o Ministério da Guerra estava com a linha pró-alemã do governo.

O agravamento desses embates levou ao golpe de novembro de 1937, que instituiu o Estado Novo, movimento resultado de articulação conduzida pessoalmente por Vargas, que reuniu interesses civis e militares. Na nova carta havia um parentesco ideológico entre a ordem constitucional adotada no Brasil e outras experiências autoritárias da época, especialmente as de Portugal e Itália.

Deste modo, marcada por princípios corporativistas e nacionalistas, a nova constituição determinava o fechamento do Congresso Nacional, a extinção dos partidos políticos, a centralização das decisões econômicas, a forte presença do Exército em assuntos internos e o fortalecimento da autoridade do Estado.

A conturbada situação internacional vigente na década de 1930, que acabou conduzindo o mundo à Segunda Guerra Mundial, impossibilitou uma formatação das ideias existentes em objetivos explícitos como os que deveriam constar em um Projeto Nacional e que se traduzissem em intervenções ordenadas por parte do Estado Nacional. Estas ideias surgiam da consciência do atraso e da periferia do Brasil e objetivavam modernizar a estrutura econômica e social do país. No plano mais geral, quatro visões se conjugavam como necessárias: a industrialização, a consequente urbanização, a integração do território nacional e a intervenção estatal para se conseguir vencer o atraso.

Na década seguinte, a situação mundial permitiu a realização de algumas ações econômicas inovadoras. Dentre essas, ressalta, graças ao estágio de beligerância na Europa, a elaboração de um plano para meia década. Foi o primeiro planejamento governamental de longo prazo do Brasil. Publicado em 1940, este plano previa a

---

3. Movimento armado pela derrubada do Governo Provisório de Vargas e pela instituição de um Governo Constitucionalista. Ocorreu de julho a outubro de 1932, na cidade de São Paulo.

4. Reproduziram-se no Brasil as polarizações ideológicas que se manifestavam na Europa. De um lado, a Ação Integralista Brasileira, que havia sido fundada em 1932 e que agrupava fascistas e segmentos extremamente conservadores, influenciados pelo pensamento autoritário europeu. De outro lado, estava a Aliança Libertadora Nacional, que seguia o exemplo de outras frentes amplas contra o fascismo e que contava com o apoio das forças comunistas locais e internacionais.

O Século XX e a Estratégia Nacional

instalação de indústrias de base, especialmente a siderúrgica, e outros itens tais como a Usina Hidrelétrica de Paulo Afonso, a drenagem do rio São Francisco, a construção de estradas de ferro e de rodagem, e a compra de destroieres, aviões e doze navios para o Lloyd Brasileiro.

Este plano foi, na verdade, um planejamento de guerra, coordenado pelo professor Ari Torres, e que foi secundado depois pela criação do Conselho Nacional de Política Industrial e Comercial, CNPIC, iniciativa do Roberto Simonsen, para fazer o planejamento do pós-guerra, porém, somente parcela deste plano foi levada adiante. Entretanto, as inovações embutidas, em especial a ideia do planejamento governamental, tiveram extrema importância para a vida nacional, como veremos adiante.

Dele consolidou-se um marco na industrialização do país: a implantação da Companhia Siderúrgica Nacional, em Volta Redonda, e que resultou de uma bem-sucedida manobra diplomática.

A década de 1940 trouxe também o engajamento da nação brasileira na Segunda Guerra Mundial. As repercussões desse engajamento se deram em todos os planos. Entretanto, sua principal consequência foi a redescoberta dos princípios democráticos e a incorporação, no plano político, da democracia como diretriz para um projeto nacional. O final desta década e o limiar da década de 1950 é, efetivamente, um marco na construção do mais bem-sucedido projeto nacional do século XX: o Projeto Nacional Brasileiro.

Em 1945, o Brasil iniciou uma etapa de intensa vida política e econômica. E, até 1964, pela primeira vez na história do país, em quatro períodos presidenciais, com os governos: Eurico Dutra (1946-50); Getúlio Vargas/Café Filho (1951-55); Juscelino Kubitschek (1956-60); e Jânio Quadros/João Goulart (1961-64), vigoraram instituições democráticas modernas. No plano internacional, estes anos correspondem à primeira fase da Guerra Fria.

A participação brasileira nos campos de batalha da Europa ensejou o reconhecimento de que a busca da autodeterminação e do desenvolvimento são objetivos de segurança nacional. E dessa constatação chegou-se a um pressuposto: a nação brasileira assumiria perante si mesma o responsabilidade de acelerar o desenvolvimento econômico. As vias para esse compromisso – como eram expostas na época – seriam a industrialização substitutiva de importações e a intervenção estatal na economia, sempre que o vulto dos recursos e os correspondentes riscos dos investimentos requeridos constituíssem obstáculos à continuidade do processo de industrialização e, consequentemente, ameaçassem a segurança nacional.

As condições e o espaço para a formatação desse projeto se materializaram mais adiante, ao longo do segundo governo do Presidente Getúlio Vargas. O delineamento e a implantação desse Projeto Nacional não se fizeram sem sérios questionamentos técnicos, intenso embate ideológico e ampla mobilização política. Muito pelo contrário, a definição dos rumos do desenvolvimento, as delimitações do papel do Estado e da participação do capital estrangeiro são exemplos de temas que polarizaram aquelas discussões. No centro desse embate esteve, por exemplo, a

Aspectos de Nação

questão do monopólio estatal do petróleo, o qual, tornando-se aspiração nacional, efetiva-se finalmente em 1953, com a criação da Petrobras.[5]

Ao final, o Estado veio assumir papel estratégico no processo de industrialização: o de estimular a iniciativa privada e o de suprir diretamente bens e serviços básicos, como o aço e o petróleo, além de infraestrutura de energia e os meios de transporte indispensáveis para a viabilização das mudanças desejadas. Para tanto, fez-se necessário, inclusive, promover, na época, a modernização do próprio aparelho do Estado.

O término do primeiro governo Vargas trouxe a democratização e com ela a eleição de seu antigo ministro da Guerra, general Eurico Gaspar Dutra.

A maior frustração do governo Dutra nas relações com os Estados Unidos, havia se verificado na área da cooperação econômica. Um exemplo foi a constituição da Missão Abbink (Comissão Técnica Mista Brasil – Estados Unidos), em 1948, com o objetivo de estimular o desenvolvimento brasileiro. Não obstante, esta Missão se limitou a recomendar o aumento da produtividade brasileira, a reorientação dos capitais formados internamente e um maior afluxo de capital estrangeiro para o país. Depois, em dezembro de 1950, ela foi substituída pela Comissão Mista Brasil – Estados Unidos para o Desenvolvimento Econômico.

Para Getúlio Vargas, agora presidente eleito, as negociações militares com a administração Truman deveriam ter como contrapartida o apoio aos seus projetos de desenvolvimento econômico, daí a criação desta Comissão ter acontecido antes mesmo de sua posse. Ela iniciou seus trabalhos em julho do ano seguinte, e contou com a colaboração de órgãos governamentais, segmentos técnicos e empresários que almejavam a criação de instrumentos permanentes para o desenvolvimento econômico. Neste sentido, deveria ser criado um banco para coordenar a aplicação

---

5. Desde a Assembleia Constituinte de 1946 que o governo estadunidense observava com apreensão o incremento das posições nacionalistas no meio parlamentar brasileiro, e procurava assegurar que a legislação econômica brasileira seguisse uma orientação liberal. Vale mencionar que durante os trabalhos da Assembleia Constituinte (fevereiro-setembro/1946), o tratamento da questão petrolífera revelou diferenças entre os dois países, que se tornariam posteriormente fonte de politização no Brasil. A posição dos Estados Unidos obedecia aos interesses das empresas petrolíferas, que exigiam uma legislação liberal, tanto para a exploração como distribuição do petróleo e de outros recursos minerais. Uma ampla mobilização da sociedade brasileira, a partir de 1947, levou o Congresso Nacional a adiar a votação sobre a questão. Em fevereiro de 1948, o governo Dutra enviou uma proposta de lei do Estatuto do Petróleo, propondo que 60% do capital das empresas do setor poderia ser de procedência estrangeira. A reação contrária da opinião pública foi acompanhada de importante ação política. Iniciou-se uma campanha pela defesa do petróleo, conduzida por um conjunto de entidades, destacando-se a Liga da Defesa Nacional, o Clube Militar, o Centro de Estudos de Defesa do Petróleo e da Economia Nacional e a União Nacional dos Estudantes. Dominada por um forte conteúdo emocional, a campanha foi marcada pelo slogan "o petróleo é nosso". Procurava-se evitar que companhias estrangeiras como a Standard Oil, Texaco e Atlantic Refining Company instalassem suas refinarias no Brasil. Fortalecia-se a ideia de que o monopólio estatal deveria ser preservado em todas as atividades relacionadas com o petróleo. Em sua campanha presidencial de 1950, Vargas defendia a criação de uma empresa petrolífera nacional como um projeto prioritário de seu novo governo. Em dezembro de 1951 foi enviado ao Congresso um anteprojeto elaborado pela sua assessoria econômica que previa a criação da Petrobras como empresa de economia mista, com percentuais fixos para o capital nacional e o estrangeiro. Após quase dois anos de intenso debate, dentro e fora do Congresso, aprovou-se em outubro de 1953 a Lei 2.004, que assegurava o monopólio estatal na pesquisa, lavra, refinamento e transporte do petróleo. Este resultado foi obtido graças ao apoio da UDN, cuja posição foi influenciada mais por sua posição contra Getúlio do que por suas convicções nacionalistas.

O Século XX e a Estratégia Nacional 359

de recursos externos e internos, destinados a financiar os projetos aprovados pela Comissão Mista.[6]

Nesse contexto é que se cria, em 1952, uma instituição voltada especificamente para fomentar o desenvolvimento, o então denominado Banco Nacional do Desenvolvimento Econômico, que é hoje, do Desenvolvimento Econômico e Social, BNDES. Cabe lembrar que a proposta de sua criação partiu da chamada Comissão Mista Brasil – Estado Unidos para o Desenvolvimento e a sua primeira incumbência foi gerir o Fundo de Reaparelhamento Econômico, FRE.

O segundo governo Vargas não se completou. Com o suicídio do presidente em 1954, o país mergulhou numa profunda crise política da qual saiu em 1955 com a eleição de Juscelino Kubitschek para a Presidência da República.

A segunda metade da década de 1950 foi o momento mais decisivo para a industrialização brasileira. O Plano de Metas do governo Kubitschek encampou a ideia de aceleração do desenvolvimento, de recuperação do tempo perdido, com a realização de "50 anos em 5". Pela primeira vez, se manifestou uma adesão explícita ao "modelo de economia mista", definindo-se os papéis e articulando-se a presença da empresa estrangeira, da empresa privada nacional e da empresa pública.

Nesse período, buscando tornar mais dinâmica a ação do Estado, lança-se mão das entidades de administração indireta – encarregada de 70% das realizações do governo – e dos denominados Grupos Executivos, responsáveis pela coordenação da execução do Plano. Todos os ramos industriais relevantes tinham os seus Grupos Executivos, nos quais o setor privado sempre se fazia representar, o mais notável deles foi o Grupo Executivo da Indústria Automobilística, GEIA.

No início da década de 1960, o que podemos chamar de "padrão de industrialização" já estava definido. A partir de então, o que ocorre até o início dos anos 80 são efetivamente complementações que não alteram aquela configuração básica. Também se manteve em suas linhas gerais o modelo de acomodação da participação dos capitais estrangeiros, privado nacional e estatal.

Como síntese da evolução histórica até aqui esboçada, deve-se assinalar que o pensamento getulista vinculado ao tenentista de 1922 compôs sempre, desde 1930, o conjunto das forças dominantes na sociedade brasileira e fez-se representar dentro do aparelho do Estado, assumindo o papel preponderante de harmonizar os interesses econômicos em jogo, através de um implícito Projeto Nacional. Três foram os períodos em que a visão desenvolvimentista e nacionalista esteve marcada pelo pensamento de Vargas, períodos estes onde a ideologia do desenvolvimento e a prevalência do nacional se fizeram presentes, o período com Vargas (1930 a 1954), o período sem Vargas (1954 a 1964) e o período contra Vargas (1964 a 1980).

---

6. Ao final a comissão aprovou 41 projetos, muitos deles referentes a transportes e energia. Horácio Lafer, como ministro da Fazenda (1951-53), foi um dos principais coordenadores desta iniciativa. De acordo com sua visão, o Estado deveria assumir o papel de agente centralizador das operações que financiariam a construção de uma infraestrutura básica para o país.

Aspectos de Nação

É, pois, no arcabouço institucional montado e regido pelo Estado que foram definidos os chamados "interesses nacionais" que deveriam prevalecer sobre quaisquer outros interesses formulados e/ou encaminhados por outros canais. Sem dúvida, nos 50 anos decorridos entre 1930 e 1980, os brasileiros tiveram a certeza de que seus filhos teriam um padrão de vida melhor no futuro, e esta confiança se lastreava nos níveis de crescimento que o Brasil alcançou nesse período. Esse crescimento se deve a este projeto nacional, que se assentava no tripé presente ao longo de toda era Vargas da ação estatal na infraestrutura, na industrialização e na urbanização do país.

No período pós-guerra, o Brasil foi uma das nações mais bem-sucedidas na implantação de um projeto de rápida industrialização – empolgando todo o Terceiro Mundo. Ele manteve a expansão de sua economia durante um período significativamente longo e em ritmo excepcional, para os padrões internacionais, processando, ao mesmo tempo, importantes mudanças no aparelho produtivo do país.

De fato, nos 33 anos que vão de 1947 a 1980, o produto interno bruto registra uma taxa média anual de crescimento de cerca de 7%. Nesse período, a indústria torna-se o setor mais dinâmico, crescendo, em média, mais de 8% ao ano. Essas taxas significavam que o produto industrial duplicava a cada oito anos e o PIB dobrava de dez em dez anos. Consequentemente, a composição desta produção foi se alterando com a contínua elevação da participação da indústria que, de cerca de um quarto do PIB, em 1949, atinge quase um terço em 1980. Em contrapartida, diminui a importância relativa da agricultura, que tem sua participação no PIB reduzida de 25%, no final dos anos 40, para apenas 13% do em 1984.

O processo de modernização econômica se expressa com bastante nitidez nas transformações verificadas na estrutura da oferta da indústria de transformação. A participação relativa dos bens de consumo não duráveis declina de 73%, em 1949, para 34% em 1980, com o consequente ganho de importância dos setores de bens de consumo duráveis, de 3% para 15% no mesmo período; de bens intermediários, de 20% para 38%; e de bens de capital, de 4% para 15%.

Na década de 1980, os produtos industrializados, semimanufaturados e principalmente os manufaturados (com participação de 56%) dominaram a pauta das exportações. Em 1984, por exemplo, eles alcançaram dois terços do valor exportado. Por seu turno, a pauta de importações, no limiar desta década já estava bastante modificada em relação aos meados do século, com a já histórica eliminação de bens de consumo (duráveis e não duráveis) e o já delineado término da importação de bens intermediários e de capital, que vão passando a ser produzidos internamente.

Deste modo, verificamos que desde meados dos anos 60, mais da metade do valor das importações refere-se a um reduzido grupo de produtos – cereais, combustíveis, máquinas e equipamentos mecânicos e elétricos. Com a elevação do preço internacional do petróleo, a participação dos combustíveis minerais cresceu, por exemplo, 53% em 1984, tendo, o total deste grupo atingido o elevado patamar de 70% do total.

Em síntese, o longo ciclo de crescimento iniciado no pós-guerra produziu um salto na escala da economia brasileira, situando-se entre as dez maiores do mundo.

O Século XX e a Estratégia Nacional 361

Por sua dimensão e pela diversificação dos setores implantados, o parque industrial brasileiro foi o maior e o mais integrado do Terceiro Mundo.

Esse conjunto de resultados veio de um projeto nacional que teve como seu maior incentivador o Estado Brasileiro, que desempenhou um papel histórico da maior relevância nesse processo de transformação, exercendo diretamente a função empresarial, regulando o funcionamento geral da economia e, sobretudo, concedendo estímulos à expansão da iniciativa privada nacional.

Concluindo, podemos afirmar que nestes 50 anos (1930/80, a era Vargas), o Brasil teve um projeto nacional assumido pelo Estado, e este projeto era Intervencionista e Nacional-Desenvolvimentista.

A Aliança com os Estados Unidos

O governo Vargas, no seu início, foi sustentado por um conjunto de forças internas, que muitas vezes não coincidiam quanto às opções de política externa. Procurando atender às diferentes facções que o apoiavam, Vargas desenvolveu uma estratégia que pode ser nomeada como de equidistância pragmática. Com esta fórmula ele pretendia atender, simultaneamente, aos segmentos que defendiam uma relação próxima aos Estados Unidos e os que idealizavam uma parceria mais forte com a Alemanha.

Vargas convidou Oswaldo Aranha, que era embaixador em Washington desde 1934, e com quem mantinha estreita colaboração desde o período pré-revolucionário no Rio Grande do Sul, para a chefia do Itamaraty, onde ele se manteve até 1944. Na sua passagem por Washington, ele já havia se empenhado na aproximação do Brasil com os Estados Unidos. Após o início da Segunda Grande Guerra, a posição de terceiro interessado, que advinha da neutralidade inicial no conflito, poderia ser estrategicamente utilizada para a industrialização do país. O Brasil necessitava de uma grande usina siderúrgica para dar início ao seu desenvolvimento industrial, e tanto a Alemanha quanto os Estados Unidos poderiam vir a ser parceiros nesta empreitada. Após um jogo diplomático que envolveu a Alemanha e a participação brasileira na própria guerra na Europa, o governo brasileiro acordou com os estadunidenses seu posicionamento no conflito, recebendo em contrapartida, a construção desta usina, que veio a ser a Companhia Siderúrgica Nacional, e o reaparelhamento das Forças Armadas. Esta opção, como veremos adiante, recuperava os esforços de uma visão continental empreendida pelo Barão do Rio Branco e reforçava os vínculos econômicos, militares e culturais entre ambos os países, conduzindo, deste modo, a participação brasileira no conflito mundial. Esta colaboração das forças armadas brasileiras com os aliados contribuiu também para a queda do Estado Novo e a volta da democracia no Brasil, em 1945. Na época, o clima conturbado das relações internacionais exigia do Brasil uma eficiente ação internacional e a implantação dessas relações privilegiadas com os EUA foram a maior prova dessa eficiência.

A vitória do democrata Franklin Roosevelt, em 1932, trouxe novas expectativas políticas e econômicas para os Estados Unidos. O país precisava sair da grande

Aspectos de Nação

depressão com decisões urgentes, tendo, para isto, adotado uma série de medidas, conhecidas como o "New Deal".[7] No plano externo, lançou um projeto de busca da liderança internacional, que pretendia romper o anterior isolamento dos Estados Unidos. Estas mudanças na política externa norte-americana tiveram fortes implicações na América Latina. Um novo estilo de relacionamento, conhecido como "política de boa vizinhança", passou a valorizar o diálogo com os países da região. Eles pretendiam reforçar a presença americana no continente, através de vínculos econômicos, culturais e militares. Os EUA buscavam a substituição de suas velhas práticas intervencionistas pela negociação diplomática, com a realização de conferências multilaterais frequentes.

A crise mundial que levou à Segunda Guerra destruiu o sistema de poder europeu. Depois de retirar-se da Liga das Nações, em 1936, a Alemanha intensificou seu programa de rearmamento, violando o Tratado de Versalhes. Em breve espaço de tempo se tornou impossível reverter o expansionismo nazista conduzindo o mundo a uma nova guerra.[8] Em dezembro de 1941, após o ataque japonês à base de Pearl Harbour, os Estados Unidos entraram na guerra, circunstância que impôs novas pressões à América Latina.

Além do apoio político, alguns países tornaram-se importantes para o suprimento de materiais estratégicos e/ou a cessão de bases militares, aumentando, imediatamente, a pressão norte-americana pelo alinhamento brasileiro. Naquele momento, era fundamental a construção de uma base no nordeste do Brasil, crucial para apoiar as operações militares dos aliados no norte da África, além do suprimento de materiais estratégicos. Os produtos brasileiros mais valorizados estrategicamente eram: alumínio, zinco, níquel, cobre, tungstênio, magnésio, cristal quartzo, borracha, bauxita, mica e estanho.

A necessidade desse apoio estratégico do Brasil e, a opção por uma política de solidariedade hemisférica, orientaram a decisão brasileira na Terceira Reunião de Consulta de Chanceleres Americanos, realizada, em janeiro de 1942, no Rio de Janeiro. Esta conferência teve como objetivo principal aprovar uma recomendação para que as repúblicas americanas rompessem relações com os países do Eixo. Com isto, foram criadas as condições para serem negociados os Acordos de Washington.[9] Os novos termos do relacionamento do Brasil com os Estados Unidos foram imediatamente acompanhados pela decisão nacional de romper relações com os países do Eixo, em represália, cinco navios brasileiros foram torpedeados por submarinos alemães.

---

7. Destacavam-se entre essas decisões: o atendimento às massas desempregadas, o alívio para evitar a quebra de milhares de empresas, o desenvolvimento de um vasto programa de obras públicas e uma nova regulamentação da atividade econômica.

8. A guerra entre as potências do Eixo (Alemanha, Itália e Japão) e as Forças Aliadas provocou a perda de 55 milhões de vidas e devastou grande parte do território europeu. O conflito durou seis anos (1939-45), espalhando pelo mundo o confronto entre projetos fascistas e ideais democráticos e o sonho comunista.

9. Estes previam o empréstimo de 100 milhões de dólares para o projeto siderúrgico brasileiro. Também incluíam um crédito de 200 milhões de dólares para aquisição de material bélico, com base na lei norte-americana de Empréstimos e Arrendamentos.

O Século XX e a Estratégia Nacional

A autorização do Brasil para a instalação de uma base norte-americana em território nacional foi seguida, em agosto de 1942, pela declaração do estado de guerra contra a Alemanha e a Itália. Em janeiro de 1943, a visita do presidente Roosevelt à base de Natal enfatizou a importância desse apoio brasileiro a Washington. Seu encontro com Vargas marcou o momento da maior aproximação entre os dois países, durante a guerra. O governo Vargas também considerava fundamental que as concessões aos Estados Unidos fossem compensadas com o reequipamento das forças armadas brasileiras.

Para o Brasil, a organização de uma Força Expedicionária Brasileira, FEB, atendia ao projeto de fortalecimento das Forças Armadas e ampliava sua projeção internacional. Originalmente acertou-se o envio de três divisões e uma pequena unidade aérea. Durante a guerra, a colaboração entre militares do Brasil e dos Estados Unidos estreitou ainda mais os vínculos entre os dois países.

Neste contexto o governo brasileiro concordou com o pedido de Washington, em julho de 1945, para declarar guerra também ao Japão e assinar um acordo para a venda de areias monazíticas durante os três anos seguintes. Desta forma o Brasil continuou se beneficiando do suprimento de armamentos, previsto pela Lei de Arrendamentos estadunidense.

Além disso, foram igualmente tomadas outras iniciativas de cooperação econômica. Vale mencionar uma missão estadunidense ao Brasil, conhecida como Missão Cooke (1942), com o objetivo de analisar as condições da indústria brasileira e os setores de interesse para os Estados Unidos. Consolida-se, desta forma, no início da década de 1940, a aliança estratégica dos EUA com o Brasil. Os estadunidenses queriam assegurar sua liderança mundial, e na América Latina, esta intenção contava com amplo respaldo.[10]

A partir de 1943 os Estados Unidos, a Grã-Bretanha e a União Soviética, prevendo a vitória, fixaram os parâmetros de uma nova ordem internacional. Também ganhou impulso a ideia de que instituições multilaterais sólidas seriam vitais para assegurar a paz e a estabilidade econômica internacional.

Contudo, a aliança entre as potências vencedoras, os Estados Unidos, Grã-Bretanha e União Soviética, logo revelou sinais de dificuldade. O clima de entendimento alcançado durante a etapa final da guerra foi substituído por tensões e rivalidades. Ao longo do ano de 1946, o recente ordenamento do sistema internacional foi abalado pelo conflito de interesses políticos e estratégicos entre os Estados Unidos e a União Soviética. As demandas políticas do governo soviético, sob a liderança de Joseph Stalin, tornaram-se uma fonte de irritação contínua para o governo estadunidense.

Este processo foi agravado pela decisão soviética de manter sua presença militar e política na Europa do Leste. Após o breve período de funcionamento de "democracias populares", a maioria dos governos desta região foi submetida ao controle dos partidos comunistas locais, convertendo-se em Repúblicas Populares

---

10. O único país que rejeitou o alinhamento aos Estados Unidos foi a Argentina, que manteve posição de neutralidade até quase o final do conflito.

Aspectos de Nação

Socialistas. Na Hungria, em junho de 1947, e na Tchecoslováquia, em fevereiro de 1948, as resistências a este esquema soviético foram sufocadas.

Para apressar a reconstrução da Europa Ocidental, em junho de 1946, os Estados Unidos promulgaram o Plano Marshall na expectativa de que a transferência de recursos para as economias europeias, por meio de investimentos públicos e transferências externas, proporcionaria condições para conter a expansão soviética.

A Guerra Fria levou à formação de dois pactos militares, com a constituição de dois blocos antagônicos, sob a influência das duas superpotências. Em 1947 foi criada a Organização do Tratado Atlântico Norte, OTAN, sob a liderança dos Estados Unidos, com a participação da Grã-Bretanha, Dinamarca, Holanda, Itália, Canadá, Islândia, Luxemburgo, Noruega e Portugal. Mais tarde, se montou o Pacto de Varsóvia (1955) sob a liderança da União Soviética, com a participação da Alemanha Oriental, Tchecoslováquia, Polônia, Hungria, Bulgária, Romênia e Albânia.

Ao final da guerra, os Estados Unidos era o principal parceiro comercial do Brasil. Entretanto, em 1945, o diálogo entre os governos dos dois países já não conservava o mesmo tom amistoso dos anos anteriores. Os Estados Unidos, claramente, não manifestavam interesse em continuar apoiando as políticas industrialistas no Brasil, passando a identificar-se com os setores brasileiros que defendiam políticas econômicas liberais. Para Vargas, se tornava mais difícil negociar favoravelmente os preços do café e obter créditos para projetos industriais. Criava-se assim uma convergência entre os segmentos contrários a Vargas e os defensores do liberalismo econômico. Estes acreditavam que a economia brasileira dependia mais do sucesso de sua vocação agroexportadora que dos grandes empreendimentos industriais.

A política de Washington de defesa da democracia comprometia a continuidade do governo Getúlio. Enfraquecido internamente, o Estado Novo tinha seus dias contados a partir do fim da guerra. Os estadunidenses consideravam importante se desvencilhar dos regimes não democráticos da América Latina e também manifestavam a preocupação de que o discurso nacionalista de Getúlio o aproximasse de outras lideranças latino-americanas, especialmente de Juan Domingo Perón, da Argentina.

Em outubro de 1945 o presidente foi deposto pelos chefes militares de seu próprio governo, e, no mês seguinte, realizaram-se as eleições, com a vitória do candidato do Partido Social Democrático, general Eurico Gaspar Dutra. Iniciava-se o período democrático que se prolongaria até 1964.

Deste modo, a partir de 1946, o confronto político entre Estados Unidos e União Soviética passou a dominar o cenário mundial. A cristalização da bipolaridade impôs disciplinas ideológicas e políticas de segurança defensivas.

Paralelamente, o processo de descolonização na Ásia e na África, iniciado após o fim da Segunda Guerra, ampliou significativamente a comunidade internacional, agravando o desequilíbrio da distribuição do poder político e econômico no sistema mundial. Criou-se então uma agenda de preocupações, compartilhadas pelas novas nações asiáticas e africanas e, também, pelos países latino-americanos, o que, por si só, no clima da Guerra Fria, seria elemento essencial na construção de suas estratégias nacionais.

O Século XX e a Estratégia Nacional

Na América Latina, as opções de política internacional foram fortemente condicionadas por esta realidade. A identificação da região como área de influência norte-americana determinou seus vínculos externos nos campos político e militar. Esta realidade teve um importante efeito sobre a estratégia nacional do Brasil.

Entretanto, as limitações impostas por esta bipolaridade não impediram que o Brasil buscasse associar seu projeto de desenvolvimento econômico a políticas criativas no âmbito externo. Este empenho se manifestou, com uma ênfase nacionalista, durante o governo de Getúlio Vargas; no apelo ao desenvolvimentismo do governo de Juscelino Kubitschek; e no sentido inovador da política externa independente dos governos Jânio Quadros e João Goulart.

Após a Guerra, e até 1950, a diplomacia brasileira manteve invariável apoio ao governo estadunidense nos foros multilaterais. Este alinhamento coincidiu com uma forte identificação ideológica do governo Dutra com os valores do mundo ocidental, mostrando uma sistemática rejeição aos países que pertenciam à órbita soviética. Contudo, o alinhamento aos Estados Unidos não impediu que a diplomacia brasileira diversificasse seu campo de atuação no âmbito multilateral. No campo militar, em termos doutrinários, buscou-se uma ligação entre os princípios de segurança hemisférica e os da segurança nacional. Também foram ampliadas as atividades da Comissão Militar Conjunta Brasil – Estados Unidos.

O Brasil também manteve posição alinhada aos Estados Unidos durante toda a Guerra da Coreia, tendo reconhecido o governo da República da Coreia (hoje, Coreia do Sul) em 1949, e apoiado a resolução defendida pelo governo estadunidense, de condenar a República Popular da China por ter invadido a nação coreana. Este alinhamento só foi abalado quando o governo estadunidense solicitou a presença de tropas brasileiras no conflito – por encontrar-se em período eleitoral, o governo Dutra não contou com o apoio interno para ceder a esse pedido.

A partir dos anos 50, crescentes desencontros com os Estados Unidos levaram o Brasil a introduzir outros espaços em sua diplomacia multilateral. Gradualmente, as posições do país passaram a valorizar o sistema das Nações Unidas para a promoção do desenvolvimento econômico e menos sua aliança estratégica com os americanos.

A vitória de Vargas em 1950 foi o ponto de partida dessas mudanças, que repercutiram de imediato nas relações com os Estados Unidos, apesar de terem surgido expectativas de que o alinhamento pudesse representar um instrumento de negociação para o país. Nos primeiros meses do governo, o Itamaraty manifestou sua esperança de ver o apoio político e militar compensado por iniciativas de cooperação econômica.

Na Quarta Reunião de Consulta de Chanceleres Americanos,[11] realizada em Washington, em março de 1951, se deu a primeira oportunidade para uma negociação de temas econômicos. Os representantes brasileiros estavam tão otimistas quanto às possibilidades de um apoio dos Estados Unidos que ampliaram os compromissos

---

11. A reunião tinha como objetivo discutir a defesa do hemisfério contra as ameaças do bloco comunista.

de suprimento de minérios estratégicos (urânio e areaias monazíticas) e acenaram com um possível envolvimento na Guerra da Coreia.

Entretanto, apesar da forte pressão estadunidense e da posição favorável do chanceler Neves da Fontoura, o congresso brasileiro não aprovou o envio de tropas para a península coreana. Deste modo, pela falta de suporte político interno, Getúlio Vargas se viu impedido de atender ao pedido de Washington, afetando seu diálogo com a administração Truman.

Mas, apesar disso, estes entendimentos conduziram ao Acordo Militar Brasil – Estados Unidos de 1952, que foi aprovado após nove meses de debate legislativo, com a manutenção dos compromissos brasileiros relativos a materiais estratégicos – alvo de fortes críticas no Congresso. O PTB, seu próprio partido, por exemplo, articulou uma frente oposicionista contrária à aprovação desse acordo. No seio das Forças Armadas os segmentos nacionalistas também manifestavam sua discordância.[12]

De fato, a política externa de Vargas trouxe-lhe muitos problemas no âmbito interno. Neste cenário, inicia-se uma polarização na sociedade política brasileira entre posturas nacionalistas e pró-americanas. As bandeiras nacionalistas eram marcadas por suas orientações "estatizantes" e de forte hostilidade ao capital estrangeiro. No outro extremo, manifestavam-se as posições rotuladas de "entreguistas" que apregoavam o alinhamento aos Estados Unidos e a importância dos investimentos provenientes daquele país. Esta polarização pôde ser observada, tanto nesse caso do prolongado debate sobre o acordo militar Brasil – Estados Unidos como na acalorada controvérsia em torno do petróleo.

Devido a estas dificuldades internas e ao exacerbado componente nacionalista na base de apoio governista, a agenda externa do governo brasileiro, a partir de meados de 1953, passou a se concentrar nos temas econômicos vinculados à política de comércio exterior. A fragilidade do governo Vargas agravou-se com o desgaste no relacionamento com a Argentina em face da denúncia de que existiria uma articulação oculta entre o "varguismo" e o "peronismo", que atiçou reações e aprofundou a crise política.

Esta realidade explicou a limitada participação do Brasil na Décima Conferência Interamericana de Caracas, em março de 1954. Explica também a posição brasileira de alinhamento aos Estados Unidos, com respeito à ação intervencionista estadunidense na Guatemala.

Este quadro de dificuldades, agravado pela deterioração da crise interna, sofreu um forte impacto com o suicídio de Vargas, em agosto de 1954. Houve uma profunda e generalizada comoção da população, que repercutiu mundialmente. Em sua *Carta Testamento*, Vargas fez alusão às pressões internacionais, o que evidenciava o entrelaçamento entre os problemas internos e externos de seu governo. O interregno político, entre este trágico acontecimento, e, as eleições presidenciais previstas para outubro de 1955, levou o Itamaraty a dedicar uma maior atenção a temas econômicos.

---

12. A demissão do Ministro do Exército Estilac Leal, em reação ao mesmo acordo, criou dificuldades para o governo.

O Século XX e a Estratégia Nacional 367

A partir do governo de Juscelino Kubitschek (1956-60), o Brasil, aproveitando os projetos traçados pela Assessoria Econômica de Vargas, liderada pelo economista Rômulo Almeida, iniciou um ciclo de estabilidade política e desenvolvimento econômico. A construção de Brasília e a transferência para a nova capital; a expansão da indústria automobilística; e a implantação de uma infraestrutura de comunicações mudou a face da economia brasileira. Este dinamismo repercutiu de forma imediata sobre a política nacional, na qual o tema do desenvolvimento ganhou máxima prioridade.[13]

A Associação Latino-Americana de Livre Comércio, ALALC se materializou no contexto de política externa independente, quando o Brasil manifestou particular interesse por estreitar suas relações com os países latino-americanos. Ao mesmo tempo, este relacionamento passou a estar subordinado a novos fatores internos e externos vinculados à Guerra Fria, em especial à presença russa em Cuba. Além do empenho pelo avanço de um processo de integração regional, os governos de Jânio Quadros e João Goulart, eleitos em 1960, respectivamente, Presidente e Vice-Presidente da República (1960-1965), foram responsáveis pelo aprofundamento da política de cooperação cultural e das convergências políticas. Foi no curto governo de Quadros que se deu a instalação da ALALC, que contou com Rômulo Almeida como seu primeiro secretário-geral. Com a renúncia de Jânio, a radicalização interna levou ao golpe de 64.

Na segunda metade do século XX, a Guerra Fria conduziu a questão externa e o que mais influiu na estratégia nacional do Brasil foi a revolução cubana, em 1959. Com a vitória do socialismo na Ilha, a América Latina passou a significar uma ameaça à segurança dos Estados Unidos. A eclosão da revolução cubana introduziu novos fatores de tensão no confronto bipolar, provocando um novo tipo de ação do governo estadunidense junto aos países latino-americanos.

Em 1961, os Estados Unidos anunciaram o lançamento da *Aliança para o Progresso*, um programa de assistência ao desenvolvimento na América Latina. Este Programa previa a utilização de fundos públicos e privados – que totalizariam 20 bilhões de dólares – para financiar, durante 10 anos, projetos voltados para a melhoria de condições sociais e econômicas da região. Entretanto, foram irrisórios os resultados desta iniciativa: até 1968 apenas a metade dos investimentos previstos foi desembolsada. A maior parte destes recursos foi utilizada no pagamento de dívidas externas e na repatriação de capital.

Na primeira fase da Guerra Fria a evolução da política externa brasileira foi influenciada pelas oscilações da política interna. Em diversas ocasiões, a ação diplomática do país se pautou por interesses e posições político-partidárias. A estratégia nacional, que tem a ver com o Estado, muitas vezes foi submetida ao interesse de governo. Cabe lembrar que os centros de pensamento ligado ao tema, como o Instituto Superior de Estudos Brasileiros, ISEB, e a Escola Superior de Guerra, ESG,

---

13. Ainda como presidente-eleito, Kubitschek viajou aos Estados Unidos e às principais capitais europeias, buscando apoio para as suas metas de desenvolvimento econômico. Desde o início, sua política externa foi moldada de acordo com o novo perfil da economia brasileira.

Aspectos de Nação

adotavam visões ideológicas díspares, o que contribuía para uma partição lógica sobre algo que tem que ser uno e claro. Foi também uma época em que a imprensa e o Congresso tornaram-se atores relevantes no debate interno sobre a política internacional.

O problema das desigualdades econômicas no sistema internacional ganhou ênfase, levando a maior identificação com o mundo subdesenvolvido. Configurou-se um projeto de crescimento interno e de projeção externa, conhecido como o Nacional-desenvolvimentismo.

Os esforços para mudar o conteúdo do diálogo com os Estados Unidos não afetaram os compromissos estratégicos essenciais do Brasil. Os vínculos militares entre os dois países mantiveram-se ativos e permaneceu a lealdade às doutrinas de segurança da administração Eisenhower. Foi neste contexto que, em 1957, se negociou a instalação na ilha de Fernando de Noronha, de um posto de observação estadunidense de foguetes teleguiados. Também foi assinado um Acordo entre ambos os países, para Usos Civis de Energia Atômica, que previa o fornecimento de urânio enriquecido para a construção de reatores no Brasil.

Neste período a diplomacia brasileira deu os primeiros sinais de maior flexibilidade ideológica. Desde o início de seu governo, JK lançara a ideia de degelo nas relações do Brasil com a URSS. Em 1959 foram concluídas as negociações para o restabelecimento das relações comerciais com aquele país.[14]

Na década de 1960, uma acentuada instabilidade institucional toma conta de muitos países na América Latina, inclusive do Brasil. A politização das Forças Armadas, acompanhada do fortalecimento dos partidos conservadores, como reação às mobilizações populares e reformistas, fomentou articulações inter-regionais, motivadas por afinidades ideológicas. A ascensão em 1964 das Forças Armadas ao poder caracterizou a prevalência destas articulações sobre as mobilizações.

Neste quadro, a gravidade das situações políticas domésticas deixava pouco espaço para a ação externa. Durante os anos de governo militar no Brasil, a política externa brasileira pode ser dividida em duas fases; a primeira, de 1964 a 1974 e a segunda, que perdurou até 1985, quando o país retomou o caminho da democracia.

Na primeira fase, a política externa do país esteve dominada pela retomada do alinhamento com os EUA e o abandono das premissas que haviam pautado a Política Externa Independente de Jânio Quadros. Esta vinculação com o Ocidente, sob a liderança estadunidense, deu claro perfil ideológico à diplomacia brasileira. As relações com os países da órbita socialista foram esfriadas; os laços da amizade luso-brasileira foram revitalizados; e as iniciativas de aproximação com a África portuguesa foram desativadas.

A partir de 1967, os temas econômicos ganharam novo espaço no discurso externo brasileiro. Esta tendência se aprofundou à medida que a política econômica

---

14. Esta mudança de posição seguiu motivações pragmáticas. Os contratos assinados com o governo soviético previam a venda de café em troca de trigo, petróleo bruto e óleo diesel.

O Século XX e a Estratégia Nacional

brasileira retomou um curso nacional-desenvolvimentista. Nesta época, se destacou a posição do país contra o sistema de condomínio das potências mundiais nos temas de segurança internacional.

Depois de 1968, a agenda diplomática brasileira sofreu a influência do endurecimento do regime político. A presença militar no governo levou também ao enrijecimento das posições do Brasil nas negociações relacionadas ao aproveitamento de recursos hidroelétricos com os seus vizinhos.

O período entre 1969 e 1974 correspondeu à etapa de maior fechamento na vida política brasileira. Nesta época a diplomacia brasileira absorveu os constrangimentos ideológicos do regime militar, e, ao mesmo tempo, lançou iniciativas que levaram à ampliação do espectro econômico e político do relacionamento externo do país.

Com o governo Geisel (1974-79) iniciou-se uma nova fase na evolução da política interna e externa. No âmbito interno, medidas de distensão política inauguraram uma fase de lenta liberalização da vida política. No plano externo, a diplomacia brasileira inaugurou o ciclo do "pragmatismo responsável". A atuação internacional do Brasil sofreu uma profunda transformação. Esta se baseou em três premissas essenciais: o fim do alinhamento com os EUA, a fuga aos condicionamentos ideológicos da Guerra Fria e a identidade com o Terceiro Mundo. A política econômica externa esteve motivada pelo impacto causado pela crise do petróleo e pelas novas necessidades industriais brasileiras.

Neste governo se redesenharam as premissas da inserção do país no sistema mundial. Sendo identificados, como postulados essenciais da ação internacional brasileira:

- O compromisso com os princípios da independência;
- A igualdade soberana dos Estados;
- A defesa da autodeterminação e a não interferência nos assuntos internos e externos dos Estados; e
- O apoio à solução pacífica de controvérsias.

Na busca de autonomia e universalismo, o novo projeto de política internacional do Brasil pressupunha:

- O fim do alinhamento automático com os Estados Unidos;
- O abandono dos condicionamentos ideológicos impostos pela Guerra Fria; e
- A identificação com o Terceiro Mundo.

As relações com os Estados Unidos também sofreram mudanças decisivas. Ele procurou atingir um novo nível de entendimento com Washington, que implicava a substituição do alinhamento por uma "relação especial", tendo, com este objetivo, assinado um "memorando de entendimento" (1976) com o secretário de Estado Henry Kissinger. Este instrumento diplomático estabelecia um mecanismo de consultas recíprocas sobre temas de interesse comum, prevendo a realização de reuniões semestrais. Ele visava outorgar um novo *status* ao diálogo bilateral, prevendo um

Aspectos de Nação

tratamento mais igualitário entre os dois países. Entretanto, esta iniciativa foi esvaziada no ano seguinte, com a mudança de governo nos Estados Unidos.

A eleição de Jimmy Carter deu novos rumos à política internacional dos EUA, afetando as relações com o Brasil. Sua campanha pela defesa dos direitos humanos e pela não proliferação nuclear gerou fortes desavenças com o governo Geisel. Em resposta às pressões estadunidenses, o Brasil denunciou o acordo militar de 1952 e manteve o andamento dos seus entendimentos nucleares com a Alemanha.

Durante o regime militar surgiram diversas formulações geopolíticas que influenciaram a política externa inspiradas, principalmente, nas ideias do general Golbery do Couto e Silva. A valorização dos atributos territoriais do país foi acompanhada pela ampliação de sua capacidade de defesa. Foi priorizada a necessidade de uma ocupação mais efetiva da Amazônia, iniciando-se a construção da Rodovia Transamazônica (1970), como parte do Plano de Integração Nacional, PIN. Com o mesmo sentido, foi estendido o mar territorial brasileiro até 200 milhas da costa.

Ganharam importância os foros multilaterais para a difusão das novas prioridades da política externa brasileira, que visavam priorizar o combate ao subdesenvolvimento no hemisfério e no mundo e a defesa do princípio da não intervenção.

No governo seguinte, do general João Figueiredo (1979-85), foi dada continuidade às orientações políticas internas e externas de seu antecessor, enfatizando as relações com os países latino-americanos, a necessidade do desenvolvimento e a importância do diálogo Norte-Sul.[15] Além disso, ele prosseguiu com a normalização gradual da vida política institucional do país.

Durante o governo Figueiredo, as relações com os Estados Unidos foram marcadas pela distância e o desencontro. O Brasil condenou a invasão soviética do Afeganistão (1979), mas também negou adesão às sanções contra a URSS, propostas na ONU pelos EUA.

Novas Relações com o Velho Mundo

A importância das relações com os Estados Unidos e o peso da Guerra Fria nas opções de política externa do Brasil não impediram o país de reforçar os vínculos com algumas nações europeias. As antigas potências, especialmente a Alemanha e a França, ofereciam novas oportunidades, estimuladas pelo crescimento de suas economias e a necessidade de suas empresas expandirem seus investimentos.

---

15. A partir de fins dos anos 60, expandiram-se também as relações econômicas intra-regionais. Diversas iniciativas de integração e cooperação revelaram um novo interesse de aproximação. Podem ser mencionados: o Mercado Comum Centro-Americano (1960), o Mercado Comum Caribenho (Caricom, 1972), o Grupo Andino (1976), o Tratado da Bacia do Prata (1969), o Sistema Econômico Latino-Americano (SELA, 1975), o Tratado de Cooperação Amazônica (TCA, 1978) e a substituição da Associação Latino-Americana de Livre Comércio (Alalc) pela Associação Latino-Americana de Integração (ALADI, 1980). No campo de segurança destaca-se o Tratado de Proscrição de Armas Nucleares na América Latina (Tratado de Tlatelolco), que apesar de assinado em 1967, teve sua vigência completa só após a criação da Organização para a Proibição de Armas Nucleares na América Latina (Opanal) em 1969.

O Século XX e a Estratégia Nacional

Datam desta época as primeiras preocupações do Brasil com as consequências do processo comunitário europeu. Dois pontos justificavam estas apreensões: as restrições ao ingresso nos mercados europeus e as vantagens que automaticamente seriam estendidas aos territórios não autônomos, cujos produtos primários concorriam com os do Brasil. Estas preocupações influenciaram as posições brasileiras em diferentes foros multilaterais.

A relação do Brasil com o mundo europeu e os países e territórios afro-asiáticos, foi também influenciada por fatores culturais e históricos que transcendiam o contexto da Guerra Fria. Este era o caso dos laços com Portugal, preservados e ajustados à agenda internacional após 1945 e que explicam a lealdade do Brasil com a nação lusitana, durante os 10 anos em que o governo ditatorial português teve recusada sua admissão nas Nações Unidas. Este relacionamento foi reforçado com o Tratado de Amizade e Consulta, promulgado no Brasil em 1955, no qual se fazia referência à Comunidade Luso-Brasileira.

Neste caso, o intacto sistema colonial português constituía ainda um espaço entre o Brasil e Portugal. Os vínculos do Brasil com Portugal condicionaram a política do Brasil em relação ao tema da descolonização, como se verificou em 1960, quando manteve posição contrária à independência da Argélia. Não obstante, a realidade sul-africana, a partir da instauração do sistema de "apartheid", passou a sensibilizar, pouco a pouco, a diplomacia brasileira para a questão racial. Já em fins dos anos cinquenta, o Brasil assumia uma posição crítica à segregação racial que estimulava uma maior aproximação aos países da África negra. Mencionem-se os entendimentos iniciados com os governos do Senegal, Etiópia, Mauritânia, Gana e Togo, como também o comparecimento brasileiro à II Conferência Pan-Africana, realizada em Addis Abeba em maio de 1960.

Outra demonstração relevante da maior aproximação do Brasil com novos temas da agenda mundial se deu com sua participação em operações de paz promovidas pela ONU.[16] Novas frentes de relacionamento externo foram também abertas com os países asiáticos.

Em janeiro de 1961, Jânio Quadros, recém-empossado na presidência, introduziu grandes mudanças na política internacional do Brasil. Estas mudanças levaram ao que se convencionou chamar de Política Externa Independente, PEI, que defendia a ampliação da autonomia do Brasil no plano internacional, desvencilhando-se dos condicionamentos impostos pela bipolaridade. As posições do país deveriam ser motivadas pelos interesses nacionais e não pelas pressões das grandes potências, especialmente os Estados Unidos, aparecia claramente a ideia de interesse nacional.

Esta nova orientação sugeria que o Brasil agisse com isenção ideológica, buscando a luta contra o subdesenvolvimento, a cooperação com as demais nações

---

16. Em novembro de 1956, o governo JK contou com amplo apoio interno para que o país integrasse a Força de Emergência no Canal do Suez. Outra experiência deste tipo se repetiu em 1961, quando o Brasil enviou oficiais da Força Aérea Brasileira ao Congo, em apoio à operação organizada para contornar a crise deflagrada pelo assassinato do presidente Lumumba.

americanas, os pontos em comum com os países africanos e o apoio ao Sistema das Nações Unidas. Estes novos rumos da política externa brasileira não foram bem recebidos pelos Estados Unidos, particular tensão foi provocada pela posição brasileira contrária à intervenção norte-americana em Cuba.

Em 1975, a nova política sobre o tema colonial ganhou especial ressonância, quando o Brasil foi o primeiro país a reconhecer, oficialmente, a independência de Angola, sob o governo socialista do Movimento Popular de Libertação de Angola, MPLA, de Agostinho Neto. No mesmo ano, o governo brasileiro reconheceu a independência de Moçambique, liderada pela Frente de Libertação de Moçambique, Frelimo, de Samora Machel.

Construindo uma Vizinhança

Durante a década de 1930 cresceram de importância as relações do Brasil com as nações latino-americanas. Concluem-se as demarcações fronteiriças com Uruguai, Argentina, Peru, Colômbia, e as Guianas Britânica e Holandesa. Também avançaram as negociações de limites com o Paraguai e a Guiana Francesa.

Para a estratégia nacional tornou-se relevante ampliar a presença política e econômica junto aos países vizinhos. Além de esforços para aprofundar os vínculos com a Argentina, o governo buscou maior aproximação com Bolívia, Paraguai e Uruguai.

Enquanto passava por importantes transformações internas, a região sul-americana enfrentou três situações de conflito: a Guerra do Chaco, entre a Bolívia e o Paraguai (1932-35); a beligerância entre o Peru e a Colômbia (1933-34); e o confronto entre o Equador e o Peru (1941). Nos três casos foram decisivos os esforços mediadores dos países vizinhos, especialmente Brasil, Argentina e Chile, reforçados pelo apoio dos Estados Unidos.

Na Argentina, o golpe que, em 1930, conduziu o general José Evaristo Uriburu ao poder iniciou um período de predomínio de forças conservadoras, ligadas aos interesses agroexportadores desse país. Seu sucessor, o general Augustin P. Justo, assumiu o governo em 1933, começando uma fase de aproximação ao Brasil. A troca de visitas presidenciais e o aumento do intercâmbio bilateral sinalizaram uma nova etapa de relacionamento.

As viagens de Justo ao Rio de Janeiro em 1933, e de Vargas a Buenos Aires, em 1935, aproximaram os dois países e proporcionaram negociações de diversos convênios. Os entendimentos bilaterais foram reforçados pelas novas dinâmicas diplomáticas da região. Destacamos: o Tratado Antibélico de Não Agressão e de Conciliação e a Conferência de Paz do Chaco (1935-38).

Contudo, a aproximação com a Argentina sofreu abalos a partir das medidas que o Brasil tomou para o seu fortalecimento militar, implantadas desde o início do Estado Novo. Houve reações imediatas do lado argentino. Após a mudança de governo na Argentina, em 1938, o Ministro Oswaldo Aranha empenhou-se em retomar os bons ânimos no relacionamento de ambos os países.

O Século XX e a Estratégia Nacional

A partir de 1939, com a eclosão da Segunda Guerra, as relações entre o Brasil e a Argentina se tornaram tensas. Os dois lados envidavam seus esforços de reequipamento militar. Para as Forças Armadas brasileiras, a colaboração com os Estados Unidos visava melhorar suas condições bélicas perante a Argentina. No Ministério da Guerra brasileiro havia a preocupação de que os avanços da capacidade militar da Argentina viessem a romper o equilíbrio de poder na América do Sul.

Além da competição militar, também as opções de política internacional não eram convergentes. Desde 1940 o governo argentino buscou liderar a política internacional latino-americana. Empenhou-se para que as repúblicas americanas trocassem sua posição de neutralidade pela de não beligerância, o que contrariava os interesses dos Estados Unidos.[17]

O Brasil, em contrapartida, havia se decidido pelo alinhamento político e militar com os Estados Unidos e isto, dentro de uma ótica que mais adiante se mostrou bem-sucedida, de colocar sua estratégia nacional caudatária desta política, de forma a garantir a liderança brasileira do continente sul-americano. Não obstante, tornou-se importante para o governo brasileiro evitar que a falta de coincidência com a Argentina se convertesse num fator de conflito.[18]

Apesar de concentrar suas atenções neste país, o governo brasileiro manteve-se atento também às outras nações do Cone Sul. Com o Chile, por exemplo, em 1941, na ocasião da visita do chanceler Oswaldo Aranha a Santiago, foram assinados um Tratado de Comércio e Navegação e um Convênio de Intercâmbio Cultural.

O Paraguai, a partir dos governos Estigarríbia (1939-40) e Morínigo (1940-48), procurou reproduzir as medidas econômicas e sociais adotadas pelo Estado Novo no Brasil. Foram igualmente expressivas as coincidências no campo da política externa. Estes fatos favoreceram o diálogo político, os vínculos econômicos e a cooperação militar. Em 1939, quando o presidente paraguaio visitou o Brasil, foram assinados acordos econômico, ferroviário e cultural. Em 1941, o presidente Vargas visitou Assunção, inaugurando uma agência do Banco do Brasil e, no ano seguinte, instalou-se a missão militar brasileira no Paraguai. Em 1943, os dois países assinaram também um Tratado de Comércio e Navegação. Estas iniciativas permitiram, igualmente, ao Paraguai ampliar sua estratégia de negociações pendulares ora com o governo argentino, ora com o brasileiro.

Com o Uruguai, também foram realizadas iniciativas de aproximação, procurando atenuar suas estreitas vinculações políticas e econômicas com a Argentina. Este esforço tomou impulso em 1942, com a decisão do governo uruguaio de seguir o Brasil em seu alinhamento aos Estados Unidos.

---

17. O auge da confrontação entre os governos argentino e estadunidense se deu em 1942, na Conferência de Chanceleres Americanos, que aprovou a recomendação de rompimento com o Eixo. Nesta ocasião, a Argentina e o Chile foram os únicos que insistiram em manter posição de neutralidade.

18. O mesmo tipo de preocupação surgiu em 1945, durante as negociações para a criação de novas instituições internacionais. A neutralidade da Argentina, mantida até o final da guerra, dificultou sua admissão nas Nações Unidas. A resistência das grandes potências – em particular da União Soviética – mobilizou o governo brasileiro, que buscou junto aos Estados Unidos uma solução que evitasse a exclusão da Argentina.

Aspectos de Nação

Igualmente com a Bolívia, em 1938, foi negociado um tratado sobre a ligação ferroviária e, no ano seguinte, firmado um convênio de intercâmbio cultural. Esta aproximação culminou em junho de 1943, na visita do presidente general Enrique Peñaranda ao Brasil.

Com a Venezuela, em 1940, realizaram-se entendimentos visando à assinatura de um tratado, para a solução pacífica de controvérsias e para o tratamento recíproco de nação mais favorecida. Em 1944 foi criado o Instituto Brasil-Venezuela, estreitando os vínculos culturais.

Assim, durante a Era Vargas, este conjunto de aproximações alterou o relacionamento do Brasil com seus vizinhos. A agenda das negociações de limites foi gradualmente substituída por entendimentos comerciais e culturais, por visitas de presidentes e por uma interação diplomática mobilizada por problemas regionais e mundiais. A transformação foi acompanhada de contatos mais intensos entre segmentos políticos e intelectuais. Surgiram vínculos novos, estimulados tanto por circunstâncias políticas internas como por influências ideológicas internacionais. Assumia o Brasil um protagonismo na América do Sul, fugindo a sua já tradicional presença nas querelas do rio da Prata para uma dimensão maior que envolvia todo o subcontinente.

É oportuno mencionar que, desde o final dos anos quarenta, se aprofundaram os entendimentos para aproximar econômica e fisicamente o Brasil de seus vizinhos sul-americanos. Na maioria dos casos, o intercâmbio restringia-se à troca de produtos primários. O maior interesse pela diplomacia econômica no Brasil foi acompanhado pela valorização dos laços comerciais com os países da região. Depois da criação da Comissão Econômica para a América Latina, CEPAL[19] (1948), ganhou adeptos, no país, a ideia de se criar uma zona de livre comércio e complementação industrial entre o Brasil e os demais países do Cone Sul, tendo o governo brasileiro aderido ao projeto de criação da ALALC, (1960).

No período compreendido entre 1960 e 1980, a política externa brasileira para a América do Sul foi direcionada para solucionar a questão de Itaipu no Cone Sul e para buscar uma maior cooperação com os países limítrofes da região amazônica.

Política Externa: Mantendo o Projeto

Infelizmente, o projeto nacional concebido na era Vargas foi vitimado pela crise do início dos anos 80 e pela aspiração das elites oligárquicas, em especial, as paulistas, de retomar a condução dos negócios do país nos moldes similares aos que detinham antes da era Vargas.

Abandonou-se a ideia de nação em prol do discurso do mercado, e, sob o argumento de que o modelo autoritário enfatizava os valores nacionais, criou-se na

---

19. A Cepal teve extrema importância para a discussão econômica relativa ao desenvolvimento da América Latina, trazendo avanços teóricos sobre o tema da integração regional e sobre as economias dos países latino-americanos.

O Século XX e a Estratégia Nacional

mídia a desvalorização do termo nacional e dos interesses a ele correlatos. Jogava-se na redemocratização, junto com a água do autoritarismo, a criança do projeto nacional para fora da bacia.

Na economia, priorizou-se cada vez mais o controle da moeda, menosprezando a ideologia do desenvolvimento. Aliás, este termo que havia sido profundamente enfatizado em décadas anteriores foi retirado da pauta.

Com a redemocratização do país, ou, com o fim do governo militar, o novo governo, presidido por José Sarney contou com o apoio interno para o projeto de política externa, já evidenciada nos dois últimos governos militares. Não obstante este projeto ter sido abalado por dificuldades macroeconômicas; por fatores ligados à evolução da política nacional; e pelas pressões internacionais geradas nos anos finais da Guerra Fria.

Desde os primeiros meses de governo, Sarney manifestou interesse por mudanças qualitativas no relacionamento com a América Latina, os principais indicadores neste sentido foram:

- O restabelecimento de relações com Cuba (1986);
- A presença no Grupo de Apoio de Contadora (1985);
- A participação na criação do Grupo dos 8 e depois no Grupo do Rio (1986);
- A condenação da intervenção norte-americana no Panamá (1989);
- A promoção da primeira reunião de Presidentes de Países Amazônicos (1988); e
- Os entendimentos com a Argentina.

O desenvolvimento de uma ativa diplomacia presidencial estimulou a fraternidade política entre os governos brasileiro, argentino e uruguaio, facilitando a coordenação de políticas externas e a definição de compromissos de integração sub-regional. Além disso, o governo brasileiro aderiu ao projeto de construção de uma hidrovia Paraguai-Paraná, empreendimento que compreendia uma extensão de 3.500 km, ao longo dos territórios do Brasil, Bolívia, Paraguai, Argentina e Uruguai.

Também foram realizadas negociações de cooperação com a Colômbia, a Bolívia, o Equador e a Venezuela e gestões de aproximação com o Suriname e a Guiana – ambos visitados pelo presidente Sarney. Procurou-se reativar o Tratado de Cooperação Amazônica com a "Declaração da Amazônia", que reafirmava a soberania de todos os países da área sobre a floresta.

Um passo decisivo de cooperação entre o Brasil e a Argentina foi o encontro Alfonsin-Sarney, em novembro de 1985. Nesta ocasião foi assinada uma declaração de cooperação pacífica no campo da energia nuclear e inaugurada a Ponte Tancredo Neves, ligando as cidades de Foz do Iguaçu e Puerto Iguazú. Esta aproximação com a Argentina levou à negociação do Programa de Integração e Cooperação Econômica, PICE (1986), e logo depois ao Tratado Geral de Integração, Cooperação e Desenvolvimento (1988), que previa a criação de um mercado comum em 10 anos. Neste mesmo ano, o Uruguai foi incorporado ao processo através da Ata da Alvorada.

Aspectos de Nação

Esta política teve plena continuidade no governo seguinte, com Fernando Collor de Mello (1990-92). Apesar de breve, seu governo introduziu importantes mudanças no perfil internacional do Brasil. A etapa que se iniciou em 1990 levou à transformação do projeto de política externa concebido desde 1974 – essa evolução deveu-se tanto a causas domésticas como internacionais. No primeiro caso, pode-se apontar o discurso do esgotamento do modelo de crescimento autárquico e a proliferação de interesses e pressões surgidas no contexto democrático. No segundo, pela nova ordem internacional produzida com o fim da Guerra Fria e pelo discurso hegemônico da globalização econômica.

Depois da Ata de Buenos Aires, assinada com a Argentina em 1990, foi celebrado o Tratado de Assunção (1991), para a constituição do Mercosul, com a incorporação do Uruguai e do Paraguai.

Graças a esta mútua confiança política, foram selados com a Argentina entendimentos na área nuclear que asseguravam a transparência entre os programas desenvolvidos nos dois países. Estes entendimentos permitiram também a negociação de uma sucessão de outros acordos, como o Acordo Quadripartite, assinado com a Agência Internacional de Energia Atômica, para a aplicação de salvaguardas Brasil-Argentina; e também negociado o Compromisso de Mendoza (1991), pelo qual o Brasil, junto com a Argentina e o Chile, manifestava seu repúdio à utilização de armas químicas e biológicas.

O início dos anos 90 anunciou um período de democracia, cooperação econômica e paz para a América Latina. Prosperaram negociações bilaterais, que sepultaram antigas disputas fronteiriças. Surgiram medidas de confiança mútua e observaram-se novas iniciativas de integração econômica, que responderam simultaneamente a impulsos associativos e a orientações seletivas. A ligação entre a integração regional e a abertura econômica deu origem ao conceito de "regionalismo aberto", que procurou diferenciar os novos esquemas regionais daqueles que, no passado, haviam se frustrado devido à vigência de políticas protecionistas.

Embora nem sempre o Brasil e a Argentina fizessem avaliações convergentes sobre temas internacionais no pós-Guerra Fria, o projeto de formação de um espaço econômico comum foi favorecido pelas novas conjunturas domésticas e internacionais. Igualmente, a sintonia entre as políticas de abertura comercial e a liberalização econômica tornou-se um fator de aproximação sub-regional.

A crise política interna que conduziu à renúncia de Collor e sua substituição pelo vice-presidente Itamar Franco terminaram revigorando a democracia brasileira. No período do governo Itamar Franco, ele buscou adaptar a diplomacia brasileira às circunstâncias internacionais, sem prescindir da preocupação com o desenvolvimento e a autonomia. Para isso, foi dada prioridade à diplomacia multilateral e ao fortalecimento da presença brasileira no âmbito sul-americano. O Brasil aprofundou seus compromissos com o Mercosul, aderindo ao projeto de sua consolidação como uma União Aduaneira. Durante a gestão de Fernando Henrique Cardoso como ministro das Relações Exteriores, tomou-se a decisão de redirecionar as

O Século XX e a Estratégia Nacional 377

importações de energia para a América do Sul (petróleo da Argentina e Venezuela e gás da Bolívia), com o objetivo de fortalecer os espaços de interesses comuns entre o Brasil e seus vizinhos.

Em 1992 o Itamaraty lançou a Iniciativa Amazônica. Um ano mais tarde o ministro Celso Amorim, que substituiu Fernando Henrique Cardoso na pasta das Relações Exteriores do governo de Itamar Franco, promoveu a ideia de se formar uma Área de Livre Comércio Sul-Americana. Na época, esta proposta foi interpretada como uma resposta à criação do NAFTA (North American Free Trade Agreement), pelos Estados Unidos – com vigência prevista para 1994.

Na Organização dos Estados Americanos, OEA, a diplomacia brasileira procurou fortalecer a democracia na região e, ao mesmo tempo, evitar intervenções unilaterais que implicassem na ingerência em assuntos internos e ferissem a solução pacífica de controvérsias. Mencione-se a insistência para que Cuba fosse reintegrada ao sistema americano e a posição contrária à intervenção norte-americana no Haiti.

Em seguida, no governo de Fernando Henrique Cardoso, as relações com a América Latina foram mantidas como máxima prioridade. A idealização de uma relação estratégica com a Argentina tornou-se o eixo principal desta política. Nesta época foi iniciada a prática de exercícios militares conjuntos e a cooperação no âmbito das Operações de Paz da ONU. Em resumo, a política latino-americana do governo Fernando Henrique Cardoso procurou assegurar a consolidação do Mercosul e de suas opções de relacionamento externo – em particular com o Chile, a Bolívia e os países da Comunidade Andina –, a defesa ativa da democracia e da integração econômica na América do Sul e a preservação da paz em toda a região.

No primeiro mandato de Lula, a partir de 2003, o governo aprofundou a opção sul-americana da política externa do governo anterior e adotou uma postura muito mais independente dos ditames hegemônicos, tornando-se assim mais pragmático e mais efetivo na defesa do interesse nacional. Isto apesar da manutenção do posicionamento interno subordinado ao sistema financeiro internacional, imposto pela equipe econômica governamental.

Política Interna: Perdendo o Projeto

No plano interno, progressivamente, nas duas últimas décadas, o Brasil deixou escapar seu projeto nacional, sendo uma década totalmente perdida, a de 1980, sucedida por outra desperdiçada. Tudo isto resultado do domínio de um discurso econômico liberal, apoiado na tese do cumprimento de compromissos financeiros que, paulatinamente, foi destruindo os investimentos estatais, desfazendo o patrimônio estatal e finalmente inibindo os serviços públicos essenciais.

A Constituição promulgada em 1988 não foi capaz de fazer avançar o processo de reconstrução de um projeto nacional. E a década de 1990 foi madrasta com o Brasil. Na política, uma contrarreforma conservadora, que foi feita em etapas, representou um verdadeiro golpe de Estado estendido no tempo. A Constituição cidadã, que pareceu ser escrita à luz do dia, com ampla participação de todos os segmentos da sociedade, foi sendo esquartejada por meio de decisões sucessivas, tomadas sempre de forma discreta, negociadas não se sabe como, que esta mesma sociedade não acompanhou, nem compreendeu, nem controlou, nem sequer foi chamada a autorizar.

Na economia, a ideia de um futuro construído por uma coletividade que interagisse democraticamente, um futuro consciente e desejado, tendo como foco um maior bem-estar para todos, foi substituída pelo futuro opaco que resulta apenas do jogo de mercado, com a cooperação dando lugar a uma competição feroz que só interessa aos mais fortes; o conceito de empresa nacional e o papel do Estado foram abastardados. Na área social, com o anunciado "fim da Era Vargas", os direitos trabalhistas ficaram sob ameaça e o sistema de seguridade foi retalhado até tornar-se irreconhecível.

Nada disso foi decidido pelos brasileiros de forma livre e consciente. Programas semelhantes foram implantados em muitos países, sempre com o patrocínio e a inspiração do sistema financeiro internacional e as instituições que ele controla. Seus aspectos comuns são os desmontes dos mecanismos de solidariedade social, o enfraquecimento dos Estados nacionais e a subordinação crescente de cada economia aos movimentos, cada vez mais voláteis, do grande capital.

Os monumentais fracassos dessas políticas são sempre imputados aos elos mais fracos. Dentro de cada sociedade, o indivíduo é culpado pela sua própria exclusão, como se não vivesse imerso em relações sociais que são decisivas para definir as oportunidades que terá. No sistema internacional, os efeitos da desordem financeira são jogados nas costas dos países periféricos, pois as crises recorrentes teriam origem em ambientes domésticos insuficientemente adaptados ao receituário universal da modernidade. O modelo de economia e de sociedade proposto não pode ser julgado, pois nunca está completamente implantado. A conclusão se repete monotonamente: dobrar a aposta, seguir em frente, produzir mais do mesmo, pois sempre falta fazer novas supostas reformas.

Massificado pelos meios de comunicação, esse raciocínio circular provoca um colapso do pensamento. Com o tempo, as sociedades se tornam incapazes de definir uma agenda própria de desenvolvimento. Deixam de reconhecer seus problemas e suas potencialidades. Abandonam a ideia de ter um projeto nacional. Acostumam-se a viver em crise crônica. Aceitam a tirania das questões de curto prazo. Passam a gravitar em torno de temas artificiais e importados.

Já é tempo de se avaliar a importância da chamada Era Vargas e do projeto nacional aí concebido após as consequências danosas de sua revogação. Depois de 50 anos de crescimento rápido, a economia brasileira despencou – se perdeu duas décadas – e estamos caminhando a taxas menores que o crescimento mundial. Deixamos de ser a oitava economia industrial do mundo, passando para a décima terceira posição.

A riqueza concentrou-se nas atividades "rentistas", muito mais atrativas que os investimentos produtivos. A economia desnacionalizou-se ainda mais, com empresas brasileiras sendo transformadas, em massa, até mesmo nos setores mais estratégicos, em filiais de multinacionais, que reservam para as matrizes as atividades mais nobres. Os vínculos tênues desse capital estrangeiro com o espaço econômico nacional atrofiam a capacidade de o Brasil vir a controlar o seu próprio processo de desenvolvimento. Sua inserção no sistema internacional passou a fazer-se, mais e mais, por meio de trabalho pouco qualificado e de produtos pouco elaborados.

O mercado de trabalho desorganizou-se, muitos dos brasileiros adultos sendo remetidos ao desemprego aberto ou à informalidade.

A incipiente tentativa de construir um Estado nacional de bem-estar social foi interrompida. O Estado perdeu capacidade de realizar, induzir e coordenar investimentos, tornando-se refém do sistema financeiro. Perdeu também o controle territorial, seja no interior do país, como ocorre na extensa periferia da região amazônica, seja dentro das grandes metrópoles.

A participação de estados e municípios na receita fiscal tem diminuído, e, em consequência, os serviços públicos se deterioraram.

A fronteira agrícola foi fechada, estabelecendo-se, nas regiões novas, uma estrutura de propriedade da terra ainda mais concentrada que aquela que existia nas regiões de ocupação secular. Em vez de solucioná-la, a questão agrária se agravou e tornou-se nacional.

A mobilidade social praticamente acabou. No país das oportunidades – pois já foi chamado assim – estão emparedados na pobreza grandes contingentes populacionais que não têm mais nenhuma alternativa de sonhar e de construir um futuro melhor. A qualidade da escola pública se deteriorou, concentrando em grandes cidades multidões sem alternativa de sobrevivência digna, que só conseguem realizar atividades ocasionais, sazonais, incertas ou ilegais.

Enfim, se é verdade que alguns setores econômicos se modernizaram, principalmente aqueles voltados para o mercado externo, também é verdade que o país regrediu naquilo que é verdadeiramente importante. Tornou-se mais dependente.

Antes de ser econômica, a crise é política, ideológica e cultural. O Brasil foi levado a considerar-se um país frágil, pedinte, incapaz, necessitado de buscar salvação fora de si. O futuro da Nação foi hipotecado a agentes que nenhum compromisso têm com o país, a não ser o de realizar negócios bem lucrativos, sempre com o pé na porta, prontos para ir embora. O tempo histórico da Nação ficou subordinado ao tempo curto do capital financeiro. O país, que em poucas décadas fez a Petrobras, a Companhia Vale do Rio Doce, a Embrapa, a Fundação Oswaldo Cruz, a Embraer, a Eletrobrás, a Coppe, o IME e centenas de empresas e instituições desse tipo – que até hoje o sustenta – perdeu a capacidade de fazer, criar e ousar. Há muitos anos só conjuga os verbos cortar, vender, desnacionalizar, fatiar, desmontar e desfazer.

Sem crescimento é impossível equacionar uma solução para as questões centrais de uma economia, principalmente com o grau de assimetria de renda como a brasileira, assim como, sem enfatizar a nação ou o pacto nacional que lhe dá sustentação, esta missão torna-se impraticável.

O discurso da oligarquia financeira nos últimos anos foi, progressivamente, diminuindo o espaço do bem público, transformando-o em mercadoria. Assim se procedeu com a saúde, com a educação e com a segurança. Até os mandatos democráticos foram atingidos, tratados como se mercadorias fossem.

Este é o resultado de um modelo neoliberal que, copiando o disposto pela hegemonia deste período, atrelou o país à periferia e adotou os ditames do chamado "Consenso de Washington". A luta do projeto nacional pela autonomia deixou de existir na medida em que o próprio projeto veio a ser mitigado. Ao contrário do que nos apresentaram nos últimos vinte anos do século XX, o país tornou-se mais dependente e vulnerável. Privilegiou-se a figura do consumidor em lugar da figura do cidadão. Perdeu-se o projeto nacional.

Mas esta pode ser uma perda temporária. A História continuará cobrando um projeto para o Brasil fazer desabrochar a grande promessa civilizatória contida na nossa sociedade. Podemos voltar a reconstruir nosso projeto nacional. Esta perspectiva esteve presente no início do governo Lula. Todavia, veio a ser baldada com a prevalência dos interesses "rentistas" das velhas oligarquias.

Para a reconstrução deste projeto temos de nos ater a determinados princípios:

- O princípio da democracia. Ele aponta para o aperfeiçoamento do sistema político brasileiro em bases amplamente participativas, com o resgate da dignidade da função pública em todos os níveis;

- O princípio da soberania. Ele representa a nossa determinação de dar continuidade ao processo de construção nacional, buscando recuperar, para o Brasil, um grau suficiente de autonomia decisória;

- O princípio da solidariedade. Ele nos diz que aquela continuidade deve se dar em novas bases, voltadas para a edificação de uma nação de cidadãos, eliminando-se as desigualdades na distribuição da riqueza, da renda e da cultura;

- O princípio do desenvolvimento. Ele expressa a decisão de pôr fim à tirania do capital financeiro e à nossa condição de economia periférica e afirmando que mobilizaremos todos os nossos recursos produtivos e não aceitaremos mais a imposição, interna ou externa, de políticas que frustrem esse nosso potencial; e

- O princípio da ação do Estado. Ele estabelece uma aliança com as gerações futuras, pois se refere à necessidade de buscarmos um novo estilo de desenvolvimento articulado pela cidadania no Estado Nacional, que seja socialmente justo e ecologicamente viável.

Adendo

Os Fundadores do Estado

As Dinastias Portuguesas

Dinastia de Borgonha ou Afonsina (1139-1385)

D. Afonso I – O Conquistador (1139-1185) – Em 1139, apesar de ainda estar submetido aos reis de Castela e Leão, Afonso Henriques proclamou-se rei de Portugal, porém, somente após a sua vitória sobre os muçulmanos, em Ourique, em 25 de julho deste mesmo ano, é que ele começou a usar o título de Afonso I. Em 1143, Castela reconheceu o seu reinado, através do Tratado de Zamora, e, 36 anos depois, o Papa Alexandre III distinguiu Portugal como reino independente e vassalo da igreja.

Continuando o processo de formação do reino português, em março de 1146, Afonso I conquistou Santarém e logo depois Lisboa, em outubro de 1147, aos mouros, com a ajuda de cruzados ingleses, franceses, alemães e flamengos, que estavam de passagem para a Palestina.

Terminada estas batalhas de reconquista, D. Afonso I procurou fixar a população, promovendo o municipalismo através da concessão dos forais.[1] Para o sucesso dessas iniciativas, o Rei recebeu a ajuda das novas ordens militares: os Templários, a Calatrava (desde 1156), e Santiago (desde 1170) que governavam castelos e territórios na fronteira. Já os monges cistercienses foram responsáveis pela introdução da atividade agrícola.

D. Sancho I – O Povoador (1185-1211) – Sancho I, filho de Afonso Henriques, foi o segundo Rei de Portugal. Na tentativa de evitar as investidas dos reinos de Castela e Leão, casou com Dulce de Aragão, irmã de Afonso II, em 1174, soberano do reino de Aragão. Durante todo o seu reinado, deu continuidade à organização política iniciada por seu pai, conquistou novos territórios aos mouros e deu incentivo aos comerciantes da região.

D. Afonso II – O Gordo (1211-1223) – Afonso II sucedeu a Sancho I, seu pai, e casou-se com D. Urraca, filha de D. Afonso VIII de Castela. Ainda que ele não fosse um rei com ardor guerreiro, os seus homens de armas estiveram ao lado dos

---

1. Os forais são cartas assinadas pelo Rei dando autonomia às cidades.

castelhanos comandados por Afonso VIII, de Castela, na grande vitória Cristã de Navas de Tolosa, em 1212, e, novamente, com a ajuda dos cruzados, reconquistou Alcácer do Sal em 1217.

No primeiro ano do seu reinado, Afonso II convocou as cortes em Coimbra, porém sem representantes do povo, apenas a nobreza e o clero compareciam nas cortes, até 1254. E, com isto, ambos obtiveram grandes concessões. De fato, a posição da igreja e das ordens religiosas tornara-se tão forte que Afonso II e os seus sucessores viram-se envolvidos em constantes conflitos com Roma.

Ele instituiu as inquirições, ou comissões reais, desde 1220, para investigar a natureza das concessões feitas e retomar tudo aquilo que tinha sido ilegalmente tomado à coroa. E se alinhou com os concelhos de Coimbra e Guimarães, ao invadir as terras do Arcebispo de Braga. Pela legislação afonsina, o principal instrumento de fortalecimento do poder central, em relação aos feudos, residia na possibilidade de "desamortizar terras". O rei, mediante atos de inquirição, verificava a titulação da propriedade, e confirmava periodicamente as terras da Igreja e da nobreza. As ordens religiosas foram proibidas de comprar terras, salvo licença do rei.

Nos seus últimos anos, Afonso II, que sofria de lepra e obesidade, teve problemas com o arcebispo de Braga, que era apoiado pelo Papa Honório III, e por ter desafiado o papa foi excomungado.

D. Sancho II – O Capelo (1223-1247) – Era filho de Afonso II, e neto de Sancho I. Durante o seu reinado ocorreram a reconquista total do Alentejo e de algumas partes do Algarve. Quando assumiu o trono, Sancho II encontrou a Igreja em grande ascendência, devido às concessões feitas pelo seu pai, antes de morrer. Existem alguns documentos do próprio governo de Sancho II, relatando este fato. Tudo indica que, nos últimos anos do seu reinado, seu governo deslizou para um período de pura anarquia. Diante desse quadro, em 1245, uma comissão enviada pelo papa apresentou ao seu irmão mais novo, Afonso – que se tornou conde de Bolonha por casamento com D. Matilde, condessa de Bolonha, em 1238 –, uma Bula Papal depondo Sancho II e pedindo-lhe para que tomasse o poder em Portugal.

Quando Afonso chegou a Lisboa, em 1246, recebeu o apoio da Igreja, dos seus habitantes e de outras cidades, provocando uma guerra civil, que durou dois anos. Sancho II retirou-se para Toledo, morrendo ali em janeiro de 1248.

D. Afonso III – O Bolonhês (1248-1279) – Com este apoio papal, Afonso se autoproclamou rei, como Afonso III. Contudo, só com a morte de Sancho II, sem descendentes, deu-se, a esta usurpação, um manto de legalidade.[2]

Ele uniu o reino dividido, completou a reconquista do Algarve, transferiu a capital de Coimbra para Lisboa, e fortificou-a com a construção de torres e convocou as cortes (Assembleia Geral do Reino), em Leiria, tendo, pela primeira vez em Portugal, convidado os representantes das municipalidades, ou seja, os representantes do povo.

---

2. D Afonso III era o segundo filho de D. Afonso II e de D. Urraca, nasceu em Coimbra em 5 de maio de 1210. Casou-se, como já foi dito, inicialmente, com D. Matilde, condessa de Bolonha em 1238, e fez o seu segundo casamento com D. Beatriz, filha ilegítima de D. Afonso X – O Sábio, o qual só foi legalizado em 1263. Morreu a 16 de fevereiro de 1279 e está sepultado em Alcobaça.

Adendo: Os Fundadores do Estado

A conquista do Algarve provocou a ira de Castela, que considerava tal região parte de seu reino. Travaram-se duas campanhas, nas quais, seguramente, Afonso III foi perdedor, porque a paz só foi feita através do seu pacto de casamento com a filha do rei de Castela. Mesmo sendo marido de Matilde de Bolonha, Afonso III casou-se com Beatriz, filha ilegítima de Afonso X, de Castela, mantendo o território em disputa do Algarve como um feudo de Castela, até o momento em que o filho mais velho deste matrimônio atingisse a idade de sete anos, altura em que o Algarve passaria para Portugal.

Apesar da sua ligação inicial com Roma, este seu segundo casamento levou-o a uma disputa com a Santa Sé, na qual Afonso III foi declarado interdito, mas ele recusou-se a obedecer ao Papa. Todavia, a questão foi resolvida com a morte de D. Matilde em 1258, e o seu filho mais velho, Dinis, foi legitimado. Afonso III lançou inquirições, que resultaram com que a igreja fosse privada de muitas propriedades. Os prelados protestaram contra estas ações das comissões reais, e a maioria deles abandonou, seguidamente, o país.

Ainda que Afonso III fosse excomungado e ameaçado de deposição, continuou desafiando a igreja até pouco antes da sua morte, em 1279. As principais realizações do seu reinado foram:

- O prosseguimento, bem-sucedido, da reconquista;
- A prevalência do poder real sobre a Igreja; e
- A incorporação de representantes do povo na corte, indicando importantes avanços institucionais para a época.

D. Dinis I – O Lavrador (1279-1325) – Filho de Afonso III, D. Dinis I foi, talvez, o primeiro soberano português alfabetizado, por isso, transformou-se num modelar soberano e exímio político. Fomentou a agricultura; incentivou a distribuição e circulação da propriedade, favorecendo o estabelecimento de pequenos proprietários. Mandou enxugar pântanos para distribuir terras a colonos; semeou pinhais (Leiria, etc.); concedeu várias minas, tendo mandado explorar algumas por sua conta; e desenvolveu as feiras. Reorganizou a marinha, contratando para isso o almirante genovês Emmanuele Pesagno (1317), para atuar como "almirante das galés de el-rei", com a obrigação de ter sempre 20 técnicos genoveses para o comando de navios.[3] Contudo, em 1217, perdeu esta marinha para os castelhanos na batalha naval de São Vicente.[4]

---

3. Para entender esta contratação é preciso entender que ela consolida a antiga aliança portuguesa com Gênova, desenvolvida após a tomada de Jerusalém por Saladino, em 1187. Veneza, na época de D. Dinis, vinha negociando com o Cairo, deslocando as outras cidades italianas, e tendia a concentrar os ganhos expressivos do comércio com especiarias. Gênova movia-se em busca de uma aliança ibérica, que lhe abrisse um caminho alternativo para a pimenta e outras mercadorias africanas, intermediadas pelos mouros. A força naval de D. Diniz consolida as ligações, por cabotagem, da rede mercantil portuguesa, e fortalece a navegação fluvial na Lusitânia, procurando aprofundar a vocação marítima de Portugal. Nos areais litorâneos, promoveu o plantio de variadas espécies de pinheiros, visando conter as dunas e criar disponibilidade de madeira para a construção naval na costa. D. Diniz conferiu grau de cavalheiro aos artesãos construtores navais. Em 1377, é formulada uma política de incentivos: quem construísse navios com mais de cem toneladas poderia cortar madeira nas matas do rei, ter isenção fiscal nos materiais de construção, desfrutar da isenção de dízimos nos navios comprados em estaleiros locais e nos ganhos da primeira viagem. Finalmente, o armador estaria desonerado de qualquer contribuição militar às forças terrestres.

4. D. Dinis era filho de D. Afonso III e de D. Beatriz de Castela. Nasceu a 9 de outubro de 1261. Casou com D. Isabel de Aragão. Morreu a 7 de janeiro de 1325. Está sepultado em Odivelas.

Aspectos de Nação

Resolveu habilmente o problema dos Templários (perseguidos por Filipe, o Belo, rei de França, que conseguiu do Papa a extinção desta Ordem), criando para isso a Ordem de Cristo e finalmente fundou a Universidade de Coimbra, em 1290 – ela funcionou primeiro em Lisboa; foi um protetor da literatura e, ele próprio, um poeta. No entanto, ficou famoso como "o rei lavrador", pelo seu interesse pela terra.

Apesar do seu apego às artes e à paz, Portugal esteve muitas vezes envolvido em lutas durante o seu reinado. Em 1297, o Tratado de Alcañices, com Castela, confirmava-lhe a posse do Algarve, definindo as fronteiras entre os dois países e consolidando uma aliança entre Portugal e Castela.

Nos últimos anos do seu reinado, seu filho, o futuro Afonso IV, rebelou-se várias vezes contra o pai, sendo persuadido a submeter-se, pela influência da sua mãe D. Isabel, filha de Pedro III de Aragão. Esta mulher extraordinária, depois canonizada como Santa Isabel de Portugal, e, conhecida pelo povo como a Rainha Santa, exerceu, sucessivamente, sua influência a favor da paz.

Por ironia do destino, e talvez, em parte, pela divulgação do *Milagre das Rosas*, atribuído a ela, onde Dinis I era retratado como um avarento, um dos melhores soberanos portugueses foi imortalizado por Dante, na sua *Divina Comédia*, como um dos grandes avarentos daquele tempo. (*Dante, Divina Comédia*, Paradiso, XIX, 139)

D. Afonso IV – O Bravo (1325-1357) – Esteve envolvido em várias disputas com Castela. Sua avó, D. Isabel, que tinha se retirado para o Convento de Santa Clara, em Coimbra, continuou a intervir a favor da paz; porém, com a sua morte, em 1336, a guerra recomeçou, e o problema só foi resolvido em 1340, quando o próprio Afonso IV, à frente de um exército, se juntou a Alfonso XI, de Castela, na grande vitória sobre os muçulmanos no Salado, na Andaluzia. Durante o reinado de Afonso IV se iniciaram as primeiras viagens de exploração atlântica, quando foram descobertas as Ilhas Canárias.[5]

Afonso III, D. Diniz e Afonso IV utilizaram a desamortização para dominar os vestígios de feudalismo e subordinar a nobreza. Afonso IV centraliza a Justiça – o juiz de fora é o dominante delegado do rei.

Seu filho Pedro, futuro rei, casou-se, com Constança, filha do infante castelhano Juan Manuel, em 1336 – ela faleceu nove anos após o casamento. Contudo, logo depois do casamento ele enamorou-se de uma das damas de sua mulher, D. Inês de Castro, também uma castelhana, com quem teve quatro filhos. Em 1355, preocupado com a sucessão, Afonso IV foi convencido pelos seus conselheiros de que a presença de Inês junto ao futuro Rei era uma ameaça velada de Castela, decidindo pelo assassínio desta.

D. Pedro I – O Cruel ou o Justiceiro (1357-1367) – Durante o seu curto reinado é lembrado principalmente por esse amor trágico com Inês de Castro, além da

---

5. Filho de D. Dinis e de D. Isabel de Aragão, D. Afonso IV nasceu em Lisboa a 8 de fevereiro de 1291. Casou em 1309 com D. Beatriz, filha de Sancho IV de Castela. Faleceu em Lisboa a 28 de maio de 1357 e está sepultado na capela-mor da Sé de Lisboa.

Adendo: Os Fundadores do Estado

promoção de ações de grande importância, como a redução dos abusos de nobres poderosos, e o aumento do poder real.

Um dos seus primeiros atos foi a declaração de Cantanhede, quando comunica o casamento secreto com Inês em 1354, legitimando a paternidade dos filhos. Em consequência, submete à corte ao reconhecimento póstumo de D. Inês de Castro como Rainha de Portugal. E vinga-se de seus assassinos – ordenados por seu pai –, perseguido-os e executado-os de forma selvagem, justificando por isso a alcunha de Cruel e Justiceiro.

Consolidou a aliança entre a Coroa e os concelhos populares, tendo inclusive reformado a administração da justiça, em 1361, e contribuiu muito para tornar a igreja portuguesa, uma igreja nacional, insistindo no beneplácito régio, que era a aprovação real prévia das bulas papais e cartas antes que elas pudessem ser publicadas em Portugal. Em assuntos de política externa participou da invasão de Castela, aliado ao reino de Aragão.

D. Fernando I – O Formoso (1367-1383) – Filho de Pedro I, ele herdou um trono aparentemente saudável, isento de problemas com vizinhos. No entanto, durante seu reinado se viu envolvido em guerras pelo trono de Castela. A primeira foi iniciada por seu pai, em disputa entre ele e seu irmão bastardo Henrique, de Transtamara, mais tarde Henrique II. Com a morte de D. Pedro I (1369), muitas cidades castelhanas concordaram em obedecer a Fernando I, que não foi suficientemente alertado para os riscos desta submissão.

Em 1369, Henrique II invadiu Portugal e, em 1371, pela paz de Alcoutim, Fernando foi obrigado a renunciar às suas pretensões e a prometer casar-se com a filha deste seu irmão bastardo. Mas, não cumprindo a palavra dada, tomou para si uma portuguesa, Leonor Teles – "louça, aposta e de bom corpo" –, como disse Fernão Lopes, que mesmo apesar dos protestos do povo de Lisboa, consagrou-se Rainha após a rápida anulação do seu matrimônio anterior.

Dois anos depois, Fernando I, provocando novamente Henrique II, numa segunda tentativa de subir ao trono castelhano, buscou o apoio dos ingleses, formando uma aliança com John of Gaunt, duque de Lancaster, casado com Constança, a filha mais velha de Pedro I (o Cruel). Este Lord inglês também reclamava o trono de Castela em nome de sua mulher. Respondendo a esta provocação, Henrique II cerca Lisboa, e Fernando I, incapaz de resistir, foi obrigado a repudiar a sua aliança com o inglês e a atuar como um aliado de Castela, deixando vários castelos e pessoas como reféns.

Em 1379, com a morte de Henrique II, Fernando I renovou a aliança com os ingleses, investindo novamente sobre Castela. No meio da campanha, em agosto de 1382, Fernando I chegou a um acordo com o inimigo, aceitando o casamento de sua filha Beatriz com João I, de Castela.

D. Fernando I foi quem mais fomentou a marinha nacional. Em uma carta de privilégios, de 6 de junho de 1377, ele permitia:

Aspectos de Nação

1. Livre uso de madeiras das matas da Coroa aos construtores de navios de mais de 100 tonéis;
2. Isenção de direitos de importação das matérias-primas destinadas a tais construções;
3. Isenção de impostos de transação pela compra de navios daquela tonelagem, efetuada no estrangeiro;
4. Concessão dos referidos construtores ou compradores de dispensa dos serviços militares e do pagamento de certos impostos; e
5. Isenção de direitos de exportação na 1ª viagem e redução à metade nos de importação no primeiro retorno.

D. Fernando criou a primeira companhia de seguros marítimos, e nela inscreveu os navios da Coroa. Lembramos que a legislação fernandina preparou, em sólidas bases, a futura expansão do poder marítimo português.

Interregno (1383-1385) – Esta fase transitória é considerada crítica, permeia o falecimento de D. Fernando até a ascensão de nova dinastia. Nela D. Leonor Teles exerce a regência em nome de sua filha D. Beatriz – a única herdeira legítima do trono vago –, aclamada Rainha em grande parte do reino mas, pelo fato de representarem uma aproximação pessoal com Castela, enfrentaram fortes oposições internas quando províncias e vilas começaram a temer pela perda de suas independências.

Quando ele morreu, prematuramente decrépito, Leonor Teles tornou-se regente e Castela reclamou o trono português. Ela era agora amante de João Fernandes Andeiro, conde de Ourém, que a tinha intrigado com Inglaterra e Castela, e cuja influência era odiada pelos patriotas portugueses. Reunidos em Coimbra, entre março e abril de 1385, estes patriotas declararam o rei Mestre de Aviz, que, sob o nome de João I, fundou uma nova dinastia.

Dinastia de Aviz ou Joanina (1385-1580)

D. João I – O de Boa Memória (1385-1433) – A declaração de Coimbra proclamou o Mestre de Avis rei de Portugal, nomeado João I, fundando assim uma nova dinastia. Esta declaração teve sérias contestações, porque a maioria da nobreza e do clero ainda considerava a rainha de Castela a herdeira de direito do trono. Mas o sentimento popular foi mais forte, e João I, além do apoio popular, tinha fortes e dedicados aliados, como Nuno Álvares Pereira, "O Santo Condestável", seu estrategista militar, e João das Regras, seu chanceler e jurista.[6]

---

6. D. João I foi filho bastardo de D. Pedro I e de uma dama galega Teresa Lourenço, tendo nascido em Lisboa, em 11 de abril de 1357. Casou-se em fevereiro de 1387, na cidade do Porto, com D. Filipa de Lencastre (Philipa of Lancaster em inglês), filha de John of Gaunt, Duque de Lancaster. D. João I foi, de fato, um rei de boa-memória. Amealhou riqueza e as deixou para os filhos e netos. Não consta que tenha prevaricado. Como afirma Alexandre Herculano, "vivendo em uma época desregrada e de guerras cruentas conseguiu conduzir Portugal na divisa do Por Bem".

Adendo: Os Fundadores do Estado

Contudo, apesar da posição popular, houve muitas cidades e castelos que permaneceram fiéis a Castela, levando o seu rei, João I, de Castela, a penetrar, com um forte exército, até o centro de Portugal. Ainda que, em muito menor número, os portugueses ganharam a grande batalha de Aljubarrota, em 14 de agosto de 1385, na qual a cavalaria castelhana foi totalmente destroçada e Juan de Castela escapou com dificuldade.

A vitória foi seguida por êxitos posteriores de Nuno Álvares, que asseguraram o reino a João I e fizeram dele um aliado desejável. Uma pequena força de arqueiros ingleses esteve presente em Aljubarrota. O tratado de Windsor, assinado em 9 de maio de 1386, estabeleceu a aliança anglo-portuguesa, aliança que muito perdurou entre os dois reinos, e que tanto bem e tanto mal fez a Portugal.

John of Gaunt, Duque de Lancaster, veio à península em julho de 1386, e tentou uma invasão a Castela, em conjunto com João I de Portugal, não obtendo êxito. Mas os portugueses, em 1387, casaram seu rei com a filha de John of Gaunt, Philipa of Lancaster, formalizando a aliança Luso-Inglesa, em oposição direta ao eixo França-Castela.

Os príncipes portugueses descendentes desta união, tomam nomes e títulos de duque, à inglesa (Eduardo-Edward, Henrique-Henry), nascendo com notáveis dotes e sendo primorosamente educados no ambiente criado por D. Filipa, que teve, ao todo, nove filhos. Ela toma o papel de "preceptora" da corte, e a reforma com novos princípios, introduzindo vários costumes e usos ingleses em Portugal – passou-se a falar em francês, como na Inglaterra aristocrática e oficial –, formando uma geração de príncipes cultos e com grande reconhecimento em toda a Europa. Pode se dizer que toda a cultura e talento que impregnavam a corte neste momento, serviram de estopim para o florescimento do desejo português em viagens de descobrimentos e exploração.

Destes, destacaram-se: D. Duarte (1391-1438) que virá a ser o sucessor de seu pai no trono; D. Pedro (1392-1449) reconhecido como um dos mais esclarecidos príncipes do seu tempo, foi regente durante a minoridade do sobrinho, futuro D. Afonso V. Viajou por toda a Europa em busca de cartas náuticas que propiciassem desvendar os mistérios além do Mediterrâneo, estas pesquisas ajudaram, em muito, o irmão mais novo D. Henrique, conhecido como O Navegador; D. Henrique (1394-1460) foi o principal instigador da expansão marítima portuguesa e fundador da, chamada, Escola de Sagres, local de estudos náuticos que reunia cientistas, cartógrafos e interessados em navegação, e de onde partiram as embarcações responsáveis pelas descobertas de Cabo Verde, Madeira, Açores, Serra Leoa dentre outras. Também foi dirigente da Ordem de Cristo – que sucedeu à Ordem dos Templários, servindo aos interesses da corte com relação às disputas territoriais.

Diversas tréguas foram tentadas com Castela, como em 1387, mas a paz só foi finalmente concluída em 1411. A vitória de João de Aviz pode ser vista como uma vitória do espírito nacional contra a ligação feudal com a ordem estabelecida. Como muitos, da antiga nobreza, tinham aderido a Castela, João I recompensou os seus seguidores à custa daquela antiga nobreza e não da coroa.

Aspectos de Nação

O comércio prosperou e o casamento de Isabel, filha de João I, com Filipe o Bom, de Borgonha, foi seguido pelo crescimento das estreitas relações comerciais com o seu condado de Flandres. Com a conclusão da paz com Castela, João I organiza a conquista de Ceuta, em 1415, a partir da qual começa a grande era da expansão dos Portugueses.

D. Duarte I – O Eloquente (1433-1438) – Filho do rei D. João I de Portugal com D. Filipa de Lencastre, era chamado de o "eloquente", devido a forma que escrevia suas obras. Desde cedo foi preparado pelo pai para assumir o trono, envolvendo-se nos assuntos do reino. Durante o seu curto governo incentivou as navegações à África, tendo o navegador português, Gil Eanes, dobrado o cabo Bojador em 1434.

D. Afonso V – O Africano (1438 -1481) – Quando da morte de Duarte I, o seu filho Afonso V ainda era uma criança, e o seu tio Pedro, duque de Coimbra, em 1440, assumiu a regência, em lugar da viúva Leonor de Aragão. Durante a regência, D. Pedro tentou limitar o poder dos nobres e concentrá-lo na figura do rei. Tal atitude desagradou a poderosa família Bragança, que começou a intrigar o rei contra seu tio, D. Pedro, forçado a deixar a regência e tomar as armas, morrendo em Alfarrobeira, em maio de 1449. Afonso V provou não ser capaz de resistir aos Braganças, que haviam se tornado a família mais rica e poderosa de Portugal.[7]

Durante seu reinado ele dedicou-se à conquista do norte da África, ocupando Alcacer Ceguer (1458), Anafé (1464) e Arzila (1471).

Casado, pela segunda vez, com Joana, filha de Henrique IV de Castela, Afonso V reclamou o trono castelhano e envolveu-se numa larga disputa com Fernando e Isabel, tendo sido derrotado na região de Zamora e Toro, em 1476. Foi para França pedir ajuda a Luís XI, mas não o conseguiu. No seu regresso, assinou com Castela o tratado de Alcáçovas, em 1479, abandonando os direitos da sua esposa Joana. Ele nunca se recuperou deste seu fracasso, e durante os seus últimos anos de vida, o seu filho João administrou o reino.

D. João II – O Príncipe Perfeito (1481-1495) – Primeiro filho de D. Afonso V e de D. Isabel, de Coimbra, nasceu em Lisboa em 1455. Casou em 1473 com D. Leonor, a fundadora das freiras Misericórdias, tendo morrido em 1495, dizem os cronistas da época, "em pavorosa agonia e vítima de envenenamento". Conduziu seu reino de forma calculista e resoluta, além de promover a realeza de Portugal ao progresso e ao poder.

João II era cauteloso, firme e zeloso do poder real, diferente de seu pai que foi mão aberta e negligente. Nas primeiras cortes do seu reinado, deixou claro que não se deixaria levar pela influência dos nobres poderosos e pelas intrigas reais, tomando sérias medidas para diminuir o poder da nobreza. Tal atitude desagradou a aristocracia, que começou a conspirar contra o rei. O Duque de Bragança (Fernando II),

---

7. D. Afonso V nasceu em 15 de janeiro de 1432, em Sintra, filho de D. Duarte e D. Leonor de Aragão. Casou-se em 1447 com sua prima D. Isabel, filha de D. Pedro, duque de Coimbra. Faleceu também em Sintra em 1481.

Adendo: Os Fundadores do Estado

indignado com as atitudes do novo rei, queixou-se aos reis católicos, através de cartas. Estas correspondências foram interceptadas pelos espiões de D. João II, o que provocou a condenação e execução do Duque em 1484.

Durante o seu reinado, D. João priorizou a política de exploração atlântica iniciada pelo seu tio-avô Henrique. Elevando os descobrimentos portugueses à prioridade governamental, incluindo a busca do caminho marítimo para as Índias.

D. Manuel I – O Afortunado (1495-1521) – D. Manuel I, filho do infante D. Fernando, Duque de Viseu, e de D. Beatriz, chamada a época de D. Brites, princesa de Portugal, sucedeu seu primo, D. João II, que o fez herdeiro do trono em 1493. Ele assumiu o título de "Rei de Portugal e dos Algarves e senhor da conquista, navegação e comércio da Índia, Etiópia, Arábia e Pérsia". Herdou uma monarquia autocrática firmemente estabelecida e com uma rápida expansão no ultramar, graças ao trabalho de João II.

Pela necessidade de defender os seus interesses no ultramar, negociou com a Espanha o Tratado de Tordesilhas (1494), ao qual acrescentou o desejo de juntar a península sob a Casa de Aviz, se casando com Isabel, filha mais velha de Fernando e Isabel, a Católica. No entanto, ela morreu em 1498, ao dar à luz o seu filho Miguel da Paz.

Esta criança foi reconhecida como herdeira de Portugal, Castela e Aragão, porém, morreu ainda na sua infância. Então Manuel I se casou com a irmã de Isabel, Maria, que, por sua vez, morreu em 1517, e, pela terceira vez, com Leonor, irmã do Imperador Carlos V.

Como condição para seu casamento com Isabel, D. Manuel foi solicitado a promover a purificação de Portugal dos judeus. Entre 1496 e 1498, foi empregada uma violenta perseguição aos judeus e aos muçulmanos, obrigando-os a se converterem ao catolicismo. Em 1515, como continuação desta sua política, o rei solicitou ao Papa que instaurasse os ofícios da Santa Inquisição em Portugal.

D. João III – O Piedoso (1521-1557) – D. João III era um homem retirado, piedoso e muito influenciado por sua mulher Catarina, irmã do imperador Carlos V, que o encorajou a instalar a Inquisição, em 1536. A Companhia de Jesus, que havia sido estabelecida em 1540, na Espanha, com o apoio do papado, tinha como principal objetivo formar católicos capazes de contestar o discurso da reforma em seu reinado, controlando a educação em Portugal.

Em seu governo, o mundo luso avançou. Foram conquistadas novas colônias na Ásia e dividiu o Brasil em capitanias hereditárias. Firmou o tratado de Zaragoza, em 1529, que resolveu a disputa sobre a posse das Molucas, removendo qualquer obstáculo ao tratado de Tordesilhas e ao entendimento entre Portugal e Espanha, inclusive quanto ao Pacífico.

D. Sebastião – O Desejado (1557-1578) – Neto de João III, era uma criança quando se tornou rei, pois tinha apenas três anos. Fanaticamente religioso, não tinha dúvidas de seu próprio poder e só ouvia os seus aduladores. Visitou Ceuta e Tanger em 1574. Desde jovem, ele estava tomado pela ideia de uma cruzada contra os Mouros.

Aspectos de Nação

Ao completar a maioridade, preparou uma grande expedição ao Marrocos que, partindo de Portugal em junho de 1576, foi totalmente destroçada na Batalha dos Três Reis, perto de Alcácer-Quibir (Ksar-el-Kebir), em 4 de agosto. O próprio Sebastião I foi morto junto com 8.000 dos seus homens, tendo sido capturados cerca de 15.000. A sua morte originou o movimento conhecido como "sebastianismo", que pregava o retorno desse rei para restaurar a glória de Portugal.

D. Henrique – O Cardeal Rei (1578-1580) – Tio-avô de Sebastião I, era irmão de João III. Nasceu em Lisboa a 31 de janeiro de 1512 e filho de D. Manuel I e da sua segunda mulher D. Maria. Com idade avançada e solteiro, via-se que o trono de Portugal deixaria rapidamente a linha direta da dinastia de Aviz. Ele morreu em Almeirim, em 31 de janeiro de 1580, e por ordem de Filipe II de Espanha, depois Felipe I de Portugal, o seu corpo foi transferido para o Mosteiro dos Jerônimos. Foi o último monarca da casa de Aviz.

Filipe II de Espanha, sobrinho de João III, e marido de sua filha Maria, pelo seu primeiro casamento, havia realizado todos os preparativos para requerer para si o trono de Portugal, e com a morte do cardeal-rei, impôs às autoridades portuguesas o seu nome.

Dinastia de Habsburgo ou Filipina (1581-1640) – A dominação espanhola

D. Filipe I – O Prudente (1581-1598) – Filipe II de Espanha entrou em Lisboa em 1581 e perante as cortes gerais que se reuniram em Tomar, em 15 de abril, se fez Felipe I de Portugal, jurando as condições em que reinaria. A sua ideia não foi a absorção de Portugal, mas uma monarquia dualista, em que seria concedida perfeita autonomia a Portugal, no mesmo modelo que Castela; ele cumpriu religiosamente o que prometeu. Seu neto, Filipe IV, conde e duque de Olivares, foi quem, mais tarde, provocou a revolta dos portugueses.

Quando Felipe II se fez Felipe I de Portugal, a ilha Terceira, nos Açores, estava controlada pelo prior do Crato, Antônio, que pensava em assumir o trono de Portugal com o apoio da Inglaterra e de França. Em 1582, uma expedição francesa que o apoiava foi derrotada e, em 1589, falhou uma tentativa inglesa para tomar Lisboa pelo mar.

Mas, ainda que Antônio tenha morrido em Paris, em 1595, o verdadeiro símbolo da independência portuguesa não era o prior do Crato, mas o próprio rei Sebastião I. O povo português recusava-se a acreditar na sua morte e nutria uma fé messiânica pelo seu regresso, afirmando que ele havia sido visto em 1600 em Veneza.

D. Filipe II – O Piedoso (1598-1621) e **D. Filipe III – O Grande** (1621-1640) – Entretanto, as garantias concedidas aos portugueses por Felipe I foram esquecidas por seu filho, Filipe II (de Portugal e III de Espanha), e, depois, violadas por seu neto Filipe III (de Portugal e IV de Espanha).

Os ressentimentos dos portugueses contra o governo espanhol aumentaram pela demora desses reis em visitar Portugal, e, também, por indicarem espanhóis

Adendo: Os Fundadores do Estado

para os assuntos portugueses, além de provocarem a diminuição do comércio, principal consequência econômica das guerras em que a Espanha se envolveu.

Entre 1634 e 1637, ocorreram duas revoltas contra os espanhóis, que, no entanto, não chegaram a ter proporções perigosas. O golpe final à União Ibérica foi o plano do Conde Duque de Olivares (1640), de usar tropas portuguesas contra os catalães, que estavam igualmente descontentes. Em 1640, o poder militar espanhol ficou reduzido pela guerra com a França e pela revolta na Catalunha. O ministro francês, Cardeal Richelieu, tinha agentes em Lisboa, e encontrou um líder em João II, duque de Bragança, neto da duquesa Catarina (sobrinha de João III), cujas reclamações ao trono tinham sido vencidas em 1580 por Filipe II de Espanha.

Aproveitando-se da falta de popularidade de Margarida de Saboia, Duquesa de Mantua, representante da União Ibérica em Portugal e do seu secretário de Estado, Miguel de Vasconcelos, os líderes do partido da independência conduziram uma revolução nacionalista em 1º de dezembro de 1640. Vasconcelos foi, praticamente, a única vítima importante, e as guarnições espanholas retornaram à Espanha; e, em 15 de dezembro de 1640 o Duque de Bragança foi coroado rei como D. João IV.

Dinastia de Bragança ou Brigantina (1640-1910) – A retomada portuguesa

D. João IV – O Restaurador (1640-1656) – D. João foi escolhido pela aristocracia e pela burguesia portuguesas, insatisfeitas com o domínio espanhol, para dar cabo da monarquia dual imposta pela União Ibérica. No entanto, mesmo com a confirmação da corte, a ascensão desta dinastia e a coroação de João IV, em 28 de janeiro de 1641, o sucesso do novo regime só foi assegurado em 1668, quando a Espanha, finalmente, reconheceu a independência de Portugal.

Visando poder enfrentar o perigo da invasão espanhola, João IV mandou emissários a todas as cortes da Europa para conseguir alianças. A França recusou um tratado formal, os holandeses, que se tinham apoderado do nordeste do Brasil, aceitaram tréguas na Europa, contudo, capturaram Angola na África. Os holandeses foram finalmente expulsos do Brasil e depois de Angola.

Em artigo secreto do Tratado dos Pirineus, de 1659, a França prometeu à Espanha não dar mais ajuda a Portugal. João IV conseguiu assinar um tratado com Carlos I da Inglaterra, em 1641, e ambos bateram os espanhóis no Montijo, em 26 de março de 1644, defendendo Portugal de várias tentativas de invasões. Este tratado foi cancelado em 1649, com a queda de Carlos I, mas, em 1654, Portugal negocia um novo tratado com a Inglaterra, conseguindo apenas ajuda através de concessões comerciais. Em 1661, Portugal assinou um novo tratado com a restaurada monarquia inglesa. E, em 1662, Carlos II da Inglaterra casou-se com a filha de João IV, Catarina de Bragança, levando, como dote dos portugueses, Bombaim e Tanger. Em troca os ingleses forneceram homens e armas para a guerra com a Espanha. A paz foi, finalmente, obtida pelo tratado de Lisboa, em 1668.

D. Afonso VI – O Vitorioso (1656-1683) – Quando João IV morreu, em 1656, o seu filho Afonso tinha apenas 13 anos de idade. A mãe dele, Luísa de Gusmão,

Aspectos de Nação

atuou como regente até junho de 1662. Para governar, Afonso VI afastou sua mãe da regência, mediante um golpe palaciano, com a ajuda de Luís de Vasconcelos e Sousa, Conde de Castelo Melhor. Ele era de "mente fraca", mas o país foi bem governado com a ajuda do Conde, até 1667. Durante seu reinado, Portugal perdeu inúmeras colônias na Ásia e na África.

Sua queda teve início quando ele casou-se com a princesa francesa Maria Francisca Isabel, Mademoiselle de Aumalle, neta de Henrique IV, por procuração, em 27 de junho de 1666. Ela, porém, apaixonou-se pelo seu cunhado Pedro, que era normal e senhor de uma personalidade muito mais forte e juntos começaram a fazer intrigas contra o rei. Neste conluio, conseguiram demitir o conde Castelo Melhor e anular o casamento de Maria Francisca, que, fugindo do marido, tinha ido para um convento, requerendo contra ele um processo escandaloso. Com a obtenção da anulação do casamento junto ao Papa, ela casou-se com Pedro e ele declarou-se regente. Afonso VI foi preso e permaneceu encarcerado em Sintra, até à sua morte em 12 de agosto de 1683.

D. Pedro II – O Pacífico (1683-1706) – Segundo filho do rei João IV e de D. Luísa de Gusmão, chegou ao poder através de um golpe de estado. Durante o seu reinado, Portugal recuperou-se do esforço das guerras contra Espanha e começou a se beneficiar da descoberta de ouro e pedras preciosas no Brasil. O primeiro embarque de ouro de Minas Gerais fez-se em 1693, e, até os últimos anos do século XVII, foram extraídas consideráveis riquezas. Os diamantes só foram descobertos, em 1728, já no reinado de D. João V. Portanto, a riqueza mineral do Brasil fornecia à coroa portuguesa parte substancial das suas entradas.

A Guerra de Sucessão de Espanha (1701-1713) viu os aliados recentes de Portugal, França e Inglaterra, em lados opostos, e ainda que Pedro II pensasse, em princípio, permanecer neutro, Portugal juntou-se à Grande Aliança Austro-Inglesa, em 1703, que foi a base para que o arquiduque Carlos – mais tarde imperador, como Carlos VI – conduzisse a sua guerra para o trono de Espanha.

D. João V – O Magnífico (1706-1750) – Quando iniciou o seu reinado, Portugal estava em plena guerra da sucessão de Espanha. Em 1715, Portugal assinou um tratado com a Espanha, restituindo a essa Puebla e Albuquerque; em contrapartida, a Espanha reconhecia a soberania portuguesa sobre as terras amazônicas e restituía a Colônia do Sacramento.

No reinado de D. João V Portugal atingiu um grau de prosperidade ainda nunca conseguido desde a restauração. O imposto real de um quinto sobre o ouro[8] e as pedras preciosas do Brasil davam ao monarca uma fonte de riqueza forte e independente.

As Cortes, que desde 1640, raras vezes, eram reunidas, nunca mais foram convocadas; governos e ministros eram indicados pelo próprio rei. João V desejava a

---

8. Michel Chevalier estima em 1.342.300 quilos a produção de ouro do Brasil até 1848. Soetbeer, Alexandre del Mar, Humbolt e outros calcularam a produção aurífera do Brasil no valor de 160.000.000 libras. (Hoje, apenas como exercício mental, e aceitando o valor de dez dolares a grama, isto equivaleria a mais de US$ 13 bilhões.) A coroa recebia um quinto deste valor.

Adendo: Os Fundadores do Estado

autoridade absoluta, como a que desfrutava Luís XIV na França. Ele inaugurou academias reais, palácios (Convento de Mafra e outros) e livrarias. Auxiliou Veneza e o papa. Derrotou os turcos na batalha naval do cabo de Matapan, onde o Conde do Rio Grande comandou a armada portuguesa (os franceses tinham-se retirado). Nos anos finais do seu reinado os ministros foram incompetentes, e o reino estagnou.

D. José I – O Reformador (1750-1777) – Com a morte de João V, o seu filho José assumiu a coroa e nomeou como primeiro-ministro Sebastião José de Carvalho e Melo, mais tarde, Conde de Oeiras e Marquês de Pombal, que rapidamente ganhou uma ascendência total sobre o rei, convencendo-o a substituir o absolutismo estático da monarquia por um tipo de despotismo ilustrado.

O Marquês de Pombal reformulou o comércio do açúcar e dos diamantes (1750). Criou uma companhia, com privilégios, para controlar a indústria da sardinha e do atum, no Algarves e outras para comerciar com o nordeste do Brasil. E conseguiu manejar, com eficiência, a crise provocada pelo desastroso terremoto de Lisboa.

Os métodos de Pombal eram arbitrários e seus inimigos, numerosos. A reforma que introduziu na indústria do vinho provocou uma desordem na cidade do Porto (1757), que foi violentamente reprimida. Suas principais vítimas foram os Jesuítas[9] e a nobreza, em particular José Mascarenhas, Duque de Aveiro, e a família Távora, que foram acusados de um ataque contra o rei, em 3 de setembro de 1758. Foram condenados e executados em 12 de janeiro de 1759.

Com a saída dos jesuítas e sua consequente eliminação do sistema de educação, Pombal fez uma reforma na Universidade de Coimbra (1772), aplicando princípios régios e introduzindo os estudos das ciências exatas e naturais, aprimorando também os estudos das ciências jurídicas. O mesmo aconteceu com o Conselho Real de Censura (1768), que supervisionava o sistema da educação básica desde 1771.

Apesar de ter conseguido cortar regalias dos comerciantes ingleses, invocou a aliança com Inglaterra, em 1762, quando a Espanha invadiu Portugal, após ter renovado a aliança da família Bourbon com a França. O exército português foi reformado por Wilhelm von Schaumburg-Lippe, e reforçado por uma força inglesa comandada por James O`Hara e John Cambell, a paz foi assinada em fevereiro de 1763, em Fontainebleau.

A ação do Marquês de Pombal no Brasil

Embora não tenha alcançado plenamente seu objetivo de salvar Portugal da dependência britânica, o ministro português Marquês de Pombal adotou várias

---

9. No século XVI, as Cortes iluministas da Europa opuseram-se aos ensinamentos e à influência da Companhia de Jesus. Portugal, por iniciativa do Marquês de Pombal, foi o primeiro país a expulsar os membros da Companhia de seus territórios, em 1759. O Ministro alegou que os jesuítas agiam como um poder autônomo dentro do Estado português. Luís XV, rei da França, também os expulsou do país em 1763, seguido por Carlos III, da Espanha, em 1767. Estas Cortes juntaram-se na pressão sobre o Papado para suprimir a Ordem religiosa, o que veio a acontecer em 1773, pelo Papa Clemente XIV, através da Bula *Dominus ac Redemptor*. A Companhia somente voltou a ser restaurada em 1814, pelo Decreto *Solicitudo omnium Ecclesiarum*, do Papa Pio VII.

Aspectos de Nação

medidas nesse sentido. Político sagaz e inteligente, Pombal pretendia anular os desastrosos efeitos do Tratado de Methuen para a economia lusitana. Estimulou as manufaturas portuguesas que haviam sofrido um golpe de morte com a assinatura daquele tratado, proibiu a exportação de ouro e combateu vigorosamente o contrabando.

Visando racionalizar a exploração da colônia para recompor a economia da metrópole, o Marquês criou a Companhia de Comércio do Grão-Pará e Maranhão e a Companhia de Comércio de Pernambuco e Paraíba, ambas dotadas do direito de monopólio por vinte anos do comércio e da navegação naquelas regiões e sustou a livre navegação nas áreas de monopólio das ditas companhias.

A Companhia de Comércio do Grão-Pará e Maranhão estimulou a produção de algodão, arroz, cacau, etc., e tentou resolver o problema da mão de obra escrava para a região, fornecendo regularmente um certo número de negros africanos. A Companhia de Comércio de Pernambuco e Paraíba, por sua vez, estimulou a produção de cana-de-açúcar e tabaco.

A ideia de se criar uma companhia de comércio para o Rio de Janeiro esbarrou na reação dos ingleses, que não admitiam perder a liberdade de comerciar com a rica região escoadouro de ouro das Gerais.

As intenções centralistas e de fortalecimento do poder do Estado metropolitano levaram Pombal a entrar em choque com uma parcela da nobreza lusa e também com a poderosa Companhia de Jesus, acusando os jesuítas de estarem montando um império próprio em terras brasileiras.

Ao expulsar os jesuítas, o Marquês empreendeu também uma reforma do ensino no Brasil, retirando das mãos dos padres a educação escolar e colocando-a nas mãos de professores leigos contratados e pagos pelo Estado. O nível do ensino caiu muito, pois os professores contratados para lecionar nas escolas régias eram, em sua maioria, incompetentes e ignorantes. A consequência foi o aumento da alienação e da superficialidade do ensino.

Com o intuito de melhor controlar a saída do ouro e do diamante do Brasil e de defender os interesses portugueses no sul da colônia, em 1763 o Marquês transferiu a capital do Brasil, de Salvador para o Rio de Janeiro.

Na colônia, a época do Marquês de Pombal foi marcada pelos excessos e abusos de uma política fiscal rígida e opressiva. Além de criar inúmeros impostos complementares, ele violentou a população mineira ao instituir a primeira derrama (1762-1763), que era executada quando a cota exigida, de 100 arrobas anuais, como imposto sobre a extração do ouro, não era preenchida, sua complementação era feita com requintes de crueldade. Pela madrugada, os dragões do Regimento das Minas sitiavam a vila onde os cobradores de impostos executariam a derrama e todo tipo de arbitrariedade era cometido para forçar, indistintamente, o pagamento do imposto devido. A última derrama foi decretada em 1789, mas não ocorreu devido à Inconfidência Mineira.

Adendo: Os Fundadores do Estado

Considerado na Europa como um déspota esclarecido, e influenciado pelas ideias liberais da época, o Marquês de Pombal, em relação à colônia, sempre foi um opressor radical.

D. Maria I – A Louca (1777-1816) – Com a morte de José I, em 1777, sua filha Maria subiu ao trono. Para garantir a continuidade da dinastia dos Braganças, casou-se com seu tio, Pedro de Bragança. Foi a primeira Rainha a, efetivamente, exercer seu poder, durante o reinado Pombal foi demitido e fez-se a paz com a Espanha, pelo tratado de Santo Ildefonso, em 1777. Com a morte de seu marido e de seu filho primogênito, e também em decorrência das notícias da Revolução Francesa em 1789, ela teve uma série de problemas mentais, ficando impossibilitada de governar em 1792. Seu filho, D. João, assumiu o trono como regente, até ser conclamado Rei em 1816. D. Maria I, conjuntamente com a corte portuguesa, transferiu-se para o Brasil em 1807, onde foi proclamada Rainha do Reino Unido de Portugal, Brasil e Algarve, em 1815. No ano seguinte falece na cidade do Rio de Janeiro.

D. João VI – O Clemente (1816-1826) – Filho de D. Maria I, que à sua morte se tornou João VI, governou em seu nome desde 1792 e, em 1799, tornou-se, de direito, o príncipe regente. Em 1793, após a Revolução Francesa, Portugal juntou-se à Inglaterra e Espanha contra a França, mandando uma divisão naval para ajudar a esquadra Inglesa no Mediterrâneo, e um exército para combater na frente catalã. Em julho de 1795, na paz do Tratado de Basileia, a Espanha abandonou seus aliados, deixando Portugal sozinho na guerra.

Em 1806, depois do fracasso na tentativa de invasão à Inglaterra, Napoleão decretou o Bloqueio Continental. Portugal, tradicional aliado da Inglaterra e dependente economicamente desta, negou-se a acatá-lo. Napoleão então decide invadir Portugal. Para isso, precisava levar as suas tropas até o território português. Então, em 27 de outubro de 1807, Manuel de Godoy, político, militar e diplomata espanhol conhecido como o Príncipe da Paz, e Napoleão Bonaparte firmam o Tratado de *Fontainebleau*, pelo qual se permitia a passagem de tropas francesas pelo território espanhol a fim de invadir Portugal e se estabelecia a divisão de Portugal e suas dependências por ambos os signatários.

Para evitar a perda do reino e o seu aprisionamento por Napoleão, D. João VI optou por transferir a corte portuguesa para o Brasil. No seu lugar ficou o comandante inglês Beresford, cuja missão era não deixar Portugal cair nas mãos de Napoleão.

As campanhas napoleônicas causaram grande devastação em Portugal, além disso, a ausência da família real e esta presença do comandante Beresford, combinadas com a agitação revolucionária, produziram uma atmosfera de descontentamento e desespero.

Em 1814, terminada a guerra contra Napoleão, não existiam mais razões para a permanência da corte portuguesa no Brasil. No entanto, D. João decidiu permanecer na colônia e, em 1815, elevou o Brasil à condição de Reino Unido a Portugal e Algarves. Com a morte de D. Maria I, ele foi sagrado rei de Portugal, Brasil e Algarves com o título de D. João VI.

O comandante inglês, Beresford, então foi ao Brasil para convencer João VI a regressar a Portugal, quando começou uma revolução constitucionalista no Porto (24 de agosto de 1820), que se alastrou pelo país e levou à formação de uma junta em Lisboa. Ao regressar a Lisboa, ele não teve permissão para desembarcar e os demais oficiais ingleses que lá estavam já tinham sido expulsos do exército.

Em Lisboa foi aprovado uma Assembleia Constituinte, reconhecendo D. João VI como Rei de Portugal, vencendo, assim, a sua relutância em regressar. Seu filho mais velho, Pedro, ficou para governar o Brasil. Chegando a Lisboa em 3 de julho de 1821, ele jurou manter a Constituição, mas a sua mulher, Carlota Joaquina, e o seu segundo filho, Dom Miguel, recusaram o juramento e foram condenados ao exílio, ainda que não o cumprissem.

Os constitucionalistas portugueses também não apreciaram a autodeterminação do Brasil, pelo menos com o estatuto de reino, e ordenaram o regresso de Pedro, mas ele, antes de sacrificar o governo dos Braganças no Brasil, declarou a Independência do Brasil em 7 de setembro de 1822, e tornou-se imperador do Brasil como Pedro I.

Este fato permitiu ao seu irmão Miguel apelar às forças absolutistas em Portugal para vencer os constitucionalistas, e, em 30 de abril de 1824, a insurreição de Miguel foi bem-sucedida. Porém, devido à ação dos ministros estrangeiros, João VI foi restaurado como rei e Miguel, em junho de 1824, seguiu para o exílio em Viena.

João VI reconheceu a Independência do Brasil em 1825, assumindo, "pró-forma", o título imperial e passando-o a Pedro. Mas, quando ele morreu, em 10 de março de 1826, não deixou indicações sobre a sucessão, exceto que a sua filha Maria Isabel deveria ser nomeada regente. Esta, por sua vez, considerou que o herdeiro do trono era D. Pedro, que foi chamado no Brasil para assumir o posto de rei. D. Pedro, então Pedro I do Brasil, abdicou do trono em nome de sua filha mais nova, Maria da Glória, e outorgou uma carta constitucional a Portugal.

Em 1828, D. Miguel é proclamado Rei pelas Cortes Gerais do Reino, que anulam a vigência da Carta Constitucional e repõem as Leis constitucionais tradicionais. A não aceitação da decisão das Cortes Gerais pelo seu irmão D. Pedro, e pelos liberais, desencadeou a Guerra Civil Portuguesa (1831-1834) entre miguelistas e pedristas. Em 1831, D. Pedro renuncia ao trono do Brasil em favor de seu filho D. Pedro II e volta a Portugal para tentar recuperar o trono para sua filha D. Maria da Glória.

América Portuguesa

Governadores-Gerais

Tomé de Sousa (1549-1553) – O primeiro governador-geral do Brasil. Com ele chegaram ao Brasil aproximadamente mil pessoas, entre funcionários, artífices, soldados, degredados e seis jesuítas chefiados por Manuel da Nóbrega.

Na Capitania da baía de Todos os Santos, ele edificou a primeira capital do Brasil, com o nome de cidade de São Salvador. Importou gado bovino da ilha de Cabo Verde, introduziu a lavoura canavieira nas proximidades, fundou engenhos, concedeu sesmarias, construiu fortificações, edifícios públicos e a igreja matriz, além de incentivar a vinda de colonos e mulheres para aqui constituírem famílias.

Duarte da Costa (1553-1558) – Segundo governador-geral. Com ele chegaram mais colonos e os jesuítas, entre os quais José de Anchieta, que, juntamente com Nóbrega, em 1554, fundaram o Colégio de São Paulo de Piratininga, origem da cidade de São Paulo. Administrador pouco habilitado e impopular, sua ineficiente administração foi marcada pela briga com o bispo D. Pero Fernandes Sardinha, que havia criticado os maus hábitos do filho do governador-geral. Criticava, também, as incursões contra os índios, para lhes tomar as terras e doá-las aos moradores. Em seu governo deu-se a invasão do Rio de Janeiro pelos franceses.

Mem de Sá (1558-1572) – Hábil político e dotado de uma capacidade administrativa superior à de seu antecessor, Mem de Sá procurou sanear os problemas administrativos deixados por Duarte da Costa e moralizar os costumes, combatendo os vícios, a vadiagem e o jogo. Buscou a conciliação entre colonos e jesuítas. Fez as pazes com o bispado, combateu os indígenas e obrigou os submetidos a se organizarem nas missões jesuíticas para serem catequizados.

O sucessor de Mem de Sá foi nomeado em 1570, mas não chegou ao Brasil, pois foi morto por piratas franceses durante a viagem. Por essa época o monarca português estava firmemente empenhado em conquistar o norte do Brasil e em organizar a administração do sul.

Em 1572, com a morte de Mem de Sá, o governo português resolveu pôr em prática suas pretensões políticas e dividiu o Brasil no Governo do Norte, com capital em Salvador, e no Governo do Sul, com capital no Rio de Janeiro. Nas palavras do próprio rei D. Sebastião, estavam claros seus objetivos e sua concepção estratégica para a colonização do Brasil:

Sendo as terras da costa do Brasil tão grandes e distantes umas das outras e haver já agora nelas muitas povoações e esperanças de se fazerem muitas mais pelo tempo em diante, não podiam ser tão inteiramente governadas como cumpria, por um só governador, como até aqui nelas houve.

D. Luís de Brito ficou com o norte e coube a D. Antônio de Salema o governo do sul. Posteriormente ocorreu a reunificação, sendo designado apenas um governador, Lourenço da Veiga. Em 1580, o Brasil caiu sob o domínio espanhol.

Independência

José Bonifácio foi uma das figuras mais marcantes dos movimentos de independência nas Américas – um homem de conhecimentos científicos que se equiparava, e em alguns casos superava, a notável geração de líderes que fizeram a Revolução Americana. De personalidade e fama mais próximas de um Franklin do

Aspectos de Nação

que de um proprietário provinciano como Thomas Jefferson, ele nasceu e cresceu em Santos, tendo concluído seus estudos na Europa, onde foi um aluno brilhante na universidade reformada de Coimbra, em Portugal; e depois, em Paris, para onde foi fazer curso de pós-graduação, em 1790, com bolsa concedida pelo governo português e intermediada pelo secretário da nova Academia de Ciências de Lisboa, o abade Corrêa da Serra. Depois, continuou com os seus estudos na Alemanha e na Escandinávia.

Ele testemunhou, pessoalmente, as etapas mais turbulentas da Revolução Francesa. Quando os franceses invadiram Portugal, José Bonifácio liderou os estudantes de Coimbra em uma guerrilha, atrás das linhas inimigas.

Bonifácio foi um alto funcionário do governo, intendente de minas e metais. Seus escritos científicos foram publicados nos periódicos de maior prestígio. Ele foi membro correspondente de grandes instituições científicas da Europa, tendo sucedido o abade Corrêa da Serra como secretário da Academia de Ciências de Lisboa.

José Bonifácio pertenceu ao mais notável círculo de eruditos e reformadores políticos que se formaram nos limites do Atlântico, em fins do século XVIII e princípios do século XIX. Esta vasta experiência fez dele um crente inabalável no papel do Estado, conforme a tradição dos reformadores iluministas do sul e do leste da Europa. Para ele, a ordem era serva do progresso. Era constitucionalista, mas não democrata – estava mais para Burke do que para Jefferson.

Os Imperadores do Brasil

D. Pedro I (1822-1831) – Era um populista, um homem clássico, montado em seu cavalo, o filho bonito de pais, grotescamente, feios e doentios, herdeiro de uma dinastia tão endógama que chegava, às vezes, às raias da loucura. Ele foi um governante que aconteceu por circunstâncias não programadas e fora do seu desejo pessoal. Depois de uma década abdicou para retornar para Portugal, onde se empenharia em uma guerra civil contra seu irmão, para garantir o trono à sua filha. Pai leal e namorador crônico; sábio e ignorante; soldado corajoso e político inábil; brasileiro e português; herdeiro e usurpador; era um monarca "liberal" para a Santa Aliança da Europa, mas muito "despótico" para muitos brasileiros, principalmente para os pernambucanos que simpatizavam com a república e que por duas vezes se insurgiram para derrubá-lo.

Seu papel, conforme a história portuguesa, foi a de um paladino do "constitucionalismo", uma imagem totalmente incompatível com a que tem na história brasileira: um governante que rejeitou a primeira constituição brasileira, por considerá-la muito liberal, e que exilou José Bonifácio e seus irmãos, líderes da minoria de brasileiros que desejavam reformas fundamentais e que haviam dado direção ao país durante os momentos mais críticos de transição para a independência.

D. Pedro II (1831-1889) – Quando D. Pedro I abdicou do trono em favor de seu filho, este tinha apenas cinco anos, motivo pelo qual foi instituída uma regência, até

Adendo: Os Fundadores do Estado
_399_

que o menino atingisse a maioridade. O período regencial durou de 1831 a 1840, tendo sido um dos momentos mais conturbados da história do Brasil, marcado por diversas revoltas e pela disputa política entre liberais moderados e liberais conservadores. Com o intuito de conter as disputas e as revoltas que assolavam o país, em 2 de dezembro de 1840 foi decretada a maioridade do imperador – Pedro II, então com quatorze anos, assumiu o Império do Brasil.

Durante seu reinado, foi aberta a primeira estrada de rodagem, a União e Indústria; correu a primeira locomotiva a vapor; foi instalado o cabo submarino; inaugurado o telefone e instituído o selo postal. D. Pedro II era amante das artes, da cultura e da ciência, e por isto incentivou o seu desenvolvimento no Brasil. Também foi no seu reinado que os escravos foram libertados. Duas leis, a Ventre Livre, de 1871, e do Sexagenário, de 1885, deram início a este processo. A libertação foi concluída em 1888, quando a Princesa Isabel, filha de D. Pedro II, assinou a lei Áurea de abolição dos escravos. O Imperador, que estava em viagem à Europa, recebeu a notícia com satisfação logo do seu retorno.

D. Pedro II foi deposto do trono em 15 de novembro de 1889 por um movimento militar liderado pelo Marechal Deodoro da Fonseca. A família real foi forçada a retornar para Portugal, se exilando, inicialmente, em Lisboa. Depois do falecimento de D. Teresa Cristina, esposa do imperador, ele parte para a França, alternando sua estadia entre Paris, Cannes, Nice e Vicky, além de realizar algumas viagens a outros países da Europa. Finalmente em Paris, a partir de novembro de 1891, ele ficou gravemente doente, vindo a falecer no dia 5 de dezembro deste ano. Com o fim do Império, o Brasil viu nascer a República.

A República Federativa do Brasil – Presidentes

Marechal Deodoro da Fonseca (15 de novembro de 1889 a 23 de novembro de 1891)

Marechal Floriano Peixoto (1891-1894)

Prudente de Morais (1894-1898)

Campos Sales (1898-1902)

Rodrigues Alves (1902-1906)

Afonso Pena (1906-1909)

Nilo Peçanha (1909-1910)

Hermes da Fonseca (1910-1914)

Venceslau Brás (1915-1918)

Delfim Moreira (1918-1919)

Epitácio Pessoa (1919-1922)

Artur Bernardes (1922-1926)

Washington Luís (1926-1930)

Júlio Prestes (Eleito, não tomou posse devido à Revolução de 1930)

Aspectos de Nação

Junta Governativa (24 de outubro a 3 de novembro de 1930)
General Augusto Fragoso
Almirante Isaías de Noronha
General Mena Barreto

Getúlio Vargas (1930-1945)

José Linhares (1945-1946)

Eurico Gaspar Dutra (1946-1951)

Getúlio Vargas (1951-1954)

Café Filho (1954-1955)

Carlos Luz (9 de novembro a 11 de novembro de 1955)

Nereu Ramos (1955-1956)

Juscelino Kubitschek (1956-1961)

Jânio Quadros (31 de janeiro a 25 de agosto de 1961)

Ranieri Mazzilli (25 de agosto a 7 de setembro de 1961)

João Goulart (1961-1964)

Ranieri Mazzilli (2 de abril a 15 de abril de 1964)

Castelo Branco (1964-1967)

Costa e Silva (1967-1969)

Governo Provisório (31 de agosto a 30 de novembro de 1969)
Almirante Augusto Rademaker
General Aurélio Lira
Brigadeiro Márcio Melo

Emilio Médici (1969-1974)

Ernesto Geisel (1974-1979)

João Figueiredo (1979-1985)

Tancredo Neves (Eleito de forma indireta em 1985, não chegou a tomar posse)

José Sarney (1985-1990)

Fernando Collor (1990-1992)

Itamar Franco (1992-1995)

Fernando Henrique Cardoso (1995-2003)

Luiz Inácio Lula da Silva (2003-)

III

ASPECTOS DE INSERÇÃO

O Pensamento Atual e sua
Influência na
Arte da Estratégia Nacional

Índice

Capítulos:

21 – A Estratégia e a Nação　　　　　　　　　　　　　　*405*

O Conceito de Estratégia • O Conceito de Nação • Estado Nacional
Estratégia Nacional

22 – A Teoria do Retardo　　　　　　　　　　　　　　　*419*

As Dialéticas Centrais da Estratégia • História e Tempo
A História e a Teoria do Retardo • O Princípio do Terceiro Interessado

23 – Planejamento Nacional　　　　　　　　　　　　　*429*

Política • Poder • Planejamento

24 – A Questão Energética　　　　　　　　　　　　　　*443*

25 – Questões Estratégicas do Século XXI　　　　　　*457*

Educação • Saúde • Agricultura

26 – A Amazônia　　　　　　　　　　　　　　　　　　*463*

Visões sobre o Gigante Verde • Os Mitos Falaciosos
O Potencial da Amazônia • Ações para o Desenvolvimento
Desenvolvimento de Tecnologias • Ameaças à Região

27 – A Segurança e a Defesa　　　　　　　　　　　　　*477*

Uma Síntese do Pensamento de Spykman
Uma Breve Consideração sobre o Serviço Militar no Brasil

28 – A Estratégia Nacional do Brasil　　　　　　　　　*497*

A Componente Geográfica • A Componente Econômica
A Componente Histórica • A Componente Antropológica
A Estratégia Nacional do Brasil

29 – O primeiro passo: A América do Sul　　　　　　　*517*

30 – A Estratégia da Integração　　　　　　　　　　　*529*

Aspectos Geopolíticos • O Potencial e o Projeto de Desenvolvimento
Demografia e Emprego • A Importância da Geografia

Considerações Finais　　　　　　　　　　　　　　　　*549*

Referências Bibliográficas　　　　　　　　　　　　　*563*

21

A Estratégia e a Nação

Lembrando do aconselhamento do diabo, que pregava aos seus acólitos para não elucidarem conceitos, já que a rota para o inferno está repleta de confusões conceituais; e, desejando salvar os leitores deste caminho, nos propomos a apresentar apenas conceitos neste capítulo.

O Conceito de Estratégia

Fundamentos filosóficos

Desde que o homem surge na Terra, para sobreviver, ele necessita cooptar a natureza e também os outros homens, pois sozinho dificilmente sobreviveria.

A ação de cooptação processa-se, portanto, de duas formas: a que justapõe o homem com a natureza, e teve como mediação, primeiro, o trabalho, depois a ciência e, mais recentemente, a informação. E a outra, que nos interessa mais diretamente, a que relaciona o homem com o homem, que foi mediada pelo que veio a se denominar estratégia. A estratégia é, portanto, uma forma de mediação entre seres racionais.

O homem, como um ser dotado de vontade e de razão para cooptar, pratica ações volitivas e racionais; quando uma destas é de cooptação de outros seres humanos, ela é chamada de ação estratégica. Quanto à forma, as ações estratégicas podem ser classificadas como: diretas, indiretas e de dissuasão; e, quanto à atitude: em ofensivas e defensivas.

Toda ação racional considera, como determinantes últimos de todos os processos: o espaço e o tempo. Ela se estrutura em um determinado espaço e a um dado tempo, e objetiva um fim a ser atingido, para o qual temos de dispor de meios para atingi-lo. Deste modo, meios e fins estão presentes em toda ação estratégica.

Aspectos de Inserção

Para serem bem-sucedidas, as ações estratégicas devem ser munidas de força moral – vontade superior; e material – meios; além de serem espacial e temporalmente adequadas.

O relacionamento e as ações de cooptação entre os homens sempre se processam seguindo uma dessas três modalidades de contato:

- Cooperação: quando dois ou mais homens se unem em busca de um mesmo objetivo;
- Competição: quando dois ou mais homens, separadamente, buscam um mesmo objetivo, preservando algumas regras acordadas; e
- Conflito: quando dois ou mais homens buscam um mesmo objetivo, sem se atrelar a nenhuma regra previamente acordada.

Portanto, a mediação que sempre está presente nestas três modalidades é a ação estratégica. Entretanto, vale lembrar que no passado ela só adquiria foro próprio no conflito.

Evolução histórica

O conceito atual de estratégia está muito além do restrito significado da arte dos generais conhecido desde o passado remoto até o Renascimento. Também está muito além do significado de arte da guerra que teve do Renascimento até o século passado. As razões para isto têm seu fundamento na história. Aqui vamos nos ater às modificações mais recentes.

A partir da Revolução Francesa, as guerras passaram a ser nacionais. Desde então, outros fatores, que não militares, passaram a influir decisivamente no destino delas, como por exemplo, a ação de fatores sociais. Isto foi magistralmente ressaltado pelo notável pensador alemão Karl von Clausewitz, que, na sua obra *Da Guerra*, enfatizou a subordinação da estratégia ao fator político. Ainda assim, o conceito de estratégia só transcendeu, efetivamente, o campo militar, no presente século, com a deflagração dos dois conflitos mundiais.

A Primeira Guerra Mundial ensaiou a era da guerra total, com o envolvimento da população civil, reformulando, no seu conceito original, a noção de estratégia e tornando, então, necessária a extensão desse conceito para administrar uma guerra com estas características. Passaram a ser exigidas ações que mobilizassem a população, os meios de produção, a indústria e o transporte – impunha-se uma visão total da ideia de estratégia. Tornou-se fundamental formular um novo conceito que atendesse a um universo mais amplo da nacionalidade, a chamada Estratégia Nacional, porque só assim haveria a necessária transparência para esta requerida mobilização maciça de recursos. Mas foi durante e após a Segunda Guerra Mundial que se consolidou a ampliação deste conceito de estratégia.

Após estes conflitos, o conceito de estratégia se fez presente em tempos de paz, sendo empregado, também, como meio para o desenvolvimento, levando-o a extrapolar da restrita área de segurança. Desde então ela passou a ter um significado mais

A Estratégia e a Nação   **407**

presente na vida nacional, e, mais recentemente, tem dado origem a várias subdivisões, tais como estratégia empresarial, estratégia política, estratégia econômica, etc.

A noção moderna

Esta evolução do conceito de estratégia, se de um lado a estendeu por diversos campos da ação humana, de outro a colocou definitivamente ligada a dois outros conceitos: o de política e o de poder. A estratégia é como se fosse um dos vértices de um triângulo indissociável que tem, na política e no poder, seus outros dois vértices. Estratégia, política e poder são formas novas de se analisar uma ação, de se organizar os meios e os fins, e representam os instrumentos fundamentais na análise de qualquer ação.

Nesse triângulo indissociável, a política estabelece o que fazer, qual o fim procurado; enquanto que a estratégia estabelece o como fazer e como dispor dos meios para se atingir o objetivo. Já o poder, é o que define e conjuga estes meios para realizá-lo. Com estes três fatores unidos e ajustados, processa-se a ação. Numa estruturação mais clara do processo, assim se definem os três vértices do triângulo indissociável:

1. Política é a arte de, ao interpretar os interesses e aspirações coletivas, estabelecer o objetivo e orientar a conquista e a preservação destes objetivos;
2. Estratégia é a arte de pensar e planejar as ações necessárias à obtenção dos meios para se conquistar e manter os objetivos pretendidos; e
3. Poder é a capacidade de ação integrada para aplicação dos meios de que se dispõe para conquistar e manter os objetivos pretendidos.

Toda ação tem o seu momento e ele, muitas das vezes, pode ser determinado. Quando isto é possível, também é possível se alterar o triângulo indissociável, particularmente, o seu vértice de poder. Esta alteração, ao longo do tempo, pode ser conseguida pela transformação de algo fora do triângulo – mas acessível, tido e chamado como potencial – em poder, ou seja, utilizando-se do tempo para apropriar-se de novos meios. Contudo, qualquer que seja a forma de vê-la, a estratégia conservou uma definição comum que é a já vista: "Estratégia é a arte de pensar e planejar as ações necessárias à obtenção dos meios para se conquistar e manter os objetivos pretendidos".

Instrumentos do desenvolvimento

Temos presente uma dualidade primitiva: a do homem com a natureza.

Quem conduz o processo, o Absoluto?

Mas quem representa o Absoluto, o homem ou a natureza?

Ao iniciar-se o século XIX, esta questão primitiva havia se transformado em uma dualidade mais elaborada e que opunha a ordem racional à lei natural. A ordem racional resultava tanto da capacidade demonstrada pelos pensadores franceses,

Aspectos de Inserção

em especial por Descartes, de dar à natureza, com os números, uma descrição intelectualmente satisfatória, como da posição presente na escola filosófica alemã, em especial em Hegel, ao ver no homem, no seu espírito e na sua razão, o demiurgo da civilização e do progresso. Por outro lado, toda a formulação inglesa, algo que embasou a economia clássica, se apoiava na impossibilidade humana, claramente representada no pressuposto conhecido como a lei natural.

A questão original da possibilidade ou da impossibilidade do homem, presente, respectivamente, na ordem racional e na lei natural transferiu-se para a ideia de mercado que, hoje, é praticada/imposta.

O mercado é concebido como o espaço onde se realizam todos os processos econômicos. Todavia, mercado, sob a ótica da lei natural é um e sob a visão da ordem racional é outro. Há, portanto, duas diferentes interpretações do mercado:

1. Sob a lei natural, o mercado repudia a intervenção superior externa, pois o próprio choque de interesses que ocorre em seu interior o organiza. Há, de acordo com esta visão, uma mão invisível que tudo ajusta, tudo coloca no seu devido lugar. Não existe uma ordem humana estabelecida no mercado, e sim uma organização que se processa de acordo com o passado e não tem nenhum compromisso com o devir, senão o que é natural. Sob a égide da lei natural, o mercado privilegia o consumidor e coloca o consumo como objetivo final de todo o processo econômico; e

2. Já sob a ordem racional, a ideia de mercado é uma ideia estruturada. O mercado é algo que se organiza, se estrutura. Para os que advogam a necessidade de uma ordem racional, o mercado é resultado da intervenção do homem, o seu espaço pode ser delimitado e as transações econômicas podem ser previstas. De acordo com esta visão, existe a possibilidade de se impor uma utilização racional dos fatores de produção; de se impor uma ordem racional pela adoção de sucessivas intervenções. Sob a égide da ordem racional o mercado deve privilegiar a cidadania e deve colocar a produção como objetivo final de todo o processo econômico.

A estratégia, como instrumento de desenvolvimento, só tem sentido sob a ordem racional, ela está subordinada à tese filosófica de que o homem representa o Absoluto.

O Conceito de Nação

Fundamentos filosóficos

Verificamos na mídia do final do século XX e início do século XXI, um processo de desqualificação do conceito de nação. Um exemplo disso é a abordagem da questão iugoslava como um problema decorrente da prevalência de um conceito "antigo". A mídia internacional construiu um conjunto de imagens, onde o lado sérvio foi identificado como sendo de um nacionalismo agressivo, algo que se conceituava como negativo, e o lado cosovar, classificado de autonomista –, porém não nacional –, como positivo. Ora, como poderia o cosovar ser autonomista sem ser nacional?

A Estratégia e a Nação   **409**

Também se observa este paradoxo na forma pela qual a mídia trata outras questões de política internacional. Os irlandeses, os palestinos e os bascos são vistos como presos ao passado, enquanto que o mesmo não se dá com os ingleses, os israelenses e os espanhóis. Na verdade, a mídia tenta convencer que a ideia de nação é própria de uma posição defensiva, separatista – marca do apego ao passado de povos com sociedades agrárias em incipientes estágios de desenvolvimento. Para ela, a Nação está situada no campo da pré-modernidade, coisa de sociedade agrária, mística e pré-industrial.

A mídia não percebe que toda ação de uma potência hegemônica é voltada para seu próprio interesse, embora seja defendida/propalada como de interesse universal. Assim, a ação dos Estados Unidos em defesa de seus interesses econômicos, no caso do petróleo, ou estratégicos, na ampliação da OTAN, é vista pela mídia como global, cosmopolita, e não como a pura e simples defesa dos interesses da nação estadunidense e a busca da manutenção de sua atual hegemonia.

No caso do Brasil, ao estabelecer, de forma sub-reptícia, esta ideia de que nação é uma forma primitiva ou algo próprio de um estágio social inferior, a mídia nada mais está fazendo que reforçar os interesses nacionais das nações hegemônicas do centro, em especial dos Estados Unidos da América.

Evolução histórica

O conceito histórico de nação foi formatado de uma ótica que se justificaria, exclusivamente, na Europa. Deste modo, veremos que apesar de alguns autores só entenderem este conceito na Europa, outros, mais próximos ao moderno conceito de nação, não o consideram fora daquele continente, a não ser como uma imitação ou um plágio.

No Império Romano, o termo *natio* era um termo depreciativo por ser atribuído àquele que não era patrício, ou seja, romano. *Natio* era o *ethenes*, grego, o *amamim*, hebraico, isto é, o estrangeiro. O *natio* ficou durante muito tempo sem relevância até que, nas universidades que se constituíram na Alta Idade Média, volta a ser utilizado para caracterizar a naturalidade do conjunto daqueles que, vindos da mesma região, se constituem com as mesmas ideias e as mesmas posições na discussão das questões religiosas. Assim, *natio* se referia à posição de uma elite intelectual, e a naturalidade via-se conjugada com uma causa e uma opinião. Em paralelo, o próprio esfacelamento da cristandade medieval dava a essa elite uma função ordenadora. Como resultado dessa função, a transposição que se segue, das posições da elite para o povo que lhe está próximo, leva ao surgimento da nação – o povo promovido. Isto se dá primeiro na Inglaterra, de acordo com Greenfeld. Este movimento poderia ser assim resumido:

Na verdade, de *natio*, como se denominava um grupo de estrangeiros vindos da mesma região e que apresentavam as mesmas ideias, formulou-se nas universidades medievais o termo nação como comunidade de opinião. Nos Conselhos Eclesiásticos, este conceito firma-se como opinião de uma elite, que, ao propagar

Aspectos de Inserção

suas teses entre a população, induz ao conceito de nação – povo soberano –, que, por sua vez, pela construção de sua própria alteridade, leva ao mais radical conceito de nação: um povo especial e único.

A noção moderna

O tema de nação é abrangente, complexo e tem estado sujeito a vários tipos de abordagens. É possível encontrar sua aplicação quando se relaciona tipos de sociedades diferentes como são, por exemplo, os antigos caldeus, as nações indígenas americanas, os agrupamentos humanos contemporâneos, de formação étnica e cultural heterogênea como o Brasil, e outros de constituição mais homogênea, como a nação sueca.

A questão da nação aparece ao final do século XVIII e um dos primeiros a tratar do tema foi o filósofo alemão Fichte, em seu discurso à Nação Alemã, onde, contrastando o "eu" germânico com o "eu" francês, apresentava, pelo viés da alteridade, a razão de ser da nação. O romantismo alemão e teses racistas do século XIX conduziram, neste século, a um aproximar do termo nação a possíveis grupamentos étnicos homogêneos.

Ao final do século XIX, a, até então, progressiva vinculação da nação à etnia começa a sofrer contestações. Com o francês Ernst Renan surge a ideia de nação cidadã, algo que resulta da escolha e construção permanente dos cidadãos: o "plebiscito cotidiano". Ele tratava a nação por um critério de natureza subjetiva. Mais recentemente, Anthony Smith volta a apontar o aspecto étnico como central à formação nacional, estabelecendo um contraponto com Renan, cuja formulação, contextualizada pelas disputas franco-alemãs do final do século XIX – a derrota na guerra franco-prussiana e a perda da Alsácia e da Lorena –, estava voltada à crítica das teses racistas e etnicistas da formação das nações.

Já Benedict Anderson percebe a nação como uma "comunidade imaginada" e localiza no aspecto linguístico o elemento a partir do qual são construídas as associações coletivas subjacentes à formulação nacional.

Eric Hobsbawn transita no interior deste debate com uma visão crítica em relação às posições anteriores. Para ele as tentativas de explicação e classificação das nações a partir de um ou outro tipo de critério (subjetivo, como no caso de Renan, ou objetivo: etnia, língua) são equivocadas, pois, segundo ele, sempre é possível encontrar exemplos que contraditam essas tentativas de enquadramento.

O pensamento mais recente, já sob o signo da chamada globalização, parece inserir-se neste debate, menos sob a influência deste pretenso "novo" contexto histórico do que das formulações já consagradas. Segundo Montserrat Guibemau, a nação só pode ser entendida levando-se em conta um conjunto de aspectos subjetivos e objetivos, que ela identifica em cinco dimensões: psicológica (consciência de formar um grupo), cultural, territorial, política e histórica.

Xavier Guerra advoga a origem europeia da nação e sua inexistência na América, ao afirmar a ausência do "nacional" no decorrer do processo de emancipação das colônias americanas. Hobsbawn opera em linha semelhante à de Guerra, reconhecendo a particularidade europeia do conceito de nação, enquanto Anderson, ao contrário, a localiza exatamente na América anticolonialista do fim do século XVIII, o espaço em que se funda o nacionalismo, algo que vê como construtor de nações. Aliás, a amplitude histórica do nacionalismo é colocada de outra forma na formulação de Smith que, ao propor os conceitos de nacionalismo etnocêntrico e policêntrico, viabiliza, de forma conceitual, a superação dos limites impostos por uma leitura que restringiria o fenômeno à sua manifestação moderna.

Ainda sobre o nacionalismo como o construtor da nação, o autor Ernest Gellner, cuja obra tem sido, talvez, a de maior repercussão entre os estudiosos do tema, constrói sua teoria do nacionalismo, relacionando-o ao fenômeno da industrialização e com os processos de homogeneização cultural a ele associado. O nacionalismo é, segundo Gellner, uma manifestação política da homogeneidade cultural – entendida no sentido de uma alta cultura, não em termos étnicos –, uma cultura letrada, promovida pelo Estado, resultado de um sistema educacional padronizado, público e de massa, exigência dos processos de modernização industrial – a nação, portanto, resultando de políticas de Estado Nacional.

Adiante, voltaremos a falar sobre nacionalismo, mas cumpre deixar uma posição de Hobsbawn sobre a questão: "(...) o nacionalismo vem antes das nações. As nações não formam os Estados e os nacionalismos, mas sim o oposto."

Deve-se considerar também a contribuição do pensamento realista em política internacional. Ao tratar o interesse nacional como a razão de ser dos Estados Nacionais, esta concepção traz para o debate o tema da nação na sua versão estatal e contemporânea. Sendo a política identificada como a luta pelo poder, a política das nações é a busca do poder de realização dos seus interesses, definidos como nacionais e reconhecidos como de valor superior a qualquer outro.

Para nós, a nação é um sonho, fruto de um imaginário coletivo – visão que nunca foi aceita pelos marxistas. Marx, ao virar Hegel de cabeça para baixo, no prefácio da segunda edição de sua maior obra, *O Capital*, já havia exposto esta contradição e se posicionado na contra-história, como, mais tarde, a própria história o colocou, ao retornar com Hegel, em pé, e mostrar que é o sonho que move os homens e não a realidade, mesmo que este sonho seja o de comer. E o maior dos sonhos é aquele que transcende o homem e permeia o coletivo: o sonho de uma nação.

Talvez devamos aproveitar o ensejo para lembrar que não há o sonho de nação possível numa visão particular, nem numa visão global ou universal: Nação pressupõe o coletivo. Como disse Liah Greenfeld, em *Nacionalismo, Cinco Caminhos para a Modernidade*:

> *A nação, pode-se dizer, é um conjunto de fenômenos que se articulam em torno de situações particulares, que moldam uma identidade nacional, desvelam uma consciência coletiva e constroem uma coletividade, no pressuposto da solidariedade.*

Estado Nacional

Outra categoria muito importante, como já vimos, e fundamental para o nosso estudo de Estratégia Nacional, é o conceito de Estado Nacional, que é o resultado de sucessivos e silenciosos pactos, que nos conduziram à situação atual e nos separam das hordas selvagens.

No passado, a situação da humanidade era infinitamente pior do que as atuais circunstâncias. Como já dissemos, e de acordo com Hobbes, os homens viviam no "estado natural", concorrendo violentamente com os seus semelhantes pelo poder e pela glória. Nessas condições, suas vidas eram, inevitavelmente, "solitárias, pobres, desagradáveis, brutais e curtas". Felizmente, eles não estavam fadados a viver sempre assim, havia um meio de tornar suas vidas associativas, ricas, agradáveis, civilizadas e longas. Essa suprema revolução humana foi a constituição progressiva do Estado, algo que resultou dos sucessivos pactos, mencionados, entre os homens.

Embora as primeiras teorias do Estado fossem monopólios dos filósofos políticos, nos séculos mais recentes apareceram novas contribuições de sociólogos, de cientistas políticos e, mais recentemente, de economistas e antropólogos que têm buscado prover as teorias mais abstratas com evidências empíricas. Para simplificar nossa análise, vamos resumir as abordagens de todos estes teóricos em três tipos ideais das origens constitutivas do Estado, na verdade, em três segmentos de um mesmo espectro, que refletem três visões: o contrato, o contrato imposto e a imposição contratual.

A visão do contrato é a especialmente preferida dos filósofos idealistas e apoia-se na ideia de que o Estado se constitui pela obediência de um conjunto de indivíduos, de forma voluntária e perfeita, nos termos de um contrato, que os favorece e resulta de uma sucessão de pactos que entre si fazem. Esta colocação tem por base a formulação teórica do fato de que, no contexto de uma coletividade, todo indivíduo prefere a solução da cooperação, já que esta sempre leva a um resultado superior ao que se poderia conseguir pela ação individualista competitiva ou pelo permanente conflito.

A definição acima é complementada com o aprofundamento do estudo da natureza do contrato. Parte-se do pressuposto de que todo indivíduo está concordando com um documento que determina seus atos em todos os aspectos. Entretanto, alguns filósofos afirmam que, pontualmente, em algumas áreas, poderia ser mais favorável ao indivíduo adotar uma postura competitiva ou ele, pessoalmente, mesmo tendo assinado o contrato, achar ótimo agir em desafio aos termos do contrato. Assim, esses filósofos trazem a ideia de que alguns indivíduos podem agir contrariamente a determinadas regras previstas. Defendem, assim, que o controle desses indivíduos passe a ser o objetivo central da coletividade.

Surge, portanto, a necessidade de se ir mais além da visão pura de contrato – onde todos concordam, plena e implicitamente, com todas as regras, porque isto facilita a consecução de seus próprios fins. Isto porque vivemos em um estado de

A Estratégia e a Nação   413

coisas, no qual, em questões específicas, é possível que não prevaleça uma unanimidade, e o desrespeito deliberado a estas regras pode existir. Chega-se então a um estágio em que se pode imaginar que não é possível o aceite pleno de todos os indivíduos a todas as regras, mas pode-se concordar com a maneira pela qual estas regras serão impostas. Daí, este contrato que estabelece como estas regras serão impostas é nomeado de "constituição" e é a base onde se assenta a ideia de um contrato imposto.

Outra premissa presente é a natureza voluntária do contrato. Exemplificando: após a formação do Estado, na visão do contrato imposto, o monopólio do poder é atribuído a quem decide pela sua constituição. Contudo, alguns filósofos defendem que nem sempre foi, é, e será assim. Indicam que, quase sempre, determinadas classes possuem o poder anteriormente à constituição do Estado – imaginam desde o poder militar até o poder econômico. Neste caso a constituição resulta da outorga dos poderosos; temos, então, o que conceituamos como a visão de imposição contratual.

Estas abordagens nos permitem formar alguma ideia do que poderia ser um Estado. Definamos assim: Estado é uma associação de indivíduos, em que todos obedecem a regras predefinidas e dirigido por alguém que toma as decisões sobre matérias de natureza coletiva e que os obriga ao seu cumprimento. Os membros da associação têm direito a um território definido nas formas especificadas nas regras sociais.

Aqui, cabe inserir um outro conceito fundamental, que é o conceito de soberania. A obediência aos ditames do Estado pode ser voluntária ou resultante da coação. Contudo, para que haja coação, a vontade de quem determina tem de ser soberana em relação a todas as demais vontades, ou seja, quem decide deve ter o monopólio do poder.

No entanto, para a natureza do nosso trabalho, esta definição ainda está incompleta, porque os Estados requerem, além de uma explicação interna, outra de natureza externa, pois não há razão alguma para se supor que todo o gênero humano se associe em um único Estado. Pelo contrário, o que se observa é que muitos grupos de indivíduos se associam em Estados distintos, e as relações entre esses Estados são definidas com referência ao poder soberano de quem toma nesses Estados as decisões.

Como o detentor do poder soberano não pode reconhecer nenhuma entidade acima dele mesmo – se o fizesse não seria soberana –, fica claro que os Estados se relacionam sem uma regra que os ordene, vivem em um "estado natural" que pode levar a uma anarquia internacional.

É óbvio que o "estado natural" retratado em Hobbes é um pouco diferente do "estado natural" vivido pelos Estados Nacionais, embora as mesmas mediações da estratégia encontradas à disposição dos indivíduos estejam à disposição dos Estados Nacionais. Acresce-se a isto o fato de que os Estados podem competir uns com os outros e que essas disputas, em última análise, quase sempre são resolvidas por vias não diplomáticas, mas pela violência.

Outro importante elemento em nossa análise é a assertiva de que a finalidade de cada Estado é maximizar o bem-estar de seus próprios cidadãos. Constatando-se a

Aspectos de Inserção

pluralidade de Estados, podemos verificar que este objetivo pode coincidir ou entrar em conflito com o objetivo de outros Estados; temos de avaliar qual é o relacionamento que um Estado deve adotar perante a existência de outros, algo que diz respeito diretamente a sua estratégia nacional. Deverá ser o Estado autárquico ou interativo?

Se existisse a hipótese de se revelar plenamente autárquico ou plenamente interativo, nossa pesquisa poderia não avançar, já que no primeiro caso, o Estado estabeleceria suas políticas e seus objetivos com total independência das políticas dos demais Estados, não utilizando qualquer relacionamento externo; no segundo caso, não tendo vontade autônoma, também não teria qualquer ação autônoma externa. No entanto, no mundo moderno não há espaço para relacionamentos situados nestas posturas ideais – a interativa e a autárquica –, o que valida nossa exposição. Entre estes extremos existe um enorme espaço onde um Estado pode atuar. Na busca desta posição ele formula sua estratégia nacional e, em certo sentido, sua posição é análoga à dos indivíduos que vagavam no "estado natural".

Sinteticamente, existem três alternativas evolutivas para os Estados se situarem:

1. Buscar a cooperação com outros Estados, visando aproveitar-se da possibilidade de realização das trocas econômicas e de outras naturezas, decorrentes desta postura;

2. Buscar evoluir esta cooperação para um estágio de associação, visando à adoção de políticas comuns entre si e inacessíveis a outros Estados; e

3. Evoluir nesta associação para uma solução contratual, com a criação de uma federação, deixando, formalmente, de serem Estados, passando a reconhecer uma autoridade superior, que nomeio como Megaestado.

E uma ruptiva – alternativa oposta, ou seja, quando os Estados têm os mesmos objetivos e buscam a competição de forma não acordada, naturalmente, caso em que o conflito será inevitável.

Resumindo, a evolução do conceito de Estado no âmbito do tempo, deu-se, formalmente, em decorrência de sucessivos pactos. Embora o termo Estado tenha sido utilizado em traduções de textos, em línguas díspares e épocas diversas, de teóricos importantes como Aristóteles, Cícero, Maquiavel e Hegel. É evidente que as referências ao termo não tinham o mesmo significado. Contudo, a referência que nos interessa é a que se utiliza mais recentemente. Primeiro, com a formatação do que vamos nomear como o Antigo Estado Nacional – aquele que se processa no Renascimento; e depois, com o que classificamos como Moderno Estado Nacional. São quatro as características relevantes do Estado Nacional, fruto deste processo evolutivo:

- Moeda e monopólio legítimo do uso da força; e
- Concepção estratégica do Estado e a vontade nacional.

As duas primeiras já estavam presentes no antigo Estado Nacional; as duas últimas, que se agregaram, são resultantes diretas do processo histórico conduzido pela Revolução Francesa.

Em tempo de regionalização, como demonstrado pela recém-criada União Europeia, surge uma nova figura que se coloca acima do Estado Nacional: o Megaestado.

A Estratégia e a Nação

Este não dispensa o primeiro, mas o obriga a ter sua concepção estratégica e se voltar para a solução federativa de forma a garantir sua própria sobrevivência.

Há uma outra percepção teórica que associa a importância da burocracia na formatação de um Estado Nacional – tanto a burocracia associada à ação fiscal como a vinculada à justiça e à defesa. Esta visão, constante em Max Weber, assume em outros autores características mais interessantes para explicar o caso brasileiro. Para estes, a questão está muito mais presa a uma parcela desta burocracia, aquela responsável pelo uso dos meios de coerção. Para Otto Hintze, foi sobre o Exército Nacional que se constituíram os Estados da Europa continental. Para ele, naqueles países, a formação do Exército é que transformou e determinou a estruturação dos mais remotos órgãos do Estado.

Outros pesquisadores têm estado atentos à relação entre a centralização da coerção e as transformações sociais ocorridas no mundo. Clausewitz já dizia que, na guerra, o emprego da força era um instrumento racional da política nacional. Não é novidade que a constituição dos estados europeus decorreu da desmilitarização dos meios privados e da formatação do monopólio da coerção em mãos do Estado absolutista que, em troca, concedia aos antigos senhores a manutenção de seus privilégios de posse e de suas honrarias desde que apresentassem lealdade e submissão. Na mesma vertente, outro pensador, Charles Tilly, observa que a procura de formas mais cuidadosas de administrar as práticas de coerção, que podem envolver desde a extorsão de recursos privados até a extensão de favores públicos a determinados grupos sociais, levam os agentes do Estado, que detêm o monopólio legítimo do uso da força, a interferir na constituição do Estado, segundo as conveniências da conjuntura.

Estratégia Nacional

Conforme afirmamos, algo que também se consolidou neste século foi que os Estados devem ter/possuir uma estratégia nacional. Esta estratégia deve estar subordinada a um objetivo preconcebido e voltada para defesa do interesse nacional. Ela também é um dos vértices de um triângulo indissociável, que tem na política e no poder nacional seus outros dois vértices. Fica a definição: Estratégia Nacional é a arte de empregar o poder nacional para alcançar e preservar os objetivos predefinidos e estabelecidos pela Política Nacional.

Interesse nacional e o nacionalismo

Uma categoria central do conjunto de ideias que acompanha o sonho de Nação é a do interesse nacional. Ele deve ser considerado como o somatório das aspirações permanentes e atuais que se criam e se desenvolvem no processo histórico, e que depende muito da característica do povo e de seu estágio de desenvolvimento econômico. Estas aspirações representam, de forma subjetiva, os interesses estruturais e vitais do povo e do Estado Nacional, projetam-se na consciência coletiva da nação

Aspectos de Inserção

e independem de diferenças regionais, de classes, de minorias étnicas e se não coincidem, não são incompatíveis, tendo um compromisso básico sempre possível.

As aspirações nascem das lutas e dos esforços pela unidade nacional, pela defesa da comunidade, pela discussão política, econômica, social, cultural e religiosa. Da mesma forma em que surgem das labutas pela liberdade nacional, que compreende a independência do domínio ou da interferência estrangeira e da liberdade interna contra as forças internacionais ou derrogatórias da Nação, e que emanam de manifesta originalidade, particularidade e individualidade, próprias da gente e da terra, ou de suas características psicológicas e sociais. Elas irrompem do sentimento de distinção dos elementos da comunidade, que consiste na posse de certos atributos e qualidades visíveis na sua ação coletiva. Também se fortificam pela alteridade observada e criam-se pela presença de um poderoso sentimento nacional, pela consciência de uma comunidade política, que se afirma diferente das outras e que buscam um lugar ao sol no processo civilizatório.

Alinhamo-nos àqueles que entendem ser o nacionalismo a defesa do interesse nacional. Ocorre que o termo passou à história com dois sentidos distintos: restritamente, nacionalismo é algo relativo à nação, do ponto de vista étnico ou cultural; em sentido mais amplo, refere-se ao sentimento de defesa de uma determinada população, vivendo sob condições políticas e territoriais comuns – possuindo ou não laços étnicos, linguísticos ou culturais históricos. Deste modo, entendemos que o nacionalismo pode ser reconhecido como todo tipo de ação, sentimento ou pensamento, relacionados a uma coletividade, cujo objetivo visa à defesa ou promoção de uma nação.

Este sentimento busca defender o interesse nacional, procurando resguardar as aspirações atuais e permanentes da Nação, visando garantir o bem-estar do povo, atuando basicamente em dois objetivos: seus direitos e suas garantias; e a unidade política e integridade territorial do Estado Nacional.

Portanto, estes são os dois principais elementos que definem o Interesse Nacional, – peculiares do nacionalismo: os interesses do povo e do Estado Nacional.

Povo e identidade nacional

Greenfeld fala muito em nacional, e menos em nação: "Nacional é uma categoria que acompanha o conceito de nação." E complementa: "Ser nacional é possuir uma identidade no interior de um povo, que é visto como portador de soberania." Nacional, contudo, é tudo que pertence ao povo; Naturalizado, porém, é aquele que pertence à nação, sem pertencer ao povo.

A identidade nacional também é uma categoria importante para esta nossa análise. Mas ela difere das identidades: religiosa, étnica, territorial, política ou mesmo a humana – única. A identidade nacional estabelece-se sempre numa dialética: primeiro com a singularidade e depois com a alteridade. O germanismo é diferente de nacional alemão, pois ele é muito anterior à identidade nacional alemã.

Para Greenfeld, o povo é a massa de uma população cuja natureza e limites têm diversas definições, mas que sempre é visto como maior que a comunidade concreta e deve ter um caráter fundamentalmente homogêneo, e apenas superficialmente dividido pelas linhas de estatuto, de classe, de localidade e até mesmo, em alguns casos, de etnia. Prefiro outra definição, a que diz ser o povo uma coletividade humana de classes diferentes e de ocupações diversas, unidas em sociedade hereditária por um sentimento comum, uma tradição e, principalmente, por uma vontade comum.

22

A Teoria do Retardo

As Dialéticas Centrais da Estratégia

A estratégia sempre conjuga duas dialéticas: a relativa ao espaço e tempo e a relativa aos meios e fins.

Na primeira, o espaço é sensorial objetivo, porque pode ser referenciado diretamente pelos sentidos humanos; enquanto o tempo é sensorial subjetivo, não pode ser imediata e diretamente referenciado pelos sentidos e, portanto, é algo muito mais difícil de ser compreendido.

Na Antiguidade, o tempo era concebido de forma dupla: o tempo da natureza, cósmico e circular, onde tudo se repetia, algo perene; e o tempo do homem, dos seres vivos, medido numa reta entre dois pontos: o nascimento e a morte. O tempo da natureza é a eternidade e o tempo dos entes, a *finitude*, é o ciclo finito de todos os seres vivos e de suas criações, inclusive das cidades e dos impérios.

O tempo do homem, embora linear e finito, é passível de ser medido pelo tempo da natureza. Nesta existe a repetição eterna, o *metron* – aquilo que se repete: o movimento dos astros, a sequência das estações, o germinar e o frutificar das plantas –, o que demonstra o eterno retorno ou a sucessão que se faz como retorno. Portanto, o tempo do homem é algo mensurável pelos parâmetros postos na natureza.

Na visão grega e de outras primeiras civilizações, é visto como o embate do Ser e do Não-ser, ou, como vemos nas *Metamorfoses* de Ovídio, o tempo é um destruidor e reconstrutor de tudo – o tempo surge como uma Fênix, sempre buscando a vida. É o tempo cíclico.

A visão bíblica dos hebreus sobre o tempo é diferente. O tempo para os hebreus tem dentro de si duas visões: uma dramática, pois mostra o drama do afastamento do homem de Deus; a outra profética, que apresenta a promessa da reconciliação de Deus com os homens. Aqui o tempo cíclico de repetição cede lugar ao tempo que caminha, a flecha do tempo, em que o tempo futuro redime o tempo passado, pois a promessa divina de redenção está para vir e então resgatar a falta original.

Assim colocado, Cristo é a materialização de uma profecia pela sua vinda como o Messias do Antigo Testamento, e é também a construção de outra, pela promessa, no Novo Testamento, de uma volta de Cristo. Portanto, no cristianismo, o tempo preserva a sua hebraica flecha bíblica na medida em que aponta a volta de Cristo.

Contudo, passado, presente e futuro sempre foram categorias facilmente identificadas. O passado, associado à memória, o presente, ao instante fugaz que se vive, e o futuro à expectativa. Foi de Santo Agostinho a primeira visão, pós-cristã, admirável da problemática do tempo. Observava ele que o que realmente existe é o presente com suas três visões: o presente das coisas passadas, ou seja, a memória; o presente das coisas presentes, ou seja, as sensações que se vive; e o presente das coisas futuras, a expectativa. Não haveria nada diferente do presente e, dessa forma, se tornou possível ao filósofo responder a uma pergunta: Por que o Universo não foi criado antes?

Mais recentemente, Albert Einstein se aproxima dessa tese ao afirmar que o tempo é relativo. Mas essa aproximação conceitual choca-se com o conceito de não temporalidade de Santo Agostinho ao introduzir o conceito espaço, no estudo do tema. Antes de Einstein, havia a possibilidade da comunicação instantânea. Depois dele, esse conceito tende a cair, já que conforme afirmava nada pode trafegar à velocidade superior à da luz. Então, a seta do tempo passa a ter um sentido dependente do espaço. A partir desse pressuposto da Física contemporânea, nesta dualidade de espaço e tempo, o que tem importância para o estudo da estratégia é o espaço.

História e Tempo

Ao começar sua obra *História*, Heródoto explica que irá tratar dos grandes feitos dos gregos e dos bárbaros que merecem ser conservados na memória e que falará, igualmente, dos dois lados, porque a fortuna gira a sua roda com justiça: os grandes de hoje serão os pequenos de amanhã e os vencedores de ontem são os vencidos de hoje. É a grandeza dos feitos que os torna memoráveis e a roda da fortuna recomenda prudência, para não esquecer que a grandeza sempre estava colocada em ambos os lados das ações.

Tucídides, ao iniciar sua obra *História da Guerra do Peloponeso*, retoma o discurso de Heródoto, narrando a guerra que observa, já que, em sua opinião, se trata do maior e mais dramático episódio na vida dos helenos. Contudo, ele traz dois aspectos novos quando comparado a Heródoto. Primeiro, um aspecto pessimista, sua opinião sobre os fatos que observa está apoiada na ideia de que a própria guerra em curso trará a derrota dos gregos; e depois, otimista, com a possibilidade que cria, da premonição histórica ser possível na busca que realiza sobre as origens da guerra. Nesta busca Tucídides defende ser possível perceber os sinais anunciadores da guerra muito antes dela acontecer. Ele a vê como fruto do imperialismo ateniense. O historiador não se cinge ao presente dos fatos da guerra, mas procura no passado as suas origens e é capaz, pelo seu estudo, de apontar caminhos para o futuro.

A Teoria do Retardo   **421**

Políbio, quando escreve a *Ascensão e Queda do Império Romano*, segue as lições de Heródoto e de Tucídides. Como Heródoto, sublinha a grandeza tanto dos romanos como dos cartagineses e apresenta o papel da roda da fortuna na história de Roma; todavia, como Tucídides, busca as causas que levaram à ascensão e à queda do Império Romano, pois não vê só na fortuna as causas que levaram Roma, como cidade, a se constituir no maior poderio que se tem notícia, nem vê exclusivamente no fortuito aquelas que a levaram a decair.

Olhando Heródoto, Tucídides e Políbio, podemos dizer que a história nasce sob dois signos: o da opção, que decorre das escolhas humanas; e o do fortuito, que é fruto das contingências, ou seja, de causas que determinam o desenrolar dos acontecimentos e que nada têm a ver com a vontade humana.

O relevante desta breve análise é que a noção de história até então obedecia à dupla visão do tempo da Antiguidade: de um lado, o tempo cíclico, que exclui a ideia da história como aparição do novo, pois esta não faz senão repetir-se, o que garante a roda da fortuna que, inexoravelmente, faz com que o decaído suba e o eleito caia; e de outro, o tempo *finito*, o tempo dos entes, que introduz a noção de história, como memória.

O tempo dos entes, do *finito*, está posto sobre a proteção *Mnesmosnye* (A Memória). Esta garante a imortalidade dos mortais que realizaram feitos dignos de serem lembrados, tornando-os exemplos memoráveis a serem imitados. É a perenidade do passado garantindo-se pelo seu exemplo, resultado de sua repetição no presente e no futuro, sob a forma de *mímesis*, ou seja, da prática dos grandes exemplos. É a "história mestra da vida", que nos falava Cícero.

O tempo grego da história é épico, nos narra os feitos daquele povo, de suas cidades e de seus homens, cuja duração é finita e passível de preservação e comemoração.

Desde a Idade Média prevalecia, para a história, a visão da escola clássica com a descrição dos fatos e sua ordenação cronológica. A história era o domínio do imutável. Um fato, amarrado a outro fato, determinando uma espécie de linearidade temporal, que, aparentemente, tornava a história eterna, perfeita e imutável.

A violência e as profundas modificações ocasionadas pela Revolução Francesa demonstraram que a história real não era tão imutável quanto pretendiam os historiadores clássicos.

Foi Hegel quem percebeu as profundas mudanças que estavam ocorrendo no mundo. Se, de um lado, com a Revolução Industrial, a produção criou uma forma de agir e um tipo de sociedade diferente, a Revolução Francesa trouxe as transformações sociais e políticas.

Hegel, na *Ciência da Lógica*, propôs um raciocínio filosófico novo, a dialética. O movimento do raciocínio dialético, base de sua reflexão, como ele propõe, desenvolver-se-ia em três fases:

1. A tese da afirmação geral sobre o ser, por exemplo, "a cadeira é de madeira" – tal afirmação pode ser negada;

2. A antítese, que constitui a negação da tese, por exemplo, "a cadeira não é feita só de madeira, mas de árvores destruídas pelo trabalho humano e pelos instrumentos utilizados pelo homem". Ela é a primeira negação que também pode ser negada; e

3. A síntese, que constitui a negação da negação. Nela se encontram a tese e antítese, repensadas, no caso, reformuladas, "a cadeira é de madeira, mas resulta do produto do trabalho humano com o auxílio de instrumentos" – a síntese constitui uma nova tese a ser desenvolvida.

A dialética utilizada por Hegel em seu livro *Filosofia do Direito*, na explicação do Estado e da Sociedade, demonstrou o movimento da história na transformação das instituições e da cultura humana. Na dialética, a sociedade civil burguesa e o estado constitucional ganham a perspectiva do tempo. As instituições humanas, bem como o homem, constituem produtos históricos de seu tempo.

As mudanças da História foram demonstradas por Hegel, nas *Lições sobre a Filosofia da História Universal*. Para ele, o motor da história é a razão humana. É ela que determina o caminho do homem em direção à liberdade. A liberdade e a razão estão historicamente postas, ou seja, liberdade é a capacidade que tem o homem de decidir. Quanto maior número de homens tem o direito de decisão – que é atributo da vontade livre –, maiores serão os direitos que os homens poderão criar e usufruir.

Trabalhar na produção histórica, de acordo com a dialética proposta por Hegel, não é tarefa fácil. Não se trata de um método científico, mas de um raciocínio filosófico. O raciocínio parte da determinação do ser. Como o ser se constitui e como se transforma, a partir das determinações que apresenta em sua constituição particular? O raciocínio vai recriar sua trajetória, o seu caminho. A união da reflexão sobre o ser, com a dialética do ser como vimos, origina o seu principal conceito.

É no sonho humano, na sua capacidade de cooptar a natureza, que Hegel reflete a realização humana. É no trabalho e na ciência do homem que a reflexão de Hegel exercita-se com o novo modo de produção que a revolução industrial trazia. São sobre os modos do trabalho que se formata a sociedade e o Estado. Hegel refletiu a moderna sociedade humana em sua forma de trabalhar e de produzir.

A História e a Teoria do Retardo

Sigamos os ensinamentos de Hegel: a concepção em que se apoiam razões de uma visão nacional em tempo, dito, de globalização e regionalização encontra seu sentido na análise da vida social e da vida política.

O estudo do processo de civilização dos modernos Estados Nacionais demonstra a importância da ideia da solidariedade nacional e da utilização do planejamento governamental para a construção de alternativas que edifiquem um espaço

A Teoria do Retardo 423

civilizado, que até pode vir a suplantar a própria visão nacional. Apesar de toda a campanha contrária que tem sofrido, o planejamento governamental foi, é e será um instrumento muito bem-sucedido da atuação do Estado Nacional.

Ao analisar a formação da vida social e política das civilizações e os pactos que nelas se processaram, vemos que trazem, primordialmente, como contribuição essa nossa tese: a importância da fé ou da vontade consciente e da razão para o avanço de qualquer movimento bem-sucedido do gênero humano.

Ao abordar o período compreendido entre a queda do Império Romano e os dias de hoje não é difícil ver como os pactos conduziram à formação dos Estados Nacionais.

Torna-se claro que o Estado Nacional sempre foi uma resultante da razão e, portanto, também contestado pelo seu maior oponente: a intransigência. Entendemos a razão como o processo de interpretação da natureza pelo homem e a intransigência como tudo aquilo que, vindo do homem, se opõe a esse processo, que se move contra a conformação da natureza às exigências do homem. O homem, desde que racionalizou, não se conformou com sua sorte e daí se defrontou com a intransigência.

Muitas vezes, a intransigência se reveste de uma exaltação à natureza, como mencionado pela Comissão Mundial sobre o Meio Ambiente e Desenvolvimento, em alguns relatórios recentes (1991). Sob esta forma é capaz de enredar a razão, pois coloca o devir como resultado único dos processos que se passam na natureza, ou seja, sem a interferência determinante do homem e de sua razão. O futuro passa então a resultar da exclusiva existência do passado e da ação da natureza, o que conduz à resignação, já que toda e qualquer ação humana presente deixa, nessa forma de encarar o mundo, de ter sentido determinante. Como é óbvio, defender esta tese ou teses correlatas é, sempre, tanto se opor à razão – ser intransigente –, como tecer um mecanismo de preservação da situação vigente e do *status quo*.

Usaremos de conceitos *hegelianos* de dualidades, de uma visão dialética, como razão e intransigência. Acreditamos que são as concepções dialéticas, como periferia e centro, e barbárie e cultura, que representam e materializam as verdadeiras situações: as que sempre vigoraram entre as sociedades humanas no avanço da civilização e as que sempre se fizeram presentes.

Contestamos a existência de sociedades dependentes, teoria que Cardoso e Faletto e outros tentaram e ainda tentam divulgar. Defendemos a existência de sociedades retardatárias, cujo conceito fundamental é o *retardo*.

Duas alternativas se apresentam ao retardatário: ser dependente ou ser contestador. Menção a isso é relevante, pois a visão de dependência, que ainda conta com poderosos defensores na intelectualidade atual, cria obrigatoriamente a ligação subordinada entre sociedades e a transpõe para os Estados Nacionais.

O Estado Nacional existe como o melhor instrumento, já concebido, para romper a distância entre as sociedades. Ao minimizá-lo, numa situação de dependência, não se chega à verdade. Todavia, é um expressivo erro; suficiente para constranger a

Aspectos de Inserção

ação das forças presentes nas sociedades em estruturação; incapaz, contudo, como veremos, de destruir, na consciência nacional de uma periferia dinâmica como a brasileira, a sua ação de estruturação. Aos que defendem a teoria de dependência, nada mais definitivo que reconheçam que os conceitos não se impõem por si próprios, são os fatos que lhes dão vida. É esta ação de estruturação, própria do bárbaro, própria do periférico, que dinamiza o processo de avanço da civilização.

Entendemos que, neste final de milênio, no caso brasileiro, é fundamental a nova montagem de um discurso de estratégia nacional. Este discurso, elemento central de ordenação da atuação de um Estado Nacional, é que estruturará o caminhar deste Estado para o centro e para a cultura. Imaginamos, todavia, que o conceito de Estado Nacional é um conceito em movimento. De Estado Nacional caminhar-se-á para o *Megaestado*. O processo de formação da União Europeia atesta esta assertiva.

A queda do Muro de Berlim modificou o mundo: a relação entre as sociedades, a importância dos temas e, principalmente, dos conceitos que se haviam estratificado. Para lidarmos com os novos desafios, não podemos contar com todos os elementos formulados nos últimos sessenta anos. Alguns não estão mais vivos, não mais nos pertencem. Outros nascerão ou terão de nascer. É necessário trazer para o presente o nosso ideário, de forma a defender nossos interesses nacionais em um mundo em rápida mutação.

Para nós a base de tudo é o homem, a sua visão de mundo e a sociedade que cria. O homem e a sociedade humana permitem explicar a civilização.

Há uma dualidade primitiva, aquela que contrapõe o homem e a natureza. A mediação entre ambos foi, até a época das luzes, o trabalho; hoje, ela é, também, a ciência e a informação. Todavia, as contradições permanecem intocadas. Nem o trabalho, nem a ciência, nem a informação conseguiram desvelar o ignoto. As perguntas iniciais: Qual a origem de todas as coisas? Quem conduz o processo da existência humana? permanecem sem respostas.

Entretanto, é inegável que o homem se aproximou do "absoluto" desde que se levantou sobre as patas posteriores e andou em alguma planície deste imenso planeta – para ele na época. Com isso se tornou capaz de se aproximar desse "absoluto", porque assumiu a postura de responsável pela posição de seu contraditório: a natureza – materialização primeira do universo. As razões desta aproximação são várias, uma, no entanto, é unânime em todos os pensadores que discutem o progresso humano: a vida social e sua permanente acompanhante, a vida política. E estas têm, como sua última criatura, o Estado Nacional.

A ideia de Estado Nacional é um pensamento muito elaborado. Seu entendimento pressupõe o caminhar por uma linha ininterrupta de ideias, através do espaço e do tempo, que ligam as hordas às grandes potências. O Estado Nacional constitui o resultado das soluções silenciosas e progressivas das questões que surgiram da convivência humana. Entretanto, a forma dessas soluções sempre foi o pacto. Seja aquele resultante da imposição do mais poderoso e que, portanto, decorre da racionalização de desvantagens; seja aquele que advém da composição de vontades, e que, portanto, resulta da racionalização de vantagens.

A Teoria do Retardo

O pacto é, antes de tudo, um produto da razão. A linha que liga as hordas à sociedade atual – à civilização – é um contínuo de pactos sendo, talvez, a mais visível expressão da razão. O Estado Nacional é a mais recente estação dessa linha ininterrupta de acordos. Não é a definitiva, mas a última largamente praticada. Portanto, conhecer o Estado Nacional é conhecer a história da razão e de seus pactos.

O homem, em sua inteireza e personalidade, se defronta com muitas dualidades, algumas são fundamentais para sua existência: o inconformismo *versus* a resignação e a razão *versus* a emoção. Resignação e emoção são os formadores da intransigência, enquanto o inconformismo e a razão são os estimuladores da conquista do universo pelo gênero humano. Esta síntese nos acompanha ao longo deste livro.

É importante o entendimento de que Estado Nacional resulta da razão, da posição de ordenação do homem e se processa através de ondas sucessivas. Acompanhando a história da civilização humana, se verificará, empiricamente, a formulação proposta que nomeamos como Teoria do Retardo.

Nada explica melhor a *Dinâmica do Processo Civilizatório* do que a constatação do seu retardo e das rupturas provocadas pela ação do homem. Há ações que desencadeiam a desordem, e outras que, depois de uma ruptura, restabelecem uma nova ordem, em um novo patamar, dando início a uma nova desordem. De certa forma, isto se expressa nas ideias contidas nesses versos que apresentei em palestra na Escola Superior de Guerra, em 1996:

PÉRSIA ERA O CENTRO, GRÉCIA ERA A PERIFERIA.

PÉRSIA ERA CULTA, GRÉCIA ERA BÁRBARA. VEIO O TEMPO;

GRÉCIA ERA O CENTRO, ROMA ERA A PERIFERIA.

GRÉCIA ERA CULTA, ROMA ERA BÁRBARA. VEIO O TEMPO;

ROMA ERA O CENTRO, O IMPÉRIO BIZANTINO ERA A PERIFERIA.

ROMA ERA CULTA, O IMPÉRIO BIZANTINO ERA BÁRBARO. VEIO O TEMPO;

O IMPÉRIO BIZANTINO ERA O CENTRO, OS ÁRABES ESTAVAM NA PERIFERIA.

O IMPÉRIO BIZANTINO ERA CULTO, OS ÁRABES ERAM BÁRBAROS. VEIO O TEMPO;

OS ÁRABES ESTAVAM NO CENTRO, A PENÍNSULA IBÉRICA ERA A PERIFERIA.

OS ÁRABES ERAM CULTOS, A PENÍNSULA IBÉRICA ERA BÁRBARA. VEIO O TEMPO;

A PENÍNSULA IBÉRICA ERA O CENTRO, A INGLATERRA ERA A PERIFERIA.

A PENÍNSULA IBÉRICA ERA CULTA, A INGLATERRA ERA BÁRBARA. VEIO O TEMPO;

A INGLATERRA ERA O CENTRO, A AMÉRICA ERA A PERIFERIA.

A INGLATERRA ERA CULTA, A AMÉRICA ERA BÁRBARA. VEIO O TEMPO;

A AMÉRICA É O CENTRO. A AMÉRICA É CULTA. **O TEMPO VIRÁ ...**

Eles mostram, de forma singela, o predomínio sempre transitório no processo de avanço da civilização, mostra, também, de forma inequívoca, a ruptura e o estabelecimento de uma nova ordem, sucessivas vezes, no decorrer deste processo.

Aspectos de Inserção

A simplificação estabelecida permite ainda concluir que a dinâmica do processo de avanço da civilização, que aqui foi nomeado como *teoria do retardo*, pode ser assim resumida: toda periferia busca o centro e toda a barbárie busca a cultura.

O centro exerce sobre a periferia dois papéis: o de "repulsor" e o de "articulador". O centro é estático, não se desloca, não tem a dinâmica – atributo exclusivo da periferia. O centro deve ser sempre visto como um castelo sitiado. Contudo, como esse castelo, mesmo sitiado, pode vir a ser ocupado, o centro pode vir a ser deslocado.

Como repulsor, o centro desenvolve a capacidade de repelir o que chamamos de forças de atração ou de avanço, e que resultam da busca do centro pela periferia. Dentre essas, podemos citar: a migração, o comércio, o fluxo de ideias, etc. Quanto mais bem-sucedido for o centro na repulsão dessas forças, na transformação delas em forças centrífugas, maior sucesso poderá ter o centro em permanecer centro.

Como articulador, o centro desenvolve a capacidade de organizar as forças caóticas que existem na periferia, no sentido de compô-las, objetivando minimizar sua resultante, buscando uma soma zero, o que, em muito, pode, também, contribuir para seu papel de repulsor.

A cultura exerce sobre a barbárie dois outros papéis: o de "atrator" e o de "organizador". Como atrator, algo imanente, ela movimenta as sociedades, provocando, inexoravelmente, a atração da periferia para o centro. E, na função de organizador, conduz a barbárie de acordo com os interesses do centro.

A ruptura desse processo somente acontece quando a barbárie tem força suficiente para se impor. Não se trata, portanto, de algo que resulte de um determinismo. Nem toda periferia está fadada a chegar ao centro, assim como nem toda a barbárie está destinada a chegar à cultura. Diria que é um fenômeno de natureza similar ao da fecundação – a busca não é a materialização. Assim como somente o espermatozoide mais competente consegue fecundar o óvulo, apenas a barbárie mais competente é que pode provocar a ruptura. Não é a periferia que rompe o centro, é a barbárie mais competente que impõe a sua cultura e os seus interesses. E o primeiro passo para ser competente é não se conformar e não se aceitar dependente.

O Princípio do Terceiro Interessado

A condição de neutralidade, simplesmente, não existe. Toda observação conduz a uma opinião. Toda intenção constatada, toda ação empreendida, mesmo não nos envolvendo, sempre demanda um juízo. Entendendo a estratégia como um instrumento de mediação que se processa entre seres racionais, verifica-se também, sobre esta ótica, ser a neutralidade algo impossível. Isto decorre do fato de que todo ser racional, ao constatar um processo de mediação em curso, mesmo sem estar nela inserido, tem sua opinião e consequente posicionamento. Isto se dá, tanto na cooperação, como na competição e no conflito.

A Teoria do Retardo

Verificando o curso da história, constata-se que a não inserção direta na mediação é sempre uma posição vantajosa, uma posição estratégica. Esta posição é a de terceiro interessado. Foi o caso da Inglaterra quando a Holanda contestou a União Ibérica, foi a posição dos Estados Unidos quando a Alemanha contestou a Inglaterra, foi, mais recentemente, a posição da China quando o Vietnã contestou os Estados Unidos. Esta, por sua vez, atua em diferentes gradações: vai desde a posição de um mero observador interessado até a de um ator secundário – nuanças que variam e refletem necessariamente o tempo vivido da mediação. A vantagem da pretensa neutralidade reside no fato de que, não sendo o envolvimento central e sim marginal, incorre-se em riscos menores e ganha-se maiores graus de liberdade comparados com os atores diretos da mediação. Isto permite formular o seguinte princípio para a estratégia: buscar sempre a posição de terceiro interessado.

Na dialética que se estabelece entre centro e periferia, e entre cultura e barbárie, para melhor se avançar neste processo, deve-se buscar a posição de terceiro interessado, ou seja, deve-se ter a liberdade de transitar. Não se é centro, mas também não se é periferia. Não se é culto, mas também não se é bárbaro. A pretensa neutralidade não o coloca como periférico, apesar dele o ser, não o coloca como bárbaro, que ele não assume. A neutralidade aparente, a posição de terceiro interessado, evita a mossa decorrente do choque direto. Pode vir a posicioná-lo como a alternativa a ser buscada pelos atores diretos. Em síntese, olhando o processo da civilização, verifica-se que a contestação é necessária, mas não é suficiente. Sempre será melhor ter alguém envolvido, que assuma diretamente a posição de maior contestador.

Recuperamos assim a visão de Hegel, quando ele defende que a evolução histórica resulta da solução das tensões entre opostos, e que isso se dá de forma repentina: desaparecendo os opostos, desaparece a tensão. Poderíamos então concluir que, dentro desta ótica de Hegel, ao se tratar das dualidades centro-periferia e barbárie-cultura, existiriam soluções para resolver a tensão entre esses opostos. Por outro lado, ao se tratar dessas dualidades, verificamos que as duas partes são múltiplas, o que garante uma permanente tensão e a imortalidade da história. Síntese feita, antítese colocada. Novo centro, nova periferia. Nova cultura, nova barbárie.

Deste modo, cumpre recuperarmos Hegel. O sonho, fruto do espírito, é o impulsionador da história. E este sonho é muito mais claro e muito mais forte na periferia e na barbárie. A exemplo de Heráclito, Hegel destaca a dinâmica permanente que existe no meio social, advinda do sonho coletivo. Sonho que resulta e se processa no âmbito de toda sociedade. Diferentemente do que usualmente se pensa, o maior choque é o que se processa entre sociedades e não aquele que se dá dentro dela. O maior dos choques é o que se dá entre o sonho coletivo de uma sociedade emergente e a intransigência, ou seja, tudo aquilo que se opõe a este sonho, tudo que contraria a grande dinâmica social. Ou seja, fica claro que a intransigência nada mais é do que a ação do centro contra a periferia, da cultura contra a barbárie.

Outro ponto muito importante é o fato que nem sempre o centro é cultura, pois esta somente consegue preencher, plenamente, suas funções atratora e organiza-

Aspectos de Inserção

dora no centro que se coloca, ou seja, quando a antiga periferia passa a ser um novo centro. Por isso que o começo de um novo centro está sempre na barbárie. A civilização prossegue. O conhecimento acumulado permanece. A cultura é universal e resulta de um processo de acumulação de conhecimento forjado pela história. Estava no centro e terá de retornar ao centro. Daí, que a cultura do antigo centro sempre será absorvida pelo novo.

Este choque entre periferia e centro exige, do lado da barbárie, uma ação ordenadora para processar a ruptura: condição para o sucesso evolutivo da civilização. E essa ação resulta dos pactos que se processam no âmbito das sociedades periféricas. Hoje, dada a complexidade das questões postas, os acordos só poderão se processar no âmbito do Moderno Estado Nacional. Hoje, tal processo somente se viabilizaria pela articulação coletiva expressa em uma concepção estratégica nacional e na montagem de uma vontade coletiva. Em tempos de regionalização é viável que esta concepção estratégica nacional possa ser a da formatação de um Megaestado. A política externa passa, então, a ser o elemento principal de ordenação da concepção estratégica nacional.

Para nós brasileiros, considerados bárbaros e periféricos, é importante entendermos a dinâmica que estes atributos nos impõem. E essa dinâmica se estrutura com um projeto nacional, fruto de uma estratégia nacional. Poderemos ser ou não ser. Mas teremos de tentar. Se o conseguirmos, daremos à civilização um novo espaço. Espaço este, onde, mais antigamente, ibéricos, negros, índios, holandeses e mais recentemente, japoneses, alemães, árabes e italianos, ou seja, quase toda a humanidade se sentiu latina e buscou trazer de novo uma nova Roma para o centro da história.

23

Planejamento Nacional

Cabe-nos agora discorrer sobre como a periferia pode se contrapor à manutenção pretendida de uma hegemonia, no início do século XXI. Vimos que existe uma dualidade primitiva: a do homem com a natureza. A questão é saber: quem conduz o processo? O homem ou a natureza?

Ao iniciar-se o século XIX, esta demanda primitiva havia se transformado em uma dualidade mais elaborada e que opunha a ordem racional à lei natural. A ordem racional resultava tanto da capacidade demonstrada pelos pensadores franceses, em especial em Descartes, de dar à natureza, com os números, uma descrição intelectualmente satisfatória, como a posição presente na escola filosófica alemã, em especial em Hegel, de ver no homem, no seu espírito e na sua razão, o demiurgo da civilização e do progresso. Já por outro lado, se posicionava toda a formulação inglesa, algo que fundamentou a economia clássica e que se apoiava na impossibilidade humana, algo claramente representado no pressuposto conhecido como lei natural.

Todavia, os Estados Nacionais modernos, por mais que possam vir a dizer o contrário, nunca abandonaram a possibilidade da estruturação, a ideia que o mercado é algo que se estrutura, nem a opção pela intervenção.

Quando se faz a opção pela intervenção, ela sempre atua submissa aos determinantes últimos de todos os processos humanos: ao espaço e ao tempo, ou seja, toda intervenção se estrutura em um determinado espaço e a um dado tempo. Ela é uma ação em busca de um fim a ser atingido, e para isso precisa-se dispor de meios – meios e fins são seus instrumentos básicos.

A intervenção se processa de duas formas: a que justapõe o homem com a natureza, e teve como mediação: primeiro, o trabalho; depois, o trabalho e a ciência; e, mais recentemente, o trabalho, a ciência e a informação. E, segundo, a que relaciona o homem com o homem, que foi mediada pelo que veio a se denominar modernamente estratégia e que, aqui, é o que nos interessa mais diretamente.

Aspectos de Inserção

Conforme definimos no capítulo anterior, a mediação é a ação estratégica que se processa entre os homens ou sociedades num processo de intervenção. Algo que se exprime dessa análise é o pressuposto racional de uma intervenção que envolve uma ação coletiva. Neste caso, ela se processa seguindo um daqueles princípios básicos citados: a cooperação, a competição e o conflito. Ou seja, toda esta mediação é a Estratégia.

Como já explicamos, estratégia, política e poder são vértices esquemáticos de um triângulo indissolúvel, que é a nova forma de se analisar uma intervenção. A política estabelece o que fazer, qual o fim procurado; o poder, com o que fazer, que meios se dispõe para se buscar o fim; e a estratégia, o como fazer, como se dispor dos meios para se atingir este fim. Com estes três ingredientes unidos e ajustados, isto é, com o triângulo indissolúvel montado é que sempre se processa a intervenção.

Numa armação mais definida do processo, assim se explicitam os três vértices do triângulo indissolúvel:

- Estratégia é a arte de preparar e aplicar os meios para se conquistar e manter os objetivos pretendidos.

- Política é a arte de estabelecer objetivos ao se interpretar os interesses e aspirações, e de orientar a conquista e a preservação daqueles objetivos.

- Poder é a expressão e a conjunção integrada dos meios de que se dispõe para conquistar e manter os objetivos pretendidos.

Voltando-se à ideia da intervenção, pode-se afirmar que sempre ela tem o seu melhor momento. Muitas vezes é possível se determinar este momento e quando isto é viável; também é possível modificar-se o triângulo indissolúvel, particularmente o seu vértice poder. Esta alteração pode ser conseguida pela transformação, ao longo do tempo, de algo fora do triângulo, mas acessível, tido e chamado como potencial, em poder, ou seja, utilizando-se do tempo para apropriar-se de novos meios.

A ideia de intervenção se processa, portanto, sobre um espaço e num dado tempo. Na lógica da ordem racional a intervenção tem de ser planejada. Toda intervenção, em decorrência de ser uma ação consciente e racional, tem de ser uma ação planejada, devendo resultar, portanto, de vontade e de conhecimento. Deste fato decorre a assertiva que planejar é uma atividade exclusivamente humana, já que, de todos os seres, os homens são os únicos dotados de vontade e de conhecimento.

O triângulo indissolúvel também sempre se posiciona no plano nacional, articulando a política nacional, a estratégia nacional e o poder nacional. Neste plano, a política prende-se, sobretudo, nos fins a alcançar para o Estado Nacional; cuidando de interpretar aspirações e transformá-las em objetivos nacionais. Ela sempre tem de ir além, organizando o poder nacional, criando meios e desenvolvendo-os, sempre, em benefício da comunidade nacional. A política nacional, ao interpretar as aspirações e interesses e ao transformá-los em objetivos nacionais para a consecução ou manutenção, em determinado prazo, o faz mediante uma concepção política, que dita os rumos de uma concepção estratégica.

Política

Já a estratégia preocupa-se, principalmente, com os meios que disporá para atingir os objetivos fixados pela política. Na dimensão nacional a estratégia preocupa-se, primordialmente, com os meios que disporá para a consecução dos objetivos nacionais traçados pela política. Na verdade, a estratégia nacional cria a forma de traduzir a vontade política ao mesmo tempo em que a busca impor. A estratégia nacional prepara o poder nacional, define opções, propõe a linha de ação mais favorável a ser seguida, considerando, para tanto, os recursos disponíveis, os esforços a serem realizados, as prioridades a serem adotadas e os riscos a correr, pelo Estado, na implantação da decisão tomada.

A estratégia nacional vincula-se à política nacional pelos objetivos que esta estabelece e pelos riscos para atingi-los ou mantê-los. Todo estudo de estratégia nacional passa, obrigatoriamente, pelo estabelecimento de objetivos nacionais e por uma avaliação do potencial nacional e de sua possibilidade temporal de transformar-se em poder nacional. Como já apresentamos, a partir das rupturas do final do século XVIII, houve uma inserção do fenômeno estratégico no plano nacional, uma extensão de seu conceito até a categoria de mediação, já que a estratégia, de uma postura exclusivamente militar, passou a envolver outras variáveis e começaram a se esboçar os limites entre a política e a estratégia e as relações entre elas e o poder.

Esta transformação conduz a configuração hodierna da política, cujos estudos abrangem os níveis teórico (filosófico e científico) e prático (técnica e arte) – ela, como *práxis,* é entendida como arte de organizar e governar um Estado e de dirigir suas ações, interna e externamente. A arte do estadista, o político realizado, é a mais complexa de todas as artes, definindo objetivos e orientando os destinos, no amplo sentido, de um Estado Nacional.

A política, como posta na visão "bismarckiana" da arte do possível, preocupa-se com os fins (objetivos), definindo os meios para buscá-los, promovendo a consecução ou a manutenção dos objetivos. A política nacional, decisivamente, deve preocupar-se com o bem comum da sociedade nacional e a sobrevivência do Estado Nacional, cuidando do poder e do seu fortalecimento. Ela se incumbe, portanto, de interpretar a cidadania, seus interesses e suas aspirações, traduzindo-os nos objetivos a serem conquistados ou mantidos, em determinado prazo, envolvendo um complexo de atividades que se traduz por uma concepção política e que se assenta nos objetivos a serem perseguidos.

Para o Estado Nacional, a política nacional cuida dos seus negócios, interpreta e formula seus objetivos e organiza o poder nacional, criando os meios e os desenvolvendo em benefício da comunidade nacional.

Há, contudo, uma faixa de indefinição entre estratégia nacional e política nacional. Melhor dizendo, a política nacional e a estratégia nacional, de vértices do triângulo, avançam e se articulam no lado do triângulo que os une, quando a política, a arte do estadista, assume-se estrategista, ao assinalar rumos, direção geral do esforço e metas, assim como a estratégia, a arte do estrategista, assume-se estadista, quando aplica o poder.

Todo triângulo que conjugue poder, política e estratégia deve se explicitar, sob a ordem racional, em um planejamento. Assim, também, o triângulo deve se explicitar, em um plano nacional, em um planejamento nacional. A estratégia preocupa-se sempre com os meios. Ao apresentar, através da sistemática do planejamento, o que veremos na metodologia, a relação meios – obstáculos – fins, ela estará sempre voltada para a ação decorrente da intervenção. Caberá, portanto, apresentar, ao tratarmos da metodologia, a concepção que fundamenta a atividade do planejamento nacional, o instrumento de trabalho sobre o qual deve se assentar este curso.

O Estado Nacional ainda é o mais importante ator no cenário internacional. Deve-se reconhecer contudo, que, em décadas recentes, forças e tendências têm produzido uma série multifacetada de atores transnacionais, que se têm feito cada vez mais presentes no mundo tradicional dos estados soberanos. Devemos reconhecer, portanto, que tem-se processado, em anos recentes, uma alteração no antigo conceito de poder nacional.

Todo este esforço de apresentação do triângulo indissolúvel tem sentido, pois, ele estabelece, no imaginário, o sistema de ideias que sustenta a intervenção e a forma racional de executá-la.

Poder

Poder nacional está, na maioria das vezes, sempre ligado à capacidade militar, o que é até explicável pelo fato da guerra ser, sempre, a última e definitiva aplicação do poder. Apesar de vivermos em um mundo ameaçado pelo suicídio coletivo, decorrente da existência de artefatos nucleares, esta visão é cada vez mais deslocada. Poder nacional é o resultado de uma integração multidimensional de poderes. Um Estado Nacional pode parecer poderoso porque possui muitos ativos militares. Entretanto, esses ativos podem ser inadequados contra os inimigos potenciais ou podem não ser apropriados para a natureza do conflito. Repetindo, a questão ainda é a mesma: poder em relação a quem? E com respeito a quê?

Hoje, o poder nacional decorre, mais de outros fatores, que já se faziam presentes, do que do poder militar. Nenhum poder nacional foi fruto exclusivo, no passado, de sua componente militar. E muito menos o será no futuro. Nenhum elemento sozinho é definidor de poder. Para exemplificar, podemos citar que o tamanho do Brasil, a população da Índia, a indústria da Suécia, o exército da Suíça não dão a estes Estados Nacionais uma posição de primeiro plano na pirâmide mundial do poder. A ideia do poder nacional baseado em um único fator é sempre uma ideia errada.

Só para fins didáticos é que se consegue separar os elementos determinantes do poder nacional. Conjugados, eles constituem os meios de que se dispõe para se atingir os objetivos nacionais pretendidos.

Planejamento Nacional

Poder nacional é algo relativo, não é absoluto. Nenhuma nação teve, tem ou terá poder absoluto. O poder é algo relativo e sempre correlacionado aos outros atores presentes na arena internacional. Dizer que os Estados Unidos são a nação mais poderosa da Terra é algo só possível de ser dito porque está precedido de uma comparação de seu poder com os demais poderes existentes.

Assim, como não se pode confundir potencial com poder, não se deve confundir potencial nacional com poder nacional. A capacidade de uma nação converter seu potencial nacional em poder nacional é algo, muitas das vezes, próximo do intangível e deve ser imaginado, em várias considerações, pelo menos nas relativas à capacidade de condução do governo e as de unidade de propósitos da sociedade nacional. Na verdade, também, o poder nacional só pode ser avaliado no meio que lhe cerca.

Cabe-nos discorrer mais sobre o poder. E ele se manifesta nas intervenções. Como já vimos, as intervenções se processam de duas formas: as que justapõem o homem com a natureza e as que se processam do homem com o homem.

O poder se expressa nas relações com a natureza pela capacidade do homem alterá-la para os seus desígnios. Neste caso, o poder decorre, como já foi dito, do trabalho, da ciência, da informação, ou, destes, de forma conjugada. Com o homem, em suas relações com os demais, pela sua capacidade de influenciar no comportamento deles. Neste caso, o poder interage com a estratégia. Contudo, o poder sempre resulta, em última instância, da apropriação da natureza pelo homem, já que o poder sempre é fruto do domínio relativo das variáveis últimas da natureza: o espaço e o tempo.

As relações de dominação estão sempre presentes quando há vida. Existe uma inclinação natural nos seres vivos para o domínio do meio que lhe cerca. Os animais predadores buscam, por exemplo, o domínio do território onde vivem. Esta inclinação, no gênero humano, se transforma em um perpétuo e consciente desejo de poder, que só cessa com a morte. Poder é algo humano, exclusivamente humano.

Quando estão presentes dois ou mais homens, ali existem relações de poder. O poder sobre outro ser racional se expressa nas relações, sempre existentes, de dominação, e tem duas origens: material e espiritual. Material, quando se expressam pela força física própria ou de aliados, ou pelo domínio de meios naturais, tais como território e matéria-prima. Espiritual, quando resulta de prestígio ou de carisma.

O poder tem sempre um desígnio. Este é o seu verificador. O poder está sempre associado ao seu objeto. Poder só tem sentido quando referenciado a quem e com respeito a quê. Ele se materializa através de um desejo imediato, logo, é um produto da vontade e é, sempre, exclusivamente, um meio para se atingir um determinado fim. Aqui está uma questão central para os cratólogos, os estudiosos do poder.

O poder é algo totalmente diferente do potencial, que é a capacidade de se fazer alguma coisa. Entretanto, o termo poder é muito empregado para dar este sentido – ele é, sim, o exercício do potencial. Por outro lado, a capacidade, o potencial, não deve

Aspectos de Inserção

ser nunca confundida com o exercício da capacidade – o poder. O potencial necessita do sopro da vontade para ter vida e ser poder. Entre eles, existe o elo fundamental que caracteriza o poder: a vontade. Ele tem vida, e esta vida está na vontade.

Poder, como sabemos, é fazer acontecer. A utilização do poder visa defender ou alcançar objetivos traçados pela política. Poder se manifesta nas intervenções. Como já vimos, as intervenções se processam de duas formas: as que justapõem o homem com a natureza e as que se processam do homem com o homem.

O poder se expressa na relação do homem com os demais seres racionais pela sua capacidade de influenciar no comportamento deles. Neste caso, o poder interage com a estratégia. Contudo, o poder sempre resulta, em última instância, da apropriação da natureza pelo homem, já que, o poder sempre resulta, como foi dito, do domínio relativo das variáveis últimas da natureza: o espaço e o tempo. O poder se expressa nas relações com a natureza pela capacidade do homem alterá-la para os seus desígnios. Neste caso, o poder decorre do trabalho, e/ou da ciência, e/ou da informação.

Existe, também, a visão do poder como um fim, como um objetivo, quando se busca manter, balancear ou aumentar o próprio poder. Neste caso, se poderia, erroneamente, afirmar que o poder resulta da razão. Na verdade, a busca do poder é, exclusivamente, o objetivo de uma política. Portanto, é o fim ambicionado, e como tal, buscado pela razão. Mas ainda neste caso, o poder também resulta da vontade, pois a sua materialização é fruto da vontade.

O poder é algo que só se mede quando é empregado. Entretanto, o crédito, de sua existência e dessa mensuração, é algo fundamental, pois, também gera poder. Assim, também se processa com o poder nacional. Entretanto, a meta aqui é de dar a este poder a característica de suporte à estratégia nacional.

Cabe-nos, finalmente, relembrar que o poder nacional de um estado, A, em relação a outro estado, B, está na capacidade que A tem de influenciar B, de acordo com os seus interesses; em fazer algo, continuar a fazer algo ou a não fazer algo. Os Estados usam o poder nacional para alcançar seus objetivos nacionais. Um ponto extremamente importante, na visão de poder nacional, é a ideia do poder de dissuasão, ou seja, a capacidade que o estado A tem de influenciar o estado B a não fazer algo. Esta capacidade resulta do fato de que B entende, não só que A é capaz de induzi-lo neste sentido, como, também, é capaz de a fazer acontecer.

Outra reflexão que se vincula ao tema da proposta desse livro e diz respeito ao conceito de poder nacional: o poder é uno e indivisível, ele é o desígnio, tanto pelos países desenvolvidos como de todos aqueles que acreditam na sua soberania e no seu desenvolvimento. Compartilhá-lo não lhes retira a unidade, nem o divide, só o fortalece. Deste modo, a base da metodologia se apoiará, de início, em uma concepção do que é planejamento.

Planejamento

Planejar, no caso, é a ação de se antever todos os passos e programas de intervenção para se implantar o triângulo indissolúvel – é a explicitação do próprio triângulo. Planejamento é uma atividade continuada e permanente, que se desenvolve, de modo ordenado e racional, sistematizando um processo de tomada de decisão na solução de um problema. O planejamento humano sempre deve resultar de uma ação voluntária responsável e ter como propósito responder as seguintes questões: O que fazer? Para que fazer? Como e onde fazer? Quando e com que meios fazer?

Ele representa a aplicação da racionalidade, ao se tratar um problema (requerimento de toda intervenção), conforme regras definidas por Descartes, no seu *Discurso do Método*:

- A primeira é a de não se aceitar como verdadeiro nada que não se reconheça claramente como tal; não se aceitar nada a não ser o que se apresente ao espírito de modo tão claro e distinto que não se permita duvidar;
- A segunda é dividir um problema ou dificuldade em tantas partes quanto for possível;
- A terceira é começar as reflexões nos objetos mais simples e fáceis de compreender e a partir daí, pouco a pouco, subir ao conhecimento dos mais complexos; e
- A quarta é fazer enumerações tão complexas e análises tão gerais que possam trazer a certeza que nada foi omitido.

Todo planejamento envolve ações políticas e ações técnicas. A ação política corresponde à própria política no triângulo indissolúvel, ou seja, está fundamentalmente relacionada com a determinação das finalidades do esforço, enquanto que as ações técnicas do planejamento se vinculam ao poder e à estratégia no triângulo indissolúvel e visam principalmente os meios para a consecução dos fins. O planejamento pretende resolver, da melhor maneira, qualquer problema racionalizando a utilização das variáveis últimas em que atua, ou seja: o tempo, o espaço e os meios. Em síntese, planejar implica: analisar metas e objetivos postos no futuro; formular alternativas e prever resultados; decidir sucessivamente em diversas fases; e escolher ações a realizar em termos de tempo, espaço e meios.

O tempo é de fundamental importância em todo processo de planejamento. Ele se desdobra em um conceito que difere as soluções pelo curto, mais próximo no tempo, e pelo longo prazo. O tempo é um agente de ruptura da ordem conhecida. Pode vir a ser um agente de ruptura da ordem desejada. A tendência é muito mais um elemento do curto prazo, pois o pressuposto é de que o tempo faz crescer exponencialmente a possibilidade de ruptura. Assim como um elemento que pode conspirar contra uma ordem projetada, o tempo também pode ser visto como um elemento que facilita a construção de uma nova ordem pela capacidade que possui de articular processos.

Aspectos de Inserção

O espaço também é extremamente relevante para o planejamento. É dele a determinação do problema e a sua delimitação. O espaço inclui algo que é primordial para o planejamento, ou seja, a determinação clara e precisa do com que se defronta, ou, do que se pretende, ou, do que se precisa e onde se fará exercer o seu esforço.

Espaço e tempo são utilizados quando se definem a amplitude do planejamento. Genericamente, planejamento em amplo espaço e de longo tempo é considerado estratégico, planejamento em espaço limitado de longo prazo ou de amplo espaço e de curto prazo é considerado tático, enquanto que, planejamento localizado de curto prazo é tido como operacional.

A questão do espaço se faz também presente quando se processa a cooperação entre diversos órgãos ou entidades para participar em um planejamento. Caso exista entre estes órgãos ou entidades uma interdependência, além da coordenação do planejamento, far-se-á necessária a integração das ações planejadas, isto é, o planejamento mediante ações integradas. A efetivação do planejamento, mediante ações integradas, deve ser encarada sob dois aspectos:

1. A integração horizontal, quando o planejamento se processa entre órgãos ou entidades de mesmo nível, onde, permanentemente, se faz necessária a adoção de decisões de acomodação ao longo de todo processo; e

2. A integração vertical, quando o planejamento se processa entre órgãos de diferentes níveis, onde se faz necessária uma harmônica hierarquização encadeada do planejamento, o que conduz à sucessiva criação de pontos de referência, que, sem cercear a iniciativa do órgão de nível inferior, o obrigue a desenvolver suas atividades dentro dos limites impostos no quadro geral das decisões dos níveis superiores.

Princípios gerais que orientam uma atividade de planejamento:

Universalidade – O planejamento deve abordar todos os aspectos do problema e prever, até onde seja possível, todas as suas consequências;

Unidade – Todas as partes de um planejamento devem, reunidas, formar um único conjunto integrado;

Objetividade – Todo planejamento deve desenvolver-se sem perder de vista o objetivo que lhe deu origem e a realidade que o cerca;

Economia de meios – Todo planejamento deve buscar, além da eficácia e eficiência, conseguir o máximo rendimento, através do emprego eficiente, racional e judicioso dos meios necessários e disponíveis;

Segurança – Todo planejamento deve buscar a maior segurança possível pela utilização de informações objetivas que proporcionem o acompanhamento das condições internas e externas do que está sendo planejado;

Coordenação – Todo planejamento objetiva a integração de todos que estão a ele vinculados;

Planejamento Nacional

Disciplina intelectual – Todo planejamento deve ser realizado em obediência à orientação e outras prescrições contidas em diretrizes superiores, assegurando fidelidade de propósito ao que está sendo planejado;

Flexibilidade – Todo planejamento deve ser conduzido de forma a assegurar a flexibilidade necessária para atender às contingências.

Como o planejamento é um processo integrado, só didaticamente resolvemos descrevê-lo em termos de fases sucessivas de desdobramento. A seguir descreveremos as fases mais características do método do planejamento:

Exame da Situação – Envolve, necessariamente, uma análise e uma síntese. Este processamento baseia-se no pressuposto presente na assertiva da ordem racional de que o espírito humano, na sua análise para a solução de um problema, caminha de uma síntese para outra, ou seja, trafega entre duas sínteses. A síntese original ou inicial está implícita ou contida nos propósitos políticos ou administrativos que motivaram o planejamento, seja no contexto de uma diretriz, seja nos termos de uma missão ou tarefa. A análise pressupõe a aplicação, sobre esta síntese inicial, do método analítico de Descartes já sinteticamente apresentado. Ou seja, a análise permitirá ao planejador configurar a situação, caracterizar e definir, em termos precisos e objetivos, a problemática no contexto de uma realidade;

Ao término do método analítico deve-se elaborar uma nova síntese com a escolha das alternativas, segundo seu próprio juízo, isto é, deve-se fazer predominar a capacidade de integrar. A análise pressupõe um desintegrar, uma visão pormenorizada do conjunto fragmentado de conhecimentos, de informações e de pontos de vista. A síntese cria e integra, num todo, essa visão, e estabelece as linhas de ação, bem como procede análises das consequências de suas implementações. Portanto, a ela compete duas ações: examinar as repercussões de cada uma das alternativas e criar/formular alternativas para a solução do(s) problema(s).

A partir da síntese formula-se um quadro resumido, onde se apresenta o resultado da criação e formulação de alternativas, ou linhas de ação, que soluciona o(s) problema(s). Estas linhas de ação devem responder àquelas questões, já citadas, objeto do planejamento: O que fazer? Para que fazer? Como e onde fazer? Quando e com que meios fazer? A formulação e a criação de alternativas exigem o projeto no tempo, voltado para o futuro. As experiências passadas são as fontes mais usuais de linhas de ação, com base no conhecido pressuposto da tentativa e erro. Entretanto, é no inusitado da primeira tentativa que muitas vezes se encontra a solução.

Estabelecido o quadro sintético, procede-se à análise de cada uma delas, a fim de que se tenha uma visão das suas vantagens e desvantagens. Esta nova análise requer a fixação de critérios que homogeneamente sejam aplicados em todas as alternativas. Estes critérios se vinculam a cada problemática, embora, geralmente, englobem utilização de recursos, prazos e efeitos. A análise dos efeitos é de extrema importância para o processo de planejamento, pois toda linha de ação implica resultados outros que não os vinculados à solução do(s) problema(s).

Aspectos de Inserção

Na fase da análise das alternativas, o ideal seria submetê-las a uma verificação prática, algo, na maioria das vezes, impraticável; o que leva a que se exercitem testes ou verificações teóricas, para avaliação dos resultados de cada uma, no caso dela vir a ser adotada. Esta avaliação objetiva estudar as consequências, e sempre leva à formulação de questões específicas sobre os possíveis efeitos da ação e, após o estabelecimento deles, e, exclusivamente nesta fase, se poderá utilizar técnicas prospectivas de cenários. Depois vem a necessidade de se apontar a relevância desses efeitos. Ela é que estabelecerá a sua capacidade de influenciar na etapa que se segue, que é a seleção da linha de ação. Em síntese, o que importa no estudo da análise das linhas de ação é avaliar, antecipadamente, os resultados prováveis de cada uma delas, caso venham a ser implementadas, de modo a que se tenha consciência, antes, das consequências e dos custos de cada alternativa.

A escolha de uma dessas alternativas resulta, essencialmente, da comparação racional da linha de ação com os fins almejados. Para isto, muito influenciará as vantagens e as desvantagens de cada linha de ação considerada na análise, o que ressalta a importância dos critérios e dos elementos de julgamento estabelecidos, para se proceder a esta análise. A tarefa de comparação entre linhas de ação muitas vezes foge a critérios objetivos, como os quantitativos, ficando em plano subjetivo. Tem havido, recentemente, um grande esforço no sentido de se avançar teoricamente neste campo, utilizando-se teorias matemáticas conhecidas como teoria dos jogos, cenários e simulações.

Apesar dos cuidados seguidos no processo, nunca haverá escolha, *a priori*, perfeita. Sempre existirão fatores restritivos que tolherão a certeza dessa perfeição. Entre eles podemos citar os sociais – mudanças nos hábitos e costumes da sociedade; os climáticos – manifestações da natureza (chuvas, terremotos, etc.); e os de oposição racional – competição e conflito com outros interessados.

Decisão – É a escolha, em definitivo, da linha de ação a ser seguida para que se possa dar prosseguimento ao processo de planejamento. A decisão envolve sempre a definição de uma responsabilidade funcional intransferível por todo o processo de planejamento.

Elaboração de Planos – Após a decisão deve-se desdobrar a alternativa escolhida, elaborando esquemas completos de ação em todos os seus detalhes. É importante mencionar que nem sempre será possível prever de forma pormenorizada todo o processo do desenrolar da ação. Em muitos casos, só se poderá detectar alguns desses detalhes, apenas nas fases iniciais da ação; nas fases finais eles estarão balizados, exclusivamente, pelo fim desejado, a meros pontos de referência. Neste caso, conhecido como busca e perseguição, o plano resultante para as fases finais tomará as características de um esboço de plano, um plano apresentado em suas linhas mais gerais e que será progressivamente completado.

Cada detalhamento pode evidenciar a necessidade de uma nova atividade de planejamento que, muitas vezes, demandará a busca de pareceres de outros especialistas, não envolvidos originalmente, para que se possa tomar decisões complementares.

Um plano deve ser entendido como um conjunto sistematicamente ordenado de disposições e empreendimentos a que chegaram os planejadores como resultado de sua tentativa de alcançar os objetivos de um planejamento. Ele deve conter:

- Caracterização de seu objetivo;
- Caracterização da situação;
- Enunciação dos elementos decisórios que orientaram a elaboração do plano;
- Indicação das disposições, dos empreendimentos e das operações componentes;
- Determinação dos responsáveis pelas diversas disposições e pela execução dos diferentes empreendimentos e operações componentes;
- Indicação dos recursos disponíveis;
- Listagem das medidas de acompanhamento das operações e das ações corretivas; e
- Prescrição quanto à segurança, prazos, medidas de coordenação, etc.

Desencadeamento da Ação Planejada – A implementação do plano será determinada, em um primeiro momento, pela expedição de documentos com força administrativa, para os órgãos destinados a executar as ações previstas no planejamento. Muitas vezes, o texto do próprio plano tem a força de documento de execução.

Supervisão da Ação Planejada – Toda ação planejada, após desencadeada, requer supervisão e controle. Como já foi dito, nenhum planejamento é capaz de prever, com certeza absoluta, todos os eventos possíveis de ocorrer durante a execução. Além da existência de fatores imprevistos fora de nosso controle somam-se os possíveis erros decorrentes de má avaliação de fatos ou circunstâncias, falhas, de apreciação ou julgamento, inerentes a nossa situação humana. O acompanhamento de todo processo executivo visa identificar os desvios de rumos e a necessidade de sua correção.

A utilização destes instrumentos para a discussão sobre as melhores alternativas para a inserção do Brasil no mundo do século XXI abre um campo novo na discussão do que será o Brasil e cria no meio acadêmico brasileiro, um espaço para o alargamento de conhecimento vinculado aos conceitos genéricos de poder nacional, de estratégia nacional, de política nacional e de planejamento nacional.

É oportuno enfatizar que planejamento nacional não deve ser confundido com o planejamento governamental, na medida em que este, necessariamente, tem de estar subordinado àquele. Assim como o planejamento de um Megaestado não deve ser confundido com o planejamento nacional.

A exemplo do exposto no modelo teórico acima, reiteramos a existência de um triângulo indissolúvel que liga o poder nacional à estratégia nacional e à política nacional.

Nossa proposta é trazer para o meio acadêmico uma discussão que se processa em nível de Estado e de governo. Ela é também inovadora ao agregar os conceitos

Aspectos de Inserção

do triângulo indissolúvel à execução de uma intervenção mediada através de um planejamento meganacional, e está estruturada seguindo a metodologia acima descrita, sendo que o exame da situação que a precedeu envolveu:

1. Uma avaliação do mundo atual, onde dar-se-á ênfase à avaliação da situação econômica, da estratégia da potência hegemônica e dos fenômenos designados como globalização, mundialização e regionalização;

2. A subordinação da concepção estratégica aos determinantes geográficos obedecendo às diretrizes da geopolítica;

3. Uma avaliação do Brasil de hoje e das questões que podem interferir no processo desejado; e,

4. Uma descrição do continente sul-americano, de seu potencial e de seus espaços imediatos de interesse.

Após a avaliação desse contexto, as linhas de ação conduzirão a uma decisão que, em decorrência, principalmente, do conhecimento prescrito no item 4, serão as da cooperação sul-americana, já que esta, em estudos preliminares, demonstrou-se a mais adequada forma de inserção internacional do Brasil.

Contudo, esta decisão poderia ir desde uma total apatia aos processos de integração até a pretendida integração de todo o Hemisfério Ocidental – Área de Livre Comércio das Américas, Alca –, pela potência hegemônica, os EUA.

Para o desenvolvimento do projeto foi necessário o emprego de uma metodologia, que organizou o conhecimento, segundo a seguinte classificação:

Conjuntura em curto prazo: Pretendeu-se conhecer e apresentar os últimos desenvolvimentos da conjuntura sul-americana para poder formular, precisar ou adaptar, as políticas de cooperação. Para tanto, foi necessária a utilização de critérios comparativos no tempo. Isto pode ser feito no interior ou no exterior do subcontinente sul-americano. Os decálogos entre conjunturas foram interessantes de serem observados e aplicados para uso das políticas de harmonização pretendidas para a região. A análise da conjuntura de curto prazo teve, necessariamente, outro interesse, ela caracterizou a estrutura. Foi conhecendo-a que se pode classificar a estrutura correspondente. O conhecimento das estruturas foi indispensável para a solução dos problemas decorrentes da proposta de cooperação. Ao analisar a conjuntura nos deparamos, obrigatoriamente, com questões decorrentes das diferenças existentes entre o nível de desenvolvimento econômico, a origem antropológica, o quadro geográfico e outros fatores, dos países da América do Sul. Contudo, interpretar a dinâmica histórica em muito nos ajudou para a divisão analítica, que abordaremos adiante.

Conjuntura de longo prazo: Teve-se que observar, também, o que os historiadores econômicos chamam de *trend*, a tendência maior, dos movimentos quase seculares, de longa duração, postulados por Kontradieff, ou, mesmo, dos ciclos Hoffmann-Kuznets, sobre o longo prazo e o curto período. É evidente que, implicitamente, se teve que operar com as curvas dos meios móveis, de quadros menores ou de

Planejamento Nacional

outros ajustamentos. O sistema de flutuações em longo prazo – o comportamento conjuntural – de cada país sul-americano teve de ser construído, mesmo não se explicitando na tese, de modo a permitir dois tipos de comparações:

a. Entre países sul-americanos – As comparações em longo prazo, mais profundamente ainda do que entre as de curto prazo, permitem avaliar a capacitação de todos os países sul-americanos para a pretendida cooperação. O estudo do longo período permitirá apresentar a dinâmica das estruturas na sua transformação pela cooperação pretendida e encontrar as etapas do crescimento e do desenvolvimento que nós detivemos em examinar; e,

b. Entre a América do Sul e o restante do mundo – Estas já seriam interessantes e reveladoras em uma conjuntura de curto prazo. Contudo, tornam-se primordiais para o longo prazo. Ao permitirem precisar melhor a natureza do nível de vida, e das economias sul-americanas, em contra posição ao modo de vida das economias europeias, ou estadunidense, ou, mesmo, de regiões menos desenvolvidas, como parcelas da Ásia e a África.

Estrutura: Só para explicitar a exposição, é bom lembrar que a ação humana pode, teoricamente, ser decomposta em mecanismos simples, que são passíveis de serem encontrados em qualquer lugar, em todos os tempos. Estes elementos, podem se combinar entre si, em montante e de acordo com combinações díspares, formando elementos tão complexos que apresentam certa permanência e que chamamos de estruturas. Um conjunto de estruturas, em um quadro geográfico e social delimitado, forma um sistema. Em um certo contexto, este sistema pode se transfigurar em um regime. Regimes, sistemas e estruturas evoluem de forma imperceptível, movem-se vagarosamente sob o efeito de flutuações de curto período, de modo a conduzir a novas estruturas, e a novos sistemas, levando a que se processe, ao final do movimento, uma grande ruptura, que leve a um novo regime. Na tese, estudou-se as estruturas sul-americanas segundo um critério dinâmico traçando, no interior do quadros geográficos, antropológicos e sociais nacionais, um modelo que não foi explicitado no seu desenvolvimento, pois se deu mais ênfase ao movimento maior da estratégia nacional brasileira em detrimento do movimento menor de seu primeiro passo à cooperação sul-americana.

Procurou-se usar o modelo dinâmico geral proposto por W. W. Rostow, sabendo de todas as suas limitações, adaptando-o, no que for possível, à realidade sul-americana. É evidente ser muito mais fácil a cooperação entre países com o mesmo nível de desenvolvimento do que operar com países com diferenciais muito discrepantes em termos de realização econômica. A cooperação pretendida não poderia avançar, a menos que o Brasil estivesse disposto a tomar ao seu encargo o desenvolvimento de países menos desenvolvidos, como é a proposição central em discussão.

Contudo, todas estas contribuições de conjuntura ou de estrutura atribuem o método a algo conhecido. A grande contribuição da proposta está na elaboração de uma estratégia que começa pela criação de uma visão nova para a preparação

Aspectos de Inserção

de um mercado comum, montada em economia física, algo que foge, totalmente, à visão ortodoxa de comparações com outras áreas já construídas, como a União Europeia. Isso se torna necessário, na medida em que a situação da América do Sul difere claramente da situação europeia.

A Questão Energética

A história do mundo industrial é recente. É a história da apropriação da nature-za através de uma forma nova de mediação. A partir do século XVIII, a apropria-ção da natureza deixou de se fazer exclusivamente pela interação física do corpo humano ou do corpo das bestas com a natureza, ou seja, a apropriação da nature-za deixou de ser fruto exclusivo de trabalho humano ou animal. O homem havia descoberto que tinha capacidade de dar à natureza uma representação numérica, razoavelmente satisfatória, e ao fazê-lo, poderia utilizar-se desta nova capacidade para também se apropriar dela. Ele dominava o conhecimento científico e com a ciência era capaz de criar tecnologia.

Tudo isso aconteceu na primeira metade do século XVIII, e, particularmente na Inglaterra, provocou uma aceleração tanto no número de invenções, quanto na sua importância. Contudo, é bom lembrar que a grande influência para esta acele-ração foi a adoção, pelos ingleses, de medidas protecionistas, como os éditos reais de 1700 e 1719, que proibiam a importação das tecelagens indianas. Com essas medidas, eles alcançaram, de um só golpe, dois resultados: evitou a competição de um artesanato perfeitamente estruturado e incentivou a sua indústria nascen-te. Ao reservarem o mercado inglês para a sua indústria têxtil, eles permitiram a exportação do tecido manufaturado da metrópole para a Índia, desmantelando, gradualmente, o artesanato têxtil da colônia – a proteção levou à acumulação e a acumulação levou à inovação. Em 1733, John Kay inventou a lançadeira volante, revolucionando a indústria têxtil. A esta invenção seguiram várias outras, com John Wyatt, Lewis Paul, Daniel Bourn, Hargreaves, Arkwright, Samuel Crompton e Cartwright, confirmando o primado industrial têxtil inglês.

Um elenco de invenções/inovações equivalentes pode ser arrolado para a in-dústria metalúrgica, a partir do carvão, cujo interesse só veio a crescer quando se descobriu uma maneira de transformá-lo em coque. Em 1784, Cort deu um passo decisivo ao definir a *pudelage*, assim como Huntsman havia dado, em 1750, ao apresentar o aço fundido. Avanços como estes, que solucionaram a carência do

Aspectos de Inserção

carvão vegetal decorrente do desflorestamento rápido, permitiram a criação de importantes complexos industriais, liderados por ativos empresários como Darby, Wilkinson, Bradley, Crawshay (o rei do ferro) e outros. Eram empresas familiares que trocavam, a partir de então, apoio mútuo com o parlamento e a coroa britânica.

A fisionomia tradicional da Inglaterra alterou-se. Rapidamente o país se urbanizou e sofreu as consequências conhecidas: superpopulação, insalubridade, exploração, alcoolismo, violência. No campo, esborou-se o quadro aprazível do passado, dos relvados pitorescos, da caça em grande estilo, da abundância despreocupada mesmo entre os pobres. O mundo estava entrando na idade do capitalismo.

A atividade produtiva se desenvolvia em lugares afastados e inóspitos, determinados pela proximidade da matéria-prima ou da fonte de energia, mais esta que aquela. A energia motora, algo indispensável, de forma geral era obtida pelo métodos eólico, hidráulico ou de tração animal, até que, em 1769, James Watt patenteou sua máquina a vapor, que iria substituir, de forma muito mais prática, todas as alternativas anteriores. A invenção foi de tal forma conveniente, que seu uso já estava generalizado por volta de 1786; isto é, menos de vinte anos após. Sem dúvida, a partir do século XVIII, houve uma revolução na maneira de agir do homem e o seu motor foi a energia e a inovação.

A partir daí, a Grã-Bretanha experimentou um intenso movimento expansivo, ampliando substancialmente o poder econômico de sua sociedade e alcançando a dianteira industrial sobre os demais países. Tudo isto baseado na energia motora e na inovação tecnológica.

Houve, de fato, uma ruptura central em um paradigma estabelecido. Durante séculos, processos de crescimento rápido haviam ocorrido basicamente em regiões que dispunham de abundantes recursos naturais (potencial agrícola, minérios), eventualmente valorizados. Quando esses recursos se esgotavam ou perdiam importância, suas regiões produtoras caminhavam para a decadência. O processo de industrialização na Inglaterra rompeu e alterou esse antigo paradigma de forma significativa, no final do século XVIII e início do século XIX.

Este novo cenário proporcionou que algumas economias não centrais experimentassem casos notáveis de crescimento que não se baseavam na exploração extensiva de recursos naturais abundantes, mas sim em processos intensivos de industrialização – por que, na verdade, eram intensivos em energia. Assim, por diferentes caminhos, diversas economias retardatárias puderam se beneficiar da capacidade de obter ganhos acelerados de produtividade através de estratégias – relativamente simples – baseadas na difusão de técnicas já conhecidas e na produção de mais energia.

Esta ruptura central do paradigma centrou-se, portanto e fundamentalmente, na disponibilidade de energia, que passou a ser base de qualquer processo de desenvolvimento – primeiro para o aumento da produtividade e depois para a melhoria da qualidade de vida. Gerar energia passou a ser o objetivo primordial daqueles que entendiam a nova época. Deste modo, a busca às fontes de energia passou a ser o objetivo central de todos os que queriam o progresso, e esta busca

A Questão Energética   445

transformou-se, também, e em paralelo, na busca crescente dos insumos industriais – objetivo central da Inglaterra e dos outros países que buscavam com ela rivalizar no comando dos negócios mundiais.

Ao final do século XIX e ao longo do século XX, basicamente pela multiplicação do poder gerador de energia, criou-se um pequeno número de novos países bem-sucedidos nesta busca, aqueles que alcançaram o centro, e um grupo um pouco maior de países intermediários, ou digamos semiperiféricos, alguns de grande porte, entre os quais o Brasil, que vinham sendo bem-sucedidos nesta busca e que caminhavam em direção ao centro – aparentemente, esses últimos encurtavam a distância que os separava dos líderes.

Um dos fatos mais importantes dos vinte últimos anos, no cenário mundial, foi a desarticulação sucessiva de todas essas aproximações dos semiperiféricos (na América Latina, no início da década de 1980; no leste da Europa, no fim da mesma década; entre os tigres asiáticos, na década de 1990), com a exceção – pelo menos por enquanto – da China, cujo surto de crescimento acelerado é mais recente. Essa desarticulação teve várias causas, mas uma das mais relevantes, sem dúvida, tem a ver com o contingenciamento da geração de energia nesses países, causada tanto pela quebra dos modelos de financiamento que suportavam a expansão energética quanto pela criação de barreiras ecológicas que inibiram o aumento da oferta energética.

Mas neste contingenciamento há uma determinante central que repousa no controle do espaço, algo antigo e que não mudou: o controle das fontes de energia. E isto pressupõe, muitas vezes, o controle do território, explícito ou implicitamente, pressupõe a ação política sobre a geografia – a geopolítica. A busca pelo controle físico das fontes de energia esteve presente, direta ou indiretamente, nos grandes conflitos que fizeram a história dos séculos XIX e XX. Alguns exemplos da importância vital que o tema da energia adquiriu no planejamento e na vida das nações são: o embate franco-prussiano de 1870, e as duas guerras mundiais envolvendo a França e a Alemanha, pelo controle do carvão das regiões próximas ao rio Reno; a busca ao carvão e depois ao petróleo pelo império russo no Cáucaso e nos Bálcãs; o avanço japonês em direção a Manchúria em busca do carvão e sua ação no sudeste da Ásia em busca do petróleo. Neste contexto também se inserem: a atuação franco-britânica pelo desmembramento do Império Otomano e pelo controle das regiões petrolíferas do golfo Pérsico; as ações norte-americanas no Caribe e na América Central pelo controle das reservas de petróleo do golfo do México e da Venezuela; o bloqueio norte-americano ao acesso japonês a fontes de petróleo, às vésperas da inserção dos dois países na Segunda Guerra Mundial; e mais recentemente a Guerra do Iraque.

Portanto, a geopolítica, política aplicada sobre os espaços, tem na variável energética um componente central na sua formulação. O excedente de poder gerado pelo domínio do espaço geográfico, que falam Ratzel, Mackinder, Haushofer, Spykman e outros, tem na capacidade de geração de energia um elemento fundamental. O controle das fontes de energia é elemento central de poder e de riqueza e, também, central no jogo das relações internacionais.

Aspectos de Inserção

Do mesmo modo, é sobejamente conhecido que, nas relações econômicas internacionais, os países que conseguem controlar uma parte maior do excedente produzido no conjunto do sistema mundial obtêm mais vantagens. Para ocupar uma posição de vanguarda, um país deve estruturar sua economia buscando atividades geradoras que promovam um ganho diferenciado, situados muito acima da média da acumulação capitalista. Tais posições são, por definição, excludentes. A inovação tecnológica proporcionou esta vantagem para a Inglaterra, no século XVIII, e este paradigma não mudou passados mais de duzentos anos, assim como outras coisas não mudaram. Como foi no século XVIII, o sistema econômico internacional continua estruturalmente assimétrico. Permanece a dualidade centro e periferia. A ideia de um mundo regido pela cooperação – ou por meras relações de mercado, que não expressem relações de poder – é utópica, pois a competição está há muito inscrita na estrutura do sistema em vigor, não sendo possível eliminá-la.

Como as atividades que garantem ganho diferenciado modificam-se ao longo do tempo, a conquista e a manutenção de uma posição de vanguarda não podem depender do controle de um único setor, tecnologia ou uma mercadoria específica, pois tudo flui. É necessário se ter a liderança sobre o processo de inovação, ou seja, capacidade permanente de criar novas combinações produtivas, novos processos, novos produtos. Assim, também, como no século XVIII, o núcleo do sistema internacional é composto dos espaços nacionais que concentram em si a dinâmica da inovação. Isto, portanto, também não mudou. Mas algo mudou...

Não há mais as simples ligações de empresas familiares com um estado nacional, se apoiando mutuamente, para exercer a hegemonia mundial como no modelo inglês do passado. Atualmente, as relações são bem mais complexas e sofisticadas. No início do século XXI, a economia e as decisões políticas estão estreitamente unidas às grandes corporações empresariais transnacionais e aos estados nacionais, efetivamente soberanos, por fortes vínculos. Hoje, no caso dos países semiperiféricos e periféricos, esses âmbitos se dissociam fortemente, pela dispersão geográfica das cadeias produtivas, em escala mundial, feita sob o comando das transnacionais que não têm compromissos com os estados e sociedades mais frágeis, onde apenas instalam filiais. Mas a razão de tudo é que os países centrais capturam sucessivamente as posições de comando justamente porque conseguem recriá-las, mantendo-se monopolistas pelo controle da ciência e da informação, ou seja, da técnica, obtendo dessa forma benefícios extras na divisão mundial do trabalho. Aos excluídos, o que se tem proposto é a tão falada dependência, que também se repõe dinamicamente. Isso se tornou mais evidente com o avanço da chamada "globalização", que atinge países centrais e periféricos de forma completamente diversa.

Tudo isto esclarece por que o esforço desenvolvimentista brasileiro (1930-1980) se frustrou. Ele nos manteve preso aos limites de uma modernização periférica e nunca nos aproximou, de fato, de uma posição central no sistema mundial. Conseguimos internalizar progressivamente atividades produtivas, de tipo industrial, que, em algum momento da história, sustentaram a liderança dos países centrais. Mas o problema é que tais atividades perdiam essa característica de

A Questão Energética **447**

maior acumulação justamente quando conseguíamos internalizá-las, pois elas já se encontravam sujeitas a uma intensa competição internacional que diminuía sua importância e sua rentabilidade. É o caso do aço ou da celulose, que escorregaram para a categoria de *commodities*. Quando isto acontece, as atividades industriais são relegadas a um segundo plano pelas economias centrais. Os países centrais sempre renovam suas posições privilegiadas, buscando a industrialização de atividades mais complexas e dotadas de maiores componentes tecnológicos. A desigualdade se repõe e nada muda...

Uma impossibilidade estrutural impede que a lógica de aproximação ao centro, do tipo das usadas pelo Brasil e por outros países, altere as posições relativas no interior do sistema. Não se consegue superar a condição periférica, apenas, mediante a cópia de produtos e tecnologias que já estão maduros nos países centrais. A experiência recente, aliás, nos diz algo ainda mais grave: processos de destruição de projetos de desenvolvimento são muito mais rápidos que os de construção. A distância entre o Brasil e os países centrais, por exemplo, diminuiu passo a passo durante a maior parte do século XX, mas voltou a ampliar-se dramaticamente nos últimos vinte anos.

Disso tudo se deduz que o Brasil tem, diante de si, um duplo desafio muito difícil: internalizar seletivamente as técnicas mais importantes do paradigma vigente e, ao mesmo tempo, preparar condições para um salto que lhe permita romper a lógica da dependência, lançando-se na vanguarda de um novo paradigma. Portanto, internalizar e aplicar intensivamente a ciência e a técnica universais, buscar a inovação gerando crescentemente energia, de um lado, e identificar lucidamente as vantagens comparativas locais, de outro, são componentes gêmeos para um projeto vir a ser bem-sucedido.

Mas há uma outra causa, talvez mais séria, para esta desarticulação recente, que não a escolha de um modelo limitado de desenvolvimento. Houve também, nos últimos 20 anos, como já colocamos, a desmontagem dos modelos energéticos que suportavam essas aproximações ao centro, pelos países semiperiféricos. Seja pela elevação dos gastos com insumos energéticos, seja através da criação de barreiras não econômicas ao aproveitamento de potenciais, tais como as barreiras ecológicas; seja através da desvinculação de recursos para o setor.

O Brasil foi vítima, concomitantemente, dessas três causas nas duas últimas décadas, o que levou à desarticulação completa do seu modelo energético que, sem dúvida, era o mais bem-sucedido do Terceiro Mundo. Hoje, mesmo que criemos um novo modelo de desenvolvimento e consigamos avançar no campo da inovação tecnológica, temos, como condição, que rearticular nosso setor energético, seu planejamento e a forma de financiá-lo, para que possamos almejar o progresso.

Mas, como vimos, tudo isto é muito recente. Até o século XVI, a ideia dominante era que a humanidade avançava em estágios sucessivos e a passagem de um estágio a outro resultava de um milagre. De estágio em estágio, ou seja, de milagre em milagre, chegaríamos ao *Millenium* – o último e prometido dos estágios: o reino dos céus, o paraíso.

Aspectos de Inserção

Nessa forma de ver o mundo tudo encontrava sua explicação nos dogmas. Por que contestar? Para que racionalizar? Nada disso faria sentido, pois só o milagre era criador. A resignação tornava-se, nesse mundo das verdades postas, a maior das virtudes. A natureza, nesse mundo conformado, sempre se mostraria vencedora. Ao homem, só restava subordinar-se às estruturas responsáveis pelo estágio atingido – na época, a Igreja e a monarquia absoluta.

São do início do século XVII as primeiras formulações que sustentam a ruptura dessa maneira de ver o mundo. Dos primeiros capazes de construir discursos de ruptura, merecem destaque Leibnitz e Pascal. Ambos matemáticos, lidando com a ordem em sua posição mais primitiva, a ordem numérica, entenderam que a desordem era a origem da evolução. Entenderam que a desordem tem sua origem na natureza, e que o homem, ao interferir na natureza, na busca da ordem, cria o progresso. Entenderam que todos os homens, ao longo de todos os séculos, é o mesmo homem que subsiste e aprende sempre. Então, criaram o espaço da razão. Cooptaram a natureza, não pela sua mediação através do trabalho, e sim pela sua delimitação e explicação. A força de suas ideias foi tal que conduziu, no século XVIII, à queda da monarquia absoluta e ao afastamento da Igreja das questões materiais. Conduziu à Revolução Francesa e aos princípios, desde então, universais, de igualdade, de liberdade e de fraternidade. Conduziu à moderna democracia. Conduziu, enfim, ao predomínio do homem e da sua razão.

Mas, como diria Hegel, todos os processos trazem dentro de si a contradição. A civilização traz dentro de si várias contradições. Uma clássica, e já vista neste texto, é a que opõe o centro à periferia. Estávamos ao final do século XVIII, no momento em que o centro da civilização estava dividido pelo canal da Mancha. Estava dividido e estava rompido. Duas rupturas, como mostramos, haviam se processado. A primeira na maneira de agir, na Inglaterra, pelo nascente processo de industrialização. A segunda, na França, na maneira de pensar, em decorrência do bafejar da abertura proporcionada pela prevalência das ideias sobre os dogmas. A primeira dessas rupturas é conhecida como Revolução Industrial e gerou o que veio, mais tarde, a se denominar sociedade industrial. A outra ruptura deu origem à Revolução Francesa e, com a derrubada do absolutismo, deu origem ao moderno estado nacional. A periferia do processo da civilização, naquele instante, englobava toda a Europa continental, excluída a França e todos os demais continentes.

Mas aqui cabe lembrar o velho mestre romano Cícero que afirmava ser a história a mestra da vida. Olhemos a história: **toda periferia busca o centro, toda barbárie busca a cultura.** Cada país almejava acelerar a transição, deixar de ser periferia e buscar ser centro, como mostra a conhecida anedota de Pedro, o Grande, estudando nos centros ocidentais daquela época os processos que convinha introduzir na sua Rússia. Não é de admirar que os novos métodos e as novas inovações aos poucos se tornassem do domínio público: a maneira italiana de tecer, a técnica de construção naval holandesa, o processo siderúrgico inglês. O desenvolvimento é comunicativo e ao ser conhecido em outros pontos emula. Mas esta emulação não coloca nenhuma periferia no centro. É preciso algo mais.

A Questão Energética 449

Como se comportaram àquela época, as nações que buscavam o centro? Como se comportaram os antigos retardatários, aqueles que tinham, além dos meados do século XIX, um amplo mercado interno e que buscavam viabilizar antigos estados nacionais estruturados? Como se posicionaram o Império Austro-Húngaro, a Rússia, a Alemanha, o Império Otomano, a Itália, os Estados Unidos e o Japão, que aqui nomearemos como os antigos retardatários? Em primeiro lugar, estabeleceram como seus principais objetivos ter um estado nacional moderno e criar uma sociedade industrial. Estes eram e são os paradigmas: ser sociedade industrial e ser estado nacional moderno.

Contudo, o entendimento do que vem a ser um estado nacional moderno e uma sociedade industrial é de extrema importância para essa exposição. Entendemos como estado nacional moderno aquele em que a sua vontade é coincidente com a dos seus habitantes e que tem como contraponto o antigo estado nacional, em que a vontade resultava exclusivamente da sua casa reinante ou de sua elite dirigente. Entendemos como sociedade industrial não exclusivamente criar um sistema industrial dentro das fronteiras de um território nacional, mas ir muito além, dando condições para a população que habita aquele território participar dessa criação, ao usufruir dos bens que vierem a ser gerados por esse sistema. Mas, a análise procedida daqueles antigos estados nacionais, nos leva a concluir que se buscavam, como política, criar um estado nacional moderno e uma sociedade industrial, eles necessitavam dotar-se de uma concepção estratégica e de uma vontade nacional para atingir esses objetivos.

Passados dois séculos daquelas rupturas ocorridas no final do século XVIII, três desses retardatários disputam o centro: os Estados Unidos da América, a Alemanha e o Japão. Todos dotados de concepção estratégica, todos dotados de vontade nacional. Mas também todos adeptos da doutrina do nacionalismo econômico. A economia, para eles, sempre foi vista como uma ferramenta a ser utilizada pelo estado na busca de uma concepção estratégica ou como um elemento primordial para a formatação de sua política. Nunca foram liberais. O liberalismo econômico que hoje praticam coaduna-se perfeitamente com os postulados desta doutrina, como está perfeitamente sintetizado no trecho abaixo, do livro *Sistema Nacional de Economia*, do economista alemão List, escrito no início do século XIX:

> *A história ensina que as nações... Podem e devem modificar seus sistemas de acordo com o estágio de seu próprio progresso: no primeiro estágio, adotando o comércio com nações mais adiantadas como meio de saírem de um estado de barbárie; no segundo estágio, promovendo o crescimento das indústrias, pesca, navegação, adotando restrições ao comércio; e, no último estágio, após atingir o mais alto grau de riqueza e poder, retornando ao princípio de comércio livre... De maneira a que seus comerciantes e industriais possam ser preservados da benevolência e estimulados a conservar a supremacia que adquiriram.*

Para preservar o sonho de Brasil, mergulhados nas lições da história, devemos aprender uma lição importante: primeiro temos de fugir do canto da sereia dos países

Aspectos de Inserção

centrais, do seu discurso de liberalismo econômico, para depois pensar em ter concepção estratégica e vontade nacional. Não mudaram os paradigmas. Toda sociedade busca ser uma sociedade industrial e um estado nacional moderno. Para tanto temos de voltar a pensar o Brasil com concepção estratégica, temos de dotar o país de uma estratégia nacional, temos de ter diretrizes para sua inserção internacional.

E qual deve ser nossa concepção estratégica? Como já demonstramos, o Brasil é a América Portuguesa. Salta aos olhos que nossa concepção estratégica é de levar a cabo a mundialização que os portugueses começaram, pois só nós possuímos aquelas mágicas da tolerância e da antropofagia, capazes de levar este processo ao seu término. A mundialização é algo muito além da montagem de um mercado mundial como deseja a globalização. A mundialização é a montagem de uma pátria humana.

Para tanto, olhando de forma geopolítica, o Brasil detém duas importantíssimas propriedades: a sua inserção na massa continental de um espaço periférico, a América do Sul (a continentalidade do Brasil), e a sua projeção e acesso a um amplo espaço marítimo, o Atlântico Sul (a maritimidade do Brasil). A estas propriedades devemos acrescentar sua capacidade de polarização no subcontinente sul-americano (fronteiras com nove dos onze países restantes da América do Sul). Destas colocações resultam os dois princípios centrais de nossa estratégia nacional:

1. A estruturação de um espaço de prevalência da mundialização no hemisfério sul, que observe as características de continentalidade e de maritimidade do Brasil.

   O aproveitamento dessa continentalidade deve ser obtido mediante a formatação de um processo de cooperação sul-americana, usufruindo das componentes estruturais já apontadas, como instrumento de organização do processo de mundialização.

   A maritimidade deve ser exercida como instrumento de dominação do espaço marítimo do Atlântico sul e condução do processo de mundialização ao golfo da Guiné e costa ocidental da África. Deve-se também buscar a criação de uma nova maritimidade, a vinculada ao oceano Pacífico, que conduza a mundialização à Nova Zelândia, à Austrália e à costa oriental da África; e

2. A extensão deste espaço estruturado a todo hemisfério norte, de forma a efetivar a mundialização.

O detalhamento deste segundo princípio pressupõe a montagem das parcerias estratégicas e alianças com potências do hemisfério norte para a penetração da mundialização neste espaço e será fruto das circunstâncias conjunturais do balanço de poder neste hemisfério. Contudo, fica claro que a hegemonia completa de uma potência no hemisfério norte não deve ser de interesse de nossa estratégia nacional, devendo ser contestado todo movimento pretendido a favor dessa possível hegemonia.

Agora, pensemos de novo o longo prazo. A América do Sul está geograficamente apartada das rotas centrais do comércio mundial. Neste espaço, o Brasil e os demais países da região detêm vantagens comparativas de localização. Internamente,

A Questão Energética **451**

todos são competitivos. Mas, para o progresso de todos, há que se ir além, e, para isto, estes países precisam avançar no processo de cooperação. Este é o primeiro passo da concepção estratégica proposta – a cooperação sul-americana. E neste contexto a energia elétrica, sendo um bem não constante nas transações externas, adquire especial atenção.

Desenvolvimento é energia. A densidade energética reflete a densidade da indústria e a intensidade da atividade agrícola. Incrementando-se estas, certamente estar-se-á criando as condições necessárias para erradicar-se a pobreza. Aumentando-se a produção de energia, vamos fomentar o crescimento da densidade industrial e a intensidade da atividade agrícola.

Mas foi no campo da energia que a América do Sul conseguiu os maiores avanços, nos últimos 20 anos, dos quais alguns realmente importantes que incluem o domínio do ciclo nuclear completo por parte da Argentina e do Brasil; a edificação da represa de Itaipu, construída pelo Brasil e Paraguai; o desenvolvimento da indústria petrolífera, em especial, o domínio tecnológico da prospecção e exploração em águas profundas obtido pela Petrobras, no Brasil. No entanto, nesta mesma área, a América do Sul foi incapaz de atuar nas necessárias ações conjuntas para fazer frente às necessidades energéticas que enfrentará a médio e longo prazos.

Como sabemos, a região é bem dotada de combustíveis energéticos. Para a sua atual necessidade econômica, a América do Sul é rica em recursos energéticos; possui abundantes reservas de petróleo na Venezuela; possui recursos hidrelétricos praticamente em toda a sua extensão; reservas de gás natural na Bolívia, no Peru, na Argentina e em outros países; carvão na Colômbia e no Brasil; reservas consideráveis de urânio e tório no Brasil, Colômbia e Argentina.

Mas voltemos a nossa questão. Postas as três ideias centrais: a primeira, vinculada à busca do desenvolvimento, romper com os paradigmas passados; a segunda, pautada na concepção estratégica nacional, tem como escopo inicial a cooperação sul-americana; e a terceira, vinculada à potencialidade energética da América do Sul. Com isto podemos concluir pela inserção da questão energética na discussão da Estratégia Nacional do Brasil, ou seja, temos de conceber um modelo energético que sustente o desenvolvimento da América do Sul.

Contudo, a América do Sul, nos meados do século XXI, exigirá demasiadamente das fontes energéticas disponíveis, e poderá enfrentar uma crise capaz de cercear as suas possibilidades de crescimento no final desse século. Simplesmente, teremos chegado ao ponto em que as capacidades termelétricas e hidrelétricas do continente sul-americano já não poderão crescer de modo significativo.

Alguns "especialistas", entre eles os do Clube de Roma[1], estão aproveitando este fato evidente para argumentar que, sendo assim, deveríamos restringir nosso crescimento econômico para não esgotar nossos limitados recursos energéticos.

---

1. Fundado em 1968 por um grupo de cientistas, industriais e políticos, com o objetivo de discutir e analisar os limites do crescimento internacional, principalmente os relacionados com o uso progressivo dos recursos naturais.

Aspectos de Inserção

Mas a forma correta de abordar o problema é não condicionar o nosso possível crescimento e sim garantir que, quando os recursos hidráulicos e fósseis se esgotarem, contemos com a capacidade elétrica de outras fontes com capacidade suficiente para manter a oferta de energia e o crescimento econômico geral.

Ainda que seja difícil vislumbrar, com precisão, a magnitude do consumo de energia ou eletricidade que será necessária no futuro, é possível fixar critérios gerais que permitam o planejamento de modo competente. A proposta é chegar a um total de 7 bilhões de MWH produzidas no ano 2030, o que fixa um curso de ação muito bem definido. A dificuldade no cálculo do consumo de energia elétrica da América do Sul nasce do fato de que a relação entre energia e produção se modificará drasticamente nos próximos 30 anos devido à introdução de técnicas avançadas. Ainda que, historicamente, a geração de energia elétrica tenha crescido com maior rapidez que o PIB total (nos últimos 15 anos cresceu o dobro no mesmo período), é um fato que a nova tecnologia implicará aumentos notáveis tanto na eficiência como na intensidade energética (um bom exemplo disto é o fato de que a indústria siderúrgica japonesa, mais moderna, consumia por tonelada de aço somente a metade de energia que a indústria siderúrgica americana, nos anos 80, quando esta era relativamente mais atrasada). Portanto, do ponto de vista da elevação da intensidade energética, consideramos os seguintes fatores:

- Os processos industriais utilizam cada vez mais energia elétrica em vez de energia térmica direta de combustíveis fósseis. Esta tendência se acentuará à medida que se desenvolva o uso de plasmas.
- A eletricidade será utilizada também para produzir combustível, como o hidrogênio, que deverá substituir a gasolina e outros hidrocarbonetos; e
- Os sistemas de transporte utilizarão cada vez mais a energia elétrica (redes de metrô, trens elétricos interurbanos e ferrovias de carga eletrificadas).

Por outro lado, também presenciaremos o auge de novas técnicas que diminuirão o consumo de energia elétrica por unidade de produto, ou seja, aumentarão a eficiência energética, com a introdução de modernas tecnologias como a transmissão sem atrito, as aplicações de supercondutividade elétrica à baixa temperatura, e uma ampla gama de outras tecnologias.

Outro ponto fundamental é que não há nenhuma justificativa racional para o abandono do potencial hidrelétrico da Amazônia, pois aí reside uma grande perspectiva energética para a América do Sul, se configurando como o espaço central para a articulação deste recurso. No caso da hidroeletricidade, para o Brasil e os demais países amazônicos, é de fundamental importância dotar de energia a calha do rio Amazonas e de seus afluentes, algo que pode ser feito pelo mero aproveitamento do potencial hidroelétrico existente na bacia Amazônica. Isto poderia ser feito mediante um planejamento geográfico que fizesse a incorporação progressiva dos territórios eletrificados aos ecúmenos do continente.

Ao planejarmos os investimentos na produção de eletricidade para a América do Sul, existem três elementos fundamentais a serem examinados: as fontes e

A Questão Energética

suas disponibilidades, a fabricação e instalação dos bens de capital necessários, e a disponibilidade da força de trabalho especializada e qualificada para instalar e operar as centrais elétricas e as redes de distribuição de energia.

As melhores estimativas indicam que a região possui um potencial de pouco mais de 600.000 MW de energia hidrelétrica aproveitável, e considerando um fator de geração de 5.000 horas por ano, poderá chegar a gerar 3 bilhões de MWH por ano. A geração termelétrica deve compensar o que falta para cobrir as necessidades totais. Mais adiante será inevitável a adoção da energia de origem nuclear.

Supõe-se que o custo das obras hidrelétricas se elevará devido ao fato de os melhores sítios já terem sido aproveitados, os mais próximos ou os mais baratos, ao passo que os custos das usinas termelétricas e elétricas de fonte nuclear diminuirão, à medida que se difunda a fabricação de equipamentos em série e o aperfeiçoamento de novas técnicas de geração, como magneto/hidro/dinâmica. Serão necessários investimentos consideráveis em redes de transmissão.

Isto evidencia a absoluta necessidade da execução de um programa de geração eletronuclear de grande magnitude na América do Sul, que esteja no eixo da política energética. A quantidade de geração elétrica de fonte nuclear para o ano 2030 também coloca a questão da suficiência do combustível nuclear. As reservas de urânio existentes na América do Sul, principalmente no Brasil, Argentina e Colômbia, são importantes, porém ainda não muito grandes, se comparadas com as da África do Sul, dos Estados Unidos ou da Austrália.

Salta aos olhos que a demanda de bens de capital para todas as formas de geração elétrica será enorme. De fato, podemos afirmar que o progresso da indústria fabricante de bens de capital se definirá à medida que seja satisfeita a demanda do setor energético. Em paralelo ao esforço central projetado especial atenção deverá ser concedida, como veremos adiante, a formas alternativas de geração de energia como a biomassa, devido às características especiais de insolação do continente. A busca de fontes renováveis de energia competitivas deve ser um dos principais objetivos dos sul-americanos, devido às vantagens de localização geográfica da região.

Contudo, pensar o longo prazo só não basta. A crise que pode vir a nos assolar será fruto da incompetência. As medidas para solucioná-las, como a priorização da geração elétrica, a base térmica tendo como fonte o gás natural, são muito limitadas. A solução correta seria completar o complexo de barragens da bacia dos rios Araguaia e Tocantins, reforçando e estabilizando as ligações do sistema de produção norte com os sistemas de ligação do centro-oeste e do sudeste. O caminho natural é a marcha para o oeste até os contrafortes da Cordilheira dos Andes, priorizando sempre a forma de geração hidroelétrica. Temos de voltar a planejar e executar obras para o setor pensando no longo prazo, detendo esta marcha de insensatez em que estivemos mergulhados no final do século passado, para reverter este quadro se quisermos sonhar com o longo prazo.

Aspectos de Inserção

Ainda no campo da energia muito mais poderemos vir a fazer na América do Sul. Tudo indica que o petróleo se esgotará ainda na primeira metade do século XXI. A alteração da matriz energética é um problema mundial extremamente complexo e decisivo para a reorganização do poder a médio e longo prazos. As maiores possibilidades de enfrentá-lo estão nos trópicos, através do desenvolvimento de formas, hoje embrionárias, de utilização das fontes renováveis representadas pelo sol e a biomassa. Concluída a usina de Xingó, nenhuma hidrelétrica de grande porte poderá ser construída no Nordeste, onde a insolação é mais que abundante. A baixa eficiência dos atuais conversores de energia solar representa um desafio científico que precisaríamos enfrentar. Ainda nessa área, um segundo desafio, especialmente importante para um país tropical de grandes dimensões, é o conhecimento detalhado do mecanismo, ainda bastante obscuro, de armazenamento biológico da energia solar, ou seja, da síntese dos hidratos de carbono no processo de fotossíntese muito mais intenso no trópico. Quem o conhecer bem e conseguir torná-lo mais eficiente abrirá novas perspectivas. Um terceiro desafio diz respeito aos combustíveis líquidos. Com um esforço que está ao nosso alcance, o Brasil poderia consolidar uma dianteira significativa no aproveitamento energético da biomassa em nível mundial. Resolvidas algumas questões técnicas residuais, a utilização de palmeiras nativas, como o dendê e a pupunha, pode produzir em torno de 12 toneladas de óleo de alto teor calorífico por hectare (70% mais energia por área plantada que o álcool produzido a partir da cana-de-açúcar). O óleo vegetal assim obtido é o único combustível renovável conhecido capaz de substituir o diesel. Estima-se que o plantio de árvores leguminosas mescladas com palmeiras em 35% da área amazônica já desflorestada poderia sustentar uma produção de óleo suficiente para substituir todo o diesel que usamos.

Além disso, esgotado o petróleo, o combustível fóssil mais atrativo é sem dúvida o *turmoil* ou os hidrocarbonetos superpesados, cujas maiores reservas mundiais encontram-se na América do Sul, mais precisamente na Venezuela, e cujo aproveitamento prende-se às tecnologias para as quebras das suas cadeias complexas de carbono e cujas pesquisas, para sua materialização, têm grande similitude aos trabalhos já desenvolvidos pela Petrobras para o aproveitamento do xisto betuminoso.

O Brasil atual não reúne, pela crise que vivenciamos neste instante, as condições essenciais para apresentar o programa que propugnamos aqui. Não reúne as condições para preparar esse salto, que é de natureza política (projeto próprio) e cultural (identidade clara e auto-estima elevada). Mas do ponto de vista estrutural não lhe falta potencial para isso. Tendo a concepção estratégica aqui proposta em todas as áreas, inclusive no que diz respeito à ciência e tecnologia, diversos campos de pesquisa estão abertos a nós, à espera de um projeto nacional consistente, que os articule. Isto é possível e não devemos ter medo de ousar.

Contudo, isto não será uma tarefa fácil nem desprovida de riscos. No início do século XX, o petróleo era o recurso mais importante, e suas maiores jazidas estavam depositadas no Oriente Médio. A história dessa região nos cem últimos

A Questão Energética   *455*

anos – com guerras intermináveis, ocupações estrangeiras, modificações de fronteiras, extinção e criação de países – testemunha como é explosiva a combinação de recursos estratégicos e sociedades fracas. O ciclo do petróleo está chegando ao fim. Inicia-se o ciclo da criação de uma nova matriz energética, baseada em fontes renováveis. Aparece, de novo, a antiga assimetria entre países detentores de poder (técnico, político, financeiro e militar), de um lado, e países detentores de estoques de recursos energéticos estratégicos para os ciclos econômicos em gestação. A natureza e a história nos colocaram e a América do Sul, no século XXI, nessa segunda condição. Urge adotar as decisões de criar instituições sul-americanas poderosas, integradas, inteligentes, como a que resultaria da cooperação da Petróleo Brasileiro S.A., Petrobras, com a Petróleos da Venezuela S.A., PDVSA, e de abrir canais de negociações com o Peru e a Bolívia visando à constituição de empresas binacionais destinadas a gerenciar o potencial hidroelétrico e de gás dos contrafortes andinos. Essas ações voltadas para incorporar e explorar esse potencial teria tanta importância para o nosso futuro, ou mais, quanto tiveram as decisões de criar a Companhia Siderúrgica Nacional, a Companhia Vale do Rio Doce e a Petrobras, nas décadas de 1940 e 1950. Isso exige, no entanto, um ambiente político, cultural e ideológico em que possamos nos libertar do discurso pequeno de país semiperiférico que está dando errado e dos condicionamentos do curto prazo, voltando a pensar a perspectiva da nação em uma temporalidade estendida e que nos leve a mergulhar em um ambiente que nos permita enfrentar as novas grandes questões que já estão colocadas.

Tornados novamente retardatários, desprovidos de auto-estima, sem estratégia nacional, sem capacidade de utilizar nossos próprios recursos, nós tenderemos a perder o controle sobre eles. Sob um pretexto perfeitamente ridículo, a potência dominante já começou a montar bases na região, pela primeira vez na história. Tem motivos fortes para agir assim. Quanto a nós, neste século XXI, mais de 150 anos depois da regência, poderemos nos ver às voltas, de novo, com o problema da unidade nacional. Hoje, em situação muito mais complexa que no século XIX.

Ao terminarmos não podemos deixar de afirmar que há uma relação direta entre a energia e o futuro do Brasil e da América do Sul. Energia é industrialização. Energia é desenvolvimento. Energia está na base da formulação da estratégia nacional do Brasil. Energia é e está no futuro do Brasil.

Questões Estratégicas do Século XXI

Além da energia, outras questões serão essenciais para a formulação de uma estratégia nacional e, entre elas, a educação e a saúde: algo que tem a ver com uma ação governamental no campo social; e a atividade agrícola e a água: algo que tem a ver com uma ação governamental no campo econômico e ambiental.

Educação

Embora seja certo que a América do Sul é provida de abundantes recursos naturais, tanto biológicos como minerais, é uma ilusão ver nesses recursos, em si mesmos, uma fonte de riqueza. Entendemos que esta visão é desenfocada e representa uma das causas do grande subdesenvolvimento que experimenta o continente, atualmente, com o petróleo e a mineração relativamente desenvolvidos, rodeados de um mar de subdesenvolvimento industrial.

Um exemplo clássico dessa assertiva é o Japão que, virtualmente, sem recursos naturais de nenhuma espécie, converteu-se na segunda potência econômica do mundo. Conseguiu isto ao concentrar o seu plano de crescimento no desenvolvimento da força de trabalho, mediante o rápido aumento de sua educação geral e níveis de capacitação especializada.

Esta questão é fundamental, tanto para a América do Sul como para qualquer economia moderna que tenha pretensões de romper com a estagnação econômica. Ela envolve dois aspectos: o nível de alfabetização elementar e educação geral da massa da força de trabalho; e o número e qualificação de cientistas, engenheiros e técnicos.

Nos últimos cinquenta anos temos vários exemplos que ajudam a esclarecer este ponto. Depois de 1939, os Estados Unidos se recuperaram da pior depressão de sua história, chegando, em quatro anos, a níveis anteriormente inimagináveis de produção da indústria pesada para a guerra, devido exclusivamente ao emprego de uma reserva de força de trabalho qualificada, que estava ociosa e fora criada nos quarenta anos anteriores de desenvolvimento.

Aspectos de Inserção

Mais uma vez, o exemplo é o Japão que, depois da grande destruição sofrida com a Segunda Guerra Mundial, se recuperou, apenas, graças ao nível de trabalhadores qualificados e educados, já alcançados antes da guerra. Os milagres econômicos dos "tigres asiáticos", principalmente a Coreia do Sul e Taiwan, se devem ao programa rigoroso de educação universal instituído por estes países desde o princípio da metade do século passado.

Em contraste, a educação na América do Sul, em que pesem autênticos avanços nos últimos trinta anos, especialmente nos níveis fundamental e médio, está ainda muito longe das necessidades de mão de obra qualificada que será demandada, caso se busque o desenvolvimento da região. Analisando os dados oficiais compilados pelo Banco Mundial, verificamos um quadro no qual a assistência aos seis primeiros anos escolares é praticamente universal na maioria dos países da América do Sul.

Sem dúvida, devido à grande proporção de reprovações na maioria dos países, o número real de estudantes que terminam o ensino fundamental é, indubitavelmente, muito menor do que os que o começam. As principais deficiências são:

- O número excessivo de estudantes por sala de aula;
- A capacitação precária dos mestres;
- O material de trabalho antiquado, especialmente no importantíssimo campo da educação científica; e, principalmente,
- As condições gerais de pobreza em que vivem os estudantes, o que dificulta significativamente a concentração na aula e em casa.

Os dados da Unesco comprovam que, de modo geral, no máximo 50% apenas dos adolescentes entre 15 e 17 anos frequentam a escola; e destes, menos de 40% conseguem se graduar no ensino médio. Isto quer dizer que a vasta maioria da população adulta jovem carece de uma educação preparatória adequada.

As deficiências da formação universitária são ainda mais agudas. Nem 20% do grupo entre 18 e 21 anos de idade frequentam universidades na América do Sul, e a maioria destes só frequentam 1 ou 2 anos. E na pós-graduação, participam apenas 2,5% do grupo entre 22 e 24 anos.

Mais grave, contudo, é a distribuição de disciplinas dos cursos universitários e a porcentagem relativa de estudantes aptos que completam seus estudos e se formam nas universidades do continente. Uma análise nos números mostra relativamente poucos estudantes de ciências naturais e de engenharia na América do Sul, em comparação aos países centrais. Nos últimos anos, tem se observado uma diminuição consistente na procura de cursos vinculados às ciências da natureza. Esta tendência precisa ser revertida.

De todos os países sul-americanos apenas a Argentina e o Brasil possuem um contingente maior na área de ciências naturais, porém representam menos da metade da Coreia do Sul e da Alemanha Ocidental. Embora a maioria dos países tenha muitos estudantes de engenharia, os que se formam são poucos. O caso do Peru, por exemplo, se destaca por ter a taxa mais baixa de estudantes que se formam, tanto genericamente como nas duas disciplinas mencionadas. O mais revelador de tudo são as deficiências na área de pesquisa e desenvolvimento.

Considerando a magnitude das metas de desenvolvimento para a América do Sul, este quadro requer um programa urgente de reformulação do sistema educacional em todos os níveis. Para o ensino primário e secundário a solução talvez deva passar pela volta ao plano de estudos clássicos, cujo modelo é a famosa e já mencionada reforma de Humboldt, desenvolvida na Alemanha do século XIX, como exemplo. A meta é assegurar que mais de 80% dos jovens de 18 anos tenham recebido, ao menos, 12 anos de educação básica de qualidade. Seguramente, essa massa de jovens deverá ter maiores oportunidades e competência para ingressarem no ensino superior que, por sua vez, terá de priorizar uma maior atração e especialização para os cursos de Educação, Medicina, Ciências Naturais, Matemática, Engenharia e Agronomia, minimizando algumas categorias como Sociologia, Economia, Ciências Humanas, Administração, Direito, etc. que prevalecem atualmente em nossas universidades.

O investimento no setor da educação é tão importante para o desenvolvimento de uma nação como a inversão em energia, infraestrutura ou bens de capital. Sem ela, a utilização do capital físico não se dará com eficiência; a produtividade não melhorará e todo o programa pretendido de cooperação será prejudicado.

Saúde

Apesar dos grandes avanços da medicina, o sistema de saúde pública na América do Sul vive em crise profunda. O grande descontentamento público com a assistência médica decorre, entre outros fatores, da inacessibilidade dos serviços, da falta de recursos, da falta de compreensão e cuidados e, também, da mercantilização do setor privado e negligência de muitos profissionais da própria área de saúde.

Apesar do efetivo aumento dos gastos públicos com o setor da saúde nas três últimas décadas, os países sul-americanos, de modo geral, ainda investem menos da metade do que os países centrais. Segundo o PNUD, a média dos gastos com a saúde no subcontinente não ultrapassa 3,5% do PIB.

O encaminhamento da questão da saúde no continente sul-americano nos permitiria questionar até quando as enfermidades físicas encontradas não decorrem das péssimas condições de vida a que é submetida grande parcela da população – os problemas de habitação e sanitários apenas emolduram os de natureza médica e podem resultar de manifestações de um desequilíbrio básico do organismo que advém de distúrbios psicológicos e sociais.

Com isso, fica claro que para melhorar o quadro de saúde na América do Sul é necessário não só aumentar os investimentos na área, mas, também, mudar os conceitos atualmente praticados de medicina e reeducar o povo.

Agricultura

A agricultura na América do Sul precisa avançar mais tecnologicamente para poder competir com a agricultura subsidiada dos países centrais. Para isto, ela precisará ser consumidora de energia, capital e tecnologia, para promover a mudança do padrão de estagnação e subsistência que se encontra a maior parte do meio rural, para uma atividade de acumulação e de vanguarda. As razões desta situação, mais uma vez, não se assentam, exclusivamente, num viés econômico, mas, têm suas bases na questão social, conforme demonstramos nos setores de educação e saúde.

Apesar do grande progresso feito, recentemente, que de 48,3% da PEA da América do Sul utilizada como força de trabalho no setor agrícola, em 1960, passamos para 18,7% em 1996, muito, ainda, precisa ser feito, pois esta redução não implicou um aumento substancial da produção de alimentos. A massa crítica para tanto já se encontra disponível, como pode atestar o programa bem-sucedido de assistência rural posto em prática pelo Sistema Embrapa no Brasil. É preciso expandi-lo para os demais países da América do Sul. Isto porque se emprega menos do que um quarto de fertilizantes por unidade de área que na União Europeia e a mecanização agrícola sul-americana é quase vinte vezes menor que a estadunidense.

Com respeito à disponibilidade de terras a situação do subcontinente talvez seja das mais favoráveis do planeta. A América do Sul tem hoje cerca de 5% da população mundial. Ela possui 13% da superfície terrestre do planeta e aproximadamente igual parcela passível de utilização agrícola (12%). Todavia, este potencial encontra-se pouco explorado: hoje só se cultiva menos de 1% desta superfície, ou seja, cerca de 11% de sua superfície que, potencialmente, é menos que a média mundial. Isto resulta de uma postura atrasada, que vê a terra como uma reserva de valor e que inibe um programa de distribuição do fator terra, que premiaria, realmente, o trabalhador rural.

Acresce-se a estas condicionantes negativas o fato de que a maior parte da receita externa da região provém justamente do setor agrícola, o que resulta em brutais exportações de bens alimentícios para outros continentes, retirando da parcela menos assistida da região o acesso a muitas das fontes de suprimento que a área produz.

O caso da Bolívia é típico deste quadro. Embora não haja dados suficientes, nos últimos cinco anos, a grave desnutrição que afeta a região – consumo inferior a 1.500 calorias e menos de 50 gramas de proteína – tem sido a responsável direta pela proliferação de epidemias que, ali, tem ocorrido e que a ela se relacionam.

Analisando todo este quadro, temos que o primeiro requisito para se assegurar um incremento sustentável da densidade demográfica na América do Sul é a garantia do aumento da produção de alimentos em qualidade e quantidade adequadas para as próximas gerações. A plena realização intelectual do indivíduo – o ser humano é a base para a geração da acumulação e do desenvolvimento econômico – reside numa dieta rica em calorias e proteínas. A população da América do Sul tem registrado um consumo de apenas três quartos da quantidade de proteínas *per capita* para um indivíduo saudável, salvo algumas exceções nas regiões sul do Brasil, na Argentina e no Uruguai. Calcula-se que hoje, de cada mil crianças que nascem na região, mais de 40 morrem de fome e de várias enfermidades antes de completar um ano de vida. Das que sobrevivem, quase metade apresenta quadro de desnutrição.

Um programa urgente e adequado de melhoria da nutrição, que passa pela autossuficiência produtiva de alimentos da região, representará um dos pilares centrais para a efetivação de uma verdadeira cooperação sul-americana. Um exemplo disso é o fato de que uma das maiores melhorias resultantes do Mercosul foi, sem dúvida, o acesso que a economia brasileira está tendo de bens agrícolas de clima temperado, sem a sempre onerosa utilização de divisas, e que está proporcionando, como contrapartida, também o acesso de bens agrícolas de clima tropical, principalmente para à economia argentina.

Para avaliar a capacidade produtiva de alimentos da região torna-se necessário proceder-se a uma breve análise de dois importantes fatores de produção agrícola: o fator trabalho e o fator terra.

A análise do fator trabalho requer uma avaliação comparativa. Segundo dados da FAO, referentes a 2001, a China necessitava ocupar, atualmente, 67% de sua força de trabalho com a produção de alimentos. Já os Estados Unidos necessitam ocupar apenas 2% de sua população economicamente ativa (PEA), para produzir toda a alimentação de sua população e ainda exportar.

Está evidente que o fator que mais interfere na produtividade agrícola é a tecnologia empregada. Os elevados índices de produtividade detectado na agricultura dos EUA, tanto por homem-hora quanto por unidade de superfície plantada, resultam de uma maciça mecanização agrícola, de ampla eletrificação rural, do uso intensivo de fertilizantes e da vasta realização de obras de infraestrutura modernas.

Desta análise resulta a constatação de que para aquele desempenho, enquanto um agricultor norte-americano tinha que ser um técnico altamente qualificado, com amplos conhecimentos agronômicos, pecuários e veterinários, capaz de reparar máquinas ou de interpretar imagens meteorológicas de satélites, um chinês sabia manejar uma enxada, mergulhado que estava numa cultura milenar.

A questão dos alimentos – atividade agrícola – e a questão da água sintetizam duas grandes questões estratégicas do século XXI, que deverão ser os temas centrais para este milênio, opinião que coincide com a de diversos pensadores.

Analisando a questão da água, temos, em primeiro lugar, a evidência de que ela é um bem que se está tornando globalmente cada vez mais escasso. O aumento populacional, com a grande expansão urbana, e o crescente processo de industrialização do mundo, está, progressivamente, colocando a água doce nas prioridades da discussão sobre o poder. As necessidades do processo produtivo, de modo geral, demonstram, por si sós, a importância da água doce. A produção de alimentos demanda grandes quantidades de água doce. Para se ter uma ideia, são necessários 1.200 litros de água para produzir 1 kg de feijão, 1.500 para um kg de soja, 1.900 para 1 kg de arroz, 4.000 para 1 kg de frango, 16.000 para 1 kg de carne bovina. No processo industrial, o consumo de água também é bastante alto. São necessários, por exemplo, 10 litros para produzir um litro de gasolina, 96 para 1 kg de aço, 325 para 1 kg de papel e 3.820 para produzir um litro de etanol a partir da cana-de-açúcar.

Aspectos de Inserção

Além destas demandas, existe um desperdício paralelo, provocado pela poluição decorrente da utilização desordenada desta água, nos mananciais existentes. A possibilidade de conflitos pelo controle de mananciais aquíferos será causa direta, crescente, de guerras no Oriente Médio, na África e na Ásia. Os Estados Unidos já não possuem águas de superfície capazes de atender à sua demanda, e isto pode os levar a priorizarem a busca pela água disponível na América do Sul.

Daí, a importância estratégica de se tratar da água do continente sul-americano, cuidando não só das reservas disponíveis, mas também de sua correta utilização e da articulação conjunta dos países da região. A América do Sul, nesse quadro de escassez futura de água doce global, terá uma posição de poder.

Toda ação pretendida para a área agrícola objetiva valorizar o maior capital estratégico que a região detém que é a sua disponibilidade de água doce e o seu espaço físico destinado à produção alimentar. Como meta, podemos afirmar que é possível triplicar a produção de grãos na América do Sul nos próximos 20 anos e, para tanto, o maior esforço deverá estar centrado no aumento da área cultivada em pelo menos 50%, além de um substancial ganho de produtividade das terras já cultivadas.

Para o sucesso desse esforço, entendemos ser fundamental que o processo seja, preferencialmente, induzido por ação estatal nas regiões geográficas descritas a seguir, tendo em vista que já existe uma progressão privada, e que também devem ser mencionadas em outras áreas interessantes, que mostraremos adiante:

1. As planícies da Colômbia e da Venezuela: área de cerca de 20 milhões de hectares, ao sul destes países, que, em decorrência de grandes precipitações de chuva durante parcela do ano e secas em outros períodos, tem sido muitíssimo pouco utilizada para a agricultura. Um programa de regulação hídrica poderia representar a solução;

2. Amplo espaço do nordeste brasileiro, onde, excetuadas pequenas áreas irrigadas, hoje está entregue à inatividade agrícola. Com um programa de transposição de cursos de água e de irrigação poderia se acrescentar mais de 40 milhões de hectares a esta atividade produtiva; e

3. A área da franja sul da bacia Amazônica. Espaço também resultante do derramamento de basalto vindo dos Andes, que engloba o Estado do Acre, o sul do Estado do Amazonas, no Brasil; o norte da Bolívia e o sul do Peru, e que só necessita de infraestrutura de acesso para a sua incorporação à produção agrícola da região.

Áreas onde a iniciativa privada deve ser orientada para a rápida progressão:

- As mesetas do Planalto Brasileiro;
- Os lhanos (planícies) da Colômbia e do Chile;
- As calhas dos rios amazônicos, do rio São Francisco e do rio Orinoco; e
- A bacia do Prata, a mais promissora de todas.

A Amazônia*

A Amazônia se constitui em mais de 60% do território brasileiro. Só isto já seria muito mais que uma simples motivação para se desenvolver uma discussão voltada para o desenvolvimento e a integração dessa região, tão cheia de potencial e de beleza e que tem inspirado tão diferentes visões e teorias, muitas delas em clara e flagrante oposição.

Visões sobre o Gigante Verde

A região desperta, de chofre, três percepções fundamentais:

1. A percepção de riqueza – Representada pela exuberância, que se expressa através da natureza, da água, da vegetação, da vida e de tudo que nela abunda.

Considerando a dimensão continental da Amazônia, nós compreenderemos que o Brasil e os demais países que dividem a sua bacia são donos de um tesouro que a natureza demorou milhões de anos para construir e que os maiores capitais e as mentes mais aguçadas não teriam condições de reproduzir. Este tesouro pertence à região e deve ser racionalmente aproveitado e legado aos nossos filhos e netos.

A percepção da riqueza traz a ideia da cobiça internacional sobre a Amazônia. Uma ideia lógica, pois é lógico pensar que aqueles que conhecem sua potencialidade e não poderão participar de seus benefícios cobicem a riqueza que jaz na região.

2. A percepção de mistério – Mistério ligado ao ainda nosso pouco e fragmentado conhecimento científico que temos a seu respeito e que, pouco a pouco, vem se acrescendo o quase total desconhecimento dos fatos que nela acontecem, pelo pouco controle exercido na região pelas autoridades e instituições nacionais.

---

* Este capítulo teve como base palestra proferida na Pontifícia Universidade Católica do Rio de Janeiro, em 29 de março de 2001, e na Liga de Defesa Nacional, em 5 de setembro de 2001, como parte das comemorações da Semana da Pátria.

Aspectos de Inserção

3. A percepção de fragilidade – Por último, a consciência da fragilidade de sua biodiversidade. Qualquer intervenção humana deixa marcas indeléveis na sua natureza frágil e, quando é possível, leva muito tempo para ser recuperada. Apesar disto não devemos renunciar ao aproveitamento do potencial florestal, mineral, hídrico ou biogenético da região. Todavia devemos evitar realizar tudo aquilo que não possa ser assimilado pela natureza ou que não possa ser reparado pela tecnologia e pelo capital. Estou convencido de que nessa fórmula se baseia a sustentabilidade, no tempo, da riqueza de qualquer parte de nosso planeta e também da nossa Amazônia.

Mas, também de chofre, vem a nossa mente a maneira errônea e manipulada com que se vem discutindo na mídia a problemática da região.

Os Mitos Falaciosos

Existem muitos mitos e teorias desenvolvidos sobre a Amazônia. A maior parte deles formulados por pessoas que nunca viveram na região. Dedicar-nos-emos, dentre estes, aos que eu considero os mais perversos: os mitos falaciosos. Estes mitos têm sua origem no retorno ao "malthusianismo", ocorrido no início da década de 70 do século passado, episódio provocado pelo Clube de Roma. Em síntese, este grupo, apoiado pela tese da finitude dos recursos de nosso planeta, advogando que era impossível dar um padrão de vida equivalente aos dos habitantes dos Estados Unidos da América para toda população mundial. A partir da Conferência de Estocolmo de 1972, estas teses progrediram, ganharam o imaginário dos países centrais, da comunidade científica e do meio universitário. Líderes políticos e meios de comunicação, desde então, vieram se interessando, sob uma ótica extremamente pessimista, pelos problemas relativos ao crescimento demográfico, ao desenvolvimento econômico, ao meio ecológico e aos efeitos climáticos do planeta. De certa forma, eles recriaram Malthus no final do século XX e início do século XXI.

Seguindo o discurso do Clube de Roma, Dennis Meadows apresentou no seu livro *Os Limites do Crescimento* um discurso no qual formulava que tanto a explosão demográfica quanto o crescimento econômico do mundo, continuados, no longo prazo, teriam resultados catastróficos no próximo século. Ele previa que o envenenamento da atmosfera, como resultado da queima de combustíveis fósseis, a poluição das águas, pelo lançamento de afluentes químicos e a degradação dos solos, devido à erosão e ao uso de agrotóxicos, levariam a humanidade a uma aguda escassez de alimentos. Meadows sugeria a adoção de uma política de crescimento zero, a fim de se obter um equilíbrio estável no mundo. O modelo sugerido iria estratificar a riqueza dos países industrializados e eternizar a pobreza dos países subdesenvolvidos.

Ainda dentro do mesmo discurso, Mihajlo Mesarovic e Eduard Pestel prepararam um novo modelo, poucos anos após, no seu livro intitulado *Momento de Decisão*, que era mais flexível e permitia ajustes condicionados às relações populações/alimentos e poluição/recursos naturais não renováveis. Embora atenuado,

A Amazônia

o modelo, ao dividir o mundo em regiões suscetíveis de maiores ou menores impactos ambientais, provocava ainda situações constrangedoras para o desenvolvimento dos países atrasados.

Aurélio Peccei fugiu ao pessimismo e preferiu avaliar estas questões à luz de um outro enfoque. Em seu livro *O Problema do Homem* versus *as Mutações Feitas pelo Homem* enfatizou as possibilidades criativas do potencial intelectual humano através do uso produtivo e inteligente dos recursos naturais. Segundo ele, o respeito aos valores ecológicos e a ação econômica, através da ciência e da tecnologia, fariam com que a natureza se tornasse mais produtiva a serviço da qualidade de vida humana.

Contudo, seu discurso, mesmo comprovado pela história, não tem recebido o apoio merecido tanto na mídia como nos meios intelectuais. Por quê? Porque há outras forças em jogo além da informação e da ciência, particularmente as relações de poder e a assim chamada força do mercado.

É óbvio que a questão ambiental não pode ser observada separadamente dos problemas econômicos, sociais e políticos. Qualquer tentativa de reduzir a vasta e complexa teia de interações a fatos e hipóteses meramente ecológicos ou econômicos e/ou políticos estará destinada ao fracasso; pois o reducionismo e/ou a simplificação constituem síndromes que conduzem sempre a falsas ou errôneas conclusões, ou meias-verdades.

Porém, infelizmente, observamos que a Amazônia vem sendo vítima de uma série de reducionismos que se expressam em generalizações, falácias, preconceitos, fantasias e delírios de destruição, reducionismos que são baseados em conhecimento parcial, em emocionalismos e ambições suspeitas dos países centrais e de grandes grupos preocupados em impedir a emergência e o aproveitamento do enorme potencial de nossa fronteira de recursos.

Apesar de que frequentemente se fazem referências à necessidade da preservação dos ecossistemas da região, na prática, não estão sendo adotadas medidas concretas visando a uma boa preservação do meio ambiente. Isto tem aberto espaço para que muitas vozes se levantem, algumas bem-intencionadas e outras com evidentes fins políticos, que buscam beneficiar cartéis estabelecidos em países industrializados que se sentem ameaçados com o aproveitamento dos recursos que jazem na Amazônia.

Inclusive em nosso próprio país, infelizmente, existem aqueles que estão dispostos a entrar no jogo dessas empresas e dos seus cartéis ou no jogo dos países centrais que buscam para si mesmos a preservação das riquezas da Amazônia e que pretendem intervir diretamente no destino e aproveitamento de tão cobiçada região e para tanto criam os mitos falaciosos e inventam discursos e teorias como "Pulmão do Mundo" ou a ruptura do "Buraco de Ozônio".

O Potencial da Amazônia

Para esses menos avisados, os que não conhecem a região, cumpre se fazer algumas observações: o Brasil detém mais de cinco milhões de quilômetros quadrados do território da região Amazônica, de um total de quase oito milhões de quilômetros quadrados. O clima, de forma geral, é do tipo equatorial úmido, ou seja, temperaturas elevadas, entre 25° e 27° graus. A média da pluviosidade é de 2.000 mm anuais, chegando aos 3.000 na parte ocidental. A amplitude térmica anual é pequena. O início do período seco desloca-se do oeste para o leste de fim de junho até setembro, correspondendo, portanto, ao inverno do hemisfério sul. Existe, pois, uma curta estação seca, à exceção da parte oriental, onde chove o ano todo. A amplitude térmica diária é muito maior do que a normal, pois a partir do meio-dia até a tarde a incidência solar é forte, enquanto que na madrugada há vezes em que a queda da temperatura obriga o uso de casacos leves. A umidade relativa é elevada, em geral superior a 80%.

No sudeste da Amazônia, no Estado do Acre, em partes do Peru e da Bolívia ocorre um fenômeno conhecido como "friagem", no período correspondente ao inverno "austral". As ondas de frio provenientes das regiões subantárticas que caminham em direção ao norte, fazem descer temperaturas a mínimas que variam de 7° a 9° centígrados naquela área.

A estrutura do clima da Região Amazônica permite a formação da maior bacia fluvial do mundo. O Amazonas, eixo principal da bacia, é também o maior rio do mundo, percorre 7.025 km, desde o pico Huagro, no Peru, a partir dos degelos andinos, que se produzem a mais de 4.000 metros de altitude e a apenas 120 km do oceano Pacífico até o Atlântico. Constitui-se, assim, num verdadeiro canal natural bioceânico que é permanentemente navegável por 4.080 km, desde San José de Saramuro, no Peru. A descarga do Amazonas em Óbidos é de 207.000 m^3 por segundo, ou seja, uma décima quinta parte das águas correntes sobre os continentes. Nesse ponto, recebe as águas dos rios Tocantins, Araguaia, Tapajós, Xingu, do Pará e do Jari. No seu percurso recebe mais de 500 afluentes, representando uma via permanente de navegação com aproximadamente 20.000 km, número que se pode multiplicar várias vezes, considerando a existência de incontáveis pequenos cursos de água que durante as chuvas unem entre si lagos e rios, além dos paranás, pequenos braços de rios que contornam ilhas. A bacia do Amazonas é a maior rede navegável do planeta.

O leito do Amazonas apresenta profundidades que variam de 20 a 130 metros e larguras que vão dos 9,6 km na desembocadura do rio Negro até 1,5 km no estreito de Óbidos. Recebe afluentes dos dois hemisférios da Terra, onde as estações se alternam.

A associação climática, topográfica e hidrográfica proporciona à região amazônica um vasto manto florestal que envolve quase todo o território, mas existe alguma descontinuidade da vegetação que se alterna com matas ciliares, campinas e campos nativos. A floresta cobre 70% da região. Isto representa 380 milhões de hectares, o que constitui cerca de 40% das reservas mundiais de florestas. Com uma variedade vegetal de aproximadamente 200 a 300 espécies diferentes de árvores por hectare de mata e com mais de 1.400 tipos de peixes, 1.300 tipos de pássaros e 300 tipos de mamíferos; com esta biodiversidade, com a abundância e regularidade das suas chuvas, com a elevada umidade do ar e temperatura média uniforme no ano, o ecossistema amazônico é, em si, autossuficiente e detentor de mais de 30% do estoque genético mundial, constituindo-se como a maior fonte potencial conhecida de produtos farmacêuticos, bioquímicos e agronômicos.

A densa cobertura florestal divide-se em mata de terra firme, que recobre as áreas mais elevadas, é o *habitat* da castanha, do mogno, do angelim, da andiroba, do cedro, do caucho, do guaraná e de muitas outras plantas do extrativismo vegetal amazônico. A mata de igapó ocupa a planície típica da Amazônia, está permanentemente inundada e a vegetação se apresenta bastante intrincada. É aí onde surge a piaçava e outras plantas que também são motivo de extração comercial. Estas plantas são hidrofílicas, isto é, adaptadas à umidade. Na selva amazônica, já foram catalogadas até hoje 4.000 tipos de árvores, enquanto que, na Europa, as florestas, meticulosamente estudadas, contêm apenas 200 espécies.

Os solos amazônicos dividem-se em duas categorias fundamentais: os de várzea e os de terra firme. Os solos de várzea são férteis e renovados periodicamente pelos depósitos minerais que ali fazem os rios e correspondem a aproximadamente a 3% da superfície da região. O grande grupo que predomina nos solos de terra firme da Amazônia é o dos lato solos vermelho-amarelos: ele compreende uma vasta gama de tipos, com diferentes graus de fertilidade. Há, além destes solos arenosos que são pobres, ácidos e frágeis, outros, tais como as terras vermelhas arroxeadas, que são muito férteis e se situam entre as melhores do mundo. Existem também solos de origem sedimentar e áreas de influência calcária, solos com elevado conteúdo de potássio e cálcio e baixos níveis de alumínio, o que lhes proporciona uma fertilidade média e alta. Tudo isto mostra a verdade da afirmação de que não há uma única Amazônia, existem, sim, várias com o mesmo nome.

Já foram encontradas jazidas petrolíferas em territórios peruano-equatoriano, assim como grandes depósitos de gás natural no Peru, no Brasil e na Bolívia; grandes jazidas auríferas na Cordilheira do Condor no Peru e Equador, e também nos aluviões de Alto Jari, em Tapajós, na Serra Pelada, em Rondônia e em Roraima. Às vezes, as jazidas auríferas se encontram na mesma área dos diamantes, da cassiterita, do cobre, da prata, do bismuto, do zinco, do nióbio, do molibdênio e dos minerais radioativos; há elevações constituídas totalmente de pirolusita, mineral de magnésio. A cassiterita é explorada em Rondônia, existe também, em pequena escala, no Amapá e no vale de Aripuanã, afluente do Madeira. Existem ainda grandes jazidas de hematita no vale de Jatapu afluente do Uatamã, e bauxita em Trombetas. Em Bragantina afloram os calcários. Em Benjamin Constant existem 35 milhões de toneladas de linhito e em São Gabriel de Cachoeira, 3 milhões de toneladas de nióbio. No médio Amazonas está localizada uma das maiores bacias de sal-gema do planeta, com aproximadamente 10 trilhões de toneladas. Isto é o pouco que conhecemos do potencial mineral da região, pois, também, muito pouco se realizou de pesquisa mineral na Amazônia. Contudo, sabemos que os estadunidenses valorizam muito esse potencial.

Aspectos de Inserção

A Amazônia, com sua floresta tropical úmida, constitui uma incalculável fonte de insumos para o ramo madeireiro, de móveis, papel, celulose, químico e energético, que deve ser aproveitado racionalmente para evitar a depredação. Sua enorme variedade biológica vegetal e animal, o extraordinário universo de plantas medicinais, aromáticas, alimentícias, toxinas, tanantes, oleaginosas, fibrosas e a grande riqueza biótica em fungos e bactérias, insetos e animais, tornam a Amazônia uma grande usina de vida e informação genética, constituindo uma base importantíssima para o desenvolvimento de biotecnologia, aspecto decisivo no novo paradigma tecnológico emergente na escala mundial.

Apesar dos vários anos de abandono, a Amazônia ainda conserva hoje as características principais de seu patrimônio natural e essência de sua riqueza biológica. Constitui um complexo ecológico que transcende as fronteiras dos países que a contêm, integrado e articulado pela continuidade da floresta que, juntamente com o amplo sistema fluvial da região, unifica vários subsistemas ecológicos da América do Sul.

A dimensão continental da Amazônia representa um enorme potencial econômico, ecológico e político de importância estratégica internacional. Ao contrário das outras florestas tropicais úmidas do planeta, a floresta amazônica se dispersa em conjuntos menores, isolados entre si, formando um grande "maciço" concentrado.

Como vimos, a região conta com apreciáveis reservas de minerais tradicionais, bem como minerais raros, cada vez mais procurados pelas novas aplicações tecnológicas. De outro lado, a bacia hidrográfica reúne um inestimável potencial hidroelétrico e pesqueiro, além de vastas áreas com potencial agrícola ainda não explorado.

Com esta visão macro e resumida da estrutura física da Amazônia percebemos, pelo menos teoricamente, que este enorme potencial poderia garantir um amplo programa de desenvolvimento econômico e social aos países da região. Todavia, na prática, devido à ausência de capitais, de tecnologia e, sobretudo, de políticas coerentes, levadas à prática de forma coordenada, a Amazônia continua sendo uma região subaproveitada e, o que é pior, motivo da cobiça internacional com o subterfúgio do conservacionismo.

Nos últimos anos, o Brasil vem tentando expandir sua fronteira agrícola e fomentar a implantação industrial na região, porém de forma vagarosa e sem um adequado planejamento que garanta sustentabilidade para um desenvolvimento econômico e social, o que deixa antever que os resultados dessa política, em termos de desenvolvimento regional, são limitados. No setor industrial, por exemplo, privilegiou apenas alguns espaços econômicos, como o polo industrial de Manaus. É verdade que a população da região amazônica tem experimentado algum crescimento econômico, mas por força de programas sociais; processo este que está sendo feito de forma desordenada e desigual, tendo em vista o modelo governamental costumeiramente adotado, que se baseia, fundamentalmente, em grandes complexos produtivos de caráter predatório, tornando contraproducente, pois tendem a danificar o ecossistema.

A Amazônia 469

Este modelo tecnológico e de ocupação do território pode provocar uma acelerada degradação do patrimônio natural. A poluição dos rios, a falta de planejamento na ocupação da região, o pouco controle do desmatamento e a ameaça à biodiversidade, bem como os desajustes decorrentes da cultura dos agrupamentos indígenas – que devem ser assimiladas à cultura nacional, respeitando suas tradições –, são alguns dos impactos negativos dessas ações governamentais na Amazônia e que devem ser corrigidos.[1]

Só a falta de visão das elites no Brasil é que justifica o paradoxo: se de um lado é real a cobiça dos países industrializados e seus grandes capitais pelas potencialidades da Amazônia, de outro, o governo brasileiro insiste, pela sua inoperância, em mantê-la intocável nos seus recursos, quando, justamente, são esses recursos que vão possibilitar e garantir o desenvolvimento econômico e social do Brasil e a consolidação de sua soberania – fundamentais para as gerações futuras.

Esse é o grande desafio que se apresenta hoje em dia para o Brasil: aproveitar, ao mesmo tempo que preservar, aprender a colaborar com a natureza e recuperar o tempo perdido no caminho para o desenvolvimento.

Ações para o Desenvolvimento

O governo brasileiro, além de não considerar a grande riqueza inexplorada da região amazônica, devido justamente ao pouco caso ou até desprezo pela atividade do planejamento, deveria reconsiderar sua presença e participação na região como uma ferramenta para incorporar os territórios amazônicos ao nosso ecúmeno estatal, na procura por alcançar o almejado desenvolvimento nacional, tanto quanto desenvolver tecnologias que permitissem o emprego dos recursos, privilegiando matérias-primas renováveis e sustentáveis no tempo.

Contudo, voltamos a ressaltar o fato de que durante o processo de incorporação de territórios e exploração de riquezas é necessário respeitar os ecossistemas para assegurar sua permanência no tempo. Não se pode permitir que surja um aproveitamento indiscriminado destas riquezas com base numa economia de exploração predatória, contrária aos interesses de nossos filhos e netos e dos princípios de conservação dos recursos renováveis, o que provocaria, evidentemente, a sua destruição, de forma irrecuperável, e agravaria as tensões já provocadas externamente na zona. Diante dessa possibilidade irracional é necessário desenvolver tecnologias ou aproveitar as já existentes para tirar vantagem do valor real dos recursos existentes no solo e subsolo da região.

A discussão deste tema, na realidade, proporciona ao Brasil uma grande oportunidade para aproveitar os recursos de modo adequado e competente, com a intenção de gerar riqueza e bem-estar de forma sustentável, vencendo os obstáculos e

---

1. Consideramos, como exemplo, a Declaração dos Direitos dos Povos Indígenas, aprovada na ONU em 14 de setembro de 2007 e assinada pela diplomacia brasileira, um verdadeiro Cavalo de Troia, que derroga toda a política indígena do século XX, tão bem conduzida pelas diretrizes traçadas pelo marechal Rondon.

Aspectos de Inserção

as limitações internas, bem como as externas, provenientes de países e grupos interessados em apropriar-se de recursos que não lhes pertencem. Por isso é necessário um modelo de desenvolvimento que incorpore a dimensão ambiental e que desenvolva alternativas tecnológicas compatíveis com o sistema ecológico da região.

Este é o grande desafio do Brasil neste século XXI. Destacamos duas, das mais importantes restrições que dificultarão o processo de desenvolvimento e que se apresentam como resultado da atual conjuntura mundial: a restrição ao acesso a capitais de longo prazo a juros baixos, que permitam investimentos em suficiente escala; e a dificuldade para atingir novos padrões científico-tecnológicos, numa sociedade mundial onde o conhecimento é o insumo mais valioso.

O Brasil deve desenvolver, com os demais países da região, estratégias similares e coordenadas para a Amazônia, que visem ao enriquecimento de suas economias, baseadas numa estrutura produtiva que não seja predadora. Os produtos da agroindústria de modo geral, sejam extrativistas ou de origem animal, assim como da biogenética, deverão ter, cada vez mais, o incremento de processo de beneficiamento industrial, não somente para ajudar na fixação da mão de obra local como também para ajudar no desenvolvimento da pesquisa e melhoramentos tecnológicos. Por último, considero também de grande importância o fomento à atividade do turismo ecológico uma excelente alternativa para o desenvolvimento e melhoramento da vida na região.

Consideramos que para uma melhor abordagem das ações necessárias para o desenvolvimento da Amazônia é necessário agrupá-las em quatro temas básicos:

1. **Desenvolvimento Econômico-Político da Região** – É necessário assumirmos a liderança manifesta dos países da região e retomarmos o Tratado de Cooperação Amazônica como instrumento de integração e desenvolvimento. Não podemos deixar que as ameaças potenciais contra a Amazônia nos encontrem desunidos ou com interesses em oposição. Para isto é necessário que o Brasil tome a iniciativa de atingir ou encaminhar os objetivos contidos em tão importante documento, levando-o a se transformar numa peça essencial para uma pretendida integração sul-americana.

Paralelamente, o Brasil, mediante a utilização do planejamento governamental, deveria promover o aproveitamento das potencialidades e das vantagens comparativas próprias de cada parcela do território amazônico, investindo em infraestrutura e fomentando o investimento produtivo, através de incentivos fiscais para o aporte de capitais e das tecnologias necessárias. Contudo, será necessário, em um primeiro momento, direcionar os investimentos para áreas com maiores potencialidades e para os núcleos urbanos capazes de exercer um papel catalisador dentro da Região. Para alcançar este objetivo, o Brasil terá de investir em programas de infraestrutura, reduzindo, inclusive, a grande disparidade da região em termos de sua participação no PIB do país, para procurar elevar a disponibilidade e melhoria do transporte, retomando os projetos de concepção mais ampla de integração sul-americana, em especial os de interligação transoceânica entre Brasil, Peru e Bolívia.

A Amazônia

Devemos trabalhar também na matriz energética, a fim de eliminar as deficiências e estrangulamentos que possam colocar em risco os projetos. O desenvolvimento da indústria turística deve promover a expansão das atividades do ecoturismo, que hoje representa um enorme potencial para este setor. Obviamente que o aumento do fluxo de turistas dependerá da oferta e qualidade da infraestrutura e de serviços oferecidos.

2. Conservação do Meio Ambiente – É fundamental que o modelo de desenvolvimento regional compreenda e respeite o aproveitamento do patrimônio natural da Amazônia, protegendo seu meio ambiente e sistema ecológico. Para isto deve-se promover a autossustentação dos recursos ambientais, assegurando, mediante projetos específicos, conservação dos ecossistemas. É prioritário realizar um inventário ecológico como base detalhada do conhecimento da riqueza e das necessidades particulares de cada área. Deve-se proceder a uma redefinição do padrão tecnológico, visando restringir os investimentos com potencial poluente ou que produzam destruição das florestas e da vida em geral. A difusão de tecnologias de manejo sustentável e de reflorestamento em áreas degradadas deverá provocar a redução desse processo predatório e num futuro próximo reverter a taxa de desflorestamento. É bom lembrar que dos ecossistemas a recuperar, alguns devem ser deixados em repouso, para que a natureza realize pacientemente seu trabalho.

3. Conservação da Identidade Regional – Existem dois grupos de povoadores na Amazônia. O primeiro está composto por índios e pelos povoadores rurais, ou seja, os nativos pertencentes a etnias diferenciadas e que não foram incorporados plenamente ao contexto da sociedade brasileira, e também pelos mestiços que vivem em pequenas comunidades rurais, desenvolvendo atividades próprias do habitante da selva, isto é, se dedicando à economia extrativista de autossustento.

O segundo grupo é o composto pelos habitantes das principais cidades da Amazônia, que têm algumas características do cidadão totalmente incorporado aos padrões nacionais urbanos, mas que, ainda na atualidade, conservam costumes próprios da região devido às características culturais, geográficas e climáticas tão particulares do meio ambiente amazônico. Para estes é conveniente desenvolver programas educativos nos diferentes níveis de ensino, visando manter essa identificação do homem com seu ecossistema para que possam disseminar o respeito às tradições e comportamentos próprios da região.

No relacionado com as comunidades nativas, é conveniente realizar ou atualizar os censos existentes e fomentar um estudo antropológico sério que permita resgatar a sua cultura e conhecimentos específicos sobre a flora e a fauna, evitando que se percam, como já aconteceu ao longo da nossa história. É uma lástima que tantas etnias tenham desaparecido ou tenham-se integrado à sociedade moderna sem deixar vestígios de toda a cultura que desenvolveram durante séculos. Possivelmente, muitos desses conhecimentos seriam de muito valor para nossa civilização. Mas não nos enganemos, é necessária a assimilação das comunidades nativas que ainda existem, para melhorar seus padrões de vida, sobretudo no que diz respeito à saúde e educação, mas isto deve realizar-se levando em conta suas tradições e costumes.

Aspectos de Inserção

4. Desenvolvimento Socioespacial – É fundamental para o desenvolvimento da Amazônia assegurar que o crescimento econômico da região se transforme num efetivo benefício para o povoador, contribuindo desta forma para a melhoria da qualidade de vida e para a redução das desigualdades sociais internas. Isto somente será possível com a implementação de políticas públicas capazes de melhorar a infraestrutura dos serviços públicos de saneamento, educação e assistência médica. Uma distribuição mais justa da riqueza e do bem-estar social requer um adequado planejamento, que leve em conta uma racional ocupação do espaço geográfico dentro de uma visão de integração inter-regional que articule o comércio e a atividade agrícola da economia, promovendo a desconcentração espacial, mas, ao mesmo tempo, evitando a ocupação desnecessária de espaços que provoquem a destruição da floresta e de seus recursos, e fugindo do crescimento desordenado que só irá ocasionar mais pobreza. Nesse sentido, as reservas e parques ecológicos têm que ser preservados ou aproveitados para atividades controláveis, devidamente delimitados dentro de uma política coordenada de preservação do meio ambiente.

O crescimento da economia regional deve ser complementado com a implementação de programas sociais que contribuam para melhorar a saúde das populações da região, particularmente reduzindo a taxa de mortalidade infantil que é muito elevada nas populações rurais; aumentando a esperança de vida, produto de campanhas de saúde e vacinação, bem como do estabelecimento de postos de atenção médica nas populações distantes. É possível reduzir os índices de analfabetismo com pouco investimento de dinheiro, empregando programas imaginativos; o abastecimento de água tratada e a construção de sistemas de esgotos em todas as povoações devem ser uma meta que ajude a melhorar as condições de saúde da região.

Desenvolvimento de Tecnologias

Para permitir um crescimento econômico rápido e elevado, que contribua continuamente com o avanço da produtividade, preservando as potencialidades da natureza. Isto significa a realização de um esforço permanente visando elevar a capacidade científico-tecnológica do Brasil e particularmente na área amazônica, fomentando também o intercâmbio de conhecimentos entre os países amazônicos.

Deve-se elevar de forma crescente o conhecimento sobre a região, especialmente no que diz respeito aos seus recursos naturais, as formas naturais de preservação, seu melhor aproveitamento e conservação, sobre as dinâmicas ecológicas e processos próprios da Amazônia. Assim como, gerar novas tecnologias adequadas aos padrões da região que promovam a redução da poluição e da degradação existentes, evitando sua reprodução no futuro. Além de adaptar as tecnologias avançadas ou desenvolvidas para outras realidades às condições e necessidades da Amazônia.

Este investimento governamental planejado deve compreender o melhoramento e ampliação da capacidade dos laboratórios de pesquisa; de equipamentos, bibliotecas e serviços de informação; da formação de recursos humanos cada vez mais

A Amazônia 473

competentes; do fomento à investigação e desenvolvimento científico-tecnológico e, por último, da criação de um marco legal que facilite as ações neste sentido.

Diversos campos de pesquisa estão abertos e à espera de um projeto nacional consistente, que os articule. Na área energética, por exemplo, o combustível fóssil mais atrativo após o petróleo, cujas reservas tendem ao esgotamento rápido, é sem dúvida o *turmoil* ou os hidrocarbonetos superpesados, cujas maiores reservas mundiais encontram-se na América do Sul, mais precisamente na Venezuela, com expressiva parcela na Amazônia venezuelana e cujo aproveitamento prende-se ao domínio de tecnologias para o seu craqueamento. As pesquisas para sua materialização têm grande similitude com os trabalhos já desenvolvidos pela Petrobras para o aproveitamento do xisto betuminoso. Devemos incentivar o intercâmbio desses conhecimentos, estabelecendo parcerias multilaterais para o aproveitamento desses recursos.

Outras pesquisas, igualmente importantes, devem ser desenvolvidas no âmbito do potencial genético da região e deveriam merecer a maior das prioridades, pois estes estudos terão, necessariamente, grandes reflexos em toda a vida humana nos séculos vindouros, com a criação de novas tecnologias e produtos. Devemos ir além da biotecnologia: temos de entrar na química e na física da vida e para isto não há espaço experimental maior que a Amazônia.

Ameaças à Região

Analisemos, finalmente, as principais ameaças que pesam sobre a região:

• **Extração Florestal** – A exploração indiscriminada da madeira para fins comerciais de forma desordenada é a principal causa da degradação dos ecossistemas.[2] Tem-se logrado reduzir, consideravelmente, a extração ilegal, a ação de cartéis internacionais vinculados à madeira, mas a dificuldade do controle num rio internacional sem cooperação das autoridades dos países vizinhos motiva que o problema continue vigente.

• **Ocupação Irracional do Território** – Existem diferentes posturas quanto à relação que deve ter o homem com o meio ambiente amazônico no que diz respeito à sua ocupação física. Os ecologistas defendem a tese de que a Amazônia deve permanecer ocupada exclusivamente pelos grupos nativos da região. De outro lado existem pensamentos de origem geopolítica que planejam a ocupação física do território amazônico.

Evidentemente, pensamos como os últimos, em especial, como Gilberto Freyre, que, em sua última obra editada, trata exclusivamente deste tema. Assim sendo,

---

2. A título de exemplo, na década passada, no Peru, realizava-se um desmatamento sistemático de espécies madeireiras valiosas rumo ao Brasil, aproximadamente até o ano 1992, então, autoridades de ambos os países puseram fim ao contrabando de madeira sobre o rio Javari diante do pedido peruano. O caso da fronteira do Peru com a Colômbia, a extração ilegal de madeira nas "Cuencas" dos rios Putumayo e Atacuari, alcançava níveis alarmantes pelo seu volume e persistência no tempo. Máfias colombianas presumivelmente vinculadas à droga extraíam cedro de bosques peruanos protegidos, motivando a intervenção decidida das autoridades para pôr fim a esta situação.

considero que a ocupação maciça do homem na Amazônia produziria a perda permanente das características prevalecentes na região.

O homem modifica irreversivelmente o meio ambiente, sua demanda de espaço, matéria-prima, produtos, padrões de conforto e necessidades de segurança, mudando definitivamente a Amazônia.

• **Tráfico Ilegal de Drogas** – Esta atividade deletéria e suas consequências para a região, cuja principal demanda encontra-se nos países centrais, mercantilizando espuriamente a nossa sociedade, corrompendo a nossa juventude e tornando-se um risco para a saúde pública e moral de nosso povo. A situação é mais complicada em países vizinhos como Peru, Bolívia e Colômbia, onde se concentra a produção quase total do cloridrato de cocaína em nível mundial e uma parte cada vez mais importante de látex de papoula.[3]

Isto tem provocado o desmatamento acelerado de territórios amazônicos no prolongamento do Planalto Brasileiro sobre a Colômbia, o Peru e a Bolívia, no que se denomina selva alta, que constroem as estribações orientais da Cordilheira dos Andes e fazem o nascimento da Amazônia. Vales inteiros cortados pelos rios que dão nascimento à bacia amazônica vêm sofrendo a degradação de seus ecossistemas, pelas ações de camponeses que se dedicam a um cultivo que, apesar de ser combatido com firmeza pelas autoridades desses países, trazendo riscos sérios para eles, resulta muito rentável pela demanda que tem nos mercados dos países centrais, em especial dos EUA. Diante desta situação encontram-se vales no Peru, na Colômbia, com aproximadamente 360.000 hectares de cultivo da planta da coca. A situação configurada na selva alta está expandindo-se em direção à selva baixa, onde se vem cultivando a papoula, a coca e a maconha, além de terem-se estabelecido laboratórios clandestinos de cocaína nas fronteiras comuns de Colômbia, Peru e Brasil, pela facilidade que apresentam para o translado da marginalidade de um país para outro.

A construção de pistas de pouso clandestinas representa também um fator agravante para o desmatamento pois, construídas com a mesma rapidez em que podem ser destruídas pelas forças operativas de combate ao tráfico, provoca a abertura de novas áreas destinadas a esta ação criminosa. Outra forma, e ainda mais grave, é o que está ocorrendo por pressão dos EUA: a utilização de desfolhantes tóxicos no combate às plantações, com sérias consequências ecológicas.

A vasta destruição da cobertura vegetal da região, provocada pelo cultivo de plantas psicotrópicas e pela poluição dos mananciais, causada pelos insumos empregados na elaboração da pasta básica de cocaína e do cloridrato – como o querosene, o éter e os ácidos – oriundos, principalmente, de produtores estadu-

---

3. Há duas décadas, era no Peru e na Bolívia que se concentrava a produção da folha de coca e a demanda por insumos para o processamento de cocaína, cuja elaboração final ficava por conta da Colômbia. Este padrão vem mudando devido à ação das forças que combatem esta atividade, observando-se que a elaboração vem se concentrando cada vez mais em lugares de difícil acesso, particularmente em áreas fronteiriças do nosso país com outros países amazônicos.

A Amazônia 475

nidenses, que são despejados nos rios. Tudo isto ocasionando também a morte massiva de peixes e mamíferos na região.

Esta situação representa um potencial perigo aos ecossistemas amazônicos, e a sua sinistra manipulação pode chegar a representar uma hipótese de intervenção de potências estrangeiras na Amazônia, já que resulta ser muito mais conveniente, por exemplo, para o governo dos EUA, ajustar os países da região aos seus interesses do que atacar a raiz do problema que se encontra plantado na sua própria sociedade, além de criar uma imagem de que há interesses nacionais a serem preservados na região.

Em síntese, a problemática da droga tem-se mostrado muito conveniente aos EUA, que assim encontraram um forte e novo motivo para ingerir permanentemente na região.

• **Pressões Internacionais** – Na medida em que o crescimento populacional mundial pressionar os países industrializados, em particular, e à comunidade de nações em geral, as soluções globais para os problemas de alimentação, desigualdade regional e nacional, mudança de padrões de consumo e escassez de recursos naturais, a Amazônia adquirirá o estágio final de sua vocação como o mais importante espaço continental disponível do planeta, com capacidade de fornecer matéria-prima florestal, mineral, biogenética e hídrica.

As pressões internacionais, que no momento são crescentes em quantidade e intensidade, podem vir a se tornar uma ameaça de ocupação territorial. As pressões têm diferentes origens: podem ser relativas ao narcotráfico, aos direitos humanos, à ecologia, mas são e serão máscaras de outros interesses, podendo expressar-se como ameaças de punição política, econômica ou de outra natureza, mas sempre seriam – isto é muito importante – uma opção potencial derivada do que eles nomeiam Dever de Ingerência. Este discurso é uma séria ameaça à soberania do povo brasileiro e dos demais povos da região sobre seus territórios.

O fundamental, para encarar esta ameaça à nossa soberania nacional, é desenvolver políticas coerentes para o desenvolvimento da Amazônia e, sobretudo, defender-se dela, buscando criar com os países da região um bloco regional sólido e coeso em defesa dos interesses da área sob o marco do já mencionado Tratado de Cooperação Amazônica ou, se isto não for suficiente, subscrever os acordos que forem necessários para a defesa dos interesses da região.

A Amazônia deve ser vista como uma enorme extensão de terra quase desocupada, com potencialidades inimagináveis e que está à disposição para a formação e elevação de um melhor padrão de vida da nossa população.

Apesar dos vários anos de abandono, ela ainda conserva as características principais de seu patrimônio natural e a essência de sua riqueza biológica. Constitui um complexo ecológico que transcende as fronteiras do Brasil, integrado e articulado pela continuidade da floresta que, juntamente com o amplo sistema fluvial da região, unifica vários subsistemas ecológicos da América do Sul.

Aspectos de Inserção

A dimensão continental da Amazônia representa um enorme potencial econômico, ecológico e político de importância estratégica internacional. Ao contrário das outras florestas tropicais úmidas do planeta, dispersa em conjuntos menores, isoladas entre si, a floresta amazônica é um grande "maciço" concentrado.

Como vimos, a região amazônica conta com apreciáveis reservas de minerais tradicionais, bem como minerais com novas aplicações tecnológicas. De outro lado, a bacia hidrográfica reúne um inestimável potencial hidroelétrico e pesqueiro, além de vastas áreas com potencial agrícola ainda não explorado.

A Amazônia é reconhecida internacionalmente como a região natural com maior quantidade de recursos disponíveis para serem aproveitados pelo homem com a tecnologia atual disponível. Este fato deveria, teoricamente, garantir aos países que possuem territórios nessa região, um desenvolvimento integral, tanto econômico quanto social. Todavia, na prática, a ausência de capitais, de tecnologia e, sobretudo, de políticas coerentes levadas à pratica de forma coordenada conduziu a que, apesar do reconhecimento de suas potencialidades, a Amazônia continuasse a ser uma região quase muito pouco aproveitada.

Finalizando, cabe ressaltar os seguintes aspectos importantes que devem ser levados em conta quando se pensa no futuro da região Amazônica:

- A importância da Amazônia para o Brasil exige que seja desenvolvido um esforço especial e constante para empregar o conhecimento específico e as tecnologias pertinentes que permitam aproveitar as máximas potencialidades da região, conservando, por sua vez, as suas principais características;
- A necessidade de se estabelecer políticas coerentes e legislações especiais que facilitem o desenvolvimento regional e que, por sua vez, garantam a proteção dos recursos contra sua depredação ou atividades ilegais; e
- A busca do pacto regional dos países amazônicos deve ser levada adiante na prática cotidiana, a fim de formatar um verdadeiro bloco em defesa dos interesses soberanos do patrimônio da região, e que desestimule qualquer cobiça ou intenção oculta contra a Amazônia vinda do norte.

A Segurança e a Defesa*

Antes de avançarmos nesse tema, é importante deixar claro que segurança é um estado, e defesa é um ato. Por isso, entendo que as questões relativas à segurança devem sempre preceder ao estabelecimento de uma política de defesa. Isto explica a ordem proposta para o tema no título e no texto: segurança e defesa e não defesa e segurança. Primeiro, é preciso estabelecer as bases sobre as quais se possa assentar a segurança de uma nação e de seus cidadãos; e depois, pensar em como se defender, caso estas bases sejam ameaçadas de rompimento. Deste modo, devemos entender que a preocupação no trato do tema não pode ser exclusivamente militar, mas deve contemplar também digressões nos campos político, econômico, técnico-científico, cultural, psicológico e social.

Uma concepção de segurança para o Brasil, obrigatoriamente, deve fazer parte de um projeto para sua inserção no mundo, e este, por sua vez, uma componente relevante de um Projeto Nacional. E, antes de tudo, este conjunto está intrinsecamente inserido nas questões de natureza estratégica. Não são, portanto, temas capazes de ter uma apresentação livre de metodologia. A metodologia clássica para a solução destas questões é submetê-las ao triângulo indissolúvel que correlaciona política, estratégia e poder. A política nos propõe o que fazer, a estratégia, o como fazer e o poder, com que meios fazer.

Assim sendo, o primeiro passo que se coloca para a discussão da política de segurança e defesa de qualquer país é responder às questões: qual é a política nacional, ou seja, quais são as diretrizes imaginadas para o Brasil no seu longo prazo? Ou, melhor ainda, o que devemos fazer para valoriza-lo no cenário mundial e o que devemos fazer para que esta valorização se reflita em melhor qualidade de vida para a população brasileira? A resposta nos parece óbvia: temos de deslocar o Brasil de sua posição periférica atual para uma posição mais central no concerto das nações. Mas como fazê-lo, qual deve ser a nossa estratégia?

---

* Este capítulo é uma atualização de estudo anterior sobre tema correlato feito a pedido do Ministério da Defesa.

Aspectos de Inserção

Como já falamos, o Brasil é a América Portuguesa. Salta aos olhos que nossa concepção estratégica deve ser a de levar a cabo a mundialização[1] que os portugueses começaram, pois, no mundo, só nós temos os atributos capazes de conduzir este processo ao seu término: a tolerância e a antropofagia[2], conforme já mostramos em capítulo anterior. Para tanto, temos de nos avaliar e ver o mundo.

Observando da ótica geopolítica, e relembrando o que já foi dito, o Brasil detém duas propriedades: a sua inserção na massa continental de um espaço periférico, a América do Sul, e a sua projeção e acesso a um espaço marítimo, também periférico: o Atlântico Sul, a isto devemos acrescentar a importância da nossa capacidade de polarização neste subcontinente – fronteiras com nove dos doze países independentes que integram a América do Sul. Estas assertivas se coadunam com os dois princípios centrais de nossa estratégia nacional, que vale a pena repetir: primeiro, a estruturação de um espaço de prevalência da mundialização no hemisfério Sul; cujo detalhamento é o seguinte:

1. Aproveitamento da nossa posição continental mediante a formatação de um processo de cooperação sul-americana, aproveitando as componentes estruturais já apontadas, como instrumento de organização do processo de mundialização;[3]

2. Aproveitamento da nossa posição marítima como instrumento de dominação do espaço marítimo do Atlântico Sul e condução do processo de mundialização ao golfo da Guiné e costa ocidental da África; e

3. Criação de uma nova posição marítima vinculada ao oceano Pacífico, que conduza a mundialização à Nova Zelândia, à Austrália e à costa oriental da África.

O segundo é a extensão deste espaço estruturado a todo o Hemisfério Norte, de forma a efetivar a mundialização. O detalhamento deste segundo princípio pressupõe a montagem de parcerias estratégicas e alianças com potências do Hemisfério Norte para a penetração da mundialização neste espaço, e será fruto das circunstâncias conjunturais do balanço de poder neste mesmo espaço. Contudo, como já foi dito aqui, está claro que a hegemonia completa de uma potência no Hemisfério Norte não é de interesse de nossa estratégia nacional, devendo todo o movimento pretendido considerar o apoio à contestação a essa possível hegemonia.[4]

O objetivo deverá ser o de prover segurança e política de defesa a um amplo espaço, que engloba muito mais que o território continental do Brasil. E o primeiro

---

1. A mundialização é algo muito além da montagem de um mercado mundial, nos padrões estadunidenses, como desejava a globalização. É a montagem de uma única pátria humana.

2. Antropofagia no caráter metafórico, no sentido da absorção de culturas emigrantes. Também mencionada no *Manifesto Antropófago*, do Movimento Modernista da década de 1920, que defendia a entrada de outras culturas, porém, adaptando-as à realidade brasileira, sem a submissão das nossas elites aos países desenvolvidos.

3. A América do Sul está geograficamente apartada das rotas centrais do comércio mundial. Neste espaço, nós e os demais países da região detemos vantagens comparativas de localização. Aqui todos somos competitivos. Mas para o nosso progresso, temos de ir além, temos de ser cooperativos. Isto explica por que o primeiro passo da concepção estratégica proposta é a cooperação sul-americana.

4. Esta posição será fonte de insegurança, contudo, o objetivo de uma política de segurança é lidar com insegurança, já que segurança é sempre relativa, pois segurança absoluta inexiste.

passo para fixar os contornos da segurança para este espaço, e estabelecer uma política de defesa, pressupõe a análise das principais características que influenciam a dinâmica política, econômica e psicossocial do país, neste espaço, e diante dos desafios mundiais.

Fora do campo militar, a maior das ameaças que pesa, hoje, sobre o Brasil é a fragmentação de sua unidade nacional – a cobiça da Amazônia, por exemplo –, e do seu discurso mitológico tão bem construído ao longo do século XX, e que fundamenta a busca da "mundialização". Isto poderá redundar da construção de outro discurso que provoque ações internas de desestabilização da unidade nacional, por exemplo, pela importação e imposição de pautas externas. A título de exemplo, muito mais importante do que levantar questões raciais ou do que fixar cotas raciais, neste país da mestiçagem, é buscar resolver as questões sociais, como a distribuição da renda nacional. Não se pode admitir como seguro o destruir do discurso verdadeiro do Brasil: país mestiço, sincrético, tolerante, antropofágico, tropical, feliz, acolhedor, do futuro e unido.

A segurança do Brasil, no campo externo, é primordialmente ameaçada por ações que atingem a soberania do seu Estado-Nacional. De onde poderão vir essas ações?

Obviamente que estas ações só podem vir do centro. A posição geográfica, o nível de poder e os objetivos do Brasil afastam qualquer perspectiva das razões de insegurança externa estarem postas na periferia.

Alguns analistas afirmam que não existe, hoje, um Estado claramente hegemônico no centro. Contudo, para nós, a posição dos EUA no mundo é de centro e de núcleo hegemônico. Não só os Estados Unidos detêm um poder militar incontrastável, como exercem a liderança econômica do mundo em decorrência de deterem a moeda internacional, o dólar, e de terem uma posição competitiva favorável. Assim, dada a nossa situação geográfica e o nosso nível atual de poder, as ações atentatórias à nossa segurança externa só poderão ocorrer, no mínimo, com a complacência estadunidense.

Vamos analisar o porquê da importância que daremos à visão estratégica daquela nação. Como os estrategistas estadunidenses olham o futuro?

Existem, em todas as correntes formadoras da estratégia dos Estados Unidos, duas concordâncias: primeiro, que esta hegemonia é temporária e, em segundo lugar, que todas estão muito longe das visões irreais de inação do Estado Nacional, defendidas por Immanuel Kant em *Perpetual Peace*, ou por Karl Marx em *Withering Away of State* e, mais recentemente, por Lord Williams Rees-Mogg em sua obra *The Sovereign Individual.*[5] O conceito de guerra entre Estados Nacionais é uma constante na visão geopolítica, do trato do poder e da estratégia estadunidense. Admitindo-se a inevitabilidade de um conflito armado para os estadunidenses,

---

5. Nesta obra, este autor chega a afirmar que os Estados Nacionais perderão sentido e que os conflitos deixarão de ser guerras nacionais, passando a ocorrer no âmbito das relações no interior da sociedade civil. Contudo, esta é uma obra repudiada.

Aspectos de Inserção

cabe-nos questionar quais seriam os interesses vitais dos Estados Unidos que o mobilizariam a ponto de se defrontarem, militarmente, com competidores cujo tempo, inexoravelmente, fará aumentar em número e em poder. Será vital para eles o controle das principais passagens marítimas do mundo? Será fundamental o suprimento de petróleo? O controle do mercado asiático é uma questão de prioridade estratégica?

Para responder a estas perguntas devemos analisar quais os desdobramentos passados e recentes da bem-sucedida estratégia nacional dos Estados Unidos, pois eles configuram o círculo de interesses que arquitetou a sua hegemonia atual. Até mesmo um estudo superficial sobre o assunto, brilhantemente sintetizado na obra *The Coming War with Japan*, de George Friedman e Meredith Lebard, demonstra que esta estratégia estabeleceu os seguintes patamares perseguidos desde a sua independência:

- Que o poder e o exército dos EUA dominem de forma completa a América do Norte;
- Que não exista nenhuma potência ou grupo de potências no hemisfério ocidental capaz de contestar a hegemonia dos EUA;[6]
- Que a marinha dos EUA seja capaz de manter as potências do hemisfério oriental fora do hemisfério ocidental, através do controle do Atlântico Norte e do Pacífico Leste; e
- Que nenhum poder do hemisfério oriental possa desafiar o domínio estadunidense dos oceanos, desviando suas energias para ameaças terrestres.[7]

A macroestratégia, tão bem resumida e explicitada neste livro, é totalmente respaldada na leitura da obra central da formulação da ação estadunidense, ao longo da Segunda Guerra Mundial e da Guerra Fria, *America's Strategy in World Politics*, de Nicholas John Spykman. Conforme se pode depreender na leitura desta obra, o desafio estratégico estadunidense esteve e está posto em nível global. O mais relevante da leitura deste texto é ver como ele exerceu, desde 1940 e até quase o final do século XX, o domínio na formulação da estratégia mundial dos EUA. Dele tiramos algumas breves conclusões a respeito da nossa estratégia. A concepção geoestratégica estadunidense foi, até o início do século XXI, a mesma da segunda metade do século anterior. Ela teve a sua formulação no decorrer da Segunda Guerra Mundial. Contudo, não foi, como veremos, o término da Guerra Fria que alterou recentemente a concepção, mais geral da geopolítica e da geoestratégia estadunidense.

Esta concepção teve como seu principal formulador Nicholas J. Spykman (1893-1943), professor da Universidade de Yale, que, em suas obras *Estados Unidos frente*

---

6. A política de Washington em relação à América Latina – quadro geral no qual se insere necessariamente o relacionamento com o Brasil – tem, conforme comentado por Souto Maior, nas palavras de Federico Gil, *"constantly pursued two objectives. The first has been to exclude from the werstern hemisphere extracontinental rival or hostile powers. The second has been to secure the dominant político-economic presence of the United States in the region."*

7. Página 23 da obra traduzida que teve como título em português *EUA x Japão Guerra à vista*, Editora Nova Fronteira.

A Segurança e a Defesa

al mundo e *The Geography of the Peace,* influenciou, ao longo de toda a Guerra Fria, a concepção geoestratégica estadunidense.[8] Mesmo com a recente mudança, esta influência, ainda declinante, ainda se faz sentir e foi a causa central do projeto estadunidense de criar um único mercado nas Américas e de moldar, ao seu arbítrio, o sistema de defesa dos países do hemisfério ocidental. Houve, contudo, uma ruptura central nos princípios de Spykman, algo determinante para a total mudança da concepção estratégica do país. Spykman defendia que o Hemisfério Ocidental possuía recursos suficientes para o exercício da política de segurança e defesa dos Estados Unidos. Estudos definitivos demonstraram que o petróleo existente no Hemisfério Ocidental (apenas 14% das reservas mundiais) – base energética sobre a qual os EUA erigiram sua hegemonia – é insuficiente para atender à demanda estadunidense (sozinhos eles consomem mais de que 28% do demanda mundial).

Este fato, sem dúvida, trouxe uma forte modificação na concepção estratégica estadunidense; senão vejamos, até 1997, seguindo a visão de Spykman, a Alca era primordial para os EUA. Eles também colocavam como objetivo central de sua ação política internacional, manter seu sistema de alianças e o regime de livre-comércio como sistema permanente de controle internacional. Hoje a Alca não é mais primordial, nem o sistema de alianças, nem o livre-comércio. Hoje o que importa é o controle das reservas estratégicas do petróleo do golfo Pérsico e da Ásia Central. Toda sua nova doutrina de segurança, apesar de ampla na sua formulação, e contestável em todos os seus princípios, visa exclusivamente isto, o que, a princípio, torna mais segura no momento a definição de nossa estratégia nacional.

Contudo, há um outro ponto que nos parece óbvio e tem figurado, explicitamente, nas análises dos interessados em prever o comportamento futuro dos Estados Unidos: trata-se do fato dos EUA não se imaginarem contestados no próprio continente americano. Aqui está um ponto central desta discussão. Eles consideram que todos os seus possíveis contestadores residem no hemisfério oriental. Para os EUA, a sua hegemonia, incontestável, no continente americano é algo fundamental, está acima de todos os demais interesses, como já o foi no passado (que os digam as suas diversas intervenções militares no continente americano, no século XX) e representa, certamente, um forte motivo para qualquer engajamento militar em uma nova guerra por parte dos Estados Unidos. Repetimos, os EUA, por ação, reação ou conivência, reúne os elementos centrais ao se abordar aspectos de segurança e de política de defesa para o Brasil. E eles têm consciência desta realidade, ou seja, que nós, o Brasil, nos inserimos na sua mais importante área estratégica: a América. Sabem que é fundamental para sua hegemonia a dominação sobre o espaço americano. Daí podemos resumir que, no momento, a ação do núcleo hegemônico é, no campo político, a de garantir que o governo brasileiro e os demais governos do continente mantenham uma posição, se não de submissão, pelo menos não contestatória aos seus desígnios para o hemisfério.

---

8. No final deste capítulo, apresentamos uma síntese do pensamento de Spykman.

Aspectos de Inserção

Agora imaginemos[9] a possibilidade de o Brasil fugir completamente a esse controle hegemônico e contestar. Ou então, o que teria a mesma consequência, na busca crescente da dominação no Hemisfério Ocidental, a hegemonia estabelecer, unilateralmente, pressões insuportáveis que conduzam necessariamente à contestação do Brasil. Ou ainda, se o próprio Brasil tiver que contestar, tendo em vista seus interesses imediatos em nosso espaço geográfico ao verificar que há uma ação desestabilizadora exógena na área. Estas hipóteses não devem ser abandonadas na avaliação do tema proposto e merecem especial atenção por parte daqueles que estudam a problemática da defesa e da segurança no Brasil. E isto, considerando um cenário pós-Kosovo e pós-Iraque, onde caiu por terra o Artigo Segundo da Carta das Nações Unidas, que proibia a ameaça do uso da força contra a integridade territorial e a independência política de qualquer Estado, e que estabelecia o princípio da solução das controvérsias internacionais por meios pacíficos. Aqui reside o cerne da questão: segurança e política de defesa são questões de Estados e não de governos. Esta possibilidade de contestação, por ser a que mais insegurança pode trazer ao nosso futuro, deve ser a hipótese fundadora de nossa formulação para a segurança e para a defesa.

Outra hipótese é a grande ameaça da destruição do Mercosul, algo que representará o desmoronamento do projeto de constituição de um polo de poder na América do Sul com projeção mundial. Esta ameaça, se concretizada, será um retrocesso para os objetivos do Brasil, destruindo a perspectiva que o país tem de participar, de forma marcante, da arena mundial, e o levaria a se perder em querelas restritas a questões internas do subcontinente.

A esta ameaça juntam-se outras, decorrentes dos aspectos prevalentes dessas ameaças, geradas ou imaginadas pelo centro, tais como: crime organizado, narcotráfico, conservação dos silvícolas em seu estado primitivo, exploração predatória dos recursos naturais e tráfico ilegal de armas que, associado ao terrorismo ou a movimentos guerrilheiros, podem vir a criar as condições para sanções, inclusive militares, enfim, ações alienígenas no nosso território ou em países vizinhos, ameaçando, portanto, a nossa soberania e a paz nesse espaço.

Estas possibilidades de instabilidade são fatores de risco reais e necessitam de uma ação endógena, de cunho policial, ou seja, de natureza interna e do uso do legítimo direito dos Estados imporem suas leis em seus territórios; incompatível, portanto, com a prática que se quer generalizada de ações intervencionistas do tipo OTAN, como polícia do mundo.

Segurança envolve tanto a prevenção à ação dos choques intraestatais, defesa interna – algo que se processa no âmbito das soberanias dos estados envolvidos –, quanto à prevenção a ação dos choques interestatais, que visam defender soberanias e vontades nacionais e que se conceituam como defesa externa. Misturar conceitos é atentar contra a ordem e a paz internacional.

---

9. Quem trabalha com segurança não o faz no campo das probabilidades e sim no campo das possibilidades.

A Segurança e a Defesa

Outra questão que permanece é a questão da ocupação das ilhas Tristão da Cunha, Santa Helena e Ascensão,[10] localizadas no Atlântico Sul que, primitivamente lusas como o Brasil, são focos permanentes de preocupação quanto ao seu destino. Assim como o destino da Antártica, cuja proximidade e contato com o subcontinente sul-americano merecem especial atenção quanto ao seu controle, soberania e segurança.

Portanto, as questões e as ameaças se encontram em contenciosos que transcendem o subcontinente e alçam a questão estratégica para fora de seus limites no plano mundial. O Brasil, com o Mercosul, neste início do século XXI, extrapola seu próprio espaço e projeta-se no mundo. As questões de insegurança são novas, como novas devem ser as concepções de defesa.

Estabelecido o quadro maior, é bom lembrar que a política externa e a política de defesa são complementares e constituem dimensões fundamentais na vida do Estado. É através delas que o Brasil, como qualquer Estado, relaciona-se com os demais Estados, explorando as possibilidades que se oferecem, à satisfação das necessidades da nação. Ambas, a política externa e a política de defesa, destinam-se à proteção dos próprios interesses do Estado e à defesa de sua integridade, ou seja, diplomacia e força são duas faces da mesma moeda que, ao longo da história das civilizações, sempre caminharam juntas, com prevalência, ora de uma, ora de outra. Ambas são funções de diversos fatores, onde se destacam os de caráter geopolítico e os de caráter econômico.

É interessante ressaltar, também, ao se abordar o binômio política externa e política de defesa, que as conquistas ou a defesa de interesses vitais pela diplomacia só se viabilizam quando há, por trás dela, uma força capaz de respaldá-la. Deve-se considerar que, mesmo num contexto de "paz e cooperação", prevalecem os reclamos de países fortes e poderosos.

As dimensões do país e sua importância no seu espaço geográfico deram à política externa e à política de defesa do Brasil condicionantes claras. A extensa fronteira terrestre, a inexistência de questões fronteiriças, o caráter também ibérico de seus vizinhos, a situação meridional de sua posição geográfica, a sua localização litoral atlântica, todos estes fatores se constituem em elementos mais proximamente indicadores de uma atuação internacional do Brasil e, portanto, da sua política externa e de defesa. Ao se debater estas políticas, também devemos acrescentar a esses fatores de natureza geográfica outros, de natureza histórica e cultural, que se fizeram constituir no corpo das ideias que lastrearam e lastreiam a inserção internacional do Brasil. Para tanto, faz-se necessário observar a atuação pretérita do Brasil no plano externo e quais as características que o distinguem no campo internacional.

O grau de previsibilidade de nossa política externa é dos mais elevados. Apesar de flutuações que resultaram de diferentes visões governamentais, constituiu-se

---

10. O controle destas ilhas ou o seu acesso modificam por inteiro as possibilidades de nossa maritimidade, como bem viram os ingleses no século XIX. Agora que a Inglaterra se insere, naturalmente, no projeto da União Europeia, não seria o caso de solicitarmos à União Europeia a devolução destas ilhas ao nosso controle com o apoio dos ibéricos?

no Brasil um corpo doutrinário de política externa bastante sólido, realista e pragmático, senão vejamos:

a. O Brasil sempre teve um caráter de não se confrontar. Defende o princípio da autodeterminação e seu corolário, a não intervenção. Sempre foi a favor da solução pacífica de contenciosos e sempre condenou o uso da força para a obtenção de resultados externos. Tem índole pacífica que se explica por fatores socioculturais, tais como a defesa do território, a abundância de recursos naturais, a heterogeneidade cultural, a tolerância social e a tranquilidade diante dos vizinhos – ele não é belicoso, nem belicista; e

b. O Brasil sempre foi juridicista. Sempre sacralizou os tratados ou as convenções, como se fossem manifestações irretocáveis da vontade nacional ou multilateral.

Agora, as modificações decorrentes de seu crescimento exigem que se explicite uma política de defesa para o Brasil, não só pelo pragmatismo mencionado e pelas ameaças apontadas, mas, principalmente, por ter sido o país alçado a um plano de poder mais alto do que os seus vizinhos, que o situa em um espaço menos tranquilo da arena internacional.

Deste modo, tentaremos agora esboçar uma contribuição para a atualização desta política brasileira. Antes disso, considero importante, para o entendimento das propostas, o conhecimento de alguns pressupostos básicos, que resultaram de nossas reflexões:

1. Diferentemente do que se tenta propalar, a alta tecnologia de armamentos só traz a vitória em situações muito especiais, como a guerra do Golfo. Mesmo assim, têm os seus limites, como se constata no Iraque de hoje. Armas de alta tecnologia não trouxeram muita ajuda em lugares como o Vietnã ou a Somália, ou a agressão à Iugoslávia, onde a diplomacia, resultante de uma liderança, nos parece que teria sido algo muito mais efetivo.

   Ao olhar a história, pode-se afirmar que o armamento sempre foi menos decisivo na guerra do que o moral das tropas. Isto sempre será verdade. O moral das tropas está cada vez mais associado a algo relativamente novo e que se conhece como opinião pública. A conquista desse espaço se faz pela permanente identificação do interesse público com o interesse nacional, algo que exige uma postura ativa por parte do beligerante. É bom sempre lembrar que, em clima de guerra, é o interesse nacional que estabelece o interesse público e não o contrário;

2. Que o desenvolvimento da tecnologia de armamento vinha sendo vagaroso ao longo da história. Séculos se sucediam sem que ocorressem progressos significativos. Agora isto se modificou: novas famílias de armamentos aparecem a cada década. O que está acontecendo com todas as mudanças que vêm se processando no modo de guerrear não é algo novo. Nova é a velocidade com que vêm se materializando essas mudanças. Entretanto, os retardatários chegam aos mesmos resultados gastando mil vezes menos.

A Segurança e a Defesa

Olhando as últimas décadas, verifica-se que as nações ricas gastaram trilhões de dólares em satélites espaciais, mísseis intercontinentais e explosivos nucleares. Hoje, para se atingir estes mesmos objetivos gastaria-se muito menos. Com a informática não há barreiras. O que pode haver é mais falta de vontade política e não de recursos.

Todavia, deve-se enfatizar que um mínimo de recursos financeiros é um fator-chave para o sucesso. Sem ele não se pode obter a tecnologia para melhores armamentos e preparação das tropas. Uma nação pobre sempre tem que otimizar o seu parco orçamento e, em uma situação de confronto com uma nação rica, todos os recursos devem estar voltados para o esforço bélico. A história recente dos países poderosos demonstra que o orçamento de defesa é aquela parcela dos gastos governamentais que tende a ser a maior fonte de desperdícios e de corrupção. E, por isso, também, sempre é a fonte de maior poder político. Deve-se ter em mente, observando os orçamentos de defesa dos países ricos, que é comum, nesses países, armarem-se as tropas não com o equipamento que necessitariam para cumprir seus objetivos, mas sim com aqueles dispositivos que foram julgados pelos interesses políticos mais úteis. Este erro é imperdoável para um país pobre;

3. Hoje, como as recentes guerras demonstraram, as forças armadas podem ser de duas naturezas: as que nomearemos de intensivas em pessoal – mais adequadas aos países pobres; e aquelas outras, intensivas em material – caras e mais adequadas aos países ricos. Assim como forças armadas de índole ofensiva custam bem mais que forças armadas de índole defensiva. As de índole defensiva têm naturalmente o predomínio das forças terrestres sobre as forças aéreas e navais, pois o caráter defensivo resulta da baixa capacidade de projeção de seu poder por meios aéreos ou marítimos para além de suas fronteiras. Contudo, não se pode prescindir de meios aéreos e navais que materializem o que se convencionou chamar de esforços combinados e, tratando-se de países com as dimensões do Brasil, que contam com teatros prováveis de operações que reúnem condições peculiares de emprego desses meios, como claramente é o caso da Amazônia. Lá, avulta a necessidade da adequação das forças terrestres às suas condições peculiares, da modernização dos meios navais e, principalmente, do estabelecimento de sólidos e confiáveis sistemas de proteção aérea;

4. Dentro da força terrestre, a infantaria é a grande responsável pelo sucesso de uma postura defensiva. O sucesso da infantaria reside em dois pontos: primeiro, no grau de interação do combatente com a natureza que o cerca, e em segundo, com a propriedade[11] de seu equipamento e de seu armamento a este meio ambiente. A propriedade do equipamento em nações pobres tem como um de seus maiores incentivadores a utilização crescente, por parte da população rural, de bens industriais, daí a necessidade, dentro desta estratégia, dessas pequenas indústrias terem a capacidade de ser adaptadas

---

11. Entende-se como propriedade o fato do equipamento ser apropriado e adequado às condições do local e do clima.

Aspectos de Inserção

para fins bélicos. A atividade rural deve ser servida por uma indústria com capacidade de transformação para fins bélicos.

5. Em termos de guerra convencional, há uma revolução que ainda está por vir. A última foi a mecanização, a próxima será a dos armamentos antimecanização. Deve-se entender como armamentos antimecanização todos aqueles capazes de destruir, a um baixo custo relativo, os armamentos resultantes da mecanização tais como: tanques, aviões e navios. Estes equipamentos já estão disponíveis com a atual tecnologia e, entre eles, destaque especial deve ser concedido aos mísseis guiados, em especial, àqueles portáteis e acessíveis ao infante;

6. O binômio espaço e tempo sempre foi o elemento determinante para a condução da guerra. Hoje, o fator tempo está maximizado, ele é fundamental, tanto para quem defende como para quem ataca. A luta também é contra o relógio. Nas áreas geoestratégicas críticas, como é a Amazônia, o seu habitante deve estar prontamente habilitado para assumir as missões de defesa do seu território. Esta é uma vantagem: a defesa não pode abrir mão do profundo conhecimento do terreno;

7. Os gastos com a defesa devem ser diretamente relacionados com o valor das riquezas a serem preservadas. O Brasil figura, hoje, como o detentor de riquezas construídas ou de riquezas naturais que o coloca entre os cinco mais ricos países do planeta. A média de gastos anuais destes cinco países, de acordo com dados colhidos no Instituto Internacional de Estudos Estratégicos, em Londres e no Instituto de Relações Internacionais e Estratégicas, de Paris, é de cerca de 3,5% de seus produtos internos brutos, PIB. O Brasil gasta, de acordo com estas mesmas fontes, bem menos que a metade disto, cerca de 1,8% do PIB, dados de 2007, que nos parecem majorados; e

8. É falso o conceito difundido de que se processa, no momento, uma bem-sucedida revolução dos assuntos militares, com base no princípio do conhecimento e que despreza o conceito de massa numérica como elemento decisivo. Há uma glorificação malsucedida do conceito de *softpower*. Este conceito se apoia em três vertentes: a percepção, decorrente do conjunto de informações estratégicas (o que explica a ênfase concedida a sensores não tripulados que monitoram o espaço); o processamento destas informações; e a ação, baseada no conhecimento destas informações através de armamentos, tidos como de precisão cirúrgica e que se conceituam no C3I2 (comando, controle, comunicações, inteligência e informática) ou C4IVR (comando, controle, comunicações, computação, inteligência, vigilância e reconhecimento). Na verdade, eles têm levado a resultados medíocres. Isto acontece mesmo sem que a principal ameaça a este trato das questões militares (pelo viés único do princípio do conhecimento) tenha sido usada, ou seja, o ataque aos sistemas de informação que a suportam.[12]

---

12. A criação de grupos voltados para a guerra eletrônica e para o estudo de formas de ataque e defesa no campo da informática deve merecer a maior das prioridades na alocação de recursos de ciência e tecnologia para aplicações militares.

A Segurança e a Defesa 487

Por esses pressupostos, verificamos que o Brasil detém as condições necessárias e suficientes para prover os meios necessários à nossa defesa. A questão está na conscientização do problema a ser enfrentado e na vontade para o emprego desses meios. Tudo converge para a vontade. Defesa, como qualquer ato, requer vontade.

Como fruto dessas reflexões, agora podemos fazer a escolha de uma estratégia militar de defesa para o Brasil, baseada na avaliação das vulnerabilidades dos possíveis inimigos e no ajustamento dos meios com os fins. Isto nos conduz, inexoravelmente, para a escolha da Estratégia de Dissuasão, tema apresentado e brilhantemente defendido pelo general Meira Mattos, em trabalho para o Senado brasileiro, do qual destacamos alguns trechos:

A nossa estratégia de defesa mais aconselhada, em face deste tipo de ameaça, será a de dissuasão. No livro Introduction à la Stratégie, *o general francês André Beaufre, prefaciado por outro renomado estrategista, o inglês Liddell Hart, conceitua a estratégia de dissuasão como aquela em que o país visado procura evitar a ação bélica impondo uma ameaça que o agressor não possa ou não esteja disposto a pagar.*

Esta estratégia vem dando certo nos últimos conflitos em que países pequenos e médios, como a Somália e grupos armados na dividida ex-Iugoslávia, querendo evitar a intervenção militar em seus territórios, apresentam uma capacidade de resistência que os governos dos "grandes" não podem pagar sem se submeterem a um tremendo desgaste político perante a opinião pública de seus países. Há hoje, nas grandes democracias, uma verdadeira idiossincrasia ao envio de seus compatriotas a guerras exteriores, para lutar por causas que o povo não entende.

Ainda com respeito à mesma estratégia, mas, mais vocacionado agora para o teatro amazônico, ele prossegue:

*A nossa estratégia para a Amazônia, portanto, deverá se apoiar na constante manifestação de firmeza do Governo e da diplomacia, repelindo qualquer intenção internacionalista, venha de onde vier, e na existência, ali, de uma força militar de dissuasão dispondo de armas e equipamentos modernos e de alta capacidade de treinamento para as ações na selva. Diz o escritor francês André Gluksmann (*Le discours de la guerre*) que a intenção da nação de resistir e a eficiência da força militar devem ser constantemente reveladas, para que o efeito de dissuasão se realize.*

Complementarmente, apresentamos as recomendações para a explicitação de diretrizes para uma estratégia de ação diplomática e de defesa para o Brasil:

1. A participação do Brasil no Conselho de Segurança da ONU só produzirá efeitos políticos na prática se o país for dotado de elementos de poder mais próximos daqueles com que contam os demais países que pertencem a este fórum. Sem esse poder, corre-se o risco de não se ver o seu voto ou veto respeitado, ou pior, de ter o seu voto ou veto condicionado pelo poder alheio. Por isto, não se pode abrir mão de ter o poder não convencional, a menos que os outros, que o detenham, abram mão dele, dentro de uma política de desarmamento não convencional, pleno e sem restrições;

Aspectos de Inserção

2. Os conhecidos termos conjugados, segurança e desenvolvimento, necessitam ser transformados em um trinômio, pela anexação do conceito de justiça social. Em decorrência do seu atual estágio de retardatário, está claro que o Brasil deve priorizar seus gastos em desenvolvimento e assistência social, *vis-à-vis* seus gastos com a segurança. Em função dessa priorização devem possuir Forças Armadas baratas; elas devem, portanto, ser intensivas em pessoal (o que afastaria, por critérios puramente técnicos, o término puro e simples do Serviço Militar Obrigatório, SMO).[13] Devem também ser de índole defensiva, o que prioriza claramente as forças terrestres e o equipamento a ser desenvolvido, fabricado e utilizado. Entretanto, o avanço no projeto de desenvolvimento tem de vir acompanhado, no campo do armamento convencional, por uma progressiva capacitação de projeção de poder e da maior participação orçamentária para desenvolvimento e construção conjunta de meios aéreos e navais, como adiante apresentaremos; e

3. O mecanismo do SMO, contudo, precisa ser reformulado com urgência. Essa transformação se beneficiará da, ainda, inexistência de sua contestação, bem como das dificuldades econômicas que enfrenta enorme parcela da população. A reformulação deve buscar adaptar este mecanismo à realidade brasileira, a concepção de Força Totalmente Voluntária, FTV, presente nos países do centro. Deve-se levar em conta, para tanto, as peculiaridades de cada força singular, que exigirão implementações distintas. Todavia, não se devem abandonar as funções que o SMO tem assumido no Brasil: de difusão de valores cívicos e de princípios morais, num quadro estruturado de disciplina, e que se deve enfatizar agora para o treinamento básico em atividades profissionalizantes.

Todos esses objetivos poderão ser atingidos pela transformação do atual SMO em um "Serviço Cívico Integral", SCI, com feição flexível e abrangendo os jovens de ambos os sexos na faixa etária de 17/18 anos. Esse SCI deve ser concebido de maneira a não prejudicar os currículos escolares que eles estejam realizando, através, por exemplo, de diversas formas de parcelamento do tempo ou adiamento de prestação de serviço. A cada ano se estabeleceria uma quota compulsória para atender às necessidades das forças singulares, a ser preenchida preferencialmente por voluntários dentre os alistados.

Em nossa opinião, a política de recrutamento para a FTV deve privilegiar o conscrito da zona rural, em especial, o morador da região amazônica, uma vez que deverá ser creditada a esta importante área de nosso território cerca de 50% da nossa base física, as prioridades dos planejamentos militares. A estes deve ser dado o serviço militar em condições especiais, próximas ao antigo tiro de guerra. O conscrito da zona rural deve ser treinado para operar o equipamento bélico na sua região. A retirada do conscrito da zona rural para o serviço militar em zonas urbanas ou sede

---

13. Veja no final deste capítulo: Uma breve consideração sobre o Serviço Militar no Brasil.

A Segurança e a Defesa   *489*

de municípios tem sido responsável por parcela significativa do êxodo rural que, entre outras mazelas, diminui, inclusive, a capacidade de defesa territorial.

Dentro das forças terrestres, ênfase especial deve ser concedida à preparação para a guerra irregular, a guerra assimétrica, tanto sob a forma de operações de combate urbano quanto às operações na selva, principalmente em razão do teatro amazônico.[14] Portanto, torna-se necessário um novo ordenamento territorial para a colocação do dispositivo militar terrestre do Brasil. Deve-se considerar que é muito melhor para o defensor ter uma tropa permanentemente estabelecida na região a ser defendida, do que ter que deslocar tropa para lá, por mais rápido que seja o seu deslocamento. O conhecimento do terreno é uma vantagem extremamente relevante. Daí por que é importante se ter uma política de ocupação militar para a Amazônia.

No âmbito das forças aéreas e navais também deve ser dada ênfase ao teatro amazônico. Isto implica também uma nova distribuição dos dispositivos da Marinha e da Força Aérea de forma a reforçar suas presenças no Nordeste e Norte do Brasil.[15]

O estudo de técnicas de guerra assimétrica[16] deve ser um dos objetivos centrais dos nossos centros de pensamento estratégico.

É necessário conscientizar-se, conforme já enfatizamos, que, para qualquer que seja a linha de ação a ser adotada, quando se objetiva mais segurança deve-se contar com mais recursos. Devem-se aumentar os gastos com Forças Armadas no Brasil, em termos de participação no PIB, de forma progressiva, até 3,5%, no mínimo, que é o valor médio adotado pelos países de mesma grandeza relativa que o Brasil. A apropriação dos recursos com a defesa deve ser distribuída de forma a contemplar 40% com os gastos de custeio, 35% com novas aquisições de equipamento e 25% para pesquisa e desenvolvimento tecnológico. Esta é a única fórmula possível para a constituição de uma indústria brasileira de material bélico, pois só a certeza da disponibilidade de recursos é que poderia encaminhar o empresariado nacional a investir neste ramo de atividade.

A prioridade em termos de política industrial para a área de defesa deve, por um lado, estruturar múltiplas indústrias voltadas para as necessidades do campo, nos pequenos centros urbanos imersos na área rural; e, por outro, de indústrias que desenvolvam atividades civis e militares vinculadas a mísseis guiados, como miniaturização eletrônica e mecânica, propelentes, explosivos, cartografia digitalizada e outras tecnologias, nas áreas urbanas mais desenvolvidas do país. Só com esta autonomia estratégica, ou seja, com capacidade de produzirmos o necessário para nos defender é que tem sentido falar-se em política de defesa.

É de fundamental importância voltar a valorizar-se no Brasil a atividade militar. O militar deve ser visto como o cidadão em armas, o defensor da pátria e não como

---

14. Neste espaço a infantaria é que trafega com maior desenvoltura no teatro de operações e também é ali a de menor custo operativo e de melhor índice de custo/benefício.

15. É de fundamental importância proceder-se um a estudo sobre a distribuição dos efetivos militares em todo o território nacional. A atual distribuição do dispositivo militar parece estar desatualizada tanto em termos de efetivos como espacialmente das necessidades atuais da defesa nacional.

16. Guerras entre poderes de grande disparidade de influência.

Aspectos de Inserção

o responsável pelo arbítrio, como parcela da mídia tenta ainda infundir. Nenhuma nação retira o mito e aura que cercam a função militar impunemente. A opinião pública tem de entender e ver com bons olhos a função militar, e a mídia tem um importantíssimo papel neste processo.

Assim, também, é de fundamental relevância valorizar-se a atividade de inteligência e a função do policial, defensor primeiro da ordem pública e da segurança interna, e se priorizar a aplicação da justiça.[17]

É preciso reiterar a necessidade de se conscientizar o que foi dito no início deste texto: segurança é um estado, assim como a defesa é um ato. Segurança tem o culto e o educado frente ao inculto, pois, sabendo mais, tem mais condição de melhor se defender. Segurança tem o mais desenvolvido e o mais rico, pois tem mais meios para sustentar a sua defesa. Portanto, segurança é algo bem mais complexo e abrangente. Ao abandonar a terminologia, ao se envergonhar dela, a Nação comete um grande erro, quaisquer que sejam as interpretações errôneas e exageros que possam ter ocorrido em percursos conjunturais do passado.

Compomos – o Brasil e os demais países do Mercosul ampliado, no momento e com os demais países da América do Sul, em futuro próximo – um possível polo de poder, dentro de uma concepção multifacetada, que não privilegia, exclusivamente, o viés geográfico e econômico, mas que também contempla, na aglutinação que estamos realizando, aspectos culturais, políticos, sociais, e que deve também apresentar compartilhamento de princípios e de concepção estratégica. Contudo, esta composição está sendo feita em época de transição do sistema mundial, o que tem aumentado o grau de imprevisibilidade na evolução da situação estratégica.

É necessário, ao abordarmos este tema de segurança e política de defesa, lembrar que a expectativa gerada por estes fatos e a vigília estratégica que se faz necessária requer, também, uma polarização no campo militar. Esta polarização se dará naturalmente pela constituição de um pacto de defesa comum, no âmbito do Mercosul ampliado, e da América do Sul, no futuro. Urge, portanto, a montagem de um mecanismo comum de defesa como já proposto pelo governo brasileiro.

Somos um país pacífico, mas somos também um grande país que tem um projeto comum de constituição de uma ampla área de livre-comércio, e que quer cruzar o futuro vendo sua identidade nacional e sua soberania respeitada. Se não nos assegurarmos de um grau razoável de autonomia estratégica militar, não seremos merecedores do respeito dos aventureiros e ambiciosos que sempre existiram no mundo.

É inegável que nossas Forças Armadas encontram-se desaparelhadas. A pujança econômica do país não justifica tal estado de coisas. Não aceitamos a explicação quanto a dificuldades derivadas da situação financeira. Nos últimos cinquenta anos a minoração de algumas deficiências fez-se de forma espasmódica, sem estar vinculada a nenhum planejamento de longo prazo, e sempre resultando de pequenas

---

17. A questão das polícias militares e de uma possível Guarda Nacional são questões importantes, e não se cingem exclusivamente à área policial. São temas vinculados à segurança nacional e à defesa.

A Segurança e a Defesa   491

economias internas. Disto resultou a postergação de projetos de maior envergadura e o abandono de planos mais ousados. As consequências são visíveis em cada uma das forças singulares. O hiato militar do país é patente e visível a qualquer leigo. É imprescindível uma reestruturação geral e um planejamento de longo prazo para um aparelhamento moderno e adequado de nossas Forças Armadas.

Este planejamento deverá demonstrar a necessidade e os mecanismos burocráticos apropriados para que o Ministério da Defesa receba dotações orçamentárias regulares e disciplinadas para a materialização dos objetivos e deveres de nossas Forças Armadas.[18]

Toda a faixa marítima continental, ao sul do Equador, tanto do oceano Atlântico como do Pacífico são espaços de interesse para o Mercosul e devem ser conceituados como zonas de paz. Para isto, as forças conjuntas dos países sul-americanos deverão exercer um claro controle nas passagens interoceânicas, como o canal de Beagle, a passagem de Drake, o estreito de Magalhães, o cabo da Boa Esperança, o Pacífico Sul e o estrangulamento do Atlântico, entre o nordeste do Brasil e o saliente da África.

Para dar suporte à defesa desse amplo espaço, o Brasil tem de possuir um eficiente sistema integrado de vigilância com radares. Nossas forças terrestres, marítimas e aéreas deverão garantir a soberania de nossos espaços e fronteiras, integradas e em permanente cooperação com as forças de nossos vizinhos. Para isto, necessitam dispor de um sistema de apoio eficiente de comunicações e transportes, bem como uma massa de reserva, que contenham uma parcela estratégica de curto emprego e de alta mobilidade, localizadas, preferencialmente, em área central do nosso espaço continental, e com capacidade para atender, rapidamente, a qualquer emergência.

Para o futuro próximo, os nossos compromissos com a ONU e a OEA obrigam-nos a manter forças adequadas e preparadas para as missões de paz, que tendem a ser cada vez mais frequentes. A proteção de nosso espaço aéreo não pode ser descuidada.[19] Isto justifica a montagem de programas conjuntos de desenvolvimento e fabricação de mísseis e de aeronaves de combate e de transporte. Do mesmo modo, nosso imenso litoral e águas territoriais exigem uma força naval eficiente, que requer a montagem de um sistema que permita a projeção conjunta de poder sobre esta vasta área. O desenvolvimento de forças de superfície e de submarinos para este espaço justifica o aparelhamento de nossos estaleiros de forma a prover sua autonomia estratégica.

O nosso maior objetivo, no futuro, deve ser o de aumentar a nossa autonomia estratégica. Cumpre, portanto, reativar as indústrias voltadas direta ou indiretamente para a aplicação militar e os centros de pesquisas a ela vocacionados.

---

18. Uma lei que vinculasse explicitamente parcela da arrecadação de municípios, estados e União para as atividades vinculadas à segurança e defesa é algo que parece ser indispensável para se vencer o atual estado de coisas.
19. A ação do crime organizado nas fronteiras nacionais é uma ameaça crescente de violação, em todo o mundo, do espaço aéreo.

Aspectos de Inserção

Sintetizando esta análise prospectiva para a defesa do Brasil, vemos como ameaças principais, no futuro, as decorrentes de pressões internacionalistas, de fora do subcontinente sul-americano, que se anunciam cada vez mais intensas, abrigando ideias de desrespeito à soberania nacional. Não se pode desprezar a preocupação de que essas pressões venham a contar com o apoio militar ostensivo ou velado de uma ou mais potências do chamado Primeiro Mundo, como ocorreu mais recentemente no episódio da Iugoslávia. Esta ameaça é, pelos indícios que dispomos, nossa maior ameaça exógena. De forma endógena, todavia, existe a ameaça sempre presente de nos dividirem no subcontinente, para nos submeterem.

Como diz o já mencionado estrategista francês André Gluksmann, a maior vulnerabilidade dos chamados grandes está na opinião pública de seus países, que rejeita, hoje, a hipótese de participação em guerras distantes, em terras desconhecidas, por causas que não entende. Contudo, para que esta vulnerabilidade seja potencializada, é mister que o país ameaçado de intervenção ofereça uma visível disposição de reagir pelas armas e revele possuir forças armadas capazes de vender caro sua derrota, desencorajando, assim, a expectativa de uma fácil vitória, sem sacrifícios de vida e de pesados ônus materiais. É a chamada estratégia de dissuasão ou dissuasão estratégica, que, para manter um elevado grau de eficiência, necessita de:

- Vontade nacional de defender a nossa soberania. Esta vontade nacional de resistir deve ser cultivada pelo estímulo à educação cívica. A juventude precisa ser reeducada no sentido de deter em alto grau orgulho nacional. Nossa diplomacia, em todos os fóruns, deve fazer ver e afirmar esta vontade;

- Existência de uma convincente força militar combinada (terrestre, naval e aérea). A força militar dissuasória terá de revelar sua capacidade de durar na luta. Para isto, em termos de guerra convencional, teremos de apresentar efetivos treinados e bem armados capazes de durar no combate, mesmo enfrentando adversários muito mais poderosos; e

- Autonomia estratégica. O armamento e o equipamento destinados a esta força dissuasória deverão ser fabricados no Brasil, tanto quanto possível, dentro de um planejamento e logística, a fim de evitar embargos internacionais ao cumprimento de sua missão de defesa. A força dissuasória, para ser efetiva e durar na luta, precisará dispor de autonomia estratégica, isto é, de capacidade operativa e autonomia logística.

É bom lembrar que a disponibilidade de armas não convencionais sempre fortalecerá uma ação diplomática. Não faz sentido se falar em desarmamento unilateral. Isto é um discurso daqueles que perderam o entendimento das questões mundiais e acreditam em uma retórica fabricada, sem nenhum respaldo racional, e acobertados pelo "politicamente correto".

Em Ushuaia, o Mercosul ampliado (Argentina, Bolívia, Brasil, Chile, Paraguai e Uruguai) foi definido como zona livre de armas de destruição massiva, já que a preocupação era de natureza endógena e esta colocação era vista como elemento

A Segurança e a Defesa   **493**

essencial para a paz na região. Um pacto de defesa comum torna a questão de defesa como exógena e possibilita a revisão da questão das armas de destruição massiva se a assimetria de poder, que a posse de tais armas traz, não for revogada do cenário mundial.

Se, individualmente, acordos nos proíbem de possuir armas de destruição em massa, nada nos impede desenvolvê-las de forma conjunta, ou seja, no âmbito do Mercosul, caso o desarmamento pretendido, em âmbito mundial, fique, para sempre, na retórica. O quadro internacional de incertezas que, claramente, se vislumbra para o futuro nos obriga a demonstrar que somos capazes de vender caro a nossa soberania. Se assim o fizermos, sem dúvida, seremos capazes de preservar incólumes nossos patrimônios nacionais e a nossa identidade.

Uma Síntese do Pensamento de Spykman

Pelo realismo de Spykman o sistema internacional é visto como essencialmente anárquico e potencialmente belicoso. Esse sistema padece da ausência de um governo centralizado em termos mundiais e nele a força é exercida sob um regime de livre concorrência pelos únicos atores que realmente contam nas relações internacionais: os Estados Nacionais.

Porém, a outra face da anarquia internacional é a soberania estatal, isto é, a desordem externa tem sua contrapartida na ordem interna dos Estados Nacionais. Se, externamente, a força é inteiramente não monopolizada, internamente, cada estado detém o monopólio da violência legítima, no respectivo território. É a exclusividade do controle da força física por um governo central, no plano da política interna, que distingue em termos jusnaturalistas o estado civil do estado natural, de forma que, enquanto as relações interestatais baseiam-se na lei da força, as relações intraestatais desenvolvem-se sobre o império da lei.

Portanto, além de realista *hobbesiano*, Spykman foi também um realista maquiavélico na medida em que, para ele, as relações internacionais devem pautar-se pela política de poder entre estados soberanos.

Para ele também, e isto é muito importante para nós, política de poder visa, em última instância, à segurança e à preservação do Estado, algo que se traduz primordialmente na manutenção da sua integridade territorial e na preservação da sua independência política. Além disso, Spykman acreditava que, no âmbito da política internacional, poder compensado é poder neutralizado, ao passo que o poder não compensado é excedente de poder que pode ser projetado livremente no exterior. Por isso ele diz:

> *Na sociedade internacional são permitidas todas as formas de coerção, inclusive as guerras de destruição e isso significa que a luta pelo poder se identifica com a luta pela sobrevivência; assim sendo, a melhoria das posições relativas de poder converte-se no desígnio primordial da política interior e exterior dos estados. Todo o mais é secundário porque, em última*

instância, somente o poder permite realizar os objetivos da política exterior. Poder significa sobrevivência, a aptidão para impor a própria vontade aos demais, capacidade de ditar a lei aos que carecem de força e a possibilidade de arrancar concessões dos mais débeis. Quando a última forma de conflito é a guerra, a luta pelo poder converte-se em rivalidade pelo poderio militar, em preparação para a guerra.

Portanto, ele acredita que além daquele poder necessário para garantir a ordem interna e independência externa, o Estado deve sempre buscar alcançar uma margem de poder excedente que possa ser utilizado na política externa, tendo em vista a obtenção da supremacia no campo internacional.

Após estas considerações genéricas que formatam o modo de pensar de Spykman, é interessante discorrer um pouco, e de forma muita genérica, sobre sua visão geoestratégica, que é tributária da concepção geopolítica de Mackinder, "Quem domina a Europa Oriental controla o *Heartland*, quem domina o *Heartland* controla a *World Island* – Eurásia e África, quem dominar a World Island dominará o mundo", e, portanto, tem sua formulação presa a este pano de fundo.

É sabido que a visão geopolítica de Mackinder baseava-se no esquema de uma pressão centrífuga que partia do *Heartland*, do centro para as terras periféricas eurasianas.

Spykman, vendo este processo, no decorrer da Segunda Guerra Mundial, imaginou que aquilo a que assistia era uma inversão desta teoria. Para ele, o século XX, estava em 1940, demonstrava o contrário, a Alemanha e Japão, uma potência continental e outra potência oceânica, ambas, nas franjas da Eurásia, tentavam expandir-se da periferia para o centro da Eurásia.

Para ele, as linhas mestras da política internacional poderiam ser resumidas em duas grandes variáveis. Se a Europa e a Ásia fossem dominadas por um único poder ou por uma constelação de poderes, ali se acumulariam forças não compensadas que poderiam projetar-se no Atlântico e no Pacífico e, num movimento de pinças, cercarem o hemisfério ocidental. Se, ao contrário, pudessem ser mantidos uma divisão e um equilíbrio de poderes tanto na Europa quanto na Ásia, os EUA deteriam um excedente de poder em condições de se projetar sobre esses dois oceanos e cercar ambas as pontas da Eurásia.

Avançando na sua linha de raciocínio, Spykman afirmava que, na hipótese da unificação das bordas da Eurásia por dois grandes sistemas imperiais, a única possibilidade de defesa do Hemisfério Ocidental seria a integração política e econômica do continente americano sob a liderança dos EUA.

Na sua opinião, apenas a organização de uma economia continental, autárquica e centralmente coordenada, protegida por uma linha de defesa aérea e terrestre e apoiada, por sua vez, numa rede de bases avançadas insulares, seria capaz de oferecer uma resistência eficaz ao cerco teuto-nipônico que ele observava à época.

Spykman, com a sua diversidade étnica e climática, defendia que o grande espaço intercontinental que se estende do Alasca até a Patagônia e do Atlântico

A Segurança e a Defesa
495

ao Pacífico, pela sua gama de matérias-primas e recursos minerais, teria forças suficientes para resistir a qualquer ameaça, desde que fosse regida por um Mega-estado que, do alto de seu poderio industrial, financeiro e militar, gerenciaria, a partir de Washington, uma economia autossuficiente e regionalmente integrada.

Ao especular sobre a presumível necessidade de submeter, de forma compulsória, todo o hemisfério à regência estadunidense, como meio único de enfrentar as ameaças vindas da Eurásia, o pragmático Spykman assim se colocava, levando às últimas consequências sua coerência realista e intervencionista.

Entretanto, nenhum dos estados americanos aceitaria realizar de bom grado as mudanças imprescindíveis para criar essa economia de tipo regional. Só se poderia atingir essa meta aplicando o mesmo procedimento que agora (1941) se emprega para reformar as economias nacionais da Europa dentro da Grande Esfera de Co-mum Prosperidade da Grande Alemanha. Unicamente a conquista do hemisfério pelos EUA e a implacável destruição das economias regionais agora existentes po-deriam realizar a integração necessária.

É impossível deixar de notar uma analogia clara entre esta visão e o mundo do limiar do século XXI, onde os EUA, hegemônicos, se imaginam futuramente cada vez mais contestados pela China e pela União Europeia, ambos com crescente po-derio e nas duas bordas da Eurásia. Quanto à União Europeia, é bom lembrar que Spykman explicitamente coloca em seus escritos esta possibilidade de unificação como uma ameaça aos EUA.

Adendo: Breve consideração sobre o Serviço Militar no Brasil

Quanto ao serviço militar obrigatório cabe lembrar que sua existência interfere, de modo diferenciado, na estrutura das Forças Armadas. Existem diferenças signi-ficativas na sua aplicação entre as três forças singulares.

A Marinha de Guerra do Brasil e a Força Aérea Brasileira, por sua própria natu-reza, sempre tiveram efetivos compostos predominantemente por voluntários, ou seja, profissionais que, de forma geral, permaneciam na força respectiva por toda a sua vida ativa. O Exército Brasileiro, ao contrário, requer uma proporção elevada de recrutados, especialmente no nível de praças.

Com o crescimento da população nacional, o contingente de rapazes na faixa etária de 17-18 anos cresceu muito além das necessidades de complementação anual (rotativa) dos efetivos dessas três forças: são aproximadamente 1.900.000 de jovens. Em consequência, a cada ano, são efetivamente incorporados, em todo o país, cerca de 70.000 jovens, nos termos da legislação do Serviço Militar Obrigatório (SMO). O restante é dispensado por incapacidade ou como "excesso de contingente".

Aspectos de Inserção

A ideia de Serviço Cívico Integral (SCI) foi, preliminarmente, lançada em trabalho intitulado *A Defesa Nacional diante do Pós-Modernismo Militar,* apresentado no Centro de Estudos Estratégicos da Escola Superior de Guerra, pelo Embaixador Marcos Cortes. Neste documento ele argumenta que:

Uma quota previamente determinada de convocados seria alocada nas ativi-dades de cunho militar. Essa quota deveria ser numa proporção que a prática e o ritmo de implantação da concepção da Força Totalmente Voluntária iriam indicar. O conjunto de jovens excedentes dessa quota, destinada ao serviço militar propriamente dito, receberia instrução básica de autêntica cidadania e seria aproveitado em serviços públicos, desde controle de trânsito em zonas escolares até trabalho em obras públicas e serviços à comunidade. No caso de jovens já engajados em carreiras civis ou profissões liberais, seu aproveita-mento no SCI seria feito num contexto compatível com as mesmas. O Projeto Rondon, que teve grande êxito na ampliação dos conhecimentos práticos de centenas de rapazes e moças de nível universitário em áreas remotas do país, pode ser reativado, conjuntamente com universidades, como parte do SCI. Aliás, o esquema adotado no Projeto Rondon provavelmente mostrará, de modo convincente, a esses contingentes anuais de moças e rapazes as imensas oportunidades de atividade profissional que existem nos mais dis-tantes rincões de nossa pátria. Poder-se-á assim criar um mecanismo auto alimentado de melhor distribuição demográfica e de aumento do nível de emprego. Subsidiariamente, se originará um fluxo natural para desafogo das megalópolis brasileiras, com todas as mazelas decorrentes desse fenô-meno social atual.

28

A Estratégia Nacional do Brasil

Toda política responde ao que fazer. Por exemplo, a política de defesa responde o que fazer para defender o Brasil. Mas defender o Brasil de quê? Que ameaças pesam sobre ele? A resposta seria aquelas que pesam sobre seu destino de ser centro?

Para ser centro, como veremos, é necessário ter um projeto nacional que, por sua vez, resulte de uma estratégia nacional. E a política de defesa tem como finalidade defender também a estratégia nacional do Brasil.

Analisemos melhor a questão. Como dizia Cícero, o mestre romano: "A história é mestra da vida. É no passado que se encontra o futuro. É na história que se devem buscar os ensinamentos capazes de construir o futuro".

Olhemos a história da civilização humana. Ao longo de sua evolução, encontramos ações que desencadearam a desordem e ações que restabeleceram uma nova ordem, em novo patamar. Assim, ruptura e equilíbrio transitório se alternam. Ao processo de uma ruptura segue-se um equilíbrio transitório que caracteriza uma nova ordem, e esta nova ordem traz, em si, o germe da sua própria destruição.

A teoria do retardo mostrou o predomínio sempre transitório no processo de avanço da civilização, assim como a ruptura e o estabelecimento de uma nova ordem, sucessivas vezes no decorrer do tempo, e permite concluir que a dinâmica da civilização poderia ser resumida nesta regra básica: toda periferia busca o centro e toda a barbárie busca a cultura.

O Brasil é tido como um país bárbaro e periférico. Todavia, todos os que chegaram ao centro foram bárbaros e periféricos também. É importante entender a dinâmica que estes atributos impõem.

É, também, um estado nacional. A ideia de estado nacional é um pensamento muito elaborado. Seu entendimento pressupõe o caminhar através de uma linha ininterrupta de ideias, através do espaço e do tempo, que ligam as hordas às grandes potências. O estado nacional constitui o resultado das soluções silenciosas

Aspectos de Inserção

e progressivas das questões que surgiram da convivência humana. Entretanto, essas soluções sempre foram pactuadas, sempre levaram a um pacto. Seja aquele resultante da imposição do mais poderoso e que, portanto, decorre da racionalização de desvantagens; seja aquele que advém da composição de vontades, e que, portanto, resulta da racionalização de vantagens. O pacto é antes de tudo um produto da razão.

A linha que liga as hordas à sociedade atual, ou seja, à civilização, é um jogo contínuo de pactos, representando a mais visível expressão da razão. O estado nacional é a mais recente estação dessa linha ininterrupta de pactos e é um produto da razão. Ele, portanto, resulta da ordenação do homem. Entretanto, esta ordenação se processa através de ondas sucessivas.

Ser centro exige um caminhar na dinâmica da civilização, e é esta dinâmica que, a partir do século XVI, reclama um projeto nacional para todos os estados nacionais – fruto de uma estratégia nacional. O estado nacional se apresenta de forma explícita, desde o Renascimento, através de um projeto nacional.

Contudo, a construção do projeto nacional, como é concebida atualmente, é algo que tem sua origem na Idade Moderna, no final do século XVIII. Até então, o projeto nacional era parte do antigo estado nacional vindo do Renascimento, era algo implícito na ação dos reis e se constituía em parte expressiva do chamado direito divino dos reis. O projeto do antigo estado nacional era o projeto da casa reinante, algo que se explicitava através dos desígnios do rei. O início do século XIX traz uma profunda modificação na elaboração do projeto. A partir de então, surge o moderno estado nacional e este só se legitima se a população reconhecer no projeto de seu estado ou no projeto nacional, o seu próprio projeto.

É bom lembrar que no final do século XVIII o centro de avanço do processo da civilização estava separado pelo Canal da Mancha, pois era disputado pela França e pela Inglaterra. Era um centro que estava dividido e rompido. Duas rupturas haviam se processado:

- A primeira, na Inglaterra, na maneira de agir em função do nascente processo de industrialização. Esta ruptura é conhecida como revolução industrial, gerando o que veio, mais tarde, a se denominar sociedade industrial; e

- A segunda, na França, na maneira de pensar, em decorrência do bafejar da abertura proporcionada pela prevalência das ideias sobre os dogmas. Esta outra ruptura deu origem à Revolução Francesa e à derrubada do absolutismo, levando ao moderno estado nacional. A partir daí, a cidadania se colocou como um valor maior, assim como o projeto nacional deixou de ser o projeto da casa reinante e passou a ser o projeto da cidadania.

Voltemos à história. Ao final do século XVIII, a periferia só não compreendia a Inglaterra e a França, que disputavam o centro e englobavam a maior parcela da Europa e todos os demais continentes.

Como se comportaram os estados então periféricos que buscavam o centro?

A Estratégia Nacional do Brasil

Como se comportaram os antigos retardatários, aqueles que, depois da metade do século XIX, tinham um amplo mercado interno e que buscavam viabilizar antigos estados nacionais estruturados?

Como se posicionaram o Império Austro-Húngaro, a Rússia, a Alemanha, o Império Otomano, a Itália, os Estados Unidos e o Japão, que aqui nomearemos como os antigos retardatários?[1]

Em primeiro lugar, estabeleceram como seus principais objetivos ter um estado nacional moderno e criar uma sociedade industrial.[2]

Mas se os antigos estados nacionais estruturados buscavam, como política para atingir esses objetivos, criar um estado nacional moderno e uma sociedade industrial, eles necessitavam, para tanto, se dotar de uma estratégia nacional, de uma concepção estratégica de estado e de uma vontade nacional. A título de ilustração, analisemos rapidamente o comportamento desses retardatários:

O Império Austro-Húngaro seguiu uma concepção estratégica muito limitada. Talvez em decorrência do seu processo de formação ao longo do século XVIII, que se deu pela assimilação de diversas nacionalidades, no centro europeu, sob um predomínio germânico. A concepção estratégica desse império resumia-se a uma formulação europeia e a síntese dessa concepção seria o domínio dos Bálcãs e o acesso crescente ao mar Mediterrâneo. A diplomacia do Império Austro-Húngaro, ao final do século passado e no início desse século, moveu-se claramente com esses objetivos. Entretanto, a questão das nacionalidades minou todas as tentativas feitas pela ação diplomática. Não se tornou possível criar-se uma única vontade nacional que respaldasse a ação diplomática. O estado nacional moderno, sem um projeto nacional mantido através de uma vontade nacional, não existe. O Império Austro-Húngaro não conseguiu ser um estado nacional moderno. Também não conseguiu ser uma sociedade industrial. Ao iniciar-se a Primeira Guerra Mundial, a produção industrial do Império Austro-Húngaro era incipiente, se comparada com outros retardatários como a Alemanha ou o Japão, e excessivamente concentrada em áreas germanizadas, como a Áustria e os sudetos da antiga Tchecoslováquia. Deste modo, sem ter sido um estado nacional moderno, sem ter sido uma sociedade industrial e, em decorrência, vitimado por não ter conseguido impor uma vontade nacional às suas nacionalidades, fruto, talvez, também, de sua limitada concepção estratégica, o Império Austro-Húngaro fragmentou-se com a derrota e, de retardatário, passou a ser só parte de nossa história.

A Rússia contava com uma ampla visão estratégica. Buscava um domínio sobre a Europa e Ásia e daí o predomínio mundial. Para tanto, desdobrava-se sobre os

---

1. Nesta época a América ibérica ainda era um espaço colonial.

2. O entendimento do que vem a ser um estado nacional moderno e uma sociedade industrial é de extrema importância para essa exposição. Entendemos como estado nacional moderno aquele em que a sua vontade é coincidente com a dos seus cidadãos e que tem como contraponto o antigo estado nacional, em que a vontade resultava exclusivamente da sua casa reinante, ou de sua elite dirigente. Entendemos como sociedade industrial não, exclusivamente, criar um sistema industrial dentro das fronteiras de um território nacional, mas ir além disso, dando condições à população que habita aquele território de participar dessa criação ao usufruir dos bens que vierem a ser gerados nesse sistema.

Bálcãs e expandia-se sobre o Extremo Oriente. A Rússia de todos os retardatários teve a trajetória mais conturbada. A ideia da criação de um estado nacional moderno nunca conquistou plenamente a elite dirigente russa no século XIX. Presos ao estado absolutista, que lhe proporcionava tantas vantagens, a aristocracia russa não via com bons olhos compartilhar seus ideais com o povo russo. A sociedade industrial como concebemos não era desejada como objetivo final. A industrialização era vista como um meio de se darem meios à concepção estratégica. Na época dos tzares, os meios eram os fins e os fins eram meios. A revolução comunista, antes de ser uma validação às teses marxistas da lutas de classes, é, muito mais, uma ruptura entre o povo russo e as suas elites dirigentes. É a resultante explícita das forças anímicas presentes na nação russa, fruto de sua história, desde a formação do Grão-Ducado de Moscou, assim como, também, o é o recente estilhaçar do estado soviético. Nada é mais definitivo, na defesa dessa posição, do que o comportamento do estado soviético no decorrer da Segunda Grande Guerra. Ao longo de todo o conflito, o que se defendia não era o estado soviético, mas a velha mãe Rússia. O estado soviético buscou criar uma sociedade industrial. Buscou criar um estado nacional moderno. Entretanto, o sistema econômico que adotou não lhe deu condições de dotar o povo russo de uma convincente vontade nacional. Sem vontade nacional, a busca ao centro transforma-se numa viagem no labirinto. E é isso que está acontecendo, ainda hoje, com a sociedade russa.

A Alemanha, no início da segunda metade do século XIX, buscava, antes de tudo, se tornar um Estado Nacional. Para isto, contava com a Prússia que, antes de ser um estado que contava com um exército, era um exército que contava com um estado. A Prússia, após duas guerras, com a Áustria e com a França, pode reunificar os alemães e criar um grande estado no centro da Europa. Este estado, sob a égide de Bismarck, talvez tenha sido o que mais claramente tenha explicitado a busca pela criação de um estado nacional moderno e de uma sociedade industrial. Sua concepção estratégica era clara: o domínio da Europa continental, daí o domínio da Eurásia e do Mundo. A educação deveria ser o suporte para a criação de uma vontade nacional. A Alemanha, na sua busca ao centro, envolveu o Mundo em duas guerras mundiais. Foi derrotada em ambas, perdendo parcela de seu território. Mesmo assim, chegou ao centro, como veremos mais adiante. Qual foi o seu segredo?

O Império Otomano nunca conseguiu ter uma concepção estratégica. Ao longo de todo o século XIX, sofreu uma progressiva decadência. Sem ter estabelecido uma política que privilegiasse a montagem de um estado nacional moderno e uma sociedade industrial, ele abdicou da busca do centro. Quando acordou, no início do século XX, era para ele muito tarde. A revolução dos jovens turcos, que estabelecia como política a busca daqueles objetivos, veio tarde. Logo veio a Primeira Guerra e, com ela, a partilha do Império Otomano. Sem política, sem ter, portanto, concepção estratégica, sem vontade nacional, o Império Otomano havia deixado de existir.

A Itália, a exemplo da Alemanha, também buscava, no início da segunda metade do século XIX, a sua constituição como nação. Conseguido esse objetivo, ela partiu para a busca do centro e, também, para a criação de uma sociedade industrial e de

A Estratégia Nacional do Brasil 501

um estado nacional moderno. Muniu-se de concepção estratégica. Tendo sido sede do maior império da antiguidade, a Itália procurou reviver, no espaço, algo que o tempo não permitia. Procurou recriar a concepção estratégica de Roma. Dominar a bacia do Mediterrâneo e, com esse domínio, dominar a Europa. Contudo, essa estratégia era neste momento inadequada. A concepção estratégica que há dois mil anos era definitiva, não se adequava à conjuntura do século XX. Espaço e tempo serão sempre razões de tudo. A concepção estratégica italiana foi limitada. Sua vontade nacional não se explicitou e a Itália chega ao centro como coadjuvante, assim como o centro antigo, a Inglaterra e a França, de um ator maior, a Alemanha, na União Europeia.

Os Estados Unidos tornam-se independentes no mesmo instante histórico em que se processa o rompimento no modo de agir – a Revolução Industrial – e na maneira de pensar – a Revolução Francesa. A busca desses novos paradigmas transformou-se no objetivo maior da sociedade americana. Desde sua independência, os Estados Unidos formularam uma concepção estratégica ampla. Esta concepção pode ser assim resumida: o domínio da massa territorial norte do hemisfério ocidental, ou seja, da América do Norte; não permitir que um país ou coligação de países do hemisfério ocidental ameace seu predomínio nesse continente; não permitir que um país conquiste a supremacia absoluta na Europa e Ásia; e, finalmente, ter o controle do tráfego marítimo no Atlântico Norte e no Pacífico. Ao lado dessa concepção, o estado nacional estadunidense tem procurado dotar a sociedade norte-americana de vontade nacional. Ao longo de todo esse século, utilizando-se de propaganda e dos novos meios de comunicação, tem-se procurado incutir na sociedade americana valores que objetivam exclusivamente fortalecer a vontade nacional. Pelas suas heterogeneidades ética, racial e religiosa, esses valores não emergiriam naturalmente no povo estadunidense. Ao término da Segunda Guerra Mundial, os Estados Unidos atingiram os seus objetivos e se estabeleceram de forma hegemônica no centro.

O Japão, quando foi forçado a romper o seu isolamento, a partir do início do século XIX, defrontou-se com a necessidade de buscar o centro, pois a outra opção era a de ser mais um território do contencioso colonial do centro e dos antigos retardatários. As elites japonesas preferiram, entre a posição de colônia, que a Índia adquiria, e a posição de espaço a ser ocupado que a China estava se tornando, buscar um lugar entre os antigos retardatários. E, para isto, resolveram copiar o que de melhor havia no centro da época e nos seus possíveis companheiros de viagem. O seu maior paradigma foi, sem dúvida, a Alemanha "bismarckiana", como demonstra a constituição que promulgaram em 1889. A busca da criação de uma sociedade industrial e de um estado nacional moderno já era princípio de ordenação na chamada reforma Meiji, em 1867. O isolamento a que foram submetidos deu aos japoneses um extremo impulso à criação de uma vontade nacional. Contudo, sua concepção estratégica foi limitada e resumiu-se ao domínio das margens da bacia do Pacífico.

Passados dois séculos das rupturas, no final do século XX, três desses retardatários disputavam o centro: os Estados Unidos da América, a Alemanha e o Japão. Todos dotados de estratégia nacional, todos dotados de vontade nacional.

Aspectos de Inserção

Todos adeptos da doutrina do intervencionismo e do nacionalismo econômico. Nunca foram liberais. A economia, para eles, sempre foi vista como uma ferramenta a ser utilizada pelo estado na busca de uma concepção estratégica, ou como um elemento primordial para a formulação de sua política.

O comportamento atual da China e toda a análise histórica procedida mostram que para se vencer o nosso retardo é necessário:

- Ter claro que a solução das questões sociais de nossa sociedade passa, obrigatoriamente, pela sua solução como sociedade industrial;
- Que isto só é modernamente possível pela constituição dessa sociedade como nação;
- Que nação só se constrói com um estado nacional moderno e com defesa dos interesses nacionais ou "razões de estado", e que isto, no campo econômico, é ainda protecionismo;
- Que cabe a esse estado prover essa sociedade de uma estratégia e de vontade nacional – fator extremamente importante; e
- Que só a contestação é capaz de deslocar uma periferia para o centro.

Estratégia e vontade nacionais são os ingredientes primordiais, como a história nos mostrou, capazes de conduzir um estado nacional para o centro, capazes, portanto, de preencher os reclames, ainda atuais, de ser uma sociedade industrial e um estado nacional moderno.

Todavia, entre os dois últimos ingredientes, estratégia e vontade nacional, a serem providos pelo Estado, existe uma clara hierarquia. É da concepção estratégica do estado ou da estratégia nacional que se extrai parcela relevante dos dados capazes de criar e de manter uma vontade nacional. E estratégia nacional decorre primordialmente da forma como um estado nacional olha o mundo e nele busca se inserir.

Assim sendo, qual é a estratégia nacional do Brasil? A resposta a esta pergunta está na gênese de qualquer política estruturada de defesa nacional.

A formulação de uma estratégia nacional se constrói utilizando-se das mesmas condicionantes que cercam a montagem de um planejamento regional: a condicionante geográfica, a condicionante econômica, a condicionante histórica e a condicionante antropológica.

Até vinte anos atrás, a incipiente, na época, estratégia nacional do Brasil como formulada na Escola Superior de Guerra e exposta nos livros do general Golbery do Couto e Silva, priorizava, quase que exclusivamente, na sua formulação a componente geográfica e a componente econômica, sendo que as condições históricas e antropológicas do país estavam nesta concepção enviesadas no seu caráter atrelado ao viés ideológico da Guerra Fria.

Esta formulação do passado evoluiu e deve-se apoiar no século XXI primordialmente nas componentes histórica e antropológica.

A Estratégia Nacional do Brasil

Cabe, entretanto, neste texto dar uma tintura das componentes geográfica e econômica. Deixando para notas de rodapé uma análise mais elaborada, já que o principal esteio em que se estrutura nossa estratégia nacional são as outras condicionantes mencionadas.

A Componente Geográfica

Olhando-se o nosso planeta, verifica-se que as áreas emersas correspondem à menor parte da superfície terrestre. Destas, dois conjuntos se sobressaem: o primeiro, que é maior, compreende a Europa, a Ásia e a África; o segundo, menos pujante, compreende a América. Sabe-se que as massas continentais se distribuem no hemisfério norte, formando um grupamento, em semicírculo, centrado no Polo Norte; a América do Sul se posiciona no outro espaço, o hemisfério meridional no qual a Antártica se constitui no território mais apartado, na metade inferior do planeta.

A América é composta de duas massas que se unem através de um istmo: a América do Norte e a América do Sul. A América do Norte se orienta mais para o quadrante oeste, enquanto a América do Sul oferece exemplo típico de desvio continental para o leste. Assim, o meridiano de Lima, cidade na esfera do Pacífico sul passa em Washington, na dependência do Atlântico norte. Essa entorse continental poderia caracterizar a América do Sul, também como América do Leste, já que esta cria a zona de estrangulamento do Atlântico, levando Recife a distar somente 18 graus de longitude de Dakar e 10 graus de Cabo Verde, a terra mais ocidental da África.

Considerando-se o meridiano de zero grau de Greenwich, toda a massa continental americana se concentra no hemisfério ocidental entre os 36 graus do cabo Branco no nordeste brasileiro, aos 160 graus do cabo Príncipe de Gales no Alaska. Nesse posicionamento, observa-se que a América do Sul está bem mais isolada pelo oceano Pacífico, encontrando-se a grande distância da Austrália, que com ela se defronta numa linha de leste a oeste, no setor do chamado crescente externo insular. Toda esta análise geográfica valida a observação de que o subcontinente sul-americano encontra-se, de forma geográfica, afastado dos grandes fluxos de comércio internacionais que se processam nas massas continentais do semicírculo que se articula ao redor do Polo Norte.[3] Nesta análise, daremos especial atenção à base continental do Brasil, o subcontinente sul-americano. Esta atenção decorre da capacidade de polarização no subcontinente que o Brasil detém.

A América do Sul tem a forma triangular, e o setor mais largo deste continente se concentra na zona equatorial terrestre; estreitando-se ao atingir a faixa temperada para afunilar-se no vértice meridional, defrontando-se com o continente que abriga o polo sul: a Antártida.

Cortada pelo Equador e trópico de Capricórnio, a posição geográfica da América do Sul lhe confere, portanto, de forma mais geral, a categoria de continente do

---

3. O fator fisiopolítico justifica, na América do Sul, a superioridade territorial do Brasil no conjunto sul-americano, já que a Argentina, que o segue em área, atinge apenas a terça parte da porção brasileira na região.

Aspectos de Inserção

hemisfério sul. O Brasil é um reflexo menor da área que lhe abriga: a América do Sul, projetado no seu Este e voltado para um dos dois oceanos que margeiam o subcontinente: o oceano Atlântico. A situação do Brasil no hemisfério sul, assim como a América do Sul, o coloca numa posição periférica quanto às rotas centrais do comércio mundial.

Nos dois extremos do continente encontram-se áreas menos favoráveis ao estabelecimento humano: o norte quente e chuvoso e o sul frio e estéril. Contraste que se equilibra no setor das baixas latitudes, onde a população, para evitar as temperaturas mais quentes, particularmente dos países banhados pelo oceano Pacífico, deu preferência às zonas de maior altitude da cordilheira dos Andes. Em contrapartida, os países banhados pelo oceano Atlântico que liga o subcontinente com as massas terrestres da América do Norte, da Europa e da África, têm seus principais centros demográficos no litoral, fazendo do Brasil o mais populoso centro do conjunto. Tal fato resulta da oposição entre as duas vertentes oceânicas do subcontinente, que só uma intervenção ampla de organização da infraestrutura do continente poderá vencer. Estas vertentes são: a do Pacífico, "mar solitário", de navegação extensiva, com feixes de circulação bem mais regional; e a do Atlântico, de navegação intensiva, com feixe de circulação intercontinental.

Pela oposição dessas duas vertentes oceânicas implantaram-se áreas geopolíticas neutras que, devido à sua posição no interior do continente, predispuseram os países sul-americanos a uma dissociação econômica e psicossocial, vivendo de costas uns para os outros.

Em função destas vertentes oceânicas, o continente sul-americano caracteriza-se por duas zonas longitudinais:

- A primeira, formada pelos Andes, cadeia de montanhas prolongando-se de norte para sul por mais de 7.000 km, configurando uma verdadeira barreira ao longo do oceano Pacífico e levando a América do Sul a voltar-se bem mais para o Atlântico seu espaço de civilização; e

- A segunda, constituída de três planaltos: Guianas, Central e Patagônia e de três planícies: Orinoco, Amazônica e Platina; e que se intercalam e são estruturalmente articulados ao Atlântico.

Nos Andes, o sistema de ligação entre as duas vertentes oceânicas é precário e se constitui nos "passos e nós". Os passos, acidentes geográficos andinos, que se transformaram em passagens naturais nos colos das montanhas, possibilitam o contato entre as duas vertentes. Os mais importantes estão no sul: o de Upasalla, entre a Argentina/Chile – é aproveitado pela única transcontinental do continente entre Buenos Aires/Valparaíso; o de Santa Rosa, entre Bolívia/Chile, leva o sistema ferroviário boliviano até Árica no Chile. Enquanto Upasalla une as duas vertentes oceânicas, o de Santa Rosa só o fará quando se complementar, como veremos adiante, o trecho Santa Cruz de la Sierra, já conectada com Santos, no Atlântico, e Cochabamba. Os nós ou *nudos* apresentam-se sob a forma de planaltos, circundando um alto pico, acima dos 3.000 metros de altitude entre 5º e 15º de latitude

A Estratégia Nacional do Brasil

sul, enfeixando várias ramificações andinas. Eles funcionam como os centros de dispersão de águas, em linhas de menor resistência do terreno. A importância funcional desses acidentes geográficos relacionados ao Atlântico se concentra na posição que ocupam no anfiteatro amazônico. O nó de Pasto, na Colômbia, e o de Loja, no Equador, se direcionam para os vales do Putumáio e Marañon, respectivamente, aguardando vias hidrográficas de acesso ao Atlântico, ainda por se desenvolverem. Já o nó de Cerro Pasco, no Peru, se divide entre os vales amazônicos do Marañon e Purus; enquanto que o de Vilcanota ou de Cuzco prolonga o de Pasco na direção do Madeira. As planícies dos rios Amazonas, Orinoco e da Prata são servidas de redes hidrográficas que levam a América do Sul a se voltar para o Atlântico, do qual são tributárias. Buscam também o Atlântico, declinando para ele os planaltos das Guianas e da Patagônia.

A bacia amazônica se constitui numa sub-região de conexão entre duas áreas de importância estratégica – a do Caribe e a do altiplano boliviano, considerando este último uma espécie de *heartland* do continente.

Já o planalto brasileiro, por sua posição geográfica e configuração no centro geográfico do continente, pende para o interior, buscando a ligação entre o norte e o sul, integrando as bacias do rio Amazonas e Platina. No passado ele favoreceu a penetração para o oeste, permitindo que os portugueses, detentores do núcleo histórico à beira do Atlântico, conquistassem vasto *hinterland* da América do Sul. Esta vocação geopolítica de atração do Atlântico se atesta pela presença de importantes bacias hidrográficas, associadas às articulações litorâneas onde o relevo mais baixo favorece intensa vinculação com o *hinterland*.

Conclui-se que a unidade andina contribuiu, de início, para a implantação de um único estabelecimento colonial – o espanhol, estendendo-se de norte para o sul, na vertente isolada do Pacífico. A costa do Pacífico, de litoral pobre em opções, sem nenhuma grande bacia hidrográfica, e, por isso, em grande parte desvinculada do interior, é pelos nós e passos que se projeta o processo de ocupação na sua caminhada para uma associação com o Atlântico.

A análise geográfica da América do Sul também indica a existência primitiva de um dualismo geopolítico sul-americano, mas não uma dualidade de opostos – há uma atração natural. Este dualismo histórico se deu, também, entre espanhóis e portugueses, com a contribuição do Tratado de Tordesilhas (1494), secionando, como fronteira esboçada, as duas grandes vias de penetração continental ao entregar a foz do Rio da Prata aos espanhóis, o que lhes proporcionou maiores oportunidades para a expansão pelos Pampas e pelo Chaco, e ao conceder a embocadura do Amazonas aos portugueses. Coincidentemente o seu setor sul, o melhor braço para a navegação, permitiu que os lusos se apossassem daquela planície setentrional.

Deste modo, facilitada a penetração espanhola ao sul e portuguesa ao norte, o continente sul-americano foi induzido, embora indiretamente, a uma bipartição aproximada: 8.500.000km^2 para os portugueses (o Brasil) e 9.300.000 km^2 para os espanhóis. Caberia aos Andes e ao federalismo castelhano impor a forma de cantões à América espanhola, gerando-lhe vários núcleos históricos e, assim, dividindo-a posteriormente em várias repúblicas.

De outro lado, o relevo mais baixo e a centralização do reino Português confirmariam o caráter unilateral do Brasil com um único núcleo histórico. O espaço português, dentro do contexto econômico, posicionado nessa longa faixa atlântica, contou com a vantagem de estar mais próximo da África e Europa, colocando o Brasil em maior contato com Portugal; por outro lado, dentro do enfoque estratégico, se caracterizou como alvo de assaltos e tentativas de fixação de parte de elementos estrangeiros.

Do lado do Pacífico, em face do isolamento, os espanhóis ficavam menos expostos aos invasores, embora contando com a desvantagem geográfica da distância para com a metrópole. A conquista desordenada e a tendência a presença continental iriam expor mais a metrópole espanhola com vasta área de disputa na América com outros vizinhos colonizadores, em especial os ingleses. Assim, a zona de disputa entre os dois iria se estender desde a América do Norte até a América do Sul.

O Brasil é o maior país da América do Sul. Ocupando quase a metade do espaço territorial sul-americano, 47,3%, posiciona-se na larga porção oriental do Atlântico sul. Suas fronteiras totalizam 23.086 km de comprimento, sendo 15.719 km de limites terrestres e 7.367 km de litoral, detendo, portanto, uma presença continental e marítima. No conjunto territorial brasileiro, 18% da extensão é formada pela faixa de 250 km que acompanha o litoral; 42% se encontra entre os 250 km; e 1.000 km da orla litorânea, os restantes 40% estão além dos 1.000 km. Tais porcentagens comprovam ser o Brasil um país marítimo, que, associado à sua presença na área continental sul-americana, o caracteriza, portanto, como um país de múltiplo vetor. O Brasil articula-se, grosso modo, com os Andes, de onde recebe o empuxo das forças continentais, bem como com as duas grandes bacias fluviais – a Amazônica e a Platina – ambas tributárias do Atlântico e eixos viários de penetração no *hinterland*.

A Componente Econômica

O Brasil é um amplo espaço muito bem provido de recursos naturais, privilegiado em termos de minérios, de fontes energéticas, de solo agrícola e de água doce. Contudo, é ainda um país periférico ao capitalismo mundial. Configurando-se mais em uma área de exploração que de acumulação. Apesar de possuir um grande potencial econômico, ainda tem pouco poder econômico.

Em termos de política econômica, antes de tudo, constatamos que a visão liberal sempre nos colocou vulneráveis. Tanto o Brasil como todos os retardatários perdem muito ao abraçar o discurso da completa abertura ao sistema internacional, devido às relações assimétricas de poder que esta visão maximiza com o centro, e hoje com sua maior expressão: a América de origem inglesa. A concordância com a antiga ideia das vantagens comparativas ou, de sua forma moderna, a integração competitiva no mercado mundial sempre exporão estes países de forma caudatária na dinâmica da economia mundial.

A Estratégia Nacional do Brasil 507

É bem verdade que no Brasil, a partir da segunda década do século XX, se experimentou a formatação de um discurso para o seu desenvolvimento. A base deste discurso que se fundamentava na contestação da dominação de origem inglesa e europeia teve diferentes matizes que iam desde o positivismo até o marxismo. Com o passar do tempo, esta contestação transformou-se num desejo de mudanças articulado pelas ideias de Sombart, Manoelescu e Perroux, e transfigurou-se no discurso estruturalista da Cepal, de Prebisch e de Furtado. Contudo, de vinte anos para cá, o Brasil resignou-se e articulou-se de forma submissa na teoria da dependência e submeteu-se ao novo liberalismo. Assim como no passado, neste último período manteve-se sob o domínio de uma postura que abjura os movimentos sociais.

Tudo isto conduziu a que – diferentemente do que se afirma frequentemente no Brasil – a economia brasileira se tornasse vastamente internacionalizada, ela sempre foi uma economia aberta ao mundo.

O Brasil já se configura como um país relativamente importante como receptor de capital estrangeiro. Tradicionalmente, o estado brasileiro sempre apresentou uma atitude favorável ao capital estrangeiro, o que, aliado ao tamanho do mercado doméstico, tem contribuído para a grande penetração do interesse desses capitais no país. Isto se realçou com a política de abertura da última década do século XX. Estima-se que quase a metade de seu parque industrial seja, hoje, de propriedade estrangeira.

Ao longo da década de 1980, o Brasil havia diminuído a capacidade atrativa sobre investimentos externos diretos, quando comparada à de outros países, em especial, os mais desenvolvidos. A principal razão desta queda residiu na deterioração da situação econômica do país e não nas restrições, como teimam alguns economistas em afirmar que o capital estrangeiro teria sofrido com a Constituição Brasileira de 1988.

Isto se comprova analisando o plano real. A estabilização inicial do real trouxe um fluxo representativo de investimentos externos no Brasil, voltado em sua maior parte à compra de ativos, entre 1994 e 1998. Contudo, a deterioração das condições macroeconômicas estrangulou este fluxo externo, o que vem a corroborar a tese de que o ingresso de capital estrangeiro no Brasil decorre muito mais do acerto de políticas econômicas do que das condições que são impostas a esses capitais. O ingresso de capital estrangeiro em investimentos, entre 1994 e 1998, foi uma séria ameaça, dado o seu montante, ao bom desempenho futuro da economia brasileira, na medida em que esta estava submetida a outro constrangimento: o de repatriar os ganhos crescentes auferidos pelos capitais estrangeiros.

Outro fato merecedor de reflexão é o discurso corrente e dominante de que a economia brasileira precisa se abrir à competição internacional. Este discurso se apoia na afirmação de que existe um baixo grau de abertura da economia brasileira. É evidente que não será com Singapura (país de diminuta extensão territorial) ou com a Birmânia (país com razoável território, contudo, periférico) que se pode comparar o Brasil quanto ao grau de abertura ao exterior. Comparações só fazem sentido entre coisas ou situações realmente semelhantes ou equivalentes. A comparação entre países, requer a aplicação de conceitos geopolíticos, avaliação das relações reais e

Aspectos de Inserção

fictícias de dominação e exigem, também, conhecimentos sobre configuração produtiva, recursos naturais, proximidade geográfica dos fluxos de comércio, nível cultural da população, preferências, etc. Mas isto alguns economistas fingem não saber.

Cabe registrar ainda que o Brasil, só recentemente, foi capaz de articular uma nova política que favoreceu seu comércio exterior dentro e fora do espaço da América do Sul. A causa dessa conjunção reside nos sucessivos e fracassados planos de estabilização macroeconômica do final do século passado e, em muito, de sua posição vulnerável nas relações de troca, decorrente de um esforço para honrar débitos impagáveis, nas condições que se colocavam para o Brasil. A dívida externa drenava, de forma continuada, o possível excedente de capital que se formava no Brasil.

Logo após o estabelecimento do plano real, a sobrevalorização desta moeda e uma relação cambial sucessivamente distorcida impediram maiores avanços no campo externo. Essas políticas fracassadas impossibilitaram a realização dos investimentos que conduziriam à maior produtividade e à aceleração do progresso tecnológico. Está evidente que, como consequência de tudo isto, ocorreu o aumento do diferencial de produtividade e o *gap* tecnológico que o Brasil já ostentava, em 1980, com relação aos competidores no mercado internacional. Tudo isto reafirma a tese de que o Brasil deve fugir aos ditames de uma política econômica liberal e retornar aos princípios de uma maior intervenção governamental em assuntos econômicos.

Na estratégia nacional, assim como no planejamento regional, a condicionante econômica é aquela em que o pensador tem maior capacidade de interferir. As demais condicionantes são mais de natureza estrutural e, portanto, não passíveis de serem mudadas no curto ou médio prazo.

Por tudo isso é que a defesa do Brasil e de sua estratégia nacional implica sempre uma ação no campo econômico, já que este é também meio e não só um dos fins de uma estratégia nacional. Neste início do século XXI, defender o Brasil é mudar a inserção econômica atual do país.

A Componente Histórica

Nossas origens se perdem na própria formação do Ocidente. Somos a América portuguesa. Esta adjetivação nos impõe, culturalmente, o resultado de duas heranças: a grega e a hebraica. Elas se conjugaram na visão romana e se transferiram para o mais ocidental dos espaços de dominação romana: a Lusitânia.

Estas heranças compuseram, no seu desdobrar, a civilização como hoje a conhecemos e o seu sonho de mundialização, de universalização do gênero humano, de construção de uma única humanidade unida na construção do progresso. Este sonho resultou das duas integrações basilares colocadas no pensamento ocidental: a unidade horizontal do gênero e a unidade vertical.

A integração horizontal do gênero é o resultado de Jesus Cristo. Antes de sua vinda ao mundo os homens encontravam-se irremediavelmente separados. Os gregos viam os outros como bárbaros, não homens: como pombos (os bárbaros)

A Estratégia Nacional do Brasil

509

podem viver em ninhos de águias (as *pólis* gregas) a não ser como escravos? Os hebreus se viam como o povo eleito, os únicos capazes de pactuarem com o Absoluto; para eles, os demais eram incapazes. A vinda de Cristo mudou isto. A partir Dele todos eram iguais perante o Deus: ricos e pobres, senhores e escravos, gregos e hebreus. Havia se construído a igualdade horizontal do gênero pela palavra de ordem: "Amai ao próximo como a si mesmo".

A integração vertical do gênero se processa pela progressiva interação filosófica que conduz ao descortinar filosófico dos séculos XVIII e XIX, o Movimento Iluminista, como bem sintetizam estas palavras do francês Blaise Pascal, em sua obra *Fragmentos sobre o Tratado do Vácuo*: "Todos os homens ao longo de todos os séculos nada mais são que o mesmo homem que subsiste e aprende sempre".

Vejamos o substantivo. Apesar da América ter mais de dez mil anos de história, as mudanças trazidas pelos europeus reduziram seu período de análise histórica para só quinhentos anos. Nestes cinco séculos, a América do Sul foi um espaço geográfico que se constituiu na periferia da construção do capitalismo.

Lembremos que a análise histórico-geográfica da América do Sul indica, também, a existência primitiva de um dualismo sul-americano, mas não uma dualidade de opostos. Há uma atração natural. Este dualismo se dá entre espanhóis e portugueses.

Contudo, é de fundamental importância entender que o Novo Mundo esconde um choque muito maior que separa a América em duas. Há uma contradição, uma dialética, que se expressa em uma oposição, desde a emancipação que se manifesta até o momento presente, e se reflete, de forma clara, na história do continente americano. Ela opõe o pensamento anglo-saxão ao pensamento hispânico. O Brasil, ou seja, a América portuguesa, neste contraditório, foi, é e será um terceiro interessado.

A origem deste contraditório é remota. A Europa perdeu sua unidade precisamente no período em que começou a expansão europeia. Então, a cristandade medieval dividiu-se em Estados Nacionais, e foram estes que buscaram novas terras, lançando seus marinheiros na busca de novos mundos. É da disputa dessas terras, como testemunham as reações do norte da Europa ao Tratado de Tordesilhas, que se origina todo o contencioso que opõe os ingleses e seus descendentes aos hispânicos e seus descendentes. Entretanto, esta oposição foi expandida em decorrência da maneira ibérica de ver o mundo, que é, praticamente, a antítese da maneira anglo-saxã – algo fácil de verificar contrapondo as obras de Cervantes e Camões às de Shakespeare. Em Cervantes estão os sonhos, a visão espanhola de mundo projetada e a alma ocidental idealizada; em Camões, encontram-se as aventuras, as realizações lusas transfiguradas em epopeia, a alma ocidental realizada; em Shakespeare, tem-se o pragmatismo, a visão realista e calculada anglo-saxã, gestora do empirismo, a alma humana na sua essência construtiva e destrutiva.

O Tratado não separou os espanhóis dos portugueses, pelo contrário, os uniu na divisão do mundo. Mas com Tordesilhas criou-se um novo Pirineus, que, mais

Aspectos de Inserção

uma vez, separou os ibéricos do norte da Europa. Nos séculos XVII e XVIII, esta separação adquiriu novos foros de tensão e opôs espanhóis e ingleses, através de novas facetas. Era uma sociedade continental oposta à outra insular e marítima, uma sociedade mais aristocrática à outra que buscava ser democrática, uma sociedade rural à outra que queria ser burguesa, uma sociedade antes teocrática, contrastando com uma sociedade que se fazia leiga, uma sociedade fundada nas honras e na hierarquia à outra que se fundamentava no lucro e no contrato. Neste processo, Portugal pendulou, mesmo contra a sua vontade, primeiro se unindo com a Espanha, e depois, se submetendo aos ingleses.

Não se necessitava ter ido tão longe. Poder-se-ia começar a análise desta dialética na própria América liberta, justapondo-se o discurso doutrinário, imposto pelo federalismo dos EUA, à diversidade administrativa, decorrente da desagregação política da América hispânica. Contudo, esta prática na América espanhola poderia ter sido obstada, caso, a exemplo do predomínio da visão de Monroe para os estadunidenses, houvesse prevalecido o sonho unitário de Bolívar para os hispano-americanos.

Colocá-los juntos, Bolívar e Monroe, é, de certa forma, trazer para hoje as doutrinas políticas que prevaleceram ao início do século XIX. Ambas de um paralelismo indiscutível. Uma, a tese do presidente norte-americano, expressa em 1823, vitoriosa de forma definitiva, quase cem anos após, em Versalhes. Outra recolhida ao sonho de um imaginário criativo, esperando o curso da história para renascer.

Ambas, imaginando a América para os americanos. A anglo-saxã, unilateral e intervencionista, estabelecendo um possível poder de tutela sobre os demais estados. A hispânica, participativa e não intervencionista e calcada na cooperação, como disposta nas palavras do libertador: *Ningún Estado será más débil que otro, ninguno más fuerte. Un equilibrio perfecto si establecerá por este pacto social.*[4]

No final do século passado, a diplomacia brasileira fez uma opção por afinar-se com a doutrina Monroe, diante do seu isolamento perante o mundo hispano-americano e, principalmente, do avanço do processo de colonização europeia na Ásia e na África. No final deste século é chegado o momento de rever esta posição. A atual situação prevalecente, em todos os contextos, resulta do fato de os EUA ter retirado da doutrina Monroe todo o seu vigor, transformando-a, neste momento, para nós, em uma exclusiva ação de dominação. Em paralelo, se reiteram as posições de Bolívar, como o espaço de sustentação de uma articulação defensiva. Para quem pode se deslocar nos dois lados de uma moeda, pendular é obrigatório: a cara tem de se fazer coroa e a coroa tem de se fazer cara, ainda por mais forte que seja a coroa e por mais fraca que seja a cara.

Este movimento, para se fazer completo, tem de dar ao Brasil a liderança do processo e fazê-lo se deslocar da posição de terceiro interessado, que sempre teve, como América Portuguesa na disputa entre o Pan-americanismo, criatura da América inglesa e o Hispano-americanismo, criatura da América espanhola, para

---

4. De acordo com citado por Malagrida a respeito de correspondência remetida por Bolívar para Canning, solicitando o apoio dos ingleses, publicada por C. Villanueva em *La Monarquia en América*, T. IV, p.. 144.

A Estratégia Nacional do Brasil

a condução de um movimento novo, o Sul-americanismo, que deve ter seu início na cooperação sul-americana. De forma antropológica, este novo posicionamento tem características que a facilitam, já que é inegável a maior proximidade cultural da América portuguesa à América espanhola.

Na verdade, o Brasil foi, é e será um terceiro interessado inserido na América. Esta posição tem de ser entendida e aproveitada, devendo ser base de suporte da nossa estratégia nacional.

A Componente Antropológica

Se há um princípio que sintetiza toda a concepção de nossa estratégia nacional, é a ideia do Brasil ser o único artesão possível da verdadeira mundialização. Este é o nosso destino manifesto, algo que decorre naturalmente do povo brasileiro ser o descendente direto daqueles que iniciaram este processo, os portugueses, e o único provido das mágicas necessárias a fazer o movimento de construção de uma única pátria humana.

Faremos um rápido apanhado destas mágicas, pois nosso objetivo é só traçar um pano de fundo donde se desdobrará nossa estratégia nacional. Assim, descreveremos as "mágicas" mais relevantes que o povo brasileiro possui e que lhe possibilitarão executar a mundialização:

A mágica da antropofagia – é a peculiaridade que tem o povo brasileiro de se apropriar e transformar toda manifestação cultural exógena. Poder-se-ia iniciar a explicação desta capacidade que detemos como o resultado da arte que desenvolvemos de adaptar valores e técnicas europeias aos trópicos, em geral. Contudo, esta seria uma explicação muito pobre. A nossa antropofagia, que é uma característica ímpar, já que nenhum outro povo a detém, pelo menos em tal grau, tem sua origem na gênese da nossa cultura dominante: a cultura portuguesa. Essa cultura é um amálgama que se formou na paciente e progressiva assimilação dos iberos, dos ligúrios, dos celtas, dos fenícios, dos gregos, dos cartagineses, dos romanos, dos suevos, dos godos, dos judeus, dos mouros e dos cruzados franceses e ingleses. Esta progressiva mistura dotou os portugueses dos elementos necessários a processar o diferente, a torná-lo o igual, quando não o comum. Foi assim na constituição da cultura brasileira. A assimilação de outras culturas mais puras, como as diversas culturas africanas e ameríndias, foi algo fácil para a experiente cultura portuguesa que se transfigurava em brasileira. A capacidade de deglutir, de adaptar, de transformar de forma criativa e criadora o que lhe é apresentado, ou lhe é imposto, constitui-se no maior patrimônio do povo brasileiro. Tudo se faz sem perder o espírito empreendedor e mercantilista do fenício, do cartaginês e do judeu, da cultura dos gregos, das instituições e da linguagem dos romanos, da cultura material dos mouros, da aptidão manual do africano, do contato com a natureza do ameríndio. No Brasil, nada se perde, tudo se transforma em algo que se utiliza. No futuro ser mundializado é ser antropofágico.

Aspectos de Inserção

A mágica do passado comum – é a característica desse povo de ver o estrangeiro presente como se fosse um eu, entre nós, e não um tu, entre nós. O estrangeiro que reside no Brasil não sofre o distanciamento nem a discriminação. Este é um fenômeno do século XX. Nem sempre foi assim. Logo após a independência, o estrangeiro era discriminado. Se português, o antigo dominador, era espezinhado. Aos demais o choque cultural era total. Contudo, os fluxos migratórios do final do século XIX e do século XX retiraram do português seu ranço de dominador e dos demais suas características exóticas. Hoje é dado ao estrangeiro o passado comum, e lhe é incentivado, mais que permitido, participar na cultura e nos eventos nacionais – aliás, sua cultura se incorpora como nossa. Ao compararmos o tratamento obtido no Brasil, pelas imigrações europeias do início do século XX, com o tratamento encontrado, exemplificando, nos EUA, marcaremos bem esta diferença. Não existe no Brasil a figura do teuto-brasileiro, mas existe nos EUA a figura do teuto-americano. Não existe no Brasil a figura do ítalo-brasileiro, mas existe nos EUA a figura do ítalo-americano e assim por diante. A mágica do passado comum dilui as nacionalidades pretéritas e as colocam submetidas à nacionalidade brasileira. Só existe aqui, no espaço Brasil, uma nacionalidade única: a brasileira. A mágica do passado comum transforma a sociedade brasileira em uma sociedade absorvente capaz de no futuro ser a própria sociedade mundial.

A mágica da mestiçagem – é a valiosa qualidade que tem o povo brasileiro de deter diferentes graus de morenidade. Sobre este tema, sobrepujando o pessimismo das gerações anteriores, que se julgavam condenadas ao malogro, pela sua condição de partícipes de um país sem futuro, em decorrência do caráter mestiço de sua população, veio, ao longo de todo século XX, se sucedendo, desde a descoberta antropológica de nosso país feita, principalmente, por Gilberto Freyre, um orgulho, uma confiança e um arrebatamento expresso pela certeza das vantagens que a completa mestiçagem proporciona, na arena mundial, ao povo brasileiro. Fez-se, com Gilberto Freyre, a descoberta, nesta parte do mundo, de que não há raças capazes ou incapazes de civilização. Mais do que isto: fez-se a constatação de que toda a trama da história resulta de um processo de fusão e que o Brasil é, em si, o próprio espírito divino da fusão criadora. Em seus primórdios, o Brasil se constituiu de europeus, principalmente portugueses e holandeses, ameríndios e negros. Mais recentemente, de portugueses, italianos, espanhóis, alemães e outros europeus e de japoneses, formando em seu território, de início, vários grupos étnicos. Dos europeus, os de maior influência e número foram os portugueses, que não traziam a mística da pureza da raça.

Todos estes grupos, desde seu estabelecimento, vêm se interpenetrando, como resultado de um fenômeno novo, em escala mundial, que é o elevado grau de mobilidade social da sociedade brasileira, quer mobilidade vertical quer mobilidade horizontal. Tudo isto favorece um aparecimento, nesta parte da América, de uma democracia plena, no sentido real da palavra, onde não se estabelecem preconceitos, onde o mérito pessoal supera não só possíveis colocações de natureza étnica, como as de classe, e, onde se maximiza a afirmação dos talentos e se

A Estratégia Nacional do Brasil 513

potencializa a utilização das diversas possibilidades. Esta forma de ver o mundo é o simétrico do que se verifica no centro, já que para nós a miscigenação é regra e a discriminação é exceção. Para o centro, sejam norte-americanos ou europeus – nestes excluídos os ibéricos, em especial o português –, se dá o contrário, a discriminação é regra e a miscigenação é exceção. A sociedade brasileira é cada vez mais miscigenada, caminhando para ser homogênea. Isto porque seus vários grupos raciais tendem a pertencer à mesma civilização e a ter o mesmo imaginário e a mesmas ideias fundadoras e fundamentais, independentemente de sua pigmentação ou da forma de seu rosto ou de seu nariz. Esta mágica da mestiçagem, como afirmamos, é um valioso atributo, pois nos permite inserir a todos em nosso contexto e se sentir partícipe na elaboração do novo contexto da mundialização. A mágica da mestiçagem transforma hoje o Brasil e amanhã transformará o mundo no espaço de todas as raças.

A **mágica do sincretismo** – é a completa permissividade religiosa, algo que no mundo não tem a dimensão que se conhece no Brasil. Este é ainda o maior país católico do mundo, mas não é um país dominado pela mística católica, nem pela santidade. Não tem santo. O catolicismo se expressa no Brasil muito mais pelas suas manifestações externas, pelo correr de um calendário permanente de procissões e de festas populares, do atuar da Igreja na vida política, apoiando os governos ou conspirando contra eles, quando não os faz de forma concomitante. A este catolicismo caminham juntos o espiritismo, o candomblé, a quimbanda e mais recentemente os ritos evangélicos protestantes. Tudo isto se mistura num caudal de fé e de credos por onde trafega a mais plena tolerância religiosa e o mais claro sincretismo religioso. A maioria dos brasileiros adota, no decorrer de sua vida, mais de uma fé. Este sincretismo aceita, se não incentiva, outra forma de haver místico, ou de entender a origem e o destino dos homens, que se conceitua como esoterismo, forma pretensa de premonitória de futuro, tais como a astrologia, o tarô e os búzios. Tudo isto convive, se aceita e se incentiva. Como prova recente deste sincretismo podemos indicar a forte, e não combatida, penetração de um neoevangelismo, que nada mais é do que um aspecto sempre presente da religião no Brasil, decorrente de uma influência ameríndia, a religiosidade terapêutica – capaz de curar bicho e gente, transfigurada por um rigor moral radical. Aqui, ainda convivem outras formas de religiosidade, porém, mais enclausuradas nos seus círculos etnológicos e incapazes de trafegar tão desenvoltas, como o judaísmo, o islamismo e o budismo. Contudo, estas outras formas, muitas vezes compõem fontes que alimentam o já extenso caudal da religiosidade. No Brasil, o povo brasileiro detém a fé universal, esta é a mágica. A mágica de ter aquilo que todos, em todas as partes, sempre acreditaram e sempre acreditarão.

A **mágica dos trópicos** – reside na construção de uma civilização pela cooptação daquilo que a natureza tem de mais pujante e agressivo: os trópicos. Nisto, papel importante têm as três raças constitutivas do povo brasileiro. Em primeiro lugar, os portugueses que, diferentemente dos demais europeus, ao se defrontarem com os trópicos, não o fizeram com espírito de superioridade. Sempre buscaram adaptar seus valores e técnicas ao novo espaço de cooptação. Nunca buscaram impor sua cultura. Ela se impôs pelo seu valor, não pela coação. Os portugueses, diferentemente dos demais europeus nos trópicos, bem como seus descendentes, no Brasil, muitas vezes repudiaram as soluções europeias, adotando outras tropicais. Em segundo lugar, o ameríndio que, nos trópicos americanos é um ser agreste que formulou uma cultura primitiva, porém, própria e apropriada a sua terra de origem, seu *habitat*, seja ela cultura de floresta ou cultura de agreste. Em terceiro lugar, mas, talvez, até mais importante do que as precedentes, o negro africano e seus descendentes, muito mais habilitados, devido aos séculos de adaptação aos rigores climáticos dos trópicos e pela permanente contestação que exerceram à natureza nas selvas, nas savanas e nos desertos africanos. Quem dominar o trópico dominará o mundo, mundializará.

A **mágica da tolerância** – que pode ser entendida como cordialidade, como subserviência, como humildade e até mesmo como impotência, mas que é exclusivamente tolerância com o diferente, com o estranho, com o incomum, com o inusitado. Tolerância que se apresenta no dia a dia de nossa existência e de que tanto se beneficiam os que disso sabem.

A **mágica da transcendência** – que é a capacidade de pairar sobre todas as outras mágicas, unificando-as em uma só, sendo uma concordância a tudo e a todos. A civilização que está se constituindo no Brasil se caracteriza pela sua transcendência. Há uma transcendência na unidade, que se organiza dentro da dualidade herdada dos europeus, de ver a civilização brasileira, ora como inferno, ora como paraíso. Há uma transcendência por ser uma civilização mais direta e mais participativa. Há uma transcendência por incorporar novos valores, por ser além da europeia, por ser ameríndia e por ser africana. Há uma transcendência por sabermos ser periféricos, mas não vermos isto como problema, mas sim como aventura.

Devemos nos orgulhar e glorificar nossos valores, nossa tolerância, a brandura de nossos costumes, o nosso eclético venerar, o acolhimento afável, que concedemos ao que vem do estrangeiro, a nossa tropicalidade, à alegria simples que nosso povo tem, mesmo na miséria, e certo *savoir vivre*, que jamais perdemos nas piores circunstâncias e cuja visão e conhecimento deixam perplexos e atônitos qualquer estrangeiro. Do Brasil se tem uma mensagem única de esperança: o sinal que a inteligência humana é capaz de saltar acima das suas limitações e se integrar na compreensão do universo total. Somos diferentes e somos especiais. O Brasil é o mundo, é o sonho do Ocidente da construção de uma única pátria humana feito na América. Nós fomos, somos e seremos a mundialização. Este é o nosso destino manifesto. A busca da mundialização é o nosso desiderato.

A Estratégia Nacional do Brasil

O Brasil é o principal estado nacional do Hemisfério Sul. A busca da mundialização, que é o objetivo maior da estratégia nacional do Brasil, tem de ter sua gênese no Hemisfério Sul. O Brasil, conforme demonstramos, geograficamente, detém duas propriedades: a presença continental e a marítima. Desta constatação resulta o primeiro princípio da sua estratégia nacional: a estruturação de um espaço de prevalência da mundialização no Hemisfério Sul que observe as características de sua presença continental e marítima; o segundo é a extensão deste espaço estruturado a todo o Hemisfério Norte.

O detalhamento do primeiro princípio sugerido é:

1. O aproveitamento da presença continental mediante a formatação de um processo de cooperação sul-americana, aproveitando as componentes estruturais já apontadas, como instrumento de organização do processo de mundialização;

2. O aproveitamento da presença marítima como instrumento de dominação do espaço marítimo do Atlântico Sul e condução do processo de mundialização ao Golfo da Guiné e costa ocidental da África; e

3. A criação de uma nova presença marítima vinculada ao oceano Pacífico que conduza a mundialização à Nova Zelândia, à Austrália e à costa oriental da África.

O detalhamento do segundo princípio pressupõe a montagem de parcerias estratégicas e alianças com potências do Hemisfério Norte, para a penetração da mundialização neste espaço, e será fruto das circunstâncias conjunturais do balanço de poder neste Hemisfério. Contudo, está claro que a hegemonia completa de uma potência no Hemisfério Norte não é de interesse de nossa estratégia nacional, devendo todo o movimento pretendido considerar o apoio à contestação a essa possível hegemonia.

Neste momento, dada a complexidade da tarefa a ser empreendida na montagem de uma completa estratégia nacional, devemos nos fixar no seu primeiro passo: o aproveitamento da presença continental do Brasil, mediante a formatação de um processo de cooperação sul-americana.

Contudo, qualquer estratégia nacional só será possível se trouxer dentro de si uma vontade nacional que seja capaz de contestar a ordem internacional. Traçada a estratégia nacional, é possível se estruturar um projeto nacional e deste se montar uma política de defesa para o nosso futuro. O Brasil é antes de tudo um sonho. Defendê-lo é antes de tudo defender o sonho que habita a sua estratégia nacional: a mundialização ou a construção de uma única pátria humana. Defender o Brasil é defender o sonho que habita o espírito do homem.

O primeiro passo: A América do Sul

Sabemos que o primeiro passo de nossa estratégia nacional é a cooperação sul-americana. Vamos avaliá-la com mais profundidade. Nós, o Brasil, conforme já mostramos, somos a América portuguesa posta diante de uma dualidade clara, que contrapõe a América espanhola à América inglesa, dualidade que já existia desde o continente europeu. O processo de colonização espanhola na América sempre foi contestado pelos ingleses, e a colonização portuguesa, como terceira interessada, acompanhava esta contestação à época da colônia.

Quando ocorreu a independência nas Américas, a contraposição entre a América inglesa e a América espanhola manteve-se por inteiro. Por trás do imaginário inglês, como apresentamos no capítulo anterior, há uma visão pragmática e realista, muito bem colocada nas obras de Shakespeare; enquanto o imaginário espanhol está baseado numa visão sonhadora, não pragmática, construtiva de mundos imaginários, como claramente aparece na obras de Cervantes. Nós somos a América Portuguesa e, como tal, continuamos sendo um terceiro interessado.

Basicamente, o que aconteceu é que a opção que fizemos foi pela visão inglesa, pela doutrina anglo-saxônica na América, a Doutrina Monroe, porque estávamos isolados, cercados por um cordão de isolamento hispânico desde o tratado de Santo Ildefonso e víamos na Europa, após o congresso de Viena, a ameaça de um processo de recolonização. Abandonamos o sonho espanhol, a utopia de Bolívar, a visão de uma união dos povos ibéricos da América, algo que também se perdia na repartição da América espanhola, e nos mantivemos, até quase o final do século passado, afinados com a Doutrina Monroe. Será que neste momento da história como terceiros interessados, ou seja, como América portuguesa, não nos cabe mudar de posição, pendular e reconstruir o sonho de Bolívar, ou seja, buscar uma integração dos países de origem ibérica na América?

A resposta é sim, já está dada. E passa, obrigatoriamente, pelo processo de cooperação sul-americana, conforme já colocamos, indispensável para a integração

Aspectos de Inserção

dos países da América do Sul. Arquitetar e programar este processo deve representar nossa maior prioridade em termos de relações internacionais. Ele é o caminho para a inserção internacional do Brasil. Esta conclusão não é autônoma nem empírica e não é feita de forma isolada, é fruto de uma reflexão mais profunda que passa por uma avaliação dos atuais mundos político e econômico e das nossas vulnerabilidades perante os demais países. O Mercosul é a resposta que nós pudemos dar a algumas dessas vulnerabilidades, mas uma resposta inicial que se insere na nossa concepção estratégica. E qual é a nossa concepção estratégica? Seu preâmbulo está no parágrafo único, do art. 4º, da Constituição Federal do Brasil:

> A República Federativa do Brasil buscará integração econômica, política, social e cultural dos povos da América Latina, visando à formação de uma comunidade latino-americana de nações.

Nesse capítulo, nosso objetivo central será o de reafirmar esta concepção e sua viabilidade, mediante a proposta já adotada de escaloná-la, passando previamente pela cooperação sul-americana.

Do ponto de vista geográfico, grosso modo, à América do Sul pode ser conferida a categoria de maior continente do hemisfério sul. Agora, pensemos o mapa do mundo. Verificamos que o Brasil, naturalmente, e a América do Sul, por esse posicionamento geográfico, estão afastados das rotas internacionais do comércio, com desvantagem operacional em relação ao comércio mundial, porque estas rotas atuam basicamente na parte norte do hemisfério – a Europa e a Ásia. Deste modo, o comércio da América do Sul como um todo é um personagem marginal do comércio mundial – o que pode ser um problema, mas, também, uma solução. Por que afirmamos isto? Revendo a história, concluímos que foram sempre os periféricos de seu tempo que conquistaram o centro. Como exemplo temos: Portugal e Espanha, no século XVI, a Inglaterra no século XVIII e os Estados Unidos no XX.

Contudo, sob o ponto de vista de localização geográfica, na América do Sul nada é mais competitivo que os seus próprios países, e nesse contexto o Brasil é impar no continente sul-americano. Ele tem limites com quase todos os demais estados nacionais – apenas o Chile e o Equador fazem a exceção. Isto o coloca em uma posição privilegiada, como articulador da integração desse vasto território. Deste modo, a posição geográfica dos países do Mercosul, e em especial do Brasil, em decorrência de sua periferia, os coloca em uma situação singular, pois, em relação às rotas do comércio mundial, fomenta, em um primeiro momento, uma integração como uma subpolarização, com características evidentes para uma futura e expressiva polarização.

É importante entender que, no mundo de hoje, o termo polarização significa ou expressa o fenômeno econômico determinante e não a globalização – na verdade, o processo em curso é de polarização – porque ele se polariza cada vez mais econômica, política, tecnológica e fisicamente, em torno da Alemanha, do Japão e dos Estados Unidos. A título de exemplo desta polarização temos a concentração empresarial: se pegarmos as 500 maiores empresas veremos que 240 são americanas, 120 são japonesas e, das restantes, 80 são alemãs.

O primeiro passo: A América do Sul

Indubitavelmente, é relevante o fato de que a América do Sul seja um território onde estão inseridos os maiores recursos estratégicos do mundo. No século XXI, os estrategistas estabelecem a existência de dois novos grandes problemas para a humanidade: as crescentes necessidades de alimento e de água doce. Focando o problema da alimentação na questão agrícola, verificamos que a América do Sul tem 40% de sua área agricultável, ou seja, algo em torno de 7.128.000 km², enquanto que a Europa Ocidental, apesar de ter 44% de área agricultável, o seu território é um quinto do território da América Sul, ou seja, uma área de pouco mais de 3.500.000 km². Os Estados Unidos só têm 27% de área agricultável. Na Europa Oriental, Rússia e Ásia também são poucas as áreas agricultáveis.

Com relação à água, verificamos que ela está se tornando, cada vez mais, um problema crítico no mundo. Hoje, a América do Sul tem uma dotação *per capita* de água de cerca de 28.000 litros por dia, enquanto a Europa e os EUA têm quatro e sete mil, respectivamente. Em síntese, temos na América do Sul uma grande parcela da área agricultável disponível e ainda não utilizada do planeta, concluindo que existe um amplo potencial disponível de recursos agrícolas e de água.

Vamos estender um pouco esta avaliação sobre os recursos da América do Sul e provar que ela é autossuficiente em termos de produção de alimentos. Isto se dá tanto pelo trigo da Argentina como pela carne do: Uruguai, Argentina e Brasil; como pelo peixe da costa do Pacífico: Peru, Chile, etc. A América do Sul é autossuficiente tanto em leite e seus derivados quanto em frutas e verduras.

É autossuficiente em termos de energia, principalmente de petróleo – só a Venezuela tem reservas três vezes superiores às dos Estados Unidos. Tem dificuldades com o carvão, porém, isto se deve ao fato de que ele ainda não foi suficientemente prospectado e mesmo as reservas que existem, especialmente na Colômbia, não estão sendo exploradas.

A América do Sul detém grande parcela de minerais do planeta, além de terras raras, onde se encontram as grandes reservas de minerais estratégicos, a exemplo da rocha fosfórica, que, aliás, ainda não estamos explorando e da autossuficiência em minerais: como ferro, cobre, bauxita, manganês e outros como titânio e tungstênio. Outro grande recurso é o potássio, que mereceria melhor pesquisa e prospecção.

Ela possui mais reservas que a África, a Ásia e a América do Norte, e a este potencial natural agrega-se outro, o biogenético. É na biodiversidade que o subcontinente tem outro grande trunfo: são mais de 60% de espécies animais e vegetais conhecidas, que também ainda não estão adequadamente exploradas. Contudo, infelizmente, recurso natural não é mais a base sobre a qual se processa a acumulação de capital. Aliás, desde o século XVIII, é a indústria que proporciona esta acumulação, seja pela repetição dos processos produtivos, seja pela inovação – ela é o motor do desenvolvimento. E como está a base industrial e a possibilidade de uma ação industrial na América do Sul?

A produção de aço é o melhor termômetro para se aferir esta atividade. No final do milênio, em termos de toneladas *per capita*, a Argentina produz 95 toneladas e

Aspectos de Inserção

o Brasil 196; é, de fato, muito pouco se comparado ao Japão com 951, a Alemanha com 622 e aos Estados Unidos com 447. Quanto aos insumos básicos: cimento, aço e as fibras sintéticas, produtos petroquímicos, etc., e bens de consumo duráveis, como refrigeradores, televisores, etc., a avaliação geral é que a América do Sul tem um alto grau de autossuficiência em quase tudo. Se a opção for esta, não há nada que não seja possível se fazer aqui. Porém, ser autárquico não é aconselhável. Isto porque este é um subcontinente muito bem-dotado.

Aliás, o mercado potencial latente de bens industriais na América do Sul é um enorme patrimônio da região. Primeiro, porque a sua população, em função da baixa renda média *per capita*, ainda apresenta uma demanda insignificante desses bens industriais, se compararmos, por exemplo, com a maioria dos lares dos estadunidenses e europeus, que utilizam mais de um refrigerador, enquanto a maioria dos lares bolivianos não tem sequer um.

Outro exemplo é o do consumo de energia elétrica: no Brasil cerca de 10% da população ainda não desfruta dos seus benefícios. Temos, portanto, demograficamente, um crescente mercado a ser atendido na América do Sul, que demandará a expansão do parque industrial de seus países, criando um processo virtuoso de desenvolvimento de atividades subsidiárias e integração de processos industriais. Este movimento deverá ocorrer de forma natural e autônoma, evitando-se transferir plantas importadoras, algo que só aumenta sua dependência, e também garantir à população que habita o território onde se dá este processo, a possibilidade de acesso aos bens físicos produzidos.

Por outro lado, analisando a atividade industrial, é importante observar a baixa capacidade de alguns países da América do Sul em produzir bens de capital. Comparando com dados da década de 1990, a produção de máquinas operatrizes de Brasil, Argentina e México, com a de Coreia do Sul, Itália, Japão e Alemanha, verificamos, por exemplo, que a Alemanha produz cinquenta vezes mais equipamentos por habitante do que estes países da América do Sul. A Coreia do Sul, nesta mesma época, já produzia seis vezes mais, a Itália dezoito e o Japão trinta vezes mais que o Brasil.

Portanto, o fomento e a especialização da capacidade industrial desses países para a produção de bens de capital são de fundamental importância para o processo de desenvolvimento. Infelizmente, o parque industrial brasileiro está em processo de sucateamento nas últimas décadas.

Analisando, rapidamente, o problema da agricultura na América do Sul e verificando os dados da rentabilidade agrícola da Argentina, por exemplo, que tem um dos melhores solos do planeta, com os da Europa Ocidental ou dos Estados Unidos, verificamos que os argentinos têm um rendimento por hectare muito menor. O que explica isso? Entre outros fatores, inclusive o fundiário, o número de máquinas agrícolas utilizadas na Argentina é muitíssimo menor que o dos Estados Unidos e da Europa Ocidental. Depois, o baixo uso de insumos agrícolas modernos. Vale lembrar que, indubitavelmente, esta riqueza dos solos da "Mesopotâmia" argentina contou com o deslocamento de toda a fertilidade do planalto brasileiro ao longo de milênios.

Apesar dos avanços dos últimos anos com o agronegócio, principalmente no Brasil, a agricultura praticada na América do Sul ainda é bastante atrasada, falando-se em termos capitalistas. Por outro lado e, talvez, consequentemente, outro fator que contribui para este quadro é o pouco espaço agricultável relativo ocupado. Mas entendemos que é possível se obter um grande avanço com a modernização deste setor. Para se ter uma ideia desse potencial, bastaria um ligeiro exercício de projeção da atual capacidade, apenas considerando a incorporação de novas áreas agricultáveis ao processo produtivo nos próximos anos e até o ano 2020, e teríamos um incremento fantástico na produção de alimentos.

Contudo, a integração de todos estes recursos somente se dará com uma efetiva cooperação entre todos os países, mediante uma ação planejada voltada para o desenvolvimento, considerando as vantagens comparativas de cada país e o estabelecimento de uma infraestrutura viária e energética que atenda ao subcontinente como um todo, corrigindo um dos maiores entraves para que se possa avançar num programa real de integração, que é o fato desses países permanecerem de costas uns para os outros: uns voltados para o Pacífico – Chile, Peru, Equador e Colômbia; outros para o Atlântico – Argentina, Uruguai e Brasil; e outros para o Caribe – Guianas e Venezuela.

A implementação dessa infraestrutura, pela sua relevância estratégica para o processo, deve preceder a uma efetiva demanda para evitar gargalos e para induzir o desenvolvimento, e a prioridade para um projeto de implantação deve se concentrar em três grandes áreas:

1. Sistema viário, abrangendo todas as possibilidades: redes ferroviárias e rodoviárias, fluvial e marítima, além do aéreo e as interconexões eficientes entre elas, com apoio efetivo de terminais de cargas e descargas. A otimização dos custos de transporte representará um espetacular avanço para a efetiva integração regional;

2. Sistema energético, compreendendo o aproveitamento do grande potencial hidráulico existente e a consequente interligação do sistema de distribuição; e

3. Sistema de comunicações integrado, interligando todo o continente.

Enfatizando a importância do Sistema de Transporte, focamos a necessidade de se repensar o setor naval e se remontar e especializar o sistema portuário, inclusive para valorizar o modal hidroviário. O sistema portuário da América do Sul deveria contemplar dois superportos que integrariam o continente ao mundo: um no Atlântico, e outro no Pacífico. Cada equipamento desses se comportaria como um ponto de acumulação e de distribuição da carga. Neste século XXI, a ligação terrestre do Atlântico com o Pacífico será de fundamental importância para o sucesso de nossa concepção estratégica.

Aspectos de Inserção

Outro ponto fundamental para a questão do modal hidroviário é a integração das principais bacias. No mundo, nenhum outro continente tem a possibilidade de desenvolver um sistema interior de distribuição de cargas como a América do Sul; isso precisa ser aproveitado, haja vista os baixos custos relativos do transporte sobre a água. Contudo, esse sistema demanda uma série de grandes obras hidráulicas, incluindo a expansão do antigo canal do Panamá ou a construção de um novo. A ligação da bacia do Orinoco com a bacia Amazônica e desta com a bacia da Prata também é fundamental.

Outra opção importantíssima na área dos recursos hídricos a ser realizada é a transposição de bacias. Ela resolverá definitivamente a questão da falta de água no semi árido da região nordeste do Brasil, por exemplo. Temos também a questão do canal de Jacuí e o prolongamento da hidrovia do Tietê, mediante a construção de uma série de novas eclusas. Em outros países temos o canal de Bermejo, um grande projeto de integração na bacia da Prata, que fará a ligação de parte da Argentina com grande parcela do território da Bolívia, possibilitando o uso da irrigação para um maior aproveitamento agrícola, e a construção de túneis transandinos destinados a levar água à costa árida peruana.

Com relação às ferrovias, a situação atual do sistema ferroviário sul-americano é muito precária, principalmente pela existência de uma variedade irracional e inadequada de bitolas, que representa um grande problema para a integração. Só no Brasil temos seis bitolas diferentes e nos demais países não se consegue uma rede com uma mesma bitola. A montagem desse sistema, no passado, foi toda articulada visando atender aos interesses dos exploradores e financistas britânicos, sem qualquer responsabilidade e mesmo interesse com a integração de espaços no continente e que visava apenas à retirada de nossos produtos do centro do território e colocá-los na costa para embarcá-los a outros espaços do mundo.

Partindo do pressuposto de que, para transportar cargas de alto volume a mais de 600 km de distância, o melhor transporte ainda é o ferroviário, temos que desenvolver um projeto de reestruturação geral do setor no continente. E, dentre outras propostas, sugerimos a criação de um corredor de alta velocidade, com dupla linha, ligando Santiago do Chile ao Rio de Janeiro, passando por Buenos Aires e São Paulo. A América do Sul integrada demandará uma malha ferroviária de cerca de 60 mil quilômetros até 2020, para que, verdadeiramente, não se perca o trem desta história.

Esta grave deficiência estrutural nos leva a ter que conviver com o modal rodoviário, pagando custos elevados – atualmente, mais da metade do transporte de cargas na região é feito por rodovias. De qualquer modo, o sistema rodoviário também demandará novas rotas concentradoras na América do Sul, que poderiam ser construídas às margens das novas ferrovias e um amplo sistema de rodovias alimentadoras.

É importante mencionar que toda esta infraestrutura tem que ser vista como um só conjunto. Não devemos projetar um sistema viário complementar de um

O primeiro passo: A América do Sul

sistema de distribuição de energia e de telecomunicações. Estes sistemas devem ser agregados e integrados para fazerem sentido.

O ser humano sempre buscou se aproveitar da natureza, e isto se tornou muito mais fácil na medida em que ele conseguiu criar outras formas de energia que não às dos seus próprios músculos. Desenvolvimento é medido pela energia consumida, assim como energia criada é sinal de desenvolvimento. Como simples exemplo, temos o Japão e a Alemanha, que apresentam um consumo de energia por habitante muitíssimo maior que o da América do Sul, ou seja, a densidade de energia por quilômetro quadrado é muito maior, o que demonstra e explica claramente, o porquê dos padrões de vida dos países centrais.

Dentro dessa questão, é fundamental analisarmos também a vantagem comparativa do custo de investimento em energia elétrica na América do Sul, onde, como já mencionei, prevalece o potencial hidroelétrico, em função da disponibilidade dos recursos hídricos e de seu baixo custo de aproveitamento, vis-à-vis outras formas de geração de energia; é óbvio que, considerando a existência de um custo crescente de aproveitamento de energia hidroelétrica.

Nessa questão, além do gigantesco potencial andino e amazônico de aproveitamentos hidroelétricos que precisamos tornar realidade, destacamos também o aproveitamento, ainda disponível, na bacia da Prata, com a possibilidade de uma série de represamentos que, somados, são capazes de gerar energia em montante até superior ao que vem sendo gerado em Itaipu.

Vale mencionar, também, que em situações específicas, existem projeções que comprovam uma clara vantagem de custos para a geração de energia termoelétrica na América do Sul, tendo em vista as grandes reservas de gás. É importante lembrarmos que esta fonte de energia tem se tornado cada vez mais valiosa, com participação crescente na matriz energética mundial, podendo vir a ser a mais importante e estratégica fonte de energia em 40 e 50 anos, quando as reservas de petróleo ficarem escassas – certamente será uma das mais importantes do futuro. A América do Sul ainda explora incipientemente a energia do gás, enquanto a Europa e os EUA possuem enormes redes de gasodutos alimentando seus centros consumidores.

Nesse contexto, como exemplo, podemos citar o projeto do Gasoduto Venezuela-Brasil-Argentina, o chamado Gasoduto do Sul, concebido, inicialmente, a partir da constatação da crise energética que ameaça o Cone Sul nos próximos dez anos, devido à redução das reservas de gás da Argentina; e de outro lado, a existência de imensas reservas ainda inexploradas na Venezuela. Este gasoduto representará a maior obra efetiva em prol da integração regional sul-americana, especialmente entre os quatro países beneficiários (contando o Uruguai, que não participou do memorando recentemente assinado), e deverá proporcionar uma oferta adicional de significativos volumes de gás, suficiente para atender à demanda reprimida desses países, com forte impacto para o processo de desenvolvimento regional. Este projeto ainda possibilitará a construção de um verdadeiro anel energético sul-americano, ao prolongar-se em direção ao Chile, Bolívia, Peru, Equador e Colômbia, aproveitando, ao longo de seu traçado, as reservas de gás desses países, fechando na Venezuela.

Aspectos de Inserção

Sem dúvida, a realização de um projeto dessa magnitude representará a integração dos recursos energéticos sul-americanos, além de possibilitar uma absorção considerável do déficit do balanço de oferta e demanda de derivados de petróleo, a partir da próxima década. Promovendo a autossuficiência e independência em relação a este setor estratégico e de crescente carência mundial, fortalecerá a posição política e econômica da região no concerto das nações, gerando sinergias e benefícios ao desenvolvimento do subcontinente.

Finalmente ressaltamos, também, que é relevante a possibilidade concreta de que a energia nuclear se torne extremamente competitiva até o ano de 2020, o que nos leva, também, a ter que continuar pensando nessa fonte de energia.

Ao tratarmos da infraestrutura de comunicações, é fundamental falarmos em educação. Não há exemplo melhor de progresso na educação que a utilização de computadores, fato que também, cada vez mais, está diretamente ligado às comunicações – a analogia é clara, a correlação é evidente, o que permite interligar as duas questões. Hoje, sem redes de comunicação e processamento, os procedimentos educacionais ficam muito limitados, restringindo, consequentemente, também o crescimento da utilização da internet.

Existe um potencial enorme para a utilização de microcomputadores, de fibras óticas, de satélites, de torres de micro-ondas na América do Sul. É de fundamental importância o desenvolvimento de um programa de fomento à produção e democratização desse setor, principalmente com a expansão das redes de fibras óticas, banda-larga, utilização de satélites e criação de programas operacionais e aplicativos.

Outra condição importante também é a composição interna da força de trabalho, que precisa ser alterada. Torna-se necessário, urgente e imprescindível a formação profissionalizante do imenso contingente de jovens que estão sendo liberados do campo, em virtude, não só do crescimento da renda, como também em decorrência da utilização intensiva de mecanização da agricultura.

Entendemos que esta massa de trabalhadores jovens, se bem treinados, deverá dar uma grande contribuição para o atual crescimento do setor industrial, além de também atender à crescente demanda do setor de serviços. O que é relevante é sempre ter mão de obra capacitada e integrada ao processo produtivo, gerando riquezas. É verdadeiro que o setor de serviços é gerador de empregos, no entanto, não há nada mais falso que a construção da riqueza decorrer diretamente dele. O gerador de riqueza sempre será a produção de bens físicos. A riqueza não surge com turismo, nem com parques temáticos; eles podem até resultar dela.

Devemos promover uma alteração da composição interna da força de trabalho, com o incremento de um número cada vez maior de operários tecnicamente capacitados, principalmente concentrados na produção de bens de capital – produção de máquinas e ferramentas –, até alcançarmos, pelo menos, 50% do total empregado, proporção que têm, por exemplo, a Alemanha, o Japão e os Estados Unidos. Outra referência importante é que 5% da população economicamente ativa (PEA) seja empregada no campo tecnológico: como cientista, técnico ou engenheiros, pesquisadores, etc. Este é o caminho do desenvolvimento e do crescimento econômico.

O primeiro passo: A América do Sul

Outro tema fundamental nesse projeto é a polêmica questão relativa ao crescimento demográfico na América do Sul. Para se financiar a implantação de uma infraestrutura mínima adequada e desenvolver uma força de trabalho, gerando mercado, em termos industriais modernos, é requerido, como pré-condição, uma ampla base espacial, com uma densidade mínima que estimamos em 50 habitantes/km².

Diferentemente do que se apregoa, o território sul-americano tem enormes vazios demográficos. Em várias regiões como, por exemplo, o Uruguai, que tem apenas três milhões de pessoas, destes, dois milhões moram em Montevidéu. Na região da Patagônia também verificamos uma baixíssima taxa demográfica. Em todo o sertão nordestino, cerrado do centro-oeste e região amazônica, temos a mesma situação, contrastando com as imensas concentrações urbanas das principais regiões metropolitanas do Brasil, a exemplo do Rio de Janeiro e São Paulo. Infelizmente, este fenômeno foi provocado pela excessiva taxa de crescimento demográfico em épocas de baixo crescimento econômico, provocando o grande êxodo do campo para os centros urbanos, principalmente litorâneos, ocorrida na América do Sul, durante o século XX, representando o principal problema deste século e o desafio maior para a formulação de um plano de desenvolvimento integrado para a região.

Avançamos, neste estudo, numa concepção estratégica que defende, em primeiro lugar, que a América do Sul fomente o crescimento de sua população – essa ideia de que a população deve se estabilizar choca-se frontalmente com a nossa assertiva de que é necessário preencher e desenvolver os espaços vazios; e, em segundo, que a população economicamente ativa somente deve se estabilizar quando atingir um mínimo de 40% do total da população – o que, portanto, demandará um projeto que proporcione o pleno emprego para a mão de obra disponível. A tese da simples importação de tecnologia é perigosa e desempregadora. Temos que expandir a economia visando promover o ciclo virtuoso da absorção de toda a mão de obra existente, que gera o crescimento do mercado, a competição, a especialização e que leva ao progresso tecnológico.

Para que isto se concretize, é evidente que teremos de mudar a estrutura educacional de nossos países. Necessitamos formar uma população educada dentro de novos padrões tecnológicos, consciente da importância vital da integração regional e da imperiosa necessidade de se buscar o desenvolvimento. A América do Sul tem as piores taxas de educação do mundo, excetuando-se a África. Praticamente em todo o continente, os programas de educação de ensino fundamental e ensino médio seguem a mesma pseudo educação que é aplicada no Brasil. Há um número excessivo de estudantes em sala de aula, não há como comparar, por exemplo, os estudantes sul-americanos com os seus equivalentes estadunidenses, alemães e japoneses. A questão, além de cultural, está no problema da capacitação deficiente dos professores, no uso de material antiquado, principalmente no campo de educação científica e, por último, no que nos parece ser o outro maior obstáculo: as condições gerais de pobreza em que vive grande parte de nossos jovens.

Aspectos de Inserção

No ensino superior, a situação não é muito diferente. Analisando o contingente de adolescentes entre 15/16 anos, estimado em 40 milhões, verificamos que o número de matriculados entre o quarto e o sétimo ano é de, aproximadamente, 19 milhões, ou seja, apenas 48% dos adolescentes estão fazendo o ensino médio. Destes, estimamos que somente 10% ingressam na universidade e, se atentarmos para a especialização, na faixa etária compreendida entre 22 a 24 anos, encontramos somente 2,5% fazendo alguma pós-graduação.

Ao compararmos estes números com os dados estadunidenses, alemães e japoneses verificamos que estamos preparando uma mão de obra incapacitada de levar adiante qualquer tipo de competição profissional. Principalmente, o que é ainda mais grave, se confrontarmos o número dos matriculados em ciências naturais e em engenharia. O número de profissionais formados em atividades técnicas em nossos países, por milhão de habitantes, é insignificante se comparado com os da Alemanha, da China, da Coreia do Sul, dos Estados Unidos e do Japão, o que evidencia o motivo da grande deficiência da nossa capacitação tecnológica, resultante desse retrógrado sistema educacional que é praticado na América do Sul.

Deste modo, constatamos que hoje a América do Sul é marginal, periférica, simples fornecedora de matéria-prima e com uma base industrial e tecnológica muito incipiente. Este quadro demanda uma profunda modificação dos padrões de produção e de produtividade. Requer uma escolha das combinações dos processos produtivos que gere empregos para atender, anualmente, a grandes massas de jovens que procuram ingressar no mercado de trabalho. Para se atingir isso, é claro que se deve buscar a criação de um mercado comum, envolvido por um sistema aduaneiro protecionista, que garanta o desenvolvimento das indústrias locais, necessárias às atividades regionais. Além das medidas já apontadas, este sistema deve proporcionar condições de competitividade para os setores produtivos dos países-membros, guardadas as vocações específicas de cada um.

Ou seja, e complementando, além do investimento em um grande programa de obras de infraestrutura destinado à integração física da região, devemos também pensar na criação de um sistema de crédito voltado para o desenvolvimento da região e na criação de uma moeda única. E para que tudo isto aconteça é imprescindível que o Brasil assuma a tarefa de polarizar e fomentar este processo de cooperação na América do Sul.

O Brasil, além das potencialidades de sua economia, que o capacita para desempenhar este papel, conta com o maior dos ativos: o seu povo. Não é demais repetir, o povo brasileiro é provido daquelas mágicas necessárias para a condução desse processo, e as mais relevantes, como vimos no capítulo anterior, lhe são exclusivas e possibilitarão acompanhar o Brasil nesta construção. Outros povos da região também as possuem, contudo, só o povo brasileiro as tem todas conjugadas.

Felizmente, verificamos que a postura do Brasil, neste início de milênio, em suas relações com os demais países da América do Sul, apresentou sensíveis mudanças, explicitadas na prioridade de suas relações diplomáticas e econômicas, abandonando a simples e antiga retórica da visão economicista praticada por governos anteriores.

O primeiro passo: A América do Sul

Os resultados concretos e positivos desta nova política estão evidenciados, entre outros parâmetros, pela análise da relação de troca e desempenho comercial do Brasil.

É importante ressaltar que o Brasil é, crescentemente, um exportador de bens manufaturados de maior intensidade tecnológica e valor agregado, sendo um importador de *commodities* da América do Sul. No entanto, em relação ao seu comércio com o mundo, a posição do Brasil tem sido justamente inversa – de importador de manufaturados de maior intensidade tecnológica e valor agregado e exportador de *commodities*. Neste mesmo período estudado, vemos que as exportações de máquinas e equipamentos do Brasil para a América do Sul cresceram 304,15% e de materiais de transporte tiveram aumento de 288%.

Isto demonstra que, além desses objetivos econômicos, o caminho da integração regional sul-americana favorecerá, também, os objetivos político-estratégicos do Brasil. Daí a necessidade de se pensar em uma integração cooperativa, promovendo a industrialização em todos os países, ampliando os mercados para intercâmbios recíprocos, que gerem sinergia e desenvolvimento para todas as camadas sociais.

Em síntese, precisamos ter um projeto de desenvolvimento econômico voltado para todo o continente sul-americano para que, efetivamente, se possa promover a integração de todos os seus países, e assim, formar um novo Megaestado que garanta a sua inserção no mundo, dentro de outro contexto.

Não temos dúvida que essa será a solução para as questões sociais e econômicas da América do Sul, que são as mesmas do Brasil. O sucesso de nosso projeto nacional passa, deste modo, por uma integração regional bem-sucedida na América do Sul.

30

A Estratégia da Integração

Aspectos Geopolíticos

Devido às facilidades proporcionadas pelos dois oceanos que a margeiam, a América do Sul sempre apresentou vantagens ao posicionamento humano no seu litoral. As regiões costeiras mais abrigadas pelas suas características geográficas e de ligação com o interior do continente, converteram-se primeiro em portos e depois em polos de propagação de civilização.

A vocação geopolítica de atração da costa atlântica se atesta pela presença de importantes bacias hidrográficas, associadas às articulações litorâneas onde o relevo mais baixo favoreceu uma intensa vinculação com o interior. Um exemplo disto são as bacias do Amazonas e do rio da Prata, que facilitaram a penetração humana para o oeste, permitindo que os portugueses, detentores desses núcleos históricos, conquistassem uma vasta área dos espaços centrais da América do Sul.

Pela costa do Pacífico, verificamos que a unidade andina, de início, contribuiu para a implantação de um único estabelecimento colonial: o espanhol, que se estendeu de norte para o sul, na vertente isolada do oceano Pacífico. De litoral pobre em opções, sem nenhuma grande bacia hidrográfica e, por isso, em grande parte desvinculada do interior, sua caminhada para uma associação com o Atlântico foi iniciada através dos nós e passos da cordilheira.

A análise da ocupação da América do Sul também indica a existência de um dualismo geopolítico sul-americano, mas não uma dualidade de opostos – pelo contrário, há hoje uma atração natural. Este dualismo histórico se deu também entre espanhóis e portugueses, com a contribuição do Tratado de Tordesilhas, secionando, como fronteira esboçada, as duas grandes vias de penetração continental, ao entregar a foz do rio da Prata aos espanhóis, o que lhes proporcionou maiores oportunidades para a expansão pelos Pampas e pelo Chaco; e, ao conceder a embocadura do Amazonas aos portugueses, coincidentemente o seu setor sul, o melhor braço para a navegação, permitiu que os lusos se apossassem daquela planície setentrional.

Aspectos de Inserção

Deste modo, facilitada a penetração espanhola ao sul e portuguesa ao norte, o continente sul-americano foi induzido, embora indiretamente, a uma bipartição aproximada: 8.500.000 km² para os portugueses (o Brasil) e 9.300.000 km² para os espanhóis. Caberia aos Andes e ao federalismo castelhano impor a forma de cantões à América espanhola, gerando-lhe vários núcleos históricos e, assim, dividindo-a posteriormente em várias repúblicas. Do outro lado, o relevo mais baixo e a centralização do reino português confirmariam o caráter unilateral do Brasil com um único núcleo histórico.

Dentro do contexto econômico, o espaço português, posicionado nessa longa faixa atlântica, contou com a vantagem de estar mais próximo da África e Europa, colocando o Brasil em maior contato com Portugal. Apesar de que, dentro do enfoque estratégico, se caracterizou como alvo natural de assaltos e tentativas de fixação de parte de elementos estrangeiros, o que não acontecia com o lado do Pacífico, em que os espanhóis, a despeito de sofrerem com a desvantagem geográfica da distância para com a metrópole, ficavam menos expostos aos invasores. A conquista desordenada acabaria expondo mais a metrópole espanhola, que sempre teve vasta área de disputa na América com outros vizinhos europeus colonizadores, em especial os ingleses – a zona de disputa entre os dois iria se estender desde a América do Norte até a América do Sul.[1]

Geopoliticamente, desde o final do século XIX, o subcontinente sul-americano se encontra em uma área de influência e interesse e, consequentemente, de atuação política, econômica e ideológico-cultural dos Estados Unidos da América. Este interesse conflita com o processo de integração da América do Sul pela sua presunção: a possibilidade de vir a emergir no hemisfério ocidental, uma potência ou uma coligação de potências que possa ameaçar o predomínio continental dos norte-americanos. O projeto ora proposto lastreia a construção de uma união dos países sul-americanos e torna-se, portanto, um fator de contestação ao predomínio estadunidense.

O Potencial e o Projeto de Desenvolvimento

Com os recursos de que dispõe, a América do Sul é uma das regiões mais ricas do mundo. Não carece nem de alimentos, nem de meios para produzir energia nem de outros recursos para promover um processo de desenvolvimento industrial.

---

1. O Brasil, espaço de colonização portuguesa, hoje, e Portugal no passado, assume o papel de terceiro interessado neste contencioso e tornou-se o maior país da América do Sul. Ocupando quase a metade do espaço territorial sul-americano – 47,3% –, posiciona-se na larga porção oriental do Atlântico sul. Suas fronteiras totalizam 23.086 km de comprimento, sendo 15.719 km de limites terrestres e 7.367 km de litoral, detendo, portanto, uma presença continental e marítima. No conjunto territorial brasileiro, 18% da extensão é formada pela faixa de 250 km que acompanha o litoral; 42% se encontra entre os 250 km e 1.000 km da orla litorânea, o restante 40% está além dos 1.000 km. Tais porcentagens comprovam ser o Brasil um país marítimo, que, associado à sua presença na área continental sul-americana, o caracteriza, portanto, como um país de múltiplo vetor. Ele articula-se, grosso modo, com os Andes, de onde recebe o empuxo das forças continentais, bem como com as duas grandes bacias fluviais – a Amazônica e a Platina –, ambas tributárias do Atlântico e eixos viários de penetração no interior do continente.

A Estratégia da Integração

Foi a falta de uma mobilização adequada destes recursos, em especial de energia, mais que qualquer pressão demográfica, que condenou a maioria da população sul-americana a seu estado atual de penúria.

Desenvolvimento é energia, e um incremento de produção de energia provocará o aumento da densidade da indústria e a intensidade da atividade agrícola, aproximando-nos dos níveis de desenvolvimento da Europa atual. Para isto, além da inversão de capital necessária, que não é o maior problema, teremos que arregimentar um contingente de pessoas adequadamente capacitadas para levar a cabo um intenso programa de desenvolvimento industrial da região – este sim poderá ser o obstáculo mais grave.

A informatização crescente da sociedade, algo que já vem ocorrendo naturalmente, representa outro fator que proporcionará uma mudança completa no sistema de comunicações e de informações na região. Seu acoplamento a um sistema de infovias estruturado, em conjunto com a infraestrutura física, é de fundamental importância para o desenvolvimento pretendido. A montagem de um sistema de comunicações na região passa, obrigatoriamente, por uma articulação em três níveis: o de uma rede de micro-ondas, o de uma rede de cabos de fibras óticas, e o que exige um posicionamento prévio de uma rede de satélites de baixa órbita, dotado das conveniências de um sistema de estações terrestres.

Tanto o sistema de micro-ondas como o de fibras óticas devem ser, como já foi dito, articulados com o programa de desenvolvimento da infraestrutura imaginado. Assim, exemplificando, os superportos a serem construídos nas interconexões estratégicas deverão ser dotados de teleportos. O teleprocessamento será um instrumento central para o sucesso de uma política de desenvolvimento no século XXI.

Com relação ao setor mineral, devido ao legado das relações comerciais com os países industrializados, a mineração é a atividade industrial relativamente mais bem desenvolvida na América do Sul. O ouro e a prata foram, por exemplo, as primeiras exportações da região dos séculos XVI a XVIII, e, posteriormente, tornaram-se o principal objeto dos investimentos estrangeiros na região e, ainda hoje, são produtos importantes. O cobre do Chile e Peru, o estanho da Bolívia, o minério de ferro do Brasil e um sem-número de outros minerais também representam um relevante papel no produto interno bruto e das exportações da região.

Atualmente, a região produz uma considerável quantidade dos chamados minerais básicos: 46% das reservas mundiais de minério de ferro, 39% do níquel, 33% das de cobre e 28% da bauxita, além de expressivos volumes de zinco, estanho e de vários minerais estratégicos – detendo mais de 40% das reservas de quatro deles e mais de 25% das reservas de outros cinco. Todavia, vale mencionar que estes recursos não representam a sua totalidade e sim apenas reservas conhecidas. A Cordilheira e o Planalto Brasileiro são os principais sítios mineiros do subcontinente. Um objetivo central para uma ação mineral na região passa obrigatoriamente pelo emprego de técnicas mais modernas de pesquisa e prospecção mineral, baseado em satélites via sensoriamento remoto ou através de métodos mais usuais de aerofotogrametria, para a realização de um inventário completo das disponibilidades minerais da região.

Contudo, muito pouco desses minerais se refina aqui, apesar da região possuir fontes de energia baratas e abundantes, tendo como consequência um valor agregado minúsculo. Tradicionalmente, este tem sido um dos aspectos mais débeis dessa atividade, o que leva a América do Sul a exportar mineral ou, às vezes, metais acabados ou semiacabados a preços baixos e a importar produtos acabados caros que contêm o metal ou, no melhor dos casos, peças para montagem. O que falta são as etapas intermediárias, a manufatura de bens de capital e a indústria pesada, que são as indústrias menos desenvolvidas da região. Isto explica o perigoso desequilíbrio existente entre o setor fabril de bens de capital e o de bens de consumo na região.

A ótica prevalecente no programa de pesquisas deve ser a de privilegiar as necessidades da região, modificando-se, portanto, a prioridade atual de se dar ênfase apenas às exportações. Outros pontos importantes são as ações voltadas para a pesquisa e o desenvolvimento, no sentido do total domínio das técnicas que envolvem o aproveitamento completo de todos os metais, em seu atual estado de arte. O programa de pesquisa, por exemplo, deve privilegiar as necessidades regionais em vez de dar ênfase apenas às exportações. Devem-se privilegiar projetos minerais como instrumento de incorporação de várias áreas da região aos seus ecúmenos (triângulos Rio de Janeiro – Buenos Aires – Brasília e Caracas – Bogotá – Lima), a exemplo do que foi projetado para Carajás.

Isto se aplica, primordialmente, aos minerais estratégicos, que são fundamentais para áreas de alta tecnologia. Para atender à crescente demanda de matéria-prima na construção civil, na indústria pesada e de bens de capital, será necessário um grande avanço na produção industrial. Este avanço terá que ser alcançado mediante a prática de estratégias de investimentos, coordenados em escala regional, e acordos aduaneiros dirigidos à proteção das indústrias recém-criadas, até que se consolidem.

Esta estratégia industrial terá que aproveitar o efeito multiplicador que acompanha o sucesso do desenvolvimento. Isto significa que cada real investido gerará muito mais reais de pedidos em uma dezena de outras indústrias; exemplificando: a compra de uma locomotiva gerará a demanda de motores, chassis, carrocerias, peças, etc., promovendo a demanda de novas máquinas operatrizes e de produtos de fundição, forjados, etc. – aumentando a demanda de aço, alumínio e outros metais. Para se obter todos os benefícios desse possível processo virtuoso, haverá a necessidade de que a América do Sul implante indústrias integradas verticalmente, articulando toda a sua cadeia produtiva.

Entretanto, é bom lembrar que o objetivo central de qualquer política industrial é o de prover à população todos os bens necessários de uso comum. Entretanto, a este objetivo consensual, no caso em estudo, o da cooperação sul-americana, especial atenção deverá ser concedida a segmentos estratégicos, principalmente a

A Estratégia da Integração 533

indústria produtora de equipamentos para a defesa e a indústria de bens de capital, ao contrário da estratégia seguida até aqui, sob nítida influência da Cepal, de proteger a produção de bens de consumo, se é que protegeu alguma coisa.

A prática do Japão do pós-guerra e da China atual ilustram a maneira oposta de fazer as coisas e representa um modelo mais desejável para a Unisur. Estes países valeram-se da política aduaneira, de juros e outros incentivos para fomentar setores de bens de capital e indústria pesada, indústria por indústria. Indústrias, de modo geral, só progridem se o fizerem apoiadas em uma forte indústria pesada. O desenvolvimento de uma política semelhante é fundamental para a real industrialização da região sul-americana.

Deste modo, o estudo do tema da cooperação sul-americana deve envolver também a avaliação e o planejamento do setor industrial, principalmente quanto à indústria pesada ou de insumos básicos, como os ramos vinculados à produção de aço e ferro, de metais não-ferrosos, de celulose, de cimento, de química inorgânica e petroquímica. São estes os setores industriais que transformam a matéria-prima e a coloca, já elaborada, à disposição de todo os demais setores. Em geral eles requerem grandes investimentos.

A expansão da produção de aço é um objetivo a ser perseguido continuamente. Calcula-se que para se atingir o estágio de desenvolvimento pretendido, tornar-se-á necessário alcançar o índice atual de consumo da União Europeia, que é de cerca de 400 kg de aço *per capita*. Isto significa ter de multiplicar por oito a produção de aço da região, algo que certamente vai requerer maciços investimentos. (Sugere-se o aproveitamento preferencial do método da redução direta pelo gás natural.) Outro ponto relevante para a futura siderurgia sul-americana é o domínio das ligas de aço.

Quanto à produção de metais não-ferrosos, todo o esforço deve ser feito no sentido do desenvolvimento de tecnologias capazes de reduzir o consumo energético no processo de transformação. Merecem especial atenção as chamadas tecnologias de plasmas de baixa fusão, por serem altamente promissoras neste aspecto.

Com a indústria petroquímica ocorre o mesmo problema dos setores de aço, cimento e celulose e de bens de capital: são necessárias altas inversões de capital e tecnologia, num curto prazo, em virtude da necessidade de se promover uma grande expansão desses setores industriais básicos.

O setor de produção de bens de capital vai requerer também grandes investimentos em pesquisa e desenvolvimento. A robótica, a optrônica e microeletrônica e o desenvolvimento de novos materiais, além de grandes investimentos em P&D, são campos de grande esforço para se alcançar o sucesso deste setor no próximo milênio. Outro significativo esforço terá de ser feito na preparação, adestramento e manutenção da mão de obra altamente qualificada que este setor demandará.

Na América do Sul, o Brasil já dispõe de uma razoável concentração deste segmento, estando apto a responder a este desafio. Entretanto, é importante que os demais países da região também desenvolvam suas aptidões industriais de acordo

Aspectos de Inserção

com suas riquezas naturais e logísticas de mercado. Ou seja, a criação e definição de zonas de concentração industrial, dada a integração imaginada nestas regiões, de forma a se aproveitar as economias externas ali existentes, decorrentes de diferentes segmentos e da proximidade geográfica das fábricas. Sugerimos seja priorizada como zonas de concentração industrial a região da grande Buenos Aires; do triângulo Rio de Janeiro – São Paulo – Belo Horizonte; o litoral do nordeste do Brasil; e o litoral atlântico venezuelano e colombiano.

Atividade Industrial

Com relação ao setor agrícola, a ação pretendida objetiva valorizar o maior capital estratégico que a região detém que é a sua disponibilidade de água doce e o seu espaço físico destinado à produção alimentar. Como meta, podemos afirmar que é possível triplicar a produção de grãos na América do Sul rapidamente e, para tanto, o maior esforço deverá estar centrado no aumento da área cultivada em pelo menos 50%, além de um substancial ganho de produtividade das terras já cultivadas.

Para o sucesso desse esforço, entendemos ser fundamental que o processo seja, preferencialmente, induzido por ação estatal nas regiões geográficas descritas a seguir e visualizadas no mapa apresentado na próxima página, tendo em vista que já existe uma progressão privada, algo que colocaremos adiante, e que também deve ser incentivada em outras áreas e que por isto, só, depois, serão mencionadas:

A Estratégia da Integração

1. As planícies da Colômbia e da Venezuela: área, de cerca de 20 milhões de hectares, ao sul destes países, que em decorrência de grandes precipitações de chuva durante parcela do ano e secas em outros períodos tem sido muitíssimo pouco utilizada para a agricultura. Um programa de regulação hídrica poderia representar a solução;
2. Amplo espaço do nordeste brasileiro, onde, excetuando pequenas áreas irrigadas, hoje está entregue à inatividade agrícola. Com um programa de transposição de cursos de água e de irrigação, poderia acrescentar mais de 40 milhões de hectares à atividade produtiva; e
3. A área da franja sul da bacia Amazônica. Espaço também resultante do derramamento de basalto vindo dos Andes, que engloba o Estado do Acre, o sul do Estado do Amazonas, no Brasil; o norte da Bolívia e o sul do Peru, e que só necessita de infraestrutura de acesso para a sua incorporação à produção agrícola da região.

Atividade Agrícola

1 - Planícies da Colômbia e Venezuela
2 - Nordeste Brasileiro
3 - Margem Sul da bacia Amazônica
4 - Planícies do Altiplano Brasileiro
5 - Planícies de Chile e Colômbia
6 - Canal do rio Amazonas
7 - Canal do rio São Francisco
8 - Bacia do Prata

■ Cultivo e Pasto
■ Área que será incorporada

Aspectos de Inserção

Áreas onde a iniciativa privada deve ser orientada para a rápida progressão:

- as mesetas do Planalto Brasileiro;
- os lhanos (planícies) da Colômbia e do Chile;
- as calhas dos rios amazônicos, do rio São Francisco e do rio Orinoco; e
- a bacia do Prata, a mais promissora de todas.

Demografia e Emprego

Quanto à questão demográfica, objetivamente, a América do Sul pode ser considerada um continente despovoado. O problema real do século XX não foi uma taxa excessiva de crescimento demográfico, mas o fato de que as taxas alcançadas em vários países, entre moderadas e altas – em torno de 3% entre 1950 e 1970 – não tenham ocorrido um século antes; pior ainda, que a partir de então tenham decrescido. Este fato deverá prolongar o déficit populacional em amplas áreas, e poderá minimizar, tediosamente, qualquer esforço de desenvolvimento em algumas regiões da América do Sul por várias gerações.

Algumas exigências econômicas que têm a ver com a questão demográfica estão presentes quando se busca o desenvolvimento:

1. A busca da progressiva mecanização da atividade agrícola;[2] e
2. Os espaços a serem industrializados devem ter uma densidade demográfica mínima de aproximadamente 50 habitantes por quilômetro quadrado.[3]

Aqueles que, de antemão condicionados pela onipresente propaganda contra o crescimento demográfico, muito provavelmente, terão mais facilidade em aceitar esta dupla premissa, do que se acostumar a conceber a população humana não como uma coletividade de consumidores, mais sim como de produtores. Olhar os homens como produtores e não como consumidores está na base de qualquer doutrina econômica que busque colocar a natureza, a técnica e o mercado a serviço do homem, algo que se opõe, claramente, à visão liberal que prega implicitamente o oposto.

O produtor deve se valer de formas específicas de tecnologia para produção, e o aproveitamento eficiente desta tecnologia resulta de um acurado nível de educação, que o conduz a uma determinada escala de produção, e a uma dada divisão de trabalho. A tecnologia é que atribui a cada categoria de emprego a quantidade mínima de operários que se exige. Pode-se definir essa "massa crítica", ou seja, que tamanho absoluto de população e de força de trabalho é necessário para se proporcionar o nível de desenvolvimento econômico geral exigido para as empresas agrícolas e industriais.

---

2. Ao dotar o campo de equipamento e tecnologia, criam-se, em paralelo, empregos, primordialmente na indústria. Há um movimento correspondente. O desenvolvimento industrial sempre provoca uma alteração da composição interna da força de trabalho, resultado da liberação gradual do excedente do trabalho agrícola.

3. Observando-se as regiões desenvolvidas industrialmente do planeta conclui-se, empiricamente, que para apoiar as inversões em infraestrutura e fornecer força de trabalho e mercados para a produção industrial deve-se ter uma densidade demográfica espacial mínima que pode ser arbitrada em 50 habitantes por quilômetro quadrado.

A Estratégia da Integração   537

Claro que apenas a densidade demográfica não garantirá o crescimento econômico desejável, como se demonstra nos casos de muitos países asiáticos. Contudo, uma densidade demográfica apropriada é condição absolutamente indispensável para sustentar a industrialização, seja em toda a extensão de um país pequeno, ou em grandes centros ou regiões de países grandes. Temos o exemplo de países grandes como o Canadá e a Austrália que conseguiram industrializar-se concentrando suas limitadas populações em poucas áreas, relativamente densas, ao mesmo tempo em que aplicaram métodos agrícolas de alta mecanização e a inversão de capital em larga escala em suas extensas terras agricultáveis. Os Estados Unidos se industrializaram ao longo de dois eixos densamente povoados, construindo uma extensa rede ferroviária que possibilitou o desenvolvimento da agricultura, com inversão de capital em grande escala, nas regiões de menor densidade demográfica. Já a Suécia conseguiu, porque sua pequena população se concentra junto à fronteira sul, funcionando como extensão das densas concentrações demográficas do norte da Europa.

Nenhum país carente de assentamentos de grande densidade populacional jamais conseguiu o verdadeiro desenvolvimento industrial sustentado. A razão disto é óbvia: a revolução industrial criou a capacidade de produzir, em grande escala, em quantidades cada vez maiores e variadas de produtos manufaturados. E para fabricá-los com eficiência, se requer um mercado regional sempre maior, que permita um volume suficientemente grande para proporcionar economias de escala. Esta tem sido a principal justificativa econômica para o avanço da regionalização. Quanto mais densa é a população circundante, maior é o mercado potencial, partindo-se do pressuposto de que a expansão demográfica demanda, naturalmente, uma maior capacidade de compra.

Por outro lado, o crescimento da densidade demográfica, indubitavelmente, também demandará uma adequada infraestrutura de transporte para fazer chegar os bens ao mercado. Este é outro assunto crucial, mas o custo de construção desta infraestrutura, será, relativamente, mais barato por unidade de bens transportada quanto mais densa for a população.

Claro está que o comércio exterior também pode vir a ser essencial para um crescimento industrial sadio, independentemente do tamanho e da densidade demográfica de um país. Mas sempre como auxiliar do desenvolvimento do mercado interno, como fonte de produtos-chaves, cuja produção nacional não é rentável, e como mercado para o excedente produzido no país. Excetuando-se cidades como Singapura e Hong Kong, verdadeiros estados virtuais – empórios industriais de um espaço muito maior –, nenhuma economia se industrializou atendendo primariamente às exportações, mas sim à custa do desenvolvimento profundo do mercado interno para seus produtos industriais.

A experiência dos casos que, verdadeiramente, deram bons resultados no século XIX na Europa e Ásia, comparada com o da América do Sul neste século, demonstra como é importante que a América do Sul mantenha altas taxas de crescimento demográfico, a fim de assegurar densidades de população cada vez maiores e viabilizar o crescimento econômico.

Aspectos de Inserção

Até 1950, a população da América do Sul era, praticamente, tão dispersa que não havia nenhuma base para o desenvolvimento fabril em nenhum de seus países. Hoje, apesar de densidades demográficas ainda baixas em seu conjunto, existem grupamentos com suficiente concentração de população (50 habitantes por quilômetro quadrado) capazes de empreender um processo de industrialização, se elas se vincularem, através de sistemas de transporte eficientes e operarem como mercado comum regional. Atualmente, a América do Sul, em alguns de seus espaços de trânsito como a bacia do Prata e o litoral Atlântico, tem tamanho e densidade de população suficientes para manter o desenvolvimento industrial moderno em seus territórios.

Olhando o mapa da densidade populacional vê-se que a população do continente não está distribuída de maneira uniforme, mas concentrada junto à costa e em algumas poucas cidades do interior. Nestas zonas, a densidade populacional é bem superior à média, o que tem aspectos positivos e negativos. Positivos, porque permite que haja, ao menos, certo desenvolvimento industrial. Mas também negativos, porque significa que a vasta maioria do interior do continente tem densidades demográficas muito baixas. Isto configura como desafio ser necessário povoar e tornar produtivas grandes partes desta solidão. Não exageramos ao afirmar que, povoar o interior do continente será a medida fundamental da eficácia de qualquer programa de desenvolvimento, e essencial para a integração e produtividade da indústria sul-americana.

Densidade Populacional – Hab/Km²

Fonte: World Bank: Indicators Development 2008.

A Estratégia da Integração

Devido à sua base de recursos e características gerais, não há razão para que a América do Sul não chegue a converter-se em uma superpotência de 1,5 bilhão de habitantes. Deixando de lado os altos da cordilheira, virtualmente todo o território continental é perfeitamente habitável já, e a maior parte conta com solos adequados para atividades econômicas.

Assim, em pelo menos dois terços do solo, a América do Sul tem capacidade de manter uma densidade demográfica comparável à média na Europa. Se tomarmos como meta uma modesta cifra de 100 pessoas por quilômetro quadrado (bem menos que a densidade da Europa em 1990, e menos da metade da densidade atual da maioria dos países europeus), e aplicarmos esta densidade a dois terços da área de terra firme da América do Sul – deixando um generoso terço para o Amazonas, os Andes e os desertos – veremos que o continente comporta, facilmente, 1,37 bilhão de habitantes, três vezes mais que os 400 milhões atuais – esta é uma cifra conservadora. Deste modo, não vejo razão para não se ter, por exemplo, densidades de 150 ou mais pessoas por quilômetro quadrado, sobre três quartos ou mais do território do continente, quer dizer, 2,3 bilhões de pessoas!

A população de um país é um dos mais importantes elementos de poder. Apesar disto, ninguém jamais propôs uma meta demográfica tão audaciosa. A maioria dos líderes políticos sul-americanos se assustaria com a perspectiva de quadruplicar ou multiplicar por seis suas populações nacionais. Contudo, muito mais preocupado ficariam os líderes políticos de outros continentes. Este é, sem dúvida, um dos objetivos mais relevantes para este século.

O desenvolvimento econômico, adequadamente definido, é o que resulta da produtividade da força de trabalho. Portanto, as metas de desenvolvimento na América do Sul devem ser planejadas com vistas a obter resultados que sejam expressos em uma modificação da composição de emprego da força de trabalho total. Sugere-se que a força de trabalho deve tender a distanciar-se de composições de tipo "pré-industrial" e "pós-industrial", em face de uma composição congruente com a tecnologia moderna e o aumento correspondente da densidade relativa potencial de população. Isto significa que, no transcurso de uma geração, a América do Sul deve orientar suas estratégias de desenvolvimento para conseguir que haja um efetivo crescimento da população economicamente ativa (PEA), até estabilizar-se em cerca de 40% da população total, com o pleno emprego da PEA.

As proporções mínimas recomendadas para a PEA são:

1. O número de operários produtivos (postos de trabalhos não administrativos em todas as unidades produtivas da atividade econômica) deve crescer até chegar a mais de 50% da PEA;

2. O emprego destes operários produtivos deve concentrar-se na produção de bens de capital e dentro dessa área, em máquinas e ferramentas, em particular; e

3. Mais de 3% da PEA deve estar empregada como cientistas, técnicos e engenheiros.

As referidas proporções refletem o ritmo máximo de geração e absorção de avanços tecnológicos na economia; quer dizer, o aumento ótimo da produtividade da força de trabalho. Se a maior riqueza não utilizada da América do Sul é sua força de trabalho, atualmente desempregada em larga escala, então se pode dizer que a tarefa central do desenvolvimento é, em resumo, empregar plenamente essa mão de obra, procurando obter proporções anteriormente mencionadas de composição no seu emprego. Em concreto, isto significa que, para "quase" eliminar o desemprego atual e absorver o crescimento de sua força de trabalho até o ano 2025, a América do Sul terá que triplicar o atual contingente empregado.

A descriminação espacial dos espaços pretendidos para o desenvolvimento econômico traz consigo, como um dos objetivos principais, uma ação imediata de planejamento da infraestruturação física da região. É possível e imperioso, portanto, se começar a traçar as prioridades e diretrizes maiores desse planejamento e da estratégia de integração.

A Importância da Geografia

Olhando o nosso planeta, verificamos que as áreas emersas correspondem à menor parte da superfície terrestre, e, destas, dois conjuntos se sobressaem: o primeiro, sua maior parte, compreende Europa, Ásia e África. Nesse conjunto, as massas continentais se distribuem, basicamente, no hemisfério norte, formando um grupamento, em semicírculo, centrado no Polo Norte. O segundo, menos pujante, compreende o continente americano.

Este continente é composto de duas massas que se unem através de um istmo, que é a América Central. A massa que forma a América do Norte se orienta mais para o quadrante oeste, enquanto que a América do Sul, oferece exemplo típico de desvio continental para o leste. Assim, o meridiano de Lima, cidade na esfera do Pacífico sul, passa em Washington, na dependência do Atlântico norte. Essa entorse continental poderia também caracterizar a América do Sul, como América do Leste, já que esta cria a zona de estrangulamento do Atlântico, levando Recife a distar somente 18 graus de longitude de Dakar e 10 graus de Cabo Verde, a terra mais ocidental da África.

Considerando-se o meridiano de zero grau de Greenwich, toda a massa continental americana se concentra no hemisfério ocidental entre os 36 graus do Cabo Branco, no nordeste brasileiro, aos 160 graus do cabo Príncipe de Gales, na Alaska. Nesse posicionamento, observa-se que a América do Sul está bem mais isolada pelo oceano Pacífico, encontrando-se a grande distância da Austrália, que com ela se defronta numa linha de leste a oeste, no setor do chamado crescente externo insular. Toda esta análise geográfica valida a observação de que o subcontinente sul-americano encontra-se, de forma geográfica, afastado dos grandes fluxos de comércio internacionais que se processam nas massas continentais do semicírculo que se articula ao redor do Polo Norte. É um espaço destinado, portanto, a integração pela sua própria exclusão.

A América do Sul tem a forma triangular, e o setor mais largo deste continente se concentra na zona equatorial; estreitando-se ao atingir a faixa temperada para

A Estratégia da Integração 541

afunilar-se no vértice meridional, defrontando-se com o continente que abriga o polo sul: a Antártica, seu território mais apartado. Cortada pelo Equador e pelo trópico de Capricórnio, sua posição geográfica lhe confere, portanto, de forma mais geral, a categoria de continente do hemisfério sul.[4]

Nos dois extremos do continente sul-americano encontram-se áreas menos favoráveis ao estabelecimento humano: o norte quente e chuvoso e o sul frio e estéril. Contraste que se equilibra no setor das baixas latitudes, onde a população, para evitar as temperaturas mais quentes, particularmente dos países banhados pelo oceano Pacífico, deu preferência às zonas de maior altitude da Cordilheira dos Andes. Em contrapartida, os países banhados pelo oceano Atlântico, que liga o subcontinente com as massas terrestres da América do Norte, da Europa e da África, têm seus principais centros demográficos no litoral, fazendo do Brasil, o mais populoso centro do conjunto.

Tal fato resulta da oposição entre as duas vertentes oceânicas do subcontinente, que só uma intervenção ampla de organização da infraestrutura do continente poderá vencer. Em função destas vertentes oceânicas, o subcontinente sul-americano caracteriza-se por duas zonas longitudinais: a do Pacífico, de navegação mais extensa, com feixes de circulação cada vez mais relevantes; e, a do Atlântico, de navegação intensiva com feixe de circulação intercontinental. Pela oposição dessas duas vertentes oceânicas, implantaram-se áreas geopolíticas neutras que, devido a sua posição no interior do continente, predispuseram os países sul-americanos a uma dissociação econômica e social, vivendo de costas uns para os outros. Enfatizamos que qualquer proposta de infraestrutura de integração tem de vincular estas áreas neutras entre si às vertentes oceânicas.

A primeira vertente é constituída por um planalto, o planalto brasileiro, e por três planícies, que sustentam três bacias hidrográficas: Orinoco, Amazônica e Platina; que se intercalam e são estruturalmente articuladas ao Atlântico.

A segunda vertente é formada pelos Andes, cadeia de montanhas que, prolongando-se de norte para sul por mais de 7.000 km, formou uma verdadeira barreira ao longo do oceano Pacífico, que o levou a ser o principal elemento de articulação desta zona. Esta barreira acabou conduzindo a América do Sul a voltar seu espaço de civilização bem mais para o Atlântico. Isto também decorre do fato de que as planícies dos rios Amazonas, Orinoco e da Prata, que são servidas de redes hidrográficas, estão voltadas para o Atlântico, do qual são tributárias, declinando para ele conjuntamente com os baixos planaltos das Guianas e da Patagônia, que poderiam ser encarados como tributários da cordilheira dos Andes.

Assim sendo podemos estruturar o continente sul-americano, de uma forma esquemática, em sete diferentes espaços de trânsito:

---

4. O Brasil é um reflexo menor da América do Sul, projetado no seu este e voltado para um dos dois oceanos que margeiam o subcontinente: o oceano Atlântico.

Aspectos de Inserção

1. **Litoral Atlântico** - A costa do oceano Atlântico foi o espaço original de acesso da civilização ocidental ao território da América do Sul, se mantendo, desde então, no espaço de maior presença tanto demográfica como econômica do continente.

2. **Litoral Pacífico** - No passado, a costa do oceano Pacífico serviu muito mais como instrumento de integração da cordilheira dos Andes, devido às dificuldades de tráfego neste espaço do que elemento de integração com os demais espaços do subcontinente e deste com os demais espaços emersos. Só mais recentemente, em decorrência do desenvolvimento do oriente da Eurásia, que a utilização deste espaço nos fluxos comerciais intercontinentais vem adquirindo relevância.

3. **Cordilheira** - Na cordilheira, o sistema de ligação entre as duas vertentes oceânicas é precário e se situa nos passos (passagens naturais nos colos das montanhas), e nós, acidentes geográficos andinos, que possibilitam o contato entre as duas vertentes. Os mais importantes estão no sul: o de Upasllata, entre Argentina e Chile, é aproveitado pela única ferrovia transcontinental do continente entre Buenos Aires e Valparaíso; o de Santa Rosa, na Bolívia, que será utilizado pelo sistema ferroviário boliviano, ligando La Paz até Arica no Chile (utilizada somente para cargas). Enquanto Upasllata une as duas vertentes oceânicas, ligando o porto de Buenos Aires ao de Valparaíso, o de Santa Rosa, ligado ao porto de Arica, só o fará quando se complementar o trecho até Santa Cruz de la Sierra, que já está conectada com o porto de Santos no Atlântico, e Cochabamba. Os nós ou "nudos" apresentam-se sob a forma de planaltos, circundando um alto pico, enfeixando várias ramificações andinas. São centros de dispersão de águas, em linhas de menor resistência do terreno, localizados acima dos 3.000 metros de altitude, entre 5 graus e 15 graus de latitude sul. A importância funcional desses acidentes geográficos, relacionados ao Atlântico, se concentra na posição que ocupam no anfiteatro amazônico. O nó de Pasto na Colômbia e o de Loja no Equador se direcionam para os vales do Putumáio e Marañon, respectivamente, aguardando vias hidrográficas de acesso ao Atlântico ainda por se desenvolverem. Já o nó de Cerro Pasco, no Peru, se divide entre os vales amazônicos do Marañon e Purus; enquanto que o de Vilcanota ou de Cuzco prolonga o de Pasco na direção do rio Madeira. Os passos e os nós são os canais de penetração na cordilheira que possui um eixo articulador formado pelas cadeias montanhosas inacessíveis ao homem.

4. **Bacia do Orinoco** – Espaço que se projeta da Cordilheira com destino ao oceano Atlântico. Esta bacia se caracteriza pela sua inserção no Caribe como espaço terrestre de penetração articulado com a Cordilheira e ligado ao litoral Atlântico e a bacia do Amazonas. Tem como seu eixo articulador o rio Orinoco.

5. **Bacia Amazônica** – Se constitui numa sub-região de conexão entre duas áreas de importância estratégica – a bacia do Orinoco e, consequentemente, do Caribe e a do altiplano boliviano, considerando este último uma espécie de *heartland*, protegido pela altitude, do continente. Tem como seu eixo articulador o rio Amazonas.

6. **Bacia do Prata** – Espaço construído pelo contingenciamento do prolongamento mitigado da cordilheira em direção ao litoral Atlântico. Tem como eixo articulador o complexo hidroviário composto pelos rios Uruguai, Paraná e Paraguai.

7. **Planalto Brasileiro** – Espaço constituído no leste da massa continental composta por um escudo cristalino de terras elevadas e que, por sua posição geográfica e configuração no centro geográfico do continente, pende para o interior, buscando a ligação entre o norte e o sul, integrando as bacias do rio Amazonas e do rio da Prata. Tem como eixo articulador o rio São Francisco.

Em termos de ocupação demográfica, passados mais de quatro séculos da chegada dos europeus ao continente sul-americano, verificamos que, a razão também se fez presente. Os mapas a seguir apresentam conceitos novos, que justificam esta afirmativa:

- o de envoltória do espaço, ou seja, das bordas destes espaços;
- o de interconexão estratégica, onde três destes espaços se encontram; e
- de polo integrador que funciona como elemento central de integração demográfica e econômica do espaço.

Vertentes Oceânicas

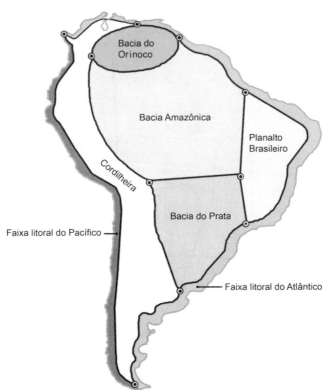

Aspectos de Inserção

Espaços de Trânsito	Interconexões Estratégicas
Litoral Atlântico – Litoral Pacífico – Cordilheira	Ushuaia;
Litoral Atlântico – Bacia do Prata – Cordilheira	Buenos Aires
Litoral Atlântico – Bacia do Prata – Planalto Brasileiro	São Paulo
Litoral Atlântico – Planalto Brasileiro – Bacia Amazônica	Belém
Litoral Atlântico – Bacia Amazônica – Bacia do Orinoco	Georgetown
Litoral Atlântico – Bacia do Orinoco – Cordilheira	Caracas
Bacia Amazônica – Bacia do Orinoco – Cordilheira	Bogotá
Bacia Amazônica – Planalto Brasileiro – Bacia do Prata	Brasília
Bacia Amazônica – Cordilheira – Bacia do Prata	Sta. Cruz de la Sierra
Litoral Pacífico – Cordilheira – Litoral Atlântico	Panamá

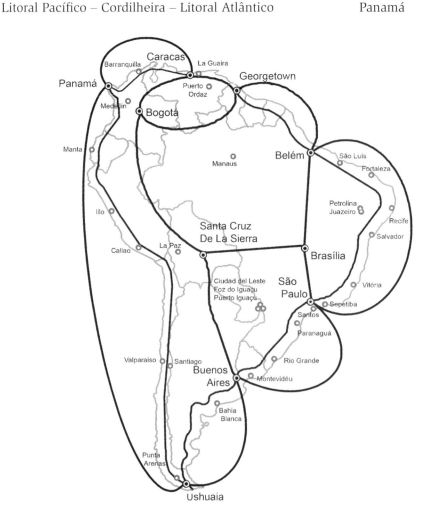

A Estratégia da Integração

Observando estas regiões, concluímos que os polos integradores apontados são:

- Litoral do Atlântico; Baia Blanca, Montevidéu, Rio Grande, Paranaguá, Santos, Sepetiba, Vitória, Salvador, Recife, Fortaleza, São Luís, La Guaira e Barranquila;
- Litoral do Pacífico: Punta Arenas,Valparaiso, Ilo, Callao e Manta;
- Bacia Amazônica: Manaus;
- Bacia do Prata: Ciudad del Leste, Puerto Iguazu e Foz do Iguaçu;
- Bacia do Orinoco: Puerto Ordaz;
- Cordilheira: Santiago, La Paz, Quito, e Medellin; e
- Planalto Brasileiro: Petrolina e Juazeiro.

Presente, mas subordinado à prioridade da integração, está o objetivo da ligação com o mercado externo, de forma a possibilitar a expansão da produção e da atividade comercial da região, algo que também possibilitará o fluxo de fora para dentro. Um modelo de integração pressupõe que a oferta de infraestrutura deve ser organizada de forma a aproveitar os recursos da região, prioritariamente, em favor de sua autonomia e de seu desenvolvimento, agregando o máximo de valor e tecnologia possível. Cada ligação exige uma solução de infraestrutura específica, modal e logística. Para se conceber a oferta de infraestrutura necessária à integração física, é fundamental o conhecimento das especificidades geográficas, orográficas, topográficas e demográficas, e dos recursos naturais de cada região.

Esta nova conceituação geográfica da América do Sul, com sua divisão entre espaços de trânsito, suas envoltórias, interconexões estratégicas e polos integradores, conjugada com a proposta de desenvolvimento agrícola e industrial apresentada para a região, visa orientar uma proposta para situar a infraestrutura pretendida para o subcontinente. Há sempre uma interconexão entre o sentido geográfico e político, geopolítico e econômico da integração com a organização e o aproveitamento dos espaços.

Devem ser levados em conta, também, os efeitos polarizadores e concentradores, regressivos e propulsores, e as economias e perdas de aglomeração, decorrentes da situação demográfica. Outro ponto a ser observado é que a concepção de uma proposta de infraestrutura de integração regional deve visar a organização do espaço econômico com base nos mesmos princípios já apontados pelo economista alemão Frederich List em 1841 – industrialização, comércio estratégico, formação de um mercado amplo e seguro: poder. E dentro desse princípio, aproveitar ao máximo as potencialidades regionais em favor da autonomia, conectando os espaços econômicos de produção e consumo e, ainda, possibilitando a indução de regiões mais atrasadas ao desenvolvimento, interligando-as ao mercado.

Seguindo estas observações, a racionalidade demonstra que a montagem de uma infraestrutura física de integração, espacialmente, deverá estar voltada: primeiro, para a construção de ligações dos espaços de trânsito com seus polos integradores e suas envoltórias, aproveitando seus eixos integradores e seguindo o princípio

Aspectos de Inserção

da menor distância e do menor esforço; e depois, para a interligação dos espaços de trânsito, com a construção de canais de ligação direta entre as interconexões estratégicas e destes com os polos integradores, e dos polos integradores entre si.

Integração Espacial

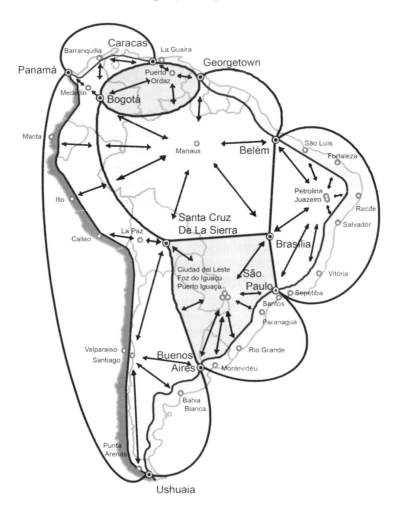

Um sistema de infraestrutura ideal será aquele que proporcione o melhor aproveitamento das facilidades de deslocamento, da oferta de energia e de comunicação, e dos insumos demandados pelo processo produtivo. Como na natureza, onde tudo busca o caminho do menor esforço, também na concepção de um sistema ideal de infraestrutura devem ser observadas as características topográficas, de forma a minimizar o consumo energético (além da conceituação geográfica apesentada).

A Estratégia da Integração

Porém, é fundamental sempre se conjugar o acesso ao transporte, à energia e à comunicação. Prover, exclusivamente, o acesso à energia ou somente à comunicação ou apenas a dois, destes três elementos, não traria a produtividade desejada.

Há duas possibilidades explícitas para a construção de vias de acesso ao espaço terrestre: o terrestre e o aquavário. O terrestre sempre deveria vir acompanhado das demais facilidades – a energia e comunicação. Já o aquavário se justifica por ser, normalmente, muito menos oneroso e poluidor que o terrestre.

Entre todas as regiões do mundo, o continente sul-americano apresenta a melhor condição para que seja estabelecida uma rede de vias de acesso aquavário. Além da grande faixa litorânea, as quatro bacias fluviais que aparelham quatro de seus cinco espaços de trânsito (Bacia Amazônica, Bacia do Prata, Bacia do Orinoco, e Planalto Brasileiro – Bacia do rio São Francisco) proporcionam incomparável possibilidade para criação de uma rede de transporte aquavário capaz de integrar toda a massa terrestre sul-americana, conforme se poderá observar no mapa a seguir.

Logístico Aquaviário

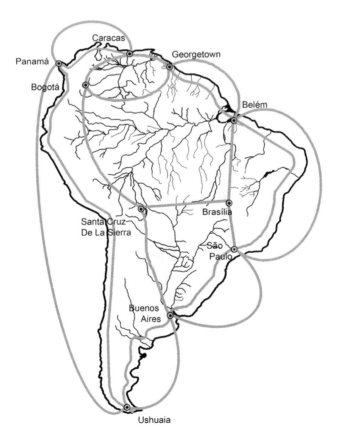

Aspectos de Inserção

Deste modo, o sistema infraestruturante terrestre, como já mencionado, deve ser composto pelas envoltórias e pelas ligações entre as interconexões estratégicas e os polos integradores dos espaços.

Cada uma destas ligações define a necessidade de implementação de um eixo infraestruturante que tenha como característica básica a construção modular. Em sua fase final, estes eixos deverão estar equipados com doze pistas de rolagem para veículos automotores (seis em cada sentido), duas ferrovias eletrificadas (uma em cada sentido), linha de transmissão de energia, gasoduto e linha de fibra ótica.

Finalmente, outro ponto de extrema importância seria a montagem de uma matriz de adução de energia ao sistema, visando minimizar os custos de interligação das fontes produtoras de energia ao sistema infraestruturante terrestre.

Sistema Infraestruturante Terrestre

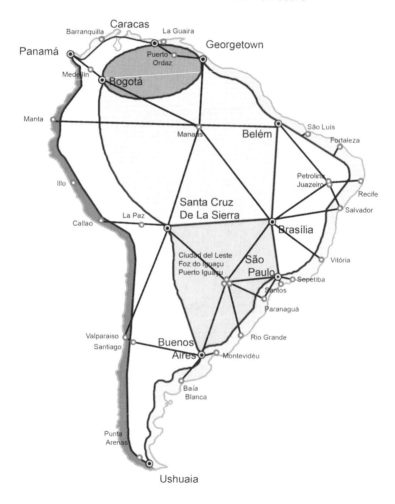

Considerações Finais

Conforme esclarecemos na Apresentação e no Plano geral do Livro, este trabalho não pretendeu esgotar nenhum dos temas abordados. Almejou, tão somente, oferecer ao leitor não especializado um primeiro contato com eles. Nas duas primeiras partes desta trilogia apresentamos a evolução histórica e as raízes da formação nacional, que nos proporcionaram a certeza que obtivemos ao desenvolvê-lo: a de que a grande construtora da história é a estratégia – tudo resulta de sua ação. Hegel já afirmava que a filosofia se prestava para demonstrar que a história é racional. Na verdade, ela é racional porque deriva da intuição racional ou da razão intuída, ou seja, da estratégia.

Por isso, entendemos que é fundamental conhecer a história das ideias para se poder posicionar quanto ao avanço da civilização e do quanto pode ser feito para fazê-la avançar mais. Assim como, entendemos também que conhecer o processo histórico da formação do Brasil é primordial para se discutir a Estratégia Nacional do nosso país.

Na parte final, ao tratarmos dos temas atuais, tivemos um grande cuidado de não atrelar o texto ao tempo de sua elaboração, apesar de sabermos que nada foge ao espírito do seu tempo. Apenas analisamos as questões que permanecerão por muito tempo necessitando da estratégia para completar o seu papel na história da civilização.

Para algumas destas questões, desejamos emitir nossas considerações finais sobre a estratégia que o Brasil já deveria estar praticando para preservar seus interesses maiores, num mundo em que as modificações se fazem sentir cada vez mais marcantes.

Assim, entendemos que o tema da Integração da América do Sul, por exemplo, representa o primeiro passo da Estratégia Nacional do Brasil. E ele direciona como seu movimento inicial, a montagem de uma aliança com a Argentina e a Venezuela. O sucesso deste movimento levará, necessariamente, à integração dos demais países da região para a formação de um Megaestado no Hemisfério Sul, levando a América do Sul para o centro do debate mundial.

Outro tema de igual importância, e estratégico para esta comunidade sul-americana, é o da questão energética – já que os combustíveis fósseis ainda devem dominar a agenda por várias décadas. E, dentre eles, o petróleo que, cada vez mais escasso, forçosamente dará lugar ao gás natural. Neste particular, lembramos que mais de dois terços de suas reservas estão concentrados em um pequeno espaço do planeta – uma faixa que sai do Golfo Pérsico e se projeta para o norte, pelo Mar Cáspio, chegando à Sibéria. Entretanto, pelos estudos disponíveis, estima-se que o esgotamento deste recurso se dará em cinco décadas, ameaçando a hegemonia temporal do petróleo no mundo. O seu substituto imediato será, evidentemente, o gás natural, pela sua maior flexibilidade diante de outro combustível fóssil, o carvão.

As reservas atuais da América do Sul, somadas às recentes indicações de grandes quantidades de petróleo e gás no litoral do Brasil, indicam a oportunidade estratégica para este Megaestado buscar transformar estas descobertas em riquezas voltadas para o desenvolvimento econômico e social de seus países-membros. No atual estágio tecnológico, a única alternativa disponível, de largo emprego, aos combustíveis fósseis é a energia nuclear – o total domínio da tecnologia a ela associada será também peça-chave nessa equação. Dentro também desta matriz energética, outro tema a ser priorizado é o potencial que a região dispõe para produzir combustíveis a partir da biomassa e outras energias renováveis. Embora não sejam capazes de mudar o modelo, nem de salvar a civilização, terão um papel cada vez mais relevante na matriz energética mundial.

Resumindo, são três as diretrizes centrais para o setor energético:

• Investimento em prospecção de combustíveis fósseis;

• Investimento em pesquisa e produção de energia a partir de biomassas e,

• Investimento em pesquisa na área nuclear.

O terceiro tema estratégico é o da água doce, que cada vez mais escasseia no mundo. O subcontinente dispõe de aproximadamente 50% das reservas de água doce do mundo, sendo grande parte subterrânea. Este quadro demanda uma política comum para a região, lastreada numa avaliação do regime pluviométrico em todo território e num censo das disponibilidades primárias (fontes, nascentes, e lagos) e das reservas secundárias (lençóis freáticos e subterrâneos), que estabeleça as diretrizes espaciais para a preservação e a utilização racional deste recurso.

O quarto tema é o da produção de alimentos. A região requer uma política de fomento à produtividade e diversificação de sua agricultura, para aumentar a produção com o incremento de moderno processo tecnológico. Este avanço lhe permitirá expandir a sua fronteira agrícola, que tem potencialidade para vir a ser a grande supridora de alimentos do mundo.

O quinto, e não menos importante, é a questão ambiental. E, dentro deste tema, a Amazônia será cada vez mais importante. A construção de um modelo que permita a utilização racional da região amazônica, que a desenvolva sem a destruir, será o maior desafio que se impõe aos estrategistas sul-americanos.

Sem dúvidas, estaremos presentes nas questões centrais para a humanidade neste século XXI. E para enfrentarmos este desafio precisamos estar preparados para demonstrar que seremos capazes de marchar em direção ao centro e conduzir o processo de integração de toda a humanidade aos destinos maiores de paz, liberdade e felicidade, como estão postos no sonho que orienta toda a filosofia ocidental.

As consequências da crise econômica global deste final da primeira década do século XXI, nos atingiu na fase final de redação deste livro e, considerando-se os impactos por ela provocados em todos os países, principalmente os mais ricos e poderosos que ocupam o eixo central do poder mundial, não poderia deixar de ser aqui mencionado.

Esta crise, pela sua dimensão e imprevisibilidade quanto a uma solução, assim como quanto aos danos que causará a estes países centrais, deverá provocar o deslocamento de alguns países, gerando um novo ocupante para este lugar. A China é a candidata mais provável.

Conforme mencionamos quando definimos a Teoria do Retardo, este movimento deverá ser contestado mais adiante por outra potência, e terá a América do Sul como forte candidata a liderar este processo.

O Projeto Nacional para o Brasil, que aqui preconizamos, deve também estar voltado para alcançar este patamar central, dentro de novas características, e a América do Sul é parte integrante deste Projeto.

Destacamos duas destas características ou premissas:

• Ser centro, sem ser império. Historicamente, verificamos que todos os outros, inclusive os estadunidenses, foram centro, mas se comportaram como império.

Isto significa que precisamos ser solidários, ser fraternos e ser justos. Temos de ter o sonho de ser mais do que um estado, de ser o Estado, a pátria de todos os homens e completarmos assim o ideal de mundialização, posto na filosofia ocidental.

• Ser culto, sem ser subserviente à acumulação. Temos de entender e defender que isso só será possível se colocarmos os negócios e a técnica a serviço do homem, qualquer homem.

Isto significa que devemos sempre procurar retirá-lo da situação de servidão ao negócio e à técnica, porque aí ele se encontrará prisioneiro do mercado, escravo do consumo e infeliz. Devemos almejar não ser apenas livres, mas também libertos.

Referências Bibliográficas

Parte I

ALTHUSSER, Louis. *Lire le Capital*, Paris, Maspèro, 1965.

AGOSTINHO, Sto. *A Cidade de Deus*, trad. Oscar Paes Leme, 7ª ed., Rio de Janeiro, Editora Vozes, Parte I , 2002.

————· *A Cidade de Deus*, trad. Oscar Paes Leme, 4ª ed., Rio de Janeiro, Editora Vozes, Parte II, 2001.

ASIMOV I. *Gênios da Humanidade*, Vol. 1-3, Rio de Janeiro, Bloch Editores, 1980.

AUSTIN, Michel, Naquet, Pierre Vidal. *Economia e Sociedade na Grécia Antiga*, Lisboa, Edições 70 Ltda., 1986.

BÍBLIA. Português. Bíblia Sagrada. trad. Centro Bíblico Católico. 34. ed. rev. São Paulo: Ave Maria, 1982.

BOLTON, Brenda. *A Reforma na Idade Média*, Lisboa, Edições 70 Ltda., 1986.

BORNHEIM GA. *Os Filósofos Pré-Socráticos*, São Paulo, Editora Cultrix, 1970.

BOSSY, Jonh. *A Cristandade no Ocidente, 1400-1700*, Lisboa, Edições 70 Ltda., 1990.

BOXER, C. R. *O Império Colonial Português*, Lisboa, Edições 70 Ltda., 1981.

BRONOWSKI, J. e MAZLISCH, Bruce. *A Tradição Intelectual do Ocidente*, Lisboa, Edições 70 Ltda., 1988.

CARDOSO, F. H. e FALETTO, E. *Dependencia y Desarollo en America Latina: Ensayo de Interpretación Sociológica*, México, Siglo Veintiuno, 1969.

CÍCERO, Marco Túlio. *Tratado das Leis*, Caxias do Sul, Educs, 2004.

CIPOLLA, Carlo. *História Econômica da Europa Pré-Industrial*, Lisboa, Edições 70 Ltda., 1983.

COLLI G. O. *Nascimento da Filosofia*. 2a ed., Campinas, Editora da Unicamp, 1992.

COMISSÃO MUNDIAL SOBRE MEIO AMBIENTE E DESENVOLVIMENTO. *Nosso Futuro Comum*, Rio de Janeiro, Fundação Getúlio Vargas, 1991.

COMTE, A. *Appel aux Conservateurs*, Paris, ed. Autor, 1855.

————· *Cours de Philosophie Positive*, Paris, Classique Garnier, 1949.

————· *Oeuvres*, Paris, Aubier 1955.

CONDORCET. *Esquisse d'un Tableau Historique des Progrès de l'Esprit Humain*, 1793, Paris, Editions Sociales, 1996.

COSTA, Darc. *Brasil Defesa do Estado*, Rio de Janeiro, Cebres, 1997.

CHÂTELET, François. *Hegel*, Rio de Janeiro, Jorge Zahar Editor, 1994.

Fundamentos para o Estudo da Estratégia Nacional

DELEUZE, GILES. *A Filosofia Crítica de Kant,* Lisboa, Edições 70 Ltda., 1985.

DENIS, Henry. *História do Pensamento Econômico,* Lisboa, Livros Horizonte Ltda., 1978.

DESCARTES, René. *Discurso do Método, Coleção: Os Pensadores*, São Paulo, Abril Cultural, 1973.

DISNEY, A. R. *A Decadência do Império da Pimenta*, Lisboa, Edições 70 Ltda., 1981.

DUBY, Georges. *O Ano Mil*, Lisboa, Edições 70 Ltda., 1980.

————· *Economia Rural e Vida no Campo no Ocidente Medieval* Volumes I e II, Lisboa, Edições 70 Ltda., 1988.

DURANT, Will e Ariel. *A História da Civilização,* Volumes de I ao XI, Editora Record, Rio de Janeiro, 1988.

DURKHEIM, E. *Les Règles de la Méthode Sociologique*, Paris, PUF,1956.

————· *La Division de le Travail Social*, Paris, PUF, 1960.

FICHTE, Jonhann G. *Discursos à Nação Alemã*, apostila da tradução portuguesa, Coimbra, 1807.

————· *O Estado Comercial Fechado*, 1800, Paris, apostila da tradução francesa, 1940.

FINLEY, M. I. *Os Gregos Antigos*, Lisboa, Edições 70 Ltda., 1985.

————· *Aspectos da Antiguidade*, Lisboa, Edições 70 Ltda., 1988.

FLOUD, Jean. *The Founding Fathers of Social Science*, Londres, Penguin, 1969.

FURET, François. *Pensar a Revolução Francesa*, Lisboa, Edições 70 Ltda., 1989.

GAARDER, Jostein. *O Mundo de Sofia*, São Paulo, Editora Schwartz Ltda., 1995.

GOUTHIER, Henri. *Sociologie de Comte*, Paris, J. Vrin, 1941.

GRAMSCI, ANTONIO. *Concepção Dialética da História*, Editora Civilização Brasileira S.A, 1995.

GRIMAL, Pierre. *A Civilização Romana*, Lisboa, Edições 70 Ltda., 1987.

GRUPPI, Luciano. *Tudo Começou com Maquiavel*, Porto Alegre, L&PM Editores Ltda., 1986.

GUERRA, François-Xavier. *A Nação na América Espanhola,* Rio de Janeiro, Revista Maracanã n.1, 1998.

GUIBERNAU, Montserrat. *Nacionalismos: O Estado Nacional e o Nacionalismo no Século XX*, Rio de Janeiro, Jorge Zahar Editor, 1997.

HAMILTON, A. *Relatório sobre o Assunto das Manufaturas,* Rio de Janeiro, MSIA, 1995.

HARMAN, Chris. *How Marxism Works,* London, Work Party Press, 1979.

HAYES, Carleton B. *The Historical Evolution of the Modern Nationalism*, New York, 1931.

HEGEL, G.W. F. *Introdução à Filosofia da História*, Rio de Janeiro, Editora Tecnoprint, 1986.

HEGEL, G.W. F. *Enciclopédia das Ciências Filosóficas*, Volumes I e III, Editora Loyola, São Paulo, 1995.

HOBBES, Thomas. *Leviatã,* Coleção: *Os Pensadores*, São Paulo, Abril Cultural, 1973.

HOBSBAWN, Eric. *Nações e nacionalismo desde 1780,* São Paulo, Paz e Terra, 1991.

HYPPOLITE, Jean. *Introdução à Filosofia da História de Hegel*, Lisboa, Edições 70 Ltda., 1988.

Referências Bibliográficas 555

IGGERS. *The German Conception of History*, Middletown, Wesleyan University Press, 1968.

JAKOBSON, Roman e outros. *Língua, Discurso e Sociedade*, São Paulo, Global Editora, 1983.

KANT, Immanuel. *Prolegómenos a toda a Metafísica Futura*, Lisboa, Edições 70 Ltda., 1988.

————· *Crítica da Razão, Coleção: Os Pensadores*, São Paulo, Abril Cultural 1973.

————· *Primeiros Princípios Metafísicos da Doutrina do Direito*, São Paulo, Ícone, 1993.

KEMP, Tom. *A Revolução Industrial na Europa do Século XIX*, Lisboa, Edições 70 Ltda., 1986.

KIRK GS, RAVEN JE & SCHOFIELD M. *Os Filósofos Pré-Socráticos*, Lisboa, Fundação Calouste Gulbenkian, 1994.

KLAUSEWITZ, Karl von. *Da Guerra*, Brasília, Martins Fontes, 1979.

LE GOFF, Jacques. *O Maravilhoso e o Quotidiano no Ocidente Medieval*, Lisboa, Edições 70 Ltda, 1985.

LENIN, V. I. *Obras Escolhidas*, São Paulo, Editora Alfa Ômega, 1979.

LÉON, Xavier. *Fichte et son Temps*, Paris, Gauleuse, 1958.

LÉVÊQUE, Pierre. *O Mundo Helenístico*, Lisboa, Edições 70 Ltda., 1987.

————· *As Primeiras civilizações – I Impérios do bronze*, Edições 70 Ltda., Lisboa, 1990.

————· *As Primeiras civilizações – II A Mesopotâmia / Os Hititas*, Edições 70 Ltda., Lisboa, 1990.

LIST, F. *Sistema Nacional de Economia Política*, 1841, Coleção *Os Economistas*, São Paulo, Abril Cultural, 1983.

LOT Ferdinand. *O Fim do Mundo Antigo e o Princípio da Idade Média*, Lisboa, Edições 70 Ltda., 1988.

LÖWY, Michael. *As Aventuras de Karl Marx contra o Barão de Münchausen*, São Paulo, Editora Busca Vida Ltda., 1988.

LUCE C.V. *Curso de Filosofia Grega. Do Século VI a. C. ao Século III d. C.*, Rio de Janeiro, Jorge Zahar Editor, 1994.

LUKÁCS, Georg. *História e Consciência de Classe*, São Paulo, Martins Fontes, 2001.

MAMELET, A. *Le relativisme phylosophique chez Georg Simmel*, Paris, Feliz Alcan, 1914.

MANNHEIM, K. *Ideologie und Utopie*, Frankfurt/Main, Verlag G. Schulte-Bulmke, 1929.

MAQUIAVEL, Nicolau. *O Príncipe, Coleção: Os Pensadores*, São Paulo, Abril Cultural, 1973.

MARCUSE. *Reason and Revolution, London*, Beacon Press, 1960.

MARX Karl & Engels F. *Manifeste Communiste*, Paris, Éditions Costes, 1953.

MARX, Karl. *Misère de la Philosophie*, Paris, Éditions Sociales, 1947.

————· *Le Dix-Huit Brumaire de Louis Bonaparte*, Paris, Éditions Sociales, 1948.

————· *Le Capital*, Paris, Garnier Flammarion, 1969.

————· *Antologias Filosóficas*, Lisboa, Estampa Ltda., 1971.

————· *Contribution à la Critique de l'Economie Politique*, Paris, Éditions Sociales, 1977.

————· *Obras Escolhidas* Volumes I e II, São Paulo, Editora Alfa Ômega, s/d.

MONTAIGNE. *Ensaios*, Coleção: *Os Pensadores*, São Paulo, Abril Cultural, 1973.

MONTESQUIEU, Charles. *Espírito das Leis, Coleção: Os Pensadores*, São Paulo, Abril Cultural, 1973.

————· *Considerações sobre a Grandeza e a Decadência de Roma*, Rio de Janeiro, Assírio e Alvim, 2003.

MORE, Tomas. *Utopia*, Coleção: *Os Pensadores*, São Paulo, Abril Cultural, 1973.

MORGENTHAU, Hans. *La Política entre Naciones, in Hoffmann, Stanley, Teorias Contemporaneas sobre las Relaciones Internacionales,* Madrid, Editorial Tecnos, 1963.

MOSSÉ, Claude. *Atenas: A História de uma Democracia*, Brasília, Editora Universidade de Brasília, 1979.

————· *As Instituições Gregas*, Lisboa, Edições 70 Ltda., 1986.

————· *A Grécia Arcaica de Homero a Ésquilo (Séculos VIII-VI a.C.)*, Lisboa, Edições 70 Ltda., 1989.

NIEBUHR, Reinold. *El Hombre Moral y la Sociedad Inmoral,* Buenos Aires, Ediciones Siglo Veinte, 1966.

PASCAL, Blaise. *Os Pensamentos*, Coleção: *Os Pensadores*, São Paulo, Abril Cultural, 1973.

PLATÃO, Aristócles. *Diálogos: Eutífron, Críton, Fédon e Apologia de Sócrates, Coleção: Os Pensadores*, São Paulo, Abril Cultural, 1973.

————· *República, Coleção: Os Pensadores*, São Paulo, Abril Cultural, 1973.

RENAN, Ernest. *O que É uma Nação*, Paris, Pierre Bordas & Fils, 1991.

RIBEIRO, Gladys Sabina. *Mata Galegos, os Portugueses e os Conflitos de Trabalho da República Velha*. São Paulo: Brasiliense, 1990.

RIBEIRO, Joaquim. *Nações e Nacionalismos – O Nacionalismo de Vargas entre 1930 e 1945,* Rio de Janeiro, UERJ, Tese de Mestrado, 2000.

Ricardo, David. *Princípios de Economia Política e Tributação*, São Paulo, Editora Abril, 1982.

RODRIGUES, José Honório Rodrigues. *Aspirações Nacionais – Interpretação Histórico-Política,* Rio de Janeiro, Editora Fulgor, 1963.

————· *Interesse Nacional e Política Externa*, Rio de Janeiro, Civilização Brasileira, 1966.

ROEDER, Ralph. *Man of the Renaissance*, New York, Oxford Press, 1933.

ROSENFIELD, Denis. *Introdução ao Pensamento Político de Hegel*, São Paulo, Editora Ática S.A., 1993.

ROUSSEAU, Jean-Jacques. *Do Contrato Social, Coleção: Os Pensadores*, São Paulo, Abril Cultural, 1973.

————· *Discurso sobre a Origem e os Fundamentos da Desigualdade entre os Homens, Coleção: Os Pensadores*, São Paulo, Abril Cultural, 1973.

S. SIMON. *De la Physiologie Sociale Appliquée à l'Amélioration des Institutions Sociales*, Oeuvres, Paris, Dentu Édituer, 1876.

Referências Bibliográficas

————· *Memóire sur la Science de l'Homme*, 1813, Oeuvres, Paris, Dentu Éditeur, 1876.

SCHUMPETER, J. A. *History of Economic Analysis*, New York, Oxford University Press, 1954.

SEGUY, J. *Christianisme et Societé, Introduction à la Sociologie de Ernst Troeltsch*, Paris, Editions du Cerf, 1980.

SEVERINO, EMMANUELE. *A Filosofia Moderna*, Lisboa, Edições 70 Ltda., 1987.

SIMONDS, A. P. *Karl Mannheim's Sociology of Knowledge*, Oxford, Claredon Press.

SMITH, Adam. *Inquiry into the Nature and Causes of the Wealth of the Nations*, New York, Edwin Canna, 1982.

SMITH, ANTHONY. *The ethinic origins of nations*, London, Oxford, 1986.

WEBER, Max. *A ética protestante e o espírito do capitalismo*, São Paulo: Martin Claret, 2003.

————· *Ciência e política: duas vocações*, São Paulo: Martin Claret, 2003.

SPORZLUK, Roman. *Karl Marx versus Friedrich List, Communism & Nacionalism*, Oxford, Oxford Press, 1998.

TRAUNECKER, Claude. *Os Deuses do Egito*, Lisboa, Edições 70 Ltda., 1987.

VERNANT Jp. *Mito & Pensamento entre os Gregos*, Rio de Janeiro, Paz e Terra, 1990.

————· *As Origens do Pensamento Grego*, 9ª edição, Rio de Janeiro, Bertrand Brasil, 1996.

VEYNE, Paul. *Acreditaram os Gregos nos seus Mitos?*, Lisboa, Edições 70 Ltda., 1987.

WOLFF, Philippe. *Outono da Idade Média ou Primavera dos Novos Tempos?*, 1987.

ZEA, Leopoldo. *Fuentes de la Cultura Latinoamericana*, México, Fondo de Cultura Econômica, 1995.

Parte II

ABREU, João Capistrano de. *Capítulos de História Colonial* 1500-1800. RJ/Brasília, Civilização Brasileira/INL, 1976.

————· *Caminhos Antigos e Povoamento do Brasil*, Rio de Janeiro, Edição da Sociedade Capistrano de Abreu, 1930.

AFONSO, A, Martins. *Curso de História da Civilização Portuguesa*, Porto, Editora Porto Ltda., 1974.

AGULHOM, Maurice. *O Aprendizado da República – 1848*, Rio de Janeiro, Paz e Terra, 1991.

ANCHIETA, José de. *Cartas* 1534-1597, São Paulo, Itatiaia/USP, 1988.

ANÔNIMO. *Diálogos das Grandezas do Brasil* 1618, Recife, 1966.

————· *A Vida do Lazarilho de Tormes e de suas Fortunas e Adversidades* 1554, Rio de Janeiro, Alhambra, 1984.

Fundamentos para o Estudo da Estratégia Nacional

ANTONIL, André João. *Cultura e Opulência do Brasil por suas Drogas e Minas.* 1711. São Paulo. Itatiaia/Edusp, 3ª Ed, 1982.

ARAÚJO JORGE, A. G. de. *Introdução às Obras do Barão do Rio Branco,* Rio de Janeiro, José Olympio, 1945.

AZEVEDO, João Lúcio de. *Épocas de Portugal Econômico,* Lisboa, Clássica, 1974.

——— · *História dos Cristãos Novos Portugueses,* Lisboa, Livraria Clássica Editora, 1975.

——— · *O Marquês de Pombal e sua Época,* Lisboa, Livraria Clássica Editora, 1990.

AZURARA, Gomes Eanes. *Crônica do Descobrimento e Conquista da Guiné.*

BENCI, Jorge. *Economia Cristã dos Senhores no Governo dos Escravos,* 1700, São Paulo, Grijalbo, 1977.

BEVILAQUA, Clóvis. *Direito Público Internacional,* Rio de Janeiro, 1910.

Biblioteca Militar, Ministério da Guerra.

BOSI, Alfredo. *Dialética da Colonização,* São Paulo, Cia. das Letras, 1993.

BOURDON, Albert Alan. *História de Portugal,* Coimbra, Livraria Almedina, 1973.

BOXER, Charles R. *A Igreja e a Expansão Ibérica (1440-1770),* Lisboa, Edições 70, 1981.

——— · *O Império Colonial Português* 1415-1825, Lisboa, Edições, 70 1981.

CALÓGERAS, PANDIÁ. *Formação Histórica do Brasil,* São Paulo, Brasiliana,1867.

CARDIM, Fernão. *Tratados da Terra e Gente do Brasil* 1625, São Paulo, Itatiaia/USP, 1980.

CARDOSO, Ciro Flamarion de Souza. *Escravidão e Abolição no Brasil. Novas Perspectivas,* Rio de Janeiro, Jorge Zahar, 1988.

——— · *O Trabalho na América Latina Colonial,* São Paulo, Ática, 1985.

CARREIRA, Antônio. *A Companhia Geral do Grão-Pará e Maranhão, Vol. 2: documentos (o comércio intercontinental Portugal-África-Brasil na segunda metade do século XVIII),* São Paulo, Cia. Editora Nacional, 1988.

CARRERAS Y ARTAU, Tomás y Joaquín. *Historia de la Filosofia Española Filosofia cristiana de los siglos XIII al XV,* vol. I, Madrid: Real Academia de Ciencias Exactas, Físicas y Naturales, 1939.

CARVALHO, José Murilo de. *A Construção da Ordem,* Brasília, Editora Universidade de Brasília, 1980.

——— · *Teatro das Sombras: A Política Imperial,* Rio de Janeiro, Edições Vértice/Iuperj, 1987.

——— · *A Formação das Almas. O Imaginário da República no Brasil,* São Paulo, Companhia das Letras, 1990.

CASTRO, Antonio Barros de. *Escravos e Senhores nos Engenhos do Brasil (Um Estudo sobre os Trabalhos de Açúcar e a Política Econômica dos Senhores).* Campinas, IFCH (Tese de Doutorado), 1976.

——— · *As Mãos e os Pés do Senhor de Engenho, Dinâmica do Escravismo Colonial.* In: PINHEIRO, Paulo Sérgio (Coord.), *Trabalho Escravo, Economia e Sociedade,* Rio de Janeiro, Paz e Terra, 1983.

Referências Bibliográficas

CHANDEIGNE, Michel (org.). *Lisboa Ultramarina* 1415-1580, Rio de Janeiro, Zahar, 1992.

CHEVALIER, Jean e GHEERBRANT, Alain. *Dicionário de Símbolos – Mitos, sonhos, costumes, gestos, formas, figuras, cores, números*. Rio de Janeiro: José Olympio Editora, 1995.

COSTA, Emilia Viotti da. *Da Monarquia à República*, São Paulo, Ciências Humanas, 1979.

COSTA, João Severiano Maciel da (et al.). *Memórias sobre a Escravidão*, Rio de Janeiro, Arquivo Nacional, 1988, 1988.

CUNHA, Manuela Carneiro da (org.). *História dos Índios no Brasil*. São Paulo, Companhia das Letras, 1992.

DAEHNHARDT, Rainer. *A Missão Templária nos Descobrimentos*, Lisboa, Nova Acrópole, 1993.

DONATO, Hemani. *Antônio Raposo Tavares*, In *Grandes Personagens da Nossa História*, dirigida por Sérgio Buarque de Holanda, São Paulo, Abril Cultural Ltda., 1969.

DONGHI, Tulio Halperin. *História da América Latina*, Rio de Janeiro, Paz e Terra, 1982.

DOWBOR, Ladislau. *A Formação do Capitalismo Dependente do Brasil*, São Paulo, Brasiliense, 1982.

FALCON, Francisco. *A Época Pombalina*, São Paulo, Ática, 1982.

FAORO, Raimundo. *Os Donos do Poder*, Porto Alegre, Editora Globo, 1975.

————· *Machado de Assis: A Pirâmide e o Trapézio*, Rio de Janeiro, Editora Globo, 1985.

FARIA, Manuel Severim de. *Dos Remédios para a Falta de Gente* 1655. In: SERGIO, Antonio. *Antologia dos Economistas Portugueses*. Lisboa, Sá da Costa, 1974.

FERREIRA REIS, Artur Cezar. *Limites e Demarcações na Amazônia Brasileira: A fronteira com as Colônias Espanholas*, Rio de Janeiro, Comissão Brasileira Demarcadora de Limites.

FLORENTINO, Manolo. *Em Costas Negras. Uma história do tráfico de escravos entre a África e o Rio de Janeiro*, São Paulo, Companhia das Letras, 1997.

FOREY, Alan. *The Military Orders* 1120-1312. In: RILEY-SMITH, Jonathan (ed.). *The Oxford Illustrated History of the Crusades*. New York: Oxford University Press, 1995.

FRANCO JR., Hilário. *Peregrinos, monges e guerreiros – Feudo-clericalismo e religiosidade em Castela Medieval*, São Paulo, Hucitec, 1990.

FREYRE, Gilberto, *Casa Grande & Senzala*, RJ, Nova Aguilar, 1977.

————· *Sobrados e Mucambos*, RJ/Brasília, José Olympio/INL, 1977.

FROTA, Guilherme de Andréa. *Quinhentos Anos de História do Brasil*, Rio de Janeiro, Biblioteca do Exército Editora, 2000.

FURTADO, Celso. *Formação Econômica do Brasil*, 16ª ed., São Paulo, Companhia Editora Nacional, 1979.

GANDAVO, Pero de Magalhães. *História da Província Santa Cruz (séc. XVI)*, Belo Horizonte, Itatiaia/Edusp, 1980.

Fundamentos para o Estudo da Estratégia Nacional

GARCIA, José Manuel. *História de Portugal – uma visão global,* Lisboa, Editorial Presença, 1981.

GREENFELD, Liah. *Nacionalismo, Cinco Caminhos para a Modernidade*, Lisboa, Edições Brasil-América, 1998.

GODINHO, Vitorino Magalhães. *Estrutura da Antiga Sociedade Portuguesa,* 4 Volumes, Lisboa, Arcádia, 1981.

————· *Os Descobrimentos e a Economia Mundial*, Lisboa, Presença, 1982.

GOIS, Damião de. *Lisboa de Quinhentos, (séc. XV).*

GORENDER, Jacob. *O Escravismo Colonial*, São Paulo, Ática, 1978.

HEINZ-MOHR, Gerd. *Dicionário dos símbolos — Imagens e sinais da arte cristã*, São Paulo, Paulus, 1994.

HERCULANO, Alexandre. *História da Origem e Estabelecimento da Inquisição em Portugal,* 3 Volumes, Lisboa, Europa América, s/d.

HESPANHA, António Manuel. *A Igreja.* In: MATTOSO, José (dir.) – *História de Portugal. O Antigo Regime* 1620-1807, Lisboa, Editorial Estampa, 1993.

HOLANDA, Sérgio Buarque de (org.). *História Geral da Civilização Brasileira*, São Paulo, Difel, 1975.

————· *Visão do Paraíso,* São Paulo, Brasiliense, 1982.

————· *Raízes do Brasil,* RJ, José Olympio, 1990.

HOUSLEY, Norman. *The Crusading Movement* 1274-1700. In: RILEY-SMITH, Jonathan (ed.). *The Oxford Illustrated History of the Crusades*. New York, Oxford University Press 1995.

IZECKSOHN, Victor. *O Cerne da Discórdia: A Guerra do Paraguai e o Núcleo Profissional do Exército*, Rio de Janeiro, E-Papers, 2002.

KLEIN, Herbert S. *A Escravidão Africana. América Latina e Caribe.* São Paulo, Brasiliense, 1987.

KRETSCLLMER, Konrad. *História da Geografia,* 3ª Edição, Barcelona, Editorial Labor S.A., 1942.

LAPA, José Roberto do Amaral (org.). *Modos de Produção e Realidade Brasileira*, Petrópolis, Vozes, 1980.

————· *O Antigo Sistema Colonial*, São Paulo, Brasiliense, 1982.

LE GOFF, Jacques. *O imaginário medieval*. Lisboa, Editorial Estampa, 1994.

LENCASTRE E TÁVORA, Luiz. *Colombo, a Cabala e o Delírio*, Lisboa, Quentzal Editores, 1994.

LINHARES, Maria Yedda e SILVA, Francisco Carlos Teixeira da. *História da Agricultura Brasileira. Combates e controvérsias*, São Paulo, Brasiliense, 1981.

LINHARES, Maria Yedda. *História do Abastecimento: uma problemática em questão* 1530-1918. Brasília, Binagri, 1979.

————· *História Geral do Brasil*, RJ, Campus, 1990.

LOYN, H. R. *Dicionário da Idade Média.* Rio de Janeiro, Jorge Zahar Editor, 1990.

MACEDO, Duarte Ribeiro de. *Sobre a Introdução das Arte* 1675. In: SÉRGIO, Antônio. *Antologia dos Economistas Portugueses (séc. XVII)*, Lisboa, Sá da Costa, 1974.

Referências Bibliográficas

MADRE DE DEUS, Frei Gaspar da. *Memórias para a História da Capitania de São Vicente*. In: *Saga – A grande história do Brasil*, São Paulo, Abril Cultural, 1981.

MAGALHÃES, Basílio de. *Expansão Geográfica do Brasil Colonial*, 3ª Edição, Rio de Janeiro, Epasa, 1944.

MAGALHÃES, José Calvet. *História do Pensamento Econômico em Portugal (da Idade Média ao Mercantilismo)*, Coimbra, 1967.

MALHEIRO, Agostinho Marques Perdigão. *A Escravidão no Brasil*, Petrópolis, Vozes/INL, 1976.

MARQUES, A, H. de Oliveira. *História de Portugal*, Lisboa, Palas Editores, 1975.

————· *Ensaios da História Medieval Portuguesa*, Lisboa: Editorial Veja, 1980.

————· *Portugal na crise dos séculos XIV e XV*, Lisboa, Editorial Presença, 1987.

MARTINS, J.P. de Oliveira. *História de Portugal*, 2. v., Lisboa, Parceria Antonio Maria Pereira, 1927.

MATTOS, Ilmar Rolhoff de. *O Tempo Saquarema*, Rio de Janeiro, INL-Hucitec, 1987.

MATTOSO, José (org.). *História de Portugal*. Vols. 2 e 3, Lisboa, Editorial.

————· *Identificação de um país*, Lisboa, Editorial Estampa, 1986.

MATTOSO, Kátia de Queiroz. *Ser Escravo no Brasil*, São Paulo, Brasiliense, 1982.

MENDES, Claudinei Magno Magre. *Construindo um Mundo Novo. Os escritos coloniais do Brasil nos séculos XVI e XVII*, São Paulo, USP (Tese de doutorado, mimeog.), 1996.

————· *Caio Prado Júnior e a História do Brasil. A colonização como produção para o mercado externo*. In: ALVES, Paulo (org.). *Ensaios Historiográficos*, Assis, Autores Associados, 1997.

MENDES, Luis António de Oliveira. *Memória a Respeito dos Escravos e Tráfico da Escravatura entre a Costa d'África e o Brazil 1793*, Porto, Publicações Escorpião, 1977.

MINTZ, Sidney. *Sweetness and Power: the place of sugar in modern history*, New York, Elizabeth Sifton Books/Penguin Books, 1986.

MORAES, Evaristo de. *A Escravidão Africana no Brasil*, São Paulo, Companhia Editora Nacional, 1933.

MORE, Thomas. *A Utopia*. São Paulo, Abril Cultural, 1972.

MOREAU, Pierre & BARO, Roulox. *História das Últimas Lutas no Brasil entre Holandeses e Portugueses – Relação da Viagem ao País dos Tapuias,* Belo Horizonte, Itatiaia, 1979.

MOTA, Carlos Guilherme (org.). *O Brasil em Perspectiva*, São Paulo, Difel, 1971.

NAVARRO, Azpilcueta, e outros. *Cartas Avulsas 1550-1568*, SP/Belo Horizonte, Itatiaia/Edusp, 1988.

NÓBREGA, Manoel da. *Cartas do Brasil 1517-1570*, Itatiaia/USP, 1988.

NOVAIS, Fernando A. (org.). *História da Vida Privada no Brasil*, São Paulo, Companhia das Letras, 1997.

NOVAIS, Fernando A. *Portugal e o Brasil na Crise do Antigo Sistema Colonial. 1777-1808*, São Paulo, Hucitec, 1985.

————· *Estrutura e Dinâmica do Antigo Sistema Colonial*, São Paulo, Brasiliense, 1986.

NOVINSKY, Anita. *A Inquisição*, SP, Brasiliense, 1985.

PARRY, J. H. *La época de los descubrimientos geográficos* 1450-1620. Ilustrado, Madrid, Ediciones Guadarrama, 1964.

OLIVEIRA, Lucia Lippi. *O Brasil dos Imigrantes*, Rio de Janeiro: Jorge Zahar Editora 2002.

PRADO JR, Caio. *Formação do Brasil Contemporâneo*, 11ª Edição. São Paulo, Brasiliense, 1971.

———· *História Econômica do Brasil*, São Paulo, Brasiliense, 1971.

PINTO, Luiz Fernando da Silva. *Sagres: a Revolução Estratégica*, Brasília: SENAC–AR/DF, 2006.

———· *Evolução Política do Brasil e Outros Estudos*, São Paulo, Brasiliense, 1972.

QUEIROZ, José Maria Eça de. *A Emigração como Força Civilizadora*, Lisboa, Perspectiva & Realidade, 1979.

READ, Piers Paul. *Os Templários*, Rio de Janeiro: Imago Editora, 2000.

REALE, Giovanni e ANTISERI, Dario. *História da Filosofia*. São Paulo, Edições Paulinas, 1990.

REILLY, Bernard. *Cristãos e Muçulmanos – A luta pela Península Ibérica*. Lisboa, Editorial Teorema, s/d.

REIS, João José e GOMES, Flávio dos Santos (orgs.). *A Liberdade por um Fio. História dos Quilombos no Brasil*, São Paulo, Companhia das Letras, 1996.

RIBEIRO, Gladys Sabina. *Mata Galegos, os Portugueses e os Conflitos de Trabalho da República Velha*, São Paulo: Brasiliense, 1990.

ROCHA, Manoel Ribeiro da. *Etíope Resgatado* 1758, São Paulo, Vozes, 1992.

RODRIGUES, José Honório. *Aspirações Nacionais – Interpretação Histórico-Política*, Rio de Janeiro, Editora Fulgor, 1963.

———· *Interesse Nacional e Política Externa*, Rio de Janeiro, Civilização Brasileira, 1966.

RUGENDAS, João Maurício. *Viagem Pitoresca através do Brasil*, São Paulo/Belo Horizonte, Itatiaia/Edusp, 1979.

RUY, Affonso. *Primeira revolução social brasileira*, 2ª ed. São Paulo, Brasiliana. (1ª ed. 1942), 1978.

SALVADOR, Frei Vicente do. *História do Brasil 1500-1627, 1564-1639*, Itatiaia/Edusp, 7ª Edição, 1982.

SARAIVA, António José. *A Inquisição Portuguesa*, Lisboa, Editorial Estampa, 1994.

———· *O crepúsculo da Idade Média em Portugal*, Lisboa, Gradiva, 1988.

SARAIVA, José Hermano. *Pequena História das Grandes Nações*, São Paulo: Círculo do Livro, 1979.

———· *História Concisa de Portugal*, Mem Martins, Public. Europa-América, 1995.

SCHWARTZ, Stuart B. *Segredos Internos. Engenhos e escravos na sociedade colonial*, São Paulo, Companhia das Letras, 1988.

SÉRGIO, Antonio. *Breve Interpretação da História de Portugal*, Lisboa, Livraria Sá da Costa Editora, 1972.

Referências Bibliográficas

———· *Breve Interpretação da História de Portugal*, Lisboa, Sá da Costa, 1983.

SILVA, Maria Beatriz Nizza da. *Cultura no Brasil-Colônia*, Petrópolis, Vozes, 1981.

SOUZA, Gabriel Soares de. *Tratado Descritivo do Brasil 1587*, São Paulo, Cia. Editora Nacional, 1988.

SOUZA, Laura de Mello e. *O Diabo e a Terra de Santa Cruz. Feitiçaria e religiosidade popular no Brasil Colonial*, São Paulo, Companhia das Letras, 1986.

———· *Desclassificados do Ouro. A pobreza Mineira no século XVIII*, RJ, Graal, 1993.

STADEN, Hans. *Duas viagens ao Brasil*, Belo Horizonte, Itatiaia, 1974.

TILLY, Charles. *War Making and State Making as Organized Crime*, In: Bringing State Back, Cambridge, Cambridge University Press, 1985.

URE, John. *Dom Henrique o Navegador*, Brasília, Editora UNB, 1985.

VAINFAS, Ronaldo. *Confissões da Bahia: Santo Ofício da Inquisição de Lisboa*, Organização de Ronaldo Vainfas. São Paulo, Companhia das Letras, 1997.

VASCONCELOS, Luis Mendes. *Diálogos do Sítio de Lisboa 1608*, In: SÉRGIO, Antônio. *Antologia dos Economistas Portugueses*, Lisboa, Sá da Costa, 1974.

VIANA, Helio. *História das Fronteiras do Brasil*, Rio de Janeiro, Biblioteca Militar, Ministério da Guerra, s/d.

VIANNA, Hélio. *História Diplomática do Brasil*, Rio de Janeiro, Itamaraty, 1959.

VIEIRA, Antônio. *Obras Completas*, Lisboa, Sá da Costa, 1974.

VILHENA, Luís dos Santos. *Recopilação de Notícias Soteropolitanas e Brasílicas 1802*, Bahia, Imprensa Oficial do Estado, 1921.

VILLALTA, Luiz Carlos. *Virando Séculos 1789-1808*, São Paulo, Companhia das Letras, 2000.

Parte III

ABC. *Quem é quem no Mercosul*, Brasília, Ministério de Relações Exteriores, 1995.

ABREU, Florêncio Sérgio Lima. *Área Hemisférica de Livre Comércio*, Ministério de Relações Exteriores, Brasília, 1993.

———· *Mercosul Hoje*, São Paulo, Editora Alfa Omega, 1996.

AGUILAR, A. *Pan-Americanism from Monroe to the Present: A View from Other Side*, New York and London, Monthly Review Press,1968.

ALMEIDA, A. J. (ORG). *Mercosul Integração e Impacto Socioeconômico*, Petrópolis, Editora Vozes,1997.

ALMEIDA, P. R. *Mercosul: Textos Básicos*, Brasília, Fundação Alexandre de Gusmão, 1992.

———· *Mercosul no Contexto Nacional e Internacional*, São Paulo, Edições Aduaneiras, 1993.

ALVES, J. F. *A Invasão Cultural Norte-Americana,* São Paulo, Editora Moderna, 1992.

AMADO, R. *Araújo Castro,* Brasília, Editora da Universidade de Brasília, 1982.

ANDERSON, Benedict. *Nação e a Consciência Nacional,* São Paulo: Ed. Ática, 1989.

ATKINS, G.P. *América Latina en el Sistema Político Internacional,* Coleccion Polytica y Comunicación, México, Ediciones Gernika,1980.

BACKHEUSER, E. *Curso de Geopolítica Geral e do Brasil,* Rio de Janeiro, Brasil,1952.

BALANÇA COMERCIAL BRASILEIRA. Secretaria de Comércio Exterior (SECEX), Departamento Técnico de Intercâmbio Comercial (Dtic), Março-1998.

BASTIDE, Roger. *Brasil Terra de Contrastes,* São Paulo, Difusão Europeia do Livro, 1973.

BECKER, B.K. e EGLER, C. A. G. *Brazil, A New Regional Power in the World Economy,* Cambridge, Cambridge University Press, 1992.

BERRY, B. "Review of B. M. Russet's International Regions and the International System", *Geographical Review 59,* 450-451, 1969.

BIELSCHOWSKY, Ricardo. *Pensamento Econômico Brasileiro,* Rio de Janeiro, Contraponto, 1995.

BNDES. *A Inserção das Exportações Brasileiras no Comércio Internacional de Mercadorias: Uma Análise Setorial,* 1997

BONFIM, Manoel. *A América Latina,* Rio de Janeiro, Editora Stampa, 1944.

BOUZAS, R. e LUSTIG, N. *Liberalizatión Comercial e Integratión Regional- de Nafta a Mercosur,* Buenos Aires, Grupo Editor Latino-americano, 1992.

BOXER, C. R. *O Império Colonial Português,* Lisboa, Edições 70 Ltda, 1981.

BRANDÃO, A.S. e PEREIRA L. V. *Mercosul Perspectivas de Integração,* Rio de Janeiro, Fundação Getúlio Vargas, 1996.

BROWN, M. ... et al. *America's Strategic Choices,* Cambridge, The MIT Press, 1997.

BRUCKBERGER, R. L. *A República Americana,* Rio de Janeiro, Editora Fundo de Cultura, 1959.

BRZEZINSKI, Zbigniew. *Out of Control: Global Turmoil on the Eve of the Twenty-First Century,* New York, Scribner, 1993.

CALLEO, D. P. *The Imperious Economy,* Cambridge, Mass.: Harvard University Press, 1982.

CARVALHO, Olavo de. *O futuro do pensamento brasileiro,* Faculdade da Cidade Editora, 1998.

CASTRO, Terezinha de. *Nossa América, Geopolítica Comparada,* Rio de Janeiro, IBGE, 1992.

————· FIGUEIREDO. Sérgio Domingues de, *Mercosul,* Rio de Janeiro, Escola Superior de Guerra, ESG, LS811-95, 1995.

CEPAL. *Anuario Estadístico de América Latina y el Caribe, Edición 1996,* Santiago, Naciones Unidas, 1997.

————· *Estudio económico de América Latina y el Caribe-1996-1997,* Santiago, Naciones Unidas.

CERVO, A. L. e BUENO, C. *História da Política Exterior do Brasil,* São Paulo: Editora Ática, 1992.

Referências Bibliográficas

CHILD J. *Geopolitics and Conflict in South America: Quarrels among Neighbors*, New York, Praeger, 1985.

CIPOLLA, Carlo. *História Econômica da Europa Pré-industrial*, Lisboa, Edições 70 Ltda., 1983.

CLAUSEWITZ, Carl Von. Da Guerra. São Paulo: Martins Fontes Editora, 1979.

COLEÇÃO DE REVISTAS DE POLÍTICA EXTERNA do volume 1, n° 1, ao volume 9, n° 1, Editora Paz e Terra.

COMISSÃO MUNDIAL SOBRE MEIO AMBIENTE E DESENVOLVIMENTO. *Nosso Futuro Comum*, Rio de Janeiro, Fundação Getúlio Vargas, 1991.

COSTA, Darc. *Brasil Defesa do Estado*, Rio de Janeiro, Cebres, 1997.

COUTO E SILVA, Golbery. *Conjuntura Política Nacional – o Poder Executivo e Geopolítica do Brasil*, Rio de Janeiro, Editora José Olympio, 1981.

————· *Planejamento Estratégico*, Brasília, Universidade de Brasília, 1981.

DENIS, Henry. *História do Pensamento Econômico*, Lisboa, Livros Horizonte Ltda, 1978.

FICHTE. *O Estado Comercial Fechado*, Paris, apostilha da tradução francesa, 1940.

FIORI, M. *Pasado, Presente y Futuro de la politica exterior argentina*, Buenos Aires, Biblos, 1993.

FOUCAULT, M. *Power/ Knowledge*, New York, Parthenon Books, 1980.

FRANCES, A. *Venezuela posible*, Caracas, Corimón/IESA, 1990.

FREITAS JR., N. R. *O Capital Norte-Americano e Investimento no Brasil Características e Perspectivas de um Relacionamento Econômico*, Rio de Janeiro, Editora Record, 1994.

FREYRE, Gilberto, *Novo Mundo nos Trópicos*, São Paulo, Companhia Editora Nacional, 1971.

FRIEDMAN, G. e LEBARD, M. *EUA X Japão: Guerra à Vista*, Rio de Janeiro, Nova Fronteira, 1991.

FUKUYAMA, Francis, *The End of History?*, The National Interest, n° 16 (Summer 1989), pp. 3-18.

FURET, François. *Pensar a Revolução Francesa*, Lisboa, Edições 70 Ltda, 1989.

GADDIS, John Lewis, *Strategies of Containement : A Critical Appraisal of Postwar American National Security Police*, New York, Oxford University Press, 1982.

GELLNER, Ernest. *Nações e Nacionalismo*, Lisboa: Gradiva, 1993.

GILPIN, R. *The Political Economy of International Relations*, Princeton, N.J., Princeton University Press, 1987.

GIRAUD, Pierre-Noël. *Geopolitique des Ressources Minieres*, Paris, Econômica, 1983.

GONÇALVES, Reinaldo ... et al. *A Nova Economia Mundial*, Rio de Janeiro, Editora Campus, 1998.

————· *O Abre Alas A Nova Inserção do Brasil na Economia Mundial*, Rio de Janeiro, Editora Relume Dumará, 1994.

GOODMAN, L. ... et al. *Lessons of the Venezuela Experience*, Baltimore, John Hopkins University Press, 1995.

GRAMSCI, Antonio. *Concepção Dialética da História*, Editora Civilização Brasileira S.A, 1995.

HAGEN, Everett E., *Economia do Desenvolvimento*, Rio de Janeiro, Editora Atlas S.A.

HEGEL, G.W. F. *Introdução à Filosofia da História*, Rio de Janeiro, Editora Tecnoprint, 1986.

HINTZE, Otto. *The historical essays of Otto Hintze*, New York: Oxford University Press, 1975.

HIRST, M. *Argentina-Brasil: Perspectivas Comparativas y Ejes de Integratión*, Buenos Aires, Editorial Tesis, 1990.

HUMPHREYS, R. A. *The Evolution of Modern Latin America*, Oxford, Clarendon Press, 1946.

HUNTINGTON, Samuel P. *The Clash of Civilizations and the Remaking of World Order*, New York, Simon and Schuster, 1996.

KENNAN, George F. *American Diplomacy, 1900-1950*, Chicago, University of Chicago, 1951.

KENNEDY, Paul. *The Rise and Fall of the Great Powers: Economic Change and Military Conflit, 1500-2000*, New York, Random House, 1987.

KISSINGER, Henry. *Diplomacy*, New York, Simon and Schuster, 1994.

————· *Diplomacy*, New York, Simon and Schuster, 1994.

LAFOND, Georges. *Géographie Économique de L'Amérique Latine*, Paris, Payot,1949.

LANDES, David S. *Prometeu Desacorrentado*, Rio de Janeiro, Editora Nova Fronteira, 1994.

————· *Riqueza e a Pobreza das Nações*, Rio de Janeiro, Editora Campus.

LENINE, V. I. *Obras Escolhidas*, São Paulo, Editora Alfa Ômega, 1998, 1979.

LIMA REGO, ELBA CRISTINA. *O Processo de Constituição do MERCOSUL*, Rio de Janeiro, BNDES, Fevereiro-1995.

LIPPMANN, Walter. *U.S. Foreign Policy: Shield of the Republic*, Boston, Little, Brown, 1943.

LIST, F. *Sistema Nacional de Economia Política, Coleção Os Economistas*, São Paulo, Abril Cultural, 1983.

LODGE, J. *The European Community and the Challenge of the Future*, London, Pinter, 1993.

MACE, G. e THÉRIEN J.P., *Foreign Policy & Regionalism Americas*, London, Lynne Rienner Publishers.

MARX, K. *Obras Escolhidas (volumes I e II)*, São Paulo, Editora Alfa Ômega, s/d.

MARX, K.e ENGELS, F. *Antologias Filosóficas*, Lisboa, Estampa Ltda, 1971.

MATHIAS, G. e SALAMA, P. *O Estado Superdesenvolvido: das Metrópoles ao Terceiro Mundo*, São Paulo, Editora Brasiliense, 1983.

MEIRA Mattos, C. *A Geopolítica e as Projeções de Poder*, Rio de Janeiro, José Olympio Editora, 1977.

————· *Uma Geopolítica Pan-Amazônica*, Rio de Janeiro, José Olympio Editora, 1980.

Referências Bibliográficas 567

————· *Geopolítica e Trópicos*, Rio de Janeiro, Biblioteca do Exército, 1984.

MERCOSUL, Textos Básicos. Fundação Alexandre de Gusmão (Coleção Integração Regional I), Brasília, 1992.

MINISTÉRIO DAS RELAÇÕES EXTERIORES. *Solução das Controvérsias do Mercosul*, Brasília, 1997.

MINISTERIO DE LAS RELACIONES EXTERIORES. *Grupo de los Tres*, Santafé de Bogotá, Puntos Gráficos, 1993.

————· *Colombia-Venezuela: Un Nuevo Esquema Bilateral*, Santafé de Bogotá, Puntos Gráficos, 1993.

————· *Actuar en el Mundo*, Santafé de Bogotá, Interlínea Editores, 1994.

MONIZ Bandeira. *Presença dos Estados Unidos no Brasil: (Dois Séculos de História)*, Rio de Janeiro, Civilização Brasileira, 1973.

MORGENTHAU, Hans J. *In Defense of the National Interest: A Critical Examination of American Foreign Policy*, New York, Knopf, 1951.

MORSE, R. M. *O Espelho do Próspero – Cultura e Ideias nas Américas*, São Paulo, Editora Schwarcz Ltda.,1995.

MUIR, R. *Modern Political Geography*, London, Macmillan,1975.

MYLTEKA, L. K. *South-South Co-operation in a Global Perspective*, Paris, Oecd, 1992.

MYRDAL, Gunnar. *Subdesenvolvimento*, Brasília, Editora de Brasília, 1968.

NIEBUHR, R. e HEIMERT A. *A Nation so Conceived*, New York, Charles Scriber's Sons, 1963.

NYE, J.S., JR. *Bound to Lead: The Changing Nature of American Power*, New York, Basic Books, 1990.

OMAN, C. *Globalization and Regionalization, The Challenge for Developing Countries*, Paris, OECD, 1994.

ORGANIZATION DES NATIONS UNIES (ONU). *Étude sur l'Économie Mundiale*, New York, United Nations, 1992.

PARLATINO. *Cuadernos del Parlatino n. 5, Seminario Mercosur-Venezuela*, São Paulo, Editora do Parlatino, 1995.

PAULA Cidade F. *Notas de Geografia Militar Sul-americana*, Rio de Janeiro, Biblioteca Militar, 1940.

POITRAS, G. *The Ordeal of Hegemony: The United States of Latin America*, Boulder, Colo., Westview Press, 1990.

PORTER, M. E. *Estratégia Competitiva*, Rio de Janeiro, Editora Campus, 1989.

RAPOSO, Amerino. *Dimensões da Estratégia (volumes I e II)*, Rio de Janeiro, Bibliex, !992.

RODRIGUES, Lysias A. *Geopolítica do Brasil*, Rio de Janeiro, Biblioteca Militar, 1947.

ROSTOW, W.W. *The Stages of Economic Growth*, Mass: Cambridge, The Cambridge University Press, 1960.

RUDOLPH, J. D. *Peru: Evolution of a Crisis*, Westport, conn., Praeger Publishers, 1992.

RUFIN, J. C. *L'Empire et les Noveaux Barbares*, Paris, Éditions Jean Claude-Lattés,1991.

RUSSELL, R. *La Politica Exterior Argentina en el Nueva Ordem Mundial*, Buenos Aires, FLACSO/ GEL, 1992.

SARDENBERG, Ronaldo S. *A Inserção Estratégica do Brasil*, São Paulo, Naippe/USP.

SBEF. *A Integração Ibero-Americana*, Rio de Janeiro, Século 21 Editora, 1988.

SCHUMPETER, J. A. *History of Economic Analysis,* New York, Oxford University Press, 1954.

SCHWEIZER, Peter. *Victory*, New York, The Atlantic Monthly Press, 1994.

SHANAHAN, E. W. *South America: An Economy and Regional Geography*, London, 1963.

SILVA, Hélio e RIBAS CARNEIRO, Maria Cecília. *História da República Brasileira (volumes de 1 ao 20)*, São Paulo, Editora Três, 1975.

SMITH, Adam. *Inquiry into the Nature and Causes of the Wealth of the Nations*, New York, Edwin Canna, 1982.

SMITH, P. H. *Talons of the Eagle, Dynamics of U.S.* Latin American Relations, New York, Oxford University Press, 1996.

SPYKMAN, Nicholas J. *America's Strategy in World politics: The United States and the Balance of Power*, New York, Harcourt, Brace, 1942.

STRANGE, S. *States and Markets,* New York, Basil Blackwell, 1988.

TAYLOR, G.H. *Economics and Liberalism, Collected Papers,* Cambridge, Harvard University Press, 1955.

THUAL, François. *Méthodes de la Géopolitique*, Paris, Ellipses, 1996.

TOSTA, Octavio. *Teorias Geopolíticas,* Rio de Janeiro, Biblioteca do Exército, 1984.

TOURAINE, Marisol. *Le Bouleversement du Monde Geopolitique du XXIe Siécle*, Paris, Editions du Seuil, 1995.

TULCHIN, J. *La Argentina y los Estados Unidos: Historia de una desconfiança*, Buenos Aires, Editora Planeta, 1990.

TWBERGEN, Jan. *Programa para o Desenvolvimento*, Fundação Getúlio Vargas, Instituto de Documentação, 1969.

ULLOA, Sotomayor A. *Congresos Americanos de Lima, 2 vols.*, Lima, Imprensa Torres-Aguirre, 1938.

UREÑA, P.H. *Historia de la Cultura en la America Hispanica*, México, Fondo de Cultura Economica, 1992.

VALINSKY, L. J. *Planejamento e Execução do Desenvolvimento Econômico,* Biblioteca de Ciências Sociais, Jorge Zahar Editora.

VAYSSIÈRE, Pierre. *L'Amérique Latine de 1890 à nos Jours,* Paris, Hachette Supérieur, 1996.

VIVES, J. Vicens. *Tratado general de Geopolítica*, Barcelona, Editorial Teide, 1959.

WHYNES, D. e BOWLES, R. *The Economic Theory of State*, Oxford, Martin Robertson, 1981.

ZEA, Leopoldo. *Fuentes de la Cultura Latinoamericana*, México, Fondo de Cultura Economica, 1995.

Impressão e Acabamento